劉伯驥著

宋代政教史（上篇）

中華書局印行

序

余平生讀史，最仰慕我大唐之雄風，嘗細考其遺規，揣摩其精神，而著唐代政教史，蓋欲供當今談民族中興者參考而引爲榜樣。此書流傳海內外，忽忽已二十年於茲。竊惟欲覩中國之強者莫如唐，唐人足跡遍天下，聲教訖於四海；而欲知此泱泱大國何以寖弱，遭罹外患何以如是頻且酷者莫如宋。是以治宋史而不治唐史，無以見唐代治運之隆，魄力之大，氣概之雄，崛起於中古時期，目空今古。然治唐史而不治宋史，又無以明宋人文治之盛，國勢之弱也。夷考其開國之初，導致中國社會踏進近世期，猶穿巫峽，越瞿唐，飛棹江陵，眼界大開，原野湖渚，目窮千里。回首羣山萬壑，驚流駭湍，與夫犯難冒險之狀，一變而處紆徐閒逸之境，風物恬熙，人文毓秀，景象大不侔矣，但民族所蘊抱慷慨豪越之氣，竟發洩而無餘。故唐代踔厲向外，宋代則沉潛向內；唐代能征服人，宋代則被征服於人。由此兩朝之觀摩比較，方知中國歷史之中期大轉變，乃強弱之樞機，盛衰之際限。然兩朝史實，尤當融會貫通，始能深切認識中國社會之根基，民族之本質，與思想文化之淵源，上承秦漢之質實，下啓明清之虛文，繼往開來，爲最重要之過渡期也。一得之愚，本欲賡續前功，復撰宋代政教史，俾與唐代政教史並轡齊驅，互相發明。顧以他故阻延，致虛懸已久，事未果行。

八年前，余赴香港出席世界龍岡懇親大會，當趙氏宗親會歡宴席上，忝以世總名譽會長，承邀演講。查粵省台山新會兩縣之趙族，皆宋室之遺裔，太宗之後人，而爲厓山之役覆沒後僅存之血胤，經七百年之開枝發葉，生齒繁衍，人口逾十萬，比北宋全盛時之睦親宅子孫，誠不知增多幾千百倍。今龍岡集會趙族聚宴之地，又適爲當年宋帝昺卽位之翔龍縣屬也。撫時追昔，感慨萬千！溯自臨安陷落，恭帝北轅，而忠臣義士，負幼主，冒風濤，浮海南來，以維護嗣統，雖顚播流離，不屈不撓，發揮堅苦卓絕之精神，爲天地保留正氣，傳至數百年後之今日，猶凜然不可犯。故凡愛宗族者應愛國家；愛國家者，尤應服膺我中華傳統之民族大義。余假此大好題材，特痛述宋人復國運動之壯烈事蹟，以勉我龍岡宗親。昔人相傳，曰思漢，曰思趙，豈可以歷史陳言視之哉？緬懷前烈，耿耿於懷，返美後，夙願不忘，遂蓄志完成此宋代政教史，以接唐史之續，且世亂方殷，謀國者尤當以宋爲鑑也。

然則以宋爲鑑者何？曰首從宋之敗亡爲訓，使人知所警惕而毋重蹈其覆轍也。勿以和議爲可恃，勿以錢塘爲樂土，勿以偏安爲自足。必須鼓其氣，奮其志，以慷慨矯頹唐，以剛勁治風痺也。嗟乎！南宋山河半壁，向使上下能臥薪嘗膽，發憤圖強，銳氣方張，誰得而亡之？惟宋人不知自愛，燕處危幕，苟且偷安，馴至姦佞竊柄，紀綱日壞，一息奄奄，亡象畢露，國事遂無可爲矣。雖然，有亡之象，未亡也，必有亡之理，如病入膏肓不可救藥，乃眞亡也。亡之理者何？曰爲政上蒙下蔽而已。夫上蒙下蔽者每起於忽微之中，而始覺於萌禍以後，蠱藏心腹，則朝廷全部受病，因而權姦之蛆生，庸佞之憑附，朋黨之滋熾，賢才之埋沒，爲一切禍國害政之源。是以蔡京藉之以導君於荒淫，秦檜假之以主和降敵，韓侂胄史彌遠憑之以擅權柄而排忠良，賈似道操之以不戰不和而誤國，巨浸滔天，皆用此術也。語有之，往車雖折，來軫方遒，國難當頭，臨深履薄，讀斯編者其亦瞿然有悟於以史爲鑑之義也歟？

夫宋史至難治也，誠以宋人典籍之浩繁，眞汗牛充棟，窮年涉獵，未易盡其涯涘。況官書私史，筆記稗說，類多謬誤參錯，眞僞難分。爬羅剔抉，辨惑恐誣古人；牽補推敲，望文常失眞義。徒主觀之臆測，或傅會以從盲，謂其無訛，豈可得哉？不佞尋章翻典，纂就斯篇。羅致史材，何辭於獺祭；貫穿注疏，莫誚於蠹魚。記事不厭周詳，述言唯在質直，蓋以明一代之鴻典，溯千載之政教，究文運之興衰，論治道之得失。豈謂揚董遷之筆，敢期學周孔之心。顧謭陋粗陳，詞嫌錯落；或空疏失檢，字乖魯魚。此又蘄大雅之析疑，願鴻儒之匡正者也。

台山劉伯驥序於美國舊金山希經廬

中華民國六十年四月二十六日

宋代政教史 上篇 目次

附插圖

導言

自李唐失政，淪爲五代，五十三年之間（九〇七——九六〇），擁立接踵，篡奪循環，而方鎮負嵎割據，瓜剖豆分，是以兵燹流離，干戈遍地，人民鋒鏑餘生，厭亂而望治者久矣。迨陳橋兵變，趙匡胤藉部將擁立，不費一矢，取柴周而代之，開大宋之新局。由是削平羣雄，全國漸歸統一，遂奠立其三百年（九六〇——一二七六）之基業。

嘗考政治態勢，張弛離闔，恒變動而不居，馭之不得其道，失人者變，逆勢者變，窮極者變，——變者厭惡現狀，棄舊求新而別尋出路之謂也。故國家大勢，或十年而變，或五十年而變，或百年而變，變之事因軌迹雖不盡同，其所以爲變一也。中國歷朝政治之變革，大率類乎是。夫治每不能持久而陷於亂，然亂之極則又思治，剝復消長，靜動交替，治亂相乘，皆爲正反之變也。戰國之後而有秦，秦失其鹿，羣雄角逐，遂有劉漢之統一。三國分裂，復變而爲晉。南北朝對峙之局，終歸隋唐。五代干戈擾攘，天昏地晦，第四次擁立，畢功於一役，又成趙宋之治焉。是以宋之有天下也，馬上得之者不如漢唐，以詐取之者亦不盡同於魏晉。趙匡胤以全國重兵在握，尚待陳橋一夕之變，大軍返旆，使柴氏孤兒寡婦，惶恐禪位者，蓋假其名以取之耳。夫漢唐建國，以百戰之餘，統一宇內，自我主之，因而崇尚武功，充滿英雄之氣。劉邦猜忌，誅戮功臣，而繼以呂氏之亂，創業之初，尚多艱難，迨叔孫通定朝儀，始以儒術建臺閣。文景之世，兼用黃老之術，成外王內覇之治。李唐削平羣雄，初沿周隋之制，李世民嗣位，引用秦王府一羣學士名臣，頗能發揮其才智，改弦更張，自立規模，以開初唐之盛業。宋代啓運伊始，原以漢唐強藩之本性，而挾魏晉竊取之用心，趙匡胤以得天下之易，而鑒於五代之積弊，凜於處境之困難，有不可終日之勢，蓋知武功不足恃，名位若不正，故戒愼恐懼，悱惻難安。既卽位，杯酒釋兵權，以削藩爲首要，對於柴氏及藩附之主，優處於京師，與武功之臣同享富貴。寬容大度，以爵位利祿，收攬人心。宦官外戚，不得預政。防微杜漸，堵塞亂萌。全國之軍政財三大權，統歸於皇帝獨裁之下。經此改革，藩鎭之禍，遂大去而不可復。天下之勢，委於守令，而分於監司，總於朝廷。然以中央集權故，形成上重下輕，地方空虛，無權無力，以致本末俱弱，文盛武衰，亦自此始。抑宋之爲政也，禁防纖悉，威柄最爲不分，故職官、軍旅、食貨之制，冗雜無紀。三省六曹，沿唐舊之名而無其實，命官行事，直接差遣，中央然，地方亦無不然也。政府之組織，只爲消極性防權力之旁落，而不思權能之調協，職事之一致，是以本末顚倒，空疏龐雜，政事每流於因循，積弊難返。此種政制，別開生面，與前代殊異。誠以當開國之初，廟廊宰執，皆顯德之舊。匡胤之謀主，獨賴趙普一人。普乃歸德之記室，寡學術，其爲匡胤謀者，不過操勢馭術，強化人主之柄。其法可行於喪亂之後，而不足以開百年大計，蓋權也，而非經也，與李唐之儼然臺閣，相去遠矣。

雖然，宋之治，文治也。趙匡胤好讀書，曾以藏書被譖；得天下後，欲令武人多讀書史，故宋之法，非讀書人不得爲宰相。樞密院及方面重寄之統帥，亦以文臣充當。有此偏向，是以養成重文輕武之風，論學術雖文風特盛，在政治則徒具聲華。夫漢唐之外患在西北，關中建都砥礪以爲固，重兵配置西北，以周旋於塞外，縱有烽警，而京畿無虞。宋之外患，主要在東北，遼也、金也、蒙古也，一旦牧馬南下，揚戈直迫大梁，四戰之地，無險可守，根基立卽動搖，此爲建都於形勢不足故也。況宋之政策，重對內而略荒遠，徒保守而短進取，故邊吏每憚生事，例置不問，州縣單弱，亦無守備。當太宗之世，勁旅身經百戰，猛將如雲，破滅北漢，以爲可賈餘勇，直搗幽燕。詎梁河一役。全師敗績，自是對遼作戰，盡失信心。厥後對外戰爭，殆全無把握，屢衄之餘，終至納幣締盟，備受屈辱，僅堪自保。是以泱泱大國，受侮於邊疆小族，媾和締盟而不足，人主被擄，滅國隨之。嗚呼；宋人文治之弱，亦可知矣。雖然，文治無可非議，偏於文治而輕視武備則非矣；文人主兵亦不足爲病，由於姦臣竊柄，秕政百出，則內外皆病矣。宋雖以文人主兵，每受制於權姦，武臣旣無法抬頭，卽統帥亦多顢頇無能之輩。對外戰爭中，除韓世忠、岳飛、吳玠外，名將實寥寥可數。韓琦、范仲淹、孟珙膽識韜略，堪爲統帥，其餘皆不足論也。是以外患紛乘，國難隨起，而南宋君臣，燕處危幕，日謀以議和求苟安，而不思振其氣，奮其力，蓄意進取，雪恥復仇。「宋家萬里中原土，換得錢塘十頃湖」（黃任：西湖雜書），偏安鴆毒，更消磨民族之氣。旣誤於國策，復蠹於姦臣，遂使金元南下，直進長江流域，如摧枯拉朽，望風而潰。戰禍所及，難民蜂湧南奔，關中兩淮，殆成眞空地帶，爲中國歷史上人口空前最大之變動也。或謂宋以文治故，雖有疆埸之虞，而絕無蕭牆之患；國勢儘弱，而民心不搖。然以宋末之紛紛迎降證之，亦未見其說之可也。

朝政最大之隱患，一爲朋黨，一爲姦臣。宋代元氣在臺諫，言路頗盛，可以論朝政，言婦寺，攻女謁，排戚畹，非議土木符瑞。然宋之言官，大部份在彈擊羣臣，故好議論。夫議論異則門戶分；門戶分則朋黨立；朋黨立則恩怨結；恩怨結則排擠於朝廷。自慶曆新政，反對者指范韓等革新儒士爲朋黨，聚訟盈庭，政治上隱然分爲兩派，利用言官，互肆攻擊，尋瑕抵隙，以壓倒異己而後已。熙寧變法，朋黨之對立益烈，集體排擊，勢成水火。然此僅限於對事，據理爭論，而未有涉於私憾者。自元祐更化，舊黨朔派之徒，憑宣仁太后之權力，日以誅鋤新黨爲事；誅鋤之不足，復出於深文陷害，竄蔡確於嶺南，首開惡例，黨派之爭，一變而臨於生死之際。元祐諸臣作俑於前，紹聖報復於後，新舊黨往復鬪爭，相劘以刃，朝臣佈滿嶺海，流離荒瘴，人才與政事，遂分爲兩途。夫政事一也，而人才有國家之才，有朋黨之才，有派系之才，黨爭者雖曰國家之才，而擠迫則爲派系之才矣。人才囿於派系，是此者非彼，向左者背右，鑿枘難容，涇渭劃分矣。蔡京乘虛竊政，獨擅權柄，假新法爲名，盡量排斥舊黨，以遂其私，卽新黨而異己者亦不免焉。黨禍歷三十餘年，正人銷磨殆盡，國本元氣大傷，派系所豢之羣小，充斥朝廷，金人入寇，徬徨無策，卒釀成靖康之難。然宋人積習難除，黨爭之風未泯，山河半壁，劣性猶存。是以權臣盜柄，排斥異己者，不曰朋黨，則曰僞學，政途巇嶮，互相陷害，馴致言路壅塞，忠良埋沒，而得遂其姦。要之，由朋黨之爭而造成姦臣，由姦臣盜柄而產生朋黨，實互爲表裏也。夫宋代政治，乃外陰柔而內獨裁之政治也，以陰柔故，不殺士大夫及言事官，人視之爲寬仁大度，孰知敷衍因循，憚於改革。又以獨裁故，命官而不專任，對大臣亦多猜疑，每以正邪相抵，用之常不得盡其終。姦臣乘之，挾之以勢，蔽之以術，使人主授之柄而不能自拔者，始於蔡京。自是若黃潛善、汪伯彥，若秦檜，若湯思退，若韓侂胄，以至史彌遠、史嵩之、丁大全、賈似道之輩，擅權而不易去者，皆由此也。唐代多名臣，而宋代則多姦相，尤以南宋巨憝如麻，殃民禍國特甚者，蓋由權柄旁落，政治腐敗所蛆出也。然此輩權姦，何曾不是讀書人，無如薄有才而心術壞，熱中富貴，貪戀爵位，玩弄庸主以自利，陰損善士以自固。除韓侂胄、賈似道以父蔭入官外，其餘如蔡京、黃潛善、汪伯彥、秦檜、史彌遠、史嵩之、丁大全，皆第進士，万俟卨為上舍第，湯思退且中博學宏詞科，號爲讀聖賢之書，而同盜跖之行。可見宋代科舉，徒以詩賦取人，濫竽充數，彼僥倖釋褐者，因緣朋附，混入官僚政治，攀躋高位，則置器識而不講，名節蕩然而不顧。其最下者，如張邦昌、劉豫之徒，亦皆進士出身，而甘心投敵，充當傀儡皇帝，尤爲士林之恥也。

唐以宰相兼鹽鐵，重視財政。宋以三司主財，在獨立掌管。士大夫諱言理財，亦不善理財。開國之初，宇內初定，人口稀少，政治機構尚未龐大，頗能節約，故府庫充裕，政清人和。咸景以後，生齒日繁，冗官日多，兵員日廣，宮庭日奢，開支漸感不敷。加以澶淵締盟，納幣於遼。而土木頻興，賜賚無藝，故自眞宗朝起，經濟情勢爲之一變。國家窘於財，人民苦於稅，至仁宗朝而益甚，財政窮匱，愈陷而愈深，遂迫至熙寧之變法。變法者，志在富國強兵也，而其首要目的，尤在解決經濟之問題，蓋事勢所趨，不得不求變也。然以阨於舊黨之阻撓，又乏幹練之才，雖有良法美意，亦得失參半。及哲宗立，熙豐十六年之新法，目之爲掊利，竟被推翻，以是留爲朋黨鬭爭之口實。然而元祐號稱更化，此輩恥於言利之徒，對經濟困絀，更束手無策，國家財政，不逮熙豐遠矣。紹聖以後，因陷於黨爭，無所建樹，及蔡京擅國，其所以愚弄徽宗者，還在其聚斂之術，盡情剝削，以豐裕欺君，粉飾昇平，導其驕奢淫逸，內外騰怨，人民陷於最困苦之狀態。自金人南犯，地區淪陷廣漠，兩淮京西與秦鳳鏖戰，殆千里空舍，尤其兩淮難民，蜂湧渡江，亟待救濟，負荷爲艱。又因戰事緜延，軍費開銷龐大，紹興間，諸大帥就地截徵，朝廷收入銳減，不能不向民間誅求，橫征暴斂。川引關子會子，爲當時發行之通貨，既無充裕之基金，而又任情濫發，遂大量貶値，影響人民生活，至爲痛苦。經濟問題，始終無法解決。

宋人社會，世族沒落，門第階級區分，不似唐代之嚴格。北宋之呂韓，南宋之史氏，雖卿相蟬聯，大家庭尚有存在，然非如唐代之王、鄭、崔、盧也。平民家族抬頭，故流動性頗大。汴京爲全國政治之中心，綰轂南北，輻輳工商，人口百餘萬，經濟生活，最爲繁榮。其衞星之陪都，以大名爲盛，洛陽次之，歸德又次之。唐時，天下揚一益二，誠以揚州擅貿易與運輸之利，財富甲於東南，自畢師鐸孫儒之亂，蕩爲丘墟，楊行密復葺之，稍成壯藩，又燬於顯德。宋時已失去通商貿易之地位，而僅爲漕運之轉般站，故繁榮歇滅，不及唐之什一。益州爲內陸都市，且爲王建之蜀都，在西南爲最盛。東南生產豐饒，大都市首推杭州，杭州者擅湖山之勝，爲錢氏之故都，人煙稠密，又爲沿海對外通商港口之一，備有經濟之地位。南宋以之爲行都者，蓋欲採守勢也。其餘州郡，皆爲農業小邑，類多貧陋，無足稱焉。長安爲唐代故都，曩時人口逾百萬，闐闐塡咽，唐末五代之亂，人口遷移一空，宋置永興軍，僅爲行政一要點而已。對外交通，全靠海運，廣州、泉州、明州，爲貿易最盛之海港。西北陸路，交通殆絕。唐代波斯商胡充斥於長安、洛陽與揚州，財雄一時，而宋代大食富商，則顯於廣泉。然宋代限制蕃客頗嚴，雖擁有鉅貲，只居留海港，崇樓傑閣，以富豪自矜，與唐代長安蕃街享有特殊待遇者不同。初唐昇平時期有一百三十八年，而形成所謂貞觀開元之治。但在趙宋，由開國之初，以迄於熙豐，一百二十餘年，景象雖不逮初唐，其間且有遼夏之戰，又有王則李順之變，及王倫等流寇之亂，然情勢尚能穩定。北宋社會基礎完全由此時期造成。社會基礎既深厚，故靖康之變，尚能復起。南宋半壁河山，抵抗金蒙之循環侵略，凡百年之久，亦賴有社會之穩定力故也。惟宋人文弱而褊狹，不及唐人之粗獷豪雄，況北宋之黨爭每流於戾，南宋之道學則習於迂，卿相以雍容紓緩爲事，士大夫以恬淡文雅爲得，重形式，慕虛榮，民氣委靡，怯於對外，中國民族性，蓋自宋代起而一大變矣。

宋代文人地位，特別提高，故教育放在政治之上。學校教育最特色者，一爲三舍法，一爲書院。三舍法爲大學教育之雛型，洵名副其實之國立大學。書院有官立私立兩種，但其盛衰，每繫於名儒師席之有無。南宋書院，較爲發達，道學家設帳授徒，其遺風流韻，由門徒之繼緒，或祠祀而景仰，常建有書院，故數量頗多。中央官學，沿襲唐制，徽宗因重視書畫，增置書學畫學，藝術之提倡，比前代抑又過之。成名士子，寒窗琢磨，仍由私學而出，如范仲淹讀書僧寺是也。自印刷術發明，校刊傳布，得書較易，智識流於四方，對文化之貢獻最大。至於科舉，雖沿唐舊，然其稍異者；一爲取額太濫，二爲釋褐不經吏部試，三爲類試，四爲登第分甲。唐代取士，每科平均爲三十名，宋自太宗以後，每科多至三四百名，幾爲唐額之十倍。若併特奏與諸科合計，恒逾千人。解試人數，輒至五六千名，而掄士比率約爲十分取一。唐代取士，兼採時望，宋初雖有公卷或薦舉，後以流弊而罷之，側重封彌考校，其嚴格性自不及唐代矣。因取額龐多，列以等級，銓才高下，分爲五甲。魁首雖有省元狀元之名，不過爲一種榮譽，並非如後代之有特殊地位。唐代進士，必須經吏部試一關，始得釋褐，領告身而登仕版，以韓愈之學，中進士後十五年仍未釋褐，則中進士是一事，及第又是另一事。宋代凡經殿試而中甲乙科者，多稱爲進士及第，釋褐卽授官，掄選而驟用之，其難易有別矣。建炎之際，因戰禍影響，士子流離遷徙，戰區如京襄、淮東等地，分區考試者，謂之類試。紹興以後，京試在臨安，其類試則在成都，考取川陝之士。宋人得進士，途徑尙多，有臨時特准考試者，如舍人院鎖院個別試是也。有賜進士出身者，如獻著作，酬勳勞，每以賜之。考試內容，詞賦經義，爭論殊多，然到底重詞賦。元史謂：「宋大興文治，專尙科目，雖當時得人爲盛，而其弊遂至文體卑弱，士習委靡，識者病焉。」（卷八十一、志三十一、選舉一）故宋代取士，浮誇不實，才質卑下也。

言乎學藝，師承於唐，文章詩賦，圖畫書法，不脫唐人之窠臼。醫藥曆算，光大前徽，且足與唐人頡抗。宋儒治經，較唐代爲盛，程朱之學，大膽假設，自以爲直追孔門道統，另闢義理門徑，影響經學殆五百年。理氣之學，說明宇宙造化，合宇宙與人生爲一體，言性主於至善；欲求至善，以居敬爲體，致知爲用，格物窮理，不過爲入德工夫。宋人融合儒釋道而創此理氣之說，雖名曰道學或曰理學，在兩宋思想上獨放一異彩，然覈其實，亦非純儒學也。夫儒以萬事爲實，釋以萬法皆空，孔子言性，只限於唯上智與下愚不移；言命，謂未知生，焉知死。天人合一之論，又以易數之渺茫，穿鑿亦難通其理。然自唐以降，儒家每參悟佛說，以圖解釋其人生觀，滿足其思想者久矣。儒家雖諱言釋佛，其實有此傾向，形諸文章詩賦，見諸思想行動，至宋初而益盛。道學家者出，乃直截了當將儒釋道融合，以爲聖門不二之眞傳。宋以前講周孔，自是稱孔孟，孟子之學，亦因而顯。道學家所倡之新儒學，在思想學理上佔一重要之地位。其餘如歷史地理之著作，繁富遠軼前代，而詞最爲特色，通俗戲曲小說，應運而興。至於工藝，若瓷器、雕刻、刺繡等，則又以時而進步焉。

夫宋之有天下也，歷時三百載，聲華之大，不遜於唐。然唐之治近於古，宋之治近於今，宋之孕育中國之社會民風，爲純粹中國型之傳統；陶鑄中國之文化，經過一番創造，多采多姿，超越歐洲中古之發展，而步入近世期。元明以降中國之社會與文化，實皆繼承宋祧。故宋代政教，自有其特性也。玆編內容，包涵宋代政治、經濟、社會、教育、學藝各類，仿通史體裁，撮其綱要，敍其事體，論其得失。覽斯編者，可略窺七百年前我先民活動之事蹟，治道之政制，文物之遺產，生存之經驗，與爲邦百年盛衰之過程，而堪爲後世所借鑑。語有曰：「識治難，識亂亦不易。」夫以宋代遭逢空前之國難，曾竭民族之智慧氣力以荷艱危，應劇變矣。當今世變已亟，然則斯編之作，又可爲識亂之參考也歟？

上篇　宋代社會概觀

第一章　政治變革（一）

第一節　趙宋代周

宋朝開國，始於趙匡胤（九二七—九七六）之代周。匡胤，涿郡人，周檢校司徒岳州防禦使趙宏殷之仲子，生於洛陽夾馬營，容貌雄偉，器度豁如。學騎射，初無所遇，會周太祖郭威（九〇四—九五四）以樞密使征李守真，應募居帳下。後數從世宗（九二一—九五九）破北漢，征淮南，滁關之捷，酬以節鎮，拜殿前指揮使。隨世宗北征，關南平，拜檢校太傅，再遷殿前都點檢。恭帝卽位，改歸德軍節度檢校太師，位在都指揮使上，掌軍政凡六年。主少國疑，內部始有擁立之議。

周顯德七年（九六〇）正月，以北漢結契丹入寇，遣匡胤出師禦之。都下傳言，謂將以出師之日，冊點檢為天子，蓋擁立之風，盛行於五代，匡胤以重兵在握，取周而代，原不足奇。惟此傳言，內廷尚晏然不知，可見中樞之黯弱矣。匡胤遣慕容延釗（九一三—九六三）率前軍先發，大軍繼之。師次陳橋驛，是夕，將士謀擁立，都押衙李處耘（九二〇—九六六）具報匡胤弟匡義（九三九—九九七）及趙普（九二二—九九一），部署諸將，環列待旦。又遣人馳京，聯絡殿前都指揮使石守信（九

圖一　宋太祖像（國立故宮博物院藏品）

二八—九八四），殿前都虞候王審琦（九二五—九七四），以爲內應。翌晨，將校列庭，羅拜呼萬歲，擁匡胤爲皇帝。匡胤還師入京，先遣潘美（九二五—九九一）見執政諭意，時早朝未罷，宰相范質（九一一—九六四），王溥（九二二—九八二）聞變，倉皇不知所爲。侍衛馬步軍副都指揮使韓通，當時掌軍政，惶遽歸謀帥衆禦之，爲軍校王彥昇所害。匡胤進登明德門，令甲士歸營，而自退居公署。已而將士擁范質等至，降階列拜，遂請匡胤詣崇元殿，行禪代禮，即皇帝位。廢周主宗訓（年甫七歲）爲鄭王，符太后（入宮僅十日）爲周太后，遷居西京。改元爲建隆元年正月，國號宋，以所鎭歸德軍在宋州故也。

太祖匡胤，既由兵變得天下，根基未固，岌岌然立於其上，有不可終日之勢；待周後固厚，亦不敢以兵威刼遠人，以誅夷待舊勳，以智慧輕儒素也。股肱之士，如石守信，高懷德（九二六—九八二）、張令鐸（九一一—九七〇）、王審琦、張光翰、趙彥徽，皆顯德舊將，太祖開懷信任，獲其效力，乃論功行賞，加官進爵，並領節鎭。其餘如慕容延釗、韓令坤（九二三—九六八）、韓重贇、羅彥瓌（九二五—九七二）等，率領親軍，亦皆進爵。顯德宰相范質、王溥、魏仁浦（九一一—九六九），樞密使吳廷祚（九一八—九七一），仍任宰執，依原守並加爵位，朝官班序不動，以維繫人心。有定策功之趙普，不過自樞密直學士加樞密副使。以弟匡義，統帥禁軍，改名光義。太祖雖得天下，僅限於周之汴京及其疆土，而周之節鎭舊臣仍未服，羣雄割據自若。夫禪代易而統一難，須用兵征戰，方能澄清宇內也。六月，平昭義節度使李筠於澤州（山西晉城縣）。十一月，破淮南節度使李重進（周太祖甥）於揚州。初，兩李陰結互援，顧以重進之親吏洩其謀，繼又誤其計，遂被逐個繫破。周之舊藩既平，汴京免腹背受敵。迨內部穩定，進而剗削羣雄。乾德元年（九六三），降高繼冲於江陵，執周保權於澧江（湖南澧縣），並剿平其大將汪端之殘衆，湖南悉定。三年（九六五），平西蜀。開寶四年（九七一），破南漢。八年（九七五），滅南唐。至於東南一隅，尙有錢塘之錢俶（九二九—九八八），然自建隆以來，事宋唯謹。三年（九六二），漳泉留從效上表稱藩。四年（九六三），泉州陳洪進（九一四—九八五）亦遣使欵附。此區區藩疆，所以不用兵者，以不足爲患，但羈縻之而已。所餘者獨存北漢，屢伐無功，然僻處一隅，姑置之，以俟國力充實而後圖之。命將帥李漢超等十三人，分守西北，(註一)優厚撫遺，多致克捷，二十年間，無西北之憂。夫以五代十國紛亂之局，至周世宗南征北伐，開疆闢土，控有中原，粗具基礎。太祖禪代而承之，十六年間，羣雄次第削平，中國遂漸趨統一。

宋承五代，建都大梁，非太祖之本意也。自平江南後，太祖原欲遷都洛陽，繼遷至長安，復漢唐之舊。開寶九年（九七六），遂幸西京，愛其地形勢得天下中正，有留都之意。羣臣莫敢諫，獨都指揮使李懷忠乘間進言，謂東京有汴渠之漕，歲致江淮米數百萬斛，禁衞數十萬人，仰給於此，帑藏重兵皆在焉。根本安固已久，不可動搖，一旦遽欲遷徙，臣未見其利，太祖雖嘉之而不從。晉王光義亦力言遷都未便，帝顧左右曰：「晉王之言固善，然不出百年，天下民力殫矣。」然卒罷其議。（註二）

當建國之初，太祖欲矯唐末五代方鎮之弊，首重集權主義，收兵權政權與財權，統攝於中樞，——兵皆天子之兵，官皆天子之官，財皆天子之財，而實施強幹弱枝之策。是以解除武臣之兵權，整編禁軍，屯重兵於京師，經略安撫，以文人任統帥。中央政權，掌於兩府，置臺憲以彈奏羣臣，任差遣而督行政令；監司郡守，委京官權充，另差判官，直接聽命於天子，作雙重管治，互相牽制。全國財權，掌於三司之手，由中央直達州郡，貢賦轉運，獨立處理。凡此措施，使全國之軍政財，統歸於天子獨裁之下，權力操縱之謹嚴，遠邁前代矣。然而法令雖密而示以寬仁，統馭雖專而大開文治，使久處喪亂之民，可涵煦生息，羣納於一政治軌跡之中，而另創一新局面焉。

（甲）兵權　五代政權更迭，乃唐代藩鎮跋扈變亂之延續，擴大而為朝代之更易；軍士之擁立，又與唐代之擁立節度使無異。是以千古疑案之陳橋兵變，質言之，原為澶州（河北濮陽縣）兵變之重演，在五代中為軍士擁立之第四次。兵變之主角，為當時之禁軍，——一種職業兵，乃五代循環叛亂之禍根。太祖代周，亦藉彼等為工具。代周以後，方鎮多偃蹇，(註三)乃詔諸道籍驍勇兵送闕下，太祖親編之為雄武軍，命王繼勳主之，但因放縱騷擾，斬軍卒百餘人。太祖嘗撫髀歎曰：「(唐莊宗)二十年夾河戰爭得天下，不能用軍法約束此輩，縱其無厭之求，以茲臨御，誠為兒戲。朕今撫養士卒，固不吝惜爵賞，若犯吾法，惟有劍耳。」(註四)蓋心知其弊，非嚴厲控馭，則第五次擁立，勢必接踵而至，然則宋之治運，未可知也。夫漢唐由馬上得天下，百戰之餘，新興勁旅，皆經自己所培養訓練之部曲，素納於規矩號令之中，其約束之也易。宋以擁立而得天下，憑藉他人之力，倖逞於一時，人心未固，難安於永久。太祖既得天下，終日惴惴皇皇，而力謀整頓此批禁軍，為當時急要之圖。整頓禁軍，首從解決最跋扈之義社十兄弟始。當時擁有最大兵權者為石守信王審琦，為欲解除其兵權，建隆三年，先解除侍衞軍統帥之侍衞馬步軍都指揮使韓令坤、都虞候張令鐸，與殿前軍首腦之殿前都點檢慕容延釗、高懷德、殿前都指揮使王審琦等之職，石守信雖仍兼侍衞都指揮使如故，其實兵權不在也。殿前副都點檢自是亦不復除授。改任其弟光義為殿前都虞候，統帥禁軍。虞候者，宮禁之官，掌斥堠，伺姦邪，主不法，實乃特務之機關也。及光義尹開封，以張瓊繼之，蓋禁衞兇如虎狼，非瓊之悍不能制之也。節度使來朝即遷徙，此乃調虎離山，解決藩鎮之初步。然太祖之解除武臣兵柄，不需雲夢之疑，鍾室之誅，而在杯酒談笑之間，全部解甲。收天下驍銳於殿巖，而不使外重；祿諸大臣於環衞，而不付以兵。不以武人為大帥，專治一道，必委文臣為經略以總制之。唐代任將在專其權，宋則分之，故武臣守邊，但授緣邊巡檢之名，不加行營部署之號，雖久任而位不高則易制。夫杯酒釋兵權，是宋初建國要策之一，虎符大柄，奪諸武臣之手，而授與文人，方鎮之弊，遂從此根絕。

武臣釋兵權後，整飭軍紀，淘汰老弱，收驍勇，勤訓練，以增強禁軍，實行精兵主義。兵種之編制有四：曰禁兵，曰廂兵，曰鄉兵，曰蕃兵。禁兵者，天子衛兵也，統於殿前，侍衛兩司。兩司及其所統屬之馬軍步軍，各置都指揮使副，都虞候，共十二將領，統全國之兵。開寶兵籍，全國共三十七萬八千人，而禁兵為十九萬三千人，沿汴河之雍丘、襄邑、陳留三縣，沿蔡河之咸平、尉氏兩縣，皆列營屯駐，馭其漕運之便，拱衛京師。使京師之兵足以制諸道，而無外亂；合諸道之兵足以當京師，則無內變，——內外相維，平衡軍力，無偏重之患。（註五）禁兵皆分番屯戍，即所謂更戍法，由京師至邊圉，輪番易其防地，使「將不專兵，兵不專將，」有事則以征討。廂兵者，諸州之鎮兵也，內統於侍衛司，其後隸樞密院，但罕教閱，駐各州縣，任營繕工作，類多給役而已。（註六）其士勇者選為禁兵，悉送京師，餘留本城。鄉兵者，選自戶籍，或五丁抽一，三丁抽一，二丁抽一，或土民應募，所在集結訓練，以為防守之士兵也。廂兵鄉兵，亦須黥面或涅手，使有標誌，不得逃逸。蕃兵者，塞下內屬諸部落集結以為藩籬之兵也。宋採募兵制，或徵土人，或取營伍子弟，或募饑民補充，或以罪隸給役。「天下之兵，本於樞密，有發兵之權，而無握兵之重；京師之兵，總於三帥，有握兵之重，而無發兵之權，」（註七）樞密院猶今之國防部，三帥猶今之參謀總長也。將所以握兵，而帥所以御將，諸道制置、經略、安撫等職，皆以文臣任之，（註八）層層牽制，歷數百年而無內變之患，用意深且遠矣。此外，又置皇城司，主管首都警備，宮門出入，密偵官吏，調查不法軍人，刺探民間之事。凡宿衛，殿外歸殿前司，殿內則皇城司主之。又置走馬承受五十名，配置於各路，凡軍事機密，邊境軍人不法，卽行密奏。皇帝對邊境之命令，走馬直接到達。邊境事情，瞭如指掌。皇城司與走馬承受員吏，皆由宦官充當。皇帝之獨裁權，更爲之強化矣。

（乙）政權　三省臺閣之制，名號品秩，皆襲用唐舊。然唐代中央行政最高權力，集中於三省；三省中各有其獨立之權能，分別負責，故行政系統，臻於規矩化。宋初政制，所謂三省，徒具空名。朝廷大政，分別掌握於宰相、樞密使、與三司之手，政軍財三大權幾條縱線行政系統，直接由皇帝統馭，各成獨立單位，部門分散，雜亂無章。與唐代執簡馭繁之政制，迥然有別。故極權政治，責任不明，事無專職，形成行政上之推諉癱瘓現象。司馬光謂：「唐初職事官，有六省、一臺、九寺、三監、十六衞、十率府之屬，其外又有勳官散官——勳官以賞戰功，散官以褒勤奮。……大宋承命，承其餘弊，方綱紀大基，未暇釐正，故省臺寺監衞率之官，止以辨班列之崇卑，制廩祿之厚薄，多無職業。其所謂官者，乃古之爵也。所謂差遣者，乃古之官也，所謂職者，乃古之加官也。自餘功官、檢校官、散官、階勳爵邑，徒爲煩文，人不復貴。」（註九）宋人官制，不但所授之階勳爵邑皆爲虛名，卽其身所居之官，亦但居此官而不任以此官之事，與其本人無涉，特使之食其祿而已，故謂之寄祿官。「中書省但掌冊文，覆奏考帳。門下省主乘輿，八寶朝會，板位流外，考較諸司，附奏挾名而已。臺省寺監，官無定員，無專職，悉皆出入分涖庶務。故三省六曹二十四司，類以他官主判，雖有正官，非別敕不治本司事，事之所寄，十亡二三。故中書令、侍中、尙書令不預朝政。侍郎給事，不領省職。諫議無言責，起居不記注。中書常闕舍人，門下罕除常侍。司諫正言，非特旨供職，亦不任諫諍。至於僕射尙書丞郎員外，居其官不知其職者，十常八九。」（註一〇）秘書殿中二省，名存實廢，惟內侍所掌，猶髣髴故事。六統軍十六衞，每遇大禮朝會，但遣官攝，以備儀範。官員分爲朝官與京官兩者，朝官即自一品以下常參官，預朝謁；京官即自秘書郎以下未嘗參者。官人授受之別，分爲官、職、與差遣三者。官以寓祿秩敍位著，職以待文學之選，即加官，而別爲差遣，以治內外之事，方爲實職，蓋在唐季及五代分爲官與正官者是也。例如蘇軾以端明殿學士知定州，知定州，差遣也，即臨時執行職務；學士，職也；朝奉郎則官也。差遣罷而官職尙存，職落而官如故。官與職分，內庭議事，論職不論官；都省議事，論官不論職。「故仕人以登臺閣升禁從爲顯宦，而不以官之遲速爲榮滯，以差遣要劇爲貴途，而不以階勳爵邑有無爲輕重。」（註一一）宋代官制誠名實混淆，品秩貿亂也。

中樞執政，文武劃分，宰相專掌文事，參知政事佐之；樞密使專掌武事，副使佐之。中書與樞密對掌大政，謂之兩府，亦曰兩地，行皇帝之詔命。故朝廷班序，爲宰相、樞密使、知樞密院、參知政事、樞密副使、同知樞密院，亦謂之執政。三省雖存其名，並列於外，惟以他官主判，未嘗預聞政事。另置中書於禁中，是謂政事堂，亦曰都堂，故中書有內外省之別。換言之，此置在禁中之中書者，乃中書門下之政事堂，宰相之公署也。宋初宰相，雖有同中書門下平章事之名，其實但就中書內省爲政事堂，門下尙書兩省皆在宮外。唐以宰相爲政府之首長，地位與權力甚高，宋代亦獨重。初時，宰相無常員，然承唐制，以同平章事爲眞宰相之任，有二人則分日知印，以丞郎以上至三師爲之。其上相爲昭文館學士，監修國史，其次爲集賢殿大學士，或置三相則分兼之，亦仿唐制也。建隆元年二月，以范質爲昭文館學士，王溥監修國史，魏仁浦集賢殿學士，此三相例也。當時三相之銜，范質以門下侍郎同中書門下平章事參知樞密院事依前守司徒加兼侍中，王溥自尚書右僕射兼門下侍郎同中書門下平章事參知樞密院事加守司空兼門下侍郎同平章事，魏仁浦自樞密使行中書侍郎同中書門下平章事，加尙書右僕射中書侍郎同平章事，則此三相，范質原爲門下侍郎，王溥爲尙書右僕射兼門下侍郎，魏仁浦爲樞密使而兼之也。乾德二年（九六四）皆罷，趙普獨相。越三月，欲置之副，始襲唐代參知政事之名以命之，掌副宰相，稱執政官，毗大政，贊機要，參庶務，用明敏特達之士以任之。其除授不宣制，不押班，不知印，不預奏事，不升政事堂，殿庭別設專位於宰相後，及敕尾署銜降宰相一等，月俸雜給半之，蓋未欲與普齊也。命樞密直學士薛居正（九一二—九八一）、兵部侍郎呂餘慶（九二七—九七六）並本官兼之，後益以劉熙古（九〇三—九七六），是爲一相三參。開寶六年（九七三），始詔居正餘慶於政事堂與宰相同議政事。及普罷去，以居正沈義倫(九〇九—九八七)爲相，盧多遜(九三四—九八五)參知政事，更知印押班奏事，以分其權，則兩相一參也。唐以侍中，中書令爲眞宰相，其餘以他官參掌者，則加知政事、參知政事同平章事等名義。而宋以同平章事爲宰相，參知政事爲之副也。宰相在政事堂辦公，堂後有制敕院，院內有五房：一曰孔目房，二曰吏房，三曰戶房，四曰刑房，五曰禮房。每房置堂後官三人，一主生事，一主熟事，一發勑向下。各房又有主事守當官名目，行遣文書。(註一二)宰相坐論之禮，自宋而廢，辦公至未刻方出，其後許纔午歸第。宰相辭罷後，或授節度使兼中書令侍中同平章事，爲使相，使相者名譽職，不預政事，不書敕，惟宣敕除授者，敕尾存其銜而已。至於百官庶府，行朝廷之號令，六部自尚書以外，只有侍郎、郎中、員外郎三者，其有主事之名，與錄事、令史、書令、史守、當官，皆爲吏而非官也

樞密使之名起於唐，本以宦官充之。五代時，朱梁懲唐之弊，不用宦官，乃復改爲崇政院。唐莊宗復舊名，始參用士人，置樞密使，皆天子腹心之臣，日與議軍國大事，其權重於宰相，宋代承之，分中書樞密爲二府，對持文武二柄，此準漢代丞相與太尉分權之法也。(註一三)樞密院在中書之北，掌軍國機務，兵防邊備戎馬之政令，握全國之兵柄，主軍政號令。大事則奏稟，其付授者用宣；小事則擬進，其付授者用劄。先具所得旨，關門下省審覆。面得旨者爲錄白，披奏得畫者爲畫旨，並留爲底，惟以白紙錄送，皆候報施行。其被御寶批旨者，即送門下省繳覆；應給誥者，關中書省命詞。凡邊防軍旅之常務，與三省分班稟奏；事干大計，仍同三省合奏取旨。兵部所掌者，兵籍之常也。樞密所領者，戰爭之變也。不以兵柄付有司，設專官以統之，使互相牽制。中書樞密，既稱二府，每朝奏事，與中書先後上殿。五代使樞密察宰相，因倚重而貽權姦之禍。宋代樞密之地位，稍低於中書，初以武臣領之，其後以武臣不得掌機密，皆用儒臣。

除中書樞密外，淸要之機關，一曰待制，二曰監察，皆任天子之首腦與耳目也。待制之機關爲學士院，置翰林學士，無定員，掌內制制誥赦敕國書及宮禁所用之文辭。凡學士掌內庭書詔，指揮邊

事，曉達機謀，天子機事密令在焉。亦備顧問，以論思獻納爲職。選擇旣精，信任亦重，不當預外司公事，蓋防纖微間或漏省中語，故學士院常在金鑾殿側，號爲深巖，例定雙日鎖院，隻日降麻（白麻制詔）。學士所掌之制爲內制——宮中發出之文書，中書舍人所掌之制爲外制——府中發出之文書，稱爲兩制。監察之制，御史乃天子之法官也，綱紀所寄焉。御史臺分設三院，乃公宇之號，非官稱也。一曰臺院，置御史中丞一人爲臺長，侍御史一人助理臺政，中丞爲風憲之長，自宰相而下皆得彈擊，大事則廷辯，小事則奏彈。二曰殿院，置殿中侍御史二人，掌百官之糾察，以正官儀。三曰察院，置監察御史六人，分察六曹之事。漢唐臺諫，以諫諍皇帝爲對象，而唐代諫官，隸屬於門下省，置諫議大夫四人，掌侍從贊相，規諫諷諭。宋代御史，則由御史臺與兩制分舉，而由皇帝任命之。頭項重戴（大裁帽），作人主之耳目，使攻發大臣缺失，遂使宰相承望臺諫風旨，欺上罔下。宋代政治之糾紛，一部份禍根，導源於此。

（丙）財權　唐代宰相兼錢穀，宋代宰相，旣無兵權，亦無財權。財權獨立，集中於三司。三司者，卽唐之戶部司、度支司、及鹽鐵司。戶部掌納，度支掌出，鹽鐵掌山澤之入與督漕輓之事也。「三司之職，國初沿五代之制，置使以總國計，應四方貢賦之入，朝廷不預，一歸三司。通管鹽鐵、度支、戶部，號曰計省，位亞執政，目爲計相，其恩數俸祿，與參樞同。」（註一四）又分置副使判官以佐之。當時三司擁有財權，實至龐大，不僅戶部爲其吞併，卽工部、大府寺，將作監、都水監及軍器監之職權，亦爲其攙奪。故天下財賦，內庭諸司，中外筦庫，悉隸三司，宰相罕能過問焉。地方財權，始置勾當某路水陸計度轉運事官，後改諸道轉運使，直接主管該道之財賦利權，以上供三司。

太祖懲五代藩鎮之弊，注重郡縣之制。初爲州縣二級制，小於州者爲軍爲監。軍是由唐代藩鎮軍號演變而來，治軍兼治民事，多領縣比下州。監爲礦冶煮鹽等業務設官而兼治民事，多屬州比縣，通稱爲郡，皆與州爲同級。太祖罷節度，命朝臣出守列郡，號權知軍州事，權者假守也。嘗謂趙普曰：「五代方鎮殘虐，民受其禍。朕今選儒臣幹事者百餘人，分治大藩，縱皆貪濁，亦未及武官一人也。」(註一五)既立權發遣與權知，名若不正，而三年一替，任若不久者以輕其權。此爲中央暫派性質，實際上並無眞正之地方官也。又恐知州不足恃，另置通判以監統州守而分其柄。建隆四年，詔知府公事，並須知事通判簽議連書，方許行下。時大府州置兩員，餘置一員，不及一萬戶者不置。通判掌倅貳郡政，與知事均禮，凡兵民、錢穀、戶口、賤役、獄訟、聽斷之事，可否裁決，與守通簽。所部官有善否及職事修廢，得剌舉以聞，或稱爲監州。其官雖郡佐，權在知州之下，而其人間有出於朝廷之特命，具有特殊之權力，每與知州爭權，(註一六)所用之財，多無稽考。知州雖曰總理郡政，塊然徒管空城，受詞訴而已，兵財盡關於上，而守令不得以自專。昔之擅制數州，挾其力以爭衡上國者，至此各拱手趨約束。知州通判以下，有推官判官，又有錄事、戶曹、司法、司理等參軍及教授等職。另置巡檢，掌分治甲兵，巡捕盜賊，而知州並兼兵馬總管鈐轄。州分上中下三級，官銜分四等，有節度（三品州）、防禦、團練（四品州）、刺史（亦曰軍事，五品州），以分州之大小。節度繫有軍號，如大名府稱天雄軍，兗州稱泰寧軍之類是。州之等級，亦有升有降也。(註一七)州以下爲縣，京都所治爲赤縣，旁邑爲畿縣，除赤畿外，縣以戶口多寡分爲五等，有望（四千戶）、緊（三千戶以上）、上（二千戶以上）、中（千戶以上）、下（不滿千戶爲中下，五百戶以下爲下），蓋倣唐制也。縣置令，掌總治民政，有戍兵則兼兵馬都監或監押。未改京朝官，謂之縣令，已改京朝官，方謂之知某縣。建隆三年，始以朝臣爲知縣，其間復參用京官或幕職爲之。守臣付以一州，令宰付以一縣，收鄉長鎮將之權，悉歸於縣；收縣之權，歸之於州。州之權由朝廷直接指揮，一命之任，皆帝所自署。又建隆三年詔，凡州郡斷大辟錄案，朱書格律斷詞收禁月日官典姓名以聞，取旨行之，自後州縣不得專殺，而生殺之權，皆出於上矣。牧守令錄，太祖躬自召見，問政事，然後遣行，簡擇精嚴，而層次監察，以時上其殿最。文符朝下，朝會夕報，伸縮緩急，皆在朝廷矣。

當開國之初，太祖以周之舊臣范質、王溥、魏仁浦爲相，以維繫人望。質以儒者曉暢軍事，及爲相，廉愼守法，故宋初禮文，由范質而始備。溥，刀筆家子，而好學不倦，性寬厚，美風度，好汲引後進，其所薦至顯位者甚衆。仁浦嘗爲小吏，亦以寬厚長者著稱。用此三相，四年之間，度民田，置義倉，寬刑罰，君道以立，國亦漸安，皆佐命元臣也。乾德二年正月，同日皆免。越三日，趙普自樞密使加門下侍郎同平章事，但中書無宰相署敕，令翰林學士講求故實，承旨陶穀（九〇三—九七〇）謂尚書乃六官官長，可以署敕。竇儀（九一四—九六六）曰：「今皇弟尹開封同平章事，即宰相任也。」令署敕以賜普。（註一八）普少習吏事，寡學術，性深沉有岸谷，剛毅果斷，未有其比，有定策佐命之功，（註一九）自是獨相凡九年。然普爲幕客之雄，膺元勳之寵，睥睨將士，爲政頗專，廷臣多忌之。凡普之進謀於太祖者，皆以忮害之小慧，鉗錮太祖之故舊元勳，而斂權於己也。(註二〇)開寶六年（九七三），普貪污不法，出爲河陽三城節度檢校太傅同平章事。以薛居正爲門下侍郎同平章事，沈義倫爲中書侍郎同平章事，至九年（九七六）始免。

太祖嘗怵於天命之不恒，感於民勞之已極，故其所爲，厚柴氏，禮降王，行賑貸，禁淫刑，尚儒素，與民休息。勒石鎖置殿中，使嗣君卽位，入而跪讀，其戒有三：一、保全柴氏子孫；二、不殺士大夫；三、不加農田之賦。王船山謂其有求諸己之心，傳世百年，歷五帝而天下以安，太祖之心爲之也。(註二一)當其初定天下，掖庭供給，不過五十人。宦寺中年，方許養子爲後。又詔臣僚家，毋私蓄閹人，民間有閹童孺爲貨鬻者論死，蓋去唐未遠，懲其禍而待閹宦者甚嚴也。對於官吏貪污，嚴懲不貸，其屢宣大赦，但十惡、殺人、官吏受贓者不原。故凡貪贓之官吏，文官高至監察御史，職方員外郎，下至州守、縣令、主簿；武臣至牛衛大將軍，棄市者有十四宗。情節較輕者，或罷或貶，從不假貸。開寶時，省官以清吏治，增俸以責官廉，求治之心甚切。故在位十七年，仁聲善政，聲威赫奕。女直國、三佛齊、回鶻、占城、高麗、于闐、吐蕃、大食、東印、契丹等國，常遣使入朝，貢獻方物。「考論聲明文物之治，道德仁義之風，宋於漢唐，蓋無讓焉。」(註二二)然太祖數微行，察羣情以思預制，自趙普獻猜防之謀，臣下惴惴焉惟以優容爲厚福，而畏建功以取禍，故以猜忌爲家法，終宋之世不易焉。

太祖遵母杜氏（九〇二—九六一）訓，謂汝知所以得天下，「正由周世宗使幼兒主天下耳」一言，而奉命將傳位於弟光義，光義傳光美（九四八—九八五），然後由光美傳德昭，—德昭，太祖之子也，年未冠。(註二三)母后之言，記為約誓，藏之金匱。已而封光義為晉王，班宰相上；光美兼侍中，子德昭同平章事。晉王幕府，有文有武，有將有兵，擁有龐大之實力。開寶九年十月，太祖崩，年五十。光義即皇帝位，以弟廷美（光美）為開封尹兼中書令，封齊王；德昭為永興節度使兼侍中，封武功郡王。尋詔太祖廷美子女並稱皇子皇女，以示一體。然而此兄終弟及之皇室一家，四年之間，好景不常，卒使骨肉相殘而大倫滅裂矣！

第二節　太宗繼治

太宗光義，工文業，多藝能，沉謀英斷，慨然有削平天下之志。及即位，求治心切，詔羣臣論事，欲面奏者，即時引對。每好直言，滿朝鯁士。帝嘗語侍臣曰：「朕何如唐太宗？」且謂朕無他好，但喜讀書，多見古今成敗，善者從之，不善者改之，如斯而已。史稱：「帝服澣濯之衣，毀奇巧之器，却女樂之獻，悟畋游之非。絕遠物，抑符瑞，憫農事，考治功，講學以求多聞，不罪狂悖以勸諫士。」(註二四)故彬彬至治焉。

太宗之世，武功文治，皆承太祖所創之業，繼其未竟之志，故中國疆宇，由太宗而統一；宋代治體，經太宗而完成。雖然，以太祖之雄才大略，使之享國長久，則必不都汴，必不和契丹，必不容趙保吉竊據西陲，亦必無高梁河岐溝關之敗，揆文奮武，各極其盛，宋之為宋，當有度越漢唐者。惜乎

圖二　宋太宗像（國立故宮博物院藏品）

天不假之以年，太祖經略天下之偉略，太宗實不能盡用，而僅守其已成之業，以視乎唐武德後之有貞觀，夐乎遠矣。試就其武功文治，分述如次。

太平興國三年（九七八），陳洪進獻漳泉二州，封爲武寧節度使；吳越國王錢俶，因入朝如網中魚，亦獻其兩浙諸州，乃封俶爲淮海國王。太祖雖平羣雄，獨北漢尚存，屢伐無功。四年(九七九)，帝議伐漢，曹彬（九三一—九九九）力贊之，乃以潘美爲北路都招討制置使，帥六軍，分四面猛攻太原城。先命郭進分兵控石嶺關，遼人入侵，大破之於關南，於是北漢援絕。激戰兩月，城無完堞，北漢主劉繼元率官屬出降，北漢遂平。自是全國版圖，東南際海，西盡巴僰，北盡三關，幾復漢唐之舊，其未入職方者，唯燕雲十六州而已。太原既平，人人有希賞意，而帝復議取燕薊，諸將皆不願行，然無敢言者。崔翰（九三〇—九九二）以當峻坂走丸之勢爲喻，謂所至必順，此若不取，後恐噬臍。帝然之，遂改變北伐。然而太原之戰，傾中國之精銳，消耗於此堅城之下，僅能克一彈丸之區，師已老矣。所謂強弩之末，勢不能穿魯縞，一敗而沒世不振，再舉復失利，宋遂受制於夷狄，豈非廟廊失算之咎耶？昔王朴與周世宗謀取天下，欲先定南方，次及燕，最後乃及太原，蓋燕定則太原直罝中免耳。太宗不諳天下之大勢，倒行求前，又烏有不顚蹶者哉？

大遼(註二五)崛起朔野，兵甲之盛，鼓行塞外，席捲河朔，幅員萬里，歷梁唐晉漢周宋六代，世爲勁敵。遼主耶律璟（穆宗，九三一—九六九）殺其叔李胡。後畋懷州，爲近侍所弑。耶律賢（景宗，九四八—九八二）以世宗次子代立，身嬰風疾，委國蕭氏，如乘亂而圖之，或在斯時。然太祖以經營方夏，力有未遑，故只求通好報聘，無妄侵伐。太宗既滅北漢，欲鼓銳取幽薊，遂發太原，勢如破竹，順州（河北順義縣）、薊州（河北薊縣）皆降，獨燕（河北省北平）未下。遼人初敗，圍三匝，遼主準備棄守。及遣耶律休哥救燕，復戰於高梁河（北平西直門外），與耶律斜軫分左右翼橫擊，宋師大敗，死者萬餘人。帝引師南還，休哥受三創，不能騎，只乘輕車追至涿州（河北涿縣）。帝乘驢車走免，股中兩矢，（註二六）損失極重，是謂高梁河之役。旋卽屯兵於定州（河北定縣）、關南（卽高陽關，河北高陽縣東高陽舊縣治）、眞定（河北正定縣），以資防守。已而遼人寇鎭州（河北正定縣），報圍燕之役。宋師南向而潰，帝令崔翰帥衞兵千餘止之。遼兵數萬，又寇滿城（河北滿城縣），劉廷翰（九二六—九九五）先陣於徐河，崔彥進（九二二—九八八）自高陽關帥師出黑蘆堤北躡遼後，崔翰、李漢瓊（九二七—九八二）兵繼之，合擊大敗其衆，俘馘數萬。太平興國五年（九八〇），遼兵寇雁門，代州刺史楊業，以數百騎從雁門北口，南向擊之，遼兵大敗。十月，遼兵入寇，圍瓦橋關（卽雄州，河北雄縣），宋師大敗，耶律休哥帥精騎追至莫州（河北任邱縣），是謂之瓦橋關之役。十一月，帝自將禦遼，次大名，諸軍及遼人大戰於莫州，敗績。帝命劉遇（九二〇—九八五）、曹翰（九二四—九九二）爲幽州東西部部署，遂還京，而遼主亦北歸，以耶律休哥爲于越——于越者，遼至貴之職也。休哥智略宏遠，善料敵，每戰勝，讓功於諸將，故士卒樂爲之用。六年（九八一），置平塞、靜戎（河北徐水縣）二軍，以資防守。遣使如渤海高麗，約會兵滅遼，皆不至。七年（九八二）遼主賢卒，長子隆緒（聖宗，九七一—一〇三一）嗣位，母蕭氏專國事，復國號大契丹。賀懷浦父子上言：契丹主少，母后專政，寵倖用事，請乘其釁以取燕薊。帝信之，雍熙三年(九八六)正月，以曹彬將幽州行營前軍馬步水陸之師凡二十萬，與潘美等北伐。米信（九二九—九九七）、崔彥進自雄州，田重進（九二九—九九七）趣飛狐（河北來源縣北），潘美出雁門，約期齊舉。帝命其持重緩進，曹彬素性雖醇謹，但直趨涿州，進兵太銳，田重進又朒縮不前。時值五月，方炎夏，士卒困乏，糧又將盡。曹彬引兵與耶律休哥戰於岐溝關（河北易縣拒馬河之北），彬信敗走，無復行伍，夜渡拒馬河，休哥引兵追及，溺者不可勝計，全軍慘敗！自岐溝關之役後，對契丹之師，一蹶不振。帝召曹彬米信等還，令田重進屯定州，潘美還代州（山西代縣），徙雲（山西大同縣）、應（山西應縣）、朔（山西朔縣）、寰（故城在山西朔縣東）四州吏民及吐谷渾部族，分置河東京西。時耶律斜軫將兵十萬至定安西，敗賀令圖（九四八—九八六）於五台（山西五台縣），敗潘美於飛狐，於是渾源（山西渾源縣）應州將皆棄城走，斜軫乘勝入寰州。潘美既敗於飛狐，副將楊業引兵護四州吏民內徙，時斜軫已陷寰州，業欲暫避其鋒。兵馬都監王侁，性剛愎，以爲畏懦，欲從雁門北川中鼓行而往，業不可，謂此必敗之勢也。侁強之，至陳家谷口，遇伏被擒，全軍覆沒，業不食而死，而賀懷浦亦戰沒。此又遭一次最大之慘敗。初議興兵，帝獨與樞密院計，中書不預聞，張齊賢（九四三—一〇一四）北征之諫，趙普班師之論，皆不聽。及敗，帝始悔之，降潘美三官，除侁名，曹彬等亦各貶官有差。十一月，劉廷讓（九二九—九八七）帥師數萬，並海而北，與李敬源合兵，將趨燕。耶律休哥聞之，以兵扼要害，逆戰於君子館。會契丹主隆緒兵大至，圍廷讓數重。廷讓先分精兵，屬李繼隆爲後援。繼隆退保樂壽（故城在河北獻縣西南），廷讓力不敵，一軍盡沒，僅以數騎脫走。李敬源、楊重進皆死之。休哥又諜紿雄州賀令圖，令圖意其來降，欲擅其功，引數十騎逆之。休哥令左右殺其從騎而執令圖。自是河朔戍兵，無復鬭志，契丹乘勝，長驅而南，遂陷深（河北深縣）、邢（河北邢臺縣）、德（故治在山東陵縣）三州，殺官吏，俘士民，輦金帛而去，魏（河北大名縣）、博（山東聊城縣）之北，民尤苦焉。帝聞之，既不治繼隆，只下詔自悔，而釋敗潰將士之罪，不復有馭將紀律。未幾，契丹又薄代州城，張齊賢選廂軍二千掩擊，大敗之，此爲僅有之倖勝也。王船山曰：「宋承五代之餘，人厭干戈，梟雄之氣衰矣。江南蜀粵之君臣，弄文墨，恣嬉遊，其甚者淫虐逞而人心解體，兵之所至，隨風而靡，宋於是乘之以有功。彼未嘗誓死以守，此未嘗喋血以爭，如項羽、公孫述、竇建德、薛舉之幾勝幾負而始克者也。乃天下已收其八九，而將卒之情，胥泮渙矣。以此而驟與強夷相競，始易視之，中輕嘗之，卒以一衂而形神交餒。故太宗之大舉北伐，驚潰披離，而死傷過半。」（註二七）列契丹者，乃遊牧民族也，其族富馬強兵，彍騎介夫，卯命辰集。民十五以上五十以下隸兵籍，兵源可達一百六十四萬人。（註二八）初期兵力，精甲凡五十萬騎，武器銳利，身披鐵甲，善於野戰。馳突輕疾，迅捷猛悍，其精騎有號爲鐵鷂、鷹軍、龍軍、虎軍者。秋高氣爽，弓弦堅勁，即長驅南犯。宋兵原非善戰之勁旅。河東差可自固，太宗親御六軍，躬冒矢石而僅克之，則諸將之才略可知矣。既有天子之猜忌，而相臣之傾妒，雖有將才，自難立功。況契丹以野戰勝，而宋兵只擅城防戰，河朔平原，突騎一衝，爲生平所未見，故其不堪一擊者，事有所必至也。四年（九八七），繕治河北諸州軍城隍，帝將大發兵討契丹，遣使募兵於河北，凡八丁取一，仍念念不忘報怨焉。

自宋師之一歲三衂也，契丹之勢愈張，常擾邊界，北鄙騷動。宋既不能主進攻而蹈覆轍，自宜重守勢以固圉。端拱元年（九八八），潘州（四川松潘縣北）刺史何承矩（九四六—一〇〇六）上疏，主張於順安砦西開易河蒲口，導水東注於海，東西三百餘里，南北五七十里，資其陂澤築隄，貯水爲屯田，可以遏敵騎之奔軼。其緣邊州軍臨塘水者，止留城守。軍士不煩發兵廣戍，收地利以實邊，設險固以防塞。順安軍以西抵西山百里許，無水田處，亦望選兵戍之。太宗嘉納，乃以承矩爲制置河北緣邊屯田使，俾董其役焉。（註二九）其後，宋與契丹之對峙，又沿此由西注東之天然河流沼澤，利用地形之險固，以爲國防線。太宗置寨二十八，鋪一百二十五，命廷臣十一人，戍卒三千餘，部舟百艘，往來巡警，以備緩急。（註三〇）是年冬，契丹攻破涿州城，遂進攻長城，士卒潰圍南走，契丹邀擊之，殺獲略盡。又攻陷滿城，祁州（河北安國縣）及新樂（河北新樂縣），但郭守文（九三六—九九〇）破契丹於唐河（河北唐縣境），勢始振。二年（九八九），契丹陷易州（河北易縣），遷其民於燕。詔議北伐，李昉（九二五—九九六）、王禹偁（九五四—一〇〇一）、宋琪（九一七—九九六）多以修好爲言，惟張洎（九三三—九九六）指出當前之劣勢，由於兵力分散之過，請於緣邊建三大鎭，各統十萬之衆，鼎峙而守，爲制敵之方。七月，耶律休哥帥數萬騎，將邀李繼隆，刼輜重護兵，北面緣邊都巡檢使尹繼倫（九四七—九九六）夜躡契丹兵於唐州（河北唐縣）徐河間，後復急擊，大破之，殺其將皮室（註三一）一人，休哥背亦受創，乘馬先遁，餘衆潰去，契丹爲之氣奪，自是不敢窺邊。至道元年（九九五），契丹大將韓德威帥衆萬餘，誘黨項勒浪等族，自振武（綏遠和林格爾縣地）入寇，折御卿邀擊，敗之於子河汊，勒浪等乘亂反擊德威，殺其將突厥合利等，德威僅以身免。是時，全國總兵額六十六萬六千人，而禁軍馬步爲三十五萬八千人。

太宗之世，除契丹連年犯境爲宋之寇讐外，又有西夏之叛、交州之變、及蜀民之亂，亦用兵頻仍：

（甲）西夏之叛　拓拔夏者，故黨項部羌種，貞觀中歸唐，賜姓李。唐末，拓跋思恭鎮夏州（故城在陝西橫山縣西），統銀（故治在陝西米脂縣東北）、夏、綏（陝西綏德縣）、宥（陝西靖邊縣）、靜（故治在陝西米脂縣西）五州地，討黃巢有功。四傳至繼捧，當太平興國七年，以家難入朝，獻銀、夏、綏、宥四州地。宋以曹光實（九三一—九八五）爲四州都巡簡使，未幾，繼遷（繼捧族弟）叛，走地斤澤。八年，曹光實襲繼遷。破之，繼遷既敗，轉徙無常處，復連聚豪族，漸以強大。雍熙二年（九八五），遂與繼冲赴夏州，詐降於葭蘆川，誘殺曹光實，因襲破銀州，復破會州（甘肅靖遠縣），焚城郭而去。朝廷遣知秦州田仁朗（九三一—九八九）等將兵討之。時繼遷陷三族砦，乘勝進攻撫寧砦。仁朗爲人，沉毅有謀，以繼遷嘯衆數萬，盡銳以攻孤壘，擬俟其困，以大兵臨之，截其歸路，則虜成擒矣。仁朗故示閑暇，副將王侁因媒孽之，帝誤聽，徵還仁朗，竄商州（陝西商縣）。侁遂舉所部，入濁輪川（陝西神木縣西北，下流入黃河）破賊，繼遷遁去。時同領邊事郭守文，復與知夏州尹憲擊鹽城諸番，焚千餘帳，由是銀、麟（故治在陝西神木縣北）夏三州番一百二十五族悉內附。三年，繼遷請降於契丹，契丹冊封爲夏王。端拱元年，以繼遷侵擾日甚，諸將用兵無功，帝從趙普計，復命李繼捧爲定難節度使，鎮夏州，賜姓名趙保忠，厚賜而遣之，以招繼遷。繼捧至夏州數月，即言繼遷悔過歸款，詔授繼遷銀州刺史，然實無降心。及與繼捧戰於安慶澤，繼遷中流矢，遁去，轉攻夏州。繼捧乞濟師，乃遣翟守素出兵援之，繼遷納款請降。淳化二年（九九一），以繼遷爲銀州觀察使，賜姓名趙保吉。未幾，繼遷復叛。五年（九九四），詔李繼隆爲河西行營都部署，討李繼遷，乃將兵入夏州，執李繼捧送汴，繼遷遁去。帝以夏州深在沙漠，奸雄因以竊據，每爲關右之患，遂廢之，遷其民於銀、綏。至道元年，繼遷遣使獻馬駱駝，拜其爲鄜州（陝西鄜縣）節度使，不受；復寇清遠軍（寧夏靈武縣東南），守將張延擊敗之。二年，白守榮等護芻粟四十萬赴靈州（寧夏靈武縣），李繼遷邀擊於浦雒河，運餉盡爲所奪。帝命李繼隆爲環（甘肅環縣）、慶（甘肅慶陽縣）等州都部署，將兵討之。五月，曹璨（九五〇—一〇一九）馳奏繼遷率萬餘衆寇靈州，帝命宰相呂端（九三五—一〇〇〇）、知樞密院事趙鎔（九四四—九九八）等各以所見畫策，即日具奏。呂端奏宜合奏共爲一狀，陳其利害。參知政事張洎上疏，引賈捐之棄珠崖事，願棄靈武，以省關西饋運。帝嘗有此意，既又悔之。乃命繼隆出環，丁罕出慶，范廷召（九二七—一〇〇一）出延（陝西膚施縣），王超出夏，張守恩出麟，五路進討，直趨平夏（在橫山以外者稱平夏部）。獨范廷召、王超與敵戰，互有勝負，而諸將失期，各不同心，士卒困乏，終不能破敵。三年，繼遷遣使納款，且求番任，會太宗崩，太子即位，採撫綏之策，許之，授繼遷定難節度使，且割夏綏銀宥靜五州與之。未幾，復抄邊。

（乙）**交州之變**　太平興國五年，交州交趾郡王丁璉及其父部領相繼死，璉弟璿權行軍府事。璿年尚幼，大將黎桓幽璿別館，而代領其衆。知邕州侯仁寶，趙普婿也，九年不代，恐因循死嶺外，乃上言：「交州亂，可以備師取之，願乘傳詣闕。」此獻策僅爲自身計，但盧多遜欲沮之，奏請密令仁寶經度其事，倉卒用兵，未成廟算。帝命仁寶爲交州水陸轉運使，孫全興、張璿、崔亮、劉澄、賈湜、王僎並爲部署，將兵討之。六年，交州行營破敵於白藤江口，於是仁寶帥兵先進，孫全興等屯兵花步。黎桓詐降以誘，仁寶遂爲所害。會炎瘴，軍士多死，詔班師，斬劉澄賈湜於軍，徵全興下獄，尋棄市。雍熙三年，以黎桓爲靜海軍節度使，桓復上表，求正領節鎮，許之，丁氏由此遂滅。四年，復封桓爲交阯郡王，開國聲威，竟喪於南服之一隅也。

（丙）**蜀民之亂**　自太宗平蜀，孟氏充溢之府庫，悉歸內府，言利之臣，競起功利以惑人主，盡情剝削。淳化四年（九九三），蜀青城縣民王小波作亂，藉口官吏剝削，小民貧困，謂其衆曰：「吾疾貧富不均，今爲汝輩均之」，故爭附者衆。遂攻青城，掠彭山（四川彭山縣），殺縣令齊元振，附從由是益熾，旁邑響應。已而江原之役，小波被射中額病創死，其黨推小波妻弟李順爲帥，寇掠州縣，陷邛州（四川邛崍縣），永康軍（四川灌縣），衆至數十萬。五年，攻陷漢州（四川廣漢縣）、彭州（四川彭縣），入成都，僭號大蜀王，遣其黨楊廣將十萬衆寇劍門（故城在四川劍閣縣東北），相里貴帥衆十萬圍梓潼（四川三台縣），兩川大震。帝遣宦者王繼恩爲兩川招安使，分路進討。以雷有終（九四七—一〇〇五）爲陝路隨軍轉運使同知兵馬事，調發兵食，規畫戎事。順黨犯劍門、梓州不利。及官軍至成都，破其十萬衆，斬首三萬級，獲李順，（註三一）遂復成都。其黨張餘，復又陷嘉（四川嘉定縣）、戎（四川宜賓縣）、瀘（四川瀘縣）、渝（四川巴縣）、涪（四川涪陵縣）、忠（四川忠縣）、萬（四川萬縣）、開（四川開縣）八州，開州監軍秦傳序死之。降成都府爲益州，以張詠（九四六—一〇一五）知州，督令消滅餘黨，頗能撫輯，使各歸田里，且曰：「前日李順脅民爲賊，今日吾化賊爲民，不亦可乎？」益州乃漸安，張餘黨衆攻夔州（四川奉節縣），白繼贇大敗之於西津口，上官正復連破之於廣安（四川廣安縣）、嘉陵江口、合州（四川合川縣）。再敗之於雲安軍（四川雲陽縣）。餘攻眉州（四川眉山縣），四川都監宿翰擊敗之；餘走嘉州（四川樂山縣），爲軍士所獲，函其首送西川行營。繼恩馭衆寡術，餘寇未殄，擁兵留成都，士無鬥志，郡縣復有陷者。帝召繼恩還，以上官正雷有終爲四川招安使，蜀亂悉平。

太宗勵精庶政，注意輔相。即位之初，仍以薛居正、沈義倫、盧多遜爲相，而無一參。居正自太祖時參政至爲相凡十八年，任寬簡不好苛察，而義倫亦淸介醇謹，多遜博涉經史，聰明強力，文辭敏給，好任數，有謀略，發多奇中。太平興國六年，薛居正薨。七年四月，沈義倫盧多遜免，而趙普復相。多遜以區區之私，擠普於太祖之時，而猜譖之謀復用於太宗之世，不旋踵而致敗，蓋不敵於舊勳故也。八年十月，趙普罷，以參知政事宋琪李昉爲相，自後頗以二相二參爲率。琪周知人情，尤通吏術，在相位日，百執事有所請求，多面折之，以是取怨於人，任相只三年而免。昉，溫和無城府，寬厚多恕，不念舊惡，在位小心循謹，無赫赫稱，且當北方有事之時，徒知賦詩宴樂，不爲邊備。端拱元年二月，李昉免，趙普與呂蒙正（九四六—一〇一一）爲相。蒙正質厚，有重望，以正道自持，遇事敢言，每論時政，有未允者，必固稱不可。帝嘉其無隱，與普同相位，普亦推許之。淳化元年正月，趙普罷爲西京留守，蒙正以寬簡自任，政事多決於參知政事王沔（九五〇—九九二），另一參知政事辛仲甫（九二七—一〇〇〇），器局沉厚，從容其間而已。沔聰察敏辯，臨事精密，有通時之用，然性苛刻，少誠信，曾與張齊賢同掌樞務，不相叶。參知政事陳恕（九四五—一〇〇三），好苛察，亦嘗與沔忤。二年九月，呂蒙正免，以李昉張齊賢爲相。四年六月，張齊賢免；十月，李昉免，呂蒙正復相，呂端、蘇易簡（九五八—九九六）、趙昌言（九四五—一〇〇九）參知政事。五年九月，寇準（九六一—一〇二三）參知政事。至道元年四月，呂蒙正出判河南府（洛陽），以呂端爲相。端爲人謙遜，持重識大體，有器量，寬厚多恕，雖經擯斥，未嘗以得喪介意，喜怒不形於色，以淸簡爲務，太宗嘗謂其小事糊塗，大事不糊塗。三年，以溫仲舒（九四四—一〇一〇）、王化基（九四四—一〇一〇）、李至（九四七—一〇〇一）、李沆（九四七—一〇〇四）四人爲參知政事，前後未之有也。太宗之世，大抵以呂蒙正、張齊賢、呂端爲賢相。齊賢，且爲太祖遺太宗以大用也。然太宗終寄腹心於崛起之李昉呂端，罷趙普以使老死於牖下，宗社以安。夫宋之所忌者，爲宣力之武臣，而非偷生邀寵之文士。然太宗猜心而多忌，文士用之而不專，大臣得罪者，貶謫無所假貸，制詞極言詆之，未幾，思其才，輒復進用。王船山曾慨乎言之：

「宋自雍熙以後，爲平章，爲參知，爲樞院，總百揆掌六師者，乍登乍降，如拙棋之置子，顚倒而屢遷。夷考其人，若宋琪、李昉、李穆、張齊賢、李至、王沔、陳恕、張士遜、寇準、呂端、柴禹錫、蘇易簡、向敏中、張洎、李昌齡者，雖其間不乏僥倖之士，而可盡所長以圖治安者，亦多有之。十餘年間，進之退之，席不暇暖，而復搖蕩其且前且卻之心，志未伸，行未果，謀未定，而位已離矣，則求國有定命之訏謨，人有適從之法守，其可得歟？以此立法，子孫奉爲成憲，人士視爲故事，其容容者既以傳舍視黃扉，浮沉於一日之榮寵；欲有爲者，亦操不能久待之心，志氣憤盈，乘時以求勝，乃至一陟一遷，舉朝視爲黜陟之期。天子爲改紀元之號，緒日以紛，論日以起，嚚訟盈廷而國隨以斃，垂法不臧，非旦夕之故矣。夫宋之所以生受其敝者，無他，忌大臣之持權，而顚倒在握，行不測之威福，以圖固天位耳。自趙普之謀行於武人，而人主之猜心一動，則文弱之士，亦供其忌玩，故非徒王德、狄青之小有成勞，而防之若敵國也。且以寇準起家文墨，始列侍從，而狂人一呼萬歲，議者交彈，天子震動，曾不念準非操懿之姦，抑亦無其權藉，而張皇怵惕，若履虎之咥人，其愚亦可嗤也。其自取孤危，尤可哀也。至若蔡京、秦檜、賈似道之誤國以淪亡，則又一受其蠱惑以終身，屹峙若山，莫能搖其一指，立法愈密，姦佞之術愈巧。太宗顚倒其大臣之權術，又奚能取必於闇主，徒以掣體國之才臣，使不畢效其所長。嗚呼！是不可爲永鑒也歟？」(註三三)

是以太宗之用人也，進退遲速不執一端，苟其材可任，則超資越級，曾不少靳。(註三四)進用宰相，亦惟意所屬，初不以內外高卑爲主也。帝孜孜爲治，每御長春殿視事罷，復卽崇政殿臨決。聽政之暇，以觀書爲樂。置翰林侍讀學士，以備顧問。對於錢穀，眷眷留意。召三司吏李溥等七十二人對於崇政殿，詢以計司利害，溥等共上七十一事，詔以四十四事付有司奉行，十九事下鹽鐵使陳恕等議可否，恕爲宋代之能吏也。其於宦官，防閑至嚴，蜀亂平，朝議賞功，中書欲除王繼恩宣徽使，帝曰：「朕讀前代史書，不欲令宦官預政事，宣徽使，執政之漸也！」乃別立宣政使以授之。中樞臺省官制，初沿太祖之舊，未有改革，諫官不聞廷爭，給事中不聞封駁，左右史不聞升陛軒，記言動。御史不敢彈奏，中書舍人未嘗訪以政事。集賢院雖有書籍而無職官，秘書省雖有職官而無圖籍。尙書省湫隘尤甚，郎曹無本局，尙書無廳事，九寺三監寓天街之兩廊，貢院就武成王廟。（註三五）朝廷機構，尙多空名，因陋就簡，冗雜無章。太平興國三年，以張巽爲監察御史，論政事，擊官邪，正名舉官自此始。淳化四年，始復門下省給事封駁。初用趙普議，置考課院，磨勘幕府州縣功過，引對黜陟，以分中書之權，又置審刑院，以削刑部之權。至道元年，詔宰相與參知政事輪班知印，議軍國大政，同升政事堂。二年，詔復如舊制。政事堂五房，每房置堂後官一人，主事、錄事各一人，另置提點五房一員，（註三六）與太祖時之制稍異。樞密院編制擴大，太平興國四年，以石熙載（九二八—九八四）爲樞密直學士，以簽書院事直學士六人備顧問應對，然未嘗盡除，簽書之名始此。淳化三年，以張遜（九四〇—九九五）知院事，溫仲舒寇準同知院事，同知院之名始此。當時執政，除宰相外，並有參知政事、樞密使、知樞密院事、同知樞密院事、樞密副使、簽書樞密院事。正司以官尊者稱判，如判部判寺判監判院之類，其次爲知，六院悉改爲監。淳化三年以後，凡政事送中書，機事送樞密，錢穀送三司，覆奏而行。百司長官及諸監司諸州長吏，皆得專達，或申奏朝廷，或止申中書樞密院。事大則中書樞密院進呈取旨，降敕劄宣布指揮；事小則批狀直下本司本路本州本人，故文書簡徑，事無留滯。淳化四年，分三司爲十道，兩京爲左右計，置左右計使，又置總計使，判左右計事，後併三司爲一司。朝廷機構因施政之便而改進，大致類此。

至於地方政治，凡官僕射及使相以上領州府則稱判，其後或稱知或稱判。太平興國二年，詔邠寧等四十州，先隸藩鎮，令直屬京師，郡長吏得自奏事。自是而後，邊防、盜賊、刑訟、錢穀、按廉之任，皆委之於轉運使，又節次以全國土地形勢，俾之分路而治矣。至道三年（九九七），分全國爲十五路，轉運使爲一路之最高長官，另置判官，以京官爲之，一路之事，無所不總，凡刑獄邊防皆兼之，故其權甚重。轉運使皆由帝親自選擇；淳化後，由宰相三司等於京朝官內保舉。又淳化二年，詔應諸路轉運使各命常參官一人，專知糾察州軍刑獄公事，管內州府十日一具囚帳供報，有疑獄未決，即馳傳以示之。郡縣敢稽留大獄久而不決，及偏辭按讞，情不得實，官吏用情者，並以聞。佐史小吏以下，得以便宜按劾從事。此爲提點刑獄之先聲，但其後停罷。州縣組織，一仍舊貫，異常脆弱。

當太祖手挈天下以與弟也，顧以光義之忍心，趙普之奸謀，曾幾何時，德昭廷美，死非其所，而誅流滿朝，痛塡骨肉，與唐初玄武門之變，跡雖異而事殆相同也。太平興國四年，德昭以從征幽州，涉嫌而自刎。六年，弟德芳相繼夭歿，廷美始不自安。七年，趙普與盧多遜積釁，普心傾之，攻訐廷美。或告廷美驕恣，將有陰謀竊發，乃罷廷美開封尹，授西京留守。晉王邸舊僚柴禹錫、趙鎔（九四四—九九八）、楊守一（九二〇—九八三）紛紛告變，蝟毛而起。盧多遜亦以嘗遣堂吏趙白交通廷美事聞。太宗大怒，詔削多遜官爵，並家屬流崖州。廷美降爲貴州防禦使。太宗聽趙普密奏：「太祖已誤，陛下豈容再誤」之譖，後又降封廷美爲涪陵縣公，房州（湖北房縣）安置。廷美以憂悴成疾而卒。當廷美遷房州，太宗長子楚王元佐嘗力救之，遂失愛。及廷美死乃發狂疾。雍熙二年，廢爲庶人；仁同漢惠，舉世哀之！帝在位久，儲貳未立，羣臣每有奏請，輒怒斥，中外莫敢言。淳化五年，寇準自青州（山東益都縣）召爲左諫議大夫，入見，帝以諸子孰可付神器爲問。準曰：「陛下爲天下擇君，謀及婦人中宮，不可也；謀及近臣，不可也。惟陛下擇所以副天下望者。」帝屏左右曰：「襄王可乎？」準曰：「知子莫若父，聖意旣以爲可，願卽決定。」遂以元侃爲開封尹，封壽王；元侃，帝第三子也。至道元年，詔立元侃爲皇太子，更名恒。自唐天祐以來，中國多故，立儲之禮，廢及百年，至是始復之。三年二月，帝不豫，宣政使王繼恩，陰與參知政事李昌齡（九三七—一〇〇八）、殿前都指揮使李繼勳、知制誥胡旦等，謀立故楚王元佐。三月，帝崩，年五十九。李皇后命王繼恩召呂端，端知有變，紿繼恩入書閣，鎖閉之，亟入宮。后問曰：「立嗣以長，順也，今將如何？」端曰：「先帝立太子，正爲今日，豈容更有異議？」乃奉太子卽位，垂簾引見羣臣。端請捲簾，升殿審視，然後降階，率羣臣拜焉。以討謀立楚王之罪，李昌齡、王繼恩被貶。胡旦除名。元侃立，是爲眞宗（九六八—一〇二二）。

第三節　澶淵之盟

宋初稱治者，以咸平（九九八—一〇〇三）、景德（一〇〇四—一〇〇七）間爲最盛。時全國一統，已四十餘年，君臣恭和，百官奉職，吏無殘賊，風俗樸素，四方有敗，天下畢聞，遣視災傷，屢詔賑貸。王荆公謂：「本朝太祖武靖天下，眞宗文持之。」（註三七）張耒亦謂：「自開元以來，至眞宗，而天下之人始復大治之全國。」（註三八）故宋自開國，經四十年，至眞宗基礎始固，而展開文治，庶幾與西漢文景比烈焉。眞宗重於進退大臣，制詞亦加審愼。初卽位，以呂端爲相，李至李沆參知政事，曹彬爲樞密使，向敏中（九四八—一〇一九）、夏侯嶠（九三三—一〇〇四）爲副使。咸平元年（九九八）十月，呂端免，而以張齊賢李沆爲相，向敏中參知政事，楊礪（九三一—九九九）、宋湜（九四九—九九九）爲樞密副使。齊賢姿儀豐碩，議論慷慨，有大略，與李沆不叶。自負有致君之術，每敷奏多不直，致議者以爲疏濶。李沆爲人，忠良純厚，風度端凝，性直諒，內行修謹，言無枝葉，識大體，居位愼密，不求聲譽，動遵條例，人莫能干以私，爲眞宗所信賴。好讀論語，以「節用而愛民，使民以時」一語，常資警惕，（註三九）蓋全國漸趨承平，此爲休養生息所宜持之至道也。是時去太祖太宗不遠，無可更端，凡條陳利害封事，悉擲還不覽，謂以此報國。眞宗嘗問治道所宜先，沆曰：「不用浮薄新進喜事之人，」故專以方嚴重厚，鎭服浮躁。契丹和後，沆以眞宗英悟之主，恐其漸生侈心，日取四方水旱盜賊奏之。參知政事王旦（九五七—一〇一七）以爲細事，不足煩帝聽。沆曰：

「人主少年，當使知四方艱難。不然，血氣方剛，不留意聲色犬馬，則土木甲兵禱祠之事作矣。」後果然，旦嘆其識見之遠。三年，張齊賢免，四年（一〇〇一），補以呂蒙正向敏中。敏中沉毅開濟，識大體，頗爲人主所知。五年（一〇〇二），向敏中免。六年（一〇〇三），呂蒙正免。李沆爲相凡六年，至景德元年（一〇〇四）七月薨。時無他相，中書有參知政事王旦王欽若不次補。寇準者，淳化間任參知政事，太宗所謂朕得寇準猶文皇之得魏徵也，是時爲三司使。畢士安（九四〇—一〇〇五）以其方正慷慨，有大節，善斷大事，乃薦爲相。眞宗患其素剛，難獨任，乃先以翰林侍讀學士畢士安爲參知政事，僅一月，並命士安，準爲相，而士安居上。士安爲人清愼，端方沉雅，有才識，醞藉美風采，善談吐，王祐呂端見引重，而與王旦、寇準、楊億（九七四—一〇二〇）相友善。二年（一〇〇五）十月，畢士安薨。三年（一〇〇六）二月，寇準免，自是以王旦爲相。

武備方面，臨試蒐擇，頗能整飭；東武之蒐，士氣稍張，軍容亦盛。咸平間，集近京諸州丁壯以爲兵，而西北邊臣，猶請增兵不已，張齊賢請調江淮丁壯八萬以益西師，而呂蒙正復請取河南丁壯以益兵，國防措施，未嘗鬆弛。契丹之禍雖未已，然以和好爲定策也。咸平二年十月，契丹大舉入寇，縱橫肆掠。時鎮、定、高陽關都部署傅潛擁步騎八萬餘，駐定州北，畏懦無方略，閉營自守。朝廷遣使督潛出兵合擊，不聽；將校屢勸，潛不得已乃分騎兵八千，步兵二千，付范廷召，仍許出師爲援。廷召復求援於都部署康保裔；保裔即領兵赴之，遇虜於瀛州（河北河間縣）。會暮，約明日會戰，而廷召潛遁，致保裔陷重圍，戰歿。契丹乘勝攻遂城，守將楊延昭（九五八—一〇一四）者，業之子也，集衆固守，契丹兵乃引去，掠祁、趙（河北趙縣）、邢雒州，又自德、棣（治厭次，山東惠民縣南十里）渡河，掠淄（山東淄川縣）、齊（山東歷城縣）。十二月，帝親禦契丹，以李沆爲東京留守。駕發京師，駐蹕澶州（河北濮陽縣西南，今澶州坡），次大名，詔鄆保裔，召傅潛還，錢若水（九六〇—一〇〇三）力請斬之，不聽，而流之房州。三年正月，契丹知帝親征，乃縱掠而去。范廷召追之於莫州，斬首萬餘，盡獲所掠，餘寇遁出境。帝時出手詔，詢錢若水備禦北虜之術。若水上疏，請重視幽州，以扼其險阻，擇大臣領近鎮提重兵，以專閫外之事，有警則督戰，已事則班師，旣無擧兵之名，又得馭兵之要。若乃患民力之困，則廣邊地之營田；患戍卒之驕，則嚴將帥之法令。瓦橋關者，北與契丹爲鄰，南北交通之要道也，素無關河爲阻。何承矩守瓦橋，始議瀦水爲塞，倚爲藩衛。故凡有陂塘屯田之險，契丹來犯者少。然契丹長於騎兵，因塘泊所限，乃自梁門遂城之間，積薪土爲甬道而來。而緣邊守將，多非其才，列城相望，堅壁自全，屯兵二十萬，人皆死守陣圖戰法，緩急不相救，故多至於敗。四年十月，契丹復入寇，前鋒過威虜軍，以王顯（九三〇—一〇〇五）爲鎭、定、高陽關三路都部署，帥兵抵禦，戰於遂城，敗之，戮二萬餘人，契丹進次滿城而還。六年四月，契丹數萬騎南侵，至望都（河北望都縣），都部署王超，與副都部署王繼忠、桑贊等帥兵禦之。戰於康村，繼忠陷敵，戰至白城，不支被執，見契丹主於炭山（察哈爾張北縣東北），授戶部使，而帝謂其已死，優詔贈官焉。

景德元年九月，契丹大擧入寇，圍瀛州，直犯貝（河北淸河縣）、魏，中外震駭。帝議復出，羣臣不敢唯諾，遂召羣臣問方略，參知政事王欽若，臨江（江西淸江縣）人，請幸金陵；陳堯叟，閬州（四川閬中縣）人，請幸成都。帝以問寇準。準心知二人謀，乃陽若不知，問誰爲陛下畫此二策。帝曰：「卿姑斷其可否，勿問其人也。」準曰：「臣欲得獻策之人，斬以釁鼓，然後北伐耳。陛下神武，將臣協和，若大駕親征，敵當自遁，不然，出奇以撓其謀，堅守以老其師，勞佚之勢，我得勝算矣，奈何棄社稷，欲幸楚蜀，所在人心崩潰，敵乘勝深入，天下可復保耶？」遂請帝幸澶州。帝意乃決。帝以天雄軍（河北大名縣）爲重鎭，問孰可爲守？準以王欽若薦，且速召面諭授敕俾行，欽若驚懼不敢辭。契丹主隆緒（聖宗，九七一——一〇三一）同二母蕭氏，遣其統軍順國王蕭撻覽攻威虜順安軍，三路都部署擊敗之。又攻北平砦及保州（河北保定縣），復爲州砦兵所敗。撻覽與契丹主及其母合衆攻定州，宋兵拒於唐河，擊其游騎，契丹遂駐兵陽城淀（河北望都縣東南），號二十萬，每縱游騎剽掠，小不利，輒引去，徜徉無鬥志。寇準聞之曰：「是狃我也，請練師命將，簡驍銳，據要害以備之。」是時，故將王繼忠漸見親信，爲契丹言和好之利，契丹以爲然，遣李興以繼忠書及密表，詣莫州部署石普議和。（註四〇）普以聞於朝。畢士安請羈縻之，漸許其平，時亦未之信。已而高繼祖帥兵擊敗契丹於岢嵐軍（山西岢嵐縣），李延渥又敗之於瀛州。而繼忠自虜中具奏戎主請和之意，達於行在。十月，乃遣殿直曹利用詣契丹軍。時契丹數戰不利，利用至軍，蕭太后（九五三——一〇〇九）欲求關南地，利用力拒之。帝親征，車駕發京師，以李繼隆、石保吉爲駕前東西兩面排陣使，駐蹕韋城縣（河北滑縣東南）。契丹兵直犯前軍而陣未接戰。蕭撻覽出督戰，按視地形。李繼隆部將威虎軍頭張瓌守牀子弩，潛射中額殺之。撻覽有勇謀，所領皆銳兵，既死，虜大挫衂，退卻不敢動。時王欽若在天雄軍，閉門束手無策，但修齋誦經而已。唯魏能守安肅軍（河北徐水縣），楊延昭守廣信軍（徐水縣西，古遂城），時人目二軍爲銅梁門鐵遂城，譽其善守也。帝次澶州，又有以金陵之謀告者，帝意稍惑，召寇準問之。準曰：「陛下惟可進尺，不可退寸。河北諸軍，日夜望鑾輿至，士氣百倍。若回輦數步，則萬衆瓦解，虜乘其後，金陵亦不得至也。」帝乃發，至澶州南城，望見契丹軍容甚盛，衆請駐蹕。寇準固請過河，殿前都指揮使高瓊（九三五—一〇〇六）亦固以請，卽麾衞士進輦，帝遂渡河，御北城門樓，召諸將撫慰，遠近望見御蓋，歡呼萬歲，聲動陣前。會鄆州（山東鄆城縣東）獲契丹諜者，縛至斬之，契丹相視益怖駭。帝悉以軍事付準，準承制專決，號令明肅，士卒畏服，已而契丹數千騎衝迫城下，詔士卒迎擊，斬獲大半，乃引去。帝還行宮，留準居北城上，徐使人覘準何爲。準方與知制誥楊億飲博，歌謔歡呼。帝喜曰：「準如是，吾復何憂？」夫準之所以力持鎮靜者，明知契丹且前且卻，徜徉無鬥志。「隆緒席十六州之安，而內滛於華俗，國人得志於衣錦食梁，而其習於恬嬉，至是而習戰之將如休哥輩者，亦已骨朽。其入寇也，聞李繼遷以蕞爾之小醜，陷朔方，脅朝廷，而羈縻弗絕。及其身死子弱，國如浮梗，而尙無能致討，且不惜錦綺以餌之使安，宋之君臣，可以虛聲恐喝，而坐致其金繒，姑以是脅之，而無俟於戰也。則挾一索賂之心以來，能如其願而固將引去。虜主之情，將士之志，三軍之氣，胥此焉耳矣。」（註四一）十二月，契丹使左飛龍使韓杞持書與曹利用俱來請盟。利用言契丹欲得關南地。帝曰：「所言歸地，事極無名；若必邀來，朕當決戰。若欲貨財，漢以玉帛賜單于，有故事，宜許之。」時準不欲賂以貨財，且欲邀其稱臣，及獻幽薊之地，蓋準必熟審其情報，知契丹入寇之目的在索賂，故其攻也不力，其戰也不怒，兵甫一動，而議和之使先至，利用歸而議和之使復來。準知之深，持之定，乘其不欲戰之情而亟攻之，因其利我之和而反制之，遂畫策以進曰：「如此可保百年無事，不然，數十年後，戎且生心矣。」帝曰：「數十年，當有扞禦之者。吾不忍生靈重困，姑聽其和可也。」準欲爭不可。會畢士安亦嘗由契丹降人所供，言其雖深入，屢挫不甚得志，陰欲引去，而恥無名。帝喜，手詔繼忠，許其請和。復遣曹利用如契丹軍，議歲幣。準戒其所許不過三十萬。利用至契丹軍，契丹仍欲取關南地，帝不許。利用竟以銀十萬兩，絹二十萬匹，成約而還。十二月七日，宋立誓書曰：

「維景德元年，歲次甲辰，十二月庚辰朔，七日丙戌，大宋皇帝謹致誓書於大契丹皇帝闕下：共遵誠信，虔奉歡盟。以風土之宜，助軍旅之費，每歲以絹二十萬匹，銀一十萬兩，更不差使臣，專往北朝，只令三司差人搬送至雄州交割。沿邊州軍，各守疆界，兩地人戶，不得交侵。或有盜賊逋逃，彼此無令停匿。至於隴畝稼穡，南北勿縱驛騷。所有兩朝城池，並可依舊存守。溝濠完葺，一切如常。卽不得刱築城隍，開拔河道。誓書之外，各無所求。必務協同，庶存悠久。自此保安黎獻，愼守封陲。質於天地神祇，告於宗廟社稷，子孫共守，傳之無窮。有渝此盟，不克享國。昭昭天鑒，當共殛之。遠具披陳，專候報復，不宣，謹白。」

十二日，契丹亦立誓書曰：

「維統和二十二年，歲次甲辰，十二月庚辰朔，十二日辛卯，大契丹皇帝謹致誓書於大宋皇帝闕下：共議戢兵，復論通好，兼承惠顧，特下詔書云：『以風土之宜，……（錄宋誓書共一七八字）……當共殛之！』孤雖不才，敢遵此約。謹當告於天地，誓之子孫。苟渝此盟，神明是殛！專具咨述，不宣，謹白」。（註四二）

帝遣李繼昌使契丹定和，契丹使丁振以誓書來，以兄禮事帝。二十九日，將契丹誓書頒佈於河北河東諸州，遂班師返京。此役也，雖似孤注一擲之險計，然自盟誓後，兩國休兵，使節往來不絕者一百二十年，范仲淹評其事曰：「寇萊公當國，眞宗有澶淵之幸，而能左右天子，如山不動，卻夷狄，保宗社天下，謂之大忠。」（註四三）王安石謂澶淵之役，丞相萊公之功居第一。陳亮亦言：「微澶淵一戰，則中國之勢浸微，根本雖厚，而不可立矣。」（註四四）二年正月，以契丹既和，大赦天下，放河北諸州丁壯歸農，罷諸路行營，招流亡，廣儲蓄，振民饑，由是河北民得安業，乃省河北戍兵十分五，緣邊三分一。七月，歸幣於契丹，歲以爲常。始置契丹國信使副，又有接伴使；兩國信使賀禮，亦相互報聘。畢士安旣薦寇準，謙遜相處，又爲之辯誣。契丹大舉而入，合辭以勸帝，遂幸澶淵，終卻巨敵，而使全國粗安，二相協和之所致也。（註四五）然自士安撤河北之防，名爲休養，實以啓眞宗粉飾太平之佚志。河北疆土，十分之三已爲契丹所有，而關南河北，數千里闃無其人，兵備漸寬，國防由是空虛矣。

自咸平以前，全國之憂在河北；咸平五年以後，則在西陲，蓋是時李繼遷結集番部，攻陷靈州，改爲西平府以居之。初，帝以靈武事，訪參知政事李至，至言河湟之地，夷夏雜居，是以先王置之度外。今靈武不可不棄，若移朔方軍額於環州，亦一時之權也。帝不決。時繼遷抄掠益甚，帝以張齊賢爲涇原諸路經略使禦之。齊賢亦言靈武孤城，必難固守。通判永興軍（陝西長安縣）何亮復上安邊書，言靈武地方千里，表裏山河，舍之則戎狄之利廣且饒矣。且棄靈武，則西域戎狄，合而爲一，而戰馬之來源亦絕。復詔羣臣議棄守之宜，楊億上疏，引漢棄珠崖爲喻，請棄靈武守環慶，與李至前議合。輔臣復以靈武乃必爭之地，苟失之，則緣邊諸郡皆不可保。李沆曰：「繼遷不死，靈武終非朝廷有也，莫若遣使密召州將，使部分軍民，空壘而歸，如此則關右之民息肩矣。」帝不從，以王超爲西面行營都部署，將步騎六萬，援靈州。超雖統西兵十萬，才不堪專任，而兵多勢重，非易可指揮。會繼遷寇清遠軍，都監段義叛，降於繼遷；繼遷勢益張，復攻定州懷遠縣，曹璨以番兵邀擊之，稍有斬獲，而王超所部大軍，卒不能進，三月，靈州遂陷，知州裴濟死之。帝得報，悔不用李沆之言。六月，繼遷圍麟州，詔金明巡檢李繼周擊之，知州衛居實出奇兵突戰，繼遷遁去。六年十二月，繼遷轉攻西番，取涼州府（甘肅武威縣），都首領潘羅支僞降，集六谷番部，合擊繼遷；繼遷大敗，中流矢死，子德明立。知鎮戎軍（甘肅固原縣）曹瑋（九七三—一〇三〇）奏請願假精兵，乘其國危子弱，擒送闕下，復河西爲郡縣。帝聽環慶邊臣之議，欲以恩致德明，不報。景德二年六月，德明歸款，諭河西諸蕃各守疆界。三年九月，德明奉表歸款。十月，授德明定難軍節度使，封西平王，賜賚甚厚，自是德明歲朝貢不絕。至建興二年（一〇二三），德明以兵攻麟州，並城懷遠鎮爲興州（寧夏省會），漸乖盟約矣。

兩川自李順平後，民罹困苦，未安其業，朝廷緩於矜卹。咸平三年正月元旦，益州戍卒乘鈐轄符昭壽之虐，嘯集作亂，擁都虞候王均爲首。均遂僭號大蜀，改元化順，署置官稱，以小校張鍇爲謀主。均帥衆攻陷漢州，進攻緜州（四川緜陽縣），不克，直趨劍州（四川劍閣縣），爲知州李士衡所敗，還保益州。帝時幸河北，將發大名，聞之，以戶部使雷有終爲川峽兩路招安使，李普、石普、李守倫並爲巡檢使，給步騎八千往討之。時知蜀州（四川成都）楊懷忠聞亂，卽調鄉丁，會諸州巡檢兵討之。懷忠入益州，焚城北門，與賊黨戰不利而退，復檄嘉眉等七州，合兵再攻益州，敗之，乘勝逐賊，至州南十五里屯砦，以俟王師，均亦閉門自固。二月，雷有終等至益州時，都巡檢張思均已克漢州，王均開城門僞遁，有終等帥兵入城，號令不肅，賊閉關，發伏，官軍不得出，因爲所殺，有終等緣堞而墜得免，李普死之，官軍退保漢州。益州城平民皆奔迸四出，復爲賊黨追殺，又脅士民之少壯者爲兵。有終署榜招之，至則署其衣袂釋之，日數百人。十月，賊分路襲官軍，不得逞，王均單騎走還城，設敵樓以相拒，復築月城以自固。有終命東西南砦鼓噪攻之，遂入城，均夜帥其黨二萬人突圍而遁。有終遣楊懷忠追均，至富順（四川富順縣）及之，大敗其衆，遂入城，均縊死，降其黨六千人，蜀亂平。六年十月，復以張詠知益州，詠爲政恩威並用，蜀民畏而愛之，及聞命，民鼓舞相慶，帝下詔褒美，且傳諭詠曰：「得卿在蜀，朕無西顧之憂矣！」

中樞政制，兩府之職權劃分。景德間，詔自今中書所行事關軍機及內職者，報樞密院；樞密院所行事關民政及京朝官者報中書，是樞密院得以預除授之事也。唐制御史不專言職，眞宗朝始置言事御史。天禧元年（一〇一七），詔兩省置諫官六員，御史臺除中丞知雜推直外，另置御史六員，並不兼領職務，三年內不得差出。其或詔令乖當，官曹涉私，措置失宜，刑賞踰制，賦斂繁暴，獄犴稽留，並令諫官奏論。憲臣彈舉，每月須一員奏事，如有急務，可隨時入對。雖言有過當，必示曲全，若難顯行，即令留內，但不得潛爲朋附，故作中傷。其諫官仍於諫院或兩省內選擇之。四年（一〇二〇）十月，命依唐制，雙日不視事。至於地方政治，景德四年，於各路置提點刑獄，掌獄訟，不隸轉運，別爲一司，使獨立其權。又置廉按使，司監察，於西川陝西路置安撫使，掌軍事。安撫使所轄之路，內地雖與轉運使所轄之路，並無二致，但在河北陝西，因國防戰略及用兵頻繁故，建置亦較多。常平倉由轉運使析出，置提舉，謂之倉司。故各路之監司有四：㈠帥，即安撫使，掌理兵工民事，領軍旅禁令。㈡漕，即轉運使，監督州郡，使將地方財賦運至京師。㈢倉，即提舉常平倉。㈣憲，即提點刑獄。所謂帥漕倉憲是由朝廷派往監督各路之官，而非各路本身之官也。懲治贓吏，素稱至嚴，此時稍從寬貸，然亦終身不用。各地州縣，極爲空虛，王禹偁曾上疏言：「太祖太宗，削平僭僞，天下一家，當時議者，乃令江淮諸郡毀城隍，收兵甲，撤武備者三十餘年。書生領州，大郡給二十人，小郡減五人，以充常徒，號曰長吏，實同旅人；名爲郡城，蕩若平地。雖尊京師而抑郡縣，爲強幹弱枝之術，亦匪得其中道也。臣比在滁州，值發兵挽漕，闔城無人守禦，止以白直代主開閉，城池頹圮，鎧仗不完。及徙維揚，稱爲重鎮，乃與滁無異，嘗出鎧甲三十副與巡警使，臣轂弩張弓，十損四五，蓋不敢擅有修治，上下因循，遂至於此。黃州城堞器甲，復不及滁揚萬一。」(註四六)此蓋由太祖削諸侯跋扈之勢，太宗杜僭僞覬望之心，而所行強榦弱枝之策，故江淮諸州，城池頹圮，兵仗不完，軍不服習所認爲三大患也。

眞宗之世，前期求治用儒，孜孜爲民；後期封禪祠祭，崇道信神，大興土木，求致祥瑞，其間實以澶淵之盟爲分水嶺也。寇準以年少新進氣鋭，性豪侈，喜劇飲，在相位，用人不以次，同列頗不悅。自澶淵還，頗矜其功。帝待準甚厚，但王欽若深嫉之，謂澶淵之盟猶博，陛下，寇準之孤注也，斯亦危矣！由是帝顧準寖衰。景德三年二月，準罷，出知陝州，遂用王旦爲相。初，張詠在成都，聞準入相，謂僚屬曰：「寇公奇材，惜學術不足爾。」及準知陝，詠適自成都還，準送之郊，問曰：「何以教準？」詠徐曰：「霍光傳不可不讀也。」準莫諭其意，歸取其傳，讀至不學無術，笑曰：「此張公謂我也！」未幾，準移至天雄軍。帝自聞王欽若言，深以澶淵之盟乃春秋城下之盟爲辱，常怏怏不樂。欽若度帝厭兵，乘間因以封禪天瑞之說進之。(註四七)帝以問杜鎬（九三八—一〇一三）曰：「古所謂河圖洛書果何事？」鎬老儒，不測其旨，漫應之曰：「此聖人以神道設教耳。」帝由是意決。自太祖立封樁庫，內藏積財既廣，河朔無事，遂啓眞宗驕侈之心，以奉鬼神。帝恐王旦有言，晤以美珠賜之。旦孤立於羣姦之上，徬徨而出於苟且之途，弗能自拔，悟帝旨，自是不敢有異議。帝自謂夢神人當降天書大中祥符三篇，卽齋戒於朝元殿，建道場以佇神貺。已而皇城司卽報左承天門上出現所謂神降天書。於是大赦，改元爲大中祥符。元年（一〇〇八）三月，兗州（山東滋陽縣）父老一千二百人，兗州並諸路進士等八百四十人，文武官將校蠻夷耆舊僧道二萬四千三百七十餘人，先後詣闕請封禪，以迎合帝意。於是王旦、王欽若、丁謂（九六二—一〇三三）、陳堯叟（九六一—一〇一七）爲之導演，表上尊號曰崇文廣武儀天尊道寶應章感聖明仁孝皇帝。欽若等獻芝草瑞物，不可勝紀。帝自是迷溺於鬼神，封泰山、祀汾陰，羣臣爭頌功德，策動請願，又報獲靈寶、黃河清以諂之。丁謂上封禪記，晏殊（九九一—一〇五五）獻河清頌。張詠獨抗論，言近年虛國家帑藏，竭生民膏血，以奉無用之土木，皆賊臣丁謂王欽若啓上侈心之所爲也，不誅死，無以謝天下。章三上，出知陳州（河南淮陽縣）。五年（一〇一二）八月，作會靈觀，奉祀五嶽。時全國乂安，王欽若丁謂導帝以封祀，眷遇日隆。欽若本人，亦好神仙之事，自以爲深達道教，多所建明，而丁謂附會之，與陳彭年（九六〇—一〇一六）、劉承珪等蒐講墜典，大修宮觀，以林特有心計，使爲三司使，以幹財利。五人勾結，踪跡詭秘，時號五鬼。王旦欲諫，則已同之；欲去，而帝遇之厚，進退維谷，追思李沆之先識，嘆曰：「李文靖眞聖人也！」欽若狀貌短小，項有附疣，時人目爲癭相。性傾巧，陰險多詐，敢爲矯誕，然智數過人，每朝廷有興作，能委曲遷就，以中帝意。馬知節（九五五—一〇一九）嘗斥其姦狀，帝亦不之罪。帝又稱夢神人傳玉皇之命：「先令汝先祖趙玄朗授汝天書，今令再見汝。」乃在延恩殿設道場以迎拜，建景靈宮太極觀於壽邱（山東曲阜縣東北），以奉聖祖聖母。且詔全國建天慶觀，並增建聖祖殿。又詔建康軍（江蘇南京市南）鑄玉皇聖祖太祖太宗尊像。六年（一〇一三）三月，以丁謂爲奉迎使，奉安於玉淸昭應宮。又詔刻天書於宮，並作景靈宮於京師，奉祀聖祖。八月，加號太上老君混玄上德皇帝。七年（一〇一四）正月，帝如亳州（安徽亳縣），謁老子於太清宮。十一月，玉清昭應宮建成，歷時七載，凡二千六百一十楹。八年（一〇一五）九月，張詠卒，遺表言不當造宮觀，今竭天下之財，傷生民之命，此皆賊臣丁謂誑惑陛下，乞斬謂頭置國門，以謝天下；然後斬詠頭，置丁氏之門以謝謂！自降天書以來，羣臣爭頌功德，獨崔立、孫奭（九六二—一〇三三）上疏諫諍，言極切直，帝皆不聽，只容之而已。夫帝之初政，雖有邊警，尚維持安定，頗見有爲。詎至中途，受王欽若丁謂之惑，日事鬼神，不惟傷財擾民，而姦臣邪惡藉之而得逞，遂演爲政治鬥爭之局也。

宰相王旦，在相位十餘年，事至不膠，有謗不校，薦賢而不市恩，器局寬平廣大，處處詳審精密，有宰相才，亦有宰相風。會契丹修和，西夏納款，二邊兵罷不用，海內富實，百司各得其所。眞宗以無事爲治，旦謂祖宗之法具在，務使故事，愼所變改，帝久益信之，言無不聽。凡大臣有所請，必曰王旦以爲何如？王旦在，王欽若不得爲相。自大中祥符五年以來，並以向敏中爲相。天禧元年（一〇一七）七月，王旦薨，王欽若始大用，擢爲相。三年（一〇一九），永興軍巡檢使朱能挾內侍都知周懷政詐爲天書降於乾祐山，時寇準判永興軍，婿王曙與懷政善，勸準與能合，遂以上聞。詔迎入禁中，中外皆識其詐，帝獨信之。寇準由是得召用矣。初，王旦病，帝問誰可付以政，以寇準對。帝曰：「準性剛褊，卿更思其次。」旦曰：「他人，臣不知也。」時欽若恩禮衰，商州捕得道士譙文易畜禁書，能以術使六丁六甲神，欽若坐與之出入。六月，罷判杭州，以準代相，丁謂參知政事。當準之始召也，門生有勸者曰：「公若至河陽（故城在河南孟縣西），稱疾堅求外補，此爲上策；倘入見，卽發乾祐天書之詐，斯爲次也；最下則再入中書，大喪平生矣。」準知進而不知退，大不以爲然。丁謂之爲人，性機敏，有智謀，憸狡過人，深不可測。準與謂善，嘗薦其才於李沆，沆不用。準問之，沆曰：「謂誠才，顧其爲人，可使之在人上乎？」準曰：「如謂者，相公終能抑之使在人下乎？」沆笑曰：「他日當思吾言，」準亦終不之信。謂既因準稱譽，漸致通顯，雖同列，而事準最謹。嘗會食中書，羹汚準鬚，謂徐起拂之。準笑曰：「參政，國之大臣，乃爲官長拂鬚耶？」謂大慚恨，遂成仇隙。十二月，以曹利用丁謂爲樞密使。四年（一〇二〇）三月，向敏中薨，而帝得風疾，居宮中，事多決於皇后，寇準與參知政事李廸（九六五—一〇三四）以爲憂。一日，準請閒曰：「皇太子人所屬望，願陛下思宗廟之重，傳以神器，擇方正大臣羽翼之。丁謂錢惟演，佞人也，不可以輔少主。」帝然之。準密令楊億草表，請太子監國，且欲援億輔政。已而準被酒漏言，謂聞之曰：「卽日上體平，朝廷何以處此？」李廸曰：「太子出則撫軍，入則監國，古之制也，何不可之有？」謂力譖準，請罷其政事，惟演亦力排之。帝不記與準有成言，六月，竟罷爲太子太傅，以李廸同平章事，馮拯爲樞密使。旋又以丁謂馮拯並同平章事。此大拜除之轉移曲折，乃翰林學士錢惟演舞文容姦之所致也。初帝疾，自疑不起，嘗臥周懷政股，與之謀，欲命太子監國。懷政，東宮官也，出告寇準。已而事泄，準罷相，丁謂等因疏斥之，使不得親近。懷政憂懼不自安，陰謀奉帝爲太上皇，而傳位太子，罷皇后預政，殺丁謂而相寇準。客省使楊崇勳洩其謀以告謂，詔命簽書樞密院事曹瑋訊之，懷政伏誅，降準爲太常卿，知相州（河南安陽縣），朝士與準親厚者皆斥之。丁謂且欲與準遠小州，廸言向者聖旨無遠字，二人又由此爭忿。八月，以任中正、王曾（九七八—一〇三八）參知政事，錢惟演爲樞密副使。遣使捕朱能，能殺中使，擁衆叛，未幾，衆潰自殺。準由是再貶道州（湖南道縣）司馬。帝欲謫準江淮間，謂竟除道州，同僚莫敢言者。宋代官僚政治，每將陷人於罪罟者，自謂之陷準始。九月，帝疾愈，始御崇德殿視事，治朱能黨，死流數十人。時丁謂擅權用事，至除吏不以聞，李廸憤甚。及入對長春殿，因進秩事對帝進言曰：「謂罔上弄權，私林特、錢惟演而嫉寇準。特子殺人，事寢不治，準無罪遠謫。惟演以皇后姻家，使預朝政。曹利用、馮拯爲朋黨。臣願與謂俱罷，付御史臺劾正。」帝怒，左遷廸知鄆州，謂知河南府。明日，謂入謝，帝詰所爭狀。謂對曰：「非臣敢爭，乃廸詈臣耳，願復留。」遂自出，傳口語，復入中書視事。謂旣復位，益擅權專恣。詔自今軍國大事，仍舊親決，餘皆委太子同宰相樞密等參議施行。太子固讓，不允，遂開資善堂親政，皇后裁決於內，而丁謂用事，中外以爲憂。王曾謂錢惟演曰：「太子幼，非中宮不能立，中宮非倚太子，則人心亦不附。后若加恩太子，則太子安；太子安、則劉氏安矣。」惟演乘閒言之，后深納焉。蓋「后直懼劉氏之不安耳，非有則天改姓易命之志也。彼曉知太子安而已安，豈忍復爲邪謀也哉？蓋自是而小人僥倖之計，始不得入，則曾之一言，有以深動其心也。」（註四八）夫寇準與李廸之計，皆在逐謂與演，而后乃可制；后可制，太子乃安。王曾之策，高明多矣，蓋后心安，則去謂如孤豚腐鼠耳。

建興元年（一〇二二）二月，帝不豫，增劇，已而崩，年五十五，遺詔太子受益柩前卽位，更名禎。王曾奉遺詔入殿廬草制，命皇后權處分軍國事，輔太子聽政。太子卽位，年十三矣，尊皇后爲皇太后。兩府議太后臨朝儀，曾請如東漢故事，太后與帝五日一御承明殿，太后在帝右，垂簾聽政。但謂欲擅權，不欲同列與聞機政，潛結內侍省押班雷允恭，密請太后降手書云：「帝朔望見羣臣，大事則太后召對輔臣決之；非大事，則令允恭傳奏禁中畫可以下。」曾曰：「兩宮異處，而柄歸宦官，禍端兆矣。」於是允恭恃勢專恣，而謂權傾中外，衆莫敢抗。已而命丁謂爲山陵使。帝臨崩，惟言寇準李廸可託。丁謂怨準，而太后憾廸嘗諫立己，遂誣以朋黨貶之，於是準貶爲雷州（廣東海康縣）司戶參軍，廸爲衡州（湖南衡陽縣）團練副使，連坐者甚衆，曹瑋亦謫知萊州（山東掖縣）。丁謂既結雷允恭以奉太后，政事皆謂與允恭同議，稱得旨禁中，專橫已極。六月，因山陵改穿上穴事，允恭恃寵自事，告發，坐擅移皇堂，欲葬眞宗於絕地，使無後嗣。允恭遂杖死，太后欲併誅謂，得馮拯一言：「謂豈有逆謀哉？第失奏山陵事耳，」怒少解。謂既陷寇準以罪，則亦有人以深文而相報也。丁謂任中正罷，以王曾爲中書侍郎同中書門下平章事，呂夷簡（九七九—一〇四二）、魯宗道（九六六—一〇二九）參知政事，錢惟演爲樞密使。太后以丁謂爲宰輔，乃與宦官交通，命后處分軍國事草制，謂增以權字；及太后稱制，又議月進錢充宮掖之用，由是深惡之。至是，遂貶謂爲崖州（廣東崖縣）司戶參軍，籍其家，得四方賂遺，不可勝紀。惟演爲人憸險，見丁謂當權熏灼，因附之，與爲婚姻；謂得罪，惟演慮將及己，因擠謂以自解。宰相馮拯惡惟演爲人，因言惟演以妹妻劉美，乃太后姻家，不可與機政，請出之。十月，帝葬永定陵，以天書殉葬。十一月，惟演罷爲保大軍節度使，知河陽。

天聖元年（一〇二三），馮拯王曾爲相，拯議論多迎合主意，曾則方正持重最爲賢相。九月，馮拯免，王欽若繼之，然不復大用事如眞宗時矣。欽若對朝廷有所興作，必委曲遷就，以合上意，故仁宗謂王曾曰：「欽若所爲眞姦邪也！」(註四九)三年（一〇二五）十一月，王欽若卒，張知白繼之。知白爲人清純，在相位，愼名器，無毫髮私，常以盛滿爲戒，淸約如寒士，守道徇公，當官不撓。六年（一〇二八），張知白卒，張士遜（九六四—一〇四九）繼之。曹利用在樞府，藉寵肆威，權傾中外，性倔強少通，雖太后亦嚴憚之，而務革僥倖，忠藎有守，中官尤被裁抑，士遜居其間，無所可否，時人以和鼓目之。然利用爲小人所測，於是太后大怒，自此切齒，遂及其姪曹汭之禍。以困辱宦官羅崇勳故，崇勳鍛成其獄。七年（一〇二九）正月，罷樞密使。二月，張士遜原爲利用所薦，坐救利用免，呂夷簡繼之，以夏竦（九八四—一〇五〇）、薛奎（九六七—一〇三四）參知政事。利用初貶隨州，再貶房州，至襄陽驛，遂逼其自縊，死非其罪，人皆寃之。六月，王曾免，而以呂夷簡獨相。夏竦與夷簡不相悅，罷竦參知政事，而爲樞密副使。以陳堯佐（九六三—一〇四四）王曙參知政事。夷簡者，呂蒙正之姪也，眞宗問卿諸子孰可用，對曰：「諸子皆不足用，有姪夷簡任潁州推官，宰相才也。」夷簡由是見知。後得王旦之賞識，謂其器識遠大，薦之於王曾。其請免農器稅，緩程役，又請納天書於陵中，官司儀衞悉罷，初出身處事，固卓卓可見者。夷簡與士遜，皆以儒學起家，士遜練習民事，風蹟可紀。明道元年（一〇三二）二月，張士遜復相，晏殊除參知政事，張耆楊崇勳爲樞密使。

當景德四年，皇后郭氏崩，大中祥符五年，立德妃劉氏爲皇后。后出身寒微，自美人進位，專寵後宮。惟性警敏，曉書史，聞朝廷事，能記其本末。帝退朝，閱天下封奏，后皆預聞。宮闈事有問，輒撮引故實以對。帝深重之，由是漸干外政。郭后崩，帝欲立之，翰林學士李廸言妃起於寒微，不可以母天下。帝不從，竟立爲后。及帝崩，太子卽位，太子者眞宗第六子，後宮李氏所誕也，天性仁孝寬裕，喜慍不形於色。李氏初入宮，侍劉德妃，及舉子，德妃據爲己子，李氏不敢言，中外亦不知。天聖八年（一〇三〇）二月，范仲淹（九八九—一〇五二）疏請太后還政，不報。九年（一〇三一）八月，大內失火，焚八殿。十一月，修大內，大赦，改元明道。二年（一〇三三）三月，太后崩，謚章獻明肅。后晚年稍進外家，任內官羅崇勳江德明等訪外事，崇勳等以此勢傾中外。遺詔尊楊太妃爲皇太后，與皇帝同議軍國事。御史中丞蔡齊（九八八—一〇三九）白執政曰：「上春秋長，習知天下情僞，今宜躬攬朝政，豈可使女后相踵稱制乎？」殿中侍御史龐籍（九八八—一〇六三）請下閤門取垂簾儀制盡焚之，乃止。尊太妃爲皇太后，削去「同議軍國事」一語。四月，帝親政，時年二十四矣。至是，帝始知爲李宸妃所生，追尊爲皇太后，謚莊懿。明肅太后素剛，稱制十一年，雖政出宮闈，而號令嚴明，恩威加天下，內外肅然。以孔道輔、劉隨、曹修古爲言事官，皆以淸直聞，由是言路得人。眞宗初欲立后，李廸難之，丁謂獨諂附，要楊億草制，後日垂簾，卽竄謂而不赦。當太后初政，先誅雷允恭，海內肅然。又任王曾呂夷簡爲相，魯宗道之剛正，薛奎之質直，輔以讜論，虛懷無忤。后頗挾其才，將有專制之患，王曾正色危言，能使宦官近習，不敢窺覦。而后對左右近習，少所假借，宮掖間未嘗妄改作，內外賜予有節。三司使程琳（九八八—一〇五六）獻武后臨朝圖，后擲於地曰：「吾不作此負祖宗事！」漕運使劉綽還京西，言在庾有出賸糧千餘斛，乞付三司。后問曰：「卿識王曾、張知白、呂夷簡、魯宗道乎？此四人者，豈因獻羨餘而進哉？」唐自武韋之亂，母后臨朝，爲之廢止，不期宋之方盛而忽有之，儼然有帝王大度，論其明智英斷，亦宋一賢后也歟？

第四節 慶曆新政

宋興，享位最久，號稱承平者，莫如仁宗（一〇一〇—一〇六三）。明道二年，帝始親攬，一反明肅太后之政，召還宋綬（九九一—一〇四〇）、范仲淹而黜羅崇勳等，中外大悅。又罷宰相呂夷簡，而以張士遜李廸繼之，王隨、宋綬參知政事，薛奎因抗議明肅太后恭謝宗廟之禮，爲明肅所深忌，故奎獨留。先是，夷簡手疏陳八事，曰正朝綱、塞邪徑、禁賄賂、辨佞壬、絕女謁、疏近習、罷力役、節冗費，勸帝語甚切。大臣進位執宰，而條列時政以陳言者，自夷簡始。帝因與夷簡謀，以張耆、夏竦、陳堯佐、范雍、趙稹、晏殊皆附太后，欲悉罷之，夷簡以爲然。帝退語於皇后郭氏，后曰：「夷簡獨不附太后耶？但多機巧，善應變耳。」由是夷簡亦罷。夷簡令素所厚內侍都知閻文應詗之，乃知事由郭后也，遂深憾於后。時因旱災，張士遜爲相，無所建明，帝頗復思呂夷簡。御史中丞范諷，善李廸，常與士遜議論不合，力擠士遜，謀援夷簡入朝，乃劾奏之。十月，士遜與樞密使楊崇勳俱罷，復以呂夷簡爲相，王曙爲樞密使。郭后之立（天聖二年），乃太后之命也，故后雖立而頗見疏，尚美人、楊美人俱得幸，素與后爭忿。一日，尚氏於帝前有侵后語，后忿而批其頰。帝自起救之，誤批帝頸。帝大怒，閻文應因與帝謀廢后，且勸以爪痕示執政。范諷與夷簡相接，乘閒言：「后立九年，無子，義當廢。」夷簡以前憾，贊其言，帝意未決，右司諫范仲淹極陳不可，居久之，乃定議廢后。夷簡先敕有司，不得受臺諫章奏。十二月，乃詔稱皇后以無子，願入道，特封淨妃，玉京冲妙仙師，居長寧宮。臺諫章奏，果不得入。於是御史中丞孔道輔，率諫官范仲淹、孫祖德、宋郊、劉渙（一〇〇〇—一〇八〇），御史蔣堂（九八〇—一〇五四）、郭勸、楊偕（九八〇—一〇四八）、馬絳、段少連十人，詣垂拱殿，伏奏。殿門閉，不爲通，道輔扣環大呼曰：「皇后被廢，奈何不聽臺臣言！」道輔等至中書，詰夷簡。夷簡不能答，即奏言：「伏闕請對，非太平美事。」遂出道輔知泰州（江蘇泰縣），仲淹知睦州（浙江建德縣），祖德等罰金，仍詔臺諫自今毋得相率請對。僉書河陽判官富弼（一〇〇四—一〇八三）言：「朝廷一舉而兩失，縱不能復后，宜還仲淹等，」不聽。景祐元年（一〇三四），淨妃郭氏出居瑤華宮，詔立曹彬女孫爲皇后。郭氏既居瑤華宮，帝以一時溺惑，頗念之，遣使存問，作慶金枝詞賜之，郭氏和答，詞甚悽惋，帝益悔焉，嘗密遣人召之，郭氏辭曰：「若再召見，須百官立班受冊方可。」閻文應懼其復立，翌年十一月。屬郭氏小疾，帝遣文應挾醫診視，故以藥發其疾，數日，言郭氏暴斃，中外疑文應進毒。知開封府范仲淹劾奏文應之罪，竄之嶺南，死於道。三年（一〇三六），復追郭氏爲皇后，禮葬之。夷簡以挾憾廢后，造成此政治上軒然大波，實爲其平生之玷也。

當李廸再入相也，雖樸忠寡材，自以受不世遇，知無不爲，務廣推恩惠，以悅人心。及呂夷簡再入中書，事頗專制，心忌廸，潛短之於帝，廸不悟。夷簡疾范諷詭激，因諷以傾廸，以御史龐籍劾諷，責諷授武昌行軍司馬。景祐二年二月，廸坐范諷姻黨罷知亳州，王曾繼之，蔡齊盛度參知政事。曾爲左僕射，與夷簡數爭事，議論不合，曾斥夷簡納賂市恩，夷簡乞置對，交論於帝前。參知政事宋綬善夷簡，蔡齊頗附曾，間有所異，政事由此依違不決。知開封府范仲淹，早在天聖七年前，爲秘閣校理時，每感激論天下事，奮不顧身。時士風頹靡，儒臣晚復求相，不以爲非，仲淹方厲廉恥，振作士氣，一時推重。及夷簡復執政，氣勢重炎，無敢忤者。進用多出其門，人多躐等，仲淹上百官圖，指其次第曰：「如此爲序遷，如此爲不次；如此爲公，如此爲私。況進退近臣，凡超格者，不宜全委之宰相。」夷簡不悅。他日，孔道輔言遷都西洛，仲淹進曰：「洛陽險固，而汴爲四戰之地。太平宜居汴，急難則居西洛險固之地，以守中原，當漸廣儲蓄，繕宮室。」(註五〇)帝以問夷簡，夷簡對曰：「仲淹迂濶，務名無實。」仲淹聞之，乃撰帝王好尚、選賢任能、近名、推委臣下四論以獻，大抵譏指時政，且曰：「漢成帝信張禹，不疑舅家，故有新莽之禍。臣恐今日亦有張禹，壞陛下家法。」(註五一)仲淹屢犯其鋒，夷簡深懷忌憚，但薄示涵容以親之，仲淹終不合，且指爲莽卓之流。夷簡遂訴仲淹越職言事，仲淹亦交章辯析，辭益切，由是以離間君臣，薦引朋黨罪，落職知饒州（江西鄱陽縣）。宋之黨禍，自此而興焉。仲淹既落職，御史諫官不敢言，集賢校理余靖（一〇〇〇—一〇六四）上言：「仲淹以譏刺大臣，重加譴責，其言未合聖慮，在陛下聽與不聽耳，安可以爲罪乎？陛下自專政以來，三逐言事者，恐非太平之政也，請速改前命。」疏入，坐落職監均州（湖北均縣）酒稅。館閣校勘尹洙（一〇〇一—一〇四六）上疏曰：「臣常以仲淹忠諒不回，義兼師友，則是仲淹之黨也。

今仲淹既以朋黨得罪，臣固當從坐。」夷簡怒，斥監郢州（湖北鍾祥縣）酒稅。館閣校勘歐陽修（一○○七—一○七二）貽書責右司諫高若訥（九九七—一○五五），謂仲淹以言事觸宰相得罪，既不能爲辨其非辜，又隨而詆之以爲當黜，足下在其位而不言，便當去之，猶能以面目見士大夫，出入朝中，是不復知人間有羞恥事。上其書，語氣極重，修坐貶夷陵（湖北宜昌縣）令。時朝士畏宰相，無敢送仲淹，獨龍圖閣直學士李紘，集賢校理王質出郊餞之。或以誚質何爲自陷朋黨？質曰：「希文賢者，得爲其黨人幸矣！」館閣校勘蔡襄（一○一二—一○六七）作四賢一不肖詩，以譽仲淹、靖、洙、修而誅若訥，都人士相傳寫。侍御史韓縝（一○一九—一○九七）希夷簡意，請以仲淹朋黨牓於朝堂，戒百官越職言事者，從之。蘇舜欽（一○○八—一○四八）上書極諫，不報。

朝堂執宰既不合作，政治又發生風波。初，王曾久在外，有復入意。宋綬達意於夷簡，夷簡卽奏召曾。及將以曾代李廸，綬謂夷簡曰：「孝先（曾）於公，交契不薄，宜善待之，勿如復古（廸）也。」夷簡笑諾其言。既而夷簡專決，事不少讓，曾不能堪，議論多不合，曾數求去，夷簡亦屢丐罷。四年（一○三七）四月，呂夷簡、王曾、蔡齊、宋綬四人皆免。夷簡去，薦王隨陳堯佐爲相，以韓億（九七四—一○二○）、程琳（九八八—一○五六），石中立參知政事，盛度知樞密院事。王隨陳兩相皆老病，又無應務之才，在中書一年，無所建樹，又不和，中書事多不決，而韓億石中立又頗以私害公。會災異屢發，右司諫韓琦（一○○八—一○七五）屢言宰執非才，連疏其過。十二月地震，直史館葉清臣者，騫騫無所附麗，爲一時名臣，因上言：「頃范仲淹、余靖以言事被黜，天下之人咋舌，不敢議朝政者行將二年，願陛下深自咎責，詳延忠直敢言之士。」書奏數日，仲淹等皆得近徙。寶元元年（一〇三八）正月，詔求直言，蘇舜欽上疏，謂仲淹以剛直忤姦臣，言不用而身竄謫。國家闕失，衆莫敢爲陛下言者，惟天丁寧以告，陛下果能沛發明詔，許羣臣皆得獻言，臣不勝幸甚。舜欽且抨擊王隨，謂其虛庸邪諂，非輔相之器，降麻之後，物論沸騰。石中立以詼諧自任，物望甚輕。御史中丞張觀，司諫高若訥，皆溫和軟懦無剛鯁敢言之氣，斯皆執政引拔建置，欲其愼默時有所言，則必暗相關說。（註五二）帝頗納用其言。三月，王陳四人同日罷。以張士遜，章得象（九七八—一〇四八）爲相，李若谷參知政事。得象爲人莊重，渾厚有容。然當時天下之望，在王曾、呂夷簡、杜衍（九七八—一〇五七）與范仲淹也。仲淹既徙潤州（江蘇鎮江縣），讒者恐其復用，遽誣以事。語入，帝怒，亟命置之嶺南。中外論薦仲淹者衆，帝曰：「向貶仲淹，爲其密請建立皇太弟，非但詆譭大臣也。今稱薦者如是，似涉朋黨。」十月，乃下詔戒之，仲淹訖得免。自仲淹貶而朋黨之論起，朝士牽連，一出語及仲淹，皆指爲黨人。參知政事程琳爲帝開說，帝意稍解。李若谷亦言近世俗薄，專以朋黨汚善良，蓋君子小人各有類，今概以朋黨名之，恐正人無以自立，帝納之。詎范仲淹之案漸息，而又有馮士元之事發生，當日政途巇嶮，張士遜借刀殺人，官僚心術之劣，可窺一斑矣。張士遜惡程琳，而疾孔道輔不附己，欲幷去之。會開封府吏馮士元以強取其鄰所賃官舍，及給市張士遜故第等贓敗。知府鄭戩窮治之，詞連盛度、程琳、及天章閣待制龐籍、直集賢院呂公綽（九九九—一〇五五）、太常博士呂公弼（一〇〇七—一〇七三）等十餘人。張士遜給孔道輔爲程琳辯之。道輔不悟，入言琳罪薄，不足深治。帝怒道輔朋附，併出之。二年（一〇三九）十月，度罷知揚州，琳知潁州（安徽阜陽縣），籍等皆被黜，士元流海島，而道輔出知鄆州。道輔始知爲士遜出賣，憤恨而卒。以王鬷知樞密院事，宋庠（九九六—一〇六六）參知政事。康定元年（一〇四〇）二月，除越職言事之禁，命知誥韓琦安撫陝西，召范仲淹知永興軍，以晏殊宋綬知樞密院事。五月，張士遜致仕，呂夷簡復相，由是章得象與呂夷簡執政。以范仲淹爲陝西都轉運使。七月，除仲淹龍圖閣直學士，與韓琦並爲陝西經略安撫副使，同管勾都部署司事。初，仲淹與夷簡有隙，及夷簡再入相，帝諭仲淹使釋前憾，仲淹頓首謝曰：「臣向論蓋國家事，於夷簡無憾也。」及議加職，夷簡請超遷之，帝悅，以夷簡爲長者。而仲淹自饒州還朝，出領西事，恐夷簡不爲之地，無以成功，乃爲書自咎解仇云：「恭惟相公與二府大臣同憂天下之時，必能恕狂者之多言，采愚者之一得。某胸中甚白，無愧於日月，無隱於廊廟，惟相公神明其照，某豈得而昧之。」（註五三）仲淹感於夷簡之薦，亦樂爲之用，所謂「相公有汾陽之心之德，仲淹無臨淮之才之力者，」亦不可謂非傾倒而無餘矣。於是二人歡然相得，戮力平賊，雖朋黨之論起而不可止，然天下之士，皆以此多之。（註五四）

慶曆之政，雖力圖改革，然非盛世。元年（一〇四一），帝以豐財省費訪羣臣，張方平（一〇〇七—一〇九一）既條對，又獨上數千言，指陳時政，大略以爲自祥符以來，務爲姑息，漸失祖宗之舊法，取士任子磨勘遷補之法壞。命將養兵，皆非舊律，國用既窘，則政出多門，大商豪民，乘隙射利，而茶鹽香礬之法亂。此治忽盛衰之本，不可以不急。帝覽對甚悅，將大用，會坐判官楊儀罪，出知滁州（安徽滁縣）。(註五五)時因對契丹西夏用兵，軍事紛繁，軍區建置亦較多，遂分河北爲大名府、高陽關、眞定府、定州等四路，各置安撫使。宋庠、葉清臣、鄭戩、及宋祁（九九八—一〇六一），同年登第，寶元二年，庠爲參知政事，戩爲樞密副使，淸臣任三司使，祁爲天章閣待制，趣向旣同，權勢亦盛，時人謂之四友。(註五六)時呂夷簡當國，同列不敢預事，唯諾書紙尾而已，獨宋庠數與爭論。夷簡不悅，帝顧庠頗厚，夷簡忌之，巧爲所以傾庠未得。及范仲淹擅通書元昊，又焚其報，夷簡從容謂庠曰：「人臣無外交，希文何敢如此？」庠以夷簡誠罪仲淹也，他日於帝前議其事，庠遽請斬仲淹。樞密副使杜衍力言其不可。夷簡竟以杜衍之言爲是，庠遂倉皇失措。論者皆咎庠，庠在政府亦無所建明，於是用朋黨事，與戩俱罷。(註五七)慶曆二年（一〇四二），契丹兵壓境，范仲淹奏乞城京師以備敵。(註五八)衆是其說，惟夷簡以爲非，曰：「雖有契丹之虞，設備當在河北，奈何遽城京師以示弱乎？使虜深入而獨固一城，天下殆矣！」五月，乃議建大名府爲北京，因修其城池增置守備，示親征之意，且曰此子囊城郢計也。(註五九)七月，呂夷簡兼判樞密院事，章得象兼樞密使，晏殊黨附夷簡，則自樞密使加同平章事，因兩府合班奏事，三相兼署兩府之事。殊性剛簡，奉養淸儉，平居好賢，當世知名之士，如范仲淹、孔道輔，皆出其門。及爲相，益務進賢材，而范仲淹與韓琦富弼皆進用。三年（一〇四三）春，呂夷簡病，不能朝。時全國無事，士大夫弛於久安，而兵討元昊，久無功，西師尙未解嚴，加以累歲賊亂，海內重困。州縣之吏，多不稱職，民益敝苦。帝慨然厭兵，思欲振起威德，正百度以修太平。四月，帝召見夏竦，命爲樞密使；召韓琦范仲淹於陝西，命爲樞密副使；又召歐陽修於滑台（河南滑縣），皆中外人望，不次拔擢。修與王素（一〇〇七－一〇七三）知諫院，余靖爲右正言，蔡襄以詩賀，三人列薦，帝亦命襄知諫院。襄見帝言：「任諫非難，聽諫爲難；聽諫非難，用諫爲難。」修每入對，以帝必延問執政，主意無定，慮善人必不勝，數爲帝分別言之。自范仲淹貶饒州，修及尹洙余靖，皆以直仲淹見逐，朝士目之爲黨人，朋黨之議遂起。修乃撰朋黨論以進，謂君子與君子以同道爲朋，小人與小人以同利爲朋，此自然之理也。然臣謂小人無朋，其暫爲朋者僞也；惟君子則有之，道義忠信名節，始終如一，此君子之朋也。修之意謂君子執政，多集同志以行其政策，不必以朋黨爲諱，然當時並無兩黨對峙之形式，范仲淹歐陽修等雖被目爲黨，而反對范歐等之呂夷簡夏竦，並非成黨。修論事切直，人視之如仇，帝獨奬其忠言，顧侍臣曰：「如歐陽修者，何處得來？」蓋欲大用而未果也。初，夏竦旣命爲樞密使，竦、曾受王旦之薦，材智過人，急於進取，喜交結，任數術，傾側反覆，世以爲姦邪。歐陽修蔡襄等，交章論竦在陝西畏懦不肯盡力，兼以挾詐任數，姦邪傾險。中丞王拱辰（一〇一二－一〇八五）亦言竦經略西師，無功而歸，今置諸二府，何以勵世？因對，極論之。會竦已至國門，言者論益切，乞毋令入見。余靖言竦累表引疾，及聞召命，卽兼驛而馳，若不早決，竦必堅求面對，敍恩感泣，復有左右爲之地者，則聖聽惑矣。章累上卽日詔竦歸鎭，拜杜衍爲樞密使。竦亦自請還節鉞，徙知亳州。竦至亳，上書自辯，乃徙判幷州。

當二年冬呂夷簡以病患癱風也，手足不能舉動而辭相，授司空平章軍國重事，固辭。陝西轉運使孫沔（九九七－一〇六七）上書言：「自夷簡當國，黜忠言，廢直道。及以使相出鎭許昌，乃薦王隨陳堯佐代己。才庸負重，謀議未協，忿爭中堂，取笑多士，政事寖廢。又以張士遜冠臺席，士遜本乏遠識，致墮國事。蓋夷簡不進賢爲社稷遠圖，但引不若己者，爲自固之計，欲使陛下知輔相之任，非己不可，冀復思己而召用也。陛下果召夷簡，還自大名，入朝秉政，於茲三年，不更一事，以姑息爲安，以避謗爲智。西州將帥，累以敗聞。契丹無厭，乘此求賂。兵殲貨悖，天下空竭。刺史牧守，十不得一。法令變更，士民怨嗟。隆盛之基，忽至於此。今夷簡以病求退，陛下手和御藥，親寫德音，乃謂恨不移卿之疾，在於朕躬。四方義士，傳聞詔語，有泣下者。夷簡在中書二十年，三冠輔相，所言無不聽，所請無不行，有宋得君，一人而已，未知何以爲陛下報。天下皆稱賢而陛下不用者，左右毀之也。皆謂憸邪而陛下不知者，朋黨蔽之也。比契丹復盟，西夏欵塞，公卿忻忻，日望和平。若因此振綱紀，修廢墜，選賢任能，節用養兵，則景德祥符之風，復見於今矣。若恬然不顧，遂以爲安，臣恐土崩瓦解，不可復救。而夷簡意謂四方已寧，百度已正，欲因病默默而去，無一言啓沃上心，別白賢不肖，雖盡南山之竹，不足書其罪也。」(註六〇)書聞，帝不之罪，議者喜其讜切。至是，蔡襄復言夷簡被病以來，兩府大臣，並勿受事於門，貪戀權勢，病不知止。三年四月，乃命夷簡不得同議軍國大事。當夷簡以疾辭位，曾薦范仲淹、富弼、韓琦、文彥博、龐籍、梁適、曾公亮等可大用，而素與夏竦不協，畏其爲人，不肯引爲同列，既退而後薦之，以釋宿憾，蓋夷簡分別公私之界，並非無知人之明也。夷簡既去，章得象、晏殊爲相，賈昌朝（九九八——一〇六五）、范仲淹參知政事，杜衍爲樞密使，韓琦、富弼爲樞密副使，歐陽修、蔡襄、王素、余靖並爲諫官，政局爲之一變。國子監直講石介（一〇〇五—一〇四五）因大喜曰：「此盛事也！」作慶曆聖德詩，謂衆賢之進，如茅斯拔；大姦之去，如距斯脫。詩所稱者，多一時名臣，其言大姦，蓋斥竦也。孫復（九九二—一〇五七）聞之曰：「介禍始於此矣」。范仲淹亦謂韓琦曰：「此爲鬼怪輩壞事也！」尤以「惟仲淹弼，一夔一契」之句，反對派嫉妒更甚，惡之如仇。未幾，謗訾羣興。初，屯田員外郎李徽之訟參知政事王舉正妻悍不能制，何以謀國事。歐陽修、余靖、蔡襄亦論舉正最號不才，久居柄用，儒默不任事，無所建明。范仲淹有相才，請罷舉正而用仲淹。七月，舉正罷知許州（河南許昌縣），以范仲淹爲參知政事，富弼爲樞密副使。時元昊介契丹爲後援，強索無厭，宰相晏殊等厭兵，將一切從之。韓琦言其不便，條陳所宜先者七事，曰清政本、念邊計、擢材賢、備河北、固河東、收民心、營洛邑。繼又陳救弊八事，曰選將帥、明按察、豐財利、遏僥倖、進能吏、退不才、謹入官、去冗食。謂數者之舉，謗必隨之，願委計輔官，聽其注措，帝悉嘉納。(註六一)范仲淹平日胸襟豁達，毅然以天下國家爲己任。帝方銳意太平，仲淹勸其開天章閣，俾大臣條陳時務。九月，乃召政事之臣八人，賜之坐（在宋爲殊禮），授以紙筆，問治天下其要有幾？當世急務宜何先？使書於紙以條奏。然衆人避讓，不敢下筆。密弼等亦不敢獨有所述，乃特出手詔，指定姓名，專責弼等條列大事而施行。弼等遲回，又近一月，方敢略條陳事。仲淹條陳十事，曰明黜陟、抑僥倖、精貢舉、擇官長、均公田、厚農桑、修武備、減徭役、覃恩信、重命令。仲淹老練世事，知凡百難猛更張，故其所陳，包括用人行政、科舉、民生、國防等項，志在遠大而多若迂緩，但欲漸而行之，防患於未然。帝悉採用之，宜著令者，皆以詔書畫一頒下。慶曆新政，即以此爲綱領，逐步施行。富弼性雖銳，然亦不敢自出意見，而上當世之務十餘條及安邊十三策，大略以進賢退不肖，止僥倖，去宿弊，欲漸易監司之不才者，使澄汰所部吏，（註六二）但舉祖宗故事，請帝擇而行之。此等條陳，皆爲針砭現實，作除弊革新之舉，故主張平實，簡切可行。帝知朝臣不任事，而范韓協力解決西夏，特任以中樞要職，與杜衍富弼，分列二府。然以倡議之積極，改革之急驟，行之未及一年，而爲保守派陳執中之徒不悅矣。已而呂夷簡致仕。「自仁宗初立，太后臨朝十餘年，天下晏然，夷簡之力爲多。其後元昊反，四方久不用兵，師出數敗，契丹乘之，遣使求關南地，頗賴夷簡計劃，遣一時名臣，報使契丹，經略西夏，二邊以寧。當國柄最久，雖數爲言者所詆，帝眷倚不衰，所斥士旋復收用，亦不終廢。其於天下事，屈伸舒卷，動有操術，爲世名相。」（註六三）夫當仁宗之世，所聚訟不已者，呂夷簡夏竦之進退而已。此二子者，豈有丁謂王欽若蠹國殃民已著而不可揜之惡哉？夷簡方寸隱微，巧智莫測，執政二十年，度量心術，期以濟務。然以在位既久，頗務收恩避怨，以固權位。況呂氏世家之盛，三世而更執國政者四人。郭后之廢，且成其君之過，怨尤既多，力謀持盈保泰。「逮其晚節，知天下之公議不可終拂，亦以老病將歸而不復有所畏忌。又慮夫天下之事或終至於危亂不可如何，而彼衆賢之排去者，或將起而復用，則其罪必歸於我，而並及於吾之子孫，是以寧損故怨，以爲收之桑榆之計。蓋其慮患之意，雖未盡出於至公，而其補過之善，天下實被其賜，則與世之遂非長惡，力戰天下之公議，以貽患於國家者，相去遠矣。」（註六三）故夷簡爲人，深謀遠慮，亦有古大臣之度焉。

慶曆新政，首重於用人。仲淹之意，大抵欲求對外，先整理內部，欲求強兵，先務富民，而欲行富民之政，則自整飭吏治始。歐陽修奏言：「天下官吏既多，朝廷無由遍知其賢愚善惡。人之能否，都不可知，又別無按察官吏之術，致使年老病患者，或懦弱不才者，或貪殘害物者，布在州縣，並無黜陟，因循積弊，冗濫者多，使天下州縣不治者十有八九。乞立按察之法，於內外朝官中，自三丞以下至郎官中，選強幹廉明者約二十許人，為諸路按察使，使至州縣，遍見官吏。其公廉才幹或老病無狀者，皆以朱書於姓名之下；其中才之人，以墨書之；又有能專一長者，亦以朱書別之，歲具以聞。朝廷可坐見官吏賢愚善惡，然後別議黜陟之法，足以澄清吏治。」(註六五)詔從之。富弼范仲淹復請詔中書樞密，通選各路轉運按察使，即委使自擇知州，知州擇知縣，不任事者皆罷之。十月，以張昷之王素等為都轉運按察使，昷之河北，王素淮南，沈邈京東，施昌言河東，李絢京西。仲淹之選監司也，取班簿，視不才者一筆勾之，用士多取氣節，而略細故。至於縣令，仲淹乞令天下選人用三員保任，方得為縣令，當時推行其言，自是縣令得人，民政稍稍舉矣。(註六六)仲淹既首重澄清吏治，其治標先務是明黜陟、抑僥倖。明黜陟是針對當時磨勘法，抑僥倖是針對蔭子法，而圖加以更定。

(甲) 磨勘法　宋制：文資三年一遷，武職五年一遷，謂之磨勘。初，太祖舊制：文武常參官各以曹務閒劇為月限，考滿即遷，非循名責實之道，乃罷之，而置審官院。考課中外職事受代，京朝官引封磨勘，非有勞績，不得進秩。其後立法，文臣五年，武臣七年，無贓私罪，始得遷秩；曾犯贓罪者，其文臣七年，武臣十年。中書樞密取旨，其七階選人，則考第資歷，無過犯或有勞績者遞遷，謂之循序。淳化四年，始置磨勘司，然每遇恩慶，百僚多得序進。眞宗卽位，始罷之，惟郊祀恩許加勳階爵邑。至是，范仲淹富弼以官冗由磨勘亟，易至高位，故獲蔭者衆，乃令待制以上，自遷官後六歲，無故，則復遷之；有過，益展年，至諫議大夫止。京朝官四歲，磨勘至前行郎中止。少卿監限七十員，有闕乃補；少卿以上，遷官聽旨。其法始密於舊矣。

（乙）蔭子法　蔭子一曰任子，任子者，卽信其父兄，用其子弟之謂也。太祖定任子之法，臺省六品，諸司五品，登朝嘗歷兩任，然後得請。太宗卽位，諸州進奏者，授以試銜及三班職，尋特定選人七等，凡誕聖節，及三年南郊，兩省至知雜御史以上，各奏子一人充京官，而特恩不與焉。由是奏薦之恩寖廣，此濫進之機也。蘇洵曰：「今之用人最無謂者，其所謂任子乎？因其父兄之資，以得大官，而又任其子弟，子將復任其孫，孫又任其子，是不學而得者，嘗無窮也。夫得之也易，則其失之也不甚惜，以不學之人，而居不甚惜之官，其視民如草芥固宜。」（註六七）仲淹富弼始裁損其制，減任子之數，更定蔭子法。凡選人遇郊，赴銓試；不試者，永不預選。且罷聖節奏蔭恩，凡長子不限年，諸子孫必年過十五，弟姪年過二十乃得蔭。自是任子之恩殺矣。

范仲淹爲新派政治家型，具有創作之氣度與魄力，與富弼日夜謀慮，興致太平；帝亦倚以爲治，中外想望其功業。仲淹自知革弊於久安，非朝夕可能，故初時極爲審愼，未敢輕舉。及按察使出，多所舉劾，衆心不悅。任子之恩薄，磨勘之法密，僥倖者不便，於是謗讟寖盛，反對派乘之，盡力攻擊，且目爲黨人。當時更張難行，建樹無多，而政治局勢，亦未有改進。四年三月，余靖奏言：「自寶元之初，元昊僭擬，契丹驕驁，當此之時，洶洶惟憂隕越，而不能得非常之才，因不可爲之勢，以修國度，以興治道，人皆歸過於張士遜呂夷簡，責其惟能私徇，不識權變。自夷簡病去，陛下取章得象晏殊而任之，又不能因此時修舉法度，以副天下具瞻，今既逾年，人心無所冀矣。」（註六八）是時政局動盪不寧，西北二敵，陵脅邊界，盜賊縱橫，驚刼州縣，養兵至冗，擇將不精，賦役繁重，公私匱竭。內外之官，務爲辦事而少矜恤之人；天下之民，急其供應而有流離之苦。治道如此，救時乏術。大臣互相攻劾，朋黨之論，益滋不可解。四月，帝與執政論及朋黨事，仲淹對曰：「方以類聚，物以羣分。自古以來，邪正在朝，未嘗不各爲一黨，不可禁也，在聖上鑒辨之耳。誠使君子相朋爲善，其於國家何害？」先是，夏竦怨石介斥己，又欲因以傾弼等。六月，乃僞作介爲弼撰廢立詔草，飛語上聞。帝雖不信，而弼與仲淹恐懼，欲避讒謗，皆請出按西北邊。適有邊奏，仲淹因固請行。執政不及一年，乃命爲陝西河東宣撫使，仲淹將赴陝，過鄭州（河南鄭縣），時呂夷簡已老，居鄭，仲淹往見之。夷簡問何事遽出？仲淹對以暫往經撫兩路，事畢卽還。夷簡曰：「君此時正蹈危機，豈復再入？若欲經制西事，莫如在朝廷爲便。」仲淹愕然。仲淹既去國，攻者果益急，帝心不能無疑矣。八月，以富弼爲河北宣撫使。弼及仲淹既去，石介不自安，亦請外，得濮州（山東濮縣）通判。慶曆改革，銳之於始，然求治太急，空有計劃，終成泡影。宋初，宰相權重，臺諫侍從莫敢議，朝士不平，屢有攻擊，更勝迭負，然終不損廟堂之勢。至范仲淹空一時所謂賢者而爭之，天下議論，相因而起，朝廷不能主令，而勢始輕矣。仲淹既以此取勝，及其自得用，臺諫侍從，方襲其跡，朝廷每立一事，則是非議起，譁然不安。其所以攻人者，卒其所以受攻而無以處此，是以有志而無成也。御史中丞王拱辰者，交給溫成皇后（張貴妃）家，初為呂夷簡黨也，謀削弱仲淹之羽翼。首劾其在陝所用之軍事人員滕宗諒張亢濫用公使錢，仲淹代為力辯，以去就爭，方得從寬處分，降職了事。仲淹弼在朝所為，亦稍沮止，杜衍獨左右之，羣小咸怨。蘇舜欽者，易簡孫也，能文章，議論稍侵權責，敵黨窺伺以俟。京師百司胥吏，每至秋，必醵錢為賽神會，往往因劇飲終日。時舜欽監進奏院，循例祀神，以伎樂娛賓。集賢校理王益柔，曙之子也，於席上醉戲作傲歌，有「醉臥北極遣帝佛，周公孔子驅為奴」之句。王拱辰聞之，以二人皆仲淹所薦，而舜欽又衍婿，欲因是傾衍及仲淹，乃諷其屬御史魯周詢劉元瑜舉劾其事。張方平頗有才，以朋黨關係而難得志，乃與宋祁助之，與拱辰列狀請誅益柔，攻擊不遺餘力，蓋欲因益柔以累仲淹也。宰相章得象晏殊無所可否，參知政事賈昌朝則陰主拱辰等議。韓琦獨言於帝曰：「益柔少年狂語，何足深計，此乃一醉飽之過，止可薄治之。方平等皆陛下近臣，同國休戚，今西陲用兵，大事何限一，不為陛下論列，而同狀攻一王益柔，此其意可見矣。」帝感悟，乃止。黜益柔監復州（湖北天門縣）酒稅，而舜欽以用市故紙錢會客為監主自盜，除名。同席被斥者十餘人，皆知名之士，造成所謂「奏邸之獄。」其結果，不僅貶王蘇兩人，革新派其餘名士，亦受責斥。拱辰喜曰：「吾一網打盡矣！」其氣燄與石介之詩，若出一吻。舜欽既放廢，寓於吳中（江蘇吳縣），與高僧逸士吟嘯自適，一二年間，謗議向未寧息。衍見不為人所容，數求去，不許。仲淹不自安，奏乞罷政事，帝欲聽其請。章得象謂仲淹素有虛名，今一請遽罷，恐天下謂陛下輕黜賢臣，不若且賜不允，若即有謝表，則是挾詐要君，乃可罷也。帝從之。仲淹果奉謝表，帝愈信得象言。會富弼自河北還，將及國門，右正言錢明逸者，附賈昌朝夏竦，希得象執中意，遂論仲淹弼更張綱紀，紛擾國經，凡所推薦，多挾朋黨。此時仲淹之政敵，不在其見忌之呂夷簡，而在其比肩無忤之賈昌朝章得象，蓋恐其復入，故尼之反甚也。晏殊性剛峻，遇人以誠，范仲淹、孔道輔、歐陽修皆出其門，婿爲富弼楊察。初入相，擢歐陽修等爲諫官，旣而苦其數論事，或面折之，及修出爲河北都轉運使，諫官奏留修，不許。諫官孫甫蔡襄奏論殊，指其被詔誌莊懿墓，沒而不言。又謂殊役官兵治僦舍以規利。九月，殊罷。以杜衍爲平章事兼樞密使，賈昌朝爲樞密使，陳執中參知政事。執中以無交黨而見用，孫甫蔡襄言其剛愎不學，若任以政，天下不幸，帝不聽。衍閑暇清正，謹守規矩，好薦引賢士而裁抑僥倖。每有內降，認爲非盛世事，率寢格不行，積詔旨至十數，輒納帝前而封還之。其風烈與李廸、王曾、張知白往往相似焉。

陳執中一任參知政事，力排杜衍，在中書數與衍異議。當孫甫蔡襄之乞出，事下中書，甫本衍所擧用，於是中書共爲奏言：諫院今闕人，且留甫等供職。旣奏，帝頷之。衍卽召吏出箚子，令甫等供職，衍及得象旣署，獨執中不肯，且讒謂衍黨二人。帝入其言，五年(一〇四五)正月，罷衍知兗州，仲淹知邠州（陝西邠縣），弼知鄆州，以賈昌朝同平章事兼樞密使，王貽永爲樞密使，宋庠吳育（一〇〇四—一〇五八）參知政事。仲淹引疾，求解邊任，改知鄧州。帝且下詔公開申斥范派，慶曆朋黨之爭，至此達最高潮矣。幸賴時尚清明，不成黨錮之禍，否則不待紹聖崇寧之際，而早已橫流矣。當時官僚之氣習如此，仲淹所倡之新政，不過爲溫和性改革，而反之者如響斯應，挾朋黨之論，而作意氣之爭，然則熙寧之全盤變法，又何怪衆矢之蝟集於荆公者哉？二月，詔罷京朝官用保任敍遷法，又罷磨勘蔭子孫新法。仲淹富弼既罷去，韓琦乃上疏曰：「陛下用杜衍爲相，方及一百二十日而罷。范仲淹以夏人初附，自乞保邊，固亦有名。至於富弼之出，則所損甚大。富弼大節難奪，天與忠義，昨契丹大兵壓境，命弼使虜，以正辯屈強虜，卒復和議。忘身立事，古人所難。近者李良臣自虜來歸，盛言北方自虜主而下，皆稱羨之。陛下兩命弼爲樞密副使，皆忘其有功，辭遜不受。逮抑令赴上，則不顧毀譽，動思振緝紀綱，其志欲爲陛下立萬世之業爾，近日臣僚，多務攻擊忠良，取快私忿，非是國家之福，惟陛下久而察之。」疏入，不報。初，陝西四路總管鄭戩遣靜邊砦主劉滬，著作佐郎董士廉，築城水洛（甘肅莊浪縣東南陽三水洛二川之間），以通秦隴之援，蓋水洛城據隴山之利，可以通秦渭之境，曹瑋早已經營，李紘亦欲開拓。劉滬乃緣邊有名將佐，最有戰功，以一戰而服生蕃數千戶，新附之衆，因其勢而修城堡宜也。知渭州（甘肅平涼縣）尹洙認爲城水洛，其害有四：一、築城必分兵，備益多所用益衆，弱我兵而強敵勢；二、重傷民兵，增損國費，以事無用之地；三、擾西蕃之地而築城寨，樹怨於種落，爲國生事，而無損於寇讐；四、水洛族通賂於虜，此城若建，其種落必召寇爲援，爲之鄉導，窮於應付，恐山外之危亡，自茲而始也。(註六九)乃奏罷其役。會戩罷，而滬等督役如故。洙不平，以張忠代之，滬不受代，洙乃諭裨將狄青（一〇〇八—一〇五七）往械滬及士廉下吏，而罷水洛之役。戩論奏不已，琦是洙，而朝議右戩，卽使范仲淹余靖亦支持劉滬，竟徙洙知慶州，又徙晉州（河北晉縣），釋滬等獄，而復城水洛。三月，琦不自安，因請外，遂出知揚州。章得象性簡重，渾厚有容，清忠無所附麗。當陝西用兵，呂夷簡、晏殊、杜衍、范仲淹、富弼更秉政，得象默默不能有所作爲。及夷簡薨，殊衍仲淹亦去位，而得象爲相如故，凡歷八年，四月，始罷，陳執中繼之。賈昌朝對治邊問題，屢上書，頗有識見，在侍從薄負時譽，及執政，尙阿私，乃不爲正人所與，暗結夏竦、王拱辰、張方平等爲一黨，而與杜范相對敵。自滕宗諒張亢用公使錢過當，蘇舜欽售故紙錢，以至城水洛之爭議，拱辰等乘機攻訐，紛紛交作，杜范諸人之身，幾不能自保。五月，歐陽修上疏云：「臣伏見杜衍、韓琦、范仲淹、富弼等，皆是陛下素委任之臣，一旦相繼罷黜，天下之士，皆素知其可用之賢，而不聞其可罷之罪。……臣料衍等四人，各無大過，而一時盡逐；弼與仲淹委任尤深，而忽遭離間，必有以朋黨專權之說，上惑聖聰，臣請試辨之。昔年仲淹以讜論聞於中外，天下賢士爭相稱慕，當時姦臣誣作朋黨，猶難辨明。自近日陛下擢此數人，並在兩府，察其臨事，可以辨也。蓋衍爲人清愼而謹守規矩，仲淹則恢廓自信而不疑，琦則純正而質直，弼則明敏而果銳。四人爲性既各不同，雖皆歸於盡忠，而其所見各異，故於議事多不相從。至如杜衍欲深罪滕宗諒，仲淹則力爭而寬之；仲淹謂契丹必攻河東，請急修邊備，富弼料以九事，力言契丹必不來。至如尹洙，亦號仲淹之黨，及爭水洛城事，韓琦則是尹洙而非劉滬，仲淹則是劉滬而非尹洙。此數事尤彰著，陛下素已知者。此四人者，可謂天下至公之賢也，平日閑居，則相稱美之不暇；爲國議事，則公言廷諍而不私。……陛下於千官百辟之中，親選得此數人，一旦罷去，而使羣邪相賀於內，四夷相賀於外，此臣所以爲陛下惜也。」（註七〇）由是敵黨益忌修，因附致修罪，左遷之滁州，遷洙知潞州（山西長治縣）。諫官余靖、歐陽修輩既相繼罷去，而天下目之爲賢者，執政則指之爲黨，皆欲因事斥逐之。時，滁州狂人孔直溫謀反，伏誅，搜其家，謂得石介書，併所遺孫復詩。時介已死，夏竦深怨石介譏己，常欲報之，因言介詐死，乃富弼遣介結契丹起兵者，請發介棺驗之。提點刑獄呂居簡言：「無故發棺，何以示後？」且狀上之，始獲免。十一月，以夏竦誣富弼謀廢立，遂罷弼京東安撫使，貶孫復監虔州（江西贛縣）稅，介子孫羈管池州（安徽貴池縣）。夫當慶曆初年，開天章閣，求賢納言，帝德誠盛。亡何，范仲淹、杜衍、韓琦、歐陽修與富弼，相繼罷去。帝既雅知仲淹等賢，旋進旋退者，蓋望治過切，信任不篤，而士大夫各逞意氣之爭，王拱辰構奏邸之獄，夏竦有報怨之行，陰謀暗算，肆意傾軋，尋瑕抵隙，文織其罪，讒言一起，卽告遽罷。慶曆黨爭，至此革新派挫敗，政局似暫告一段落矣。

保守派既得勢，賈昌朝陳執中繼續主政。吳育參知政事，剛正敢言，因處分知永靜軍向綬事，與昌朝數爭議帝前，左右皆失色，育論辯不已，乃請曰：「臣所辯者職，顧力不勝，願罷臣職。」昌朝約張方平相助，卒罷育，復以爲樞密副使，與丁度（九九〇—一〇五三）易位。昌朝以結宮人宦官，亦數爲諫官御史所攻。七年（一〇四七）春旱，三月，賈昌朝罷，欲命夏竦繼之，臺諫言其與陳執中素不合，改命爲樞密使。文彥博（一〇〇六—一〇九七）除參知政事，彥博、出於呂夷簡之門也。八年（一〇四八）閏正月十八夜，崇政殿親從官顏秀、郭逵、王勝、孫利等四人，作亂於殿前，曾攀入禁中，卒爲宿衛兵所誅，不知其始謀。時王則之亂平，以文彥博爲相，仍以陳執中居其上，明鎬龐籍參知政事。何郯論夏竦姦邪，罷樞密使，以宋庠繼之。竦不復起，以後富韓方深信任用。越二年，竦死，顏容枯槁，蓋失意之至也。彥博薦張瓌、韓維（一〇一七—一〇九八）、王安石（一〇二一—一〇八六）等恬退守道，乞褒勸以厲風俗。八月，河北京東西水災。十二月，霖雨又爲災，河北尤甚，民死者十分八九，於是改元曰皇祐。

皇祐元年（一〇四九）春，詔問輔翊之能，方面之才，與夫帥領偏裨，當今孰可以任此者？權三司使葉清臣對，謂：「今輔翊之臣抱忠義之深者，莫如富弼。爲社稷之固者，莫如范仲淹。諳古今故事者，莫如夏竦。議論之敏者，莫如鄭戩。方面之才，嚴重有紀律者，莫如韓琦。臨大事能斷者，莫如田況。剛果無顧避者，莫如劉渙。宏達有方略者，莫如孫沔。至於帥領偏裨，貴能坐運籌策，不必親當矢石，王德用素有威名，范仲淹深練軍政，龐籍久經邊任，皆其選也。狄青范全頗能馭衆，蔣偕深毅有術略，張亢倜儻有膽勇，劉貽孫材武剛斷，王德基純愨勁勇，此可補偏裨者也。」（註七二）此爲當時文武人才之大要。八月，陳執中罷，宋庠繼之，龐籍爲樞密使，高若訥參知政事。時張貴妃寵冠後庭，二年（一〇五〇）其伯父堯佐，驟除宣徽、節度、景靈、羣牧四使。殿中侍御史唐介（一〇一〇—一〇六九）與知諫院包拯（九九九—一〇六二）、吳奎等力爭之，遂詔外戚毋得任二府。三年（一〇五一）三月，宋庠罷。十月，龐籍爲相，劉沆梁適（一〇〇〇—一〇六九）參知政事，高若訥樞密使。復除張堯佐宣徽使，知河陽，唐介獨抗言之。帝謂曰：「除擬本出中書。」介遂劾文彥博在蜀，日以奇錦結宮掖，藉妃嬪致宰相，今又以宣徽使結堯佐，請罷之而相富弼，語甚切直。帝怒，却其奏，不視。介與帝爭論不已，並及吳奎畏縮之背約。梁適叱介下殿，介猶力爭，帝聲色俱厲，貶介春州（廣東陽春縣），改英州（廣東英德縣）別駕。執政又黜奎，彥博益不自安。十一月，罷政事，出知許州。介由是直聲聞天下。四年（一〇五二），龐籍獨相，籍通曉法令，長於吏事，持法深峭。五年（一〇五三）五月，高若訥罷，只命舍人草詞，後遂爲例。以狄青爲樞密使，青出身行伍，龐籍以爲不可，梁適於帝前爭之，但卒與之。時論多不滿，歐陽修謂其未是奇材，但於今世將卒中稍可稱耳。又謂惟武臣掌機密而得軍情，於國不便，且爲身害，請出之外藩，乃罷知陳州。七月，龐籍以甥與堂吏受賄事，諫官韓維論之，罷知鄆州，以陳執中梁適爲相。適曉暢法令，臨事有膽力而挾智數，以私容姦，不爲清議所許。在中書常與陳執中不協，其得政中官以有力焉。至和元年（一〇五四）七月，殿中侍御史裏行吳中復、殿中侍御史馬遵、中丞孫抃彈劾適，指其姦邪貪黷，任情徇私，且弗戢子弟，非罷之，無以慰清議。乃罷適，知鄭州，而馬遵等亦外補。以劉沆爲相，程戡參知政事，王德用（九七九—一〇五七）爲樞密使。沆長於吏事，性豪率，少儀矩，然任數，善刺探權近過失，陰持之以軒輊取事。德用則名聞四夷，矯矯虎臣也。二年（一〇五五）四月，以趙抃（一〇〇八—一〇八四）爲殿中侍御史。抃、和易長厚，氣貌清逸，人不見其喜慍，但彈劾不避權倖，聲稱凜然，京師目爲鐵面御史。執中與沆，皆寡學少文，希世用事。執中以公卿子，遭世承平，建儲之義，對眞宗進演要三篇，以早定天下根本爲說，因緣一言，遂至宰相，在中書凡八年。然自執政以來，不叶人望，累有過惡，招致人言。其嬖妾笞小婢出外舍死，趙抃列八事奏劾執中，歐陽修亦言之。三年（一〇五六）春旱，諫官范鎮（一〇〇七—一〇八七）言執中爲相，不病而家居，陛下欲弭災變，宜速去執中，以快中外之望。既而御史中丞孫抃與其屬郭申錫、毋湜、范師道、趙抃請合班論奏，詔令輪日入對，六月，卒罷執中，判亳州，以文彥博富弼繼之，宣制之日，士大夫相慶於朝，人情甚洽。文彥博爲昭文相，劉沆爲史館相，富弼爲集文相。彥博立朝端重，公忠直亮，臨事果斷，有大臣風。至和以來，其定大計，功成退居，朝野倚重，與富弼負當時之重望。弼出於呂蒙正之門，爲人溫良寬厚，及其臨大節，正色慷慨，莫之能屈，智識深遠，事無巨細，皆反復熟慮，必萬全無失，然後行之。而傾身下士，寧受臺諫風旨而不辭。文富同拜入相，舉朝皆謂得人，夏竦陳執中輩雖倒，但另一政敵之賈昌朝派尚存，相與對立。

嘉祐元年（一〇五六）十一月，除賈昌朝爲樞密使，歐陽修即上疏言：「昌朝稟性回邪，熱心傾險，頗知經術能文，飾姦言好，爲陰謀以陷害良士，小人朋附者衆，皆樂其爲用。前在相位，累害善人，所以聞其再來，望風恐畏。」（註七二）帝不聽。十二月，劉沆罷，仍以文富爲相，王堯臣（一〇〇一—一〇五六），曾公亮（九九八—一〇七八）參知政事，韓琦仍爲樞密使，所謂從人望以取人，革新派又復得勢。三年（一〇五八），文彥博乞罷相，陳旭（一〇一一—一〇七九）慮昌朝代，疏論其邪。六月，文彥博罷，以韓琦繼之，弼與琦同執政。昌朝亦罷樞密使，宋庠繼之。琦識量英偉，臨事喜慍不現於色，論者以重厚比周勃，政事比姚崇，與富弼齊名，人謂之富韓，號稱賢相，而歐陽修在翰林，包拯爲御史中丞，胡瑗（九九三—一〇五九）侍講在太學，皆極天下之望，遂有四眞之目。(註七三)尤其拯立朝剛嚴，聞者皆憚之。貴戚宦官，爲之斂手。然富韓之政，不過因循故跡，而非革新，終不能復伸仲淹之志。六年（一〇六一）六月，富弼丁母憂，以曾公亮繼之。公亮方厚莊重，深沉周密，平居謹繩墨，蹈規矩，明練文法，習知朝廷臺閣典憲，韓琦每咨訪焉。韓曾並相，歐陽修趙槩（九九六—一〇八三）參知政事，同心爲政。(註七四)兩黨出入內閣二十年，黨議十七回，至是纔終結黨爭，而成嘉祐之治。

仁宗之世，宦寺專恣，外戚驕橫，惟時尙承平，雖有秕政，影響不大。官制一仍前代之舊，六尙書九卿之位，並無正官，只是權假，如三司、審刑、大理寺、審官院、流內銓、司農寺之類，用人皆稱權知權判，故莫安其職。官制中最特色者爲諫官。何坦曰：「宋之祖宗，容受讜言，養成臣下剛勁之氣也。朝廷一黜陟不當，一政令未便，則正論輻湊，各效其忠，雖雷霆之威不避也，漢唐烏足以語此哉？」(註七五)自來中外之臣，所以畏朝廷者，以其有給舍臺諫也。給事中專掌封駁，御史彈奏，諫官則廷爭。故執政爲股肱，諫官爲耳目；給舍正於未然之前，臺諫則救於已然之後也。唐制御史不專言事，天禧初，始置諫官六員，其後久不除。明道初，陳執中爲諫官，屢請置院，於是以門下省爲諫院，徙舊省於左掖之西。慶曆五年，以諫官員不足復除之。諫議大夫爲諫官之長，而司諫、正言次之，雖號兩省屬官，而別爲職司。御史臺與諫院皆獨立，其職權亦有別：臺察不許言天下利害，諫官不許論人才；御史論事，皆先申中書，得劄子而後始登對，但諫官可直牒閤門請對。宰相固不得薦臺臣，諫官由學士舉薦，不由宰相任用，宰相親戚，亦不用爲諫官。臺臣與諫官同爲皇帝所親擢，以繩糾宰相及其他官吏。兩者平居未嘗相見，彼此不相往來，故論事不相爲謀；雖於長官，亦無關白。是以臺臣論事，諫官不以爲然；諫官論事，而臺臣以不言罷者，時時有之。兩制亦不得與臺諫相見，至嘉祐六年始許之。臺諫之專職在論事，不言者則爲失職。御史入臺滿十旬，未抗章疏，例輸金以佐公用，謂之辱臺錢。(註七六)臺諫論事，或一章不從，至於十餘章，而未嘗但已，言苟不行，則繼之以去。臺諫得人，每有鶻擊臺諫，鐵面御史之稱，言其剛直也。宋法：不居諫院，不得輕論朝政，越職言事則罰之。諫官者，天下之得失，一時之公議繫焉，官位雖卑，與宰相等，蓋坐於廟堂之上，與天子論可否者宰相也；立乎殿陛之前，與天子爭是非者，諫官也。(註七七)王船山曰：「諫有專官，則以言爲職；以言爲職，欲無言而不可。唐之有諫官，隸於門下省，則與宰相爲僚屬，而聽治於宰相。以封駁爭論之權，授之諫官，而使宰相得以持其大，而爲進退之大經。宰相之用舍，聽之天子；諫官之予奪，聽之宰相。故諫官者，乃繩糾天子，而非以繩糾宰相者也。仁宗之用諫官，詔宰相毋得任用臺官，非中丞之雜保薦者毋得除授，曰使宰相自用臺官，則宰相過失，無敢言者，則以諫官專繩糾宰相之用矣。故仁宗之爲此制也，宰執與臺諫，分爲敵壘，以交戰於廷，臺諫持宰執之短長，以鷙擊爲風采，因之廷叱大臣，以辱朝廷，而大臣乃不惜廉隅，交彈而不退，其甚者有所排擊，以建其所欲進。而巨姦且託臺諫以登庸，害乃伏於臺輔。宰執亦持臺諫之短長，植根於內庭，而假主威以快其報復，於是或竄或死，乃至褫衣受杖，辱當世之士。」(註七八)故其濫也，臺諫往往出權相之門，但希風旨，為其爪牙。葉清臣曰：「臺諫官為天子耳目，今則不然，盡為宰相肘腋。宰相所惡，則捃以微瑕，公行擊搏；宰相所善，則從而倡和，為之先容。中書政令不平，賞罰不當，則鉗口結舌，未嘗敢言。人主纖微過差，或宮闈小事，則極言過當，用為訐直。供職未逾歲時，遷擢已加常等。」(註七九)因是臺諫之壞，劉沆亦言：「自慶曆後，臺諫官用事，朝廷命令之出，事無當否悉論之，必勝而後已，專務抉人陰私莫辨之事，以中傷士大夫，執政畏其言，進擢尤速。」(註八〇)宰相但畏懾臺諫風旨，而皇帝亦只接見宰執與臺諫，由是造成水火，朋黨之禍，此為厲階，迄於徽欽，幾無日無人不爭，北宋政局，為之鼎沸。仁宗既欲以諫官牽制宰相，然諫官與宰相，每爭而不敵。歐陽修謂：「景祐中，范仲淹言宰相呂夷簡，貶知饒州。皇祐中，唐介言宰相文彥博，貶春州別駕。至和初，吳中復、呂景初、馬遵言宰相梁適，並罷職出外。其後趙抃、范師道言宰相劉沆，亦罷職出外。前年韓絳言富弼，貶知蔡州（河南汝南縣）。今又唐介等五人言陳旭得罪。自范仲淹貶饒州後，至今凡二十年間，居臺諫者多矣，未聞有規諫人主而得罪者，臣故謂方今諫人主則易，言大臣則難。」(註八一)范仲淹歐陽修諸賢，以直言讜論倡於朝，包拯、吳奎、趙抃、唐介四臣，面諍鯁吭，逆心或不能堪，而仁宗容之。是以慶曆皇祐之間，朝廷號稱多士，頗能以名節為高，廉恥相尚。蘇軾（一〇三六—一一〇一）之言曰：「我國家租賦籍於計省，重兵聚於京師，以古揆今，則似內重。恭惟祖宗所以深計而預慮，固非小臣所臆度而周知，然觀其委任臺諫一端，則是聖人過防之至計。歷觀秦漢以及五代，諫爭而死，蓋數百人。而自建隆以來，未嘗罪一言者，縱有薄責，旋即超升，許以風聞，而無官長；風采所繫，不問尊卑。言及乘輿，則天子改容；事關廊廟，則宰相待罪。故仁宗之世，議者譏宰相但奉行臺諫風旨而已。聖人深意，流俗豈知。臺諫固未必皆賢，所言亦未必皆是，然須養其銳氣，而惜之重權者，豈徒然哉？將以折姦臣之萌，而救內重之弊也。」(註八二)樓鑰（一一三七—一二一三）亦言：「仁宗崇獎直言，妙選臺諫，一言可取，斷在必行。臣不敢以累數，都尉李瑋之敗，司馬光敢言，公主亦不得無罪，此骨肉之愛也，遂至降封。王德用進女，王素敢言，正爲其親近，此衽席之事也，立命出之。言者無罪，而主德益盛，此其所以爲仁宗，雖唐太宗之聽諫勿及也。」(註八三)由是言之，仁宗朝言官，頗公正而有力，黨爭雖烈，而綱紀尚能維繫也。

宋初，魏仁浦以宰相兼樞密使，後罷。由是天下之務，分爲二府，軍民異政，文武殊用，宣勅並行，議論難一、事無專責，更相顧望。慶曆二年，因二邊用兵，知制誥富弼建言：邊事繫國家安危，不當專委樞密。仁宗以爲然，卽詔中書同議。諫官張方平亦言：中書宜知兵事，乞合樞密之職於中書，以通謀議。乃以宰相呂夷簡章得象並兼樞密使。五年十月，詔罷之。樞密院大小機務，其繁文倍於中書，故舊制都副承旨，皆用士人，任比屬僚，事參謀議。此時，承旨不親職事，惟署文書，凡百行遣，皆委諸房小吏。凡有軍國大事及大刑獄，初猶用漢唐之法，皆集百官參議。至仁宗朝，每有大事，秘而不宣，尤其軍事，大臣商量，惟欲秘密，兩制兩省御史中丞以下，雖名侍從供奉之官，並不聞知。惟小事可以自決者，則送兩制定議；兩制知非急務，每忽略拖延，動經年歲。中書樞密，隻日對前殿。五品以上奏事，五日一輪對。學士待制，原有六七十員，嘉祐初，稍愼拜除，裁至四十餘員。中書舍人知制誥，封還辭頭者常有之。胡宿（九九六—一〇六七）知制誥，封還楊懷敏辭頭。富弼於康定間，蔡襄於皇祐四年，劉敞（一〇一九—一〇六七）於至和元年，亦皆封還辭頭，其命遂止。至於封駁，太宗淳化中，始自樞密分出銀臺，通進二司，兼領門下封駁，以代給事中之職。眞宗咸平四年，改知封駁司爲兼門下封駁事。仁宗朝，兩制以上主判，凡制敕所有不便者，准故事封駁。慶曆初，舊制坐廢，故官有封駁之名，曾無改正之實。（註八四）自太宗眞宗起，始置侍讀講官，每日召見，至仁宗朝，改爲間日一講之制。用人須依資歷級，不肯非法拔擢，以致常有乏人任用之弊。不爲三司等屬，不除清望官。人皆重京官，不願外任，尤其權勢子弟，在京官司，有一員闕，則爭奪者數人。其外任京朝官，則有私居待闕，動踰歲時，往往到職之初，便該磨勘，故吏治終難澄淸也。

地方政治，天聖年間，分全國爲十八路。然此所謂路者，不過以轉運使所轄之政區言之。若夫爲軍事作用，亦有設路之名，猶軍區也。慶曆元年，分陝西緣邊爲秦鳳、涇原、環慶、鄜延四路。八年，以王則之亂平，河北置大名、高陽關、眞定、定州四路。每路置安撫使兼馬步軍都部署，其民事仍領於轉運司。河北、河東、陝西以捍禦西北二虜，帥臣之權特重，其他諸路責任，監司按察而已。賈昌朝嘗言削方鎭兵權太甚之弊，皇祐五年十二月，建議析曹、陳、許、鄭、滑五州並開封府共四十二縣爲京畿，畿內置京畿轉運使及提點刑獄（至和二年罷），五州各增鈐轄一員，屯兵三千人，以時教閱。（註八五）又於京畿四面置四輔郡，潁昌（安徽阜陽縣）爲南輔，鄭州爲西輔，澶州爲北輔，建拱州於開封襄邑縣（河南睢縣）爲東輔，並屬京畿，至大觀四年（一一一〇）罷。明道二年，復置提點刑獄。提刑一司，雖專以刑獄爲事，但兼理封樁錢穀、盜賊、保甲、軍器、河渠，事務寖繁，權勢益重，而轉運司所轄，惟財賦綱運之責而已。地方長官薦舉，中書樞密院舉轉運使、提點刑獄、大藩、知州；兩制、三司、御史臺、開封府官、諸路監司舉知州、通判；知州通判舉知縣令。監司郡州薦部吏，初無定員，慶曆以後，始以屬邑多寡制數。時承平日久，吏多以嚴刻爲治。然令選多猥下，貪庸耄懦，爲清流所不與而久不得調者，乃爲縣令。仕宦之蜀者，皆遠客孤寓思歸，以苟滿歲脫過失得去爲幸，故縣政多由大吏把持而上下之。范仲淹對此慨乎言之曰：「某觀今之縣令，循例而授，多非清識之士，衰老者爲子孫之計，則志在苞苴，動皆徇己。少壯者恥州縣之職，則政多苟且，舉必近名。故一邑之間，簿書不精，吏胥不畏，徭役不均，刑罰不中，民利不作，民害不去，鰥寡不恤，游惰不禁，播藝不增，孝悌不勸。以一邑觀之，則四方縣政如此者十有七八焉，而望王道之興，不亦難乎？」（註八六）然而此種風氣，由來已久。「宋初，吏治疏，守令優閑，宰執罷政，出典州郡者，唯向敏中勤於吏事，寇準張齊賢，非無綜核之才也，而倜儻任情，日事遊宴，故韓琦出守鄉郡，以畫錦名其堂，是以剖符爲休老之地，而不以民瘼國計，課其幹理也。」（註八七）天聖間，人數言縣令病民，乃詔爲舉法以重令選，凡知州轉運使歲舉現任判司簿尉有罪非贓私有出身三考無出身四考堪爲令者一人或二人，自是人重爲令，令選稍精。入廣南者多貪黷，故明道元年詔，毋得過兩任以防之。慶曆間，詔天下知縣非鞫獄毋得差。久有擇縣令郡長之議，但因循未改，范仲淹謂縣令應撤者數百人。知縣兩任，例升同判；同判兩任，例升知州。然地方政治極脆弱，諸州常患兵少，盜賊橫行。蓋宋人遇凶歲，多籍民之碩壯者爲兵，恐其去爲盜也，後來多游惰竊食，不得其用，復叛而爲盜。慶曆三年，陝西、京西、京東、淮南、荆湖等路，各有羣盜，大者數百人，少者三五十人，剽刼州縣，恣行殺戮，官吏怯軟，望風畏懼。五月，虎翼卒王倫叛於沂州（山東臨沂縣），只四五十人，打刼沂、密（山東諸城縣）、海（江蘇東海縣）、揚、泗（安徽泗縣）、楚（江蘇淮安縣）等州，邀呼官吏，公取器甲，所過州縣，縣尉巡檢有迎賊飲宴者，有獻其器甲者，有畏懦走避者，有被其驅役者，於是橫行淮海，如履無人。比至高郵（江蘇高郵縣），知軍晁仲約諭富民出金帛，具牛酒，使人迎勞，且厚遺之。平民被脅，軍已及二三百人。七月，竄至和州歷陽縣（安徽和縣），被官兵追剿，始擊敗擒殺之。又有賊入南京城，斬關而出。解州（山西解縣）之賊，不過十人，公然入城，擄掠人戶。九月，羣盜晨入金州（陝西安康縣），知州王茂先將直兵二十四人禦之，不敵遂走，羣盜恣行掠奪，刼府庫兵仗，散錢帛與其黨及貧民，日暮乃出城去。張海郭貌山等亦起商鄧，聚衆二三百人，騷擾京西。十月，光化軍宣毅有二三百人作亂，由邵興率領趨蜀道，後由京西陝西出兵八九千人，將其擊潰，但一時未能翦滅。至於桂陽（湖南郴縣）有鹽賊一百人，建昌（江西永修縣）有軍賊四百餘人，處處蜂起，治安尚難維持也。

第五節　西夏用兵

仁宗之世，有西北兩邊之釁，康定至慶曆年間，用兵頻仍，繼以災旱，民財困竭，國帑空虛。眞宗天禧年間，全國總兵額九十一萬二千人，其中禁軍馬步兵四十三萬二千人。至慶曆間，總兵額達一百二十五萬九千人，比天禧兵力增加三十四萬七千人，其中禁軍馬步兵佔八十二萬六千人。其他兵種，尚有廂兵、鄉兵、(註八八)與蕃兵。此爲北宋時代兵力之最高額。緣邊屯駐兵力，不下七八十萬，然訓練不精，又有老弱空額，軍無統制，分散支離。「自眞宗之初，猶有宿將舊兵，多經戰陣，四夷之患，足以禦防。今天下休兵二十餘載，昔之戰者，今已老矣；今之少者，未知戰爭。」(註八九)蓋自景德以來，將不知兵，士不知戰者久矣。至趙元昊（一〇〇三—一〇四八）反，無宿將勁旅，而國家向來輕敵，恬然自處，都不爲憂，爲吏者不知兵法，邊防機要，置不復修，一有邊警，則倉皇莫知所爲，師數陷，士民震恐。北宋之弱，是積漸爲之也，其患莫大於受元昊之困。

宋自所謂以恩致德明，於是西邊撤備，將帥戢身，戍兵束手者垂三十年，而元昊始反。元昊者，德明之子，小字嵬理，性雄毅，多大略，善繪圖，圓面高準，嶢浮屠學，通番漢文字。德明雖臣事中國及契丹，然自帝其國。天聖六年，使元昊襲破回鶻，奪甘州（甘肅張掖縣），遂立爲太子。明道元年十一月，德明卒，遣使立元昊爲西平王。初，元昊數諫其父勿臣宋，德明輒戒之曰：「吾用兵久疲矣，吾族三十年衣錦綺，此宋恩也，不可負。」元昊曰：「衣皮毛，事畜牧，番性所便。英雄之生，當帝王耳，何錦綺爲？」故其叛也，實萌於此時矣。既襲封，明號令，以兵法勒諸部。二年五月，元昊升興州爲興慶府，遂立官制，廣宮城，營殿宇，其名號悉仿中國。始置文武班，有中書，樞密，三司、御史臺、開封府、翊衞司、官計司、受納司、農田司、羣牧司、飛龍苑、磨勘司、文思院等，其制多與宋同。(註九〇)自宰相、樞密使、御史大夫、侍中、太尉以下，命蕃漢人分任之。(註九一)制衣冠禮樂，以衣冠本色，別士庶貴賤；下令國中悉用蕃書胡禮。每舉兵，必率部長與獵，有獲，則下馬環坐而飲，割鮮而食。各問所見，擇取其長。避父諱，改明道爲顯道，稱於國中。景祐元年叛，改元南運，或言石晉敗亡之號　，更曰廣運。三年冬，元昊攻回鶻瓜（甘肅安西縣東）、沙（甘肅敦煌縣）、肅（甘肅酒泉縣）州，克之。元昊既悉有夏、銀、綏、宥、靜、靈、鹽（故城在甘肅鹽池縣北）、會（甘肅會寧縣）、勝（山西托克托、薩拉齊二縣兼蒙古鄂爾多斯左翼及茂明安之地）、甘、涼，又取瓜、沙、肅州，而洪、定、威、龍，皆卽堡鎮號爲州，仍居興州，阻河，依賀蘭山爲固，領土日廣。改元大慶，設十六司，以掌民政，置十二監軍司，委酋豪分統其衆。河北置三萬人，以備契丹。河南鹽州路五萬人，以備環、慶、鎮戎、原州（甘肅鎮原縣）。左廂宥州路五萬人，以備鄜、延、麟州。右廂甘州路三萬人，以備吐蕃回紇。餘兵駐賀蘭、靈州、興州，興慶府爲鎮守，兵力總十五萬人。寶元元年十月，元昊僭稱帝，建國號曰大夏。始大建官，以野利仁榮、嵬名守全、張陟、張絳、楊廓、徐敏、張文顯爲中書樞密侍中等官，專主謀議。以楊守素、鍾鼎臣、嵬名聿榮、張延壽爲官計、受納諸司，主文書。以野利旺榮、野利遇乞、成逋克成、臥䜪賞多、如定多多、馬竇惟吉，分駐十二監軍司地，主兵馬。置尚書省，統理庶務，設十六司，分理六曹，官制漸備，亦定朝儀。又遣間諜，偵宋虛實。二年四月，遣人潛購中國宮人，陰以重幣購得已放宮人數名，納諸左右，於是朝廷之事，宮禁之私，纖悉具知。元昊思以胡禮蕃書抗衡中國，凡國中藝文誥牒，盡易蕃書。中國往來表奏，則用漢字。中書漢字，旁以蕃書並列，立蕃漢二字院以主之。特建蕃學，譯孝經、爾雅、四言雜字爲蕃語，寫以蕃書，於蕃漢子弟內選俊秀者入學教之，俟學成考試，中選出授官職，並令諸州亦設蕃學(註九二)。元昊又遣賀永年齎嫚書，納旌節，及所授勅告，置神明匣，留歸娘族而去，自是與宋爲敵矣。

當元昊始僭也，兵實未動，仍遣人詣闕，表言諸蕃推奉，求朝廷眞冊，但朝廷增兵擇將，以爲戒備。右正言吳育主張稍易其名，可以順撫；又奏言宜堅壁清野，挫剽急之鋒，徐觀其勢而爲之策。通判睦州張方平亦主張含垢匿瑕，順適其意，小國用兵三年，不見勝負，不折則破，我以全力制其後，必勝之道也，議者皆不謂然。時張士遜、章得象當相柄，陳執中張觀輩管樞密，皆謂小羌不足憂，遂力拒之。六月，詔削元昊賜姓官爵，絕互市，揭榜於邊，募能擒元昊或斬首獻者，即授定難節鉞。乃命夏竦帥涇原、秦鳳，治同中；范雍帥鄜延、環慶，駐高奴，並擁節鉞，始用西帥邊將，增置堡壘。又命天章閣待制龐籍體量陝西，詔籍就竦計事。竦上奏，認爲不較主客之利，不計攻守之便，而議追討者，非良策也。主張積極準備，採取守勢，而實施經濟制裁以困之，朝廷用其策。然是時邊臣多議征討，反以竦爲怯。時城涖未完，兵力尚寡，元昊戍其下，未嘗少有侵軼。十一月，夏人入寇，保安軍（陝西保安縣）巡檢指揮使狄青擊敗之。初期之情勢，如歐陽修所言：「（景德三年）始納西夏之款，遂務休兵。至寶元初，元昊復叛，蓋三十餘年矣。天下安於無事，武備廢而不修。廟堂無謀臣，邊鄙無勇將。將愚不識干戈，兵驕不識戰陣，器械朽腐，城廓隳頹。而元昊勇鷙桀黠之虜也，其包畜姦謀，欲窺中國者累年矣，而我方帖然不以爲慮，待其謀成兵具，一旦反書來上，然後茫然不知所措，中外震駭，舉動倉惶。所以用兵之初，有敗而無勝也。」(註九三)初，華州有士人張元、吳昊者，俱困場屋，薄遊不得志，聞元昊有意窺中國，遂叛往，以策干之。(註九四)元昊大悅，日尊寵用事，凡夏人立國規模，入寇方略，多由二人教之。自元昊叛三年，朝廷以全力應付，因累敗，京師勁旅，多西調增援，禁衞因而減少，遂增置禁軍八百六十餘指揮，約四十二萬餘人。(註九五)又籍民兵，俄命刺之，以補軍籍，遂於陝西、河北、京東西增置保捷（一八五指揮）、武衞（七四指揮）、宣毅（二八八指揮）等軍，既又置宣毅於江淮、荆湖、福建等路（一二六指揮）。(註九六)因之民兵負擔戰場一重大任務。陝西所駐禁軍廂軍，不下二十萬，分屯四路，然可使作戰者僅十萬，另鄉兵十四五萬，熟戶蕃部，亦可助防守。賊衆入寇，常數倍於官軍。涇原近敵巢穴，是必爭要衝。時全國苦於兵，自陝以西尤甚。吏緣侵漁，調發督迫，至民破產不能足，往往自經投水以死。故陝西情勢，攻守均感困難。最重大之戰爭，有如下三役：

（一）延州之役　康定元年正月，元昊寇延州，知州范雍聞訊，懼甚。元昊詐遣人通款於雍，雍信之，不設備。已而元昊佯攻延州東西兩路，延州發兵支援，而元昊乃乘虛由北路以盛兵攻保安軍，擊破金明寨，執都監李士彬父子，破安遠、塞門、永平諸寨，乘勝進至延州城下。鄜延路兵力約有五萬人，鄜延總管劉平、石元孫，鄜延都監黃德和，巡檢万俟政、郭遵，應召馳援，合步騎九千人，將抵延州，中伏，與敵接戰。黃德和逃遁，衆從之，皆潰。平保留殘軍千餘人，退守西南山苦鬬。敵自山四出合擊，截官軍為二，平與元孫皆被俘。元昊圍延州甚急，會大雪，遂解圍去，延州得不陷。劉平本乃文人，當時無宿將，衆推忠勇，然好自用而少智謀，素輕敵，貪功銳進，務求速戰，而諸將自保，不相應援，以致覆沒。此爲對西夏用兵首次之慘敗。此役既敗，士氣挫怯，一蹶未能復振。自潼關以西，諸州悉築城，郡議靡然，無復立異者。詔殿中侍御史文彥博，即河中置獄問狀，黃德和坐腰斬。范雍貶知安州（湖北安陸縣）。雍好謀而少成，故及於敗。

帝因劉平石元孫之敗，問所以備邊境。判太常禮院丁度奏策，謹亭障、遠斥堠、控扼要害，爲制禦之全計，因條上十策，名曰備邊要覽，帝從之。二月，以夏守斌爲陝西經略安撫招討使，內都知王守忠爲都鈐轄。知諫院富弼請罷守忠，勿遣，不聽。時西事日擾，備戰甚急。韓琦使蜀歸，論西師形勢甚悉，即命安撫陝西。琦言范雍節制無狀，宜召知越州（浙江紹興縣）范仲淹委任之，即召仲淹知永興軍。又詔大臣條陳陝西攻守策，樞密使王鬷無能，遂與陳執中張觀同罷。時軍事方興，機務塡委，宰相張士遜無所補，諫官以爲言。五月，遂罷士遜，而以呂夷簡繼之。又以夏竦爲陝西經略安撫使，范仲淹爲陝西都轉運使。夏守斌庸怯，寡方略，召與守忠俱還。范仲淹言：「今緣邊城寨，五七分之備，而關中之備無二三分。若昊賊知我虛實，必先脅邊城，不出戰則深入，乘關中之虛，小城可破，大城可圍，或東阻潼關，隔兩川貢賦，緣邊懦將，不能堅守，則朝廷不得高枕矣。爲今之計，莫若且嚴邊城，使之久可守；實關內，使無虛可乘。西則邠州鳳翔爲環慶儀渭之聲援，北則同州河中府扼鄜延之要害，東則陝府華州據黃河潼關之險，中則永興爲都會之府，各須屯兵二三萬人。若寇至，使邊城淸野，不與大戰，關中稍實，豈敢深入？復命五路修攻取之備，張其軍聲，分彼賊勢，使弓馬之勁無所施，牛羊之貨無所集，三二年間，彼自困弱，待其衆心叛離，自有間隙，則行天討，此朝廷之上策也。又聞邊臣多請五路入討，臣竊計之，恐未可以輕舉也。……今承平歲久，中原無宿將精兵，一旦興深入之謀，繫難制之虜，臣以謂國之安危，未可知也。」(註九七)是月，元昊陷塞門諸砦，執砦主高延德以去；又陷安遠承平砦。七月，以韓琦范仲淹爲陜西經略安撫副使，同管勾都部署事。八月，詔仲淹兼知延州。時陜西兵力部署，涇原正兵五萬，弓箭手二萬；鄜延正兵不下六七萬。其編制，萬人以上爲一大將，一路又有一主帥。延州領三大將，鄜州一大將，保安軍及西路巡檢、德靖砦，共爲一大將。原、渭州鎭戎軍各一大將，渭州山外及瓦亭各一大將。弓箭手熟戶不計焉。然隊伍組編甚爲脆弱，「諸處馬軍，每一都槍手旗頭共十三人，其八十餘，並係弓弩手。其弓弩手更不學槍刀，雖各佩劍一口，卽元不係教習。……弓弩手既不會短兵，束手受害，遂多敗覆。」(註九八)士兵分爲弓箭手及鄉兵兩種，緣邊分區，各令把守，多者不過一二百人，但弓箭手自來遇敵入寇，並各潰散。禁軍雖魁碩大卒，驕懦不習勞苦，不慣登涉，不耐寒暑，而摧鋒陷陣，又非其所長，敵常輕之，名曰東軍。而緣邊土兵，驍勇善戰，又可久戍，每爲作戰之基幹。先是，詔分邊兵，總管領萬人，鈐轄領五千人，都監領三千人，寇至禦之，則官卑者出。范仲淹曰：「將不擇人，以官爲序，是取敗之道，」於是大閱州兵，得一萬八千人，分六將領之，日夜訓練，量敵多寡，使輪番出禦。夏人聞之，相戒曰：「無以延州爲意，今小老范子，腹中自有數萬甲兵，不比大老范子(雍)可欺也。」仲淹請建鄜城爲軍，又修復承平、永平等廢砦，稍招還流亡，定堡障，通斥堠，城十二砦，於是羌漢之民，相踵歸業。九月，元昊寇三川砦，連陷乾溝、乾福、趙福三堡，韓琦使環慶副總管任福等，帥兵七千，夜趨七十里，至白豹城，平明克之，破四十一族，焚其積聚而還。狄青等亦破敵於蘆子平。延州東北二百里有故寬州，鄜州判官种世衡（九八五—一〇四五）請修復廢壘，以當寇衝，城成，賜名青澗（陝西青澗縣），以世衡知城事。世衡足機略，善撫御，得蕃漢人情，乃開營田募商賈，通貨利，城遂富有。又教民習射，以固延安之勢，配合范仲淹之守策，元昊雖強悍，卒不能渡河而有尺土。

（二）好水川之役　慶曆元年正月，元昊勢益猖獗，入內都知王守忠督出兵攻賊，合府議奏曰：「今將興兵，尚未習練，願謹邊防，期以歲月平之。」使還而元昊復寇鎮戎軍，部將劉繼宗禦之，爲所敗。詔下切責，遣翰林學士晁宗慤即陝西問攻守之策。夏竦等具攻守計劃二道，令副使韓琦、判官尹洙詣闕奏言。琦言：「元昊雖傾國入寇，衆不過四五萬人，吾逐路重兵，自爲守勢，分兵弱，遇敵輒不支。若併出一道，鼓行而前，乘敵驕惰破之必矣。」（註九九）范仲淹所上攻守策，則言攻有利害，守有安危。攻宜築近邊城，取其近而兵勢不危。守宜開屯田，用土兵，圖其久而民力不匱。是則攻不至於輕戰，守不至於示弱，而舒徐待其斃也。帝取攻策，詔鄜延、涇原同出征。執政以爲難，杜衍亦曰：「徼倖成功，非萬全計。」帝不聽。又詔鄜延、涇原會兵，期以正月進討。范仲淹以塞外大寒，候春深動師，賊馬瘦人飢，其勢易制；並乞留鄜延一路，按兵不動，以觀其釁，而資牽制。帝從之，仍詔仲淹與琦等同謀，如可應機乘便，卽仍出師。琦以屯有二十萬重兵，主張集中兵力，大軍併出，向敵猛攻，乞督令鄜延分進合擊。仲淹力主未可輕兵深入。兩帥之謀互異，蓋仲淹用兵謹愼，琦則置勝敗於度外也。時元昊遣所虜高延德還延州，與仲淹約和。仲淹自爲書貽元昊，備陳利害。韓琦聞之，曰：「無約而請和者謀也，」命諸將戒嚴，而自行邊部署。此爲大戰前夕雙方醞釀籌措之計也。二月，韓琦至高平，元昊果遣衆寇渭州，逼懷遠城。琦乃趨鎮戎軍，悉出其兵，以任福爲統帥以禦之。將出發，琦令福併兵自懷遠趨得勝砦，至羊牧隆城，出敵之後，諸砦相距纔四十里，道近，糧餉接濟便，如度勢未可與戰，則據險設伏，要其歸路。及行，戒之再三，且曰：「苟違節制，有功亦斬！」福自新壕外引輕騎數千，沿涇水河谷推進，趨懷遠捺龍川，與涇原都監桑懌會兵，違令輕進，循好水川（甘肅隆德縣東）西行，出六盤山下，距羊牧隆城五里，與敵寇遇，諸將方知中伏，勢不可留，遂前格戰，敵兵四起，官軍大敗，造成好水川之役。（註一〇〇）

元昊傾國入寇，任福臨敵受命，所統皆混編部隊，非素撫之衆，又分出趨利，故至慘敗。關右聞敗耗，物價翔湧，極爲騷動。奏至，帝殊驚悼。宋庠請修潼關以備，琦上章自劾，坐主帥失律，奪招討副使，知秦州（甘肅天水縣）。三月，元昊答仲淹書，語極悖慢，仲淹就來使焚之，朝議紛然，以移書不先聞，乃奪仲淹招討副使，知耀州（陝西耀縣）。四月，以陳執中同陝西安撫經略招討使。六月，詔陝西諸路總管司，嚴邊備，毋輒入敵境，寇至則擊之，純採守勢。七月，元昊寇麟、府（陝西府谷縣）州，折繼閔敗之。八月，元昊寇金明砦，破寧遠砦，進圍豐州（河套東南，府谷縣之北），孤城無援，遂陷。時，元昊遣兵分屯要害，以絕麟州餉道。楊偕（九八〇—一〇四八）請棄河外，保合河津，帝不許。會管勾麟府州軍馬事張亢擊賊琉璃堡，破之；又戰於柏子砦及兎毛川，皆敗之，遂築建寧等五堡十餘柵，河外始固。夏竦任西事，依違顧避，久而無功，又與陳執中議論不合。知諫院張方平言：「夏竦爲統帥，三載於茲。師惟不出，出則喪敗；寇惟不來，來則傷殘，安用爲統帥？今將校被斥而帥不加罪，非刑賞之公。」執中亦主張四路各保疆圉，與方平議論略同。十月，乃改竦判河中（山西永濟縣），執中知陝州（河南陝縣）。分秦鳳、涇原、環慶、鄜延爲四路，以韓琦知秦州，王沿知渭州，范仲淹知慶州，龐籍知延州，各兼經略安撫招討使，詔分領之，聲勢相援，以阻元昊深入之謀。自元昊叛，延州城砦，焚掠殆盡，龐籍至，稍葺治之。戍兵十萬，無堡壘，皆散處城中，畏籍莫敢犯法。籍命部將狄青將萬人，築招安砦於橋子谷旁，以斷寇出入之路。又使周美襲取承平砦，王信築龍安砦，悉復所亡地，築十一砦，延民以安。范仲淹之治慶州也，羌人受命，在慶州西北築大順城，敵不敢犯，環慶自此寇患益少。自西方用兵，疊遭挫敗，帝爲之旰食，然元昊亦困敝，漸有悔意。張方平遂倡徇元昊自稱兀卒之請，加以歲賜以撫順之。帝用其議，然無實效。

契丹與宋講和也，河朔罷兵凡四十年，州郡因循，武備廢弛。慶曆二年，契丹乘宋在西邊新敗，屯兵境上，遣其臣蕭英、劉六符來求關南十縣地，呂夷簡薦富弼爲報聘使。既至，契丹主責宋違約，塞雁門、增塘水、治城隍、籍民兵，羣臣請擧兵而南，吾以爲不若遣使求地；求而不獲，擧兵未晚也。弼謂通好則人主專其利，而臣下無獲；若用兵則利歸臣下，而人主任其禍，故勸用兵者皆爲身謀耳，契丹主大驚悟。弼復解釋塞雁門等四事之原因，並非違約。契丹主詞窮，但仍欲求得地，弼反覆陳必不可狀。契丹又欲求親，弼拒之。契丹主諭弼使歸復命。已而弼復持二議受命以往，至則契丹不復求親，專欲增幣，曰南朝遺我之辭，當曰獻，否則曰納。弼爭持不下，契丹遣其歸。八月，另遣劉六符來，宋忍恥竟以納字與之。(註一〇二)再與定盟，其誓書曰：

『維重熙十一年歲次壬午八月壬申朔二十九日庚子，弟大契丹皇帝謹致書於兄大宋皇帝闕下，來書云：謹按景德元年十二月七日章聖皇帝與昭聖皇帝誓曰：「共遵成約，虔守歡盟，以風土之儀物，備軍旅之費用。每歲以絹二十萬匹，銀一十萬兩，更不差使臣專往北朝，只令三司差人般送至雄州交割。沿邊州軍各守疆界。兩地人戶，不得交侵。或有盜賊逋逃，彼此勿令停匿。至於隴畝稼穡，南北勿縱騷擾，所有兩朝城池，並各依舊存守；淘壕完葺，一切如常，即不得創築城隍，開決河道。誓書之外，一無所求。各務協心，庶同悠久。自此保安黎庶，謹守封疆。質於天地神祇，告於宗廟社稷，子孫共守，傳之無窮。有渝此盟，不克享國，昭昭天鑒，共當殛之。」昭聖皇帝復答云：「孤雖不才，敢遵此約。謹當告於天地，誓之子孫，神明具知。」嗚呼！此盟可改，後嗣何述？竊以兩朝修睦，三紀於茲。邊鄙用寧，干戈載偃。追懷先約，炳若日星，今緜禩已深，敦好如故。如關南縣邑，本朝傳守，懼難依從，別納金帛之儀，用代賦稅之物。每年增絹一十萬匹，銀一十萬兩，前來銀絹，般至雄州白溝交割。兩界溏淀已前開畎者，並依舊外，自今已後，不得添展。其見堤堰水口，逐時決洩壅塞，量差兵夫，取便修疊疏導；非時霖潦別至，大段漲溢，並不在關報之限。南朝河北沿邊州軍，北朝自古北口以南，沿邊軍民，除見管數目依常教閱，無故不得大段添屯兵馬；如有事故添屯，即令逐州軍移牒關報兩界所屬之處。其自來乘例更替及本路移易，並不在關防之限。兩界逃走作過諸色人，並依先朝誓書外，更不得似日前停留容縱。恭惟二聖威靈在天，顧茲纂承，各當遵奉，共循大體，無介小嫌。且夫守約爲信，善鄰爲義，二者缺一，罔以守國。皇天厚地，實聞此盟，文藏宗廟，副在有司。餘並依景德、統和兩朝盟書。顧惟不德，必敦大信。苟有食言，必如前誓。」(註一〇二)

根據盟約，加歲幣絹十萬匹，銀十萬兩。然自富弼再盟契丹，使南北兩國之民，數十年不見兵革也。

(三) 鎮戎軍之役

慶曆二年閏九月，元昊使人詐求和，突大舉入寇，圍鎮戎軍，王沿使副總管葛懷敏督諸砦兵禦之。敵鋒銳，懷敏欲因敵而制勝，分諸將爲四路，趨定川砦。敵毀橋斷其歸路，四面圍之。懷敏突圍走，欲趨鎮戎軍，馳至長城濠，路已斷，如投陷阱，束手就殪，遂及將校十六人死焉，餘軍九千六百人，馬六百匹，皆爲敵所得。懷敏喜功徼倖，徒勇無謀，剛愎輕率，昧於應變。范仲淹謂其怯懦不知兵，全國亦知其不可，惟當時議者以爲未有別人，難爲換易，而卒至覆軍，造成宋師第三次大創。夫延安之役，人猶勇鬬；好水之師，陷敵伏中，定州之敗，不戰而走，故呂夷簡謂一戰不如一戰也。元昊乘勝挺進，其抄掠游兵，直抵渭州，自鎮戎軍原渭等州城垣之外，焚蕩屋宇，民不得耕，南畝蕭條，索然一空。關中震動，兵威大沮，軍情愁慘，自涇邠以東，皆閉壘自守。淹仲淹自將慶州蕃漢兵援之，元昊乃還。議者欲以金繒啖契丹，使攻元昊，命御史中丞賈昌朝往使，昌朝力辭使命。(註一〇三)且上疏曰：「自西羌之叛，士不練習，將不得人。以屢易之將，馭不練之士，故戰則必敗，此削方鎮太過之弊也。況親舊恩倖，出卽爲將，素不知兵，一旦付以千萬人之命，是驅之死地矣，此用親舊恩倖之弊也。請自今方鎮守臣，無數更易；刺史以上宜愼所授，以待有功。且命將之時，去疑貳，推恩惠，務責以大效，使一切便宜從事，庶得馭將之道。」(註一〇四)帝嘉納之。

誠以西邊之屢敗，將帥不當，亦有關係焉。夫對武將既不信任，專征之責，不得已而委之文臣。夏竦范雍之不足以有爲固矣，卽韓范亦非嫻於韜鈐，而竭忠盡智，且多掣肘。是以統兵禦敵，無一人之可將；寄閫節制，無一策之可籌。范仲淹早已慨乎論之曰：「漢唐之時，能拓疆萬里者，蓋當時授任與今不同，既委之以兵，又與之稅賦，而不求速效。故養猛士，延謀客，日練月計，以待其隙，進不俟朝廷之命，退不關有司之責，觀變乘勝，如李牧之守變，可謂善破虜矣。」(註一〇五)元昊每入寇，常以羸形誘師，將吏貪愚，相躡而入其伏中以敗。敵用此一策，故劉平敗於延州，任福敗於鎮戎，葛懷敏敗於渭州。元昊既得手，其所以復守巢穴而未敢再進者，蓋鄜延路屯兵六萬六千，環慶路五萬，涇原路七萬，秦鳳路二萬七千，有以牽制其勢故也。(註一〇六)初，翰林學士王堯臣爲陝西體量安撫使，及歸，上疏言涇原乃敵所由入，他日必自是窺關中，請增兵預備。又條陳「延州、鎮戎軍、渭州山外三敗之由，皆爲賊黨先據勝地，誘致我師。將帥不能據險東歸，而多倍道趨利，兵方疲頓，乃與生羌合戰，賊始縱鐵騎衝我軍，繼以步奚挽彊注射，銳不可當，遂致掩覆。」(註一〇七)因言韓琦范仲淹皆忠義智勇，不當置之散地。及葛懷敏敗死，正自涇原，中外震懼。帝思堯臣之言，以范仲淹最曉邊事，欲遣其往彼綏輯。會仲淹附內侍王懷德入奏，乞與韓琦同經略涇原，並駐涇州，琦兼秦鳳，臣兼環慶。涇原有警，臣與琦合秦鳳環慶之兵，掎角而進；若秦鳳環慶有警，亦再率涇原之師為援。臣當與琦練兵選將，漸復橫山（在陜西北境，主峯在橫山縣南，山脈綿亘千里，西夏人據為利藪），以斷賊臂，不數年間，可期平定。（註一〇八）願詔龐籍兼領環慶，以成首尾之勢。秦州委文彥博，慶州用滕宗諒統之，渭州一武臣足矣。帝採用其策，於是復置陜西路經略安撫招討使，總四路之事。而四路之中，當敵要衝而民戶殘破，軍中氣索，涇原最甚，蓋其山川寬平，易於衝突，如制禦不住，可以直圖關中。故自有西事以來，長以涇原為帥府所在地。此次調整陣勢，亦置府涇州，由定州調禁軍二萬二千人屯駐涇原，以琦、仲淹、龐籍分領之。復以王堯臣為體重安撫使，徙文彥博帥秦，滕宗諒帥慶，張亢帥渭州。琦與仲淹在兵間久，名重一時，人心歸之，朝廷倚以為重。二人協力同心，號令嚴明，愛撫士卒，諸羌來者，推誠接撫，咸感恩畏威，不敢輒犯邊境。（註一〇九）

三年正月，詔陜西緣邊招討使韓琦、范仲淹、龐籍，凡軍期申覆不及，得便宜從事，用王堯臣之請也。又建渭州籠竿城為德順軍，謀取橫山。然漫長防線，注重城寨之法，兵力分而易被擊破。（註一一〇）當對夏局勢僵持之際，契丹曾負斡旋之重要角色，遣同知析津府事耶律敵烈，樞密都承旨王惟吉諭夏言和。二月，耶律敵烈等使夏國，還奏元昊罷兵，遂遣使報宋。（註一一一）已而元昊上書請和，時西鄙用兵日久，自陜以西，民皆破產，帝心厭之。會契丹使至，亦言元昊欲歸款，乃密詔龐籍招納之。時元昊使李文貴在靑澗城，籍乃召文貴謂之曰：「歸語汝王，若能悔過稱臣，國家待禮，必優於前。」文貴還以通意，元昊聞之，大喜，仍使文貴至延州議和，然猶倔強，不肯削僭號，籍以其未服，乃令自請。詔籍復書許之。元昊知朝廷許和有緒，又遣其六宅使賀從勗與文貴至延州上書，自稱男邦泥定國兀卒上書父大宋皇帝，更名曰曩宵而不稱臣。兀卒（續資治通鑑作烏珠）乃音譯，如可汗號，漢語疑爲吾祖也。籍言名稱未正，不敢以聞。從勗曰：「子事父，猶臣事君，若得至京師，天子不許，更歸議之。」籍遣使者闕下，因陳便宜，言羌久不通和市，國人愁怨。今辭理寖順，必有改事中國之心，請遣使諭之。四月，從勗至京師，帝用龐籍言，命保安軍判官邵良佐如夏州，許冊封元昊爲夏國主，歲賜絹十萬匹，茶三萬斤。富弼力主須令稱臣，蔡襄亦言元昊自稱兀卒有侮慢意，歐陽修且謂故欲侮翫中國而已。帝皆不聽。良佐至夏州，元昊亦遣如定聿捨、張延壽等來議和及歲幣。朝廷以元昊請和，遂詔韓琦范仲淹爲樞密副使，知永興軍鄭戩代之。元昊所以願和者，其原因大抵有四：一、韓范戰略，阻遏元昊無法進展，迫而轉向諸蕃族伸張；二、禁止邊界貿易，靑鹽粟布皆嚴限出境，西夏物資不足，百物騰貴，人民愁困；三、种世衡離間之謀；使元昊殺其謀臣野利旺榮（註一一二）其勢轉弱；四、經勢丹之相勸，於是在有條件之下講和。元昊雖和，倚契丹而邀索無厭，又約契丹來侵，惟契丹不從。韓琦歸陳西北四策，以爲當今當以和好爲權宜，戰爭爲實務，請繕甲厲兵，營修都城，密定討伐之計，雖和，仍不忘備戰也。四年五月，元昊復遣使上誓表。山西郡族節度使屈烈以五部叛入西夏，契丹伐之，元昊來援叛黨。勢丹逐興師西征，發生戰爭，旋媾和。十二月，遣尚書祠部員外郎張子奭充冊禮使，冊元昊爲夏國主，仍賜對衣黃金帶，銀鞍勒馬，銀二萬兩，絹二萬匹，茶三萬斤，冊以漆書竹簡，籍以錦，金塗銀印，文曰：「夏國主印。」約稱臣，奉正朔，置榷場，劃疆界。然宋使往，止留館宥州，終不復至興靈，而元昊帝其國自若，且時縱兵窺伺環慶等路未已也。五年，元昊遣使來賀正旦，復互市。西夏本與契丹約相左右以困中國，契丹背約結好，獲重幣，元昊有怨言，故契丹與西夏常有衝突。八年春，元昊爲欲太子寧令（漢語大王也）哥納沒移氏爲妻，見其美，奪取之。寧令哥憤，殺元昊，不死，劓其鼻而去，匿訛龐家，爲訛龐所殺，元昊因鼻創死，年四十六。夏遣使來告哀，朝廷及契丹皆遣使慰奠。議者請因次子諒祚幼弱（方期歲），母族訛龐專國，以節度使啖其治國之三大將，使各有所部，以分弱其勢，可遂無西患。陝西安撫使程琳曰：「幸人之喪，非所以柔遠，示大信，撫夷狄。而諒祚雖幼，君臣和，三將無異志，雖欲有爲，必無功而反生事，不如因而撫之。」帝乃遣使冊諒祚爲夏國主。議者深惜朝廷之失機會，程琳之說，以春秋重伐喪之貶，固迂濶不類，然朝廷自連年西陲用兵，國帑虛竭，民間十室九空，以強弩之末，欲圖之抑談何容易也。

自西夏用兵，舉國爲之疲敝，加以武備廢弛，吏治腐敗，弱點盡露，而北有王則之反，南有儂智高之亂，惟聲勢不大，不旋踵敉平，玆分敘如次：

慶曆七年十一月，王則據貝州城反。則，本涿州人，初以歲饑，流至貝州，自賣爲人牧羊。後隸宣毅軍爲小校。則見冀俗尚妖幻，相與習五龍滴淚等經，及圖讖諸書，言釋迦佛衰弱，彌勒佛當持世。夫盜賊之起，必先有聚；聚必先有託，此託而聚之之術也。則初與母訣也，嘗刺福字於背以爲記，妖人因妄傳字隱起，爭信事之。初在冀捕妖人李教；教窮，自經死。則聲言教尚在以惑衆。州吏張巒卜吉主其謀，黨與連德齊諸州，約以明年正月元旦斷澶州浮梁作亂。會事洩，亟以冬至日反，刼庫兵，執知州張得一，據貝州城，僭號東平郡王，國號安陽，年號曰得聖，旗幟號令皆以佛爲稱。事聞，以知開封府明鎬爲體量安撫使。鎬體識純粹，思慮周密，沉鷙有謀，能斷大事，巡邊備賊，著名幷州。帥兵攻之，但以城峻不易攻，卽南爲地道，日攻其北以牽制之。八年正月，朝廷以則未下，命文彥博爲河北宣撫使，鎬爲之副。彥博旣受命，請以軍事得專行，許之。彥博至貝州，鎬穿道適通，遂選壯士，夜半由地道入城。衆登陴，賊大潰，開東門遁。總管王信追則，擒之。餘衆保村舍者，皆被焚死。詔檻送則至京師磔於市。則據城凡六十日而敗，由帝善任彥博；彥博善任鎬之效也。改貝州爲恩州，張得一以降賊伏誅，貝州之亂平。

儂氏自唐初雄於西原，世爲廣源州首領。唐末，交趾強盛，廣源服屬之。知儻猶州儂全福爲交人所殺，其妻改適商人，生智高，冒姓儂氏。旣壯，趫勇而善用兵，與其母據儻猶州，建國號曰大歷，交人攻而執之，釋其罪，使知廣源州。智高怨交趾，乃乘閒竊據安德州，僭稱南天國，改元景瑞。因招納亡命，貢獻中國，求內附，朝廷不許；復奉金函書以請，亦不報。智高怒，皇祐元年九月，與廣州進士黃師宓等謀據廣南叛，遂率衆五千，沿江東下，攻邕州（廣西邕寧縣），橫江寨守臣張日新等戰死。詔江南福建等路備之。四年五月，智高陷橫州（廣西橫縣），遂圍邕州，執知州陳洪等，卽州建大南國，自稱仁惠皇帝，改元啓歷，置官屬。時國家久安，廣南州縣，軍士未嘗給兵器，習武藝，故無備禦，官吏皆貪墨無狀，不肯用命。智高沿鬱江東下，所過州縣，素無堡壘，倏然寇至，守臣輒棄城走，遂陷橫、貴（廣西貴縣）、藤（廣西藤縣）、梧（廣西蒼梧縣）、康（廣東德慶縣），端（廣東高要縣）、龔（廣西平南縣）、封（廣東封川縣）八州，焚蕩無餘。知封州曹覲、知康州趙師旦皆戰死。智高進圍廣州凡五十七日，知州魏瓘力戰禦之。廣人登陴固守，城堅不能下，外援續至，益修戰備，賊智力皆窮，大掠其民而去。八月，命孫沔安撫湖南江西。九月，命余靖提舉廣南兵甲經制盜賊事。嶺南原不宿重兵，故賊起三月而後集。已而智高陷昭州（廣西平樂縣），寇擾日甚，嶺外騷動。楊畋等安撫經制蠻事，師久無功，又命孫沔余靖爲安撫使討賊，帝猶以爲憂。智高移書行營，求邕桂節度使。帝將受其降，梁適曰：「若爾，則嶺表非朝廷有矣！」會樞密副使狄青上表請行，遂以爲廣西宣撫使，提舉廣南經制盜賊事。司封員外郎令狐挺（九九二－一〇五八）獻策，可挾騎士以往，誘致平地，使步兵爲正以擊其前，騎兵爲奇以擣其後，蔑不勝己，狄青大然之。（註一二三）詔鄜延環慶涇原路擇蕃落廣鋭軍曾經戰鬪者各五千人，並荆湖鋭卒從行。時命入內都知任守忠爲青副，知諫院李兌言：「唐失其政，以宦者觀軍容，致主張掣肘，是不足法。」遂罷守忠。諫官韓絳復言青武人，不宜專任，帝以問龐籍，籍力贊可用，且言號令不專，不如不遣。乃詔嶺南諸軍，皆受青節度，智高陷賓州（廣西賓陽縣）復入於邕。交趾願出兵助討智高，廣西安撫使余靖以便宜許之，請於朝，狄青奏罷之。

青爲人謹密，寡言，計事必審中機會而後發。其行軍，立行伍，明約束，野戰皆成營柵。唐時出師用兵，每什爲五馱法，馬牛任從所便，其間隨行什物，鍋幕之類皆備。宋失其法，無帳幕，士卒無所休庇；無馱物，則士卒須自負荷。狄青征南行軍，輜重部隊與戰鬭部隊，皆有區處，故士氣甚銳。十二月，至桂林（廣西桂林縣），會合孫沔余靖之兵。五年正月，進次賓州，戒諸將毋得妄與敵交鋒，應聽令。先是，廣西兵馬鈐轄陳曙乘青未至，輒以步兵八千擊賊，潰於崑崙關以南之金城寨，殿直袁用等皆遁。青曰：「令之不齊，所以致敗，」乃斬陳曙袁用及佐吏以下三十二人於軍門，諸將股慄，莫敢仰視。曙之敗，余靖實迫之，狄不能罪同列，而斬其次，蓋藉是以立軍制，明賞罰，蘇軾謂非其罪也。青既誅陳曙，因按兵止營，令軍休息十日，衆莫測，賊諜者還言軍未卽進。青諜知崑崙關無備，明日卽整步騎二萬人，勒兵而進，乘大風雨，倍道兼行，歷一晝夜，度關。十八日，直出歸仁舖爲陣，距邕二十里也。智高輕敵，既失險，恃勝求戰，悉出城據高逆戰。前鋒遇之少却，右將孫節搏賊死山下，賊氣銳甚，沔等懼失色。先是，青已縱蕃落騎兵二千出敵後，至是，青親執白旗，麾騎兵張左右翼馳出敵後擊之。平野利於騎兵，縱橫開合，隊伍不亂，賊標牌軍（步兵）披靡，大敗走，追奔十五里，斬首二千二百餘級，賊黨黃師宓、儂建中、智中等及僞署將相死者五十七人，生擒賊五百餘人，重傷還城而死，活擒而戮，及奔而蹂踐燔灼者復三千二百二十八人。（註一一四）智高等夜縱火燒城遁去，由合江口入大理（雲南大理縣）。遲明，青按兵入城，獲金帛鉅萬，招復嘗爲賊所俘脅者七千二百人慰遣之。梟師宓等於邕州城下，斂屍於城南北隅，廣南悉平。捷至，帝喜曰：「青破賊，籍之力也！」又曰：「向非梁適言，南方安危，未可知也。」詔余靖經制廣西，追捕智高，而召青沔還。青在西邊凡二十五戰，無大勝，亦無大敗，最後乃建殊功於崑崙關一役，蓋青令人賦十日之糧，以給諜者，詰旦遂行，故賊以師期尙緩，不克守險者以此。然智高能脫走者，靑以用兵出奇謀，主勝而已，非求奇功也。後二年，靖遣廣西都監蕭注等入特磨道，生擒智高母阿儂及其弟智光，子繼宗繼封。又募死士入大理，求智高。會智高已死於大理，函首至京師，乃誅其母及其弟子。

除上述兩役外，慶曆四年正月，廣西復有歐希範之叛。希範，環州思恩縣（廣西思恩縣）人，嘗舉進士試。景祐末，與其叔正辭應募從軍，擊安化州（廣西宜北縣）叛蠻，有功不賞，且編管全州（廣西全縣），遂領衆二千餘人叛，推白崖山酋蒙趕爲帝，破環州，爲武成軍，又破鎭寧州及普義寨。朝廷命杜杞勦之。杞誘殺其黨六百餘人，希範亦被擒，醢之，亂遂平。

夫宋自仁宗之世，契丹之患雖不烈，歲幣比前爲倍增，西夏之禍最亟，惟賴納幣而苟安，且兵無常帥，帥無常師，邊兵屢敗，常患大將無權，國勢積弱，難以自振。兵旣日增而竭脂膏以優養之，歲歲戍更就糧，供應無極。侍御史知雜事何郯首倡裁兵。皇祐元年，樞密使龐籍，以兵多而不精，故國用困竭，與宰相合議，大加簡閱，裁兵八萬餘人，三司糧賜皆有餘矣。然三邊武備多弛，牧馬多空額，可乘而戰者，百無一二焉。

仁宗稱賢主，在位四十二年，號爲至平極盛之世。史稱：「仁宗恭儉仁恕，出於天性。在位四十二年之間，吏治若媮惰，而任事蔑殘刻之人；刑法似縱弛，而決獄多平允之士。國未嘗無弊，倖而不足以累治世之體；朝未嘗無小人，而不足以勝善類之氣。君臣上下，惻怛之心，忠厚之政，有以培壅宋三百餘年之基。」（註一一五）持法至寬，用人有叙，然好察窺私，任賢而不終。王船山曰：「仁宗自明道二年，劉后殂，始親政，訖乎帝崩，三十年兩府大臣四十餘人。夷考其人，韓富范杜諸公之大節炳然者，若而人矣。抑若呂夷簡、夏竦、陳執中、高若訥，淸議所交謫者，抑繁有徒。他如晏殊、宋庠、王隨、丁度之浮沉而無定守者抑與焉。其進也，不固進也，俄而退矣。其退也，抑未終退，俄而又進矣。人言一及，而輒易之；互相攻擊，則兩罷之。或大過已章而姑退之，或一計偶乖而卽斥之。且諸人者皆有所懷來，特以爲用。一得位而卽圖嘗試，而所與倡和以伸其所爲者，勃然崛起，乘所宗主者之大用，以急行其術。計此三十年間，人才之黜陟，國政之興革，一彼一此，不能以終歲。吏無適守，民無適從。天下之若驚若騖，延頸舉趾，不一其情者，不知其何似，而大概可思矣。」（註一一六）時全國久安，薦紳崇尚虛名，以寬厚沉默爲德，而於事無所補。蘇洵曰：「今之所患，大臣好名而懼謗，好名則多樹私恩，懼謗則執法不堅。」（註一一七）是以用人之方，天子無一定之衡，大臣無久安之計，或信或疑，或起或仆，旋加諸膝，旋墜諸淵，以成波流無定之宇。故王拱辰之陷蘇舜欽搖杜衍也，夏竦之陷石介誣富弼也，乃至唐介之詆文彥博也，皆以曖昧之罪加人，而爲仁宗終始所樂聞者，一有微隙，卽被貶罷。以無名子一詩，宋庠被罷政事。此類以害人爲快心，風氣狂興，莫之能止，因是，「今朝廷之患，患在執政大臣，不肯主事，或循默，或畏避，大抵皆爲自安之計也。」（註一一八）風氣如此，典型之官僚作風，遂因而養成。且上下偷惰，酣嬉太平，宮中貴妃，至以千數，歌舞飲酒，優笑無度，不復知天地間有所謂憂患，而財用始大乏，天下之論擾擾，皆以財爲慮。又由於西陲用兵，法制日以玩弛，吏治日以腐敗。宋之治體，至是瀕於洩氣矣。

嘉祐初年，羣臣勸帝建儲，早定大計，包拯范鎭尤激切，皆不聽。三年六月，以韓琦同平章事，乘間進言皇儲事，帝不答。四年十一月，江寧節度使趙允讓卒，追封濮王，以其子宗實育宮中，故典有加。六年六月，以司馬光（一〇一九—一〇八六）知諫院，光上疏曰：「向者臣進豫進太子之說，意謂卽行，今寂然無所聞，此必有小人言陛下春秋鼎盛，何遽爲此不祥之事。小人無遠慮，特欲倉卒之際，援立其所厚善者耳。定策國老門生天子之禍，可勝言哉？」帝大感動，曰：「送中書。」光見韓琦等曰：「諸公不及今定議，異日禁中夜半出寸紙，以某人爲嗣，則天下莫敢違。」時知江州（江西九江縣）呂誨（一〇一四—一〇七一）亦上疏言之。及琦入對，以光誨二疏進讀，帝遂曰：「朕有意久矣，誰可者？」琦皇恐對曰：「此非臣輩所可議，當出自聖裁。」帝曰：「宮中嘗養二子，小者正純，近不慧，大者可也。」琦請其名，帝曰：「宗實。」琦等遂力贊之，議乃定。時居濮王喪，乃起復知宗正寺。琦曰：「事若行，不可中止，陛下斷自不疑，乞內中批出。」帝意不欲宮人知，曰：「只中書行足矣！」七年（一〇六二）八月，立宗實爲皇子，賜名曙。八年（一〇六三）二月，帝不豫，隔日視事。三月，帝崩於福寧殿，年五十四，遺制皇子卽皇帝位。四月，皇子卽位，俄有病，尊皇后曰皇太后，詔請皇太后權同處分軍國事，后乃御內東門小殿垂簾，宰臣日奏事。后性慈儉，頗涉經史，多援以決事，章奏有疑未決者，則曰公輩更議之，未嘗出己意，曹氏及左右臣僕，分毫不假借，宮省肅然。立高氏爲皇后。初，帝疾甚，舉措或改常度，遇宦者尤少恩，左右多不悅，乃共爲讒間，構太后以思廢立。帝亦怨太后待其少恩，兩宮遂成隙，內外洶懼。韓琦歐陽修分別進言，母子間之疑始漸釋。十月，葬仁宗於永昭陵。

第六節 治平爭議

英宗曙（一〇三二—一〇六七）之立，年三十矣，而曹太后（一〇一六—一〇七九）挾豢養之恩，持經年之政，蓋有前例可援也。治平元年（一〇六四）五月，帝疾大瘳，韓琦欲太后撤簾還政，乃取十餘事稟帝，帝裁決悉當。琦卽詣太后覆奏，后每事稱善。琦因白太后求去。后曰：「相公不可去，我當居深宮耳，却每日在此，甚非得已。」琦曰：「前代之后，賢如馬鄧，不免顧戀權勢。今太后便能復辟，誠馬鄧之所不及，未審決取何日撤簾？」太后遂起，琦卽命撤簾。帝親政，韓琦曾公亮繼續爲相，富弼爲樞密使。琦爲人端嚴謹重，雍容和豫，自慶曆嘉祐時，可屬大事，其德望服人者久矣。至於處事應變，密慮精審，胸中才智，又足以運用天下，此其所以正英宗之始歟？歐陽修稱其「臨大事，決大議，垂紳正笏，不動聲氣，措天下於泰山之安，可謂社稷之臣矣。」（註一一九）初，明肅太后臨朝，內侍副都知任守忠與都知江德明等，交通請謁，權寵過盛，累遷宣政使入內都知。仁宗未有儲嗣，屬意於帝，守忠建議，欲援立昏弱，以邀大利。及帝卽位，又乘帝疾，交搆兩宮。司馬光論守忠離間之罪，乞斬於都下。呂誨亦上疏論之。帝納其言，黜守忠蘄州（湖北蘄春縣）安置，其黨史昭錫等悉竄南方。帝自濮邸立爲皇子，聞近臣中有異議，人疑爲三司使蔡襄。二年（一〇六五），帝意不釋，襄請罷，出知杭州。富弼以太后還政事，韓琦歐陽修不與預聞，意不懌，以足疾力求解政，遂罷，出判揚州，未幾，徙判汝州，自此與韓歐絕。七月，以文彥博爲樞密使。

宋代朋黨之禍，雖極於元祐紹聖以後，而實濫觴於仁英二宗之時，其肇之者，則爲仁宗時范呂之爭，而張之者乃英宗時之濮議也。是以慶曆黨爭，至治平仍未已。自夏竦、陳執中、賈昌朝既罷，黨爭稍減，但代之而起者，以司馬光爲首之王珪（一〇一九—一〇八五）、呂誨、范純仁（一〇二七—一一〇一）、呂大防（一〇二七—一〇九七）、彭思永（一〇〇〇—一〇七〇）、蔣之奇（一〇三一—一一〇四）、趙鼎、趙瞻（一〇一九—一〇九〇）、傅堯俞（一〇二四—一〇九一）、呂公著（一〇一八—一〇八九）等一羣，以臺諫派爲中心，而與韓琦歐陽修等之宰執派相對立，凡事必爭議。其著者爲陝西義勇之爭與濮王典禮之議。此時司馬光以倔強姿態，儼然爲反對派之首領，與韓琦爭論各異，互相交詆。大抵宋人對國家之事，初則互執議論，再變而意義，三變而死生禍福生焉。小人然，所謂君子亦無不然也。

（一）陝西義勇之爭　治平初，兵額共一百一十六萬二千人，其中禁軍馬步佔六十六萬三千人。元年十一月，韓琦以陝西當西事之初，嘗從三丁選一丁爲弓手，其後刺爲保捷正軍。及西夏納款，朝廷揀放，於今所存者無幾。河東、河北、陝西三路，當西北控禦之地，事當一體。今若於陝西諸州亦點義勇，止刺手背，則人知不復刺面，可無驚駭。或令永興、河中、鳳翔三府先刺，觀聽既久，然後次及諸郡，一時不無少擾，而終成長利矣。乃命徐億等往籍陝西主戶三丁之一，刺之，凡十三萬八千四百六十五人（河北幾達十五萬，河東約八萬人），每人賜錢二千。此即將士兵稍加簡練，與唐府兵無異，非有搬制變法也。但司馬光上疏，以康定慶曆之際，籍陝西之民爲鄉弓手，尋又刺保捷正軍，沿邊戍守，致比屋凋殘，民減耗三分之二。加以近歲屢遭凶歉，今秋方稜小稔，且望息肩。河北河東，朝廷但籍其民，以充義勇，更不刺爲軍，比陝西之保捷，爲害差小。況近日陝西正軍甚多，不至闕乏，何爲遽作此有害無益之事，以循覆車之轍也？連上六疏，力言不聽，乃至中書，與韓琦面折力爭，琦意不爲止。司馬光在憂戍兵，琦則憂養兵之費，而思府兵之利，知士兵賢於召募，故兩者政見各相左也。

(二) 濮王典禮之議

英宗卽位，旣覃，大慶於天下，羣臣並進爵秩，宗室故諸王，亦已加封贈，惟所生父濮安懿王，中書省以爲不可與諸王一例，乃奏請下有司議合行典禮，有旨宜俟服除，其議遂格。二年（一〇六五）四月，英宗旣釋服，詔議崇奉濮安懿王典禮，乃下其奏於兩制、雜學士，待制、禮官詳議。初，司馬光以帝必將追所生，嘗因奏事，言漢宣帝爲孝昭後，終不追尊衞太子史皇孫；光武上繼元帝，亦不追尊鉅鹿南頓君，此萬世法也。旣而韓琦等言：「禮不忘本，濮安懿王德盛位隆，所宜尊禮，請下有司議。」司馬光獨奮筆書曰：「爲人後者爲之子，不得顧私親，若親愛之心分於彼，則不得專於此。濮王宜準先朝封贈期親尊屬故事，尊以高官大爵。翰林學士王珪，卽命史具以光手稿爲案。議上，中書以爲贈官及改封大國，當降制行冊命，而制冊有式。且濮王於帝父也，未審制冊稱爲何親及名與不名，乃再下其議。珪等議濮王於仁宗爲兄，於帝宜稱皇伯而不名。歐陽修引喪服大記，以爲爲人後者，降其所生父母三年之服以爲朞，而不改其父母之名，以見服可降而名不可沒也。開寶禮及五服圖，乃國家之要典，亦如是。伯父則自有服，不得爲齊衰期矣。修獨有疑者，在沒本生而稱皇伯也。若本生之親改稱皇伯，歷考前世，皆無典據，進封大國，則又禮無加爵之道。請下尚書集三省御史臺諫議。而太后手詔詰責執政。帝乃詔曰：「如聞集議不一，權宜罷之，令有司博求典故以聞。」但臺官力主皇伯之議，由是積忿出怨言，並怒中書不爲施行。是時雜端御史數人，皆新被擢用，銳於進取，務求速譽，見事輒言，不復更思職分，故事多乖繆，不可施行。會京師大雨，官私屋宇倒塌無數，而軍營尤甚。是時范純仁新除御史，與呂大防一再催修營房，其所言之辦法，未便施行。朝士相與戲笑，臺官益怏怏慚憤，逐爲決去就之計，以謂因言得罪，猶足取美名，是時兩府大臣，亦各無大過，未有事可決去就者。惟濮議未定，乃曰：「此好題目，所謂奇貨不可失也。」於是相與力言，惟是時手詔既已罷議，皇伯、皇考之說，俱未有適從。其他追崇禮數，又未嘗議及。朝廷於濮議未有過失，故言事者，但乞早行皇伯之議而已。英宗與中書，對此事置而不問，由是愈益愧恥，既勢不能止。又其本欲以言得罪而沽名，故其言惟務激怒朝廷。濮議初非出於歐陽修，及臺諫有言，修獨力辨於朝，於禮於情，本無可易，議者又指其爲首議之人。兩制以朝廷不用其議，意已有不平，及臺憲有言，遂翕然相與表裏，於是造謠鑿起，中外洶洶，莫可曉諭，而有識之士，知皇伯之議爲非者，微有一言佑朝廷，便指爲奸邪，遂鉗口畏禍。三年（一〇六六）正月，濮王崇奉之議，久而未定，臺議乃復作。侍御史呂誨、范純仁、監察御史呂大防，引義固爭，以爲王珪議是，乞從之。章七上，不報。遂劾韓琦專權導諛罪，曰：「昭陵之土未乾，遂欲追崇濮王，使陛下厚所生而薄所繼，隆小宗而絕大宗。」又共劾歐陽修首開邪議，以枉道說人主，以近利負先帝，陷陛下於過舉，而韓琦、曾公亮、趙槩附會不正，乞皆貶黜。不報。時中書亦上言，請明詔中外，以皇伯無稽，決不可稱；今所欲定者，正名號耳，至於立廟京師，干紀亂統之事，皆非朝廷本意。帝意不能不嚮中書，然未卽下詔也。既而皇太后手詔中書，皇帝可稱親，尊濮王爲皇，夫人爲后。帝下詔謙讓，不受尊號但稱親，並依韓琦等前進呈詔草，以塋爲園，置守衞吏，卽園立廟，以王子宗樸爲濮國公奉祠事。時論以爲太后之追崇，及帝之謙讓，皆中書之謀也。建皇伯之議者，猶以稱親爲不然，益肆其誣罔，言琦交結中官蘇利涉、高居簡，惑亂皇太后，致降手書。又敎唆御史中丞彭思永、御史蔣之奇，誣奏歐陽修與妹夫張龜正前妻之女有私，乞行誅戮，以謝祖宗。英宗曲意含容。呂誨等以所論奏不見聽用，繳納御史敕誥，家居待罪。帝命閤門以誥還之。誨力辭臺職，且言於輔臣勢難兩立。帝以問執政，琦修等對曰：「御史以爲理難並立，若臣等有罪，當留御史。」帝猶豫久之，知其不可，命出御史，乃下遷誨知蘄州，純仁通判安州，大防知休寧縣（安徽休寧縣）。時侍御史趙鼎、趙瞻、同知諫院傅堯俞使契丹還，嘗以與呂誨言濮王事，卽上疏乞同貶。乃出鼎通判淄州，瞻通判汾州（山西汾陽縣），堯俞知和州（安徽和縣），天下號爲六御史。知制誥韓維及司馬光皆上疏乞留誨等，不報，遂請與俱貶，亦不許。侍讀呂公著又上言，帝不聽，公著乞補外，卒出知蔡州。誨等既出，濮議乃寢。

夫濮議不過爲皇室中尊尊親親一小問題，竟引起政治上一軒然大波，歷年而不息，分黨相鬨，洶洶若待大敵，流爲意氣之爭。當時以濮議被攻者，如韓歐諸公，固後世所稱君子人者也；其利用濮議以攻人者，如呂誨范純仁之徒，亦後世所謂君子人者也，但以朋黨之惡習，每無風作浪，小題大做，衝動一時，紛紛呶呶，全無價值，此則政風上一種惡劣病態，乃宋世朋黨之眞相，濮議一案，尤其著例也。當時所謂淸議者，其意不過借此以立名，但求因言得罪，則名愈高，其唯一之目的在是，對國家利害，未嘗一介於懷也。故惟日日搜求好題目，居之以爲奇貨，稍有可乘，則搖唇鼓舌，盈廷不得志之徒，相爲表裏，無識者又從而和之，勢益洶洶。有抗之者，卽指爲奸邪，務使人鉗口結舌。爭之不得，則誣人私德以洩憤，用心至爲險惡。當時政風如此，蓋自仁宗朝以來積習使然。是以爲執政者，惟有閹然媚世，因循敷衍，則庶可以自存。苟有所舉措，無論爲善爲惡，皆爲彼輩攻訐之藉口，叢天下之謗於一身，使無以自容而後已。蘇軾言：「誠見士大夫好同惡異，泯然成俗，」（註一二〇）正謂此也。

當英宗之立，夏主諒祚遣吳宗來賀卽位，宗語不遜，詔諒祚懲約之，諒祚不奉詔，蓋仍蔑宋也。自慶曆罷兵以來，凡二十餘年，當時經用舊人，零落無幾，惟尙書戶部侍郞孫沔尙在，曾守環慶一路耳。治平三年四月，夏主以萬騎寇秦鳳、涇原，抄熟戶，擾邊塞，焚燒數百里間，殺掠人畜以萬計，遂寇大順城（在甘肅慶陽縣北一百五十里），環慶經略使蔡挺（一〇一四—一〇七九）使蕃官趙明擊之，諒祚中流矢，遁去。旋寇柔遠，挺又使副總管張玉，以三千人夜出擾營，敵驚潰，退屯金湯，揚言益發十萬騎，圍大順。會朝廷發歲賜銀幣，知延州陸詵（一〇一二—一〇七〇）留止不與，移牒宥州問故，諒祚遂大沮，盤桓塞下，因遣使謝罪。初，中書與樞密院議邊事多不合，韓琦主張留其歲賜，絕其和市，遣使問罪。文彥博難之，會陸銑策與琦合，而諒祚果歸款。四年（一〇六七）春，諒祚遣使獻方物謝罪。十月，青澗守將种諤襲虜夏監軍嵬名山，遂復綏州。种諤既受嵬名山降，十一月，諒祚乃詐爲會議，誘知保安軍楊定等殺之，邊釁復起。朝議以諤生事，欲棄綏誅諤，司馬光上疏，亦極論名山之衆不可用。鎮鄜延郭逵曰：「虜既殺王官，而又棄綏不守，示弱已甚。且名山擧族來歸，當何以處？」又遺書執政，請存綏以張兵勢，不從。乃改命韓琦判永興軍，經略陝西，琦初言綏不當取，及楊定等被殺，復言綏不可棄，卒存綏州。諤被貶隨州（湖北隨縣），事始訖。

英宗臨朝，臣下有奏，必問朝廷故事與古治所宜，每有裁決，皆出羣臣意表。（註一二）然親政兩年餘，無治績可言。三年十一月，帝不豫。四年正月，帝崩，年三十六。長子頊繼位，是爲神宗（一〇四八—一〇八五）。

【註釋】

（註一）李漢超鎮關南，馬仁瑀守瀛州，韓令坤鎮常山，賀惟忠守易州，何繼筠領棣州，郭進控西山，武守琪戍晉陽，李謙溥守隰州，李繼勳領昭義，趙贊守延州，姚內斌鎮慶州，董遵誨屯環州，王彥昇守原州，馮繼業鎮靈武。所部筦榷之利悉與之，軍中事許從便宜。邊臣皆富於財，得養募死士，蓄寇每入，多致克捷，以此無西北之虞。

（註二）宋史，卷二六〇，列傳第十九，李懷忠傳。續資治通鑑長編，卷十七，開寶九年二月條。

（註三）「太祖即位，方鎮多偃蹇，所謂十兄弟者是也。上一日召諸方鎮，授以弓劍，人馳一騎，與上私出固子門大林中，下馬酌酒。上語方鎭曰：此間無人，爾輩要作官家者，可殺我而爲之。方鎭伏地戰恐。上再三喩之，伏地不敢對。上曰：爾輩眞欲我爲主耶？方鎭皆再拜稱萬歲。上曰：爾輩既欲我爲天下主，爾輩當盡臣節，今後毋或偃蹇。方鎭復再拜呼萬歲，與飮盡醉而歸。」（王鞏，聞見近錄）。

（註四）續資治通鑑，卷七，宋紀七，開寶四年。

（註五）楊仲良，續資治通鑑長編紀事本末，卷六十六，議減兵雜類。

（註六）「左右廂起於唐，本用李靖兵法，諸軍各分左右廂統之。自府兵法壞，京師變爲彍騎，謂之禁兵，諸道變爲長征，謂之鎭兵。昭宗之亡，禁旅盡失，朱全忠以方鎭建國，遂以鎭兵之制，用之京師。是後京師軍有四廂，其廂使各掌城郭烟火之事，而軍旅漸有廂軍之名。自周世宗散於方鎭，寄招禁軍，別立營部，由是州郡始有禁軍。太祖作階級法，專治禁軍，而天下鎭兵通謂之廂軍，教閱疏略，浸廢爲役卒矣。」（呂東萊文集，卷二十，雜說）。

（註七）何垣，西疇老人常言，評古。

（註七）魏了翁謂：「祖宗時，儲蓄將帥，先自遠路監司，漸擢爲京東淮南。俟其績用既章，則擢任陝西河東北三路及成都路。自三路成都具有成績，或召爲三司副使，或就理資序，升爲都漕，以備帥臣之闕。」（鶴山先生大全文集，卷二十，乙未秋七月特班奏事）。

（註九）司馬文正公傳家集，卷六十八，百官表總序。

（註十）宋史，卷一六一，志第一一四，職官一。

（註十一）同上書。

（註十二）皇朝類苑，卷二十五，官職儀制，中書五房。

（註十三）讀通鑑論，卷十三，憲宗。

（註十四）宋史，卷一六二，志第一一五，職官二，三司使條。

（註十五）太平治蹟統類，卷二，太祖聖政。

（註十六）歐陽修云：「國朝自下湖南，始置諸州通判，既非副貳，又非屬官，故常與知州爭權。每云我是監郡，朝廷使我監汝，舉動爲其所制。太祖聞而患之，詔與戒勵，使與長吏協和。凡文書非與長吏同簽書者，所在不得承受施行。自此遂稍稍戢，然至今州郡往往與通判不和。」（歐陽文忠公集，歸田錄，卷二）。

（註十七）諸州有由軍事、防禦升節度者，如升湖州爲昭慶軍（景祐元年）、升端州爲興慶軍（元符三年）之類是。此由散州升爲節度州，州牧改用大僚，而州名仍如其舊，非改州爲軍也。有由節度降爲防禦者，如潭州本武安軍節度降爲防禦（乾德元年）；由節度降爲團練者，如鼎州本常德軍節度降爲團練（乾德二年）之類是。

（註十八）宋史，卷二五六，列傳第十五，趙普傳。

（註十九）建炎以來繫年要錄，卷六十一，紹興二年十二月癸巳條：「呂頤浩言……臣嘗見太祖皇帝與趙普論事數百通，其一有云：朕與卿平禍亂以取天下，所創法度，子孫若能謹守，雖百世可也。上曰：唐末五季藩鎮之亂，普能消於談笑間，如國初十節度，非普謀亦孰能制？輔佐太祖，可謂社稷功臣矣。」

（註二十）「陳橋之變，石守信等尸之，而普弗與。下江南，收四川，平兩粵，曹彬潘美等任之，而普弗與。則當時推誠戮力之功臣，皆睨普而憤其軋己，普固有不與並立之勢，而日思齮齕以自安，所深結主知，以使倚爲社稷臣者，豈計安天下以安趙氏哉？惟折抑武臣，使不得立不世之功以分主眷而已。」（宋論，卷一，太祖）。

（註二十一）宋論，卷一，太祖。

（註二十二）宋史，卷三，本紀第三，太祖三，贊。

（註二十三）宋史，卷二四二，列傳第一，太祖母昭憲杜太后傳。按續資治通鑑長編卷二，建隆二年，杜太后云：「汝與光義皆我所生，汝後當傳位汝弟，」並無言及廷美。太宗之繼太祖，一說乃杜太后之遺命，一說太祖素有傳弟之意。另有燭影斧聲之說，被光義所刼奪。然以第一說較可信，姑從宋史。

（註二十四）宋史，卷五，本紀第五，太宗二，贊。

（註二十五）晉天福二年（九三七），遼太宗耶律德光建國號大遼。聖宗隆緒統和元年（宋太平興國八年，九八三），改大遼爲契丹國。道宗洪基咸雍二年（宋治平三年，一〇六六），復改國號大遼。

（註二十六）王銍謂：「太宗自燕京城下軍潰，北虜追之，僅得脫。凡行在服御寶器盡爲所奪，從人宮嬪盡陷沒，股上中兩箭，歲歲必發。其棄天下，竟以箭瘡發云。」（默記，卷中。）

（註二十七）宋論，卷一，太祖。

（註二十八）遼史，卷三十六，志第六，兵衛志下。

（註二十九）宋史，卷一七六，志第一二九，食貨志上四，屯田。

（註三十）續資治通鑑長編，卷四十四，咸平二年。

（註三十一）遼軍制：有南北左右皮室、及黃皮室，皆掌精兵。

（註三十二）沈括謂：「蜀中劇賊李順陷劍南兩川，關右震動，朝廷以爲憂。後王師破賊，梟李順，收復兩川，書功行賞，了無閑言。至景祐中，有人告李順尚在廣州，巡檢使臣陳文璉捕得之，乃眞李順也。年已七十餘，推驗明白，囚赴闕，覆按皆實。朝廷以平蜀將士功賞已行，不欲暴其事，但斬順，賞文璉二官，仍閤門祇候。文璉、泉州人，康定中，老歸泉州，予尚識之。文璉家有李順案款本末甚詳，順本味江王小博之妻弟，始王小博反於蜀中，不能撫其徒衆，乃共推順爲主。順初起，悉召鄉里富人大姓，令其家所有財粟，據其生齒足用之外，一切調發，大賑貧乏，錄用材能，存撫良善，號令嚴明，所至一無所犯。時兩蜀大饑，旬日之間，歸之者數萬人。所向州縣，開門延納，傳檄所至，無復完壘。及敗，人尚懷之，故順得脫去。三十餘年，乃始就戮。」（夢溪筆談，卷二十五，雜誌二。）

（註三十三）宋論，卷二，太宗。

（註三十四）宋琪自員外郎，以正月擢拜諫議大夫，三月，參知政事。太宗將用李昉，時昉官工部尙書，七月，特遷琪刑部尙書，遂並命爲相，而琪居昉上，自外郎歲中至此。石熙載以太平興國四年正月，自右補闕爲兵部員外郎，樞密直學士，纔七日，簽書院事。四月，拜給事中，爲副樞。十月，遷刑部侍郎。六年，遷戶部尙書，爲使。八年，罷爲右僕射。當日職名，唯有密直多從庶僚得之，旋即大用。張齊賢王沔皆自補闕直史館遷郎中充學士，越半歲，並遷諫議簽樞。溫仲舒寇準，皆自正言直館遷郎中充職，二年，並爲樞密副使。向敏中自工部郎中，以本官充職，越三月，同知密院。錢若水自同州推官入直史館，踰年擢知制誥。二年，除翰林學士，遂以諫議同知密院，首尾五年。（容齋隨筆，四筆，卷十二，神宗用人。）

（註三十五）宋史，卷二九三，列傳第五十二，田錫傳。

（註三十六）皇朝類苑，卷二十五，中書五房。

（註三十七）臨川先生文集，卷七十六，上杜學士書。

（註三十八）張右史文集，卷四十九，咸平縣丞廳酴醿記。

（註三十九）宋史，卷二八二，列傳第四十一，李沆傳。歐陽修亦稱之：「李沆爲相，沆正厚重，有大臣體，嘗曰：吾爲相，無他能，唯不改朝廷法制，用此以報國。證之以後官兵冗濫，用度無節，財用匱乏，公私困弊，皆屢更祖宗舊制之故，乃服其識慮之精。」（歐陽文忠公集，歸田錄，卷一。）

（註四十）「王繼忠勸契丹尋舊盟，結好息民，休兵解甲，共忻納之。咸平六年夏四月，普方守莫州，素與繼忠同在東宮。乃命致書於普，請遣使至北境，特議和好。普具奏其事，朝廷弗之信，止令普答其書而已。是秋，繼忠書復至，意甚切。令普答書，且曰俟彼先遣使至，即議修好。」（王文正筆錄）冬，契丹舉兵深入貝魏，乃有澶州之事。但遼史謂：「宋遣人遺王繼忠弓矢，密請求和，詔繼忠與使會，許和。」（卷十四，本紀第十四，聖宗五，統和二十二年。）可見契丹未進兵澶州前，雙方已有談和之象。

（註四十一）宋論，卷三，眞宗。

（註四十二）雞肋編，卷中。續資治通鑑長編、契丹國志所載亦同。

（註四十三）范文正公集，卷六，楊文公寫眞讚。

（註四十四）龍川文集，卷一，淳熙五年上孝宗皇帝第一書。

（註四十五）宋史，卷二八一，列傳第四十，論贊。

（註四十六）宋史，卷二九三，列傳第五十二，王禹偁傳。

（註四十七）陳繼儒云：「意者宋之諸臣，因知契丹祭天之習，又見其君有厭兵之意，遂進神道設教之言，欲假是以動敵人之聽聞，庶幾足以潛消其窺伺之志歟？」（狂夫之言，卷四。）

（註四十八）宋史紀事本末，卷二十三，丁謂之姦，陳邦瞻評語。

（註四十九）東都事略，卷四十九，列傳第三十二，王欽若傳。

（註五十）范文正公集，卷十九，論西京事宜劄子。

（註五十一）范文正公集，年譜。

（註五十二）宋史，卷四四二，列傳第二〇一，蘇舜欽傳。

（註五十三）范文正公集，卷九，上呂相公書。

（註五十四）歐陽文正公集，居士集，卷二十，資政殿學士戶部侍郎文正范公仲淹神道碑銘。

（註五十五）宋史，卷三一八，列傳第七十七，張方平傳。

（註五十六）儒林公議，卷下。

（註五十七）續資治通鑑長編，卷一三二，慶曆元年五月條。

（註五十八）范仲淹認爲西洛空虛已久，後漢時三十七萬戶，置二十縣。唐會昌中，十七萬戶，十九縣。今有五萬六千戶，十九縣。而北京（大名）四平，絕無險阨之地，「臣竊聞修建北京，以禦大敵，以臣料之，可張虛聲，未可爲倚，何哉？河朔地平，去邊千里，胡馬豪健，晝夜兼馳，不十餘日可及澶淵。陛下乘輿一動，千乘萬騎，非數日可辦。倉卒之間，胡馬已近，欲進北京，其可得乎？」（范文正公集，卷十九，乞修京城劄子。）

（註五十九）東都事略，卷五十二，列傳第三十五，呂夷簡傳。
（註六十）宋史，卷二八八，列傳第四十七，孫沔傳。
（註六十一）宋史，卷三一二，列傳第七十一，韓琦傳。
（註六十二）宋史，卷三一三，列傳第七十二，富弼傳。
（註六十三）宋史，卷三一一，列傳第七十，呂夷簡傳。
（註六十四）朱文公文集，卷三十八，答周益公。
（註六十五）歐陽文忠公集，奏議集，卷一，論按察官吏劄子。
（註六十六）東軒筆錄，卷三。
（註六十七）嘉祐集，卷九，上皇帝書。
（註六十八）武溪集，余襄公奏議，卷上，論當今可行急務。
（註六十九）河南先生文集，卷十八，論城水洛利害表。
（註七十）歐陽文忠公集，奏議集，卷十一，論杜衍范仲淹等罷事狀。
（註七十一）宋史，卷二九五，列傳第五十四，葉清臣傳。

（註七十二）歐陽文忠公集，奏議集，卷十四，論賈昌朝除樞密使劄子。

（註七十三）容齋五筆，卷三，嘉靖四眞，謂富公眞宰相，歐陽永叔眞翰林學士，包老眞中丞，胡公眞先生。

（註七十四）「韓魏公爲相公，曾公爲亞相，趙康靖歐陽公爲參政，凡事該政令則曰問集賢（曾），該典刑則曰問東廳（趙），該文學則曰問西廳（歐陽），至於大事，則自決之矣。」（澗泉日記，卷上。）

（註七十五）西疇老人常言。

（註七十六）麈史，卷上，臺議。

（註七十七）司馬文正公傳家集，卷六十九，呂獻可章奏集序。

（註七十八）宋論，卷四，仁宗。

（註七十九）宋史，卷二九五，列傳第五十四，葉清臣傳。

（註八十）宋史，卷二八五，列傳第四十四，劉沆傳。

（註八十一）歐陽文忠公集，奏議集，卷十七，論臺諫官唐介等宜牽復劄子，嘉祐六年。

（註八十二）蘇東坡集，奏議集，卷一，上皇帝書。

（註八十三）攻媿集，卷二十一，雷雪應詔條具封事。

（註八十四）武溪集，余襄公奏議，卷下，乞宣敕並送封駁審省，慶曆四年。

（註八十五）續資治通鑑長編，卷一七五。

（註八十六）范文正公集，卷八，上執政書，慶曆五年。

（註八十七）宋論，卷三，眞宗。

（註八十八）康定元年，河東一路鄉兵，所有刺手背義勇，共七萬二千八百七十二人，河北義勇，十七萬餘人；陝西有弓箭手，皆土兵遺法也。

（註八十九）范文正公集，卷七，奏上時務書，天聖三年。

（註九十）宋史，卷四八五，列傳第二四四，外國一，夏國上。

（註九十一）西夏記，卷六。

（註九十二）西夏記，卷七，寶元二年五月條。

（註九十三）歐陽文忠公集，奏議集，卷十八，言西邊事宜第一狀，治平二年。

（註九十四）「西夏曩霄之叛，其謀皆出於華州士人張元與吳昊。張元、吳昊、姚嗣宗，皆關中人，負氣倜儻，有縱橫才，相與友善。嘗薄遊塞上，觀覘山川風俗，有經略西鄙意。謁韓范二帥，召與相見，躊躇未用間，張吳徑走西夏。范公以急騎追之不及，乃表姚入幕府。張吳既至夏國，夏人倚為謀主，以抗朝廷，連兵十餘年，西方至為疲弊，職此二人為之。予謂張吳在夏國，然後舉事，不應韓范作帥日，尚猶在關中。」（容齋隨筆，三筆，卷十一，記張元事。）

（註九十五）樂全集，卷二十三，論國計出納事。

（註九十六）康定元年，詔河北河東強壯，陝西京東京西新添弓手，皆以二十五人為團，團置押官一員，四團為都，置正副都頭一人。五都為一營，指揮使一人教習。一指揮殆為一營之兵力也。

（註九十七）范文正公集，別集，卷四，論西事劄子。

（註九十八）河南先生文集，卷二十，奏閱習短兵狀。

（註九十九）宋史，卷三一二，列傳第七十一，韓琦傳。

（註一〇〇）判官尹洙敍述當時戰鬪之經過情形如下：「經略副使韓公行邊，二月己丑（十日），至高平，邏報賊迫懷遠城。公已發鎮戎軍，先募勇士總萬一千人，早行，曹部署任福盡統諸將，合力以制之，於是都監桑懌爲先鋒，鈐轄朱觀繼之，武英又繼之，任福居後。其夕宿三川，賊已過懷遠東南去。翌日（十一日），諸將由懷遠躡其後，兩路巡檢常鼎劉肅與賊戰於張家堡南，斬首數百賊卒，馳馬羊牛萬計。桑懌以騎趨之，任福又分兵自將以往。其夕，任福桑懌爲軍屯好水川，與賊接壘。朱觀武英爲一軍，屯籠落川，隔山相去五里，猶遣信相通，期以明日會兵川上，不使賊得逸去。是時，殿賊自將兵十餘萬衆，營於川口。遣靑言賊四塞，然數少，是以兵益進。

癸巳（十四日），任福桑懌逐賊，循好水川西去。未至羊牧隆城五里，與賊大軍遇，懌馳犯其鋒。賊益兵，自辰至午，軍潰。懌與劉肅俱戰沒。任福一子在陣亦死。福中數箭，小校劉進勸福自免。福曰：吾爲大將，軍敗，何以苟生？一死足以報國。遂死之。先是，韓公召渭川都監趙律將死事騎軍二千二百爲諸軍後繼，是日，及朱觀武英會兵於姚家川（好水川、姚家川皆在隴山外，屬平涼，西去羊牧隆城，俱不及五里），與賊遇戰合。行營都監王珪自羊牧隆城以屯兵四千五百來陣於朱觀陣西，珪屢出略陣，聞堅不可破，武英重傷不能視軍。自午至申，賊兵大至，東偏步兵潰，衆遂大奔。王珪武英（皆死之，惟觀以餘）衆千餘人，保民垣，發矢四射，會賊暮引去。觀與任福戰處相去十五里，然至敗不相聞也。……諸將戰兵以千六百總二萬三千，死者六千餘人，指使軍校死者數千人。」（河南先生文集，卷三，憫忠。）

（註一〇一）宋史，卷三一三，列傳第七十二，富弼傳。

（註一〇二）續資治通鑑長編，卷一三七，慶曆二年八月條。

（註一〇三）「慶曆二年，契丹來求地請婚，公主其使，責以信義，告之利害，客詘服，不能發口。執政議使契丹攻元昊，公曰：契丹許我而有功，則必驕以弱我，而責報無窮已，不且以我市於元昊矣。且唐中極衰時，聽吐蕃擊朱泚，陸贄尙以爲不可，後乃知吐蕃陰與泚合，而陽言助國。今獨安知契丹計不出此？乃言所以待夷狄者凡六事，上皆行其策。」（臨川先生文集，卷八十七，贈司空兼侍中文元賈魏公神道碑）

（註一〇四）宋史，卷二八五，列傳第四十四，賈昌朝傳。

（註一〇五）范文正公集，別集，卷四，論西事劄子。

（註一〇六）續資治通鑑，卷四十四，宋紀四十四，慶曆二年九月條。

（註一〇七）宋史，卷二九二，列傳第五十一，王堯臣傳。

（註一〇八）慶曆四年，范仲淹曾奏攻取橫山之策：「元昊巢穴，實在河外。河外之兵，懦而罕戰。惟橫山一帶蕃部，東至麟府，西至原渭，二千餘里，人馬精勁，慣習戰鬪，與漢界相附。每大舉入寇，必爲前鋒，故四戎以山界蕃部爲強兵，漢家以山界屬戶爲善戰。……臣等嘗計陝西四路之兵，總數幾三十萬，非不多也。然各分守城寨，故每處戰兵，大率不過二萬餘人，坐食芻糧，不敢動舉。歲歲設備，常如寇至。不知賊人之謀，果犯何路？賊界則不然，種落散居，衣食自給，忽爾點集，併攻一路，故犬羊之衆，動號十餘萬人。以我分散之兵，拒彼專一之勢，衆寡不敵，遂及於敗。……臣等請於鄜延、環慶、涇原路各選將佐三五人，使臣一二十人，步兵二萬，騎兵三千，以爲三軍。以新定陣法，訓練歲餘，候其精勇，然後觀賊之隙，使三軍掠於橫山，更進兵，降者納質厚賞，各令安土；拒者併兵急擊，必破其族。……其山界蕃部，去元昊且遠，求援不及。又我以堅城據之，以精兵臨之，彼既樂其土，復逼以威，必須歸附，以圖安全。三五年間，山界可以盡取。……元昊若失橫山之勢，可謂斷其右臂矣。」（范文正公集，奏議，卷下，三，陝西攻策）。

（註一〇九）宋史，卷三一四，列傳第七十三，范仲淹傳。

（註一一〇）歐陽修曾論城寨法之利弊：「臣視慶曆禦邊之備，東起麟府，西盡秦隴，地長二千餘里，分爲路者五。而路又分爲州軍者又二十有四；而州軍分爲寨爲堡爲城者，又幾二百，皆須列兵而守之。故吾兵雖衆，不得不分；所分既多，不得不寡。而賊之出也，常舉其國衆，合聚爲一而來，是吾兵雖多，分而爲寡；彼衆雖寡，聚之爲多。以彼之多，擊吾之寡，不得不敗也。此城寨之法，既不足自守矣。而五路大將所謂戰兵者，分在二十四州軍，欲合而出，則懼後空而無備。欲各留守備而合其餘，則數少不足以出攻。此當時所以用兵累年終不能一出者以此也。」（歐陽文忠公集，奏議集，卷十八，言西邊事宜第一狀。）

（註一一一）遼史，卷一一五，列傳第四十五，西夏。

（註一一二）東都事略，卷六十一，列傳四十四，种世衡傳。

（註一一三）西臺集，卷十二，司封員外郎令狐公墓誌銘。

（註一一四）武溪集，卷五，大宋平蠻京觀誌並序。

(註一一五)宋史,卷十二,本紀第十二,仁宗四,贊。

(註一一六)宋論,卷四,仁宗。

(註一一七)嘉祐集,卷十,上韓樞密書。

(註一一八)蘇學士文集,卷十,諮目七。

(註一一九)歐陽文忠公集,居士集,卷四十,相州晝錦堂記。

(註一二〇)蘇東坡集,奏議集,卷三,辯試館職策問劄子。

(註一二一)宋史,卷十三,本紀第十三,英宗,贊。

第二章　政治變革（二）

第七節　熙寧變法

神宗頊在位十九年（一〇六八－一〇八五），爲宋代最富有改革性之時期，一曰熙寧變法，一曰元豐新制。前者將經濟、社會、軍事與教育，盡量改革，或稱爲王安石變法。後者將官制組織，由初期之雜亂無章，而仿唐制改革，爲以後朝廷官制所依循，稱之爲元豐新官制。

神宗於治平四年正月卽位，仍以韓琦、曾公亮爲相。三月，歐陽修罷，吳奎（一〇一一—一〇六八）參知政事，司馬光爲翰林學士，尋任御史中丞。韓琦歷相三朝，或言其專，自王陶論劾後，曾公亮因力薦王安石，琦稱疾求去。九月，以王安石爲翰林學士，韓琦、吳奎、及樞密副使陳旭（避神宗嫌改名升之，一〇一一—一〇七九）皆罷，曾公亮獨相，以呂公弼爲樞密使，張方平趙抃參知政事，韓絳（一〇一二—一〇八八）、邵亢（一〇一一—一〇七一）爲樞密副使。帝平生好學，食菲衣綈，務遵節儉。卽位之初，不斷振作，「而小心謙抑，敬畏輔相，求直言，察民隱，恤孤獨，養耆老，振匱乏，不治宮室，不事遊幸，」（註一）憂憫元元，勤勞庶政，主德如此，堪稱賢君矣。夫宋至神宗，雖承平百餘年，然太祖太宗之法，至仁宗而日久玩生，敝且乘之，尤其冗兵厚費一節，爲自慶曆以來最大之患。政風逐漸衰頹，官冗而無行政效率，兵冗而無戰鬪力，國家財政困難，人民生活艱苦，田地荒廢，賦役不均，商賈凋敝，百弊層出。富韓執政十餘年，徒以保守，不復如往昔之銳盛，故皆無所建樹。小臣齷議改革，惟大臣持重，因循敷衍，每倡論本朝享國百年承平無事，聊以自解。至治平熙寧之際，上刓下弊，綱紀法度，根本枝葉，無不受病，蓋斷然不容怠忽玩愒之時也。況對外有數世之國恥，而事日難爲，故神宗「自初卽位，經營百度，有綱紀海內，鞭撻四夷之志，老臣宿將，拱手相視，以聽可否，」（註三）蓋承仁宗極乎大弛之後，夙夜淬厲，亟

圖三　宋神宗像（國立故宮博物院藏品）

圖奮發，而思所以求張之日，勢使之然也。溯自景德以來，以金帛綏懷夷狄而求苟安，及至神宗，深感夷狄之勢，懍然不可恃以常安，而懷用武開邊，復中國之舊，以成蓋世之功。帝於內帑置庫，暗中準備，（註四）嘗謂文彥博曰：「養兵備邊，府庫不可不豐。」（註五）則其秉臥薪嘗膽之精神，力謀挽救頹勢之政局可知也。要言之，神宗是深有抱負，亟思振作之君，目覩外患之難安，經濟之困阨，綱

紀法度之日壞，此三大隱患，遂觸發其以全力改革之動機焉。

雖然，神宗有至誠惻怛憂天下之心，而又有不能暢言之隱，環顧當時廷臣執宰曾公亮富弼輩，乃隨世遷就之人，皆習故守常，莫有能達其意而善謀之者，更難任其事而分憂。韓富爲守舊，司馬光別是一格。(註六) 滿廷之士，無一可語，遂思求賢以助，蓋事勢之所必然。是以王安石一出，悉斥彼輩爲流俗，別思創建非常，突過前代，遂適如帝之所願也。況當日之國情，非改革無以紓時艱，改革以圖治，實無可非議之事也。秦觀曰：「嘉祐之後，習安玩治，爲日既久，大臣以厚重相高，小臣以苟簡自便，肉食者鄙，未能遠謀，誰能無偷，朝不及夕。故先帝卽位之始，大講法度，作而新之，覈名實以興百辟，攘夷狄以布威靈，有司奉行於中，使者刺舉於外，此眞得所謂以猛政救緩勢之術也。」(註七) 元祐黨人劉安世亦承認「嘉祐末年，天下之事似乎舒緩，萎靡不振，當時士大夫，亦自厭之，多有文字論列。」惟其以劇烈反新政故，尙曰：「然其實於天下根本牢固，」而發爲諱疾忌醫之說也。(註八) 朱熹素不同情於新政矣，但其言曰：「仁宗時，國勢緩弱，事多不理，如介甫不變法整理，一向放倒，亦無由治安。東坡當初議論，亦要變法，後來皆改了。」(註九) 此以客觀態度批評事實，不失爲持平之論也。夫當日之情勢如此，亟圖以改革之者，實神宗主之，卽使非用王安石，熙寧變法，寧有人能沮之乎？顧安石所以得君之專，如魚得水，如膠投漆者，蓋能以積極姿態救緩勢而創新政之故也。

王安石學本經術，才宏經濟，而清介自矜，務遠金銀之氣，固傑然曠世一人豪也。慶曆七年，初

圖四　王安石像

知鄞縣（浙江鄞縣），政績斐然，邑人便之。（註一〇）通判舒州（安徽懷寧縣），文彥博為相，薦其恬退，乞不次進用，以激奔競之風。至和中，召試館職不就，歐陽修薦其「久更吏事，兼有時才，」請補諫官。（註一一）尋為羣牧判官。三年，修又薦之謂其「學問文章，知名當世，守道不苟，自重其身，論議通明，兼有時才之用，所謂無施不可者」（註一二）請加進擢。知常州。嘉祐三年，移提點江東刑獄。五年，奉召入朝，改任三司度支判官，使還報命，上仁宗皇帝言事書，以變風俗立法度為先，謂方今公卿大夫，莫肯為陛下長慮後顧。為宗廟萬世計，臣願陛下鑒漢唐五代之所以亂亡，懲晉武苟且因循之禍。書上，不報。復上陳時政疏，亦本前書之意，而反覆言之。則仁宗之世，安石已力陳改革之道矣。然仁宗既耄，更不能用，越二年而崩。英宗之世，以母喪居江寧，濮議之紛擾，安石無與焉，朝士爲之延譽。以屢召不起，行誼高於一時，故神宗久重其人。及卽位，起其知江寧府。熙寧元年（一〇六八）四月，受翰林學士之命。越七月，始至京師。召安石越次入對，論爲治以擇術爲先，勸帝不必慕唐太宗，當法堯舜。此時未遽言變法也。帝嘗詢以本朝所以享國百年天下無事之故，安石指出「賴非夷狄昌盛之時，又無堯湯水旱之變，故天下無事，過於百年，雖曰人事，亦天助也。」二年（一〇六九）二月，以富弼爲相，安石參知政事，帝問所施以何先，安石曰：「變風俗，立法度，正方今之所急也。」十月，富弼辭相，帝問卿去誰可代，弼薦文彥博，但帝以陳升之繼之。三年（一〇七〇），曾公亮（九月）、陳升之（十月）次第罷。十二月，韓絳（一〇一二—一〇八八）與王安石爲相。兩年之間，卽入主中樞，帝之得安石，若獲左右手，曾公亮謂帝與安石如一人。得君既專，遂展其抱負矣。其指陳得失，開百年大計，基本政論，前則見諸上仁宗皇帝言事書，後則見諸國家百年無事劄子，此乃其變法之濫觴。安石既恥其君之不爲堯舜，而神宗亦毅然以學堯舜自任，則安石之事業，皆神宗之事業也。神宗朝勵精務實之政，亦卽安石之政也。仁宗溫和，慶曆新政，朝臣反對，卽行罷止，然則變法遭遇阻力，推行困難，安石豈不知哉？故其嘗對神宗曰：「天下風俗法度，一切頹壞，在廷之臣，庸人則安常習故，而無所知；奸人則惡直醜正，而有所忌。有所忌者唱之於前，而無所知者和之於後，雖有昭然獨見，恐未及效功，早爲異論所勝。」是以變法之初，主張不宜遽，宜先講學，理明然後用之，庶幾粗有所成。然神宗獨斷，急於進行，果引起反對，堅持到底。變法之後，安石受內外交詬，舊臣紛紛求去，(註一三)而帝不稍動搖者，正以其信任之篤而持守之固也。

安石之變法，發軔於其當參知政事之時，淵源於周禮一書。本於足食足兵之義，富國然後利民，首重財政，其次民政，又其次軍政，作全盤改革，以達富國強兵爲目的。首設制置三司條例司，掌經劃邦計，以通天下之利。其建議之言曰：「周置泉府之官，以榷制兼併，均濟貧乏，變通天下之財。後世惟桑弘羊、劉晏，粗合此意。學者不能推明先王法意，更以爲人主不當與民爭利。今欲理財，則當修泉府之法，以收利權。」熙寧二年二月，遂設立此司，常簡稱條例司，或曰制置條例司，等於設計司，以知樞密院事陳升之及安石領之。機構既專設，以呂惠卿蘇轍（一〇三九－一一一二）爲制置司檢詳文字，專一講求，詳爲規劃，蓋欲舉財權悉集中於國家，然後由國家酌盈劑虛，計劃其經濟，以均諸全國之民，使各有所藉以從事於生產。但此專設之機構，在行政上自然與宰相之權衝突，韓琦所謂：「中書之外又一中書也。」陳升之且謂制置條例則可，制置三司一官則不可。安石遂請以韓絳代升之，並命制置三司條例。韓絳者乃韓琦所薦於神宗，認爲有公輔器也。三年五月，條例司罷歸中書，以常平（青苗）、免役、農田、水利新法歸司農，命呂惠卿兼判司農寺。條例司自成立至裁廢，爲時雖僅十五月，顧其整理財政之成績，尚有可得而言者。宋代財政之敝，至仁宗晚年而極。神宗即位，首命翰林學士司馬光等置局看詳，裁減國用制度，仍取慶曆二年數爲標準，比今支費不同者開析以聞。後數日，光等言國用不足，在用度太奢，賞賜不節，宗室繁多，官職冗濫，軍旅不精，必須陛下與兩府大臣及三司官吏深思救敝之術，磨以歲月，庶幾有效，非愚臣一朝一夕所能裁減，蓋不肯負責，知難而退也。及制置條例司既設，神宗卽命考三司簿籍，商量經久廢置之宜，凡一歲用度及郊祀大費，皆編著定式，猶今之所謂預算也。內廷土木工作，多所罷省，所裁省冗費百分之四十。此可見制置條例司之整理財政，著有成績。三司上新增吏祿數，京師歲增四十一萬三千四百餘緡，監司諸州六十八萬九千餘緡。(註一四)夫省冗費以增官祿，裁駢枝而講效率，寧非整理行政之根本哉？然此一改革，保守派羣起反對，多不合作，故擢新人而用之。曾布（一〇三六—一一〇七）者，曾鞏之異母弟也，以韓維王安石薦，九月，委判司農寺檢正中書房。司農、三司、戶部三機構，當時爲新法之命脈，亦爲新政權之重心所在。布尋爲翰林學士兼三司使，自是新法理論之確立，具體方案之制訂，大部份是殆由布主持之。安石初期執政，實施國家新體制，改革最銳。新法之施行，有如下數種：

（一）青苗法　唐有青苗錢，爲計畝加稅之法，(註一五)而宋之青苗法，乃常平倉法之變相，故當時官文書，皆稱爲常平新法，頗有類於近代之農民貸款，蓋欲惠民之政也。宋代倉儲之法，肇始於太祖，而大備於眞宗，迨仁宗時，常變爲有名無實，(註一六)至英宗時而極敝，司馬光曾痛乎言之，謂：「比來所以隳廢者，由官吏不得其人，非法之失也。」(註一七)但此法既日久玩生，腐敗叢集，安石特加修改，冀以助民而利國。以錢代穀，錢曰青苗，故曰青苗法。此法原起自陝西轉運使李參，以部內多戍兵而糧儲不足，令民自隱度麥粟之贏除，先貸以錢，俟穀熟還官，號青苗錢。經數年，廩有餘糧，民稱便，然天聖五年詔罷之。安石慕其法，爲鄞令時復行之而有效。及執政，欲推行於全國，使蘇轍議之。轍謂此法本以救民，並非爲利，「然出納之際，吏緣爲姦，雖有法不能禁。錢入民手，雖良民不免妄用；及其納錢，雖富民不免踰限，」(註一八)行之恐有流弊。安石未敢遽行。會河北轉運司幹當公事王廣廉奏乞度牒爲本錢，於陝西轉運司，私行青苗法，春散秋斂，與安石之意合，遂決然行之。其設置之緣起：

「熙寧二年，制置三司條例司言：諸路常平廣惠倉錢穀，略計貫石可及千五百萬貫石以上，斂散未得其宜，故爲利未博。今欲以現在斛斗，遇貴量減市價糶，遇賤量增市價糴，可通融轉運司苗稅及錢斛，就便轉易者，亦許兌換，仍以現錢，依陝西青苗錢例，願預借者給之。隨稅輸納斛斗，半爲夏料，半爲秋料，內有請本色，或納時價貴，願納錢者，皆從其便。如遇災傷，許展至次料豐熟日納，非惟足以待凶荒之患，民既受貸，則兼併之家，不得乘新陳不接以邀倍息。又常平廣惠之物，收藏積滯，必待年儉物貴，然後出糶，所及者不過城市遊手之人，今通一路有無，貴發賤斂，以廣蓄積，平物價，使農人有以赴時趨事，而兼併不得乘其急。凡此皆以爲民，而公家無所利其入。是亦先王散惠興利以爲耕斂補助之意也。欲量諸路錢穀多寡，分遣官提舉，每州選通判幕職官一員，典幹轉移出納，仍先自河北京東淮南三路施行，俟有緒，推之諸路。其廣惠倉除量留給老疾貧窮人外，餘幷用常平倉轉移法。詔可。

既而條例司又言常平廣惠倉條約，先行於河北京東淮南三路，訪問民間，多願支貸，乞遍下

諸路轉運司施行。」(註一九)

此爲青苗法之要旨 及其實施之步驟也。安石欲實施此法，乃利用常平廣惠倉之所儲爲基金，變無用而爲有用。其主持俵散青苗錢之官員，初置時，於諸路各置提舉官一員，以朝官充之；管勾一員，以京官充之，或共置二員；開封府界一員，凡四十一人。至熙寧七年(一〇七四)神宗慮俵散青苗錢官吏多違法，乃於俵散稍多之縣份，專置一主簿，各路約共置五百員。青苗法實施之內容，概述如下：常平廣惠倉現錢，許依陝西出俵青苗錢例，每於夏秋未熟以前，約各處收成時酌中物價，立定預支每斗例價，出曉示召人請領。願請領者以十戶爲一保，即不拘戶等高下。不願請領者，不得抑配。若客戶願請領者，須與主戶合保。青苗錢發放，每年兩期：夏料於正月三十日以前支俵；秋料於五月三十日以前支俵。放領青苗錢每十戶以上，結成一保，須第三等以上有力人物充甲頭。放領分爲五等：第五等幷客戶，每戶不得過一貫五百文：第四等不得過三貫文；第三等不得過六貫文；第二等不得過十貫文；第一等不得過十五貫文。除放領之數外，如尙有餘剩，第三等以上人戶，得酌量增借。若再有餘剩，坊郭人戶，有物業堪抵當者，五家以上結成一保，得依鄉村青苗例支借，但不得逾抵當物值之半。夏秋收成，照所請領之數，加息二分繳納。如物價稍貴願納現錢者，當議於市價上量減錢數，仍比附原請價錢，十分不得過三分，假令一戶請過錢一貫文，如送納現錢，即不得過一貫三百文，此又以三分息計也。施行後，其辦法續有變更。熙寧三年，下詔禁止抑配，沮遏請領者亦按罰。七年，神宗諭輔臣：「天下常平倉，以一半散青苗錢取息，一半備年荒減價平糴，」採折衷辦法，詔各州縣施行。九年（一〇六七），詔自今凡倚閣青苗錢兩次之人戶，更不得支借。

新法之倡行，當時異議蠭起，尤以對青苗法爲甚。嘉祐治平以來兩派對立之舊黨，如韓琦、歐陽修、司馬光、范鎭、蘇軾、蘇轍、劉攽（一〇二二—一〇八八）等，皆聯合反對，大抵見其施行後發生流弊，因而詰責之者居多，從根本上剖析其利害者則少。韓琦爭執最烈，其第一疏指此法爲官放息錢，與抑兼併濟困乏之初意，絕相違戾，愚民一時借請甚易，納則甚難也。又謂私人所放息錢，雖取利甚厚，緣有逋欠，今官貸青苗，須夏秋隨稅送納，若連續災荒，則官本因而寖有失陷也。制置三司條例司答覆韓琦之疏，分五項辯正。琦復上疏，亦分五項論駁。歐陽修謂：「田野之民，蠢然固不知周官泉府爲何物，但見官中放債，每錢一百文，要二十文利耳。……必欲使天下曉然知取利非朝廷本意，則乞除去二分之息，但令只納元數本錢。……議者多以抑配人戶爲患，所以朝廷屢降指揮，丁寧約束州縣官吏，不得抑配百姓。然諸路各有提舉管勾等官，往來催促，以須盡錢俵散而後止。……欲乞先罷提舉管勾等官不令催督，然後可以責州縣不得抑配，其所俵錢，取民情願，專委州縣隨多少散之。」(註二〇)又謂：「若秋料錢於五月俵散，正是蠶麥成熟，人戶不乏之時，何名濟闕，直是放債取利耳。」(註二一)司馬光爲反對新法之首要人物，依戀於常平倉而反對青苗法，認爲散青苗錢之害小，壞常平倉之害尤大，謂：「臣所憂者，乃在十年以後，非今日也。……今縣官乃自出息錢，以春秋貸民，民之富者，皆不願取，貧者乃欲得之。提舉官欲以多散爲功，故不問民之貧富，各隨戶等抑配與之。……貧者得錢，隨手皆盡，將來粟麥，小有不登，二稅且不能輸，況於息錢？因不能償，吏督之急，則散而之四方，富者不去，則獨償數家所負，力竭不逮，則官必爲之倚閣。春債未畢，秋債復來；歷年寖深，債負益重。……是使百姓無有豐凶，長無蘇息之期也。貧者既盡，富者亦貧，臣恐十年之外，富者無幾何矣。……且常平倉者，乃三代聖王之遺法，非獨李悝耿壽昌能爲之也。穀賤不傷農，穀貴不傷民，民賴其食而官收其利，法之善者，無過於此。比來所以隳廢者，由官吏不得人，非法之失也。今聞條例司盡以常平倉錢爲青苗錢，又以其穀換轉運司錢，是欲盡壞常平，專行青苗也。……前日天下常平倉錢穀共約一千萬貫石，今無故盡取之，他日若思常平之法，復欲收聚，何時得及此數乎？」(註二二)此兩派首要，其籍口反對青苗法者，集中在取息、抑配、借易償難、與保留常平倉諸問題，尚不失依事論事，期有益於公私爲止，其餘每泛指空論，不著邊際。范鎮謂：「物議紛紛，皆云自古未有天子開課場者」(註二三)；陳舜俞謂：「官自出錢，誘以便利，督以威刑，非王道之舉」(註二四)；劉攽竟謂：「介甫爲政，不能使民家給人足，無稱貸之患，而特開設稱貸之法，以爲有益於民，不亦可羞哉？」(註二五)言者又咸詆青苗法爲掊克聚斂，損下益上，此與立法之本意，適形相反，紛紛擾擾之攻擊，俱屬皮毛之見，實無一語能批其窾要，宜乎安石之無動於中也。故其答司馬光書，謂：「儒者所爭，尤在於名實。名實已明，而天下之理得矣。今君實所以見教者，以爲侵官、生事、征利、拒諫，以致天下怨謗也。某則以謂受命於人主，議法度而修之於朝廷，以授之於有司，不爲侵官。舉先王之政，以興利除弊，不爲生事。爲天下理財，不爲征利。闢邪說，難壬人，不爲拒諫。至於怨誹之多，則固前知其如此也。人習於苟且非一日，士大夫多以不恤國事同俗自媚於衆爲善。上乃欲變此，而某不量敵之衆寡，欲出力助上以抗之，則衆何爲而不洶洶？」(註二六)又答曾公立書，謂：「示及青苗事，治道之興，邪人不利，一興異論，羣聾和之，意不在於法也。……政事所以理財，理財乃所謂義也。一部周禮，理財居其半，周公豈爲利哉？……某之所論，無一字不合於法。」(註二七)可見其自信之堅，詞義之嚴以辯駁之也。至於二分取息，議者每指爲聚斂之據，然安石辯之曰：「姦人者，緣名實之近而欲亂之以眩上下，其如民心之願何。始以爲不請，而請者不可遏；終以爲不納，而納者不可却，蓋因民之所利而利之，不得不然也。然二分不及一分，一分不及不利而貸之，貸之不若與之，然不與之而必至於二分者何也？爲其來日之不可繼也。不可繼則是惠而不知爲政，非惠而不費之道也，故必貸。然而有官吏之俸，輦運之費，水旱之逋，鼠雀之耗，而必欲廣之以待其饑不足直與之也，則無二分之息可乎？則二分者，亦常平之中正也，豈可易哉？」(註二八)夫青苗之立法，原屬平凡，乃所以救常平之失，而修耕斂補助之政也，其本意實以惠民而非掊克，但攻訐者竟擬之以桑孔之用心，是所謂無的而放矢，故安石以名實之辨斥之，非以此乎？

雖然，青苗立法之本意既盡美矣，亦未必其盡可行也。李參之在陝，安石之在鄞，行之而有效矣。猶謂其未必盡可行，何也？曰：一路一縣非全國之比也，其範圍小，上下奉行之者易也。全國者，力之未能盡致之也，況技術之未密，員吏之未簡，施行之未週，疏忽差池，自不免有流弊。是故當時皇皇詔令，抑配有禁矣，顧立法雖欲濟下戶，而以輸納故，散錢則多與上戶，且強與之使出息，有司遂以盡數俵散爲功，雖欲不抑配焉而不可得也。(註二九)災傷則有下料造納之條矣，而年歲豐凶不常，凶之數尤夥，而有司因其以上下其手，雖欲不至於累年積壓而不可能也。此則韓歐之奏議，已言之綦詳，然就施行上本身之弱點言之，猶可克服之也。夫行新政必用新人，今之所謂幹部是也，如欲以嘉祐治平習氣已深之胥吏，而奉行熙寧改革之新政，其無成績，何待贅言？黃廉應神宗召訪時務，對曰：「陛下意在便民，法非不良也，而吏非其人，朝廷立法之意則一，而四方推奉紛然不同，所以法行而民病，陛下不盡察也。」（註三〇）蘇軾嘗言：「官吏無狀，於給散之際，必令酒務設鼓樂倡優，或關撲賣酒牌，農民至有徒手而歸者。但每散青苗，即酒課暴增。……二十年間，因欠青苗至賣田宅，雇妻女，溺水自縊者，不可勝數。」（註三一）是則不肖官吏剝削之為虐，又豈止限於抑配已哉？故熙寧新法行，黜責官吏至嚴。（註三二）然此乃地方政治之弊端，不限於青苗法為然，常平廣惠倉，出則尅扣，入則浮收，徒供贓吏之漁利，亦何曾免此病？其最大致命傷者，則為當時反對新法之人，黨羽相應，「大臣玩令倡之於上，小臣橫議和之於下」，（註三三）嫉功害能，幸災樂禍，以宣傳攻勢，首挫威信，遂使惠政而失其效；收效矣而亦未宏。行之原可無疵者，則又受豪右稗吏之舞弊故，而欲其有美滿之結果焉，又烏可得哉？

然則青苗法之施行，果盡如當時攻訐者所言之弊乎？其良法美意，而民竟未嘗一蒙其澤乎？曰：是又不然。河北轉運司王廣廉入奏，則謂民皆歡呼感德矣。李定至京師，諫官李常（一〇二七—一〇九〇）見之，問曰：「君從南方來，民謂青苗法何如？」定曰：「民便之，無不喜者。」常曰：「舉朝方共爭是事，君勿為此言。」定曰：「定但知據實以言，不知京師。」（註三四）是一時輿論所在，有欲捫其舌而不可得者矣。「宋行新法，蘇文忠通判杭州，每因法以便民，民賴以安。」(註三五)吳革爲湖南轉運判官，「方使者行新令，給青苗錢，公不格詔令，而實予可貸之民。使者按常平錢不盡予民，取文書視之，皆如令。」(註三六)此即視民果有需款者，乃貸以青苗錢，所謂因法以便民者也。鮮于侁（一〇一九—一〇八七）爲利州路轉運副使，兼提舉常平農田水利差役事，而青苗之法獨久不行，執政亟遣吏問狀。侁曰：「詔書稱願取即與，利州之民，無願取者，豈可強與之耶？」歲滿有旨再任。(註三七)此則以民不願貸款，並無強迫抑配，侁亦不因是而獲罪也。蘇軾曾謂：「凡言百姓樂請青苗錢，皆不可信；青苗助役之法行，則農不安。」(註三八)然與滕達道書則云：「吾儕新法之初，輒守偏見，至有同異之論，雖此心耿耿，歸於憂國，而所言差謬，少有中理者。今聖德日新，衆化大成，回視向之所執，益覺疏矣。」(註三九)是軾晚年深自懺悔，而咸歎於衆化之大成。其言與安石所謂：「扱法於羣幾之先，收功於異論之後」(註四〇)者蓋脗合。所謂衆化者，蓋指新法而言，而青苗必居其一矣。不寧唯是，元祐更化，盡芟新法。元年二月，罷青苗。三月，同知樞密院范純仁以國用不足，又請復之矣。(註四一)可知當時之青苗法，施行亦有成效，而民之涵濡其澤者既久，雖欲強沒其美而有所不可得也歟？朱熹曰：「青苗者，其立法之本意固未爲不善也，但其給之也以金而不以穀，其處之也以縣而不以鄉，其職之也以官吏而不以鄉人士君子，其行之也以聚斂亟疾之意而不以慘怛忠利之心，是以王氏能行之於一邑，而不能行之於天下。子程子曾極論之，而不免悔其已甚而有激也。」(註四二)是程頤晚年知其攻難青苗之爲誤矣，而朱熹之論青苗，因其創社倉之經驗而知可行，惟覺組織辨法之未盡善，尚待改革。此誠平情之論，視其他道學家之盲從詆謗者，遠勝多矣。

(二) 均輸法 均輸之法，始於漢桑弘羊，至唐劉晏而益完密，王安石實師其制。按各路上貢，歲有常數，是曰「輸」，但緣年歲之豐歉，而供求之相劑有所不調；道里之遠近，而轉輸之勞逸有所不均，於是王安石建議行均輸法。熙寧二年二月，制置三司條例司上言：

「今天下財用，窘急無餘，典領之官，拘於弊法。內外不以相知，盈虛不以相補，諸路上供，歲有定額，豐年便道，可以多致，而不敢不贏；年儉物貴，難於供備，而不敢不足，遠方有倍蓰之輸，中都有半價之鬻，三司發運使按簿書促期會而已，無所可否增損於其間。至遇軍國郊祀之大費，則遣使劃刷，殆無餘藏。諸司財用事，往往爲伏匿不敢實言，以備緩急。又憂年計之不足，則爲支移折變，以取之民。納租稅數，至或倍其本數，而朝廷所用之物，多求於不產，責於非時。富商大賈，因時乘公私之急，以擅輕重斂散之權。臣等以謂發運使總六路之賦入，而其職以制置茶鹽礬稅爲事，軍儲國用，多所仰給，宜假以錢貨，繼其用之不給，使周知六路財賦之有無而移用之。凡糴買稅斂上供之物，皆得徙貴就賤，用近易遠，令在京庫藏年支現在之定數所當供辦者，得以從便變賣，以待上令，稍收輕重斂散之權，歸之公上，而制其有無，以便轉輸，省勞費，去重斂，寬農民，庶幾國用可足，民財不匱矣。」(註四三)

書既上，詔本司具條例以聞，而以發運使薛向領均輸平準事，賜內藏錢五百萬緡，上供米三百萬石，以爲準備。向辟劉忱、衞琪、孫珪、張穆之、陳倩爲官屬。又請有司具六路歲當上供數，中都歲用，及現儲度可支歲月，凡當計置幾何，皆預降有司。從之。已而侍御史劉琦、侍御史裏行錢顗、條例司檢詳文字蘇轍、知諫院范純仁、諫官李常、權開封府推官蘇軾，屢疏言其不便，且劾向。帝皆不聽，且詔獎之，但均輸後迄不成。(註四四)

(三)**市易法**　市易法者，本漢之平準，將以制物之低昂而均通之，實一種專賣法也。初，熙寧三年，保平軍節度推官王韶，倡爲緣邊市易之說，乞假官錢爲本，詔秦鳳路經略司以川交子易貨物給之，因命韶爲本路帥司幹當兼領市易事。時欲移司於古渭城，李若愚等以爲多聚貨以啓戎心，又妨秦州小馬大馬私貿易，不可，文彥博、曾公亮、馮京（一〇二一—一〇九〇）皆韙之，韓絳陳升之亦以去秦州爲非。王安石乃言：「今蕃戶富者，往往蓄緡錢二三十萬，彼尚不畏刼，豈朝廷威靈，乃至衰弱如此？今欲連生羌，則形勢欲張，應接欲近，古渭邊砦，便於應接，商旅並集，居者愈多，因建爲軍，增兵馬，擇人守之，則形勢張矣。且蕃部得與官市，邊民無復逋負，足以懷來其心，因收其贏，更闢荒土，異日可以聚兵。」(註四五)安石之本意，大抵以邊徼未開闢之地，欲以人力助長之，使趨於繁榮，以國家之力，展開邊徼之商務，實施其開邊政策。其後，有魏繼宗者上言：「京師百貨無常價，貴賤相傾，富人大姓，乘民之亟，牟利數倍，財既偏聚，國用亦屈，請假榷貨務錢置常平市易司，擇通財之官任其責，求良賈爲之轉易，使審知市物之價，賤則增價市之，貴則損價鬻之，因收餘息以給公上。」於是中書奏在京置市易務官。(註四六)熙寧五年，詔出內帑錢帛設市易務於京師，置監官二員，提舉官一員，勾當公事官一員，以呂嘉問爲提舉，發內藏庫錢一百萬緡，京東市錢八十七萬緡，爲市易本錢，令三司應副。提舉官尋改爲都提舉市易司。京師市易務之規約如下：一、凡在京諸行鋪商人召充本務行人牙人；二、凡行人，令供通己所有，或借他人產業金銀充抵當，五人以上充一保；三、遇有客人物貨出賣不行，願賣入官者，許至務中投賣，勾行人牙人與客人平其價；四、據行人所要物數，先支官錢買之；五、行人如願折博入官物者亦聽，以抵當物力多少，許令均分賒請，相度立一限或兩限，送納價錢，若半年納，卽出息一分，一年納，卽出息二分，過期不輸，息外更加罰錢；六、以上幷不得抑勒；七、若非行人現要物，而實可以收蓄轉變，亦委官司折博收買，隨時估値出賣，不得過取利息；八、其三司諸庫務年計物，若比在外科買，省官私煩費，卽亦一就收置。各路陸續分設市易司者，六年，有兩浙（杭州）、夔州路（黔州）、成都；八年，有鳳翔、大名，眞定府、永興、安肅軍、秦、瀛、定、越、眞、廣、鄆州等。九年，市易息錢并市例錢，共收一百三十三萬二千緡有奇。（註四七）元豐二年詔：市易舊法，聽人賒錢，以田宅或金銀爲抵當，無抵當者，三人相保則給之，皆出息二分，過期不輸，息外每月更罰錢二釐，貪人及無賴子弟，多取官貨不能償，積息罰愈滋，囚繫督責，徒存虛數，實不可得。於是都提舉市易王居卿建議，以田宅金銀抵當者減其息，無抵當徒相保者不復給。自元豐二年正月一日以前，本息之外，所罰錢悉蠲之，凡數十萬緡；負本息者，延其半年。其後欠負愈重，朝廷催理，極爲峻急，迄元祐初尚未解決。（註四八）

市易法之用意，在經濟學言：一則專注重於分配方面，以裁抑豪富，保護貧民；再則更注重於生產方面，使金融機關得以流通，小型農工，可得貸款，以廣生產之資也。而市易務則似商業銀行之性質，但兼營其他業務，故收效甚微，且為厲民之舉也。

（四）免役法　古代有力役之征，後演而為差役法。宋因隋唐之舊，太祖定役法，以衙前主官物，里正、戶長、鄉書手課督賦稅，耆長、弓手、壯丁逐捕盜賊，承符、人力、手力、散從供奔走驅使。太平興國五年，定差役法，以貧富分諸州戶為九等，上四等充役，下四等免之。民被差役，如遭寇虜。但命官、將吏、僧道，皆得復役。黠者或投身彼輩，為之傭奴，亦得隨免。民以得度牒出家為脫苦難。鄉民賤族，應役愈繁數，而生計愈窘。治平以前，已覺其法之厲民病國，廷臣往往建議補救。范仲淹執政，謂天下縣多故，役繁而民瘠，首廢河南府諸縣，欲以次及他州，當時以為非，未幾，所廢者悉復。（註四九）自里正鄉戶為衙前，主典府庫，或輦送官物，往往破產。皇祐中，知并州（山西陽曲縣）韓琦上疏，謂州縣生民之苦，無重於里正衙前，有孀母改嫁，親族分居，或棄田與人，以免上等，或非分求死，以就單丁，規圖百端，苟免溝壑之患。（註五〇）至和二年，以琦奏，遂罷諸路里正衙前，民稍得休息。治平四年六月，神宗即位後，三司使韓絳言：「害農之弊，無過差役，重者衙前，多致破產；次則州役，亦須重費。向聞京東有父子二丁，將為衙前，其父告其子云：吾當求死，使汝曹免凍餒，自經而死。又聞江南有嫁其祖母及與母析居以避役者。此大逆人理，所不忍聞。又有鬻田產於官戶，田歸不役之家，而役併增於本等戶。其餘戕賊農民，未易遽數。」九月，乃詔天下官吏有能知差役利害可以寬減者，實封條析以聞。役法之議始此。諫官司馬光言：「置鄉戶衙前以來，民益困乏，不敢營生，富者反不如貧，貧者不敢求富。日削月朘，有減無增，以此為富民之術，不亦疏乎？臣嘗行於村落，見農民生具之微，而問其故，皆言不敢爲也。今欲種一桑，多置一牛，蓄二年之糧，藏十匹之帛，鄰里已目爲富室，指抉以爲衙前矣，況敢益田疇葺廬舍乎？臣聞其事，惄焉傷心，安有聖帝在上，四方無事，而立法使民不敢爲久生之計乎？」(註五一)熙寧元年，知諫院吳充亦言：「今鄉役之中，衙前爲重。民間規避重役，土地不敢多耕，而避戶等；骨肉不敢義聚，而憚人丁。故近年上戶寖少，中下戶寖多，役使頻仍，生資不給，則轉爲工商，不得已而爲盜賊，宜早定鄉役利害，以時施行。」(註五二)差役法流弊所屆，竟有如此之酷。人民之躬遭斯厄者，有甚於猛虎矣。韓琦欲驗鄉戶之等別，貲力之高下，被差之疏密而均之。韓絳請視貲產多寡置籍，分鄉戶爲五則之法。蔡襄請以產錢多少，定役重輕。此乃補苴罅漏，非根本救治之方也。至於司馬光主張衙前當募民爲之，其餘諸役則農民爲之。夫募之必有所酬，所酬將安出？仍未有徹底解決之法。雖然，當時倡議改革者實紛紛也，即使不變法，而差役法非變不可，勢使之然也。及王安石執政，論理財以農事爲急，農以去其疾苦爲急，乃廓然與民更始，將最病民最傷農之差役法一變而爲募役法。

熙寧二年，詔制置條例司講立役法，條例司草訂條目，凡買撲酒稅坊場及廂鎮場務之類，舊以酬衙前者，由官自賣，以其錢會同役錢，雇用衙前；承符散從等，舊若重役償欠者，今當改法除弊；有產業物力而舊無役者，今當出錢以助役。遣官分諭諸路，博採衆議。(註五三)已而司農寺言：今立役條，所寬優者皆村鄉樸愿不能自達之窮氓，所裁取者乃仕宦兼併能致人言之豪右，若經制一定，則衙司縣吏，無以施誅求巧舞之姦，故新法之行，尤所不便。欲先自一兩州爲始，候其成就，即令諸州軍倣視施行。若實便百姓，當特獎之。從之，判寺鄧綰曾布議定役法：畿內鄉戶計資產之貧富上下，分爲五等，歲以夏秋，隨等輸錢，鄉戶自四等，坊郭自六等以下免輸。兩縣有產業者，上等各隨縣，中等倂一縣輸。析居者隨所析而定降其等。若官戶、女戶、寺觀、未成丁者減半輸，皆用其錢募三等以上稅戶代役。隨役重輕制祿，開封府戶二萬二千六百有奇，歲輸錢一萬二千九百緡，以一萬二百緡爲祿，其餘二千七百緡以備凶荒欠缺，他縣倣此。然輸錢計等高下，而戶等登記，昔緣巧避失實，乃詔責郡縣，坊郭三年，鄉村五年，農隙集衆，稽其物產，考其貧富，察其詐僞，爲之升降。若故爲高下者，以違制論。募法三人相保，衙前仍供物產爲抵，弓手試武藝，典吏試書計，以三年或二年乃更。爲法既具，揭示一月，民無異辭，乃著爲令。令下，募者執役，被差者得遣散，開封一府罷衙前八百三十人，畿縣放鄉役數千人。於是頒其法於全國，斟酌當地情形施行。凡當役人戶按其等列出錢，名免役錢。其坊郭等第戶，及未成丁、單丁、女戶、寺觀、品官之家，舊無色役而亦要出錢者，名助役錢。凡敷錢，先視州或縣應用僱値多少，隨戶等均取。僱値既已足用，又率其數增取二分，以備水旱災荒，謂之免役寬剩錢。(註五四)頒行後，物情大快，並規定凡民戶不願就募而強之者，論如律；用役錢祿內外胥吏，既食祿而犯贓者，用倉法重其坐。凡縣皆以免役寬剩錢，用常平法給散收息，添給吏人餐錢。

四年八月十一日免役法復經修正，施行如下：凡鄉村第一等人戶分爲甲乙丙丁戊五等；第二第三等人戶，分爲上中下三等；第四第五等人戶，分爲上下二等。耆長於第一第二等戶輪充，一年一替，與免戶下本年役錢一十五貫文。如本村上等人戶數少，卽更於第三等內從上輸充。壯丁於第四第五等二丁以上輪充，半年一替，並不出納役錢。戶長於第四等召募，有人丁物力者充，一税一替，逐料夫盤纏錢五貫文。(註五五)役法置有五等簿，通縣計之。七年，役錢每千，別納「頭子」五錢，以供修官舍、作什器、夫力、輦載等之費，輒圓融（公家之費斂於民者）者以違制論。八年，官戶輸役錢減半，所減無得過二十貫。九年，寬剩役錢及買撲坊場錢，更不以給役人；歲具羨數，上之司農。其餘物資，凡籍之常平司者，常留一半。初許兩浙坊郭戶家產不及二百貫，鄉村戶不及五十貫者，毋輸役錢。已而鄉村戶不及五十貫者，亦不免輸焉。(註五六)上述役法，凡向來當役者，使之輸錢以免役；向來無役者，使之輸錢以助役。以人戶歲輸之役錢，供募役之酬與胥吏之祿。此法解除農民供差之困苦，而得一意於耕稼，其裨益於國家實至大。九年，諸路上司農寺歲收免役錢一千零四十一萬四千五百五十三貫石匹兩。至元豐七年，全國免役錢歲計一千八百七十二萬九千三百緡，場務錢五百零五萬九千緡，穀帛九十七萬六千六百五十七石匹，較熙寧所入多三分之一。按自熙寧九年至元豐七年，僱役不加多，而歲入比前增廣。及神宗崩，哲宗卽位，據戶部結算役錢，所留寬剩，竟有及三四分以上者。夫多取寬剩，跡類於剝削，致怨詬並作者，又在此也。

當役法之方議改革也，文彥博言於神宗曰：「祖宗法制具在，不須更張，以失人心。」神宗曰：「更張法制，於士大夫誠多不悅，然於百姓何所不便？」彥博曰：「爲與士大夫治天下，非與百姓治天下也。」有此謬誤思想，縈廻於大臣之腦際，故募役法實施後，雖大有利於貧民，豪右不能無怨，士大夫更羣起而攻之。其所持之理由，顯然出於自利。蘇轍謂：「役人之不可不用鄉戶，猶官吏之不可不用士人。」（註五七）蘇軾之言曰：「自古役人必用鄉戶，猶食之必用五穀，衣之必用絲麻，濟川之必用舟楫，行地之必用牛馬，雖其間或有以他物充代，然終非天下所可常行。」又曰：「士大夫捐親戚棄墳墓以從官於四方者，用力之餘，亦欲取樂，此人之至情也。若彫弊太甚，厨傳蕭然，則似危邦之陋風，恐非太平之盛觀。」（註五八）當時之攻新法者，用此理論，豈不可哂？而造作言說以相謗訕者，不可勝紀。御史中丞楊繪（一〇二七—一〇八八）指有司率務多斂，司農寺預定品數付縣立簿，致民心難於甘服。又云助役之利一而難行有五。監察御史劉摯（一〇三〇—一〇九七）且陳十害，謂上戶常少，中戶下戶常多。上戶役數而重，故以助錢爲幸；中戶役簡而輕，下戶役所不及，今概使輸錢，則爲不幸。同判司農寺曾布摭繪摯所言，條奏辯詰之文，則夫謗者之虛構誣詞，與其不審情實而漫爲揣測者，皆可見之矣。曾布之辯曰：

「畿內上等戶，盡罷昔日衙前之役，故今所輸錢，比舊受役時，其費十減四五。中等人戶舊充弓手、手力、承符、戶長之類，今使上等及坊郭寺觀單丁官戶，皆出錢以助之，故其費十減六七。下等人戶，盡除前日冗役，而專充壯丁，且不輸一錢，故其費十減八九。大抵上戶所減之費少，下戶所減之費多。言者謂侵上戶而虐下戶，得聚歛之謗，臣所未論也。提舉司以諸縣等第不實，故首立品量升降之法。開封府司農寺方奏議時，蓋不知已嘗增減舊數，然舊敕每三年一造簿書，等第常有升降，則今品量增減，亦未爲非。又況方曉諭民戶，苟有未便，皆與釐正，則凡所增減，實未嘗行。言者則以謂品量立等第者，蓋欲多斂僱錢，升補上等，以足配錢之數。至於祥符等縣，以上等人戶數多，減充下等，乃獨掩而不言，此臣所未諭也。凡州縣之役，無不可募人之理，今投名衙前半天下，未嘗不典主倉庫場務綱運，而承符手力之類，舊法皆許雇人行之久矣，惟耆長壯丁，以今所措置，最爲輕役，故但輪差鄉戶，不復募人，言者則以謂衙前雇人，則失陷官物；耆老雇人，則盜賊難止。又以謂近邊姦細之人應募，則焚燒倉廩，或守把城門，則恐潛通外境，此臣之所未諭也。免役或輸現錢，或納斛斗，皆從民便。爲法至此，亦已周矣，言者則謂直使輸錢，則絲帛粟麥必賤，若用他物準直爲錢，則又退揀乞索，且爲民害，如此則當如何而可？此臣所未諭也。昔之徭役，皆百姓所爲，雖凶荒饑饉，未嘗罷役，今役錢必欲稍有餘羨，乃所以爲凶年蠲減之備，其餘又專以興田利增吏祿，言者則以謂助錢非如稅賦，有倚閣減放之期，臣不知昔之衙前弓手承符手力之類，未嘗倚閣減放否？此臣所未諭也。兩浙一路，戶一百四十餘萬，所輸緡錢七十萬耳，而畿內戶十六萬，率緡錢亦十六萬，是兩浙所輸纔半畿內，然畿內用以募役，所餘亦自無幾，言者則以謂吏緣法意，廣收大計，如兩浙欲以羨錢徼幸，司農欲以出剩爲功，此臣所未諭也。」（註五九）

由此可知當時謗者，皆務揚惡而隱善，又於變法前後之利病，未嘗一比較而權其輕重，其言悉爲意氣之私，而非義理之正也。及司馬光執政，首罷募役法而復差役法。熙寧雇役所取之錢，爲坊場（官錢），當役戶、坊郭戶、官戶、女戶、單丁、寺觀——後六者取之於民，謂之六色錢。熙寧之法，是取民間六色錢，並加以坊場錢，充雇役之用，而盡蠲衙前以下諸役，至於元祐之法，則以坊場錢，充衙前雇役之用，而承符以下諸役，仍復輪差民戶，而盡蠲六色之錢。然自司馬光罷募役法後，仍採用差募兼施，而雇役之錢，亦未嘗盡除。是則因意氣而罷募役法，然其差役法之施行，亦未見徹底也。

上述青苗、均輸、市易、免役四法，皆當時安石特創之新法而關於經濟者也。其他就舊法而整頓改良者：甲、農田水利條例，（熙寧二年十一月頒佈）分遣諸路常平官使專領農田水利，吏民能知土地種植之法，陂塘、圩垾、堤堰、溝洫利害者，皆得自言，行之有效，隨功利大小酬賞。自熙寧三年至九年，興修水利凡一萬零七百九十三處，為田三十六萬一千一百七十八頃。（註六〇）曾遣郟亶提舉兩浙水利，列澮之制，遺法猶可尋。（註六一）又行淤田法，引河水淤京東西沿汴田七千餘頃，在開封府淤田八千七百餘頃，河北則導滹沱河及漳水淤田。蔡河作重閘，引餘水以種稻。至於所開水利，不可勝數，而浚黃河與清汴河其著者也。乙、方田均稅法（熙寧五年至元豐八年十一月），乃調查土地整理賦稅之一政策，每年九月，縣委令佐分地計量，隨陂原平澤而定其地，並辨其色，然後定其肥瘠，分為五等，以定稅則。但每年釐定一次，未免太煩數，難以持久耳。

（五）保甲　仁宗之世，西北多事，兵士招募太多，總額逾百萬，冗而無制，老弱參半。偃蹇驕惰，不堪戰鬭，聚而不散，徒耗國用，所費佔歲入三分之二。兵制之壞，莫甚於此。憂時之士，屢以為言，竟莫之改。神宗英斷，奮然更制。司馬光慮驕兵之不可制，首發沮撓之言曰：「沙汰既多，人情皇惑，大致愁怨，雖國家承平，紀綱素張，此屬恟恟，亦無能為。然詔書一下，萬一有道路流言，驚動百姓。朝廷欲務省事，復為收還，則頓失威信，向後不復可號令驕兵。若遂推行，則衆怒難犯。梁室分魏博之兵，致張彥之亂，此事之可鑑者也。」光此論，殆可視為當時反對派之意見，然此不過務為姑息而已。當神宗與王安石議裁兵也，曰：「樞密院以為必有唐建中之變。」安石對曰：「陛下躬行德義，憂勤政事，上下不蔽，必無此理。建中所以致變，以德宗用盧杞之徒而疏陸贄，其不亡者幸也。今但當斷自聖心，詳立條制，以漸推行。」帝意遂決。熙寧元年，詔諸路監司察州兵不如法者按之，不任禁軍者降廂軍，不任廂軍者免為民。尋又詔揀諸路小分年四十五以下勝甲者，升為大分；五十以上願為民者聽之。舊制：兵至六十一歲始退役，猶不即許也，至是免為民者甚衆，冗兵由是大省。皇祐軍營格，馬軍四百步軍五百為一營，承平日久，兵制寖弛，類多空額，既不成部分，而將校猥多，賜予廩給十倍。二年，乃詔裁併諸營，計減軍校十將以下三千餘人，一歲所省錢四十五萬緡，米四十萬石，紬絹二十萬匹，布三萬端，馬藁二百萬。三年釐定禁軍兵額，殿前虎翼，除水軍一指揮外，計六十指揮，各以五百人為額，共三萬零四百人。在京增廣勇五指揮，共二千人。開封府界定六萬二千人，京東五萬一千二百人，兩浙四千人，江東五千二百人，江西六千八百人，湖南八千三百人，湖北一萬二千人，福建四千五百人，廣南東西一千二百人，川峽三路四千四百人為額。其餘指揮，並河東陝西京西淮南路前已撥併。河北以七萬人為額，分隸河北四路。又以三千人戍揚、杭州江寧府，以東南兵募寡而盜賊多故也。（註六二）自熙寧至元豐，歲有裁併甚衆。治平間禁兵凡六十六萬三千人，至熙寧省爲五十六萬八千六百八十八人，元豐稍有增加，亦僅爲六十一萬二千二百四十三人，如加上廂兵二十二萬七千六百二十七人，總兵力亦不過八十三萬餘人，比諸治平總兵力一百一十六萬一千人，相差遠矣。裁併之後，嚴施訓練，皆爲精兵。然則司馬光懼裁兵激之爲變之說，毋乃虛構之危言，而安石毅然行之，力拯其弊，匕鬯不驚，魄力之雄，又豈時賢之所企及耶？

夫裁兵者，不過爲一時權宜之術，對募兵制略爲改善而已。若其根本改造之策，則爲國民皆兵主義，欲廢募兵以爲徵兵，於是有保甲法興焉。自仁宗朝河北河東始置義勇，英宗朝推行其法，漸及陝西，各地名目不一，(註六三)而歲冬訓練，作守禦之備，爲數不少。(註六四)然其無用亦與禁兵廂兵等，安石乃用其形式，而變其精神，此立保甲之本意也。其要在於訓練齊民，使皆可戰，稍復唐代府兵之舊，以減募兵，紓民力。蘇軾曾極言養兵之害，而欲訓練州縣之土兵者，(註六五)意亦如此。保甲本欲以改革兵制，而其下手則先自地方自治基層之警察始。

熙寧三年三月，始頒保甲法。其內容如次：一、十家爲一保，五十家爲一大保，十大保爲一都保（其同保不及五家者，附於他保，有自外入保者，則收爲同保，俟滿十家乃別置焉），置牌以書其戶數姓名。二、每保選保長一人，每大保選大保長一人，以主戶有幹才者充之。每都保選都保正一人，副一人，以衆所服者充之。三、主客戶兩丁以上者，選一人爲保丁。附保兩丁以上有餘丁而壯勇者亦附之，內家貲最厚材力勇過人者，亦充保丁。四、兵器非禁者，許保丁習之。（以上是編制）五、每一大保，夜輪五人警盜，凡告捕所獲，以賞從事。六、凡同保有犯強盜、殺人、放火、強姦、略人、傳習妖教，造畜蠱毒等罪，知而不告者依律伍保法，餘事非干己又非敕律所聽糾者，毋得告發。七、有窩藏強盜三人經三日者，保鄰雖不知情，科失覺罪。（以上是服務）保甲之組織，自有魚鱗簿，比屋計之。保內首重稽察盜賊，（註六六）而未肄以武事也。四年，詔畿內保丁肄習武事，每歲農隙，由所隸官定期於要便鄉村，都試騎步射，分爲四等獎勵。荆湖川廣並邊區者，可肄武事，餘路止相保，毋習武藝。五年，許畿內主戶保丁上番，即赴各縣巡檢司服巡警之役也。十日一易，月給口糧及薪菜錢。其後將各類民兵組織，改爲保甲。保甲初隸司農寺，八年，改隸兵部，其政令則聽於樞密院。九年，義勇保甲及民兵，共計七百一十八萬二千零二十八人。樞密院請自今都副保正義勇軍校，兩年一比選，縣考其武藝功績，上於州，州上所轄官司，規定名額，解發詣京師閱試，拔其最優者，擢用或賜賞之。（註六七）元豐二年（一〇七九）十一月，始立開封府界集教大保長法，置提舉保甲司，以內侍省副都知王中正，東上閤門使狄諮兼提舉事，共二十二縣，爲教場十一所。大保長凡二千八百二十五人，每十人一色事藝，置教頭一。凡禁軍教頭二百七十人，都教頭三十人，使臣十人，弓以八斗、九斗、一石爲三等。弩以二石四斗、二石七斗、三石爲三等。馬射九斗、八斗爲二等。其材力超拔者爲頭等。當教練時，月給錢三千，日給食，官予兵器戰袍，又具銀楪酒醪爲賞犒。三年（一〇八〇），大保長受訓藝成，乃立團教法，以大保長爲教頭而教保丁焉。凡一都保相近者分爲五團，即本團都副保正所居空地聚教之，以大保長藝成者十人衮教，五日一周之。五分其丁，以其一爲騎，二爲弓，二爲弩。府界法成，乃推行於三路，各置文武官一人提舉，以封樁養贍義勇保甲錢糧給其費。是歲引府界保甲武藝成，帝親檢閱，錄用能者，餘賜金帛。四年（一〇八一），改五路義勇爲保甲，是年府界、河北、河東、陝西路會校保甲，都保凡三千二百六十六人，正長壯丁六十九萬一千九百四十五人。歲省舊費錢一百六十六萬一千四百八十三緡，歲費錢三十一萬三千一百六十六緡，而團教之賞爲錢一百萬緡有奇不與焉。（註六八）

當保甲組訓之初，志在除盜，維持地方治安。開封府素多羣盜，保甲法既行，止盜之效立見。長野一縣，捕獲府界劇賊爲保甲迫逐外逃者至三十人。亳州夙爲多盜重法之地，州守曾鞏，推行保甲法後，盜賊斂迹。（註六九）繼焉利用保甲爲民兵，實行寓兵於民，改募兵以爲徵兵。教閱之初，衆論沸騰。教藝既成，乃勝正兵。其勸獎賞賚所需，皆取諸封樁及禁軍闕額所省溢者，未嘗費戶部一錢。司農官親任其事，督責檢察，極爲嚴密，故人莫敢不奉法，而獎勵既優，仕宦勢家之子弟，亦皆欣然趨赴之也。（註七〇）

哲宗卽位之初，司馬光卽首先上疏乞罷保甲，其所持之理由，不過認爲「若使之捕盜賊衞鄉里，則何必如此之多（民兵）？使之戍邊境事征伐，則彼戎狄之民，以騎射爲業，以攻戰爲俗，自幼及長，更無他務，中國之民，生長太平，服田力穡，雖復授以兵械，敎之擊刺，在敎場之中，坐作進退，有似嚴整，必若使之與戎狄相遇，塡然鼓之，鳴鏑始交，其奔北潰散，可以前料，決無疑也。」（註七一）此諱疾忌醫之言，陳義迂腐，忖其意，謂中國之民，雖敎以武事，實無所用。戎狄之民，在理宜視爲征服者，而中國之民，則永爲被征服者矣，寧不怪哉？善乎陳汝錡之言曰：「宋武衰而積弱之國也，將權釋於杯酒，而藩方之兵弱；天子之禁軍，以戍邊備征討，而王畿之兵弱；招游手而涅刺之，既違土著，兼困民供，而所在防禦之兵弱。以故金虜一訌，陷朔代，圍太原，下燕薊，直擣汴京，有南朝無人之歎，而太后手詔，亦有人不知兵之恨。使保甲不廢，訓練以時，韜鈐日熟，家有干櫓，而人皆敵愾，縱胡馬南嘶，亦何至掉臂行數千里，無一城一壘攖其鋒者，而又何至紛紛召集，下哀痛勤王之詔也哉？故吾以爲編保甲法習民兵，已逆知他日之必有靖康，而靖康之所以河決魚爛者，正以保甲之法壞，蒙其名而棄其實，額日廣而銳日銷，驅病婦弱子張空拳以與餓豺狼鬥，而立碎於爪吻之下耳；尙介甫之詛且罵乎？」（註七二）由此觀之，保甲之法，旣必奏罷廢之，而將兵之法復壞，宋欲不南渡，其可得耶？

（六）戶馬法　熙寧五年所行者曰戶馬，元豐七年所行者曰保馬，皆爲官給民以馬，使代養之，且獎勵民自養之，俟有緩急時，則償其值而收其用也。馬爲戰爭所必需，故歷代以馬政爲國家大政之一。宋代馬極缺乏，以建都大梁，在鄆、鄭、相、衞、許、洛之間，置監牧以養馬，其羣牧監一職，以樞府大臣領之，然馬政不善，官馬作弊甚多。以前有券馬、省馬、馬社、括買，（註七三）爲供應馬之來源，然糜費大而不能收蕃息之效，至王安石遂有戶馬法。熙寧五年五月，詔開封府界諸縣保甲願養馬者聽，仍以陝西所市馬選給之。六年，又詔司農寺立養馬法。於是曾布等上其條約，凡五路義勇保甲願養馬者，每戶一匹，物力高願養二匹者聽，皆以監牧現馬給之，或官與其值令自市，毋或強與。府界毋過三千匹，五路毋過五千匹。除襲逐盜賊之外，不得乘越三百里。在府界者免輸體量草二百五十束，加給以錢布。在五路者，歲免折變緣納錢。三等以上十戶爲一保，四等以下十戶爲一社，以待病斃逋償者。保戶馬斃，保戶獨償之；社戶馬斃，社戶半償之。歲一閱其肥瘠。禁苛留者，凡十有四條。先從開封府界頒行，次第推行於諸路。安石嘗謂：「令下而京畿投牒者，已千五百戶，決非出於驅迫。」(註七四)官養一馬，平均歲費錢二十七千，募民牧養，約可省半費。且較爲安全，又可與保甲法相維繫，蓋保甲有馬，可以習戰禦盜，公私兩利。然馬之不幸而斃者，則令賠償，於是轉爲民病矣。

(七) **軍器監**　自仁宗朝以來，狃於太平，軍器皆朽窳不可復用。熙寧五年，神宗欲詳定軍器制度，詔在京及三路主兵官、監官、工匠、審度法度所宜；又患有司苟簡，崇政殿說書王雱因上疏曰：「方今外禦邊患，內虞盜賊，而天下歲課弓弩甲冑入充武庫者，以千萬數，乃無一堅好精利實可爲備者。臣嘗觀諸州作院，兵匠乏少，至拘市人以備役；所作之器，但形質而已。武庫之吏，計其多寡之數而藏之，未嘗貴其實用，故所積雖多，大抵敝惡。夫爲政如此，而欲抗威決勝，外攘內修，未見其可也。倘欲弛武備，示天下以無事，則金木絲枲筋膠角羽之材，皆民力也，無故聚工以毀之，甚可惜也。莫若更制法度，斂數州之作，聚爲一處，若今錢監之比，擇知工事之臣，使專其職。且募天下良工，散爲匠師，而朝廷內置工官以總制其事，察其精窳而賞罰之，則人人務勝，不加責而皆精矣。」(註七五)帝然其言，明令按唐令置軍器監，總內外軍器之政，置判一人，同判一人，以呂惠卿判監事。軍器初領於三司，至是一總於監。凡知軍器利害者，聽詣監陳述，於是吏民獻器械法式者甚衆。

（八）將兵法　宋懲藩鎮之弊，懼將之能私有其兵也，於是創爲更戍之法，分遣禁旅，戍守邊地，率三年而更，將不得專其兵，以弭悍將驕卒之跋扈。及承平日久，更番迭戍，不惟蝕財病民，且兵不知將，將不知兵，有兵等於無兵，緩急恐不可恃。熙寧七年，王安石已去位，樞密副使蔡挺（一○一四—一○七九）建議，部分河北、陝西、河東、京東、京西等路諸軍若干人爲一將，別置將官，總隸禁旅，負責專切訓練，使兵知其將，將練其士卒。平居知有訓練，而無番戍之勞，有事而後遣焉，謂之將兵，實宋代兵制一大改革也。所謂將者，乃一種軍事編制之名稱，其在馬軍等，又曰指揮，頗類於今日軍或師之名也。部署拱衛京畿之兵凡三十七將，類似三十七個軍或師。其配置地區，由河北四路起，第一至第十七將；府畿，第十八至第二十四將；京東，第二十五至第三十三將；京西，第三十四至第三十七將。西北邊防，配置四十二將，鄜延九將，涇原十一將，環慶八將，秦鳳五將，熙（甘肅臨夏縣）、河（甘肅臨洮縣）九將。八年，詔增置馬軍十三指揮，分駐京東京西兩路。又募教閱土兵忠果十指揮，額各五百人，駐在京西，其六在唐（河南唐河縣）鄧，其四在蔡、汝（河南臨汝縣）。

元豐二年（一○七九），又增置土兵勇捷兩指揮於京西，額各四百人，唐州、方城（河南方城縣）爲右第十一，汝州、襄城（河南襄城縣）爲左第十二。此等增置之馬軍與土兵，皆爲輔助部隊。四年（一○八一），分戍東南之兵凡十三將，自淮南東路起第一將，西路第二將；兩浙西路第三將，東路第四將；江南東路第五將，西路第六將；荊湖北路第七將，南路潭州（湖南長沙縣）第八將，全、邵

（湖南邵陽縣）永州（湖南零陵縣）應援廣西第九將；福建路第十將；廣南東路第十一將，西路桂州（廣西桂林縣）第十二將，邕州第十三將。除湖南廣西外，東南諸路，平均每路置一將，並置副一人，兵三千以下者，惟置單將。凡將副，皆選內殿崇班以上嘗歷戰陣者充之，並詔監司奏舉。在將副之下，各依其所將兵多寡置步將、隊將、押隊、使臣各有差。又置訓練官，次諸將佐，實施嚴格訓練，士卒日夜按習武藝，早晚兩教，新募之士，日夜不得休息。春秋都試，擇武力士凡千人，選十名以聞，而待旨解發，其願留鄉里者勿強遣。此將兵法之大略也。（註七六）

神宗留意武備，本以捍西北二虜。兵力分配，側重於京畿與西北。九十三將中，陝西諸路佔四十二將，河北京畿諸路三十七將，兵力殆佔五分之四以上，而東南十一路纔十三將。誠以宋都開封，無險可守，故配置重兵於河北與西北之外圍，猶唐之重配府兵以拱衛關中之策相類。防京畿河北者所以備契丹，而注意西北邊防者又所以禦西夏。然韓琦請撤京畿之兵，以免契丹之疑，與司馬光之迂腐無異焉。此將兵之制，尚有一特色者，則悉為禁旅，天子自為大元帥以統之，將官不得私有其兵，而其所以與建隆以來之制異者，則將與士相習，有訓練之實，而無更戍之煩也。夫宋之積弱久矣，舉國以忍恥含羞，得免兵革為幸。士大夫充滿苟安心理，戰守全無一策。神宗乃進取有為之君也，安石佐之，主張以武力為和平之後盾，先肅清小醜，安定西南，然後從事以捍大敵。故用兵攘外，其役有五，亦為俗儒詆安石最烈者之一，而謗之為黷武者也。

甲、河湟之收復　河湟者，今甘肅隴西縣以西，岷縣臨洮之地，沿洮河一帶是也。熙寧元年，建昌軍司理參軍王韶（一〇三〇—一〇八一）詣闕，上平戎三策，以爲西夏可取；欲取西夏，當先復河湟；欲復河湟，當先以恩信招撫緣邊諸族，今諸羌瓜分，莫相統一，此正可併合而兼撫之時也。神宗異其言，召問方略，安石以爲奇，請以韶管幹秦鳳經略司機宜文字。三年，韶又請築渭涇上下兩城，立屯，宿重兵，以撫納洮河諸部，下秦鳳經略使李師中議。師中恐發兵生疑，主先招撫而後築城。二策，無大牴牾也。但安石採韶策，詔師中罷。韶又請置市易司於古渭，詔秦鳳經略司給本錢。四年，命韶主洮河安撫司事。韶諭蕃部俞龍珂率其屬十二萬口內降，龍珂歸朝。五年，以古渭砦爲安遠軍，命韶知軍事。韶引兵擊破諸羌，遂城武勝軍，建爲鎮洮軍，後升爲熙州，以韶爲經略安撫使，兼知熙州。十一月，河州首領瞎藥等來降，賜姓包名約。六年，韶復河州，而岷州（甘肅岷縣）首領木令征，以其城降，韶入岷州。於是宕（今爲甘肅宕昌鎮，在岷縣南）、洮（甘肅臨潭縣）、疊（故城在今甘肅臨潭縣西南，白水江北岸）三州羌酋，皆以城附。七年，知河州景思立與吐蕃別將戰於踏白城敗死。木征（華言龍頭）勢復熾，寇岷州，不遂，復寇河州，圍之。韶自京師還，馳至熙州，選兵二萬人，直趨定羌城，破西番結河川族，斷夏國通路，河州圍解，韶追擊之。木征窮蹙，率酋長詣軍門降。韶送至京師，賜名趙思忠。此役得河南熙、河六州之地，闢地二千餘里，招撫大小蕃族三十餘萬帳，二百餘年淪沒之舊疆，一舉而復之，乃置熙河路。夫安石之開熙、河，蓋欲以拊西夏之側，絕其南侵，計莫切於此，功亦莫大於此也。

乙、湘蠻之平定　湖南路溪峒諸蠻，宋初，其酋長各據地自署，其強者曰北江彭氏，佔有二十州；南江諸蠻，則有舒氏、田氏、向氏。自辰州（湖南沅陵縣）達於長沙，各有溪峒。梅山（在湖南新化縣接安化縣境）有蘇氏，誠州（湖南靖縣）有楊氏，最爲驕縱，自相讐殺，又屢寇邊，爲良民患。熙寧五年七月，神宗遣章惇察訪荊湖北路，經制蠻事。舒氏、田氏、向氏諸蠻，即相繼納土，願受同化，始創城砦，比之內地。十一月，復招降梅山楊氏，籍其民一萬四千八百餘戶，田二十六萬零四百餘畝，均定其稅，使歲一輸，築武陽、開峽二城，置安化縣，隸邵州。六年十月，擊平南江之蠻。七年四月，以南江蠻懿州地置沅州（湖南芷江縣）。九年正月，下谿州刺史彭師宴降，所屬峒蠻二十州，皆歸版籍。惇經制蠻事，三年有奇，所招降巨酋十數，其地四十餘州。又自廣西融州（融縣）開闢道路以達誠州，增置潯江等堡。自此蠻不內擾，西南以安。以極不同情王安石而鄙夷章惇之王船山，且曰：「澧沅辰靖之間，蠻不內擾，而安化靖州等州縣，迄今爲文治之邑，與湖湘諸郡縣齒，則其功又豈可沒乎？」（註七七）元祐初，傅堯俞王巖叟請盡廢熙寧間所置新州，顧以蠻情安習已久，不便盡廢，乃廢誠州而留沅州，其開闢之道路，及創置之砦堡悉毀之。自是五溪郡縣，棄不復問矣。

丙、瀘夷之招撫　熙寧初，瀘州（四川瀘縣）烏蠻有二酋領，曰晏子，曰斧望箇恕，寖強大，擅刼晏州山外六姓及納溪二十四姓生夷，而六姓夷自淯井謀入寇。七年，詔遣檢正中書禮房官熊本爲梓夔訪察使，得以便宜治夷事。及至部，以爲彼能擾邊者，介十二村豪爲鄉導耳，乃以計致百餘人，梟之瀘州，其徒股慄，願矢死自贖。本請於朝重賞之，皆踴躍順命。獨柯陰一酋不至，本合晏州十九姓之衆，發黔南義勇強弩擊潰之。於是淯井、長寧、烏蠻、羅氏、鬼主諸夷，皆求內附，得地二百四十里。八年，渝州、南川（四川南川縣）獠木斗叛，詔本安撫之。本進營銅佛壩，破其黨，木斗舉溱州（渝州溱州今爲重慶）地五百里來歸，爲四砦九堡，建銅佛壩爲南平軍。召本還，知制誥。

丁、交阯之進討 熙寧八年十一月，安南國主李乾德分三路入寇，連陷欽（廣東欽縣）廉（廣東合浦縣）二州，詔以待制趙卨（一〇二六—一〇九〇）爲安南行營經略招討使，李憲副之，發兵進討。九年正月，邕州陷，知州蘇緘死之。二月，卨以征南宿將郭逵老邊事，願爲裨贊，於是以逵爲宣撫使，趙卨爲副。十二月，郭逵拔廣源州，旋破象陣，大敗交阯於富良江，殺其王子洪眞，李乾德窮蹙，奉表詣降。時官兵八萬人，冒暑涉瘴地，死者過半，故不復渡，得其廣源州、門州、思浪州、蘇茂州、桄榔縣而還。詔以廣源爲順州，赦乾德罪，還其封。自是終宋之世，安南未嘗寇邊，貢獻不絕。

戊、西夏之邊釁 熙寧元年三月，夏主諒祚死，子秉常立，遣臣來告哀，朝廷遣劉航往冊秉常爲夏國主。三年，夏人築閙訛堡，知慶州李復圭合番漢兵三千，強遣裨將李信、劉甫禦之，信等以衆寡不敵，大敗而還。復圭懼，欲自解，旣執信等殺之，復出兵，遣夏人殺其老幼二百，以功告捷。至是，夏人大舉入環慶，攻大順城柔遠砦荔原堡，屯於榆林，遊騎至慶州城下，九日乃退，鈐轄郭慶等數人死焉。韓絳請行邊，乃命爲陝西宣撫使，尋兼河東宣撫使。絳素不習兵事，開幕府於延安，選番兵爲七軍，復以种諤爲鄜延鈐轄，知靑澗城，命諸將皆受其節制。四年正月，种諤帥師襲敗夏人於囉兀，因以衆二萬城焉。自是夏人日聚兵，爲報復計。种諤進築永樂川、賞逋嶺二砦，分遣都監趙璞、燕達築撫寧故城，及分荒堆三泉、吐渾川、開光嶺、葭蘆川四砦，與河東路修築，各相距四十餘里。已而夏人來攻順寧砦，遂圍撫寧，新築諸堡悉陷，將士沒者千餘人。詔棄囉兀城，治諤罪，責授汝州團練副使。絳坐興師敗衄，罷知鄧州。

由上述數役觀之，除西師自前代以來從未獲勝外，其他皆有戰績表現。由是知王安石用兵，原不得已，並非如誣謗者之所謂黷武，而其所拔擢委用之人，如王韶、熊本、章惇、趙卨，皆以文臣而富韜略，故所向有功，不可謂非知人善任矣。

至於教育方面，熙寧四年，立太學三舍法，確定三舍之制。又設武學、律學、醫學三科。令各路州府立學，每郡給田十頃以爲學生贍養費之基金。又改革貢舉，所謂「一道德則修學校，欲修學校，則貢舉不可不變，」明經諸科皆廢，進士科亦免試詩賦，專考經義策論，范仲淹之慶曆新政，主張精貢舉，已先言之。新設明法科。試律令刑統大義，以待不能業進士者。此爲學校與選舉改革之大略焉。

當新法之施行也，因爭議而去官者，大有人在。熙寧二年五月，權知開封府鄭獬（一〇二二－一〇七二）以斷謀殺獄，不依新法，出知杭州。宣徽北院使王拱辰、知制誥錢公輔（一〇二三－一〇七四），皆以與安石議新法不合，拱辰出判應天府，公輔出知江寧府。六月，御史中丞呂誨劾安石，帝還其章，誨求去，出知鄧州。八月，知諫院范純仁言安石變祖宗法度，掊克財利，民心不寧。帝不聽，純仁力求去，出知河中府，尋徙成都轉運使；又以新法不便，戒州縣不得遽行，安石怒其沮格，左遷知和州（安徽和縣）。侍御史劉述、劉琦、錢顗連章劾安石，出述知江州，琦監處州（浙江麗水縣）鹽酒務，顗監衢州（浙江衢縣）鹽稅。條例司詳檢文字蘇轍，以與呂惠卿論新法不合，出爲河南推官。十月，同平章事富弼稱疾求去，出判亳州。三年正月，判尚書省張方平極言新法之害，力求去，出判應天府。二月，河北安撫使韓琦以論青苗法不見聽，請解安撫使，止領大名府路，從之。以司馬光爲樞密副使，九辭不拜。三月，知審官院孫覺，以論青苗法不便，出知廣德軍(安徽廣德縣)。四月，御史中丞呂公著，以論青苗法，出知潁州。參知政事趙抃，懇求去位，出知杭州。監察御史林旦、薛昌朝、范育劾安石，不報，但三人不見罷斥。監察御史裏行程顥（一〇三二—一〇八五）、張戩、右正言李常（一〇二五—一〇八八）、御史王子韶，交章言新法不便，各乞退，出顥爲京西路提刑、戩知公安縣（湖北公安縣），子韶知上元（民國廢入江寧縣）、常通判滑州（河南滑縣）。七月，樞密使呂公弼以劾安石出知太原府。九月，翰林學士司馬光，屢求去，出知永興軍。十月，翰林學士范鎮劾安石，以戶部侍郎致仕。四年三月，詔遣使察奉行新法不稱職者，先是，知山陰縣（浙江紹興縣）陳舜俞，不散青苗錢；知長葛縣(河南長葛縣)樂京、知湖陽縣（河南唐河縣南之湖陽店）劉蒙，不奉行募役法，皆奪官，遂有是詔。知陳留縣（河南陳留縣）姜潛到官數月，青苗令下，潛即榜於縣門三日，無人至，遂撤榜付吏曰：「民不願矣」，即移疾去。四月，司馬光請依范鎮例致仕，從其請，光歸洛陽，絕口不復論事。監官告院蘇軾上疏極論，不聽，乞外任，出爲杭州通判。五月，知開封府韓維（一〇一七—一〇九八）以論保甲法不合，力請外郡，出知襄州（湖北襄陽縣）。六月，知蔡州歐陽修以老病致仕。七月，御史中丞楊繪（一〇二七—一〇八八）、監察御史裏行劉摯（一〇三〇—一〇九七），上疏論募役法之害，出繪知鄭州、摯監衡州鹽倉。五年三月，判汝州富弼上書，言新法臣所不曉，不可以治郡，願歸洛養疾，許之，授司空武寧節度使致仕。六年四月，樞密使文彥博，以安石多變舊典，求去，授司空河東節度使，判河陽。七年二月，監安上門鄭俠（一〇四一—一一一九）進流民圖，言大旱爲新法所致，未幾，以擅發馬遞罪付御史鞫治。八年正月，竄之於英州。

安石爲相，由熙寧三年十二月起至七年四月罷，執政凡三年零四月。助其推行新法最力者爲呂惠卿、曾布，開邊有王韶、水利范子淵、理財薛向、市役呂嘉問、育材陸佃（一〇四二—一一〇二）、及章惇、沈括（一〇三〇—一〇九四）、蔡確等，而贊同其主張者，又有蔡挺、韓絳、王珪也。安石罷政，由韓絳繼之，呂惠卿參知政事，然韓呂常不叶，每多爭論。八年二月，安石復相，吳充（一〇二一—一〇八〇）爲樞密使。八月，韓絳罷，呂惠卿入參政，有羿之志，乃逐之出亳州，而以元絳（一〇〇八—一〇八三）參知政事。安石後期執政，平日肘腋盡去，而在者已不可信，可信者又才不足以任事，（註七八）故年餘之間無所作爲，只頒行三經新義及罷手實法而已，於是慨然復求去。九年十月，安石罷，以吳充、王珪爲相，充之子安持，安石之婿也。充既爲相，欲有所變革，乞召還司馬光、呂公著、韓維、蘇頌（一〇二〇—一一〇一），乃薦孫覺、李常、程頤（一〇三三—一一〇七）等數十人，但司馬光仍主張罷新法，充不用。

夫安石之初用，出而爲參知政事，反對者爲呂家，尤其呂誨劾之爲大姦大詐。此大誹謗之行爲，卽司馬光亦不同意，謂：「王介甫有學行，命下之日，衆皆喜於得人，奈何論之？」安石以蒙受誣譭，遂求去位，神宗賜詔曰：「天下之事當變更非止二三，而事事如此，奚政之爲也？卿其反思職分之當然，無恤非禮之橫議。」(註七九)自王陶論劾韓琦之爭，司馬光爲御史中丞，曾調劑其間，嶄然露頭角。安石與光平生相善，安石又薦呂公著爲中丞，宜可以協力爲政也。詎當變法之始，光卽持反對之態度，馴至事無大小，不審利害，而結黨以攻之。光與范鎭相得甚歡，以兄弟自號，議論如出一口，且約生平互爲傳，死則作銘。呂公著所陳利害劄子，每交光檢閱，徵詢意見。此兩人者，常隨光之攻訐而和之。熙寧四年，呂誨卒，屬光爲墓銘，且謂天下事尙可爲，君實勉之。王安石謂：「光才豈能害政，但在高位，則異論之人，倚以爲重。」(註八〇)蒲宗孟亦謂：人才半爲司馬光邪說壞之。(註八一)由至和元年至熙寧十年，光薦士凡一百零六人，可見其具有極大之影響力，而儼然爲反對黨之領袖也。神宗傷國用不足，詔學士議，光曰：「救災節用，宜自貴近，始可聽也。」王安石以爲國用不足，非當世急務，所以不足者，未得善理財故也。光曰：「善理財者，不過頭會箕斂爾。」安石曰：「不然，善理財者，不加賦而國用足。」光曰：「天下安有此理？」(註八二)安石志在開源，光則拘於節流，但其執拗之見解如此，毋怪後人評之爲「見得淺」，是以韓琦謂其「才偏，規模淺；」蘇轍謂「才智不足；」章惇更直率謂「村夫子，無能爲」也。蘇軾好譏切時政，亦襲其說，謂：「以萬乘之主而言利，以天子之宰而治財。」(註八三)其後道學家拾此牙慧，輒誚熙寧言利之臣，引爲攻訐所用之口頭禪。然則唐代宰相管領錢穀，抑又何說？光保守而固陋，根本不主張變法，堅持祖宗之法不可變，謂治天下譬如屋室，敝則修之，非大壞不更造也。關於制置三司條例司，光謂：「宰相以道佐人主，安用例？苟用例，則胥吏矣。」(註八四)其淺薄而冬烘之見，誠不可一二數也。

雖然，新法之行也，失之太驟，五年之間，新法次第創立，講非常之事於旦夕之間，以峻法推行，不免有欲速之弊。因準備未週，更張無序，引致民間之驚疑，驅遂言官而不惜。其最大弱點，蓋忽略基本幹部之培養，與缺乏行政技術之講求，而徒重法制，又抱有急功速效之心理。用事之臣，推行太過，浸違初旨者有之，遂授人以摘瑕之機會。況當時積習之官僚制度，念私誼不顧國事，重資歷而不問才能，是非不分，責任不明，對此講法度求事功之改革，自難愜舊黨之意。韓琦謂：「新制日下，更改無常，官吏茫然，不能詳記，監司督責，以刻為明，」(註八五)殆實錄也。當新法之初行也，安石曾與呂公著商量，未嘗不望諸賢之助，惟舊黨既羣起反對，抵制而不肯合作，不得已乃擢用靑年，以為幹部。曾布曰：「士人有一善可稱，不問疏遠，識與不識，即日招用，誠近世所無也。」(註八六)然因此遂引起資歷問題，對人不對事，指所用皆「憸薄少年」，肆為攻擊。司馬光對神宗言：「近者進擢不次，大不厭衆心。」孫覺謂神宗所擢數十人，多有口才而無實行。(註八七)劉摯上疏曰：「凡政府謀議經畫，除用進退，獨與一掾屬決之，然後落筆，同列預聞，反在其後。」(註八八)蘇軾應神宗召對政令得失，曰：「求治太急，聽言太廣，進人太銳。」(註八九)由此同見其所攻擊者不全是新法，而並為推行新法之人。然安石亦肯用賢，一見劉摯器異之，用為監察御史裏行。程顥主張行古法，採井田制度；蘇轍於英宗時，就上君術、臣事、民政三策，主張改變法度，與安石意合，安石皆用之。惟此二人，意志動搖，卒叛新政，而參與反對之列。及修改學校法，引用龔原，原肯盡力，其後司馬光召與語，譏切王氏，反覆辯護不少衰，光嘆曰：「王氏習氣尚爾耶？」安石最信任而爲舊黨衆矢之的者，一爲呂惠卿，一爲曾布。惠卿於仁宗時爲眞州軍事推官，歐陽修薦之，稱其「材識明敏，文藝優通，好古飭躬，可謂端雅之士。」(註九〇)及安石設制置三司條例司，以爲檢詳文字，事無大小，必謀之。神宗亦重之，謂鄧綰曰：「呂惠卿賢人也。」(註九一)因此惠卿被攻擊最烈。(註九二)惠卿雖薄有才，然用心不正，終傾安石以自得，(註九三)爲人所鄙。曾布者，鞏之弟也，年僅三十五歲，以韓維王安石之薦，由外任一躍而居中樞要職，以其序淺，人尤不服也。夫宋之治體，本涉優柔，眞仁而降，此風寖盛，士大夫競以含糊爲寬厚，因循爲老成，如欲頓改前轍，以行新法，自駭謗叢生。安石以才氣傾一世，既爲人所忌，況以南人驟貴，在政治上突佔優勢，(註九四)神宗又動以聖人目之，而寄以心膂，横議蠭起，悍然以身任天下之怨，頑抗而不顧，故不俚於黨人之口者以此。(註九五)當時呶呶者，對凡由安石所用之人，與安石有關之事，固詆譭備至，而凡同情於新法者，指爲「大率皆安石指也」，「素喜安石者也」。即以安石爲人之高風亮節，(註九六)亦誣之無所不用其極。司馬光奏彈，謂：「臣之與安石，猶冰炭之不可共器，若寒暑之不可同時」；又謂：「首倡邪術，欲生亂階，違法易常，輕革朝典。」(註九七)攻之者且誣其舍道德而言法，稱爲商韓之術。又指其詩、書、周禮新義、字說，多穿鑿傅會，流於佛老。(註九八)道學家既混雜釋老思想，反誚安石用佛，寧不可怪？然而舊黨攻擊雖烈，安石處之泰然，謂光才豈能害政，蓋以彼輩能識其本原，中其要害者甚少故也。是以呂誨劾安石十事，以挾意氣而漫罵姿態，備極詆誣，不只安石不服，卽神宗亦不之信。劉安世爲司馬光門人，攻新法反新黨之最烈者，嘗曰：「金陵亦非常人，其質樸儉素，終身好學，不以官職爲意，與司馬公同。但學有邪正，各欲行其所學者爾，而諸人輒溢惡，此所以愈毀之而愈不信也。」（註九九）誠以反對者之言，類多不切實際，況矛盾莫克以自解，「如蘇潁濱嘗言官自借貸之便，而乃力詆青苗錢之非。司馬公在英宗時，嘗言農民租稅之外，當無所與，衙前當募民爲之，而乃力詆雇役之非。蘇東坡嘗言不取靈武，則無以通西域；西域不通則契丹之強未有艾，而乃力詆熙河之役之非。又如已非雇役不可行，而他日又力爭雇役不可罷之類是也。」（註一〇〇）舊黨奏彈此類流俗而熟爛之濫調，安石所以不恤之者，蓋有由也。朱熹與陸九淵，基於道學家觀點，對新法措施雖不盡同情，尤其朱熹所撰讀兩陳諫議遺墨，乃攻安石最酷之作也，然其批評反對變法者，尚不失爲客觀之論。朱熹之言曰：

「祖宗之所以爲法，蓋亦因事制宜，以趨一時之便，而其仰循前代，俯徇流俗者，尚多有之，未必皆其竭心思，法聖智，以遺子孫，而欲其萬世守之者也。是以行之既久，而不能無弊，則變而通，是乃後人之責。故慶曆之初，杜范韓富諸公變之不遂，而論者至今以爲恨。況其後此數十年，其弊固當益甚於前，而當時議者亦多以爲當變，如呂正獻公父子家傳，及河南程氏、眉山蘇氏之書，蓋皆可考。……則是安石之變法，固不可謂非其時，其設法亦未爲失其正也。但以其躁率任意，而不能熟講思以爲百全無弊可久之計，是以天下之民，不以爲便，而一時元臣故老

賢士大夫羣起而力爭之者，乃或未能究其利病之實，至其所說，又多出於安石規模之下。」（註一〇一）

陸九淵亦評之曰：

「當時闢介甫者，無一人就介甫法度中言其失，但云喜人同己，祖宗之法不可變。夫堯之法，舜嘗變之；舜之法，禹嘗變之。祖宗法，自有當變者，使其所變果善，何嫌於同？古者道德一、風俗同，至當歸一，精義無二，同古者適所以爲美，惜乎無以闢之，但云祖宗法不可變，介甫才高，如何便伏？惟韓魏公論青苗法，將欲利民，反以害民，甚切當。或言介甫不當言利，夫周官一書，理財者居半，冢宰制國用，理財正辭，古人何嘗不理會利？但恐三司等事，非古人所謂利耳。不論此，而以言利遏之，彼豈無辭？所以率至無奈他何處。」（註一〇二）

朱陸兩氏之觀點，認爲法之宜變，實無可反對，惟舊黨諸人未能就法度本身中言其失，指出其利病之所在，而徒逞意氣，憑空爭論，非訕則謗，自難折倒之也。魏了翁嘗謂：「古者觀人之法，不論其功而原其心，」（註一〇三）舊黨諸人若能原其心以議其法，因其得以救其失，推廣以究未明之義，損益以矯偏勝之情，同心一德，博求賢才，以行新政，宋室未必無利，由是或另創一新局面，亦未可知。而乃一令方下，一謗隨之，惡意宣傳，肆爲破壞。今日鬨然而攻者安石也，明日譁然而議者新法也。風潮既起，趨炎盲從，臺諫借此以買敢言之名，公卿藉此以徼恤民之譽，遠方下吏，隨聲附和，以自托於廷臣之黨，而政事之堂幾爲交惡之地矣。（註一〇四）是故，尋瑕摘失，橫議洶洶，自慶曆以來，殆成一種風氣。司馬光呂誨之徒，在熙寧以前，寧不知事無大小，莫不爭執；爭執而不得，則結黨相鬨，排擠隨之。韓琦歐陽修所謂賢者也，猶難免其詆謗焉，是以王安石之在熙寧，亦猶韓歐之在嘉祐治平，范仲淹之在慶曆也，一小事之微，紛紛攻劾，(註一〇五)然則大事如變法，更何論哉？雖然，政治之亟需革新，遠溯於慶曆，復議於嘉祐，相激相盪，蓋時勢所迫使然，是以自天章閣一疏不盡行，遂激爲熙寧之急變。故朱熹謂：「新法之行，諸公實共謀之，雖明道先生，不以爲不是，蓋那時也是合變時節。」(註一〇六)即使青苗法之施行，爭議最大，程顥仍謂：「可且放過。」獨司馬光一派，對新法絕不讓步，王安石力排衆議，行之愈力，水火之勢，遂造成黨分。道學家亦認爲爭之太過，應兩分其罪焉。(註一〇七)

安石辭相後，謂長爲聖世知止不殆之臣，築第於金陵白門外，僅蔽風雨，若逆旅之舍，退居半山亭，跨驢遊山，乘舫泛潮，純爲曠達隱逸之生活也。蘇軾常攻新法矣，元豐七年七月，軾自黃州移汝州團練副使，道過金陵，謁安石於蔣山，兩人流連唱和甚歡，軾詩中曾有句云：「勸我試求三畝宅，從公已覺十年遲。」(註一〇八)並歎息謂人曰：「不知更幾百年，方有如此人物。」(註一〇九)其致荆公書，一則曰：朝夕聞所未聞，慰幸之極。再則曰：始欲買田金陵，庶幾得陪杖屨，老於鍾山之下。(註一一〇)此可見軾惓惓於安石之情矣。安石既逝，太學諸生聞之，猶爲設齋致奠。司馬公且與呂公著書云：「不幸介甫逝世，反覆之徒，必詆毀百端，光意以謂朝廷特宜優加厚禮，以振起浮薄之風。」(註一一一)其贈太傅制詞曰：「將有非常之大事，必生希世之異人，使其名高一時，學貫千載。智足以達其道，辯足以行其言。瑰瑋之文，足以藻飾萬物；卓絕之行，足以風動四方。用能於期歲之間，靡然變天下之俗。……方需功業之成，遽起山林之興。浮雲何有？脫屣如遺。屢爭席於漁樵，不亂羣於麋鹿。進退之美，雍容可觀。朕方臨御之初，哀疚罔極。乃眷三朝之老，邈在大江之南。究觀規模，想見風采。豈謂告終之問，在予諒闇之中。胡不百年，為之一涕！」（註一一二）此詞出於蘇軾之手，宛悼深哀，流露景仰之忱，讀之可想見安石生平之巖巖風範，宜肅然起敬！夫光與安石，雖嘗政見各殊，然其皆君子也，故光之所以待安石者，仍不失君子之道，而其後元祐黨徒，詆荊公者紛紛，豈非君實所謂反覆之徒者哉？

夷考王安石之被誣詆也，初則由元祐諸人，欲假之以排新黨也；繼則由伊洛之門徒，或為二程報怨之故。（註一一三）尤以悻悻黨爭之餘，激引其最大偏私者，蓋謀謗安石以罪二蔡也。陳瓘撰尊堯集，指荊公實錄誣詆神宗，牽強附會，欲以罪安石而伐蔡卞，乃劉安世敎之。當靖康之初，楊時（一〇五三—一一三五）論蔡京以繼述神宗為名，實挾安石以圖身利；今日之事雖成於蔡京，實釀禍於安石有以啓之。（註一一四）京師被圍，國勢岌岌，猶上疏追奪王爵，罷配享孔子，且欲劈毀三經新義。紹興間，其弟子王居正撰辨學繼之，且目安石為無父無君。趙鼎（一〇八五—一一四七）呂聰問並主張停其宗廟配享，削其舒王號。後儒習焉不察，稗史筆記，衆口同謗，不曰掊克財利，則曰敗壞人心，乃至以靖康禍源歸之，（註一一五）褊激之詞，直同詬語。（註一一六）而宋史操觚者，溺成見之難除，張舊黨之口吻，萬般罪惡可恕，獨有推行新法不可恕，誣衊構陷，顚倒黑白，更為無聊之舉。夫新法，神宗矣志以厲行之者也，荆公執政只五年，旣罷政，門下之人解體者十七八，而新法施行十七年，未嘗中斷，故主之者實神宗也。元祐黨人，謗熙豐之政，排熙豐之人，而頌神宗之德，其矛盾顚倒，質之實無詞以自解，故朱熹目之謂只是討鬧也。蘇軾曾追隨舊黨，譏切時政而反對荆公矣，然元祐間，以蜀洛兩黨之爭而交惡，道學家詆軾無遺(註一一七)，怨怨相報，其器量之褊狹亦可見矣。善乎陸九淵之言曰：「熙寧排公者，大抵極詆訾之言，而不折之以至理，平者不一二，而激者居八九，上不足以取信於裕陵，下不足以解公之蔽，反以固其意，成其事。新法之罪，諸君子固分之矣。元祐大臣，一切更張，豈所謂無偏無黨者哉？……紹聖之變，寧得而獨委罪於公乎？」(註一一八)又曰：「新法之行，當時詆排之人，當與荆公共分其罪。此學不明，至今吠聲者，日以益衆，是奚足以病荆公哉？」(註一一九)此平允之論足以斷百餘年未了之大公案也。

第八節　元豐新制

元豐初政，仍由吳充、王珪主之，但神宗事多專斷，羣臣尊仰，非復熙寧之比。除改官制外，餘多循熙寧之法行之。二年（一〇七九）五月，元絳罷，以蔡確參知政事。三年（一〇八〇）二月，章惇參知政事。王珪與吳充並相，珪忌充，陰掣其肘，知諫院張璪又攻之，數遭同列困謗，三月，吳充罷。九月，馮京爲樞密使，呂公著爲副使。四年（一〇八一）正月，馮京罷，以孫固（一〇一六—一〇九〇）知樞密院事，呂公著、韓縝（一〇一九—一〇九七）同知院事。三月，章惇免，以張璪參知政事。五年（一〇八二）四月，以王珪爲尚書左僕射兼門下侍郎，蔡確爲尚書右僕射兼中書侍郎，章惇爲門下侍郎，張璪爲中書侍郎，蒲宗孟爲尚書左丞，王安禮（一〇三四—一〇九五）爲尚書右丞。六年（一〇八三）七月，孫固罷，以韓縝知樞密院事，安燾同知院事。八月，蒲宗孟免，以王安禮、李清臣（一〇三二—一一〇二）爲尚書左右丞。十一月，太師文彥博致仕。八年（一〇八五）五月，王珪薨。珪自執政至宰相，凡十六年，以得神宗之知，繼王安石而執行新法，感慨自奮，不負所學，一時才氣，無出其右。然將順爲政，無所建明，當時目爲三旨相公。三旨者，取聖旨、領聖旨、得聖旨也。以蔡確韓縝爲尚書左右僕射兼門下中書侍郎，章惇知樞密院事，司馬光爲門下侍郎。故元豐八年之政，殆全由王珪主之也。

宋代官制，名號品秩，咸襲唐舊，惟官有虛名，職無實事，官與職不相符，差遣與官職不相稱，勳階爵秩又皆不相準，議者多以正名爲請。（註二二〇）神宗覽唐六典，慨慕周官，欲革新官制，熙寧末，始命館閣校之。元豐三年，以唐六典新雕摹本賜羣臣。六月，詔中書詳定官制，乃置詳定官制局於中書，命翰林學士張璪，樞密副使承旨張誠一領之。呂東萊曰：「自唐宇文融言利，急於辦事，增置諸使，而正官皆閑了。如置轉運使，便奪了金部、倉部權。後來如劉晏身兼二十餘使，唐亦欲罷諸使，但才罷不多時，又復置，此弊直至元豐改制始革之。且如當時吏部閑了，事却歸審官院及流內銓；戶部閑了，事却歸三司；禮部閑了，事歸禮儀院；刑部閑了，事歸審刑院；兵部閑了，事歸樞密院。六部名存實亡，諸司體統不正，故元豐不得不革。」（註二二一）改革官制，首重調整用人之法，有如下兩端：

甲、釐定官職之名實　宋代官制最混亂不淸者，爲官與職之名實不副，以職爲階官，而以差遣爲職。凡尙書、侍郎、給事、諫議、諸卿、監、郎中、員外郎之屬，皆有其名，而不任其職，謂之寄祿官，以爲遷叙之階而已。改制後，尙書侍郎等皆爲職事官，有其官卽有其職，而以舊所置散官爲寄祿官。所謂散官者，如金紫光祿大夫、銀靑光祿大夫、正議大夫、大中大夫、朝請、朝散、朝奉郎是也。八月，下詔肇新官制，凡省臺寺監領空名者，一切罷去，而易之以階。九月，詳定所上寄祿格，雜取唐及宋初舊制自開府儀同三司（從一品）至將仕郎（從九品），定爲二十四階。會明堂禮成，近臣遷秩，卽用新制，而省臺寺監司曹之官，各還其職，於是長吏正治則察月，御史旁治則察季，都省統治則察歲。官階勳爵，亦分爲二途，以開府儀同三司易中書令、侍中、同平章事，特進易左右僕射，節度使加開府爲使相。自是以下，易名有差。

乙、改定銓注之選格　舊制，吏部銓惟注擬州縣官幕職，兩京諸司六品以下官皆無選，文臣少卿監以上，中書主之；京朝官，則審官院主之。武臣刺史副率以上內職，樞密院主之；使臣則三班院主之。其後典選之職分爲四：文選曰審官東院，曰流內銓；武選曰審官西院，曰三班院。選官雖有銓注，惟限於格法，不可以擇人，故令內外官皆得薦舉，其後被舉者多，除吏愈難。帝自卽位，欲更制度，建議之臣，以爲唐銓與今選殊異，雜用其制，則有留礙煩紊之弊。乃詔內外官司舉官法皆罷。令大理卿崔台符同尙書吏部審官東西三班院議選格。四年九月，詔定銓注之法。唐代文選屬吏部，武選屬兵部，至是凡選事，無論文武官，分左右四選，統屬於吏部，事權較爲專一。四選之法，以審官東院爲尚書左選，凡文臣寄祿官自朝議大夫，職事官自大理正以下，非中書省敕授之京朝官歸之，約三千餘員。流內銓爲侍郎左選，自初任至州縣幕職官歸之，約四千餘員。審官西院爲尚書右選，武臣升朝官自皇城使，職事官自金吾階衞仗司以下，非樞密院宣受者歸之，約一千九百餘員。三班院爲侍郎右選，自借差監當至供奉官軍使歸之，約一萬零三十餘員。此等中下級文武官吏，凡應注擬升移，叙復蔭補，封贈酬賞者，隨所分隸，校勘合格，團甲以上尚書省；若中散大夫，閤門使以上，則列選叙之狀，上中書省、樞密院畫旨。內外職事有品者給告身，無品及一時差遣不以職任輕重者，皆中書門下給黃牒。其後定無品而被敕除授則給中書黃牒，吏部奏授則給門下黃牒，樞密院差遣則給降宣。過去中書有堂選，百司郡縣有奏舉，皆不隸於有司者，亦罷廢之。

中樞行政機構之改革，五年二月，頒三省樞密六曹條例，省臺寺監法成。四月，更定官制，初議官制，蓋倣唐六典，事無大小，皆循「中書取旨、門下審復、尚書受行」之法。三省分班奏事，柄歸中書，多操事權，而樞密院被旨，亦錄付門下省。三省之制，門下最爲重要，在中書之上，故左僕射兼門下侍郎，三省並建政事，自以大事出門下，其次出中書，又其次出尚書。門下原置侍中，中書尚書置令。但蔡確言於帝曰：「三省長官，位高不須置令，但令左右僕射分兼兩省侍郎足矣。」帝以爲然，遂以尚書令之貳左右僕射爲宰相。宋以左爲上（元以右爲上），故左僕射兼門下侍郎，以行侍中職，另置侍郎以佐之；右僕射兼中書侍郎，以行中書令之職，亦另置侍郎以佐之。而原有之門下中書兩省，由此另置之侍郎主之。尙書省則由僕射之貳左右丞通治省事。參知政事一職罷廢。故中樞兩府，左右僕射、與知樞密院、同知樞密院、門下侍郎、中書侍郎、尙書左右丞，同爲執政官。三館之職，宰相始不復兼之。

宰相之政事堂，亦倣唐制，設五房，處理機要。熙寧三年，置檢正五房公事官一員，各置檢正二員，至是罷檢正，職務分歸中書舍人、給事中、左右司郎官、郎中（未改官制前，左右司郎中爲階官，無職掌）各一人，凡四員，掌舉諸司之綱紀，號爲都司，亦曰左右曹。凡全國事呈於政省者，無不先遞於都司，直至南宋仍行此制。舊制，文書至政省，先送尙書省，尙書省下六曹勘當，據事簽具意見，手續既備，則復上尙書省，送中書取旨；既得旨，又送門下省審覆。迨其劃可，然後翻錄下尙書省，尙書省復下六曹施行。今文書至政省，必先分入檢正都司，擬具意見，然後送六曹勘當。此則以宰掾專其事，越級處理。魏了翁謂此端一開，凡權在大臣，則宰掾遂爲竊弄威柄之地，而爲宰相竊權固位計也。（註一二三）當時雖不過爲行政便利計，但其後則不免流於此弊焉。門下省分十房，給事中四人，分隸其職，許書畫黃（於黃紙上押字），不書草。封駁由銀臺司復歸門下，置封駁司。進奏院隸給事中，掌全國奏章收納具進，及詔敕宣劄符牒頒於諸路。中書省設六房，舍人六人分隸之，掌行命令，爲制詞，謂之外制。其辦理行政手續，凡事干因革損益而非法式所載者，論定而上之，諸司傳宣特旨承報審覆然後行下。舍人所受詞頭，只就省中起草付吏，逮於告命之成，以一日辦訖。如制事有失當，及除授非其人，則論駁封還詞頭。大事奏稟得旨者，留其所得旨爲底，別以黃紙抄送門下省審覆，謂之畫黃；小事擬進得旨，或受批降，或覆請得旨者，別以黃紙抄送門下省爲錄黃。樞密院準此，惟以白紙抄送面得旨者爲錄白，批奏得旨者爲畫旨。門下省被受錄黃、畫黃、錄白、畫旨，皆留爲底，詳校無舛，繳奏得畫，以黃紙畫侍中，侍郎、給事中省審讀訖，抄送尚書省施行。(註一二三)給事中有所駁正，則先使諳執政，稟議有異同，然後繳奏以聞。然舍人於中書省，皆得於檢後通書押，而給事中則但書錄黃，不得書草。錄黃者另以黃紙簽具意見而貼附也。尚書省吏戶禮兵刑工六曹，舊制多有名無實，以判部事一人爲首長。新制因法唐之故，專任六曹，全部釐正，裁併職權，整理員吏，各曹之首長爲尚書，其副爲侍郎，又置郎中、員外郎，主管各部司。吏部裁撤考課院。罷三司，併歸戶部左右曹，由員外郎掌之，而三司之名始泯矣。舊制，置禮儀院，判院一人，禮部判部者兼領貢舉，若朝廷另遣官知舉，則主判官罷，事畢，以知舉官卑者一員主判，新制皆悉歸禮部。凡文臣吏民斷罪公案，由大理寺刑部申尚書省，然後上中書取旨；如關於武人事，令大理寺定斷，刑部勘當，申樞密院取旨。審刑院、糾察刑獄司皆罷廢，自是斷獄輕重，始得歸一。造度量權衡原關戶部（金部），印記原關禮部，則併入於工部。經此調整裁併後，行政機構，權力較有系統。(註一二四)

中書門下省、樞密院、學士院，均設於禁中，規模雄麗，尚書省則建置於外。五年七月，始命皇城使宋用臣建尚書新省於大內之西，牓曰文昌府。翌年完成，凡三千一百餘間。都省在前，總五百四十二間，中曰令廳，一百五十九間。東曰左僕射廳，九十六間，次左丞廳，五十五間，次左司郎中廳，二十間，次員外郎廳，二十間。西曰右僕射廳，九十六間，次右丞廳，五十五間，次右司郎中廳，二十間，次員外郎廳，二十間。其後分列六曹，東西向，每曹四百二十間。東南曰吏部尙書廳，在中，六十四間，次侍郎廳，四十間；其東曰郎中廳，四十九間，次員外郎廳，三十四間，後曰司勳郎中廳，三十四間，次員外郎廳，三十四間；其西曰司封郎中廳，四十九間，次員外郎廳，三十四間，後曰考功郎中廳，三十四間，次員外郎廳，三十四間。其北曰戶部，度支、金部、倉部在焉。又其北曰禮部，祠部、主客、膳部在焉。西南曰兵部，職方、駕部、庫部在焉。其北曰刑部，都官、比部、司門在焉。又其北曰工部，屯田、虞部、水利在焉。並如吏部之制。厨在都省之南，東西一百間。華都壯麗，蓋宋朝官府未有如此之比也。(註一二五) 尙書省凡六曹二十四司，吏額一千四百零三人。

樞密院亦加以改組，省其務之細者，歸之有司。初，議者欲罷樞密院歸兵部，帝曰：「祖宗不以兵柄歸有司，故未命官以統之，互相維制，何可廢也？」遂止。帝以樞密聯職輔弼，非出使之官，乃定置知院一人，同知院二人，使副使之銜悉罷，而宰相亦不得兼樞密使。義勇保甲事，並隸樞密院，其餘廂兵，悉隸兵部。樞密院專以掌兵爲職，分房十二：(一) 北面房掌行河北、河東路吏卒，北界邊防國信事。(二) 河西房，掌行陝西路麟、府、豐、嵐、石、隰州、保德軍吏卒，西界邊防蕃官。(三) 支差房，掌行符調發軍，湖北路邊防、及京東、京西、江淮、廣南東路吏卒，遷補殿侍選親事官。(四) 在京房，掌行殿前步軍司事，支移兵器，川陝路邊防，及畿內福建路吏卒，軍頭皇城司衛兵。(五) 教閱房，掌行中外校習、封樁、闕額、請給、催督、驛遞、及湖南路邊防。(六) 廣西房，掌行招軍捕盜賞罰，廣南西路邊防，及兩浙路吏卒，而禁軍轉員，則各隨其房之所領兵額治之。(七)兵籍房，掌行諸路將官差發禁兵，選補衛軍文書。(八) 民兵房，掌行三路保甲弓箭手。(九) 吏房，掌行差將領，武臣知州軍、路分、都監以上，及差內侍官文書。(十) 知雜房，掌行雜務。(十一)支馬房，掌行內外馬政，並坊院監牧吏卒，牧馬租課。(十二) 小吏房，掌行兩省內臣磨勘功過，敘用大使臣以上歷任事狀，及校尉以上改轉遷遣。(註一二六) 知樞密院之下，置都承旨，掌承宣旨命，通領院務，改以武臣任之，另有副三人，檢詳官三員，等於中書檢正官。又置有編修官，凡大事，三省與樞密同議進呈，畫旨稱三省樞密院同奉聖旨，三省官皆簽書，付樞密院行之。小事，樞密院獨取旨，行訖關三省。每朝，三省樞密院先同對，但進呈取旨，則分先後耳。

御史臺，正官名，裁撤其他名目。六年，諸司置御史房，監察御史六人，分察六曹及百司之事，上自諸部寺監，下至廩庫場務，無不分隸，糾其謬誤，大事則奏劾，小事則舉正。凡六察之事，稽其多寡當否，歲終條具殿最，以詔黜陟。八年，裁減兩員。諫官改名左右諫議大夫，置八員，分隸門下中書兩省，同掌規諫，凡朝政闕失，大臣至百官，任非其人，皆得諫正。九寺五監，各置主簿，專以掌鈎考簿書爲職，但量事設官，其間蓋有僅存者矣。宣徽南北院使，掌總領內諸司及三班內侍之籍，唐以宦官充之，宋以其位尊而事簡，故常以樞密院官兼之。六年罷廢，分隸省寺，而使號猶存。宦官額原定一百八十人，當議改官制時，張誠一欲易都知押班之名，置殿中監以易內侍省。既而宰執進呈，神宗曰：「祖宗爲此名，有深意，豈可輕議？」蓋防宦官擅權，限制極嚴。政和以後鬆弛，始復有宦官之禍。

元豐新官制，經長期間詳定，頒佈後順利施行，不似熙寧變法之引起紛擾。但行之五年，元祐初，公卿大夫猶有不懌者，蓋施行後而發現其弊疵，如門下省之封駁、文書之稽滯、寄祿格之空疏、階官與職之名實混淆，仍未革正，可議之點尚多也。(註一二七)

全國版圖，宋初，分爲十道。至道二年，分爲十五路。天聖析爲十八路。熙寧中，廢併全國州縣，計廢州軍監三十一，廢縣一百二十七。元豐改制，復分全國爲二十三路。茲將路名及其所轄府州軍監縣，列表如下。

路名	府名	州名	軍名	監名	縣數	備考
京東東路	濟南	青、淄、濰、萊、登、密、沂	淮陽		三十七	
京東西路	應天	兗、徐、曹、鄆、濟、濮、單	廣濟		三十九	
京西南路		襄、鄧、隨、金、房、均、郢、唐			三十	
京西北路	河南 潁昌	鄭、滑、孟、蔡、汝、陳、順昌	信陽		六十一	

河北東路	大名	澶、滄、冀、博、棣、莫、雄、瀛、霸、德、濱、恩	德清、保順、永靜、信安、保定		五十三	
河北西路	眞定	相、定、邢、濬、懷、衛、洺、深、磁、祁、趙、保	天威、北平、安肅、永寧、廣信、順安		五十八	
河東路	太原	潞、晉、絳、澤、代、忻、汾、遼、憲、嵐、石、隰、麟、府、豐	威勝、平定、岢嵐、火山、保德、晉寧、吉鄉		七十三	
永興軍路	京兆、河中	解、陝、延、同、華、耀、邠、鄜、慶、虢、商、寧、坊、丹、環	保安		七十四	
秦鳳路	鳳翔	渭、涇、秦、隴、成、鳳、岷、原、階、熙、河、蘭	鎭戎、德順、通遠		三十五	

兩浙路		杭、蘇、潤、越、湖、婺、明、常、溫、台、處、衢、嚴、秀			七十八	
淮南東路		揚、亳、宿、楚、海、泰、泗、滁、眞、通			三十一	
淮南西路		壽、廬、蘄、和、舒、濠、光、黃	無爲		三十一	
江南東路	江寧	宣、歙、江、池、饒、信、太平、	南康、廣德		四十二	
江南西路		洪、虔、吉、袁、撫、筠	興國、南安、臨江、建昌		五十二	
荊湖北路	江陵	鄂、安、復、鼎、澧、峽、岳、歸、辰、沅、靖			四十九	
荊湖南路		潭、衡、道、永、邵、郴、全		桂陽	三十四	
福建路		福、建、泉、南劍、漳、汀	邵武、興化		四十六	

成都府路	成都	眉、蜀、彭、綿、漢、嘉、邛、簡、黎、雅、茂、威	永康	陵井	五十五	
梓州路		梓、遂、果、資、普、昌、叙、瀘、合、榮、渠	懷安、廣安		四十八	
利州路	興元	利、洋、閬、劍、文、興、蓬、龍、巴			三十八	
夔州路		夔、黔、施、忠、萬、開、達、涪、恭	雲安、梁山、南平	大寧	二十九	
廣南東路		廣、韶、循、潮、梅、惠、連、南雄、英、賀、封、新、端、康、南恩			四十	
廣南西路		桂、邕、容、融、象、昭、梧、藤、龔、潯、柳、貴、宜、賓、橫、化、高、雷、欽、白、鬱林、廉、瓊	昌化、萬安、朱崖		六十	
統計	一四	二四四	四三	三	一、〇九三	（註一二八）

對西夏防禦，注重堡壘政策，堅採守勢。秦鳳、鄜延、涇原、環慶、幷代五路，嘉祐間築城堡一百一十二座，熙寧間二百一十二座，元豐四年，七十四座，熙寧較嘉祐爲一倍，元豐較嘉祐爲再倍矣。（註二二九）是年六月，夏人幽其主秉常，知慶州俞允，知帝有用兵意，請興師問罪，帝然之。七月，詔大舉伐夏，孫固以舉兵易解禍難，呂公著以擇帥相諫諍，不聽，竟命李憲出熙河、种諤出鄜延、高遵裕出環慶、劉昌祚出涇原、王中正出河東，五路分道並進。又詔吐蕃首領董氈集兵會伐。八月，熙河經制李憲統熙秦七軍及董氈兵三萬，連破夏人後，遂復古蘭州，城之，請建爲帥府。鄜延經略副使种諤出綏德城（陝西綏德縣），以攻米脂（陝西米脂縣），夏人八萬來救，諤敗之於無定川，遂克米脂。十月，環慶經略使高遵裕將步騎八萬七千出慶州，與夏人戰，敗之，復通遠軍。种諤遣曲珍率兵通黑水安定堡，與夏人戰，亦大敗之。內使王中正帥涇原兵出麟州，渡無定河，入宥州。時，劉昌祚率番漢兵五萬，受高遵裕節制，令兩路合師伐夏。既入境，而慶州兵不至。昌祚次磨啾隘，遇夏衆十萬，扼險大破之，遂薄靈州城，兵幾入門，遵裕嫉其功，馳使止之，昌祚按兵不敢進。遵裕至，圍城不能下，夏人決黃河渠以灌營，復抄截餉道，士卒乏食凍溺，遂潰而還，餘軍僅一萬三千而已，夏人躡之，復敗，昌祚亦還涇原。种諤留千人守米脂，自率大軍進攻銀石夏州，駐軍索家平，會大校劉歸仁以衆潰，而軍乏食，復值大雪，乃引還，凍斃甚多，入塞者僅三萬人。王中正自宥州行至奈王井，糧盡，士卒死者二萬人，亦引還。初，詔李憲帥五路兵，直趨興靈，及五路兵皆致靈州，獨憲畏怯不至。夏人戰略，但堅壁淸野，縱其深入，聚勁兵於靈夏，而遣輕騎抄截其餉道以困之，五路兵由是敗績。五年正月，討敗師罪，高遵裕、种諤、王中正、劉昌祚皆貶降，獨不治李憲罪。憲復上再舉之策，詔以為涇原經略安撫制置使，知蘭州。

靈州之役既敗，而城永樂（在陝西米脂縣西南）之議又起。初，知延州沈括議欲盡城橫山，據高下瞰平夏，使虜不復絕磧為寇。种諤以為興功當自銀州始，上其策於朝，帝以為然，遣給事中徐禧及內使李舜舉往鄜延議之。禧主先城永樂，諤言若城永樂，則西夏必力爭，不可。帝從禧議，詔禧護諸將往城永樂，命括移府並塞總兵為援。禧自率諸將往築之，距故銀州二十五里，既成，賜名銀州砦。禧括及舜舉退還米脂，以兵萬人屬鄜延路副總管曲珍守之。後九日，夏人以千騎趨新城，曲珍使報禧，禧遂與李舜舉李稷往援。夏人旋以數十萬奄至，禧不熟兵略，戰守失據。永樂無險阻，無水泉，城中戍者僅三萬人，城外圍數重，奪水寨，士卒飢渴困甚，不能執兵器，城遂陷，禧、舜舉、稷等皆死，將校死者數百人，惟珍走免，禧疏曠有膽略，好談兵，素以邊事自任，每云西北可唾手取，恨諸將帥怯耳。然其毫無經驗，迂濶實不知兵，狂謀輕敵，遂致覆敗。此役後，帝始知邊臣不可倚信，深自悔咎，遂不復用兵，無意於西征矣。夏人迭寇蘭州麟州，官軍只堅守以禦之。六年閏二月，秉常亦以困敝於兵，乃遣使來貢，乞通好如初。帝賜詔許之，歲賜悉如其舊。七年正月，夏人寇蘭州，步騎號稱八十萬，圍攻十晝夜，不得逞，糧盡引去。尋復寇延州、德順軍、定西城（甘肅定西縣）及熙河諸砦。和戰循環，一仍舊貫也。

八年二月，帝疾亟，三省樞密院首長入見，請立皇太子，及請皇太后權同聽政，許之。三月，立

圖五　宣仁聖烈高皇后像（國立故宮博物院藏品）

帝之第六子延安郡王傭為皇太子，賜名煦。帝崩，年三十八，皇太子煦即位，是為哲宗（一〇七六—一一〇〇），時年十歲。以神宗母宣仁太后高氏臨朝，尊為太皇太后。五月，以蔡確韓縝為左右僕射兼門下中書侍郎，章惇知樞密院事。時司馬光罷官居洛十五年矣，起知陳州，加守門下侍郎。光個性強倔，力主廢新法，曰：「先帝之法，其善者雖百世不可變也，若安石惠卿所建，為天下害，非先帝本意者改之，當如救焚拯溺，猶恐不及。」（註一三〇）於是與侍讀呂公著聯成一氣，先佈置臺諫，用為政爭之爪牙。六月，公著奏以孫覺、范純仁為諫議大夫，李常為御史中丞，劉摯為侍御史，王巖叟（一〇四二—一〇九二）為監察御史，蘇軾為起居舍人。七月，呂公著加尚書左丞，與光相表裏，盡力抨擊新政，首罷保甲法。九月，以劉摯為侍御史，摯奏請增置諫官。十月，中旨除范純仁為左諫議大夫，唐淑問為左司諫，朱光庭（一〇三七—一〇九四）為左正言，蘇轍為右司諫，范祖禹（一〇四一—一〇九八）為右正言，令三省樞密院同進呈，蓋光越法而密薦也。章惇以近習援引，違故事為詞以爭之，乃改純仁為待制，祖禹為著作佐郎，但唐朱蘇三人，仍得言事職。光又薦趙彥若、傅堯俞（一〇二四—一〇九七）、呂大防（一〇二七—一〇九七）、王存（一〇二三—一一〇一）、胡宗愈、韓宗道、梁燾（一〇三七—一一〇〇）、趙君錫、晏知止、范純禮等，佈滿朝廷。（註一三一）呂公著劉摯奏請監察御史兼言事，殿中侍御史兼察事，擴大其職權範圍，以便彈擊，從之。章惇嘗以光為鈍不曉事，論事之際，數以語侵光。及光步步相迫，蔡確及惇遂與光不相能，而光於數月之間，羽毛培養豐滿，由暗鬪進而明攻，於是王巖叟奏言：「章惇於簾前問御批除諫官事，語涉輕侮，乞行顯黜。」

劉摯又借神宗靈駕進發，宰臣蔡確不宿於幕次一小端攻之。朱光庭任職僅十日，亦攻蔡確爲臣不恭，章惇欺罔肆辯，韓縝挾邪冒寵。元祐黨爭之導演，由是揭幕矣。十月，罷方田法。十二月，罷市易法，保馬法，神宗朝推行十餘年之新政，次第被廢。

第九節　元祐更化

元祐諸臣，假靈寵於宮闈，排擊新政，求快於一朝，自矜更化，質言之，此不過政治上逞其意氣之爭，自開釁隙而已。史家謂元祐之治，比隆嘉祐；(註一三二)道學家更推崇元祐學術，以爲政治之宣傳，作黨爭之標榜，實則元祐破壞多於建設，意氣重於事理，豈有治績可言？哲宗在位十五年，前則八年元祐之政，司馬光、呂公著、呂大防等，假宣仁太后絕對獨裁之力，控制政權，日以竄逐熙豐大臣爲事，寖假又釀成黨派內訌，互相排擠，政潮無寧日；後則四年紹聖與三年元符之政，章惇得哲宗信任而執政，捲土重來，蓄志報復，以其道還諸其人也。夫熙寧間政爭，尚頗純潔，其於異黨之人，雖有排斥，未嘗誣加罪狀；而誣加罪狀者，始於元祐黨人，攻熙豐之臣，指爲欺罔先帝，或曰姦邪小人，自己不認爲朋黨，只認爲邪正以類分。此端一開，而演爲以後之黨禍，怨毒膠結而不可解。是以政權反覆交替，精神與力量，因內爭而抵銷。要言之，哲宗朝無一日而非亂媒，無一日而不爲危亡地也。

元祐元年（一〇六八）閏二月，司諫王覿上疏，謂今執政八人，而姦邪居半，(註一三三)使一二元

圖六　司馬光像

老，何以行其志哉？因極論蔡確、章惇、韓縝、張璪朋邪害正，覿，呂公著、范純仁所薦也。孫覺、劉摯、蘇轍、王巖叟、朱光庭、上官均（一〇三八—一一一五）等，亦蜂起攻擊，連章論蔡確罪，五月之間，凡十七次，遂罷確出知陳州。以司馬光為尚書左僕射兼門下侍郎，呂公著為門下侍郎，李清臣、呂大防為尚書左右丞。章惇與光爭辯免役法於太后簾前，太后怒，劉摯、蘇轍、王覿，朱光庭、王巖叟、孫升望光意旨，交章擊之，前後凡十四次，遂黜惇知汝州。朱熹曾論之曰：「溫公論役法疏略，悉為章子厚所駁，只一向罷逐，不問所論是非，却是太峻急。」（註一三四）雖然，光之志在爭政權，而非在是非也。蔡章既被逐，舊黨穩握政權之願已償。安燾進知樞密院事，以范純仁同知樞密院事。時光已得疾，而青苗、免役、將官之法猶在，西夏未降，光嘆曰：「四害未除，吾死不瞑目矣！」光初時認為「先朝散青苗，本爲利民，並取情願，後提舉官速要見功，務求多散，今禁抑配，則無害也。」而呂公著初亦上疏，主張於更張之際，當須有術，不在倉卒，青苗免役保甲三事，別定良法，逐步改革，以爲長久之利。已而王巖叟、朱光庭、王覿等交章乞罷青苗，光力疾請對，太后從之，遂罷青苗。三月，罷免役法。免役法之罷，提出較晚，亦爲司馬光罷廢新政中爭執最大之事。初，曾布爲戶部尚書，光令增損役法，布辭曰：「免役一事，法令纖悉，皆出己手，若令遽自改易，義不可爲。」（註一三五）當光之始議復差役，廷臣亦多反對，不獨新黨已也。范百祿言於光曰：「熙寧免役法行，百祿爲咸平縣，開封罷遣衙前數百人，民皆欣幸。其後有司求羨餘，務刻剝，乃以法爲病。今第減助役錢額，以寬民力可也。」（註一三六）范純仁謂光曰：「治道去其太甚者可也，差役一事，尤當熟講而緩行，不然，滋爲民病。願公虛心以延衆論，不必謀自己出；謀自己出，則諂諛得乘閒迎合矣。役議或難回，則可先行之一路，以觀其究竟。」光不從，持之益堅，純仁曰：「是使人不得言爾，若欲媚公以爲容悅，何如少年合安石以速富貴哉？」（註一三七）劉摯乞並用祖宗差法。王巖叟請立諸役相助法，蘇軾請用熙寧給田募役法，言親在密州施行，民甚便之。光皆不聽。軾極言役可雇不可差，雖聖人復起不能易。且謂農民應差，官吏百端誅求，比於雇役苦樂十倍矣。方差官置局，軾亦與其選，獨以實告，而光始不悅。軾又陳於政事堂，光色忿然，軾曰：「昔韓魏公刺陝西義勇，公爲諫官，爭之甚力，韓公不樂，公亦不顧。某昔聞公道其詳，豈今日作相，不容某盡言耶？」（註一三八）光謝之，且欲逐軾。蘇轍三論其事狀，首篇奏論，認爲復行差役，其錯誤不便者有五，而爲免役法聲辯。謂衙前之害，破敗人家，甚於水火，自創立免役法，天下不復知有衙前之患。坊郭人戶，依遵新法，始與鄉戶並出役錢而免科配，其法甚便。新法以來，減定諸色役人，皆是的確合用數目，行之十餘年，並無闕事。往昔役人常苦接送之勞，自行新法，官吏皆請雇錢役，人既以爲便，官吏亦不闕事。(註一三九)差役法流弊已久，夫人皆知，雇役與差役，南北之民，愛惡亦不盡同，光獨反對免役法，以「農民出錢難於出力」之片面理由，不顧其利，只詆其害，悖逆衆意悻悻然強欲罷之，而恢復爲人所厭苦之差役法。然以廷臣反對之烈，光亦稍變其法，役人悉用現數爲額，正身自願充役者，卽令入役，不願充役者可雇人自代。衙前可用坊場河渡錢雇募，餘悉定差，仍罷官戶寺觀單丁女戶。尋以衙前不皆有雇值，遂改雇募爲招募。差役之復，爲期五日，同列病其太迫，知開封府蔡京（一〇四七—一一二六）獨如約悉改畿縣雇役，無一遺者，詣政事堂白光，光喜曰：「使人人奉法如君，何不可行之有？」(註一四〇)自強制執行後，全國皆思雇役而厭差役，(註一四一)號曰除民害而反以病民。獨附光之臺諫數人者主其議，以爲不可改。小臣有言其弊者，卽行編竄，使人畏之而不敢發也。然既有流弊，自生騷擾，故臣僚頗有上書論差役不便者，尤以蘇軾抨擊最烈。(註一四二)後之論者，亦有微詞。(註一四三)四月，罷熙河經制財用司。韓縝者，外事莊重，所至以嚴稱，好厚自奉養，雖出將入相，而寂無功烈。蔡章罷黜兩月，縝知不免，暴蔡章謀誣東朝以自解，但劉摯、孫覺、蘇轍、王覿論縝才鄙望輕，不可使居相位，前後被攻十七次，遂罷，以呂公著繼之。公著遇事善決，精識約言，守成之相也。故光臨死，對公著曰：「國事未有所託，今以屬公，」蓋冀其繼續反對新政，完成其未竟之志也。初，光自以歷事未久，乞起文彥博爲侍中行左僕射，而守右僕射佐之，但言事者以爲不可。乃命爲太師，平章軍國重事。執政官率數日一聚政事堂，事多決於其長，同列莫得預，至是命日集，聯同辦公，遂爲定制。五月，以韓維爲門下侍郎，蓋維亦有一部份勢力也。六月，放鄧綰李定於滁州。呂惠卿自知不容，遂丐祠於外，蘇轍首論其惡，劉摯又攻之，乃貶爲光祿卿分司南京，蘇州居住，再竄於建州（福建省建甌縣）。范純仁謂此舉使人心反側，不能安職。手詔謂予當新政，務存大體，一切示以寬恩，更不追劾，咸使改過自新，各安職業。但言官仍不肯罷休，而集中攻擊張璪。七月，罷成都榷茶場，貶陸師閔官。光曾請盡罷諸路將官，但樞密院不同意，未能行。（註一四四）九月，孫升攻張璪林希，希出知蘇州，璪出知鄭州。月朔，司馬光卒。光執政之初，嘗謂：「爲今之計，莫若擇新法之便民益國者存之，病民傷國者悉去之。」（註一四五）及大權在握，孤行己意，將新法全盤罷廢。士大夫聞朝廷更化，諂諛言利害者以千百數，豫光之言者，光喜而薦之，黨羽遂布列朝廷，聲勢洶洶，務以推翻新法爲事。雖然，光之逞私見也，所遇之阻力亦大。殿中侍御史呂陶謂當時大臣觀望反覆，互持兩端，推原其情，蓋有三說：一曰先帝之法，豈可遽改？他日嗣皇親決萬機，則吾屬皆有罪。二曰國家用度至廣，非取於民何以足？今一切蠲放餘利，則遂見闕乏。三曰司馬光老且疾，將不能終其事。（註一四六）殆實錄也。畢仲游曾受知於司馬光與呂公著，未及用，致光一書，究盡本末，評論更化，其言曰：「昔王荊公以興作之說動先帝，先帝信之，而患財之不足也，乃散青苗，置市易，斂役錢，變鹽法，凡政之可以得民財者無不用，蓋荊公散青苗，置市易，斂役錢，變鹽法者事也，而欲興作患不足者情也。苟未能杜其興作之情，而徒欲禁其散斂變置之事，是以百說而百不行，然則事之與情，可不察哉？……閣下遂欲廢青苗、罷市易、蠲役錢、去鹽法，凡號爲財利而傷民者，一掃而更之，則自熙寧以來，用事於新法者，必不喜矣。不喜之人，必不但曰青苗不可廢，市易不可罷，役錢不可蠲，鹽法不可去，必探不足之情，修不足之說，伺不足之隙，言不足之事，以動上聽。……雖致石人而使聽之，猶將動也。如是，則青苗廢而可復散，市易罷而可復置，役錢蠲而可復斂，鹽法去而可復存，使禹稷復出爲天下爭，將亦無可奈何，則不足之情，可不預治哉？」（註一四七）仲游之書，大意謂如未能推翻其理論，而徒罷廢其事，無益也，況客觀情勢尚未許其一蹴卽就乎？光得書爲之聳動，但不能從。蘇轍爲差役法，對光之批評，一則曰：「司馬君實既以清德雅望，專執朝政，然其爲人，不達吏事；」（註一四八）再則曰：「君實爲人，忠信有餘，而才智不足。」（註一四九）陳傅良指其十七八年心力盡在通鑑，不肯更將熙豐諸事細心檢察研究，而匆匆變法，終少彌密，未爲恰當。（註一五〇）是以其爲政七月，每意氣用事，掀起一場政治大風暴，伏下紹聖、崇寧之禍。蘇轍謂：「議者誠謂元豐之事，有可復行，而元祐之政，有所未便，」（註一五一）然則更化之結果，新法既盡情破壞，施政亦未愜人意，故蘇軾曰：「使光無恙，至今見其法稍弊，則更之久矣。」（註一五二）進言之，使光無恙，及身卽陷入黨爭之漩渦，與章惇曾布等怨怨相報，安得爲崇奉元祐者假之以爲政治偶像哉？

司馬光既卒，黨爭仍烈。十月，以呂大防爲中書侍郎，劉摯爲尚書右丞。二年（一〇八七）正月，禁科舉用王氏經義、字說。二月，傅堯俞等劾蔡確，落職知亳州，又攻尚書左丞李清臣。孔文仲（一〇三八—一〇八八）攻少府少監沈季良（安石婿），以其鼓倡王氏經義，出知秀州。京西轉運使呂陶亦攻資政殿學士王安禮，請祠。四月，詔文彥博十日一議事於都堂，李淸臣出知河陽。五月，以劉摯王存爲尙書左右丞。六月，以安燾知樞密院事。七月，罷門下侍郎韓維，出知鄧州。時熙豐用事之臣雖去，其黨尙分布內外，怨忿深積，論者謂其難制。殿中侍御史呂陶，首獻邪正之辨，指蔡確、韓縝、張璪、章惇觀望反覆爲異時計，安燾、李淸臣又依阿其間，伺勢而歸，請亟加斥逐，以淸朝廷。蓋是時新舊兩黨暗鬬，相持未已，而有此攻訐之論也。三年（一〇八八）四月，以呂公著爲司空，同平章軍國事，與文彥博皆位處宰相上，凡三省樞密院之職，皆得經理，且朝因至都堂，其出不以時。呂大防范純仁爲尙書左右僕射兼門下中書侍郎。大防樸厚戇直，堅強自任，每有差除，同列不敢異。純仁務以博大開上意，忠厚革士風，二人同心協力，維持政權。孫固（呂公著之門下援進）劉摯爲門下中書侍郎，王存胡宗愈爲尙書左右丞。時新黨皆已外遣，言者猶攻劾不已，范純仁言於太后曰：「錄人之過，不宜太深。」於是詔：「前朝希合附會之人，一無所問，言者勿復彈劾。」舊黨奪權既勝利，此時宜求安定，但一羣臺諫，仍未肯罷休。四年（一〇八九）二月，呂公著卒。劉安世爲右正言，首攻胡宗愈，三月，宗愈免。知太原府曾布改知成德軍。此外弛內張之政局，五月，終於蔡確被竄而爆發。

初，蔡確在安陸，嘗遊車蓋亭，賦詩十首。（註一五三）知漢陽軍（湖北漢陽縣）吳處厚，嘗從確爲山陵司掌牋奏官，王珪欲除其館職，爲確所沮。由是挾私怨而告訐，傅會注釋，指其用唐郝處俊上元間諫高宗欲傳位武后故事以斥東朝，以爲怨謗，羅織其罪繳奏。翌日，右司諫吳安詩、左諫議大夫梁燾、右正言劉安世，卽上疏乞正確罪。於是太后諭執政曰：「確黨多在朝。」（註一五四）范純仁謂確無黨。呂大防謂確誠有黨在朝，劉摯亦助大防言之。（註一五五）御史中丞李常，侍御史盛陶皆坐不言蔡確而降職。中書舍人曾肇敎彭汝礪（一〇四二—一〇九五）救確而不自言，亦坐左遷。攻訐者又造爲危言，以激怒太后，欲置之法，詔確具析。確言安州西北隅有一舊亭名爲車蓋，下瞰涢溪，對白兆山，公事罷後，休息其上，乃吟此詩，自辯甚悉。安世等復亟攻之。中書舍人彭汝礪曰：「此羅織之漸也！」數以白執政，不能救，及聞確謫命，又封還詞頭，不肯草制。汝礪與確原無關係，不過仗義相助，安世又攻汝礪爲朋黨，落職知徐州。盛陶亦謂注釋詩語近於捃摭，不可以開告訐之風，安世指陶傅會觀望，出知汝州。李常受知於呂公著，本亦反對新法，上疏論以詩罪確，非所以厚風俗，安世併劾李常，出知鄧州。其坐不舉劾者，出殿中侍御史翟思通判宣州，監察御史趙挺之（一〇四〇—一一〇七）通判滁州，王彭年通判廬州。確被貶爲光祿卿分司南京。梁燾、吳安詩、劉安世奏言確責太輕，御史中丞傅堯俞、侍御史朱光庭亦加論列，右諫議大夫范祖禹且主更重竄。簾前再議，執政將謀誅確，范純仁王存獨以爲不可，力爭之。文彥博欲貶確嶺嶠，純仁聞之，謂呂大防曰：「此路自建興以來，荊棘近七十年，吾輩開之，恐自不免！」大防遂不復言。越六日，再責確爲英州別駕，新州（廣東新興縣）安置。初不差使臣，執政以爲喜。及改命供奉官裴彥臣陪送，梁燾、范祖禹、吳安詩、劉安世，及傅堯俞、朱光庭皆欲救止，劉摯亦欲論，但無改命，害確之謀不得逞。宰執侍從以下罷者七八人，御史府爲之一空。純仁又言於太后曰：「聖朝宜務寬厚，不可以語言文字之間，曖昧不明之語誅竄大臣。今舉動宜爲將來法，此事甚不可開端也。」不聽，確遂死於竄所。當時朝野內外，無不以謫確爲過當，蘇軾謂薄確之罪，則於皇帝孝治爲不足；若深罪確，則於太皇太后仁政爲小累。皇帝宜敕置獄逮治，太皇太后出手詔赦之，則仁孝兩全。范祖禹先旣劾確，及聞新州之命，卽上言：「今確已罷相數年，陛下所用多非確黨，其有素懷姦心爲衆所知者固不逃於聖鑒，自餘偏見異論者，若皆以爲黨確而逐之，恐刑罰之失中，人情之不安也。」（註一五六）傅堯俞謂確之黨，其尤者固宜逐，其餘可一切置之。又甚而至邵雍（一〇一一－一〇七七）於局外評論，亦謂確不足惜，然爲宰相，當以宰相處之，而以范純仁爲知國體。呂大防原由呂公著援引，其所執行者乃公著之政策，誅鋤政敵，謂確黨盛，不可不治，故竄確實爲有計劃之行動。純仁言朋黨難辨，恐誤及善人。吳安詩劉安世因交章論純仁黨確，純仁亦力求罷政。六月，純仁王存罷，純仁乃出知潁昌府，以趙瞻同知樞密院事，韓忠彥（一〇三八－一一〇九）、許將（一〇三七－一一一一）爲尚書左右丞。七月，安燾以母喪去位。十一月，以孫固知樞密院事，劉摯、傅堯俞爲門下中書侍郎。

夫蔡確初爲韓絳所薦，原非王安石用之，夷考其事迹，不過爲一老官僚。元祐時對熙豐所行之事無一不罷，所用之人，無一不黜，確旣失勢，區區詩句，究有何罪，而乃大興文字獄，舉朝張皇，必欲殺之而後快者何也？太后謂確自謂有定策大功，妄煽事端，乃託訕上爲名逐之耳。（註一五七）此大抵爲史家袒元祐者之飾詞，非實事也。嗚呼！元祐新舊黨之爭，比諸熙寧，完全變質，誣罔陷害，羣趨於下流。是以元祐諸人，以權力在握，肆意排斥，罔恤後患，氣燄熾張，迫人太甚，厥後紹聖復以此爲藉口，使舊黨之臣，皆受其報，自取之也。夫以羅織蔡確詩獄之事爲因，則迫使以後元祐黨人滿布嶺海爲果，蓋黨爭遺流之怨毒，無君子小人，往往如此，又豈徒限於元祐而深怪之哉？當時攘袂爭先攻人最烈者爲劉安世，號殿上虎。安世從學於司馬光，光卒，由呂公著薦爲右正言，以結怨最深，受報復亦最大。臨死，尙謂吾欲爲元祐全人，見司馬光於地下，(註一五八)其亢激可知也。邵伯溫（一〇五七—一一三四）原同情元祐黨人者也，曾論此事曰：「劉摯、梁燾、王巖叟、劉安世忠直有餘，然疾惡已甚，不知國體，以貽後日縉紳之禍，不能無過也。」(註一五九)可謂知言矣。

夫攻擊熙豐之新政，新舊黨暗鬬數年，其結果卒使蔡確被竄，如芒斯拔，然則元祐之黨爭，就告平息乎？曰：否。良以元祐黨人，論其本性好意氣自用，而器量淺狹。夫意氣自用者，故勇於鬬爭，狠於排擠，鬬爭排擠而不得，積之爲怨恨，爲讐仇。器量淺狹者，所見者小，所挾者私，一時之結合，終以利害不能獨擅而再分，分則不相容而再爭，則同類亦相攻矣。是以舊黨之徒，前則有呂劉之交惡，後則有洛蜀之黨議，內部矛盾，由醞釀而爆發，熙豐之人既去，又另有一派熙豐之人在，糾紛無已，政爭又轉入別一局面焉。

文彥博位高而無實權，其所薦者爲劉庠、蘇頌、劉奉世（一〇四一—一一一三）等數人而已。司馬光卒，劉摯恐彥博爲相，力陳不可而沮之。彥博以劉摯王巖叟相迫，不安於位，五年（一〇九〇）二月致仕。三月，以韓忠彥同知樞密院事，蘇頌爲尚書左丞。七月，因吏額問題，劉摯與呂大防議不合，乞罷政，已而又復位，視事如故。時熙豐舊臣，仍分佈內外，亦多起攻訐，以撼在位。呂大防劉摯患之，欲稍引用，以平宿怨，謂之調停。太后疑未決，御史中丞蘇轍上疏，謂使小人一進，後有噬臍之悔。太后認爲有理，諸臣從而和之，調停之說遂已。六年（一〇九一）二月，以劉摯爲尚書右僕射兼中書侍郎，蘇轍爲尚書右丞，王巖叟爲簽書樞密院事。摯與呂大防同位，國家大事，多決於大防，惟進退士大夫，摯陰執其柄，大防不悟也。大防直而闇，摯曲意事之，然摯持心少恕，勇於攻劾，竟爲朋讒奇中，遂與大防有隙。先是，蔡確之貶，邢恕亦謫監永州酒稅，恕從程頤學，呂公著稱其才薦之而附託於蔡確者也，以書抵摯。摯故與恕善，答其書有「永州佳處，第往以俟休復」之語，爲人陰錄告發。又章惇諸子故與摯子遊，摯亦間與之接，處於府第。十月，御史中丞鄭雍（一〇三一—一〇九八）、殿中侍御史楊畏（一〇四四—一一一二）方附呂大防，釋其語曰：「俟休復者，俟他日太后復辟也，」遂揭以攻訐。雍言摯善牢籠士人，不問善惡，雖贓汚久廢之人，亦以甘言誘致，因具摯黨人姓名：王巖叟、劉安世、韓川、朱光庭、趙君錫、梁燾、孫升、王覿、曾肇、賈易、楊康國、安鼎、張舜民、田子諒、葉仲、趙挺之、盛陶、龔原、劉槩、楊國寶、杜純、杜紘、詹適、孫諤、朱京、馬傳慶、錢世雄、孫路、王子韶、吳立禮，凡三十人。左正言姚勔入奏，並言摯朋黨不公，右正言虞策言摯親戚趙仁恕王鞏犯法，施行不當。（註一六〇）論摯者多至十八人，太后面諭誡之，摯惶恐退，上書自辯，而梁燾王巖叟果上疏救之。十一月，劉摯罷知鄆州。給事中朱光庭爲摯駁還詔書，言者以光庭爲黨，罷知亳州。七年（一〇九二）五月，王巖叟亦罷，出知鄭州。六月，以蘇頌爲尙書右僕射兼中書侍郎，蘇轍爲門下侍郎，范百祿爲中書侍郎，梁燾鄭雍爲尙書左右丞，韓忠彥知樞密院事。自摯之罷，朋黨之論，遂不可破。摯私記云：「元祐政事更首尾者零落無幾，獨吾與微仲（大防）在，餘者後至，遠者纔一年爾，雖不見其大異，然不得謂之趣向同也。或漠然兩可，或深藏其意爲不可測，或以異意陰入，其害公肆詆諆摯，近因中司一章論政有云：願戒大臣共敦此義，勿謂不預更改之事，遂懷同異之心。於是所謂後至者皆不樂，不樂則意不得不生矣。故政論不一，陰相向背爲朋，而呂相亦自都司吏額事後於吾有疑心。夫共政者六人，而有異志；同利害者纔二人而有疑心，則豈獨孤立之不易，實懼國事之有病也。」（註一六二）由此可見元祐諸人意見之分歧，向背之難明，黨派之複雜矣。

洛蜀之黨議，起於蘇軾因嘲笑程頤而成小忿，從而深結仇怨，蓋軾恃才氣高一時，未始下人之所致也。初，元祐元年四月，召程頤爲崇政殿說書，頤曾由司馬光與呂公著同舉，譽爲「儒者之高蹈，聖世之逸民」者也。九月，蘇軾自登州召還，爲翰林學士，尋兼侍讀，常以言語文章規切時政。二年三月，程頤請就崇政延和殿講讀力主恢復講官在殿上坐講之禮。又謂天下重任，惟宰相與經筵，天下治亂繫宰相，君德成就責經筵，頤在經筵。多用古禮，又妄自尊大，蘇軾謂其不近人情，深嫉之，每加玩侮。方司馬光之卒也，明堂降赦，臣僚稱賀訖，兩省官欲往奠光。頤不可，曰：「子於是哭，則不歌。」或曰：「不言歌，則不哭。」軾曰：「此乃枉死市叔孫通所制禮也。」二人遂成嫌隙，分爲洛蜀二黨。夫洛蜀之隙，其端至微，顧洛黨首先攻蘇，以致朋黨之說，牢固而不可解，而紹述之禍，卽以此一言啓之。

十二月，頤門人左司諫朱光庭、右司諫賈易以其師被侮，心不能平，開始攻劾蘇軾，指學士院試館職策題：「今朝廷欲師仁宗之忠厚，懼百官有司不舉其職，而或至於媮；欲法神宗之勵精，恐監司守令不識其意，而流入於刻，」有涉諷議朝政，願正考官之罪。又言軾嘗罵司馬光程頤。二年正月，傅堯俞王巖叟支持光庭，各上疏論軾不當置祖宗於議論間。軾因乞補郡，侍御史呂陶卽救之，言軾所撰策題，是設問以觀答，非謂仁宗不如漢文帝，神宗不如漢宣帝也。臺諫當徇至公，不可假借事權以報私隙。王覿亦言軾命詞不過失輕重之體，若悉考同異，深究嫌疑，則兩歧遂分，黨論滋熾。夫學士命詞失指，其事尚小；使士大夫朋黨之分，大患也。詔傅王朱以軾撰試題不當累日上疏，軾非譏諷祖宗，只是論百官有司奉行有過。軾上章自辯，傅堯俞王巖叟入對，仍論軾策題不當，家居待罪。三省進呈傅王論軾劄子，執政有欲降旨明言軾非者。太后不聽，因曰軾與堯俞、巖叟、光庭皆逐！執政爭以爲不可，呂公著折衷斡旋，范純仁亦言軾本非有罪，但言官不必去。詔軾所撰策題卽無譏諷祖宗之意，但歷來官司試人亦無將祖宗治體評議者，蓋學士院失於檢會，兩方輕責，遂置不問。會帝患瘡痛不出，頤詣宰臣呂公著，問上不御殿知否，且曰：「二聖臨朝，上不御殿，太后不當獨坐。且人主有疾，而大臣不知，可乎？」明日，宰臣以頤言問疾，由是大臣亦多不悅。御史中丞胡宗愈、給事中顧臨（一〇二三—一〇九四）遂連章力詆頤不宜在經筵。諫議大夫孔文仲（一〇三八—一〇八八）因奏頤汙下憸巧，素無鄉行，經筵陳說，僭橫忘分。徧謁貴臣，歷造臺諫，騰口閒說，以償恩讐，致市井目爲五鬼之魁。請放還田里，以示典型。八月，頤罷，出管勾西京國子監。

時呂公著獨當國，羣臣以類相從，派系分裂，遂有洛黨、朔黨、蜀黨之別，三黨皆以臺諫份子爲中堅。洛黨以程頤爲首領，朱光庭賈易等爲羽翼，其政見頗與王安石相近，皆主復古，宗周禮，以崇高理想徹底改革。顥初亦助王安石，後以安石偏執，逆衆意，不合而去。對元祐排斥新政，並不完全贊同。呂大鈞大防兄弟從張橫渠學，橫渠亦與二程相呼應。程頤與司馬光善，又出入呂公著之門，當時在要地者多爲程氏之門人，故洛黨具有相當勢力。然程氏門徒，欲尊其師而每抑他人，講學者亦務爭名，是非得失，因而怨詬叢集。朔黨是北方之正統派，在學術上，洛黨爲經術派，朔黨則爲史學派，後人稱爲元祐之學者卽以資治通鑑爲主之學也，故重經驗，主實事求是，逐步改革，以劉摯、梁燾、王巖叟、劉安世爲領袖，羽翼尤衆，多爲司馬光之弟子。元祐力反熙豐之政，大部份由朔黨主持，操之亦最烈。洛朔兩黨之政治思想，本不相近，但因反對熙豐新政，遂聯合一致。蜀黨卽西南派，習黃老思想，挾縱橫之術，尙權謀機變，態度多譎，意見無定，又好講文學，其學術渲染極濃厚之釋老色彩，在思想上與洛黨極端相反。以蘇軾爲領袖，呂陶等爲羽翼。反對熙豐變法之初，蜀朔兩黨早相結合，及元祐力廢新政，蜀黨則又徘徊於洛朔兩黨之間，以利害爲重。三黨旣鼎立，互相猜忌。是時，熙豐用事之臣，退休散地，怨入骨髓，陰伺閒隙，元祐黨人不悟，各爲朋比，以相訾議，遂授人以報復之機會。帝聞之，以問御史中丞胡宗愈，宗愈對曰：「君子指小人爲姦，則小人指君子爲黨，陛下能擇中立之士而用之，則黨禍息矣。」因具君子無黨論以進焉。

當蘇軾策題事被攻劾之際，又因張舜民事亦展開劇爭。監察御史張舜民，朔黨也，上疏論西夏事，謂文彥博照管劉奉世，遂差充夏國封冊使，以事不實，遂詔罷舜民。御史中丞傅堯俞、殿中侍御史孫升、監察御史上官均、韓川、侍御史王覿，皆言舜民不當罷。詔黜堯俞知陳州，孫升知濟州，舜民通判虢州。御史杜純賈易以呂陶不參加營救，劾之。七月，陶上疏論朋黨，謂人君不患不能知朋黨，而患在於不能去朋黨。又謂因張舜民罷臺職，諫官紛議營救，臣初簽應同入文字，後思理有不得，不敢雷同。今韓維之客，程頤之黨，指舜民之事以攻臣。賈易爲程頤報怨也，杜純以此悅韓維也。賈易既與臣欲牽孔文仲上殿論奏，文仲拒之，程頤忽謁文仲，盛傳賈易所言之事，誘文仲欲令言之，文仲深不平其說，此朋黨可見也。易以五狀攻陶，陶遂罷補外。易因劾陶黨蘇軾兄弟，語侵文彥博范純仁，太后怒，罷知懷州。十月，再責知廣德軍。時言官黜放太多，劉摯言傅堯俞、王嚴叟、梁燾、張舜民、賈易，乞召入備任使，以憑公議，以消姦黨。左司員外郎朱光庭爲太常少卿，孔文仲論其不當而寢之。十二月，監察御史楊康國彈奏，近試學士院廖正一館職，蘇軾撰策題，乃以王莽曹操爲問。趙挺之王覿亦攻之，指習輕浮，專慕戰國縱橫捭闔之術。蘇軾上疏自辯，謂司馬光所建差役一事，臣實以爲未便，不免力爭，而臺諫諸人，皆希合光意，結黨橫身，以排異端，有言不便，約共攻之。又刑部侍郎范百祿與門下侍郎韓維爭議刑名，而諫官呂陶論維專權用事。臣本蜀人，與此兩人實是知舊，因此韓氏之黨，一例疾臣，指爲川黨，而與趙挺之有宿怨，故挺之疾臣尤出死力。當時臺諫氣燄，震動朝廷，意所欲去，勢無復全。軾以處境困難，堅乞一郡。(註一六二)

三年四月，胡宗愈除尚書右丞，諫議大夫王覿以宗愈進君子無黨論惡之，因疏宗愈不可執政，謂宗愈與蘇轍孔文仲各以親舊爲比周，力排不附己者而深結同於己者，而劉安世、韓川、孫覺亦合攻之。太后大怒，內批覿論列不當，落職與外任。范純仁與文彥博、呂公著、呂大防爭之，辯於簾前，太后意未解，純仁再極言前世朋黨之禍，並錄歐陽修朋黨論上之，然竟出覿知潤州，而宗愈居位如故。五月，歐陽棐除著作佐郞實錄檢討院，右正言劉安世言棐與程頤、畢仲游、孫朴、楊國寶輩，交結執政子弟，參與密謀，號爲死黨，乞罷之，以消朋黨之禍。趙挺之論黃庭堅（一〇四五—一一〇五）操行邪穢，劉安世亦論之。蘇軾曾薦周穜爲鄆州州學教授，穜竟上疏乞用王安石配享神宗，劉安世論劾，軾亦自劾，並攻擊周穜及王安石，且指安石爲惡首，穜罷歸。軾以爭論差役法，又好批評時政，既爲朔黨所不滿，故王覿攻其結黨亂政，加以洛黨之憎恨，滿朝樹敵，益形孤立。呂陶既外調，軾推薦之黃庭堅、王鞏、秦觀（一〇四九—一一〇〇）等，亦難立足，不得已自請補郡，四年，出知杭州。劉安世自去年與韓川同奏胡宗愈姦邪朋黨，不可大任，厥後凡十次上疏，三月，乃再論之，宗愈出知陳州。

五年正月，程頤以父憂守制去，臺諫復論賈易謟事頤，再貶易知廣德軍。鄧溫伯（一〇二七—一〇九四）爲翰林學士承旨，中書舍人王巖叟封還詞頭，謂溫伯傅會元豐，草王珪蔡確制詞也。溫伯與劉摯有舊，蘇轍亦攻之，摯爲之解緩。殿中侍御史楊康國攻王鞏，轍援之。傅堯俞范純禮（一〇三九—一一〇六）於韓縝皆連親，事多密咨，純禮大防既信堯俞，堯俞又多謀於純禮一二輩，所以差除間多用洛人及韓氏姻舊。蘇頌亦爲韓氏姻親。自蘇軾補外郡，蘇轍與大防善，首當其衝，迭參與黨爭。八月，給事中朱光庭御史楊康年言王鞏新除不當，轍爲之辯護。蘇轍、孫升、岑象求、徐君平論右丞許將，殿中侍御史上官均則言轍等合爲朋黨，逐執政，轍亦攻均反覆，乞罷之。轍又言朱光庭誣楊畏秦觀，乞追寢成命。六月二日，蘇轍由御史中丞除尚書右丞，楊康國言轍不可爲執政者六事；黃庭堅爲中書舍人，韓川言庭堅素無士行，仍爲著作郎。四月，蘇軾自杭州召還，爲吏部尚書，然暗潮未已。五月，軾上言揭露，謂臣始緣衙前差役利害，與孫永、傅堯俞、韓維爭議，亦與司馬光異論，臺諫諸人，逆探光意，遂與臣爲仇。臣又素疾程頤之奸，未嘗假以詞色，故頤之黨人，無不側目。自朝廷廢黜大奸數人，而其餘黨猶在要近，陰爲之地。爲親嫌回避（時轍爲尚書右丞），仍乞早除一郡。（註一六三）已而侍御史賈易劾軾於元豐末在揚州題壁詩「山寺歸來聞好語，野花啼鳥亦欣然」之句，以爲幸神宗之升遐。又作呂大防左僕射制，以民亦勞止之詞，誹謗神宗，無人臣禮。御史中丞趙君錫，本與二蘇善，被賈易刼持，亦繼言之。軾因上疏，指其欺罔，太后怒，罷易知宣州（安徽宣城縣），君錫知鄭州。呂大防請併軾兩罷，六月，乃由翰林院學士承旨出軾知潁州，尋改知揚州。七年三月，程頤服闋，三省擬除館職，判檢院蘇轍進曰：「頤入朝，恐不肯靜，」太后納之。范祖禹爲頤辯護，乞詔勸講，必有補於聖明。除頤直秘閣判西京國子監，頤再上表辭。御史董敦逸（一〇三三—一一〇一）摭其有怨望語，改授管勾崇福宮。九月，召蘇軾爲兵部尚書兼侍讀，尋又遷禮部兼端明侍讀二學士。是時，朋黨之論寖熾，八年（一〇九三），監察御史黃慶基攻中書侍郎范百祿，謂其援引呂陶爲起居舍人，岑象求爲諸王位說書，皆蜀人。又以宋炤知鳳州，扆充知利州，亦皆蜀人。董敦逸言蜀人太盛，差知梓州馮如晦不當，指爲門下侍郎蘇轍之過。夫文致傅會以攻蘇軾者，始於朱光庭，盛於趙挺之，而極於賈易，最後黃慶基復攻之。董敦逸四狀言蘇轍，黃慶基三狀言蘇軾呂大防，慶基指軾爲中書舍人時，草呂惠卿制詞，(註一六四)指斥先帝，其弟轍相表裏，以紊朝政。呂大防爲軾奏辯，轍亦爲其兄辯。於是罷敦逸慶基爲湖北福建路轉運判官。夫洛蜀之爭，無關臧否，初不聞有國家大政，爭若新法，惟仕途抵巇，遂怨牛李也。右頤者詆軾曰謗訕，袒軾者詆頤曰矯激。兩人之師友，詞色不下，嘲侮詬誶，猶家人之室鬩耳。迨章惇蔡京專國反政，頤軾之徒，貶竄接踣，端門之碑，姓名同列，治世不同福，而亂世則同禍也。

七月，召范純仁爲尚書右僕射兼中書侍郎，呂大防欲引楊畏爲諫議大夫以自助，純仁曰：「諫官當用正人，畏不可用。」不聽，竟遷畏禮部侍郎。九月，宣仁太后高氏崩，元祐諸臣，失所憑依矣。后爲高繼勳之女，個性極強，以祖母挾孫臨朝，召用故老舊臣，反神宗之道，罷廢新法，史家雖標榜爲元祐之治，質其實，不過「與王安石已死之灰爭是非，寥寥焉無一實政之見於設施。」(註一六五)是以八九年間，一羣挾意氣之書生，雖有書本學問，以類相從，但憑一剛愎之老嫗以操政權，利用其獨裁之下，只計得失，不顧利害；只講成敗，不恤是非，且欲以其北方持重守舊之習，壓抑南方一種奮發激進之氣。然其精力之銷磨，一則誅鋤熙豐舊臣，爲寬爲猛，意見亦不一致，再則內部派系對立，互相排擠。讀書人完全渾忘前代守道論學之忠恕態度，意氣激昂，磨厲四顧，不惜濫用姦邪小人之詞，彈擊政敵，循致官場籠罩一層陰影，「今者之用人，較小罪而不顧大節，恤浮語而不究實用，……天下之事，靡靡日入於衰敝。」(註一六六)論其為治也，朱熹謂：「元祐諸賢議論，大率凡事有據見定底意思，蓋矯熙豐之失，而不知其墮於因循。既有箇天下，兵須用練，弊須用革，事須用整頓，為何一切不為得。」(註一六七)雖然，元祐諸臣誤從司馬光盡廢熙豐新法之偏見，而不顧實際，破壞易而創造難，是以青苗既罷而議復行，免役法欲罷不得而卒兼行差雇二法。諱言理財以詆熙豐，但其財政窮匱，亦最難解決。元祐六年，趙君錫奏言：「比歲以來，物力凋弊，甚於熙寧元豐之間。至人心復思青苗之法，行而不可得，豈非諸路錢貨在官者大抵亡慮數千萬貫，錢常壅滯不發？舊法雖未盡善，逐年猶有錢貨數千萬貫，流布民間。糴糶之法雖善而不行，則民間錢貨無從而得，所以艱難困匱反甚於前，無足怪也。」(註一六八)要言之，元祐更化，不過是一種虛聲，原非其實，而所見者，財用不足也，官冗太濫也，朋黨內鬨也，乃至治河之紛議也，何曾有治績可言哉？

第十節　紹述之政

元祐八年十月，哲宗始親政，仁哲兩宗，親政情形相類似。仁宗初立，劉太后當朝十一年，而哲宗時則由高太后聽政九年，始得親政。然劉太后貶丁謂後，朝政肅然，由亂而趨於治。高太后主持元祐之政，綱紀不及天聖，除罷廢熙豐新政外無他事，羣臣朋比，朝廷鼎沸，政局無寧日，而漸變衰弱之時也。夫哲宗壓於祖母之垂簾，志不得伸者久矣，況又目擊元祐之頹靡不振，父志之亟宜繼述，則其親政之日，改弦易轍，一矯元祐之失，蓋勢所必至，理有固然也。是以太后初崩，人懷顧望，莫敢發言，獨中書舍人呂陶恐報復，上書曰：「自太皇垂簾以來，屏黜凶邪，裁抑僥倖，橫恩濫賞，一切革去。小人之心，不無怨憾，萬一或有姦邪不正之言，上惑聖聽，謂太皇太后斥逐舊臣，更改政事。今日陛下既親萬幾，則某人宜復用，某事宜復行，此乃治亂之端，安危之機，君子小人消長之兆，在陛下察與不察也。」十二月，范純仁乞避位，帝不許，且趣入覲。帝問先朝行青苗法如何？純仁對曰：「先帝愛民之意本深，但王安石立法過甚，激以賞罰，故官吏急切，以致害民。」(註一六九)退而上疏其要，以爲青苗非當行，行之終不免擾民也。時中外洶洶，人心不安，翰林學士范祖禹連上疏，仍攻訐熙豐之政，呂大防爲山陵使，甫出國門，殿中侍御史楊畏與來之邵聯合上疏，力言范純仁不宜爲尚書右僕射，(註一七〇)神宗更法立制，以垂萬世，乞賜講求，以成繼述之道。帝卽召對，詢以先朝孰可召用者，畏遂列上章惇、安燾、呂惠卿、鄧溫伯、王中正、李清臣等行義，各加題品。且言神宗所以建立法度之意，與王安石學術之美，乞召章惇爲相，帝深納之，遂復惇爲資政殿學士，惠卿爲中大夫，中正復遙授嘉州團練使，貶樞密院都承旨劉安世知成德軍(河北正定縣)。自是政局爲之一變，繼之者則爲紹述。

紹述者，卽紹復熙寧元豐之意，一反元祐之所爲，新舊兩黨之進退長消，由是而分，國是亦從而大變矣。九年(一〇九四)二月，以李清臣爲中書侍郎，鄧潤甫(原名避諱改溫伯，紹聖元年三月請復舊名)爲尚書左丞。潤甫首陳武王能廣文王之聲，成王能嗣文武之道，以開紹述之說。三月，呂大防及蘇轍罷，以曾布爲翰林學士承旨。四月，以張商英（一〇四三—一一二一）爲右正言，商英極力攻擊司馬光、呂公著、劉摯、呂大防援引朋儔，指摘抉揚神宗大業，翦除陛下羽翼於內，擊逐股肱於外，又論司馬光、文彥博奸邪負國。全臺御史趙挺之，爲報復蘇軾之攻訐，劾其草麻有誹謗先帝之語，黜軾知英州。値白虹貫日，曾布上疏，請復先帝政事，且乞改元以順天意，帝從之，詔改元祐九年爲紹聖元年，於是內外曉然知帝意矣。帝既有紹復熙豐之志，首起章惇爲尚書左僕射兼門下侍郎，惇、性豪邁，頗傲物，是邵雍高弟，蘇軾好友，與二蘇、呂惠卿、程顥同榜及第進士，蘇軾曾譽之爲奇偉絕世之異，得歐陽修之薦，召試館閣之職。新法施行後，始與王安石晤面而用之，但惇亦不盡行其新法也。惇膺新命，乃專以紹述爲國是，毅然推翻元祐之政，遂引蔡卞（一〇五八—一一一七）、林希、黃履、來之邵、張商英、周秩、翟思，上官均等居要地，任言責，協謀報復，以先辨司馬光之奸邪爲急務。帝既相惇，范純仁請去益力，乃出知潁昌府。召蔡京爲戶部尚書，以林希爲中書舍人，凡元祐舊臣貶黜之制，皆希爲之，而其策多由蔡卞啓之也。初，司馬光罷雇役，復差役，於民情最不協，又以議役法去章惇，故惇得以爲言，首復免役法。元祐諸臣，雖詆熙豐之政，但對於神宗，稱爲聖謨睿算，有利無害，無人敢指其不是者，是以利用神宗實錄之編撰以佐證熙豐大臣之罪。元祐中，司馬光門人范祖禹等修神宗實錄，專採司馬光家藏記事及涑水紀聞等書之資料，盡書王安石之過。蔡卞者，安石婿也，乞重行刊定，詔從之，以卞爲國史修撰，重修實錄。卞取材於王安石日錄，此日錄乃記當日君臣面對反覆之語，自當較爲可信，但其後陳瓘竟指爲尊私史而壓宗廟，然則其尊私史者誰歟？閏四月，復以陸師閔等爲諸路提舉常平官，安燾爲門下侍郎，貶吏部尚書彭汝礪知江州。五月，以黃履爲御史中丞，復讐報怨，元祐舊臣，遂無一得免者。六月，除字說之禁，以曾布同知樞密院事。七月，追奪司馬光呂公著等贈諡，貶呂大防、劉摯、蘇轍、梁燾等官。惇既貶司馬光等，又欲籍文彥博以下三十人，將悉竄嶺表。李清臣者，韓琦曾重之，歐陽修壯其文又薦之，初冀爲相，首倡紹述之說。及章惇至，心殊不悅，復與爲異，至是反對此議。帝乃下詔曰：「大臣朋黨，司馬光以下各以輕重議罰。」八月，罷廣惠倉，復免役錢。十月，以呂惠卿知大名府。十一月，特追復蔡確觀文殿大學士。十二月，蔡卞進重修神宗實錄，於是范祖禹、及趙彥若黃庭堅等，坐詆誣降官，安置於永豐（江西永豐縣）黔州（四川彭水縣），遷卞爲翰林學士。又以呂大防曾監修實錄，徙安州居住。

二年（一〇九五）二月，復保甲法。又復青苗法，只戒抑配，收一分之息，即減其半也。十月，鄭雍罷，以許將蔡卞爲尚書左右丞，贈蔡確太師，諡忠懷。此時舊黨冀圖反擊，監察御史常安民（一〇四八—一一一七）奏言，今大臣爲紹述之說，皆借此名以報私怨，朋附之流，遂從而和之，復論章惇專國植黨，乞收主柄而抑其權，並言曾布之奸。御史董敦逸論安民黨於蘇軾兄弟，遂貶爲滁州監酒稅。惇怨安燾救安民。十一月，出燾知鄭州。時呂大防等竄居遠州，惇欲使此數十人，當終身勿徙，范純仁聞之，因上言：「大防等所犯，亦因持心失恕，好惡任情，違老氏好還之戒，忽孟軻反爾之言。然牛李之黨禍數十年，淪胥不鮮，豈可尚遵前軌？即今大防等，年老疾病，不習水土，炎荒非久處之地，又憂虞不測，何以自存？臣曾與大防等共事，多被排斥，陛下之所親見。向來章惇呂惠卿雖爲貶謫，不出里居。今趙彥若已死貶所，願陛下斷自淵衷，將大防等引赦原放。」疏奏，忤惇意，遂落職知隨州。十二月，復置監察御史三人，分領六察，不言事。三年（一〇九六）正月，韓忠彥罷。七月，竄范祖禹於賀州（廣西賀縣），劉安世於英州。

四年（一〇九七）正月，李清臣罷，知河南府。已而章惇開始大舉制裁舊黨，元祐諸臣，流離載道，向來貶謫，未有如是之衆，怨毒深結，令人寒心！范純仁曾誡嶺嶠之路，勿由吾輩開之，此時始驗其言。惇以騎虎之勢，不進則退，故處置政敵，其措施比元祐諸人更爲毒辣，其不愜於史家者亦以此也。二月，追貶司馬光爲清遠軍節度副使，呂公著爲建武軍節度副使，王巖叟爲雷州別駕，奪趙瞻傅堯俞贈謚，追韓維到任及孫固、范百祿、胡宗愈等遺表恩。未幾，復追貶光朱崖軍司戶，公著昌化軍（廣東昌江縣）司戶，流呂大防、劉摯、蘇轍、梁燾、范純仁於嶺南。貶大防舒州、摯鼎州（湖南常德縣）團練副使，轍化州、燾雷州別駕，純仁武安軍節度副使，安置於循（廣東龍川縣）、新、雷、化（廣東化縣）、永五州。劉奉世光祿少卿郴州（湖南郴縣）居住，尋安置柳州。韓維落職致仕，再謫均州安置。王覿、韓川、孫升、呂陶、范純禮、趙君錫、馬默（一〇二二—一一〇〇）、顧臨、范純粹、孔武仲、王欽臣、呂希哲、呂希純、呂希績、姚緬、呂安詩、秦觀十七人於通（江蘇南通縣）、隨、峽（湖北宜昌縣）、衡、蔡、亳、單（山東單縣）、饒、均、池、信（江西上饒縣）、和、金（陝西安康縣）、光（河南潢川縣）、衢、連（廣東連縣）、橫等州居住。王汾落職致仕。孔平仲落職知衡州，張耒（一〇五二—一一一二）、晁補之（一〇五三—一一一〇）、賈易並當監官。朱光庭、孫覺、趙卨、李之純、杜純、李周並追奪官秩，復追貶孔文仲、李周爲別駕。先是，左司諫張商英上言，願陛下無忘元祐時，章惇無忘汝州時，安燾無忘許昌時，李清臣曾布無忘河陽時以激怒之，由是諸臣皆不免。張商英常言文彥博背國負恩，朋附司馬光，故由太師致仕貶爲太子少保。蘇軾謫授瓊州（廣東瓊山縣）別駕，移昌化軍安置。范祖禹移賓州安置。劉安世移高州（廣州茂名縣）安置。閏二月，以曾布知樞密院事，林希同知院事，許將爲中書侍郎，蔡卞黃履爲尚書左右丞。三月，中書舍人蹇序辰上疏，請彙輯司馬光等章疏案牘，願悉討姦臣所言所行，選官編類，人爲一帙，置之二府，以示天下後世之大戒。詔命序辰及直學士院徐鐸編類元祐諸臣章牘事狀，自元豐八年四月至元祐九年四月十二日十年間之章奏，搜集彙編，凡一百四十三帙，加以審查，凡請更改法制或文字稍涉譏訕者，分別處分。由是元祐諸臣無得脫禍者矣。呂大防將赴貶所，卒於虔州之信豐（江西信豐縣）。十月，追貶王珪爲萬安軍（廣東萬寧縣）司戶參軍。十一月，貶劉奉世於柳州，帝以程頤在經筵多不遜，編管之於涪州。復立市易務。

元符元年（一〇九八）三月，下文彥博子及甫於同文館獄，(註一七二)令蔡京安惇雜治。京捕內侍張士良，令述陳衍事狀，即以大逆不道論誅，並奏劾劉摯等大逆不道，死有餘責。會劉摯梁燾已貶死，乃下詔禁錮摯燾子孫於嶺南，勒停王巖叟、朱光庭諸子官職。又指司馬光、劉摯、梁燾、呂大防等，結主宣仁閤內侍陳衍謀廢立，時陳衍已先得罪，配朱崖。又內侍張士良嘗與衍同主后閤，自郴州召還，使蔡京安惇雜治之。又欲廢宣仁太后爲庶人，後以帝不許，事遂寢。以蔡京爲翰林學士，安惇為御史中丞。六月，蔡京等上常平免役法。七月，再竄范祖禹於化州，安置劉安世於梅州（廣東梅縣）。（註一七二）祖禹尋卒。二年（一〇九九）八月，章惇等進新修敕令式。九月，竄右正言鄒浩於新州。命御史點檢三省樞密院，並依元豐舊制。安惇言：「陛下未親政時，姦臣置訴理所，凡得罪熙豐之間，咸請除雪，歸怨先朝，收恩私室。乞取公案，看詳從初加罪之意，得依斷施行。」蔡卞勸章惇置看詳訴理局，命蹇序辰及安惇看詳，由是重得罪者八百三十家。

嗚呼，朋黨之禍酷矣哉！司馬光寧不知之？嘗曰：「黃介夫作壞唐論五篇，以為壞唐者非巢溫與閹豎，乃李宗閔李德裕朋黨之弊也，是誠得其本矣。」（註一七三）程頤謂司馬光呂公著作相，「當與元豐大臣同，若先分黨與，他日可憂。」然則黨派之爭，每流於意氣用事，雖賢者亦不免焉。是以怨怨相報，其禍眞能空人之國也。元祐諸人，當其盛時，曾將新政親黨四十人姓名榜於朝堂，而紹聖則亦有元祐黨人碑之建矣。王明清曰：「元祐黨人，天下後世莫不推尊之，紹聖所定，止七十二人。至蔡元長當國，凡所背己者皆著其間，殆至三百九人，皆石刻姓名，頒之天下，其中愚智溷淆，不可分別，至於前日詆訾元祐之政者，亦獲厠名矣，唯有識講論之熟者，始能辨之。然而禍根實基於元祐嫉惡太甚焉。呂汲公、梁況之、劉器之定王介甫親黨呂吉甫、章子厚而下三十人，蔡持正親黨安厚卿、曾子宣而下六十人，榜之朝堂。范淳父上疏以為殲厥渠魁，脅從罔治。范忠宣太息語同列曰：吾輩將不免矣！後來時事既變，章子厚建元祐黨，果如忠宣之言。大抵皆出於士大夫報復，而卒使國家受其害，悲夫！」（註一七四）夫紹述之政，乃章惇挾繼述神宗為名，而報復元祐舊怨為實也。論者每責章惇而一併歸咎於王安石，熙寧之用惇，雖安石爲之，但元豐間，惇爲參知政事、門下侍郎，擢免不常，及哲宗立，宣仁太后當朝，復擢之爲知樞密院事，此又豈安石爲之哉？況惇之繼述新政，雖堅持免役法，而對於保甲保馬，不盡同意。及爲政，結內侍郝隨以固權寵，倚蔡卞、蔡京、曾布爲腹心，皆不能以道義相從，合作無間，亦猶元祐諸人之分黨爭權者同也。當紹聖三年九月，蔡卞爲執政，於是京有觖望，而與惇睽。四年三月，林希爲執政，京始大怒而與惇絕矣。蔡卞爲人深阻寡言，心險陰巧，窺伺惇之所短而要脅之，所謂紹述之政，殆以卞爲謀主，惇雖與卞相失，然極畏之，暗中爭持，是非無以相勝，此爲惇之最大弱點。曾布則陰傾惇，亦不能同心也。惇爲人暴而疏，事多輕率，元符間，每侮罵士人，招怨不少，然對於同列，太過遜屈，事事順隨人，莫敢違戾，故對於元祐人物，亦非絕對淸除，而尙有在朝者。惇雖獨相，實非完全得志，舊恨新怨，交相煎迫，而不能不稍萌去意矣。

元祐以來，懷柔夏人，如恐不及，返其侵疆，俟其屈服。宣仁太后對西夏之策，邊防忌生事，早與約束。一則只重守勢，兵費歲達三百萬貫；再則徒以歲賜至厚，和市最優，夏人勉修臣節，其實非眞服也。元年七月，夏國主秉常卒，子乾順立。初，夏自永樂之戰，怙勝氣驕，欲復故地。宋用趙卨計，棄四砦。至是，又請蘭州爲砦地。司馬光與之，文彥博與光合，太后將許之。光又欲併棄熙河，安燾固爭之曰：「自靈武而東，皆中國故地，先帝有此武功，今無故棄之，豈不取輕於外夷耶？」邢恕亦言此非細事，當訪之邊人。光乃召前通判河州孫路問之，路挾輿地圖示光曰：「自通遠至熙州，纔通一徑，熙之北，已接夏境。今自北關瀕大河，城蘭州，然後可以扞蔽。若捐以予敵，一道危矣！」

光幡然悟，議乃止。會秉常卒，遣使來告哀。詔自元豐四年用兵所得城砦，待永樂被俘之吏民放歸，當盡劃以給還，遣穆衍往弔祭。衍奏以爲蘭棄則熙危；熙危則關中震。唐自失河湟西邊，一有不順，則驚及京師。今二百餘年，非先帝英武，孰能克服？若一旦委之，恐後患益深，悔將無及矣。議遂止。尋遣使封乾順爲夏國主。三年，夏人既受冊命，不肯入謝，再以大兵蹂踐涇原，殺掠弓箭手數千人而去。明年，遣使請以所許四砦易蘭州塞門，朝廷雖不許，而大臣務持姑息，不俟之請，而以歲賜二十萬許之。夏人既得歲賜，始議地界，以三十里爲界，十里外量置堡鋪，其餘十里，爲兩不耕地，堡鋪之外，對留十里，共計三十里。（註一七五）五年二月，夏人來歸永樂所掠吏士一百四十九人，遂詔以米脂、葭蘆、浮圖、安疆四砦還之。夏人得地，益驕。夫韓縝昔與契丹商量河東地界，舉七百里之地以畀之。元祐臺諫，以此劾縝，由是罷相。今放棄四砦，臺諫默無一言，可見是非實無定論也。六年九月，夏人寇麟州，又寇府州。七年冬，夏人復入河東，後又寇環州。元祐之綏撫政策，不旋踵已無效矣。

迨章惇執政，章楶攻守兼施之策行，西夏始被制服。紹聖三年十月，夏人自得四砦，志猶未已，且欲以蘭州一境，易塞門二砦，朝廷不許，乃以五十萬衆，寇鄜延，陷金門砦，將官張輿戰死，守兵二千八百人盡沒。四年四月，知渭州章楶，以夏人猖獗，遂帥師出葫蘆河川，築二砦於石門峽江口、好水川之陰。夏人聞之，帥衆來襲，楶擊敗之，歷二十二日，城成，賜名平夏城靈平砦。章惇因請絕夏人歲賜，而命沿邊諸路相繼於要隘築城，以進拓境土，凡五十餘所。八月，鄜延經略使呂惠卿復宥州，尋又奏築威戎、戎羌二城。元符元年十月，夏人圍平夏，章楶禦之，遣其將折可適虛襲，擒夏勇將嵬名阿埋西壽，監軍妹勒都逋，斬獲甚衆，夏人震駭。自章楶行攻守兼施之策，創州一，城砦九，屢敗夏人，而諸路多建城砦以逼夏，至是有平夏之捷，夏人不復能軍，楶之邊功遂爲西方最。二年三月，夏人求援於遼，遼主遣使爲夏人議和。夏人既屢敗，九月，遣使如宋謝罪，十月，又遣使進誓表，詔許其通好，歲賜如舊，夏亦入貢，自是西陲民少安。

熙河蘭會四州，爲控制羌夏之要鎮，飛芻輓粟，歲費至四百餘萬緡。熙河爲羌人之右臂，屏障隴蜀，然欲守熙河，非滅青唐（青海西寧縣）取河南不可也。元祐二年八月，岷州將种誼以騎兵擣虛，復洮州，執鬼章青宜結，檻送京師。邈川（青海樂都縣）首領阿里骨，乃董氈之養子，而迫鬼章叛者也，懼而上表謝罪。及阿里骨死，子瞎征嗣。瞎征性嗜殺，部曲睽貳，攻殺董氈及其疏族溪巴溫之長子杓栘，籛羅結奔河州，說知州王贍以取青唐之策。元符二年七月，贍引兵趨邈川，守者以城降，贍留屯之。瞎征自知其下多叛，乃脫身自青唐來降於贍。詔以胡宗回帥熙河以節制之。八月，城會州，以西城北六砦隸之。九月，吐蕃隴栘復據青唐，王贍擊降之。詔以青唐爲鄯州，邈川爲湟州。王贍留鄯州，縱所部剽掠。閏九月，羌衆携貳，青唐大酋心牟等結諸族帳謀反，贍擊破之，對羌人殘殺虐害。籛羅結歸，嘯聚數千人圍邈川，夏衆復助之，城中危殆，苗履姚雄帥師來援，圍乃解。贍因棄青唐而還，溪巴溫與其子溪賒羅撒據之，羣羌復合兵攻邈川，王厚亦不能支。朝論請並棄邈川，命隴栘知鄯州，賜姓名趙懷德，其弟邦哱勿丁瓩日懷義，同知湟州，加瞎征懷遠軍節度使，而貶贍於昌化軍，厚於賀州，胡宗回奪職知蘄州。西羌之局始定。

元祐七年四月，立皇后孟氏（一〇七七—一一三五），宣仁太后之意也。紹聖三年，劉婕妤專寵內庭，朝景靈宮，與后爭坐。既而后女福慶公主疾，后姊持道家治病符水入治，宮中羅織厭魅之獄，捕逮宦官宮妾三十人，榜掠酷刑備至。九月，詔廢后爲華陽教主，玉清妙靜法師，法名冲眞，出居瑤華宮，天下寃之。元符二年九月，立賢妃劉氏爲皇后，后多才藝，被專寵，既構孟后，會生子茂，帝大喜，遂立焉。已而茂殤。

三年（一一〇〇）正月，帝崩，年二十五，無子。弟端王佶（一〇八二—一一三五），卽位於柩前，羣臣請太后（神宗后）向氏權同處分軍國事。端王，神宗第十一子也。尊皇后劉氏爲元符皇后。政局一變，黨爭之死灰復燃。元祐諸人，竄謫餘生，乘此運會，亦捲土重來矣。當太后擇端王佶以繼哲宗也，佶在藩邸時乃一聲色犬馬之徒，章惇謂其輕佻，不可以君天下。有此嫌隙，故徽宗卽位後，遂惡章惇，而欲在熙豐元祐兩黨以外另選賢者主政。二月，韓忠彥由吏部尚書召拜門下侍郎。忠彥，韓琦之子也，對新舊兩黨之色彩不甚深，經曾布之薦，以其態度超然而重用之。又以黃履爲尚書右丞，召龔夬（一〇五七—一一一一）爲殿中侍御史，陳瓘（一〇六〇—一一二四）、鄒浩（一〇六〇—一一一一）爲左右正言。陳瓘爲舊黨激烈份子，其倔強與劉安世相似。首劾安惇，出惇知潭州。此爲舊黨乘機反擊之始。元祐指熙豐之人爲朋黨，紹聖指元祐之人爲朋黨，今元符又指紹聖之人爲朋黨矣。蓋報復之心，新舊黨一也。詔許劉摯梁燾歸葬。四月，以韓忠彥爲尙書右僕射兼中書侍郎，李清臣爲門下侍郎，蔣之奇（一〇三一－一一〇四）同知樞密院事，復范純仁等官，徙蘇軾等於內郡。舊黨勢力，不旋踵復盛。臺諫人物如陳師錫（一〇五七－一一二五）、陳次升（一〇四四－一一一九）、陳瓘、任伯雨（一〇四七－一一一九）、張庭堅、豐稷、龔夬、江公望，先後劾蔡卞章惇等，指其託紹述之說，上欺天子，下脅同列，中傷善類。五月，蔡卞有罪免。追復文彥博、王珪、司馬光、呂公著、呂大防、劉摯等三十三人官。詔復廢后孟氏爲元祐皇后，初，哲宗常悔廢后事，至是，自瑤華宮還居禁中。（註一七六）六月，陳瓘論邢恕矯誣定策之罪，安置均州。七月，太后罷聽政。曾布者，曾被王安石呂惠卿所逐，並非新黨之忠實信徒，元祐時，對司馬光甚強倔而不服，紹述之政，贊助章惇甚力，但與惇亦不相能。帝初立時，曾布叱惇，柩前位定，帝遂惡惇而德布。九月，章惇有罪免。十月，復以程頤判西京國子監，安惇蹇序辰有罪除名。章惇既罷，陳瓘復攻之，放於漳州，侍御史陳師錫上疏，言京卞同惡，迷國誤朝。中丞豐稷亦攻京，乃奪京職，居之杭州。右司諫陳祐復論林希於紹聖初黨附權要詞命醜詆之罪，遂削端明殿學士，徙知揚州。以韓忠彥曾布爲尚書左右僕射兼門下中書侍郎。忠彥與李清臣深交，惟李之言是聽，位雖居曾布上，然柔懦，事多決於布。十一月，以安燾知樞密院事；黃履免，以范純禮爲尙書右丞。韓忠彥雖以中立态態主政，惟承向太后之旨，多援引元祐舊臣以爲助，彼輩一時佈滿嶺海，一時復連袂朝廷，攻訐報復，故態復萌。是以政治動盪不寧，無所建樹，事權遂流於曾布之手也。

第十一節　蔡京擅權

徽宗初立，銳意圖治，頗欲有所作爲。章惇、蔡卞、蔡京旣被貶，時議以元祐紹聖，均有所失，欲以大公至正，消釋朋黨，十一月，詔明年改元爲建中靖國，建中者執兩中之意也。夫元祐紹聖兩黨互鬬，並非有思想理論之衝突，而只流爲意氣之事，旋勝旋負，循環報復，此乃全無價値之行爲。不惟害政，且亦禍國。紹聖諸臣之狠毒報復，用心險惡，固爲後人所譏評，然而元祐黨人，旣作俑於前，從而念念復仇於後，水火不容，以私害公，又豈君子之所爲哉？欲救時弊，折衷釋怨，最爲上策，故曾布主張元祐紹聖兩黨皆不可偏用，而倡調停兩黨之議，實不失爲正道。布答其弟肇書，更說明其欲守中立之意曰：「布自熙寧立朝，以至今日，時事屢變。唯其不雷同熙寧元豐之人，故免元祐之禍；唯其不附會元祐，故免紹聖之中傷。坐觀兩黨之人，反覆受禍，而獨泰然自若。其自處亦必粗有義理，以至處今日風波之中，毅然中立。」（註一七七）當時韓曾商量息怨調停之法，左除蘇軾蘇轍，右除蔡卞蔡京，雙方黜削首事之人，以息風波，但經元祐黨人之破壞，事乃無成。朱熹曰：「建中紀號，調停兩黨，實曾丞相之策。其後元祐諸人頗攻其短，故國論遂中變，非子宣本謀也。」（註一七八）建中靖國元年（一一〇一）二月，權給事任伯雨、臺諫陳瓘陳次升等，仍採元祐之舊套，極論章惇，伯兩凡八上章，復貶惇爲雷州司戶參軍，後徙睦州卒。時向太后已殂，此羣專圖報復以攻劾爲能之臣，亦難自全。任伯雨以元符三年冬始爲左正言，未及半載，凡上一百零八疏，大臣畏其多言，俾權給事中，密諭少默。伯雨不聽，抗論愈力，曾布欲調和元祐紹聖諸人，伯雨亦反對，既而欲劾布，乃徙爲度支員外郎。曾布以元祐黨人故態不改，調停之事難成，遂漸進紹述之說，諷中丞趙挺之排擊元祐諸人，范純禮爲其疏辯，六月，罷純禮知潁昌府。右正言陳祐上疏，謂：「有旨令臣與任伯雨論韓忠彥援引元祐臣僚事，賈易、岑象求、豐稷、張耒、黃庭堅、龔原、晁補之、劉唐老、李昭玘，人才均可用，特跡近嫌疑而去。今若分別黨類，天下之人，必且妄意陛下逐去元祐之臣，復興紹聖政事。今紹聖人才，比肩於朝，一切不問。元祐之人數十，輒攻擊不已，是朝廷之上，公然立黨也。」（註一七九）計六疏劾布，不從，賜罷降敕，帝認爲祐意在逐布，引李淸臣爲相，以觀望推引責之。右司諫江公望聞而求對，因袖疏力言豐祐政事得失，且曰：「陛下若分彼此，必且起禍亂之源。」又謂：「元祐人才，皆出於熙豐培養之餘，遭紹聖竄逐之後，存者無幾矣。神考與元祐之臣，其先非有射鉤斬祛之隙也。先帝信讐人而黜之，陛下若立元祐爲名，必有元豐紹聖爲之對。有對則爭興；爭興則黨復立矣。」（註一八〇）公望亦因他事坐罷。七月，安燾密奏，謂紹聖元符以來，用事者假紹述之虛名，以誑惑君父，上則欲固位而挾私讐，下則欲希進而肆朋附，並爲一談，牢不可破。又言東京黨禍已萌，願戒履霜之漸。語尤激切，帝不悅，遂自樞密院出知河陽府。以蔣之奇知樞密院事，章楶同知院事，陸佃（一〇四二—一一〇二）爲尚書右丞。已而李淸臣免，陳瓘亦罷。十一月，以陸佃溫益（一〇三七—一一〇二）爲尚書左右丞，復召蔡京爲翰林學士承旨。詔改明年爲崇寧，謂崇尚熙寧新法也。初，徽宗欲行父兄之志，以供奉官童貫之言，屬意用京，遂起京知定州，改大名。會韓忠彥與曾布交惡，乃曰布之自爲計者紹述耳，而當用能紹述者勝之，遂召京爲翰林學士承旨，京之用自韓忠彥始。（註一八一）起居郎鄧洵武（一〇五五—一一一九），京黨也，入對言：「陛下乃神宗子，今相忠彥，乃韓琦之子，神宗行新法以利民，琦嘗論其非。今忠彥更神宗之法，是忠彥爲人臣尚能紹述其父之志，陛下爲天子，反不能紹述先帝也。必欲繼志述事，非用蔡京不可。」又作愛莫助之圖（註一八二）以進，帝遂決意相京，乃進洵武中書舍人給事中兼侍講。禮部尚書豐稷嘗論罷蔡京，又陳曾布之姦，至是被罷。十二月，邢恕、呂嘉問、路昌衡、安惇、蹇序辰、蔡卞並復宮觀，尋與郡，召張商英赴闕。紹聖黨人，次第復起矣。

韓忠彥與曾布爲相，多不協。左司諫吳材與王能甫，希布意疏言：「元符之末，變神考之美政，逐神考之人才者，韓忠彥實爲之首。」崇寧元年（一一〇二）五月，忠彥罷，出知大名府。詔籍元祐元符黨人，以許將溫益爲門下中書侍郎，蔡京趙挺之爲尚書左右丞。京以被曾布排擠，懷舊恨，與布大異。會布擬以其婿父陳祐甫爲戶部侍郎，京訐布以爵祿私其所親，以在帝前忿辯失禮，布請罷。遂出知潤州。七月，以蔡京爲尚書右僕射兼中書侍郎，制下之日，賜坐延和殿，命之曰：「神宗創法立制，先帝繼之，兩遭變更，國是未定，朕欲上述父兄之志，何以教之？」已而禁元祐法，用熙寧條例司故事，即都省置講議司，京自爲提舉，講議熙豐已行法度，及神宗欲爲而未暇者。以其黨吳居厚（一〇三五—一一一三）、王漢之（一〇五二—一一二二）等十餘人爲僚屬，取政事之大者講議之，如宗室、冗官、國用、商旅、鹽澤、賦調、尹牧，每一事以三人主之。凡所設施，皆由是出焉。八月，以趙挺之、張商英爲尙書左右丞，挺之初與曾布有關係，商英則初由章惇薦於王安石者，而皆善於京也。復紹聖役法，又詔司馬光等二十一人子弟毋得官京師。九月，立元祐黨人碑於端禮門，籍元符三年臣僚章疏姓名，分正上、正中、正下、及邪上、邪中、邪下等旌降之。時元祐元符末諸臣，貶竄死徙者略盡，蔡京猶未愜意，乃與其客強浚明、葉夢得（一〇七七—一一四八）籍此黨人姓名，碑刻者計有：

（宰臣）文彥博、呂公著、司馬光、呂大防、劉摯、范純仁、韓忠彥、王珪。

（執政官）梁燾、王巖叟、王存、鄭雍、傅堯俞、趙瞻、韓維、孫固、范百祿、胡宗愈、李淸臣、蘇轍、劉奉世、范純禮、陸佃、安燾。

（待制以上官）蘇軾、范祖禹、王欽臣、姚勔、顧臨、趙君錫、馬默、孔武仲、王汾、孔文仲、朱光庭、吳安持、錢勰、李之純、孫覺、鮮于侁、趙彥若、趙卨、孫升、李周、劉安世、韓川、賈易、呂希純、曾肇、王覿、范純粹、楊畏、呂陶、王古、陳次升、豐稷、謝文瓘，鄒浩，張舜民。

（餘官）秦觀、湯馘、杜純、司馬康、宋保國、吳安詩、張耒、歐陽棐、呂希哲、劉唐老、晁補之、黃庭堅、黃隱、畢仲游、常安民、孔平仲、王鞏、張保源、汪衍、余爽、鄭俠、常立、程頤、唐義問、余卞、李格非、商倚、張庭堅、李祉、陳祐、任伯雨、陳郛、朱光裔、蘇嘉、陳瓘、龔夬、呂希績、歐陽中立、吳儔。（註一八三）

以上凡九十八人，稱爲姦黨。以元符末上書人鍾世美以下四十一人爲正等，悉加旌擢；范柔中以下五百餘人爲邪等，或降或責。（註一八四）又詔降責人不得同州居住。十月，蔡卞知樞密院事。

二年（一一〇三）正月，貶竄任伯雨陳瓘等十二人於遠州，——任伯雨昌化軍、陳瓘廉州、龔夬化州、陳次升循州、陳師錫柳州、陳祐澧州（湖南澧縣）、李深復州、江公望南安軍（江西大庾縣）、常安民溫州、張舜民商州（陝西商縣）、馬涓吉州（江西吉安縣）、豐稷台州（浙江臨海縣）。此爲元祐黨人大批放逐嶺嶠之第二次，以報復元符末臺諫之論劾也。旋以蔡京爲尚書左僕射兼門下侍郎。三月，詔黨人子弟，不得擅至闕下。四月，詔毀司馬光、呂公著、呂大防、范純仁、劉摯、范百祿、梁燾、鄭雍、趙瞻、王巖叟十人之景靈宮繪像。而文網密佈，詔蘇洵、蘇軾、蘇轍、黃庭堅、張耒、晁補之、秦觀、馬涓等文集，范祖禹唐鑑，范鎮東齋記事，劉攽詩話，僧文瑩湘山野錄等印板，悉行焚毀。沈括之雜說，亦禁收藏，嚴刑重賞，苛錮多士。（註一八五）六月，詔元符上書進士，類多詆訕，令州郡遣入新學，依太學自訟齋法，候及一年，能革心自新者，許將來應舉；其不變者，當屏之遠方。尋又詔元符末上書進士充三舍生者罷歸。元符上書邪等人，亦不得至京師。李階舉禮部第一，階、深之子，陳瓘之甥，以其爲黨人之子，遂奪階出身。黃定等十八人皆上書邪等，亦並黜之。章惇之貶竄元祐黨人，不過在政治上報復，蔡京鉗制元祐元符諸臣，即使熙豐舊人，亦不免焉。其一網打盡之策，株連較廣，法網亦密，乃至思想而並欲控制之，蓋除政治報怨之外，尙挾有排除異己之心，爲姦臣個人之利害計也。以趙挺之爲中書侍郎，張商英吳居厚爲尙書左右丞，安惇同知樞密院事。八月，張商英與京議論不合，落職知亳州，名入元祐黨籍。九月，詔宗室不得與元祐姦黨子孫通婚。詔上書邪等人知縣以上資序，並與外祠選人，不得改官及爲縣令。又令全國監司長吏廳，各立石刻元祐黨人碑。十一月，令以元祐學術聚徒敎授者，委監司察舉，必罰無赦。三年（一一〇四）二月，詔王珪章惇別爲一籍，如元祐黨。四月，罷講議司。五月，封蔡京爲嘉國公。六月，圖熙寧元豐功臣於顯謨閣。辟雍初成，詔荆國公王安石配享孔子，位次孟軻。重定元祐元符黨人，及上書邪等者，合爲一籍共三百零九人，（註一八六）曾布章惇之名始列入，御書刻石置文德殿門之東壁，餘並出籍，自今不得復彈奏。又命京書大碑頒之全國。（註一八七）詔內外官毋得越職言事。七月，復行方田法。八月，許將罷知河南府。九月，以趙挺之吳居厚爲門下中書侍郎，張康國（一〇六一—一一一六），鄧洵武爲尚書左右丞。四年（一一〇五）正月，京請以童貫爲熙河蘭湟秦鳳路經略安撫制置使，卞言不宜用宦者，恐誤邊計。京於帝前詆卞，卞求去，遂出知河南府。二月，以張康國知樞密院事，劉逵同知院事，何執中（一〇四二—一一一五）爲尚書左丞。康國、逵與朱諤（一〇六八—一一〇七）、林攄、皆走京之門，康國逵後雖異京，然其才智，皆非京敵，卒爲京黨所擊。帝以京獨相，謀置右輔，京力薦趙挺之，三月，遂以挺之爲尚書右僕射兼中書侍郎。旣相，與京爭權，屢陳京姦惡，且請退位以避之，僅三月而罷。五月，除黨人父兄子弟之禁。新樂及九鼎成，九月，帝受賀於大慶殿，大赦，詔元祐黨人貶謫者，以次稍得內徙，惟不得至四輔畿甸，被詔量移者五十七人。冬，以朱勔領蘇杭應奉局及花石綱，病民之事漸興。五年（一一〇六）正月，以吳居厚劉逵爲門下中書侍郎。彗出西方，帝以星變，詔求直言，劉逵請碎元祐黨人碑，復謫者仕籍，寬上書邪籍之禁。帝從之，毀石刻，外處亦令除毀，赦除黨人一切之禁，自今言者，勿復彈糾。權罷方田法，及諸州歲貢供奉物。詔崇寧以來左降者，無間存沒，稍復其官，盡還諸徙者。黨錮之橫壓，稍趨寬弛。

京執政五年，懷姦植黨，玩竊國柄，既排除黨人及異己者後，務以侈靡惑人主，倡爲「豐亨豫大」(註一八八)之說，以迎合人主之心。至於土木營造，率欲度前規而侈後觀。時全國久平，府庫盈溢，羣臣賜一第或費百萬，賜一帶亦値數百緡，吏官冗濫，浪費無度。置應奉局、御前生活所、營繕所、蘇杭造作局、其名雜出，大率爭以奇巧爲功，而花石綱之害爲尤甚。此種腐化生活之低調政治，與王安石之勤奮謀思，搜求衆論，力行新法，積極求治者，相去遠矣。故朱熹曰：「蔡京雖名推尊王氏，然其淫侈縱恣所以敗亂天下者，不盡出於金陵也。」(註一八九)而詆安石者每以蔡京之姦，指爲踵武新法之咎，然則京之所行，不過冒紹述之名，以幹其營私舞弊之實，亦何嘗盡取安石諸法督責吏民以實施哉？及因彗星見，帝駭然始悟其姦，凡所建置，一切罷之。二月，京罷，但留京師。以趙挺之爲尙書右僕射兼中書侍郎，與劉逵同心輔政，凡京所行悖理虐民之事，稍釐正之。然執政皆京黨，挺之慮後患，每建白務開其端，而使逵畢其說，逵亦欲自以爲功，直情不顧。三月，詔星變已消，罷求直言，尋復方田諸法及諸州歲貢供奉物。京令其黨進言於帝曰：「京之改法度，皆禀上旨，非私爲之，今一切皆罷，恐非紹述之意。」帝惑其說，復有用京之意，帝疑逵擅政，京黨亦論逵專恣反覆，陵蔑同列，引用邪黨，遂罷逵知亳州。

大觀元年（一一〇七）正月，蔡京復相，吳居厚罷，以何執中爲中書侍郎，鄧洵武梁子美爲尚書左右丞。三月，趙挺之罷，以何執中鄧洵武爲門下中書侍郎，梁子美朱諤爲尚書左右丞。京之復相也，鄭居中（一〇五九—一一二三）與有力焉，乃薦爲同知樞密院事。居中自言爲鄭貴妃之從兄弟，後以親嫌爲請，改授中太乙宮使。居中疑京援己不力，怨之。京復相後，以子攸爲龍圖閣學士兼侍讀；向所立法度已罷者復行，多自專，內而執政侍從，外而帥臣監司，無非其門人親戚。五月，以蔡薿爲給事中，鄧洵武免。六月，以梁子美爲中書侍郎。八月，以徐處仁爲尚書右丞，林攄同知樞密院事，處仁尋罷。九月，貶侍御史沈畸監信州酒稅，竄御史蕭服於處州，以平反蘇州錢獄，逆京意也。閏十月，以林攄爲尚書左丞，復以鄭居中同知樞密院事。居中既怨蔡京，遂陰結張康國（一〇五六—一一〇九）而間京。十二月，加京太尉。二年（一一〇八）正月，又加京太師。三月，詔孫固等四十五人，除孫固安燾賈易外，餘並出籍。又葉祖洽等六人，詔並出籍。六月，門下中書後省左右司復依赦看詳到韓維等九十五人，詔並出籍。八月，梁子美罷，以林攄爲中書侍郎，余深爲尚書左丞。三年（一一〇九）三月，張康國始因附京而進，及在樞府，寖爲崖異，時帝惡京專愎，陰令康國阻其姦，且許以相。京忌康國，遂引吳執中爲中丞。執中將論康國，康國先知之，白於帝；既而執中對，果陳其事，帝怒黜執中。至是，康國早期，退趨殿廬，得疾，仰天吐舌，舁至待漏院卒，或疑中毒。四月，林攄有罪免。以鄭居中知樞密院事，管師仁同知院事，余深爲中書侍郎，薛昂劉正夫（一〇六一—一一二六）爲尚書左右丞。京專國日久，御史中丞石公弼，殿中侍御史張克公劾京罪惡，章數十上，帝亦厭京，六月，京罷。以何執中爲尙書左僕射兼門下侍郎。執中謹事京，實碌碌庸質，及制下，中外失望。十一月，蔡京進楚國公，以太師致仕，留京師。四年（一一一〇）正月，以余深爲門下侍郎，張商英爲中書侍郎，侯蒙同知樞密院事。五月，以彗星見，詔直言闕失，石公弼、張克公、毛注等極論蔡京罪惡，宜早令去國，消弭天災，乃貶京爲太子少保，出居杭州。六月，以張商英爲尙書右僕射兼中書侍郎。初，蔡京久盜國柄，中外怨疾，見張商英能立異同，少變其政，更稱爲賢，帝因人望而相之。八月，以吳居厚劉正夫爲門下中書侍郎，侯蒙鄧洵仁爲尙書左右丞。十二月，張商英請編纂熙豐政事爲皇宋政典，謂蔡京以紹述爲名，但劫制人主，錮黜士大夫耳，故作政典以黜其妄，俾明熙豐政制之眞相。詔就尙書省置局。商英本旨，仍宗神宗之法度，所謂紹述者，但不失其意足矣。鄭居中罷，以吳居厚知樞密院事。

政和元年（一一一一）三月，以王襄同知樞密院事。商英爲政持平，改當十大錢爲當三，以平通貨；復轉般倉，以罷直達；行鹽鈔法，以通商旅；蠲橫斂以寬民力。勸帝節華侈，息土木，抑僥倖，帝嚴憚之，時稱商英忠直。然志廣才疏，凡所當爲，先於公座誦言，故不便者得預爲計。何執中惡商英出己上，與鄭居中合擠之，先使言者論其門下客唐庚，竄知惠州（廣東惠陽縣）。時方技郭天信有寵於帝，商英因與往來，事覺，居中因諷張克公併論之。又以藐視同列，閒言並興，帝不悅，八月，商英遂罷政，出知河南府。九月，王襄免。十月，陳瓘以著尊堯集，羈管於台州。二年（一一一二）正月，詔元符上書邪等人不得除監司。二月，詔復蔡京太師，賜第京師。京自杭州召還，帝宴之於內苑太清樓。四月，復行方田，禁史學，以通鑑爲元祐學術，禁習史學卽以斥元祐也。五月，詔京三日一至都堂議事。京既召還，欲逢主意，固相位，排同列，闢公議，行私心，變法度，崇虛文，遂創御筆之制密進，而乞帝親書細札以降。皇帝獨裁，內批直付有司，不經三省而施行者，自昔謂之斜封墨敕，仁宗朝曾禁之。此皇帝直降條子，謂之御筆手詔，違者以違制坐之。初猶處分大事，既而俯及細微，後不勝多，至使小臣楊球張補代書，謂之東廊御筆。於是給舍不得繳駁，臺諫不得論劾。京坐東廊，專以奉行御筆爲職；御筆一下，無敢議者。事由於京，而書出於帝；權操於京，而過亦歸於帝，此姦臣攬權竊柄之妙術，紀綱益壞矣。故京之誤國非一，而其甚者無如御筆之一事也。六月，以余深爲門下侍郎，深乃鄙夫小人，京之爪牙也。八月，焚元祐制詞。九月，更定官名。十一月，以何執中爲少傅。十二月，加童貫太尉。三年（一一一三）正月，追封王安石爲舒王，子雱爲臨川伯，從祀孔子廟。以何執中爲太宰，吳居厚罷，以鄭居中知樞密院事。四月，鄧洵仁罷，以薛昂爲尚書右丞。八月，以何執中爲少師。京玩帝之術，層出不窮。崇寧間，以花石綱之供奉，崇飾遊觀，導帝以侈靡。大觀政和間，則以道教迎其意，使帝迷溺於虛無，於是築宮觀，封道士，求仙經，立道學。君臣逸豫，相爲誕謾，困竭民力，怠棄國政，使人君玩物而喪志，縱欲而敗度，京之罪也。四年（一一二四），立詩禁，指爲元祐學術，因詆蘇軾、黃庭堅、晁補之、秦觀等，士大夫習詩賦者杖一百，聞喜宴例賜詩，遂易爲詔戒。五年（一一一五）七月，詔建明堂於寢廟之南，以蔡京爲明堂使，開局興工，日役萬人。六年（一一一六）四月，何執中罷，執中廣殖貲產，邸店之多，甲於京師，貪墨之臣也。

詔蔡京三日一朝，總治三省事，得治事於家，(註一九〇)蓋變更官名後，巧立名目，以爲重握政權之術也。五月，以鄭居中爲少保太宰兼門下侍郎，劉正夫爲少宰兼中書侍郎，鄧洵武知樞密院事。帝亦知京不可專任，乃以張商英鄭居中輩敢與京爲異者參而用之，又使居中伺察京。商英與居中二人，雖向背離合，視利所在，但居中仍存綱紀，守格令，抑僥倖，振淹滯，士論翕然望治。八月，以侯蒙爲中書侍郎，薛昂爲尚書左丞。十月，以白時中爲尚書右丞。十二月，劉正夫罷。七年(一一一七)六月，明堂成，進封京爲陳魯國公，京辭兩國不拜。鄭居中與京不相能，八月，以母喪去位，居中，王珪婿也，京懼其起復，欲撼之，然卒不能害。帝亦使侯蒙伺察京，京知之，十月，卒撼蒙而罷之。十一月，命京五日一赴都堂治事，起復鄭居中爲太宰，余深爲少宰，白時中爲中書侍郎。十二月，以薛昂爲門下侍郎，昂亦京黨也。童貫領樞密院事，貫彪形燕頷，不類宦人，時人稱京爲公相，以稱貫爲媼相。侍御史黃葆光出鄭居中門，獨力攻蔡京，無所顧，被竄於昭州。

重和元年(一一一八)正月，以王黼爲尚書左丞。八月，以白時中王黼爲門下中書侍郎，馮熙載范致虛爲尚書左右丞，鄭居中罷。宣和元年(一一一九)正月，以余深爲太宰，王黼爲少宰。黼爲人，美丰姿，面如傅粉，目睛如金，有口辯，才疏儁而寡學術，然多智善佞，年少凶愎，始由何執中薦，助蔡京而擊張商英，京復相，德其助己，除左諫議大夫，後兼侍讀進翰林學士。京與鄭居中不合，黼復內交居中，京怒，徙爲戶部尚書。黼又父事內侍梁師成，稱爲恩府，關通表裏。至是拜特進少宰，由通議超八階，命相之速，未有前比。夫蔡京禍國已深，復有王黼爲之相並。徽宗荒淫昏主，好私智小慧，疏斥正士，狎近姦諛。自是以後，巨憝接踵，物以類聚，姦佞充斥於朝，靖康之變，早已伏禍於此矣。章惇謂其不可以君天下，信然。三月，以馮熙載爲中書侍郎，范致虛張邦昌爲尚書左右丞。七月，以童貫爲太傅。九月，道德院生金芝，帝幸觀之，遂幸蔡京第。時京子鯈、攸、脩、及攸子行，皆爲大學士，鞗尚公主。家人厮養，亦居大官。每侍帝，恒以君臣相悅爲言。帝時乘輕車小輦，頻幸其第，命坐傳觴，略用家人禮。攸有寵於帝，加開府儀同三司，攸子行領殿中監，寵信傾其父。十月，以紹述熙豐政事書，布告天下。十一月，以張邦昌王安中（一〇七三—一一三一）爲尚書左右丞。京專政日久，公論益不與，帝亦厭薄之。子攸權勢既與父相軋，浮薄者復間焉，由是父子各立門戶，遂爲讐敵。二年（一一二〇）六月，詔京以太師魯國公致仕，仍朝朔望。京致仕，王黼陽順人心，悉反其所爲，四方翕然，稱爲賢相。十一月，拜少保太宰，遂乘高爲邪，多畜子女玉帛，自奉僭擬禁省，稍襲京跡。三年（一一二一）正月，罷蘇杭應奉局花石綱。二月，罷方田。五月，以鄭居中領樞密院事。睦寇竊發，御史中丞陳過庭（一〇七一—一一三〇）言致寇者蔡京，養寇者王黼，竄二人則寇自平，大忤權貴，罷知蘄州，旋安置於黃州。閏五月，復置應奉局。八月，加童貫太師，封楚國公。十一月，馮熙載罷，以張邦昌爲中書侍郎，王安中李邦彥爲尚書左右丞。五年（一一二三）二月，以李邦彥趙野爲尚書左右丞。五月，以王黼爲太傅，總治三省事。六月，鄭居中卒，蔡攸以少師領樞密院事。是時，外有金人之患，禍及眉睫，而內則蔡王兩黨爭權，宦官童貫、梁師成、楊戩輩用事，(註一九一)國勢日非矣。王黼位至元宰，每陪曲宴，親爲俳優鄙賤之役，以獻笑取悅。太子聞而惡之。

黼以鄆王楷有寵，陰爲奪宗之計，未及行。十一月，帝幸其第觀芝，而黼第與梁師成連牆，穿便門往來，帝始悟其與師成交結狀。還宮，眷待頓衰。六年（一一二四）四月，起復李邦彥爲尚書左丞。九月，以白時中爲太宰，李邦彥爲少宰，趙野宇文粹中爲尚書左右丞，蔡懋同知樞密院事。時中孱弱不才。邦彥遊縱無檢，乃公子哥兒之流，材質浮薄，學術寡陋，初附梁師成，位至執政，由蔡攸薦爲少宰，無所建明，惟阿順趨諂充位而已，都人目爲浪子宰相。素與王黼不協，陰結蔡攸共毀之。會御史中丞何㮚論黼邪惡專橫十五罪，黼抗章請去，繼上七章，十一月，遂詔黼致仕。

王黼既致仕，朱勔力勸用京，帝從之。十二月，詔蔡京復領三省事。至是，凡四當國，目昏眊，不能治事，悉決於季子絛。凡京所判皆絛爲之。至代京入奏事，絛每造朝，侍從以下皆迎揖，呫囁耳語，堂吏數十人，抱案後從。由是恣爲姦利，竊弄威柄，驟引其婦兄韓梠爲戶部侍郎，媒孽密謀，斥逐朝士，創宣和庫式貢司，四方之金帛，與府藏之所儲，譎盡拘括以實之，爲天子私財。白時中李邦彥等惟奉行文書而已。蔡絛既擅權用事，其兄攸嫉之，數言於帝請殺絛，帝不許。時中邦彥亦惡絛，乃與攸揭發絛姦私事。帝怒，欲竄之，京力丐免，乃止，勒停侍養，因安置韓梠於黃州，褫絛侍讀，毀賜出身敕，欲以撼京，而京猶未有去志。七年（一一二五）四月，帝乃命童貫詣京，令上章謝事，不得已，以章授貫。帝命詞臣代京作三表求去，乃降詔從之。京、天資凶譎，舞智御人，其姦足以惑衆，辯足以飾非，巧足以移奪人主之視聽，力足以顚倒天下之是非。（註一九二）當其爲翰林學士時，侍御史陳師錫上疏言：「京好大喜功，銳於改作，日夜交結內侍戚里，以覬大用。若果用之，天下治亂，由是而分；祖宗基業，由是而隳矣，」（註一九三）蓋早已識其爲人也。徽宗在位二十五年，而京居相位十七年，假紹述爲張羅敵黨而盡之，上鉗下錮，其術巧矣。帝之紕政，莫非京爲之也。歷年既久，中罷者三。然崇寧之免，代相者趙挺之也，是以有大觀之入；大觀之免，代相者何執中張商英也，是以有政和之入；宣和之免，王黼執政，是以有三省之詔，蓋挺之雖能知京之姦，而才不足以制京之勢，商英雖反京政而無益於事，代之者正以利其復入也。帝雖薄京，忌其專政，或用趙挺之、劉逵、張商英、張康國以間之，或用鄭居中劉正夫以察之，密勿翕張，自謂若神，不知羣姦滿朝，探意離合，附京者倏而擊京，攻京者倏而援京，而攻京者亦不克善終。京位之固，根株盤結，牢不可破者何也？「數十年來，王公卿相皆自蔡京出，要使一門生死，則一門生用；一故吏逐，則一故吏來，更持政柄，無一人立異，無一人害己者，此京之本謀也。」（註一九四）京用此術，是以能控制人事，操縱政權，京可去其黨不可去；黨羽不可去，則京雖罷而終不能去也。迨王黼挺身而出，更迭秉政，兩姦植黨相擠，一進一退，羣臣罕有能兩全者。京之黨，余深爲首，林攄次之，薛昂、吳敏、王安中，亦皆媚附於京者也。朋黨氣氛，瀰漫於朝廷，士大夫隨黨附勢，方能立足，於是以黨爲重，國爲輕。宋代朋黨餘毒，至斯而極矣。劉黼論宣靖之禍曰：「始則邪正交攻，更出迭入；中則朋邪翼僞，陰陷潛詆；終則倒置是非，變亂黑白，不至於黨禍不止。」（註一九五）當元祐、紹聖、元符之黨人既盡，代之以蔡京竊弄權柄，羣小趨之以爭，故蔡京、鄭居中、張商英、王黼諸人，復互指爲黨，難辨伯仲。馴至正氣消亡，姦佞盈庭，攀附黜陟，以不肖易不肖。故靖康之變，大小官僚，倉皇聚訟，除乞和外無他策，蓋人才至是盡矣。此乃蔡京禍蠹朝政之結果也。質其因，始以黨敗人，終以黨敗國，衣冠塗炭，垂三十年！

蔡京率意自用，政和二年，更定官名，欲以繼元豐之政。首更開封守臣爲尹牧，由是府分六曹，縣分六案，內侍省職，悉仿機庭之號，修六尙局，建三衞郎。又詔太師、太傅、太保、古之三公之官，今爲三師，古無此稱，合依三代爲三公，爲眞相之任。司徒司空，周六輔之官，太尉秦主兵之官，皆非三公，宜並罷。仍考周制，立三孤——少師、少傅、少保，爲次相之任，(註一九六)更侍中爲左輔，中書令爲右弼，尙書左僕射爲太宰兼門下侍郞，右僕射爲少宰兼中書侍郞。罷尙書令及文武勳官，而以太尉冠武階。然是時員既冗濫，名亦混亂，甚者走馬承受，升擁使華，黃冠道流，亦濫朝品。元豐之制，至此大壞。元豐以前，宰相仍稱同平章事；元祐以後，文彥博呂公著相繼以平章軍國重事序宰臣上，而宰相以上復有貴官自此始。此例一開，於是蔡京王黼相繼以太師總領三省事，三日一朝，赴都堂治事，權力地位，高於宰相。故官名之改定，乃京爲自身計也。武臣方面，樞密掌兵柄，三衙主統兵，各有分守，所以維持軍政。政和六年，以童貫權簽書樞密院河西北面房事。七年，宣撫陝西河東河北三路，帶同簽書樞密院，以元豐官制無此職，改爲權領樞密院。至宣和元年，詔領樞密院事，既主統兵，又掌兵柄虎符。此由元豐官制知樞密院事而改爲領樞密院事，由是可掌握武臣中之超級權力，亦因人而改武臣之制也。

自崇寧以來，綱紀日紊，其兼官據勢者，非貲結權倖，則權倖之親也；非誤國開邊以取賞，則奴事宦官以進身也。(註一九七)宦官之盛，莫盛於宣和間，其源流起於嘉祐元豐，著於元祐，而元豐時有李憲者則已節制陝西諸將，元祐又以垂簾之故，其徒得預聞政機，關通廊廟。政和三四年，由徽宗自攬權綱，府歸九重，而後皆以御筆從事，於是宦者乃出，無復自顧。自崇寧命童貫監王厚軍，繼之以梁師成，一時宰執，悉出其門，如中書門下，徒奉行文書而已。徽宗才弱，奢侈淫逸，內政不修，姦臣竊柄，逢惡而固位，殃民之事，最大者爲花石綱與崇道教，窮奢極欲，大興土木，建延福宮，作艮嶽山，國帑窮竭，民生凋敝。李光謂：「東南財賦盡於朱勔，西北財賦困於李彥，天下根本之財，竭於蔡京王黼。……天下財賦，盡歸權倖之家，小人乘時，無復忌憚。今所至匱竭，公家無半歲之儲，百姓無旬日之積。加以兵興，府庫兵帛散用將盡，此乃國用危急之時，」(註一九八)蓋實論也。時朱勔花石綱之擾，迫使東南貢獻異花奇石果木海錯珍異之品，人民破產以供其需，舳艫相銜，督運至汴。使民不聊生，比屋皆怨，而激成民變，於是有睦州之亂。

宣和二年十月，睦州青溪民方臘，託左道以惑衆，陰聚貧乏遊手之徒，以誅勔爲名，遂作亂。自號聖公，建元永樂，置官吏將帥，以絳帛帕首，帶鏡於上，自紅而上，凡六等。誘脅良民爲兵，州縣無備，望風而遁，不旬日，聚衆數萬。攻陷青溪，遂陷睦、歙(安徽徽縣)州，東南將郭師中戰死。北掠新城(浙江新登縣)、桐廬、富陽諸縣，旋陷杭州，郡守趙霆遁，制置使陳建、廉訪使趙約被殺，縱火六日，死者不可勝計。凡捕得官吏，必酷虐殺害，以償怨心。附者益衆，東南大震，淮南發運使陳遘馳奏，帝躭逸樂，上下酣歌，忽聞此變，聲搖京師，乃罷北伐之議。詔以童貫爲江淮荆浙宣撫使，譚稹爲兩浙制置使，率禁旅及秦晉番漢兵十五萬討之。三年正月，方臘陷婺州（浙江金華縣），又陷衢州。二月，陷處州。遣其將方七佛引衆六萬寇秀州（浙江嘉興縣），統軍王子武禦之。會大軍至，合擊臘，退據杭州。四月，禁旅前鋒，水陸並進，屢擊破之。臘焚官舍民居宵遁，還青溪幫源洞。貫等合兵圍擊，臘衆尚二十萬，與官軍力戰，深據巖屋爲三窟，諸將莫知所入。承務郎詹太和，以母憂歸里，率諸豪導王淵裨將韓世忠，潛行溪谷，徑擣其石穴，擒臘以出。辛興宗領兵截洞口，併取臘妻子及僞相方肥等，其衆遂潰。臘之亂歷五月，凡破六州五十二縣，戕害平民二百萬。臘既伏誅，改睦州爲嚴州，歙州爲徽州。時北方亦有宋江之亂，江爲淮南盜，初以三十六人橫行河朔，寇京東州郡，官軍數萬，莫敢攖其鋒。知亳州侯蒙，上書言江才必過人，請赦之，使討方臘以自贖。三年二月，江至海州，張叔夜敗之，擒其副賊，江乃降。

徽宗朝雖政治腐敗，但權臣貪圖建功固位，尙多用兵。除平方臘之亂外，對外攻拔湟州，征伐西夏，而與金海上之盟，輕開邊釁，自是連年干戈不息。靖康之變，亦肇禍於此。

（一）攻拔湟州　崇寧元年十二月，蔡京論前宰執韓忠彥等議棄湟州失策，復薦高永年王厚爲帥，從之。二年四月，詔童貫監洮西軍。會羌人多羅巴奉溪賒羅撒謀復國，趙懷德畏逼，奔河南，種落更挾之以令諸部。朝廷患羌煽結，遂命王厚安撫洮西，合兵十萬討之，又命童貫監其軍。貫至湟中，多羅巴知官兵且至，集衆以拒。厚聲言駐兵，而陰戒行，羌備益弛，乃與偏將高永年異道而進。多羅巴三子以數萬人分據要害，厚擊殺其二子，唯少子阿蒙中流矢，與多羅巴俱遁，厚遂拔湟州。捷聞，論棄湟州罪，貶韓忠彥爲磁州團練副使，安燾爲祁州團練副使，曾布爲賀州別駕，范純禮爲靜江軍節度副使，奪蔣之奇三秩，凡預議者皆有貶。三年四月，王厚大敗溪賒羅撒之衆，復鄯州廓州，超拜厚爲武勝軍節度觀察留後。

（二）征伐西夏　崇寧三年十二月，以陶節夫經制陝西河東五路。四年三月，蔡京使王厚招夏卓羅右廂監軍仁多保忠，厚言無益於事。京怒，令以金帛招致之，夏乃點兵渭延慶三路，各以數千騎出沒，聲言假道於遼。而朝廷用京計，又命西邊能招致夏人者賞，令陶節夫在延安大加招誘，夏主遣使巽請，皆拒之，又令殺其放牧者。夏人遂入鎮戎，略數萬口，與羌酋溪賒羅撒合兵逼宣威城，知鄯州高永年出禦之，爲羌人所執殺。已而羌衆復叛，新疆大震。事聞，帝怒，貶王厚爲郢州防禦使。政和五年正月，以童貫領六路邊事，貫遣熙河經略使劉法將步騎十五萬，出湟州，秦鳳經略使劉仲武將兵五萬，出會州（甘肅會寧縣）；貫以中軍駐蘭州，爲兩軍聲援。仲武至清水河，築城屯守而還。法與夏右廂軍戰於古骨龍，大敗之。時永興、鄜延、環慶、秦鳳、涇原、熙河各置經略安撫司，以貫統領之，於是西邊之柄，皆屬於貫。九月，王厚劉仲武合涇原、鄜延、環慶、秦鳳之師，攻夏臧底河城，敗績，死者十四五。未幾，夏人大掠蕭關（在甘肅固原縣東南，爲關中四關之一）而去。六年正月，童貫使劉法劉仲武合熙秦之師十萬，攻夏仁多泉城，城中力孤乃降，法受而屠之。渭州將种師道克夏臧底河城。宣和元年三月，童貫使劉法取朔方，法不可，貫逼之，法不得已，引兵二萬出塞，至統安城，恃勝輕出，遇伏敗，法被守兵所追殺。法、西州名將，既死，諸軍恟懼，貫隱其敗以捷聞。六月，夏人遣使納款，詔童貫罷兵。

（三）海上聯盟　遼自太祖（耶律阿保機，八七二—九二六）迄於天祚（延禧，一〇八五—一一二八），國凡九主，其中在位久享令名者，惟聖宗隆緒（九七一—一〇三一），繼以興宗宗眞（一〇一六—一〇五五）、道宗洪基（一〇三二—一一〇一），政令日替，諸部反側。延禧荒暴，末運增慝。女眞擧事不十年，耶律阿保機以來二百餘年之版宇，倏焉委土。女眞族自政和四年阿骨打（一〇六八—一一二三）叛遼，混同江之戰，遼師敗，其兵力已達萬人，勢突盛。五年，阿骨打稱帝，國號金，遂大擧侵遼。初，政和元年，童貫既得志於西羌，遂謂遼亦可圖，因請使遼以窺探虛實。九月，乃遣端明殿學士鄭允中及童貫使遼。燕人馬植，本遼大族，仕至光祿卿，五年，自雍州來奔，因得見貫，貫與語，大奇之，易姓名曰李良嗣，薦於朝。植卽獻策，結好女眞，相約攻遼。帝嘉納，賜姓趙氏，以爲秘書丞，圖燕之議自此始。然兵權握在蔡京，帝亦不願輕啓釁而壞和約，詔邊將謹愼從事，約束沿邊，不得妄動。七年七月，適登州守王師中奏有遼人船二艘，爲風漂達我駝基島，乃高藥師曹孝才及僧郎榮等老幼二百人，因避亂欲之高麗，爲風漂至州，具言遼人以渤海變亂，因爲女眞侵暴，女眞與遼人爭戰累年，爭奪疆土，已過遼河之西京，今海岸以北，自蘇復至興瀋同咸等州，悉屬女眞矣。帝命中使押詣蔡京第，令與童貫僉議。重和元年四月，遣武義大夫馬政與高藥師等齎市馬詔泛海以往探問。其後通好女眞，議擧兵相應，夾攻滅遼。宋室變動，自是而始。（註一九九）

宣和元年正月，金主遣渤海人李善慶、女眞散覩同馬政來修好。詔蔡京等諭以夾攻遼之意，善慶等唯唯。居十餘日，遣政同趙有開齎詔及禮物，與善慶等渡海報聘，行至登州，有開死，會諜者言遼已封金主爲帝。乃詔政勿行，止遣平海軍校呼慶送善慶等歸金。金主遣慶歸，且語之曰：「吾已獲遼數路，汝歸見皇帝，果欲修好，早示國書，若仍用詔，決難從也。」初，高麗來求醫，帝命二醫往，歸奏高麗主之言：「聞天子將與女眞圖契丹，苟存契丹，猶足爲中國捍邊；女眞虎狼，不可交也。宜早爲之備。」帝聞之，不樂。安堯臣亦上言：「宦寺交結權臣，共倡北伐，燕雲之役興，則邊釁遂開；宮寺之權重，則皇綱不振。今童貫深結蔡京，同納趙良嗣，以爲謀主，故建平燕之議。臣恐異時唇亡齒寒，邊境有可乘之釁，狼子蓄銳伺隙，以逞其欲，此臣所以日夜寒心。伏望杜塞邊隙，務守舊好，無使外夷乘間窺中國。」帝雖然其說而不用。二年二月，童貫密受旨圖燕，因建議再遣趙良嗣使金，約攻遼以取燕雲之地。良嗣謂金主曰：「燕本漢地，欲夾攻遼，使金取中京大定府（熱河平泉縣東北），宋取燕京析津府（今北平）。」金主許之。遂議歲幣，金主因以手札付良嗣，約金兵自松亭關趨古北口，宋兵從雄州逕取白溝（河北白溝鎮），兩路夾攻，不得違約，亦不得單獨與遼講和。事定後，得在榆關設市場通商。因遣勃董偕良嗣還，以致其言。八月，帝使馬政報聘，書曰：「大宋皇帝致書於大金皇帝，遠承信介，特示函書，致討契丹，當如來約，已差童貫勒兵相應，彼此兵不得過關。歲幣之數同於遼。仍約毋聽契丹講和。」然而對於西京（山西大同縣）、及平（河北盧龍縣）、營（河北昌黎縣）、灤（河北灤縣）三州歸宋，阿骨打又反悔不認。三年正月，金遣使臣曷魯隨馬政還，請宋就便策劃收復西京，志在試探宋力之強弱。

四年三月，金人來約夾攻遼，王黼以客沈積帥河朔，欲覘敵圖燕，亦極力主張伐之。四月，乃命童貫爲河北河東路宣撫使，勒兵十五萬巡邊以應之。五月，以蔡攸爲河北河東路宣撫副使，與童貫共勒兵。攸童騃不習事，直以軍事爲兒戲，以爲功業唾手可得，故亦將順帝意而贊之也。童貫至高陽關，宣佈弔民伐罪，分兵爲兩道，都統制种師道總東路兵趨白溝；辛興宗總西路兵趨范村（河北涿縣西南）。但師道力勸未可進，童貫不聽，遼天錫帝耶律淳聞之，遣耶律大石、蕭幹禦之，隔白溝河對峙。遼軍主力圍攻范村，辛興宗敗退。六月，种師道前軍失利，退保雄州，遼人追擊至城下。帝聞兵敗，懼甚，詔班師。遼使來言曰：「女眞之叛本朝，亦南朝之所惡也，今射一時之利，棄百年之好，結豺狼之鄰，基他日禍，謂爲得計可乎？救災恤鄰，古今通誼，惟大國圖之。」貫不能對。种師道復請許之和，貫不答，而密劾師道助賊。王黼怒，責授師道右衞將軍致仕。七月，王黼聞耶律淳死，由妃蕭氏垂簾聽政，復命童貫蔡攸治兵，悉調諸道兵二十萬，期於九月會三關，以河陽三城節度使劉延慶代种師道爲都統制進兵。九月，朝散郎宋昭，上書極言遼不可攻，金不可鄰，異時金必敗盟，爲中國患。乞誅王黼、童貫、趙良嗣等。王黼大怒之，除昭名勒停送連州編管。時宇文虛中爲參議官，以廟謨失策，主帥非人，將有自焚之禍，因上書言：「中國與契丹講和，今踰百年，自遭女眞侵削以來，鄉慕本朝，一切恭順。今捨恭順之契丹，不覊縻封殖，爲我藩籬，而遠踰海外，引強悍之女眞，以爲鄰域。女眞藉百勝之勢，虛喝驕矜，不可以禮義服，不可以言說誘，持卞莊兩鬭之計，引兵踰境，以百年怠惰之兵，當新銳難抗之敵，以寡謀安逸之將，角逐於血肉之林。臣恐中國之禍，未有寧息之期也。」王黼大怒，降其職，督戰益急。虛中建十一策，上二十議，皆不報。(註二〇〇)金人聞童貫舉兵，恐宋徑取燕，而歲幣不可得，乃遣使來議師期。帝遣趙良嗣報之，且言不負初約。遼郭藥師爲常勝軍帥，留守涿州，以蕭后立，蕭幹專政，國人多貳，遂擁所部精兵八千人來降，詔授恩州觀察使，以兵隸劉延慶。十月，改燕京爲燕山府，涿易八州並賜名。蕭后聞常勝軍降，遂遣永昌宮使蕭容乾、待制韓昉奉表稱臣。及蕭后表至，帝御紫宸殿受賀，王黼等率百官奉表稱賀。童貫遣劉延慶郭藥師將兵十萬出雄州，以藥師爲鄉導，渡白溝，延慶第三子光世（一〇八九—一一四二）及楊可世出安肅軍，入易州，會於涿州。延慶軍無紀律，至良鄉，蕭幹率衆來拒，延慶與戰而敗，遂閉壘不出，藥師以蕭幹既出，燕山必虛，求得騎兵五千襲之，因請光世簡師爲後繼，延慶許之。藥師遂與大將高世宣楊可世帥兵六千，夜半渡盧溝河而進，質明，常勝軍帥甄五臣領五千騎，奪迎春門以入，藥師等繼至。蕭幹得報，舉精甲三千還燕，戰於三市，光世渝約不至。藥師失援而敗，死傷過半，世宣死焉。延慶營於盧溝南，以爲敵至，卽燒營遁，士卒蹂踐死者百餘里，幹因遣兵追至涿水而去。延慶退保雄州，軍實喪失殆盡。十一月，金人來議歲幣數。十二月，遣趙良嗣復如金。初，宋與金約，但求石晉路契丹故地，而不思平營灤三州非晉路，乃劉仁恭獻契丹以求援者。既而王黼悔，欲併得之，金主不肯。及趙良嗣往，金主使蒲家奴責良嗣以出兵失期，且云：「今更不論原約，特與燕京、薊（河北薊縣）、景、檀（河北密雲縣）、順、涿、易六州。」良嗣言原約山前山後十七州，今乃如此，信義安在？抗辯數四，金人不從。良嗣乃與其使李靖偕來，止許山前六州。帝復遣良嗣送之，且求平營灤三州。童貫再舉伐燕，不克成功，懼得罪，乃密遣王瓌如金，以求如約夾攻。金主分三道進兵。十二月，遂克燕京。

宋之軍事既不能配合外交，迨金人入燕，而輕宋之無能爲也，對盟約之履行，反覆多端，而以實力相向。五年正月，乃遣李靖等與趙良嗣偕來。靖既入對，遂見王黼。靖復請去年歲幣，帝特許之，仍命良嗣與靖偕使。以左丞王安中知燕山府，郭藥師同知府事，詔藥師入朝，禮遇甚厚。良嗣既至燕，對金主爭論平營灤一事，金主不肯。遂議租稅，金主曰：「燕租六百萬，止取一百萬，不然，還我涿易舊疆及常勝軍，我且提兵按邊。」良嗣曰：「本朝以兵下涿易，今乃云爾，豈無曲直耶？」且言御筆許十萬至二十萬不敢擅增。金主乃令良嗣歸報，並謂之曰：「過半月不至，吾提兵往矣！」良嗣行至雄州，以金書遞奏。王黼欲功之速成，乃請復遣良嗣自雄州再往使，許遼人舊歲幣四十萬之外，每歲更加燕京代稅錢一百萬緡，及議劃疆土，與遣使賀正旦生辰，置榷場交易。金主大喜，使銀朮可等，持誓書草來，許以燕京及六州來歸，而山後諸州及西北一帶，不在許與之限。帝曲從之，遣盧益趙良嗣等持誓書往。至涿州，金谷神（完顏希尹）等先索書觀之，言其字畫不謹，令更易者數四，金人故意諸多爲難，又言近有燕人趙溫訊等逃往南朝，須先還，方可交燕地。良嗣諭宣撫司縛送溫訊於金。又求糧，良嗣許以二十萬石。四月，金主使楊璞以誓書及燕京六州來歸，其平營灤三州不預焉。命童貫蔡攸入燕交割，盛整軍容進城。時燕之職官富民金帛子女，皆爲金人當作資產，盡掠而去，惟存空城而已。王黼竭全國之財以北征，僅得七空城，至是歌功頌德，粉飾太平，率百官表賀。

詔以收復燕雲故，宰執皆進位，以王黼爲太傅，鄭居中爲太保，封童貫爲徐豫國公，蔡攸爲少師，趙良嗣爲延康殿學士。

當遼主之走西山也（宣和四年），平州軍亂，殺其節度使蕭諦里，張覺撫安亂者，州民推覺領州事。耶律淳死，覺知遼必亡，乃籍壯丁五萬人，馬千匹，練兵爲備。蕭德妃遣時立愛知平州。覺拒弗納。金人入燕京，加覺臨海軍節度仍知平州以羈縻之。既而昇平州爲南京，加覺試中書平章事，判留守軍。及金驅遼宰相左企弓、虞仲文、曹義勇、康公弼，同燕京大家富民俱東徙。燕民流離道路，不勝其苦，遂入城言於覺，使復歸鄉土。覺遂召諸將議，皆主仗義勤王，以平州歸宋。覺乃遣張謙率五百餘騎，傳令召左企弓等至灤河西岸，數其罪縊殺之。覺仍奉天祚像，稱遼官秩，榜諭燕人復業，燕民大悅。翰林學士李石更名安弼，偕故三司使高黨至燕京，說王安中曰：「平州形勢之地，張覺總練之才，足以禦金人，安燕境，幸招致之，無令西迎天祚，北合蕭幹也。」安中深納之，令安弼至汴以聞。帝以手札付同知燕山府詹度，第令羈縻之，而度則促覺內附。覺乃遣張鈞張敦固持書來請降，王黼勸帝納之，趙良嗣諫不可，帝不聽，而詔安中及詹度厚加安撫。七月，童貫致仕，以譚稹爲兩河燕山路宣撫使。稹至太原，招朔、應、蔚（察哈爾蔚縣）諸州降人爲朔寧軍。金人既陷燕京，蕭幹就西王府自立爲帝，國號大奚，八月，引兵破景（河北遵化縣）、薊州，遂攻燕，其鋒銳甚。郭藥師與戰破之，尋爲其下所殺，傳首京師，詔加藥師太尉。金人聞覺叛，遣南路軍帥闍母帥三千騎攻之，覺拒於營州，闍母以兵少不交鋒而退，覺遂妄以大捷聞。十月，詔建平州爲太寧軍，拜覺爲節度使，犒賞銀絹數萬。十一月，金斡離不（宗望）攻平州，會覺聞朝廷犒賜將至，喜而遠迎。斡離不乘其無備襲之，覺敗，宵奔燕山，王安中納而匿之。平州都統張忠嗣及張敦固出降金。金遣使與敦固入諭城中，城中人殺其使者，立敦固爲都統，閉門固守。金人以納叛來責，索之甚急，王安中取貌類覺者斬其首與之。金知非覺也，遂決欲以兵攻燕，朝廷懼起兵端，不得已令安中縊殺之，函其首併覺二子送於金。於是燕降將及常勝軍士皆泣下，人心解體。郭藥師曰：「金人欲覺卽與覺，若求藥師，亦將與藥師乎？」安中鑄成大錯，懼，因力求罷。詔以蔡靖知燕山府事。朝廷以山後諸州請於金，金主吳乞買（太宗，一〇七五—一一三五）新立，將許之，粘罕（宗翰）自雲中至，請勿與。金主遂遣使止以武（察哈爾宣化縣）朔二州來歸。六年三月，金人遣使詣宣撫司索趙良嗣所許糧二十萬石，譚稹不與，金人由是大怒，自後來責，曰割地，曰加幣，曰納叛，爲搆兵之藉口矣。六月，金人克平州，執張敦固殺之。金人又以宋納張覺不給糧，遂攻應蔚，逐守臣，朝廷罪稹措置乖方，詔致仕，復以童貫領樞密院事兩河燕山路宣撫使。時遼主延禧在夾山，帝欲誘致之，始遣以番僧齎御筆絹書通意。及延禧許歸，遂易書爲詔，許待以皇帝之禮，位燕越二王上，築第千間，女樂三百人。延禧大喜。貫之是行，名爲代稹交割山後土地，其實蓋約延禧來降而往迎之也。然延禧恐中國不足恃，卒不至焉。

【註　譯】

（註一）宋史，卷十六，本紀第十六，神宗三，贊。

（註二）欒城集，卷四十七，進御集表。

（註三）宋論，卷六，神宗。

（註四）神宗常憤北狄倔強，慨然有恢復幽燕之志，於內帑置庫，凡三十二庫。熙寧元年，以奉宸庫珠子，付河北緣邊，於四榷場鬻錢銀，準備買馬，其數至二千三百四十三萬顆。（容齋隨筆，三筆，卷十三，元豐庫）。

（註五）宋論，卷六，神宗。

（註六）朱子語類輯略，卷八，論本朝人物。

（註七）秦淮海集，卷十二，治勢下。

（註八）元城先生語錄云：「神廟必欲變法，何也？先生曰：蓋有說矣。天下之法，未有無敝者。祖宗以來，以忠厚仁慈治天下，至於嘉祐末年，天下之事似乎舒緩，委靡不振，當時士大夫，亦自厭之，多有文字論列。然其實於天下根本牢固。至神廟即位，富於春秋，天資絕人，讀書一見便解大旨。是時，見兩蕃不服，及朝廷州縣多舒緩，不及漢唐全盛時，每與大臣論議，有怫然不悅之色。當時執政從官中有識者，……遂不敢承當上意，改革法度。獨金陵揣知上意，以身當之，以激切奮怒之言，發動上意，遂以仁廟爲不治之朝。神廟一旦得之，以爲千載會遇。改法之初，以天下公論，謂之流俗，內則太后，外則顧命大臣等，尙不能回，何況臺諫侍從州縣乎？祗增其勢爾。雖天下之人羣起而攻之，而金陵不可動者，蓋此八個字，吾友宜記之。僕曰：何等八字？先生曰：虛名實行，強辯堅志。當時天下之論，以金陵不作執政爲屈，此虛名也。平生行止，無一點涴語者，雖欲誣之，人主不信，此實行也。論議人主之前，貫穿經史古今，不可窮詰，故曰強辯。前世大臣，欲任意行一事，或可以生死禍福恐之得回，此老實不可以此動，故曰堅志。因此八字，新法所以必行也。得君之初，與主上若朋友，一言不合己意，則面折之，反覆詰難，使人主伏弱乃已。及元豐之初，人主之德已成，又大臣尊仰，將順之不暇，天容毅然，正君臣之分，非熙寧初比也。」（卷上，變法第十五）。

（註九）朱子語類大全，卷一二九，本朝三，自國初至熙寧人物。

（註十）紹熙五年樓鑰鄞縣經綸閣記：「公爲縣時，世當承平。公方讀書爲文章，率三日一治縣事，垂意斯民，爲之起隄堰，決陂塘，爲水陸之利。貸穀於民，立息以償，俾新陳相易。興學校，嚴保伍。又刻善救方，立縣門外，邑人便之。此相業之權輿也，公之于鄞厚矣。」（攻媿集，卷五十五）。

（註十一）歐陽文忠公集，奏議集，卷十四，薦王安石呂公著劄子。

（註十二）同上書，再論水災狀。

（註十三）范鎮六十三，呂誨五十八，引疾求去。歐陽修六十五而致仕。富弼六十八而引疾。司馬光王陶皆五十而求散地。

（註十四）宋史，卷一七九，志第一三二，食貨下一，會計。

（註十五）唐代青苗錢，自乾元、永泰、大曆以來已施行之。即青苗地頭錢，當苗方青時按畝即征之也。崔渙、劉晏、杜佑曾充青苗使，初則以用兵之餘，官俸不足而征之，遂爲常制。

（註十六）范仲淹謂今諸道常平倉，「盡被州府借出常平倉錢本使用，致不能及時聚糴，每有災沴，及其遣使安撫，雖民委溝壑，而倉廩空虛，無所振發，徒有安撫之名，且無救恤之實。」（范文正公集，奏議卷上，奏災異後合行四事）。

（註十七）司馬文正公傳家集，卷四十四，乞罷條例司常平使疏，熙寧三年。

（註十八）宋史，卷三三九，列傳第九十八，蘇轍傳。

（註十九）宋史，卷一七六，志第一二九，食貨上四，常平義倉。

（註二十）歐陽文忠公集，奏議集，卷十八，言青苗錢第一劄子，熙寧三年。

（註二十一）同上書，言青苗第二劄子。

（註二十二）司馬文正公傳家集，卷四十四，乞罷條例司常平使疏。

（註二十三）宋史，卷一七六，志第一二九，食貨上四，常平義倉。

（註二十四）宋史，卷三三一，列傳第九十，張問傳，陳舜俞附。

（註二十五）彭城集，卷二十七，與王介甫書。

（註二十六）臨川先生文集，卷七十二，答司馬諫議書。

（註二十七）同上書，答曾公立書。

（註二十八）同上書，答曾公立書。

（註二十九）元祐元年，蘇軾奏狀言：「先朝初散青苗，本爲利民，故當指揮並取人戶情願，不得抑配。自後因提舉官速要見功，務求多散，諷脅州縣，廢格詔書，名爲情願，其實抑配，或舉縣勾集，或排門抄劄，亦有無賴子弟，謾昧尊長，錢不入家。亦有他人冒名詐請，莫知爲誰。及至追催，皆歸本戶。朝廷深知其弊，故悉罷提舉官，不復立額考校，訪聞人情安便。」（蘇東坡集，奏議集，卷三，乞不給散青苗錢斛狀）。

（註三十）宋史，卷三六四，列傳第一〇六，黃廉傳。王安石對於和戎、青苗、免役、保甲、與市易，亦謂：「得其人而行之則爲大利，非其人而行之則爲大害。緩而圖之則爲大利，急而成之則爲大害。」（臨川先生文集，卷四十一，上五事劄子）。

（註三十一）蘇東坡集，奏議集，卷三，乞不給散青苗錢斛狀。

（註三十二）「熙寧新法行，督責監司尤切。兩浙路張靚、王庭老、潘良器等，因閱兵赴妓樂筵席侵夜，皆黜責。又因借同寮船家人而坐計傭者，有作絲鞋而坐剩利者，降斥紛紛。」（東軒筆錄，卷十）。

（註三十三）宋史，卷四七一，列傳第二三〇，曾布傳。

（註三十四）宋史，卷三二九，列傳第八八，李定傳。

（註三十五）王荆公年譜考略，卷一，附存，袁守定圖民錄。

（註三十六）豫章黃先生文集，卷二十二，朝請郎湖南轉運判官吳君墓誌銘。

（註三十七）秦淮海集，卷三十六，鮮于子駿行狀。

（註三十八）蘇東坡集，續集，卷九，論時政狀。

（註三十九）同上書，續集，卷四。

（註四十）臨川先生文集，卷五十六，謝賜元豐勅令格式表。

（註四十一）宋史，卷一七六，志第一二九，食貨上四，常平義倉。

（註四十二）朱文公文集，卷七十九，婺州金華縣社倉記。

（註四十三）臨川先生文集，卷七十，乞制置三司條例。

（註四十四）宋史，卷一八六，志第一三九，食貨下八，均輸。
（註四十五）同上書，市易。
（註四十六）同上書，市易。
（註四十七）同上書，市易。
（註四十八）市易欠錢人數，元祐元年計，共二萬七千一百五十五戶，欠錢二百二十七萬餘貫。其間大姓三十五，酒戶二十七，共欠錢一百五十四萬餘貫，小姓二萬七千零九十三戶，共欠錢八十二萬餘貫。蘇轍奏乞欠二百貫以下人戶除放，共放二萬五千三百五十三戶，放錢四十六萬六千二百餘貫，所放人戶九分以上。（欒城集，卷三十八，乞放市易欠錢狀）。
（註四十九）宋史，卷一七七，志第一三〇，食貨上五，役法上。
（註五十）同上書。
（註五十一）司馬文正公傳家集，卷四十一，論衙前劄子。
（註五十二）宋史，卷一七七，志第一三〇，食貨上五，役法上。
（註五十三）同上書。
（註五十四）同上書。又文獻通考，卷十二，職役一。
（註五十五）止齋先生文集，卷二十一，轉對論役法劄子。
（註五十六）文獻通考，卷十二，職役一。
（註五十七）宋史，卷一七七，志第一三〇，食貨上五，役法上。

（註五十八）蘇東坡集，奏議集，卷一，上皇帝書。

（註五十九）宋史，卷一七七，志第一三〇，食貨上五，役法上。文獻通考，卷十二，職役一。

（註六十）宋會要輯稿，第一五一冊，食貨六一之六八。

（註六十一）熙寧六年，於潛縣令郟亶言：「蘇州環湖地卑多水，沿海地高多旱，故古人治水之迹，縱則有浦，橫則有塘，又有門堰涇瀝而棋布之。今總爲二百六十餘所，欲循古人之法，七里爲一縱浦，十里爲一橫塘。又因出土以爲堤岸，度用夫二十萬，水治高田，旱治下澤。不過三年，蘇之田治畢矣。」十一月，命亶興修水利，僅及一年，遂罷兩浙工役。（宋史，卷九十六，志第四十九，河渠六）。罷歸後，亶治所居之西水田曰大泗瀼者，如所陳之說，圩岸溝澮場圃，俱用井田之制，歲入甚厚，圖狀以獻，且以明前法非苟然者。復爲司農寺簿遷丞，著有吳門水利四卷。其論水利，爲明歸有光所賞識：「當元豐變法，擾亂天下，而郟氏父子，荊舒所用之人，世因以廢其書。至其規畫之精，自謂范文正公（景祐元年，疏五河導太湖注之海）所不能逮，非虛言也。」（震川先生集，卷八，奉熊分司水利集並論今年水災事宜書，四部叢刊本）。

（註六十二）文獻通考，卷一五三，兵五。

（註六十三）北宋民兵之名目，有河北、河東義勇，陝西護塞，川陝土丁，荊湖義勇、土丁、弩手，廣東槍手，廣西土丁，江南西路、福建槍仗手。神宗時，河北保甲，陝西河東之弓箭社，閩楚槍仗手，皆有名籍，爲民兵之一種。

（註六十四）熙寧二年義勇數：陝西路十五萬六千八百，河北路十八萬六千四百，河東路七萬七千，三路共四十二萬三千五百。弓箭手，河東七千，陝西四萬六千三百。

(註六十五)蘇軾曰：「今者治平之日久，天下之人，驕惰脆弱，如婦人孺子，不出於閨門，論戰鬪之事，則縮頸而股慄；聞盜賊之名，則掩耳而不願聽。而士大夫亦未嘗言兵，以爲生事擾民，漸不可長。此不亦畏之太甚而養之太過歟？……今國家所以奉西北之虜者，歲以百萬計，奉之者有限，而求之者無厭，此其勢必至於戰。——戰者，必然之勢也，不先於我，則先於彼；不出於西，則出於北，所不可知者，有遲速遠近，而要不能免也。……臣欲使士大夫尊尚武勇，講習兵法。庶人之在官者，教以行陣之節。役民之司盜者，授以擊刺之術。每歲終則聚之郡府，如古都試之法，有勝負賞罰，而行之既久，則又以軍法從事。」（蘇東坡集，應詔集，卷四，策別十六）。

(註六十六)熙寧六年，保甲條法：保內如遇有賊盜，畫時告報大保長以下，同保人戶即時前去救應追捕。如入別保，則遞相擊鼓，應接襲逐。

(註六十七)宋史，卷一九二，志第一四五，兵六，保甲。

(註六十八)同上書。

(註六十九)元豐類稿，卷三十二，申明保甲巡警盜賊。

(註七十)宋史，卷一九二，志第一四五，兵六，保甲。

(註七十一)司馬文正公傳家集，卷四十六，乞罷保甲狀。

(註七十二)王文公年譜考略節要，卷四，陳汝錡甘露園長書四論，王安石二。

(註七十三)凡收市馬，戎人驅馬至邊，總數十百爲一券，一馬預給錢千，官給芻粟續食至京師，有司售之，分隸諸監曰券馬。邊州置場，市蕃漢馬，團綱遣殿侍部送赴闕，或就配諸軍曰省馬。陝西廣銳勁勇等軍相與爲社，每市馬，官給値外，社復裒金益之，曰馬社。軍興，籍民馬而市之以給軍，曰括買。（宋史，卷一九八，志第一五一，兵十二，馬政）。

（註七十四）宋史，卷一九八，志第一五一，兵十二，馬政。
（註七十五）宋史，卷一九七，志第一五〇，兵十一，器甲之制。
（註七十六）宋史，卷一八八，志第一四一，兵二，禁軍下。
（註七十七）宋論，卷六，神宗。
（註七十八）東軒筆錄，卷五。
（註七十九）續資治通鑑長編，卷五十八，呂誨劾王安石。
（註八十）宋史，卷三三六，列傳第九十五，司馬光傳。
（註八十一）宋史，卷三二八，列傳第八十七，蒲宗孟傳。
（註八十二）宋史，卷三三六，列傳第九十五，司馬光傳。
（註八十三）宋史，卷三三八，列傳第九十七，蘇軾傳。
（註八十四）宋史，卷三三六，列傳第九十五，司馬光傳。
（註八十五）宋史，卷三一二，列傳第七十一，韓琦傳。
（註八十六）續資治通鑑長編，卷五一八，元符二年十一月條。
（註八十七）宋史，卷三四四，列傳第一〇三，孫覺傳。

（註八十八）宋史，卷三四〇，列傳第九十九，劉摯傳。

（註八十九）宋史，卷三三八，列傳第九十七，蘇軾傳。

（註九十）歐陽文忠公集，奏議集，卷十七，舉劉攽呂惠卿充館職劄，嘉祐六年。又致王安石書，言：「呂惠卿學者罕能及，更與切磨之，無所不至也。」（同上書，書簡卷三，與王介甫書，嘉祐三年。）

（註九十一）宋史，卷三二九，列傳第八十八，鄧綰傳。

（註九十二）司馬光對神宗言：「惠卿憸巧非佳士，使安石負謗於中外者，皆其所爲。」又曰：「惠卿誠文學辨慧，然用心不正。」（宋史，卷四七一，列傳第二三〇，呂惠卿傳）。呂公著謂：「惠卿固有才，然姦邪不可用。」（宋史，卷三三六，列傳第九十五，呂公著傳）。孫覺亦謂：「惠卿卽辯而有才，過於人數等，特以爲利之故，故屈身於安石。安石不悟，臣竊以爲憂。」（宋史，卷三四四，列傳第一〇三，孫覺傳）。

（註九十三）熙寧七年，安石罷相，以呂惠卿爲參知政事。惠卿實欲自得，忌安石復來，因鄭俠獄，陷其弟安國，又起李士寧獄以傾安石。八年，安石復拜相，以子雱爲龍圖閣直學士，雱辭，惠卿勸帝允其請，由是嫌隙愈著。御史中丞鄧綰彈惠卿與知華亭縣張若濟爲姦利事，置獄鞫之。惠卿出守陳州。已而以華亭下制獄事，惠卿在陳以狀聞，且訟安石罔上要君，又發安石私書曰：「無使上知者。」

（宋史，卷三二七，列傳第八十六，王安石傳）。

（註九十四）新黨大率多南方人，舊黨則多北方人。宋至眞宗時王欽若，仁宗時晏殊，始有南人爲相。慶曆間，如范仲淹、歐陽修、蔡襄等，皆生於江南，人才彬彬，政治勢力，日與增進，遂引起北人之猜忌。

故神宗相陳升之，問司馬光外議云何，光曰：「閩人狡險，楚人輕易。今二相（曾公亮、陳升之）皆閩人，二參（王安石、唐介）皆楚人，必援鄉黨之士，充塞朝廷，風俗何得淳厚？」此可見當時北人不悅南人當權用事之心。王安石新政，司馬光謂臣與安石南北異鄉，取舍異道，所謂異道者，大抵南人好進取，北人重保守故也。元祐元年，王巖叟入對，言祖宗遺戒不可用南人，如蔡確、章惇、張璪皆南人，恐害於國。元祐諸子大多是北人，被盡斥之新黨，皆為南人。其後蔡京擅權，南人復得勢，故陳瓘論蔡京，指蔡卞重南輕北，分裂有萌。南北人爭權衝突，其跡象似可於此細考之。

（註九十五）臨川先生文集，章袞，書臨川文集後。

（註九十六）司馬光謂：「介甫文章節義，過人處甚多，但性不曉事，而喜遂非，致忠直疏遠，讒佞輻輳，敗壞百度，以至於此。」（司馬文正公傳家集，卷六十三，與呂晦叔第二簡）。黃庭堅批評謂：「余嘗熟觀其風度，眞視富貴如浮雲，不溺於財利酒色，一世之偉人也。」（豫章黃先生文集，卷三十，跋王荊公禪簡）。曾布亦謂安石以義理名節忠信自任，不肯為此。至於性強，自是以此驕人，故時有過舉，豈他人可比。帝曰：安石誠近世人所未見。（續資治通鑑長編，卷五一八，元符二年十一月條）。

（註九十七）司馬文正公傳家集，卷十七，御史中丞司馬光奏彈王安石表。

（註九十八）宋史，卷三二七，列傳第八十六，王安石傳。

（註九十九）賢奕編，卷四，閒鈔上。又曰：「攻金陵者，只宜言其學乖僻，用之必亂天下，則人主必信。若以爲以財利結人主如桑洪羊，禁人言以固位如李林甫，姦邪如盧杞，大佞如王莽，則人主不信矣。蓋以其人素其德行，而天下之人素尊之，而人主之夷考無其事，則與夫毀之之言亦不信矣。此進言者之大戒。」（元城語錄解，卷上，學問第四）。

（註一〇〇）臨川先生文集，章衮，書臨川文集後。

（註一〇一）朱文公文集，卷七十，讀兩陳諫議遺墨。

（註一〇二）象山先生全集，卷三十五，語錄下。

（註一〇三）鶴山先生大全文集，卷二十，乙未秋七月特班奏事。

（註一〇四）臨川先生文集，章衮，書臨川文集後。

（註一〇五）王安石奏復僖祖之廟，司馬光韓維孫朴孫固等力爭之，神宗卒從安石之請，朱熹謂安石持論之正，則有不可誣者。著作郎章辟光獻岐王顥宜遷居外邸之說，安石謂無罪，呂誨又欲嫁禍之。

（註一〇六）朱子語類輯略，卷八，論本朝人物。

（註一〇七）「新政之改，亦是吾黨爭之太過，成就今日之事，塗炭天下，亦須兩分其罪可也。當時天下岌岌乎殆哉！介父欲去數矣，其時介父直以數事上前卜去就，若青苗之議不行，則決其去，伯淳於上前，與孫莘老同得上意，要了當此事。大抵上意，不欲抑介父，要得人擔當了，而介父之意尚亦無必。伯淳嘗言：管仲猶能言出令當如流水，以順人心，今參政須要做不順人心事何故？介父之意，只恐始爲人所沮，其後行不得。伯淳卻道但做順人心事，人誰不願從也。介父道此則感賢誠意，却爲天祺（張載弟）其日於中書大悖，緣是介父大怒，遂以死力爭於前，上爲之一以聽聞，從此黨分矣。」（河南程氏遺書，第二上，二先生語二上）。

（註一〇八）蘇東坡集，卷十四，次荆公韻四絕。

（註一〇九）皇朝類苑，卷三十九，王蘇更相稱譽。

（註一一〇）蘇東坡集，續集，卷十一，上荆公書。

（註一一一）司馬文正公傳家集，卷六十三，與呂公著第二簡。

（註一一二）蘇東坡集，外制集，卷上，王安石贈太傅制詞。

（註一一三）程顥於神宗朝，由呂公著薦爲太子中允，監察御史裏行。後罷，知扶溝縣，除判武學，李定劾其新法之初，首爲異論，罷復舊任。已而坐逸獄，責監汝州酒稅，元豐八年卒，紹述之政，洛黨被黜最多，程頤以黨論削籍，竄涪州，後移峽州。門人子孫欲雪其恨，則造作語言，誣罔熙豐事實，以見元祐之是，紹述之非，進而詆詈王安石，庶幾其怨可伸也。

（註一一四）宋史，卷四二七，列傳第一八七，楊時傳。

（註一一五）陳汝錡曰：「靖康之禍，論者謂始於介甫，吾以爲始於君實，非君實能禍靖康，而激靖康之禍者君實也。蓋光之悻悻自用，盡反前轍，一有逢己之蔡京，則喜爲奉法，先帝之屍未寒，而諸法破壞盡矣。況元祐之初，朝廷進止，但取決於宣仁，而嗣君無與焉。是以哲宗之藏怒蓄憤，已不在紹聖親政之日，而小人之逢君報怨，亦不待惇京用事之時矣。何者？人臣而務勝其君以爲忠，豈人子而不務繼述其父以爲孝？上見其意，下將表異，一表之於章惇，而羈管竄逐無虛日；再表之於蔡京，而爲妖爲孽，外假紹述之名而以濟其私，而宋事不可爲矣，君實不當少分其咎哉？」（王文公年譜考異簕要，卷四，陳汝錡，甘露園長書四論，司馬光，一）。

（註一一六）陳瓘嘗言尋常學者須知得王介甫一分不是，卽是一分好人；知得王介甫十分不是，卽是十分好人。（東萊呂紫微師友雜誌）。

（註一一七）首詆蘇軾爲楊時，謂：「如子瞻詩，多於譏玩，殊無惻怛愛君之意。」（楊龜山集，卷二，語錄）此與安石相提並論。朱熹攻軾最烈，謂：「語道學則迷大本，論事實則尙權謀。衒浮華，忘本實，遺通達，賤名檢，此其害天理，亂人心，妨道術，敗風敎，亦豈盡出王氏之下也哉？……今乃專貶王氏而曲貸二蘇，道術所以不明，異端所以益熾，實由於此。」（朱文公文集，卷三十，答汪尙書）。熹謂使其行於當世，亦如王氏之盛，則其爲禍，亦如王氏而已。又謂使其得志，則凡蔡京之所爲，未必不身爲之也。（同上書）「蜚卿問荆公與坡公之學，曰：二公之學皆不正，但東坡之德行，那裏得似荆公。東坡初年若得用，未必其患不甚於荆公。」（朱子語類大全，卷一〇三，本朝四，自熙寧至靖康用人）。鶴林玉露謂：「朱熹云：二蘇以精深敏妙之文，煽傾危變幻之習。又云早拾蘇張之緒餘，晚醉佛老之糟粕。此爲文公二十八字彈文也。自程蘇相攻，其徒各右其師。孝宗最重大蘇之文，御製序贊，特贈太師，學者翕然誦讀，所謂人傳元祐之學，家有眉山之書，蓋紀實也。文公每與其徒言蘇氏之學壞人心術，學校尤宜禁絕。編名臣言行錄，於坡公議論所取甚少。」（天集，卷二，二蘇）。張栻、呂祖謙，亦皆排蘇軾。東萊云：「某氏之於吾道，非楊墨也，乃唐景也。」（呂東萊文集，卷三，與朱侍講）。此以唐勒景差輩浮詞麗語，比喩東坡焉。

（註一一八）象山先生全集，卷十九，荆國王文公祠堂記。

（註一一九）同上書，卷九，與錢伯同。

（註一二〇）自眞宗仁宗以來，議者對官制多以正名爲請。咸平中，楊億首言文昌會府，有名無實，宜復其舊。而言者相繼乞復二十四司之制。至和中，吳育亦言尚書省，天下之大有司而廢爲閑所，當漸復之。

（註一二一）呂東萊文集，卷二十，雜說。

（註一二二）鶴山先生大全文集，卷十八，應詔封事。

（註一二三）續資治通鑑長編紀事本末，卷八十，改官制。

（註一二四）宋史，卷一六三，志第一一六，職官三。

（註一二五）文昌雜錄，卷三。石林燕語，卷二。

（註一二六）宋史，卷一六二，志第一一五，職官二。

（註一二七）元祐元年，司馬光奏乞合併中書門下爲一，其理由以文書經過三省累層手續，迂回繁冗，近者數月，遠者踰年，未能裁奪，以致四方急奏待報，吏民詞訟求決，皆困於留滯。三省凡事每聯同進呈，門下之官既參加意見取決，若復有駁正，則自駁已行之命，跡進於反覆。近日中書文書有急辦者，往往更不送門下省，然則門下一官，殆同虛設。因此主張恢復舊制，中書門下在政事堂聯同辦公，大小政事，中書門下官會同商議取決，簽劃施行。而兩省並縮併機構，使貫通條暢，如此則政事歸一，吏員不冗，文書不繁，行遣徑直。（司馬文正公傳家集，卷五十七，乞合兩省爲一劄子）

畢仲游謂：「舊尚書省不總天下之政，而中書門下合而爲一，則其治速；今尚書省總天下之政，而中書門下析而爲二，則其治緩，此理之固然者。所謂畫黃、錄黃、符牒、關刺，由上而下，復由下而上，近者浹旬，遠者累月。有夜停印待報，而其務乃比於竹頭木屑之細，或有宵衣旰食，未得其決，而事久失於期會，則非惟不合今日之務，而良有害。」（西臺集，卷四，官制議）。葉夢得亦謂左僕射兼門下侍郎，命令進擬，由其自出；出命令之職，自己身行，尚何省而覆之乎？方其進對，執政無不同，則所謂門下侍郎者，亦預聞之矣，故批旨皆曰三省同奉聖旨，既以奉之，而又審之，亦無是理。門下省事，惟有給事中封駁而已，未有左僕射兼門下侍郎自駁已奉之命令者，則侍中侍郎所謂省審者，殆成虛文也。（石林燕語，卷三）元祐初有倡併廢門下省之意，但不行。

蘇轍主張較溫和，其提出疏理之辦法有四：一、大事依三省取旨覆奏而施行，小事則由執政批狀直付有司。二、三省文書法，許吏人互相點檢，如有欺弊及差誤而害事者罰。三、文書至尚書省，自省付諸部，自部付諸司，其開拆呈覆用印，皆有日限，每處且以五日爲率，凡十五日，乞以事之緩急，減定日限。四、今官倣唐制，置官多重複而不切用者，宜斟酌裁減。（欒城集，卷三十七，論三省事多留滯狀）。

寄祿格只定二十四階，以統百官，等級層次，粗疏詳略，每失其平。秦觀論其弱點，謂：「向之則自正議大夫以上，遷進太略；自中散大夫以下，清濁不分也。夫遷進太略，則大臣僥倖；而其弊也，至於無以復加，而法制亂。清濁不分，則小臣偷惰，而其弊也，至於莫爲之寵，而資望乖。舊制：侍郎至僕射凡十二遷，其兼侍從之職八遷九遷，其任執政之官，猶六遷也。蓋侍郎以上皆天子之臣，非多得其等級，則勢必至易極，——易極則國家慶賞將窒而不得行，此制官深意也。今寄祿格則不然，自正議大夫不問人之如何，四遷而至特進，故大臣爲特進者，遇朝廷有大慶賞，則不得已而以司空之官予之。夫司空者職事官也，寄祿無以復加而予焉，豈非所謂亂法制之甚歟？舊制：少卿之官，率一秩而有四名，太常、光祿、衞尉、司農是也。郎官員外，率一秩而有八名，如禮工祠屯主膳虞水之類是也。京朝之官，率一秩而有三名，如太常、秘書、殿中諸丞是也。蓋入仕之門，有制策、進士、明經諸科任子雜色之異；歷官之途，有臺省寺監漕刑郡縣之殊，非銖銖而較之，色色而別之，則牛驥同皂，賢不肖混淆，而天下皆將汎汎然偷取一切，不復淬礪激昂，以功名爲己任，此亦制官之深意也。今寄祿格則不然，自中散大夫以下至承務郎秩爲一名而已。故嘗任臺省之職，或任漕刑之司者，人心有所不厭，而莫爲之寵，則往往假以龍圖集賢之號。夫龍圖集賢之號，所以待天下文學之士也，而以諸吏莫爲之寵而假焉，豈非乖資望之甚歟？」（秦淮海集，卷十五，官制下）。

（註一二八）宋史，卷八十至九十，志第三十八至四十三，地理一至六。

（註一二九）元豐類稿，卷三十，請減五路城堡。

（註一三〇）東都事略，卷八十七下，列傳七十下，司馬光傳。

（註一三一）曾布於紹聖三年奏言曰：「臣元豐末在朝廷，見光進用，自六月秉政，至歲終，一無所爲。及陰用軾轍光庭巖叟輩，布滿要路，至元祐元年二月，乃奏罷役法，盡逐黨人，然後於先朝政事，無所不改。以此知大臣陰引黨類，置之言路，蔽塞人主耳目，則所爲無不如欲，此最爲大患。」（續資治通鑑長編紀事本末，卷一三〇，久任曾布）。

（註一三二）宋史，卷三四〇，列傳第九十九，論贊。

（註一三三）新政派四人，尙書左僕射兼門下侍郎蔡確，尙書右僕射兼中書侍郎韓縝，知樞密院事章惇，中書侍郎張璪。以司馬光爲首之反新政派四人：門下侍郎司馬光，尙書左丞呂公著，尙書右丞李淸臣，同知樞密院事安燾。

（註一三四）朱子語類大全，卷一三〇，本朝四，自熙寧至靖康用人。

（註一三五）宋史，卷四七一，列傳第二三〇，曾布傳。

（註一三六）宋史，卷一七七，志第一三〇，食貨上五，役法上。

（註一三七）宋史，卷三一四，列傳第七十三，范純仁傳。

（註一三八）苕溪漁隱叢話後集，卷二十六，東坡一，子瞻墓誌。

（註一三九）欒城集，卷三十六，論差役五事狀，元祐元年二月十五日。

（註一四〇）宋史，卷四七二，列傳第二三一，蔡京傳。京由待制而至知開封府，與王安石原無關係，在熙寧時，並未得志。元豐末，大臣議所立，京附蔡確，將害王珪，以貪定策之功，不克。京得呂公著賞識，司馬光秉政，復差役法，希合光意，獨率先如約以應之。

（註一四一）劉摯謂差役之法初行，監司已有迎合爭先，不量可否，不校利害，一概定差，騷動一路者（皇朝文鑑，卷五十八，論監司）。元祐二年，彭汝礪召爲起居舍人，時相問新舊之政，對曰：「政無彼此，一於是而已。今所更大者，取士及差役法，行之而士民皆怨，未見其可。」（宋史，卷三四六，列傳第一〇五，彭汝礪傳）。三年，蘇軾謂：「臣每見呂公著、安燾、呂大防、范純仁，皆言差法不便，但爲已行之，今不欲轉變，兼恐臺諫分爭，卒難調和。」（蘇東坡集，奏議集，卷四，大雪論差役不便劄子）。

（註一四二）蘇軾上疏，極言衙前可雇不可差，先帝此法可守不可變。朝廷知差役利害，已變法許雇，天下皆以爲便，而臺諫猶累疏力爭，可見其意專欲變熙寧之法，不復校量利害，參用所長也。（蘇東坡集，奏議集，卷三，辯試館職策問劄子）。軾且直指臺諫所擊不過先朝之人，所非不過先朝之法，正是以水濟水，臣竊憂之，尤爲一針見血之論也。

（註一四三）羅從彥曰：「司馬光所改法，無不當人心者，惟罷免役失之。安石之免役，正猶楊炎之均稅，東南人實利之，若以堯舜三代之法格之，則去之可也，不然，未可輕議。」（宋元學案，卷三十九，豫章學案；遵堯錄）。朱熹亦謂：「溫公忠直而於事不甚通曉，如爭役法，七八年間，直是爭此一事。他只說不合令民出錢，其實不知民自便之，此是有甚大事，却如命捨命爭？」（朱子語類大全，卷一三〇，本朝四，自熙寧至靖康用人）。

（註一四四）元祐元年，司馬光請盡罷諸路將官，其禁軍各主本州縣長吏，與總管、鈐轄、都監押等轄，一如未置將官以前之法，而樞密院難之，止詔諸路將副在州駐劄不係路分兵官知州並州鈐轄兼充者，並差將官一員，兼本州副監。其單將駐劄處，勿復差兼。（文獻通考，卷五十九，職官十三）。

（註一四五）司馬文正公傳家集，卷四十六，乞去新法之病民傷國者疏，元豐八年。

（註一四六）續資治通鑑長篇，卷三七〇，元祐元年。

（註一四七）西臺集，卷七，上門下侍郎司馬溫公書。

(註一四八)欒城集，後集，卷十二，潁濱遺老傳上。

(註一四九)同上書，後集，卷二十二，亡兄子瞻端明墓誌銘。

(註一五〇)止齋先生文集，卷三十七，與劉濤之寺簿三。

(註一五一)欒城集，後集，卷十六，論御試策題劄子第二。

(註一五二)蘇東坡集，奏議集，卷四，大雪論差役不便劄子。

(註一五三)蔡確夏中登車蓋亭絕句十首：

「公事無多客亦稀，朱衣小吏不須隨。溪潭直上虛亭裏，臥展柴桑處士詩。

一川佳景疏簾外，四面涼風曲檻頭。綠野平流來遠棹，青天白雨起靈湫。

靜中自足勝炎蒸，入眼兼無俗物憎。何處機心驚白鳥，誰人怒劍逐青蠅。

紙屏石枕竹方牀，手倦拋書午夢長。睡起莞然成獨笑，數聲漁唱在滄浪。

西山髣髴見松筠，日日來看色轉新。聞說桃花巖石畔，讀書曾有謫仙人。

風搖熟果時聞落，雨折幽花亦自香。葉底出巢黃口鬧，波間逐伴小魚忙。

矯矯名臣郝甑山，忠言直節上元間。釣臺蕪沒知何處，歎息思公俯碧灣。

溪中曾有划船士，溪上全無佩犢人。病守翛然唯坐嘯，白鷗紅鶴伴閑身。

未結茅廬向翠微，且持杯酒對清輝。水趨夢澤悠悠過，雲抱西山冉冉飛。

喧豗六月浩無津，行見沙洲束兩濱。如帶河流何足道，沉沉滄海會揚塵。」(續資治通鑑長編，卷四二五，元祐四年四月)。

按唐郝處俊原爲安陸人，尋訪處俊釣臺作思古之情，吳處厚指第七首借處俊諫高宗欲遜位武后事，以諷宣仁太后。又指第十首「沉沉滄海會揚塵」句，謂事出葛洪神仙傳，此乃時運之大變，處厚指五首皆涉譏訕，而以第七第十兩首爲尤甚。

（註一五四）初，梁燾之論蔡確，密具確及王安石之親黨姓名以進。確親黨：安燾、章惇、蒲宗孟、曾布、曾肇、蔡京、蔡卞、黃履、吳居厚、舒亶、王覿、邢恕等四十七人。安石親黨：蔡確、章惇、呂惠卿、張璪、安燾、蒲宗孟、王安禮、曾布、曾肇、彭汝礪、陸佃、謝景溫、黃履、呂嘉問、沈括、舒亶、葉祖洽、張商英等三十人。此爲他日姦黨碑報復之根也。

（註一五五）續資治通鑑，卷八十一，宋紀八十一，元祐四年五月。

（註一五六）東都事略，卷七十七，列傳六十，范祖禹傳。

（註一五七）宋史，卷二四二，列傳第一，后妃上，英宗宣仁聖烈高皇后傳。

（註一五八）宋史，卷三四五，列傳第一〇四，劉安世傳。

（註一五九）宋史，卷四三三，列傳第一九二，邵伯溫傳。

（註一六〇）續資治通鑑，卷八十二，宋紀八十二。

（註一六一）續資治通鑑，卷四四六，元祐七年。

（註一六二）續資治通鑑長編紀事本末，卷一〇三，臺諫言蘇軾。

（註一六三）同上書。

（註一六四）蘇軾草呂惠卿制：「具官呂惠卿以斗筲之才，挾穿窬之智，諂事宰輔，同升廟堂。樂禍而貪功，好兵而喜殺。以聚斂爲仁義，以法律爲詩書。首建青苗，次行助役。均輸之政，自同商賈；手實之禍，下及雞豚。苟可蠹國以害民，率皆攘臂而稱首。先皇帝求賢若不及，從善如轉圜，始以帝堯之仁，姑試伯鯀；終焉孔子之聖，不信宰予……尙寬兩觀之誅，薄示三危之竄。」（蘇東坡集，外制集，卷中，呂惠卿責授建寧軍節度副使本州安置不得簽書公事）。

（註一六五）宋論，卷七，哲宗。

（註一六六）皇朝文鑑，卷一〇四，李清臣，明責篇。

（註一六七）朱子語類大全，卷一三〇，本朝四，自熙寧至靖康用人。

（註一六八）續資治通鑑長編紀事本末，卷一一〇，常平倉。

（註一六九）宋史，卷三一四，列傳第七十三，范純仁傳。

（註一七〇）朱熹謂：「蘇轍規取相位，力引楊畏使傾范純仁，而以己代之，既不效矣，則誦其彈文於坐以動范，此豈有道君子所爲哉？」（朱文公文集，卷四十一，答程允夫）。

（註一七一）神宗不豫時，邢恕與蔡確密謀援立，誘宣仁后姪公繪曰：「延安幼冲，雍曹皆賢王也。」公繪驚，趨出。恕計不行，反揚言太后屬意雍王，使首相王珪知之。確乃約珪同入問疾，陽以語勾致珪，使開封府蔡京伏劍士於外，俟珪語小異即誅之。既而珪言：「上自有子，」恕計無所施，而語稍聞於宣仁后，遂黜恕出知隨州。恕與確又揚言太后有廢立意，紿司馬光子康手書，謂其父光曾語范祖禹曰：「方今主少國疑，宣訓事尤可慮。」宣訓者，北齊婁太后宮名，婁太后嘗廢孫濟南王而立少子演，以比宣仁后欲廢哲宗而立雍王也。司馬光爲天下所信服，故欲以此語出自光；又恐人疑非光言，故必給其子康手書而後可使人信。其設心可謂黠矣。會確貶新州，恕亦遠謫，事不果行。紹聖初，章惇蔡卞當國，欲甘心元祐諸臣，引恕入爲御史中丞，於是恕追理前說，並怵高遵裕之子士京，追訟其父在日知王珪謀立雍王，以實其言，總欲以此爲題，陷害諸人，並誣宣仁后，以見己與確有擁護哲宗之功也。先是，劉摯呂大防爲相，時文彥博之子及甫，居喪，恐服除不得京官，抵書邢恕曰：「改月遂除，入朝之命未可必。司馬昭之心，路人所知也，濟之以粉昆，必欲以藐躬爲甘心之地，可爲寒心！」其謂司馬昭者，本指呂大防；粉昆者，世以駙馬都尉爲粉侯，時韓忠彥執政，其弟嘉彥尚主，故以忠彥爲粉侯也。至是，恕以此書示蔡確之子渭，使上其書，訟當時宰相劉摯呂大防等陷其父確，謀危宗社，引此書爲證。惇卞遂欲因是誣摯及梁燾王巖叟等，以爲有廢立意，置獄於同文館，用蔡京安惇雜治之。及甫乃變詞，託其亡父嘗說司馬昭指劉摯，粉謂王巖叟面白如粉，昆謂梁燾，字況之，況猶兄也。將鍛成粗立之事，以殺摯等，並以悖逆坐司馬光呂公著，甚至欲追廢宣仁后。會無實據，及甫但云疑其事勢如此，而向太后及太妃等，亦力言宣仁之誣於哲宗，乃止。（趙翼，廿二史劄記，卷二十六，同文館之獄）。

（註一七二）劉安世乃元祐最激烈份子，攻擊蔡確章惇最力，故章惇用事，尤忌惡之。

（註一七三）司馬文正公傳家集，卷六十四，朋黨論，嘉祐三年。

（註一七四）王明清，玉照新志，卷一。

（註一七五）欒城集，卷四十六，論西邊商量地界劄子。

（註一七六）元符皇后閤宦者郝隨陰謀廢元祐皇后孟氏，崇寧元年十月，復廢之。二年二月，尊元符皇后劉氏爲皇太后。政和三年，后頗干預外事，且以不謹聞。帝與輔臣議將廢之。二月，后即簾鈎自縊死，諡曰昭懷。高宗建炎元年正月，復尊廢后孟氏爲元祐太后，八月，更號爲隆祐太后。

（註一七七）資治通鑑長編紀事本末，卷一三〇，久任曾布。

（註一七八）朱文公文集，卷八十二，書曾帖程弟跋後。

（註一七九）宋史，卷三四六，列傳第一〇五，陳祐傳。

（註一八〇）宋史，卷三四六，列傳第一〇五，江公望傳。

（註一八一）邵氏聞見錄，前錄，卷五。

（註一八二）左曰元豐，右曰元祐，每側旁行七重，支持元豐者，執政中唯溫益一人，餘不過三四輩；右序則舉朝輔相公卿。

（註一八三）續資治通鑑長編紀事本末，卷一二一，禁元祐黨人上。

（註一八四）詔中書省開具元符臣僚章疏姓名，正上鍾世美、喬世材等六人；正中耿毅、宗雨十三人；正下許奉世、宇文邦彥二十二人。邪上尤甚范柔中、鄧考甫三十九人；邪上梁寬、曹興宗四十一人；邪中趙越、朱光裔等一百五十人。邪下王革、張提等三百一十二人。

（註一八五）續資治通鑑，卷八十八，宋紀八十八。

（註一八六）劉安世謂元祐之黨，止七十八人，後來附益者非也。（元城語錄解，附錄）。黨人碑刻原有二本：一本計九十八人，一本計三百零九人，雖皆出於蔡京私意，而九十八人者，是崇寧初年所定，大抵皆爲元祐之眞正黨人。崇寧三年，京再將元符末上書人及己所不喜者添入黨籍，冗雜至三百零九人。安世爲此言，乃宣和六年十月六日也，時七十七人已不存，惟存其本人耳。明海瑞撰元祐黨籍碑考，卽根據崇寧三年之碑而考訂。

（註一八七）廣西省桂林城定貴門外，桂江東岸之龍隱巖下，洞中石壁上，刻有碑文，遺留至今。

（註一八八）易豐卦：「豐，亨，王假之。」疏：財多德大，故謂之豐。德大則無所不容，財多則無所不濟，無所壅礙故謂之亨，故曰豐亨。易豫卦：「九四，由豫，大有得。」象曰：「由豫大有得，志大行也。」

（註一八九）朱文公文集，卷三十，答汪尚書。

（註一九〇）「政和中，蔡京以太師領三省事，得治事於家。弟卞，以開封在經筵，嘗挾所親將仕郞吳說往見，坐於便室，設一桌，陳筆硯，置玉版紙濶三寸者數十片於上。卞言常州教授某人之淹滯，曰自初登科作教官，今已朝奉郞，尙未脫故職。京問何以處之？卞曰：須與一提學。京取一紙書其姓名，及提舉學事字，而缺其路分。顧曰：要何地？卞曰：其家極貧，非得俸入優厚處不可。於是書河北西路字付老兵持出。」（容齋隨筆，三筆，卷十五，蔡京除吏）。

（註一九一）宦者梁師成，貌若不能言，然陰賊險鷙。政和間，得君貴幸，竄名進士籍中，會徽宗溺於符瑞之事，師成喜逢迎，希恩寵，帝本以隸人畜之，命入處殿中，凡御書號令，皆出其手。多擇善書吏，習仿帝書，雜詔旨以出，外廷莫能辨。師成實不能文，而高自標榜，自言蘇軾出子。是時全國禁誦軾文，其尺牘在人間者皆毀去，師成訴於帝曰：「先臣何罪？」自是軾之文乃稍出。以翰墨爲己任，四方俊秀名士，必招致門下。王黼父事之，雖蔡京父子亦諂附焉。都人目爲隱相。所領職局，至數十百。宣和二年加太尉，開府儀同三司。

又宦官楊戩，政和四年拜彰化軍節度使，首建期門行幸事，以固其權威，與梁師成埒，由檢校少保至太傅，遂謀撼東宮。宣和三年卒，賜太師吳國公，由李彥繼其職。彥天資狠愎，密與王黼表裏，宣和三年爲括田使，置局汝州，凡民間良田，使他人投牒告陳，皆指爲天荒，雖執印劵皆不省。魯山合縣爲公田，焚民故劵，使田主輸租，佃本業訴者輒加威刑，致死者千萬。公田既無二稅，轉運使亦不爲奏。發物供奉，有類朱勔。當時論者謂朱勔結怨於東南，李彥結怨於西北。靖康初，削官賜死。

(註一九二) 宋史，卷三四六，列傳第一〇五，常安民傳。

(註一九三) 宋史，卷三四六，列傳第一〇五，陳師錫傳。

(註一九四) 宋史，卷三五六，列傳第一一五，崔鶠傳。

(註一九五) 宋史，卷四〇五，列傳第一六四，劉黼傳。

(註一九六) 宋史，卷一六一，志第一一四，職官一。

(註一九七) 浮溪集，卷二，奏論宋晦落職不當行詞狀。

(註一九八) 莊簡集，卷八，論制國用劄子。

(註一九九) 三朝北盟會編，政宣上帙一，政和七年七月四日條。

(註二〇〇) 宋史，卷三七一，列傳第一三〇，宇文虛中傳。

第三章　政治變革(三)

第十二節　靖康之禍

宣和七年，斡離不在平州，遣人來索叛亡戶口，朝議弗遣。且聞童貫郭藥師治兵燕山，斡離不遂請於金主曰：「苟不先舉伐宋，恐爲後患。」金主以爲然，而未敢輕舉。及使者往返既數，諜知道路險易，朝廷虛實。而耶律余覩、劉彥宗亦言南朝可圖，師不必衆，因糧就兵可也。及既獲遼主，十月，卽決意南侵。分爲兩路進兵：以諳班勃極烈(皇帝代理人，卽官長)杲(斜也)兼領都元帥，居京師，粘罕爲左副元帥，谷神爲元帥右監軍，耶律余覩爲元帥右都監，自西京趨太原；撻懶爲六部路都統，斜也副之，斡離不爲南京路都統，闍母副之，劉彥宗兼領漢軍都統，自平州入燕山。先是，金主遣使來許割蔚應州，及飛狐、靈邱縣(山西靈邱縣)，帝遣童貫往接受。至太原，聞粘罕自雲中(綏遠吐默特部)南下，貫乃使馬擴辛興宗往使，諭以交割地事。擴至軍前，粘罕嚴兵以待，反求另割數城以贖罪。擴還，具言於貫，宜速作備禦，貫不從。既而粘罕遣王介儒、撒離姆持書至太原，責以渝盟納叛等事，詞語甚倨。貫問之曰：「如此大事，何不素告我？」撒離姆曰：「兵已興，何告爲？宜速割河東河北，以大河爲界，庶存宋朝宗社。」貫聞之，氣褫不知所爲，假赴闕稟議爲名，遁還京師。粘罕引兵降朔州，克代州(山西代縣)，遂進圍太原，知府張孝純悉力固守。斡離不自平州破檀薊，至三河，蔡靖遣郭藥師及張令徽劉舜仁帥師四萬五千，迎戰於白河，兵敗而還。藥師遂率所部兵刼靖及都運使呂頤浩降金。斡離不執靖及頤浩置軍中以行。於是燕山府所屬州縣，皆爲金有。斡離不得藥師，益知宋虛實，以爲鄉導，懸軍深入矣。

帝以金人大舉南下，罷諸路花石綱及內外製造局，悉以禁旅付內侍威武軍節度使梁方平守黎陽（故城在河南濬縣東北）。步軍都虞候何灌謂宰相白時中曰：「金人傾國遠至，其鋒不可當。今方平掃精銳以北，萬有一不枝梧，何以善其後，盍留以衞根本？」不從。帝欲東幸，命李棁先出守金陵，羣臣反對乃罷，而以太子桓（一〇九六—一一五六）爲開封尹，降詔罪己，並天下勤王。召熙河經略使姚古、秦鳳經略使种師中，將兵直赴汴京應援。帝以金兵迫，從太常少卿李綱（一〇八五—一一四〇）之議，下詔禪位於太子桓。桓卽位，尊帝爲教主道君太上皇帝，居龍德宮，以李邦彥爲龍德宮使，蔡攸吳敏副之。遣給事中李鄴使金，告內禪，且請修好。鄴至慶源府（河北趙縣），斡離不欲還，郭藥師曰：「南朝未必有備，不如姑行，」從之，遂陷信德府（河北鉅鹿縣）。時情勢日急，召京東、淮西、兩浙募兵入衞。全國皆知蔡京等誤國，而用事多受其薦引，莫肯爲帝明言之，獨太學生陳東（一〇八七—一一二七）率諸生上書曰：「今日之事，蔡京壞亂於前，梁師成陰謀於後，李彥結怨於西北，朱勔結怨於東南，王黼童貫又結怨於遼金，刱開邊隙。宜誅六賊，傳首四方，以謝天下」（註一）。殿中侍御史崔鶠、諫議大夫馮澥，亦上書極論蔡京姦邪，時議歸重焉。

靖康元年（一一二六）正月，詔中外臣庶，直言得失。時斡離不陷相濬二州，梁方平帥禁旅騎兵七千屯於黎陽河北岸，金兵至，方平奔潰。河南守橋者，望見金兵旗幟，燒橋而遁。步軍都指揮使何灌帥兵二萬，退保滑州，亦望風而潰。官軍在河南者無一人禦敵。金人遂取小舟以濟，凡五日，騎兵方絕，步兵猶未渡也。旋渡旋行，無復部伍。金人笑曰：「南朝可謂無人，若以二千人守河，我豈得渡哉？」遂陷滑州。以吳敏知樞密院事，李梲同知院事。王黼聞金兵至，不俟命。載其孥以東，詔貶爲崇信軍節度副使，永州安置。李彥賜死，並籍其家。朱勔放歸田里，凡由勔得官者皆罷。帝聞斡離不渡河，即詔親征，依眞宗幸澶淵故事，以李綱爲親征行營使，吳敏副之，聶山參謀軍事。以蔡攸爲太上皇帝行宮使，宇文粹中副之，奉上皇東行以避敵。上皇如亳州，於是百官多潛遁。蔡京爲自全計，亦盡室南行。京師戒嚴，宰執白時中李邦彥請帝出幸襄鄧，以避敵鋒。李綱獨持不可，乃以綱爲尙書右丞東京留守。綱爲帝力陳不可去之意，且言唐明皇聞潼關失守，即時幸蜀，宗廟朝廷，毀於賊手。今四方之兵，不日雲集，奈何輕舉以蹈明皇之覆轍乎？會內侍奏中宮已行，帝色變，不願留，綱俯伏以死邀之，適燕越二王至，亦以固守爲然。帝意稍定，以治禦敵之策委綱。是夜，宰臣猶請出幸不已，帝從之，欲詰旦決行，質明，綱赴朝，則禁衞擐甲，乘輿已駕矣。綱入見力爭，帝感悟，乃召中宮還；御宣德樓，宣諭六軍，始定固守之議。李綱爲親征行營使，以便宜從事，侍衞都指揮使曹曚副之，治都城四壁守具，以百步法分兵備禦，令肄習之。戰爭之具粗畢，金人已抵城下矣。遣使督諸道勤王兵入援。白時中免，以李邦彥爲太宰，張邦昌爲少宰，趙野爲門下侍郎，王孝廸爲中書侍郎，蔡懋爲尙書左丞，唐恪同知樞密院事。此輩樗蒲之質，黨派奴才，平素猥薄巧佞以爲悅，全無器識，尸位政府，終非國家喬木之臣。當此危急之秋，朝議築室，進退失據，始而謀幸，旣而謀和，主張割地，罷入衞之兵，撤大河之防，直以兒戲視國事，北宋安得而不亡哉？

金人圍攻汴京，前後兩次：第一次，由靖康元年正月七日至二月十一日，圍城三十三日。第二次，由靖康元年十一月十九日至閏十一月二十五日，圍城三十五日，城陷後，金人逗留搜掠，至二年（一一二七）三月二十七日，始擄二帝北去。

第一次圍城　正月七日，斡離不軍進抵都城，據牟駝岡天駟監，獲馬二萬匹，芻豆如山，蓋郭藥師熟知其地，故導金兵先得之。帝召羣臣議，李邦彥力謀割地求和，李綱以爲擊之便，帝竟從邦彥命鄭望之、高世則使其軍，未至，遇金使，因與偕還。是夜，金人攻宣澤門，防守達旦，不得逞。翌日，金使吳孝民入見，言上皇已往不必計，今少帝與金，別立誓書結好，仍遣親王宰相詣軍前可也。帝遣李梲前往，鄭望之副之。九日，金人又攻通津、景陽等門，以酸棗門爲最急，李綱督戰，斬殺甚衆，何灌戰死，敵知有備乃退。當李梲抵金營也，斡離不提出議和條件：輸金五百萬兩，銀五千萬兩，牛馬萬頭，絹綵各一百萬匹；尊金主爲伯父；歸燕雲之人在宋者；割中山（河北定縣）、太原、河間（河北河間縣）三鎭之地；以宰相親王爲質。此空前酷辣之勒索條件，乃郭藥師敎之，因以事目一紙付梲，遣還。梲等唯唯，顫慄不敢措一詞，遂與金使蕭三寶奴、耶律忠等偕來。李梲歸，李邦彥等力勸帝從金議。宰執初裒聚金銀，復索之於臣庶之家，僅得金三十萬兩，銀八百萬兩。不足，復括剝都城，亦僅得金二十萬兩，銀四百萬兩，而民間已空。李綱言：「金人所需金幣，竭天下且不足，況都城乎？三鎭、國之屏蔽，割之何以立國？至於遣質，宰相當往，親王不當往。若遣辯士，姑與之議所以可不可者，宿留數日，大兵四集，彼孤軍深入，雖不得所欲，亦將速歸，此時與之盟，則不敢輕中國而和可久也。」李邦彥等言：「都城破在旦夕，尙何有三鎭？而金幣之數又不足較。」帝默然。綱不能奪，因求去，帝慰諭之曰：「卿第出治兵，此事當徐圖之。」綱退，則誓書已成，稱伯大金皇帝，姪大宋皇帝，金幣割地，遣質更盟，一依其言，五日之間，便草草投降。遣沈晦以誓書先往，倂持三鎭地圖示之。十四日，以張邦昌爲計議使，奉康王構（一一〇七—一一八七）往金營爲質以求成，構乃徽宗第九子，韋賢妃所生也。道君太上皇南幸，十五日，行抵鎭江。

當李邦彥輩爭言議和也，四方勤王之師，至者凡數萬人。十八日，統制官馬忠，以京西募兵至，擊金人於順天門外，敗之，金兵暫斂，西路稍通，援兵得達。二十一日，种師道（一〇六〇—一一二六）督涇原秦鳳兵步騎七千入援，抵京趨汴水南，逕逼敵營。金人懼，徙寨稍北，斂遊騎，但守牟駝岡，增壘自衞。時師道年高，全國稱爲老种，帝聞其至，甚喜，開安上門，命李綱迎勞。師道入見，帝問曰：「今日之事，卿意若何？」對曰：「臣以議和非也，女眞不知兵，豈有孤軍深入人境，而能善其歸乎？今觀京師，周廻八十里，如何可圍？城高數十丈，粟支數年，不可攻也。請於城內劄營，而城上嚴兵拒守，以待勤王之師，不踰數月，虜自困矣。如其退，則與之戰。三鎭之地，不宜割與。」帝不納其言，但拜同知樞密院事，充京畿河北河東宣撫使。自金兵渡河，京師諸門盡閉，市無薪菜，師道請去西南壁，聽民出入，民始安之。又請緩給金幣於金，俟其惰歸，扼而殲諸河，計之上也。帝命師道於政事堂共議，師道見李邦彥曰：「京師堅高，備禦有餘，當時相公何事便講和？」邦彥曰：「以國家無兵故也。」師道曰：「不然，凡戰與守，自是兩事，戰或不足，守則有餘。京師百萬衆，盡皆兵也。」邦彥曰：「素不習武事，不知出此。」師道歎曰：「相公不習兵，豈不聞往古守城者乎？」又曰：「聞城外居民，悉爲賊殺掠，畜產甚多，亦爲賊有。當時旣聞敵來，何不悉令城外居民，撤去屋舍，移其所畜，盡入城中，乃遽閉門以遺賊資何也？」邦彥曰：「倉卒之際，不暇及此。」師道笑曰：「亦太慌忙耳。」左右皆笑。時議人人異同，惟李綱與師道合，而邦彥不從。時朝廷日輸金幣於金，而金人索求不已，日肆屠掠，四方勤王之師漸至，如姚平仲、劉光國、楊可勝、范瓊、李竇諸路兵至京師，號二十萬，人心稍定。王黼旣東去，吳敏李綱請誅之，事下開封尹聶昌。昌遣武士躡之，及於雍邱（故城在河南杞縣）南，戕之民家，取其首以獻，託言爲盜所殺。貶梁師成爲彰化節度副使，令開封吏護送至貶所，行及三角鎭賜死。

圍攻汴京之敵，實力不過五六萬人。李綱遂奏言：「金人之兵，張大其勢，探得其實，不過六萬人，又大半皆契丹渤海雜種，其精兵不過三萬人，吾勤王之師集城下者二十餘萬，固已數倍之矣。彼以孤軍入重地，正猶虎豹自投於檻穽中，當以計取之，不必與角一旦之力。爲今之計，莫若扼河津，絕糧道，禁抄掠，分兵以復畿北諸邑，俟彼遊騎出而擊之。以重兵臨敵營，堅壁勿戰，如同周亞夫所以困七國者，俟其芻糧乏，人馬疲，然後以將帥檄其誓書，復三鎭，縱其北歸，半渡而擊之，此必勝之計也。」（註二）帝深然之。敵人之虛實，綱由沈琯具報而得，言賊騎不過五萬，能戰者只萬餘人。

太子營不及二千，藥師常勝軍約三千騎，諸營部兵聞只有三萬餘人。(註三) 根據此類報告而判斷敵情，急於作戰，遂制臨敵之策，定二月六日舉事。帝日遣使趣師道戰，師道欲俟其弟師中之秦鳳勁旅，稍遲八日始至。因奏言過春分乃可擊，蓋主緩戰以困敵，其計自可挽危局，無如帝以爲遲。都統制姚平仲者，姚古之子也，勇而寡謀。种姚折三氏當時殆爲武人世家，平仲慮功獨歸种氏，謀先期擊之。二月初一夜，平仲帥步騎萬人，直斫敵營，但事洩，敵先有備，兵敗，喪失千餘人，楊可勝被執殺。李綱率諸將出救，始卻敵。平仲恐以違節制，爲師道所誅，即遁去。師道復言刼寨已誤，然今夕再遣兵分道攻之，亦一奇也。如猶不勝，然後每夕以數千人擾之，不十日，賊遁矣。李邦彥等以懼敵故，皆不果用。已而斡離不使王汭來責舉兵違誓，且請更以他王爲質。汭至，李邦彥語之曰：「用兵乃李綱姚平仲耳，非朝廷意也。」乃罷李綱种師道以謝金人，廢親征行營司，並遣宇文虛中往辯釋之。臣僚乞李綱依舊右丞，御史中丞許翰上言，乞復用种師道。五日，太學諸生陳東等上書於宣德門，言在廷之臣，奮勇不顧，以身任天下之重者李綱也，所謂社稷之臣也。其庸繆不才，忌疾賢能，動爲身謀，不恤國計者，李邦彥、白時中、張邦昌、趙野、王孝迪、蔡懋、李棁之徒是也，所謂社稷之賊也。陛下拔綱，中外相慶，而邦彥等疾如仇讎，恐其成功，因緣沮敗。且邦彥等必欲割地，曾不知無三關四鎭，是棄河北也；棄河北，朝廷能復都大梁乎？又不知邦彥等能保金人不復敗盟否也？邦彥等不顧國家長久之計，徒欲沮李綱成謀，以快私憤。李綱罷命一傳，兵民騷動，至於流涕，或謂不日爲虜擒矣。罷綱非特墮邦彥等計中，又墮虜計也。乞復綱舊職，以安中外之心，付种師道以閫外之事。宗社存亡，在此一舉，不可不謹。書奏，軍民不期而集者數萬人，塡塞馳道街巷。會邦彥入朝，衆數其罪而罵，且欲毆之，邦彥疾馳得免。吳敏傳宣令退，衆莫肯去，撾壞登聞鼓，喧呼動地。帝恐生變，乃令耿南仲號於衆曰：「已得旨宣綱矣。」內侍朱拱之宣綱緩期，衆臠而磔之，並殺內侍二十餘人。知開封府王時雍麾之不退，帝顧戶部尚書聶昌俾出諭旨，諸生遂退。乃復綱尚書右丞，充京城四壁防禦使。既而都人又言願見种師道，詔促師道入城彈壓。師道乘車而至，衆褰簾視之曰：「果我公也！」相率聲喏而散。明日，詔誅士民殺內侍爲首者，禁伏闕上書。王時雍欲盡致太學諸生於獄，人人惴恐。會朝廷將用楊時爲祭酒，復遣聶昌宣諭，然後定。宇文虛中至金營，久乃得見康王。次日，侍王至金幕府，見斡離不：旋遣王汭隨虛中入城，要越王及李邦彥、吳敏、李綱，併駙馬曹成等與金銀騾馬之數，且欲御筆書定三鎮之界，方退軍。帝命肅王往代質，許割三鎮地，康王張邦昌還。虛中復奉詔如金，許割三鎮地。斡離不屯汴郊已久，以粘罕在太原，其勢未合，恐勤王之師有以乘之，得詔遂不俟金銀數足，遣韓光裔來告辭。十日，退師北上，肅王從之，厚載而去，京師解嚴。种師道請乘其半濟擊之，帝不許。李邦彥立大旗於河東河北，有擅出兵者，並依軍法。种師道曰：「異日必爲國患！」御史中丞呂好問進言於帝曰：「金人得志益輕中國，秋冬必傾國復來，禦敵之備，當速講求。」不聽，右諫議大夫楊時上疏，力主追擊。疏上，帝詔出師，而議者多持兩端。時熙河路經略使姚古，秦鳳路經略使种師中，府州折質彥等勤王兵十餘萬人，至汴城下，而斡離不已退。李綱請追之，且戒俟其間可擊則擊。樞密院志存破敵，而三省乃令護送出境，勿輕動以起釁。（註四）大臣政令矛盾如此，故迄無成功。

金兵既退，遂大赦天下。李邦彥罷，以張邦昌爲太宰兼門下侍郎，吳敏爲少宰兼中書侍郎，李綱知樞密院事，耿南仲李棁爲尚書左右丞。粘罕聞斡離不議和，亦遣人來求賂，不逞，乃分兵南下，陷隆德府（山西長治縣）。未幾，粘罕還雲中，留兵圍太原，於是主戰之議復起。詔金人叛盟深入，其原主和者李邦彥，奉使許地者李棁、李鄴、鄭望之，悉行罷黜。其太原、中山、河間三鎭，誓當固守。遂命种師道爲河北河南宣撫使，駐滑州；姚古爲河北制置使，种師中副之。古統兵援太原，師中援中山、河間。師道無兵自隨，乃請合山東、陝西關河卒，屯滄、衞、孟、滑，備金兵再至。朝廷以大敵甫退，不宜勞師，示弱，格不用。粘罕至澤州（山西晉城縣），師中欲由邢相間捷出上黨（山西長治縣），擣其不意，當可以逞，朝廷疑不用。斡離不行至中山河間，兩鎭皆固守不下，師中因進兵以逼之，斡離不遂出境。侍御史孫覿（一〇八一—一一六九）等極疏蔡京姦惡，貶京爲秘書監，分司西京；童貫爲左衞上將軍，池州居住；蔡攸爲大中大夫，提舉亳州明道宮。旋又貶童貫安置柳州。（註五）三月，張邦昌罷，李棁免，以徐處仁爲太宰，唐恪爲中書侍郎，何㮚（一〇八九—一一二七）爲尚書右丞，許翰同知樞密院事。然以徐處仁之庸俗，吳敏之昏懦，唐恪之傾險，政事亦不振。初，太上皇至鎭江，官兵日給六千餘緡。當時衣冠狼狽惶駭，傾國南奔，沿途一空，而小人竟獻議，繕營宮室，移植花木，購置園池。國難當頭，猶思逸樂之舉。至是返回南京，遂詔李綱迎其歸都。

四月，粘罕圍攻太原，內外不相通。詔种師中與姚古進軍，相爲掎角。師中進次平定軍（山西平定縣），乘勝復壽陽（山西壽陽縣）、楡次（山西楡次縣）等縣，留屯眞定。許翰誤信粘罕將遁之說，數遣使趣師中出戰，且以爲逗撓，乃忿然赴敵，約姚古及張灝俱進。師中抵壽陽之石坑，爲金兵所襲，回趨楡次之殺熊嶺。姚古將兵至威勝軍（山西沁縣），統制焦安節妄傳粘罕將至，衆驚潰，河東大震。師中與完顏活女戰於楡次，兵敗，爲流矢所中而死。師中老成持重，爲時名將，既死，諸軍無不奪氣。金乘勝進兵，古兵潰，退保隆德。朝廷唯一可賴之勁旅，亦因以大損。李綱召安節斬之，安置古於廣州，贈師中少師。自金兵撤圍初退，太上皇還都，上下恬然，以爲無事，方建議立東宮，開講筵，楊時崔鶠仍念念不忘攻擊王安石，復置春秋博士，而臺諫所論，不過指摘京黼之黨，行遣殆無虛日，防邊禦寇之事，反置而不問。（註六）李綱獨以爲憂，數上備邊禦敵之策，輒爲耿南仲所掣肘。及姚古种師中敗，种師道以病乞歸，時太原圍急，羣臣欲割三鎮地，李綱沮之。乃以綱爲兩河宣撫使，將兵一萬二千人以援太原，劉韐（一〇六六—一一二六）副之，以代師道，蓋欲緣此以去綱。綱陛辭，對帝道唐恪聶昌之姦，（註七）任之必誤國，言甚激切。滿朝卿士，非畏懦則迂腐，國難如此嚴重，朋黨惡習，尚死而不僵，士大夫爭黨之新舊，辨黨之邪正，既禁用王安石字說，復罷其配享孔子。七月，又除元符上書邪等之禁。程氏門徒，殆以黨爲重，國爲輕，一似國可亡，而黨爭不可讓也。李綱赴兩河，留河陽，練士卒，整器甲；進次懷州，造戰車，期兵集大舉，而朝廷降詔，罷減所起之兵。御批日趣其赴太原解圍。夫太原實不可救，特以綱主戰，故出之耳。綱遂遣制置副使解潛屯威勝軍，劉韐屯遼州（山西遼縣），幕官王以寧與都統制折可求張思正等屯汾州（山西汾陽縣），范瓊屯南北關，皆離太原五驛，約三道並進。時，諸將皆承受御畫，事皆專達，進退自若，宣撫使徒有節制之名，無指揮之實。於是劉韐兵先進，金人併力禦之，韐兵潰。瀆與敵遇於南關，亦大敗。八月。復以种師道爲兩河宣撫使，召李綱還。河東察訪使張灝與金人戰於文水（山西文水縣），敗績。都統制張思正襲金人於文水，初勝而復敗，死者數萬人，思正奔汾州。都統制折可求師潰於子夏山。於是威勝、隆德、汾、晉、澤、絳（山西新絳縣）民，皆渡河南奔，州縣爲之一空，金人乘勝攻太原。李綱上疏極論節制不專之弊，且言分路進兵，敵以全力制吾孤軍，不若合大兵由一路進。及范世雄以湖南兵至，因薦爲宣撫判官，方欲會合親率擊虜，會以議和止綱進兵；綱亦求罷，遂代還。救援太原之役，以敗績終。

初，朝廷以肅王爲金所質，亦留其使臣蕭仲恭以相抵，踰月不遣。其副趙倫乃給館伴邢倞，謂耶律余覩領契丹兵甚衆，貳於金人，可結之以圖敵。執政輕率，竟信之。乃以蠟書付倫致之余覩，使爲內應。倫還，即獻於斡離不；斡離不以聞於金主。又麟府帥折可求言：「遼梁王雅里在西夏之北，欲結宋以報怨於金。」吳敏勸帝致書雅里，由河東往麟府，亦爲粘罕遊兵所得，復以聞。金主有此藉口，遂以粘罕爲副元帥，斡離不爲右副元帥，分由雲中、保州（河北保定縣）作第二次南侵矣。八月，徐處仁吳敏罷相，許翰罷同知樞密院事，以唐恪爲少宰，何㮚爲中書侍郎，陳過庭爲尙書右丞。聶昌同知樞密院事，李回簽書樞密院事。然恪爲相，亦無濟時大略，而何㮚聶昌，皆疏俊之士，器質粗薄，使當重任於艱難之秋，宋事蓋可知矣。言者論吳敏庇蔡京父子，出知揚州，再謫置涪州，李綱聞之，嘆曰：「事無可爲者矣！」即上奏乞罷，乃召綱赴闕，以綱專主戰議，喪師費財，責授保靜軍節度副使，其後建昌軍（江西南城縣）安置，再謫寧江。許翰亦落職宮祠，翰、綱所薦也。李綱以堅守京師一議得衆心，識雖不足，忠則有餘。綱之去，姦臣之計得售，而僅餘之人才既倒，更無揞拄傾危之士矣。朝廷遣吳革、李若水（一〇九二——一一二六）分使金軍，以求緩師，斡離不只索歸朝官及所欠金銀，而粘罕則專論三鎭。革等還，復遣給事中王雲往，許以三鎭賦稅。朔州守臣孫翊，河東名將也，領兵援太原，朔兵叛，翊遇害。府州守臣折可求，亦統麟府之師二萬以援太原，遠道師勞，爲敵所敗。太原被圍二百六十日，城中軍民餓死者十八九。九月，粘罕復急攻，帥臣張孝純力竭不能支，城遂陷。孝純被執，既又釋而用之，副都總管王稟通判方笈等死焉。以李回爲大河守禦使，折彥質爲河北宣撫副使。從何㮚之請，分全國二十三路爲四道，建三京及鄧州，爲都總管府，分統四道兵。以知大名府趙野爲北道都總管，知河南府王襄總西道，知鄧州張叔夜總南道，知應天府胡直儒總東道。事得專決，財得專用，官得辟置，兵得誅賞，緩急則以羽檄召之，入衞京師。此恢復四輔之制，欲以藩鎭輔翼京師之策也。十月，种師閔及斡離不戰於井陘（河北井陘縣），敗績，斡離不遂入天威軍，陷眞定。金人遣楊天吉王汭等以書責問契丹雅里及余覩蠟書，並原來割三鎭事，態度甚倨，要求亦奢。時金兵復至，大臣不知計出，遣使講和，金人佯許，而攻略自如，諸將以和議故，皆閉壁不出。已而金人攻中山，上下震駭，廷臣狐疑相顧，猶以和議爲辭。夫春初「賊以孤軍深入，前阻堅城，而後顧邀擊之威。當是時不難於和，而朝廷震懼，其所邀求，一切與之，既割三鎭，又質親王，又許不貲之金幣，使賊有以窺中國之弱，此失其所以和也。諸道之兵既集，數倍於賊，將士氣銳而心齊，朝廷畏怯，莫肯一用，懲姚平仲刼寨之小衂，而忘周亞夫困敵之大計，使賊安然厚有所得而歸，此失其所以戰也。失此二者之機會，故令賊志益侈，再舉南牧，無所忌憚，遂有併吞華夏之心。」（註八）

帝聞河東已失太原，河北已失眞定，大以爲憂，下哀痛詔，徵兵於四方，命河北河東諸路帥臣，傳檄所部得便宜行事。种師道駐兵河陽，知虜必大舉，卽上疏請幸長安，以避其鋒，以守禦事付將帥。朝廷謂其怯，召還。南道總管張叔夜，陝西制置使錢蓋，各統兵赴闕，時王雲李若水見金二酋歸，言金堅欲得地，不然，進兵取汴京。會唐恪耿南仲專主和議，十一月，詔止援兵，使兩道兵勿前。詔集百官於延和殿，議割三鎭，范宗尹等七十人請與之，以何㮚爲首三十六人持不可。㮚曰：「三鎭，國之根本，奈何一旦棄之？況金人變詐罔測，安能保必信，割亦來，不割亦來。」梅執禮、呂好問、洪芻、秦檜（一〇九〇——一一五五）等皆主㮚議，而唐恪耿南仲等力主割地，謝克家、孫覿、李擢、李會、王及之、王時雍、劉觀七人，結爲死黨，支持耿南仲，故主和派勢較大。㮚論辯不已，因曰：「河北之民，皆吾赤子，棄地則併其民棄之，豈爲父母意哉？」帝悟乃止。遂詔河北、河東、京畿清野，令流民得占住官舍寺觀。時粘罕自太原趨汴，平陽府（山西臨汾縣）、威勝軍、隆德府、澤州皆陷，官吏棄城遁者遠近相望。种師道薨。十一月，粘罕至河外，折彥質領師十二萬拒之，夾河而軍。時李回以萬騎防河，亦至河上。粘罕恫以虛聲，取戰鼓擊之，達旦，彥質之衆皆潰，李回亦奔還京師。中原人亡命南竄，金活女帥衆追之，先渡孟津（河南孟津縣）粘罕從之，知河陽燕瑛、西道都總管王襄皆棄城走，永安軍（河南鞏縣西南芝田鎮）、鄭州悉降，金兵直趨汴京。粘罕既渡河，不復言三鎮，遣人來言，欲盡得兩河地，請畫河爲界，蓋乘破竹之勢，察知朝廷之無能爲，故要求更奢也。於是京師戒嚴，復遣知樞密院事馮澥及李若水往使，明知和議必不可諧，但姑乞靈之。何㮚罷，以陳過庭爲中書侍郎，孫傅爲尚書右丞。當此局勢已殆，大臣徬徨失措，不知防守進退之策，竟欲以妖術救急，最爲荒誕無稽。初，孫傅因讀邱濬感事詩，有「郭京楊適劉無忌」之語，於龍衛中得京。好事者言京能施六甲法，可以生擒金二將而掃蕩無餘，其法用七千七百七十人。朝庭深信不疑，命京爲成忠郎，賜金帛數萬，自募兵，不論技藝能否，只擇年命合六甲者，所得皆市井游惰，旬日而足。虜攻益急，京談笑自若，語言狂妄，而傅與何㮚尤尊信虔待之。又有劉孝竭等募衆，或稱六丁力士，或稱北斗神兵，或稱天闕大將，大率效京所爲，識者危之。（註九）斡離不亦遣使來議割兩河地，帝許之，命耿南仲聶昌往報，先後皆辭。帝怒，乃卽命南仲如河北斡離不軍，昌如河東粘罕軍。昌行至絳，鈐轄趙子清麾衆殺之。南仲與金使王汭偕行，至衛州（河南汲縣），衛鄉人欲殺汭，汭脫去，南仲遂走相州。斡離不軍自眞定趨汴，僅二十日，至城下，屯於劉家寺。粘罕一軍，自河陽來會，駐於青城（在南薰門外，爲祭天齋宮）。

第二次圍城　時西南兩道援兵，爲唐恪耿南仲遣還，於是四方無一人至者。城中唯衛士及弓箭手七萬人。乃以一萬人分作五軍，備流動搶救，命姚友仲辛永宗分領之。以五萬七千人，分配於四壁守禦。唐恪以令止援兵，始悔之，密言於帝曰：「唐自天寶而後，屢失而復興者，以天子在外，可以號召四方也。今宜舉景德故事，留太子居守，而西幸洛，連據秦雍，領天下親征，以圖興復。」帝將從其議，而開封尹何㮚入見，引蘇軾所論謂周之失計，未有如東遷之甚者。帝幡然而改，以足頓地曰：「今當以死守社稷！」(註一〇)南道都總管張叔夜，帥三萬餘人入援，轉戰而至都下，軍容甚整。入對言，賊鋒甚銳，願如唐明皇之避安祿山，暫詣襄陽，以圖幸雍。帝頷之。東道都總管胡直儒，亦將兵入衛，與金人遇於拱州，撻懶與阿里刮將兵二千，破其前鋒三萬，直儒兵敗被執，金人示之於城下，都人大懼。粘罕軍至城下，雨雪交作，帝被甲登城以御膳賜士卒。金人攻通津門，數百人縋城禦之，焚其砲架二，鵝車二；攻朝陽門，殿前副都指揮王宗濋拒戰於城下，統制官高師旦死之；攻南壁，張叔夜與之大戰，金兵敗退，溺湟死者以千數。時天氣大寒，士卒噤戰，不能執兵器，有僵仆者。而城中兵少，又十失五六，因時挑戰，以示敢敵而已。

閏十一月，唐恪免，以何㮚爲尚書右僕射兼中書侍郎，復元豐三省舊制。一歲之間，宰執五六易。詔康王構爲天下兵馬元帥。金人復遣蕭慶來言：「不須帝出城，只須何㮚議事。」又請上皇、皇太子越王、鄆王爲質。詔越王往，將行，而粘罕以兵來逆，越王乃止。於是金人宣稱失信，再遣使來趣親王出盟。詔遣馮澥、簽書樞密院事曹輔(一〇六八——一一二七)與宗室仲溫、士詠如金軍以請和。既至，粘罕卽遣之歸。已而攻城愈急，犯通津、宣化門，發大砲如雨，箭尤不計其數。范瓊以千人出戰，渡河冰裂，沒者百餘人，自是士氣益餒。何㮚年甫三十八歲，爲宰執，折衝無謀，守禦無策，數趣郭京出師，京徙期再三。已而京盡令守禦人下城，無得窃窺，因大啓宣化門，出攻金師，大敗退走，墮死於護龍河，塡屍皆滿，城門急閉。京稱下城作法。引餘兵南遁。金兵遂自雲梯登城，士卒以無賞，不肯戰，四壁兵皆潰，金人焚南薰諸門，城內大亂，軍民號呼奔走，臥道上者如麻。統制姚友仲、統制官何慶言、陳克禮、中書舍人高振力、四壁守禦使劉延慶，引護駕選鋒之秦兵萬餘人，奪開遠門以出，至龜兒寺，爲追騎所邀殺，其徒李孝忠、黨忠、祝進等，皆走爲盜。京城陷，張叔夜被創，猶父子力戰。帝聞城陷，慟哭曰：「不用种師道之言，以至於此！」衞士入都亭驛，執金使劉晏殺之。衞士長蔣宣率其衆數百，欲邀乘輿突圍而出，呂好問以爲甲乘不足，未可輕動，宣遂止。何㮚親率都民巷戰，聞者皆奮，敵由是不敢下，復僞倡和議，乃止。

帝聞金人欲和而退，命何㮚及濟王栩使其軍以請成。粘罕等曰：「今之所議，期在割地而已。」何㮚還言：「金人欲邀上皇出郊，」帝以上皇驚憂而疾，遂親往青城，何㮚、陳過庭、孫傅等從，奉表請降。以金遣二酋還報云：「其主欲立賢君，宜族中別立一人以爲宋國主，仍去帝號。」帝默然。十二月，帝留青城，粘罕遣蕭慶入城，居尚書省，控管政權，大肆搜掠，檢視府庫帑藏，凡朝廷之事，必先關白。是時，金人大抵尚未有意留帝，故得自金營放歸，士庶及太學生迎謁，帝掩面大哭曰：「宰相誤我父子！」旋詣延福宮，朝太上皇，奏曰：「金人以別立賢君爲言，可且以弟康王爲主，以延祖宗社稷。」時康王母韋氏在側，言曰：「金人必不止於立賢，禍有不可勝言者。」已而金遣使來索金一千萬錠，銀二千萬錠，帛二千萬匹，於是大括金銀，並根括至南京，盡予之。並索京城騾馬，御馬而下七十四悉歸之。又索少女一千五百人，宮嬪不肯出宮，赴池水死者甚衆。因物價騰踊，遂定京師米價，勸糶以振民，縱民伐紫筠館花木以爲薪。遣劉韐、陳過庭、折彥質等爲割地使，往河東河北割地以畀金。時陝西安撫使范致虛糾集陝西兵入援，錢蓋兵十萬至潁昌，聞汴京破而遁。西道總管王襄南走襄陽，致虛猶與西道副總管孫昭遠合兵，環慶帥王似，熙河帥王倚，以兵來會，合步騎號二十萬赴汴。致虛儒者不知兵，出武關，至鄧州千秋鎭，金將婁室以精騎衝之，皆不戰而潰，致虛收餘兵入潼關。江淮等路發運使兼浙江福建經制使翁彥國，亦將東南六路兵與峒丁槍杖手共數萬人，徘徊泗上，亦不克到援。

二年（一一二七）正月，遣耿南仲陳過庭等出割兩河地，民堅守，不奉詔，凡累月，只得石州（山西離石縣）。金人索金帛急，且再邀帝至營。帝有難色，但誤於何㮚李若水，以爲無虞，勸帝行。帝乃命孫傅謝克家，輔太子諶監國，而與㮚若水等復如青城，閤門宣贊舍人吳革諫之，謂車駕若出，必墮虜計，不聽。帝出城，百姓數萬人挽車阻駕，號泣不與行。車駕至郊，張叔夜猶叩馬而諫，卒不能阻。割地使劉韐至金營，金人欲利用，以爲代立，韐酌巵酒自縊死。自帝如青城，都人日出迎駕，粘罕留不遣，太學生王時偁、徐揆、段光遠各上書於二酋，求釋車駕還闕，二酋見書，使以馬載揆至軍詰難，揆厲聲抗論，爲虜所殺。金主吳乞買得帝降表，遂廢帝及上皇爲庶人。金知樞密院事劉彥宗請復立趙氏，不許。時，金人根括津搬，絡繹道路。帝遣使歸云：「朕拘留在此，候金銀數足，方可還。」於是再增侍從郎中二十四員，復行根括。又分遣搜掘戚里、宗室、內侍、僧道、伎術之家，凡八日，得金三十萬八千兩，銀六百萬兩，衣段一百萬，令權貯納之。二月，又言尚有窖藏金銀者，乞搜出，於是開封府復立賞限，大行根括十八日，城內再得金七萬兩，銀一百一十四萬兩，併衣段四萬，納軍前。二酋以金銀不足，殺提舉官梅執禮、陳知質、程振、安扶等四人。經迭番搜刮，汴京百餘年聚積之金銀，掃地以盡。金銀搜刮後，又繼之以文物。金人索郊天儀制及圖籍，又索大成樂器、太常禮制器用，以至戲玩圖畫等物，盡置金營，歷四日乃止。凡朝廷之法駕鹵簿，皇后以下車輅鹵簿、冠服、禮器、法物、大樂、教坊樂器、祭器八寶、年鼎、圭璧、渾天儀、銅人、刻漏古器、景靈宮供器、太清樓、秘閣、三館書籍、天下府州縣圖，及官吏內人內侍技藝工匠倡優，府庫蓄積，爲之一空！而京城之被圍，城內疫死者幾半，物價踊貴，米每升至三百錢，豬肉每斤六千錢，羊八千錢，驢二千錢，一鼠亦值數百錢，道上橫屍，率取以食，城中貓犬殘盡，遊手凍餒死者十五六。(註一一)金人復使翰林承旨吳幵、吏部尚書莫儔邀上皇出城，詣軍營。張叔夜諫曰：「皇帝一出不復歸，陛下不可再出。臣當率勵精兵，護駕突圍而出，庶幾僥倖於萬一。天不祚宋，死於封疆，不猶勝生陷夷狄乎？」上皇遲疑未行，欲飲藥，爲范瓊所奪。瓊遂迫上皇與太后御犢車出宮，鄆王楷等九人及諸妃公主駙馬六宮有位號者皆行，獨元祐皇后孟氏以廢居私第獲免。金人以內侍鄧述所具諸王皇孫妃主名單，檄開封尹徐秉哲盡取之，前後凡得三千餘人，令衣服相聯屬而往。(註一二)金人迫帝及上皇易服，又迫上皇召皇后太子，孫傅留太子不遣。吳革欲以所募士微服衛太子潰圍而出。傅不從，而密謀藏之民間，別求狀類太子者殺之以給金人。越五日，無肯承其事者，吳幵莫儔督脅甚急，范瓊以危言譬衞士，遂擁皇后太子而出。若水在金營旬日，粘罕召問立異姓狀，若水罵之，被害而死。四月，金人以二帝及太妃太子宗戚等四百七十餘人，分兩道北上。斡離不脅上皇太后與親王皇孫駙馬公主妃嬪，及康王母韋賢妃，康王夫人邢氏等，由滑州去。粘罕以帝皇后太子妃嬪宗室及何㮚、孫傅、張叔夜、陳過庭、司馬樸、秦檜等，由鄭州去。而歸馮澥，曹輔、路允迪、孫覿、張徵、許世勛、汪藻、康執權、元當可、沈晦、黃夏卿、鄧肅、郭仲荀等於張邦昌。百官遙辭二帝於南薰門，衆痛哭，有仆絕者。當金兵未撤前，縱兵四掠，殺人如麻，汴京四周，臭氣薰天。上皇離青城，金人以牛車數百乘，載諸王後宮，皆胡人牽駕，經邢趙間北上。帝則頂青氈笠，乘馬，後有監軍隨之，自鄭州而北，每過一城，輒掩袂而號泣，由代渡太和嶺，至雲中。張叔夜渡白溝，仰天大呼，扼吭而死。何㮚孫傅至燕山，亦相繼死。金人以太上皇及帝以素服見阿骨打廟，遂見金主於乾元殿。金主封太上皇爲昏德公，帝爲重昏侯，未幾，徙之韓州（遼寧昌圖縣），命宗室孝騫等同處，給田十五頃，命種蒔以自給焉。

夫金人兩次圍城，而終至不能守，高宗嘗問其故，李綱曰：「金人初來，未知中國虛實，雖渡河而尼瑪哈（粘罕）兵失期不至：再來則兩路並進。初時勤王之師，數日皆集；再來圍城，始召天下兵，遂不及事。初時金人寨於西北隅，而行營司兵屯城中要地，四方音問不絕，再來朝廷自決水浸西北隅，而東南無兵，敵反據之，故外兵不得進，又淵聖即位之初，將士用命；其後刑賞失當，人心解體，城中無任責之人，敵至，造橋渡濠，全不加卹，敵遂登城。此前後所以異也。」（註一三）綱之言，蓋從兩次圍城之態勢比較，而論其前後得失，此理之當然也。方斡離不之北還也，爲宋計者。宜爲遠謀，而乃忽李綱備邊之計，种師道防秋之言，上下相慶，以爲無虞。曾不數月，再致金師。太原眞定，咽喉以塞，而猶議三鎭棄守之利害。初則戰者不決於戰，和者不一於和，一人言之以爲是而行，一人言之以爲非而止。金人之至，則下淸野之令；傳言寇猶未至，復又撤之。稍急則恐懼而無謀，稍緩則聚訟而又變其計。吏部侍郎程振所謂：「柄臣不和，論議多駁，詔令輕改，失於事機；」（註一四）龔茂良亦謂：「景德之勝，本於能斷；靖康之禍，在於致疑，」（註一五）信哉！故金人嘗語宋使曰：「待汝家議論定時，我已渡河矣。」當是時，廟堂之相，方鎭之將，皆出於童蔡王梁之門，無一足以繫天下之望者固矣，迨頹勢既成，不可救藥，君臣相顧，又不能同心協力，以濟斯難，惴惴然惟以割地請和爲言，未聞有能出一計與之抗者。是以金人之來，如破竹然，而欽宗昏愚，初則用姦臣以主和，迨稍能去姦臣矣，繼之者類多爲器識不足，餒怯無能之輩，是以兩次圍城，前後達一百八十八日之久，迄無一次大戰，而恫嚇虛喝，君臣喪魄，割地賠款之不暇，最後竟信妖術而取敗。夫戰不勝而亡國者有之，不和不戰因威懾氣奪——不戰而敗，不守而亡者，自古以來，恐唯北宋耳，吁，可怪也哉！

汪藻曰：「嗚呼，靖康之禍，豈不哀哉！以二百年全盛之中，而在位皆拘攣章句之徒，謂名節爲非所急，士之精銳銷耎盡矣，一旦爲敵所乘，無不全軀保妻子，奉頭鼠竄，或甘心汙辱之地而不悔。」（註一六）是以國破家亡之際，死義者少，因亂謀利者多，覥顏事敵之漢奸，更乘時而出。當金人之邀上皇出城也，並令吳幵莫儔入城，令推立異姓堪爲人主者。幵儔復召百官議，衆莫敢出聲，相視久之，計無所出。留守王時雍問於幵儔，一人微言虜意在邦昌。適尙書員外郎宋齊愈至自金營，衆問金之意所主，齊愈取片紙書張邦昌三字示之，時雍乃決，遂以邦昌姓名入議狀。太常寺簿張浚，開封士曹趙鼎（一〇八五—一一四七），司馬員外郎胡寅（一〇九八—一一五六），相率逃入太學中以避，皆不肯署狀。唐恪書名，仰藥而死。王時雍復集百官詣秘書省，至卽閉省門，以兵環之，俾范瓊諭衆以立邦昌意，衆唯唯，御史馬伸乃與御史吳給約御史中丞秦檜，共爲議狀，願復嗣君，以安四方。且論邦昌當上皇時蠹國害政，以致社稷傾危。金人怒，執檜去。張叔夜亦移書二酋，請立太子以從民望，二酋怒，追赴軍中。金人遂遣邦昌入城，居尙書省，令百官班迎勸進，統制官吳革募兵，謀先誅范瓊輩，刼還二帝以討邦昌，期以三月八日起事，但革被瓊黨所執殺。三月七日，金遣尙書左僕射權簽書樞密院事韓昉，持僞詔備儀册命邦昌爲皇帝，國號大楚，都於金陵，世輔王室，永作藩臣。邦昌北向拜舞，受册卽位。邦昌身爲傀儡，心仍不安，拜百官皆加權字。以王時雍權知樞密院事兼領尙書省。吳幵權同知樞密院事，莫儔權簽書院事，呂好問權領門下省，徐秉哲權領中書省。邦昌不敢御正殿，不受常朝，不出呼，見百官稱予，手詔曰手書，雖不改元，而百官文移，必去年號，惟呂好問所行文書，猶稱靖康二年。除王時雍外，百官猶未以帝禮事邦昌。及金人將還，邦昌詣營祖餞，服赭袍，張紅蓋，所過設香案起居，時雍、秉哲、幵、儔皆從，士庶觀者，無不感愴，都人目時雍爲賣國牙郎。時金人議留兵以衞邦昌，呂好問曰：「南北異宜，恐北人不習風土，必不相安。」金人乃不留兵而去，然遺退兵檄文，亦謂志在弔民，並假借耆老軍民共議薦舉之名義，以立邦昌。王時雍議肆赦，好問曰：「四壁之外，皆非我有，將誰赦？」乃先赦城中。又遣使止勤王者，邦昌入居都省，好問曰：「相公眞欲立耶？抑姑塞敵意而徐爲之圖爾耶？」邦昌曰：「是何言也？」好問曰：「相公知中國人情所向，特畏女眞兵威耳。女眞既去，能保如今日乎？大元帥在外，元祐皇后在內，此殆天意，盍亟還政，可轉禍爲福。」（註一七）因勸邦昌當迎元祐皇后，請康王即定大位。監察御史馬伸亦具書於邦昌，望速行改正，易服歸省，庶事取皇后命而行，仍速迎奉康王歸京。書入，邦昌氣沮，徘徊觀望。

時四方勤王之師，漸迫汴京。眞定總管王淵（一〇七七—一一二九）已領兵到闕，屯於通津門外；宗室叔向，亦領兵七千到闕，屯於青城。邦昌乃尊元祐皇后爲宋太后，迎居延福宮，遣人至濟州（山東鉅野縣）訪康王。其冊皇后語有曰：「尚念宋氏之初，首崇西宮之禮，」蓋用太祖即位迎周太后入西宮故事，忖邦昌之本意，仍非眞爲趙氏也。宗室知淮寧府（河南淮陽縣）子崧，聞二帝北虜，與江淮經制使翁彥國等誓衆，登壇歃血，同獎王室，移書訶斥邦昌，責其反正，併諭王時雍等，辭旨激切。好問又語邦昌曰：「天命人心，皆歸大元帥，相公先遣人推戴，則功無在相公右者。」邦昌乃復遣謝克家往，奉迎康王。王時雍曰：「騎虎勢不能下，所宜熟慮，他日噬臍，悔無及矣。」徐秉哲復從旁贊之。邦昌知人心不順，遂不聽時雍言。克家至濟州勸進，康王不許。使臣鄭安自金回，傳淵聖皇帝（欽宗）齧血書襟詔，播告忠臣義士，奮心一舉，猶可爲朕報北轅之恥。邦昌又遣蔣師愈等携書詣濟州，自陳所以勉循金人推立者，欲權宜一時，以紓國難耳，非敢有他也。康王復書與之，而諭宗澤（一〇五九—一一二八）等移師近都，按甲觀變。澤復書謂邦昌僭亂踪跡，已無可疑，大王宜亟行天討，興復社稷，不可不斷。康王遂自濟州如應天府。邦昌知人心不附，來見，伏地慟哭，請死，康王慰撫之。邦昌爲人，在徽宗朝，求媚人主，附主和議。靖康初，進位太宰。未幾，與李梲同罷，衆謂其私於敵也。二帝北虜，邦昌本無能，而金人暱之者，度使其偕康王往質時，和柔謹媚，虜所易也。而康王尚慰撫羈縻，予以爵位者，蓋以畏金之病未除，而不思踔厲奮發，矢志復仇，宜卽位後，姑息和議，偏安之局，已萌於此時矣。

第十三節　高宗中興

當靖康元年八月，王雲至眞定斡離不軍，遣從吏先還，言金人須康王至軍，乃議和。會金使王汭等亦來。十月，帝乃命馮澥副康王往。會雲還，復詔雲以資政殿學士副王。王由滑濬至磁州（河北磁縣），守臣宗澤迎謁曰：「肅王一去不返，今虜又詭辭以致王，其兵已迫，復去何益？願勿行。」民亦遮道諫王勿北去，以雲將挾王入金，厲聲指雲曰：「眞姦賊也！」因執雲殺之。雲之被殺，雖偶然之事，但因此保留宋祀百年。使雲不死，康王必至虜營；磁人既殺雲，康王乃復南還。時斡離不濟河，相繼圍京師。遊兵日至磁州城下，跡王所在。知相州汪伯彥亟以蠟書請王還相，部兵以迎於河北，王遂至相。相人岳飛（一一〇三—一一四一）因劉韐見王，王令招賊吉倩，倩降，以飛爲承信郎。閏十一月，殿中侍御史胡唐老言：「康王奉使至磁，爲士民所留，乃天意也，乞就拜爲大元帥率天下兵入援。」何㮚亦以爲然。帝遣閣門祇候秦仔持蠟詔如相州，拜王爲河北兵馬大元帥；知中山府陳遘爲元帥，汪伯彥宗澤爲副元帥，使盡起河北兵，速入衞。十二月，康王開大元帥府於相州，有兵萬人，分爲五軍而進，率兵離相州，次於大名。宗澤破金人三十餘砦，履冰渡河，見王曰：「京城受困日久，入援不可緩，」王納之，既而知信德府梁揚祖以三千人至，張俊（一〇八六—一一五四）、苗傅、楊沂中（一一〇二—一一六六）、田師中，皆在麾下，兵威稍振。會帝遣曹輔齎蠟詔至，云金人登城不下，方議和好，可屯兵近甸，毋輕動。汪伯彥等皆信之，宗澤獨曰：「金人挾譎，是欲緩我師耳，君父之望入援，何啻飢渴，宜急行軍直趨澶淵，次第進壘，以解京城之圍，萬一敵有異謀，則吾兵已在城下。」伯彥難之，勸王遣澤先行。王乃命澤趨澶淵，自是澤不得預帥府謀議。耿南仲及伯彥請移軍東平（山東東平縣），從之。

二年正月，宗澤自大名至開德（河北濮陽縣），與金人十三戰，皆捷，遂以書勸康王移諸道兵會京城。又移書北道總管趙野、河北東路宣撫使范訥、知興仁府（山東荷澤縣）曾楙合兵入援。三人皆以澤爲狂，不答。澤遂孤軍進，至衞南，轉戰而東，敵增援兵至，澤令士卒死戰，敵敗退。金人刼營又撲空，自是憚澤不敢出，澤出其不意，遣兵過大河襲擊，破之。時康王有衆八萬，分屯濟濮諸州，高陽關路安撫使黃潛善，總管楊惟忠亦以部兵數千至東平。有此兵力，本可以大舉勤王，但王只遣王淵以三千人入援。金人聞之，遣甲士及中書舍人王溦，齎帝蠟詔，自汴京至，命王以兵付副元帥而還京。後軍統制張俊曰：「此金人詐謀耳，今大王居外，此天授，豈可徒往？」因請進兵。二月，王遂如濟州。及金人虜二帝北去，宗澤在衞聞之，即提軍趨滑，走黎陽，至大名欲逕渡河，據金人歸路，邀還二帝，而勤王之兵，卒無至者，遂不果。

四月十一日，張邦昌聽侍御史胡舜陟之言，請元祐皇后入居禁中，垂簾聽政，毀所立宋后手書不用。邦昌退居資善堂，僭位僅三十三日，僞政權至是結束。后以馮澥爲奉迎使，與謝克家及康王舅韋淵，奉大宋受命寶詣濟州勸進。既至，王慟哭受寶命，遣克家還京，辦即位儀物。十五日，皇后發表告天下手書，以作張邦昌過渡朝廷之辯釋，而正式宣佈授康王以大位。其手書曰：

「比以敵國興師，都城失守。祲纏宮闕，既二帝之蒙塵；誣及宗祊，謂三靈之改卜。衆恐中原之無統，姑令舊弼以臨朝。雖義形於色，而以死爲辭；然事迫於危，而非權莫濟。內以拯黔首將亡之命，外以舒鄰國見逼之威，遂成九廟之安，坐免一城之酷。乃以衰癃之質，起於閒廢之中，迎置宮闈，進加位號，舉欽聖已行之典，成靖康欲復之心。永言運數之屯，坐視邦家之覆，撫躬獨在，流涕何從？緬維藝祖之開基，實自高穹之眷命，歷年二百，人不知兵；序傳九君，世無失德。雖舉族有北轅之釁，而敷天同左袒之心。乃眷賢王，越居近服，已徇羣情之請，俾膺神器之歸。繇康邸之舊藩，嗣我朝之大統。漢家之厄十世，宜光武之中興；獻公之子九人，惟重耳之尚在。茲爲天意，夫豈人謀？尚期中外之協心，共定安危之至計。庶臻小愒，同底丕平。用敷告於多方，其深明於吾意。」（註一八）

宗澤及權知應天府朱勝非來言：「南京，藝祖興王之地，取四方中，漕運尤易。」王遂決意趨應天府。既發濟州，鄜延副總管劉光世（一〇八九—一一四二）、西道都總管王襄、宣撫司統制官韓世忠（一〇八九—一一五一），皆以師來會。王至應天，命築中興受命之壇於府門之左。五月一日，王

圖七　宋高宗像（國立故宮博物院藏品）

登壇告天，受命畢，遙謝二帝，遂即位於應天府治，距二帝被虜僅一月。其即位冊文，謂：「以中興於宋祚，」蓋以中興自期也。改靖康二年爲建炎元年，大赦，張邦昌及應於供奉金國之人，一切不問，惟蔡京、童貫、朱勔、李彥、孟昌齡、梁師成、譚稹子孫，更不收敍。是日，元祐皇后於東京撤簾，以黃潛善爲中書侍郎，汪伯彥同知樞密院事，遙尊乾龍皇帝爲孝慈淵聖皇帝，元祐皇后爲元祐皇太后。(註一九)帝問宰執何以處邦昌，黃潛善等曰：「邦昌罪在不貸，然爲金人所脅，今已自歸，惟陛下所處。」帝曰：「朕欲馭以王爵，異時金人有詞，使邦昌以天下不忘本朝而歸實避位之意告之。」遂以邦昌爲太保，封同安郡王，尋詔邦昌宜如文彥博故事，五日一赴都堂，參決大事，以范訥爲京城留守。元祐太后遣呂好問奉手書詣應天，帝勞之曰：「宗廟獲全，卿之力也，」遂命爲尚書右丞，罷王時雍。時王淵與楊惟忠、韓世忠以河北兵，劉光世以陝西兵，張俊、苗傅等以帥府及降羣盜兵，皆在行朝，不相統一，乃制御營司，主行幸，總齊軍政，命黃潛善兼御營使，汪伯彥副之，而以王淵爲都統制，劉光世提舉使司一行事務，諸將韓世忠、張俊、苗傅爲統制官，楊惟忠主管殿前司公事。整編諸盜及民兵，分隸五軍。召太學生陳東赴行在。以靖康大臣主和誤國，責李邦彥爲建寧軍節度副使，潯州（廣西桂平縣）安置。徙吳敏柳州，蔡懋英州，李梲、宇文虛中、鄭望之、李鄴，皆以使金請割地，責廣南諸州並安置。張邦昌進至太傅。耿南仲罷，後以其主和誤國，南雄州（廣東南雄縣）安置。(註二〇)

初，李綱再貶寧江，金兵復至，欽宗悟和議之非，召綱爲開封尹，行次長沙，京城已危急，即帥湖南勤王師入援。未至，而京城失守，至是，召拜爲尚書右僕射兼中書侍郎，趣赴行在所。御史中丞顏岐奏李綱爲金人所惡；右諫議大夫范宗尹，力言和議，亦論綱名浮於實，帝皆不聽。六月初，李綱至行在，因奏曰：「金人不道，專以詐謀取勝，中國不悟，一切墮其計中。賴天命未改，陛下總師於外，爲天下臣民所推戴，內修外攘，還二聖，撫萬邦，責在陛下與宰相。臣自視缺然，不足以副委任。且臣在道，顏岐嘗封示論臣章，謂臣爲金人所惡，不當爲相。」因力辭。帝命岐奉祠，併出范宗尹，綱猶力辭。帝曰：「朕知卿忠義智略久矣，欲使敵國畏服，四方安寧，非相卿不可，卿其勿辭。」綱頓首泣謝，乃效姚崇以十事上帝，(註二一)度其可行者，賜之施行，乃敢受命。翌日，班綱議於朝，惟僭逆僞命二事，留中不出。綱遂言於帝曰：「二事乃今日刑政之大者，張邦昌僭逆，不得已而自歸，朝廷既不正其罪，又尊崇之，此何理也？陛下欲建中興之業，而尊僭逆之臣，以示四方，其誰不解體？又僞命臣僚，一切置而不問，何以勵天下士大夫之節？」時執政中有異議不同者，帝召黃潛善等語之，潛善主邦昌甚力。帝又問呂好問，好問附潛善，持兩端，惟帝裁處。綱言：「邦昌僭逆，豈可留之朝廷，使道路指目曰此亦一天子哉？」以去就爭，帝頗感動，乃出綱奏，責邦昌坐僭逆，降昭化軍節度副使，潭州安置。(註二二)及受僞命之臣僚王時雍、徐秉哲、吳幵、莫儔、李擢、孫覿於高、梅、永、全、柳、歸(湖北秭歸縣)等州，而顏博文王紹以下，論罪有差。綱又言：「近世士大夫寡廉鮮恥，不知君臣之義，靖康之禍，伏節死義者，在內惟李若水，在外惟霍安國(知懷州)，願加贈卹。」帝從其請，遂贈李若水、霍安國、劉韐官，仍詔有死節者，諸路詢訪以聞。以李綱兼御營使，綱入對，進言：「中興之道，非有規模，而知先後緩急之序，則不能成功。夫外禦強敵，內銷盜賊，修軍政，變士風，裕邦財，信賞罰以作士氣，擇帥臣以任方面，選監司郡守以奉行新政，俟吾所以自治者，政事已修，然後可以問罪金人，迎還二聖，此所謂規模也。至於所當急而先者，則在於料理河北河東，國之屏蔽也。料理稍就，然後中原可保，而東南可安。今河東所失者，恒、代、太原、澤、潞、汾、晉，餘郡猶存也；河北所失者，不過眞定、懷、衞、濬四州而已，其餘三十餘郡，皆爲朝廷守。兩路士民兵將，所以戴宋者，其心甚堅，皆推豪傑以爲首領，多者數萬，少者亦不下萬人。朝廷不因此時置司遣使，以大慰撫之，分兵以援其危急，臣恐糧盡力疲，坐受金人之困，雖懷忠義之心，援兵不至，危迫無告，必將憤怨朝廷，金人因得撫而用之，皆精兵也。莫若於河北置招撫司，河東置經制司，擇有材略者爲之，使宣諭天子恩德，所以不忍棄兩河於敵國之意。有能全一州復一郡者，以爲節度、防禦、團練使，如唐方鎭之制，使自爲守，非惟絕其從敵之心，又可資其禦敵之力，使朝廷永無北顧之憂，最今日之先務也。」(註三三)帝善其言。綱又立軍法，五人爲伍，伍長以牌書同伍四人姓名；二十五人爲甲，甲正以牌書伍長五人姓名，百人爲隊，隊將以牌書甲正四人姓名；五百人爲部，部將以牌書隊將正副十人姓名；二千五百人爲軍，統制官以牌書部將正副十人姓名。命招置新軍，及御營司兵，並以此法組織；及詔陝西、山東諸路帥臣，並依此法互相應援，有所呼召，使令按牌以遣。置帥府於沿河、沿淮、沿江，並增重兵，帥府置水兵二軍，要郡別置水兵一軍，共七十七軍。造戰艦於江淮，有海鰍、水哨馬、雙車、得勝、十棹、大飛、旗捷、防沙、平底、水飛馬之名。

(註二四)綱又上三議：一曰募兵，二曰買馬，三曰募民出財助軍費。且言：「熙豐間內外禁旅五十九萬。今禁旅單弱，何以捍強敵而鎮四方，莫若取財於東南，募兵於西北。若得數十萬，付諸將以時練之，不久皆成精兵，此最爲急務。」於是詔陝西、河北、京東西路募兵十萬，更番入衛；河北西路，括買官民馬；勸民出財助國。綱又請以戰車之制，頒於京東西路，其制：即用堅固武裝之車，對抗金人之騎兵，使製造而教習之。以張所爲河北西路招撫使，賜內府錢一百萬緡，給空名告身千餘道，以京西卒三千自衛，將佐官屬，許自辟置，一切以便宜從事。所乞置司北京，俟措置有餘，乃渡河。河北轉運副使張益謙附黃潛善意，奏招撫使之擾，李綱辯之。汪伯彥猶用其奏，詰責招撫司，綱與伯彥力爭，伯彥語塞。所招來豪傑，擢王彥（一〇九〇—一一三九）爲統制。時岳飛上書，請帝親帥六軍北渡，則將士作氣，中原可復。語侵黃潛善汪伯彥，坐飛越職言事，奪官，歸河北詣所。所以飛爲中軍統領，所與語，大奇之，借補飛武經郎，命從王彥渡河。七月，以王瓌爲河東經制司，傅亮副之。又以錢蓋爲陝西經制使。

綱入朝月餘，邊防軍政，已略就緒，獨車駕行幸，未有定所。黃汪欲奉帝幸東南，漸浸望和，爲退奔計，士大夫率附其議。帝手詔擇日巡幸東南。綱言：「車駕巡幸之所，關中爲上，襄陽次之，建康爲下。陛下縱未能行上策，猶當且適襄鄧，示不忘故都，以繫天下之心。不然，中原非復我有，車駕還闕無期矣。」帝乃諭兩京以還都之意。已而帝意復變，綱又極言其不可，且曰：「自古中興之主，起於西北，則足以據中原而有東南；起於東南，則不能復中原而有西北，蓋天下精兵健馬，皆在西北，若委中原而棄之，豈惟金人將乘間以擾內地，盜賊亦將蠭起爲亂，跨州連邑，陛下雖欲還闕，不可得矣。況欲治兵勝敵，以歸二聖哉？夫南陽，光武之所以興，有高山峻嶺可以控扼，有寬城平野可以屯兵，西鄰關陜，可以召將士；東達江淮，可以運穀粟；南通荊湖巴蜀，可以取財貨；北距三都，可以遣救援。暫議駐蹕，乃還汴都，策無出於此者。今乘舟順流而適東南，固甚安便，第恐一失中原，則東南不能必無其事，雖欲退保一隅，不易得也。況嘗降詔，許留中原，人心悅服，奈何詔墨未乾，遽失大信於天下？」(註二五)此與唐末朱朴獻遷都襄鄧之議相似，帝然之。詔定議巡幸南陽，以范致虛知鄧州，修城池，繕宮室，輸錢穀以實之，而汪伯彥黃潛善陰主揚州之議。(註二六)太上皇自燕山遣閤門宣贊舍人曹勛至，賜帝絹半臂書其領曰：「便可卽眞來援父母。」帝泣以示羣臣。八月，以李綱黃潛善爲尙書左右僕射兼門下中書侍郎，綱所論諫，其言切直，帝初無不容納，其後惑於潛善伯彥之言，常留中不報。潛善本王黼門人，多引黼黨，忌綱而多沮之，時傅亮軍行十餘日，潛善等以爲逗撓，令東京留守節制亮軍，卽日渡河。亮言措置未就而渡河，恐誤國事。李綱爲之請，潛善等以爲不然。綱言：「招撫經制二司，臣所建明，而張所傅亮，又臣所薦申，今黃潛善汪伯彥沮所亮，所以沮臣。臣每鑒靖康大臣不和之失事，未嘗不與潛善伯彥議而後行，而二人設心如此，願陛下虛心觀之。」既而召亮赴行在，綱言：「聖意必欲罷亮，乞以御筆付黃潛善施行，臣得乞身歸田里。」綱退，而亮竟罷。綱乃再疏求去，帝曰：「卿所爭細事，胡乃爾？」綱言：「方今人才，將帥爲急，恐非小事。臣昨議遷幸，與潛善伯彥異，宜爲所嫉。然臣東南人，豈不願陛下東幸爲安便哉？顧一去中原，後患有不可勝言者，願陛下以宗社爲心，以生靈爲意，以二聖未還爲念，勿以臣去而改其議。臣雖去左右，不敢一日忘陛下。」（註二七）泣辭而退。殿中侍御史張浚（一〇八六—一一五四），素與宋愈齊厚，且爲潛善客，劾綱擅易詔令，竊庇姻親，以私意殺侍從（宋愈齊），且論其招軍買馬之非。潛善伯彥等復力排綱，請帝去之。遂罷綱爲觀文殿大學士。浚仍論綱不已，謂其素有狂愎無上之心，復懷怏怏不平之氣，當置之嶺海。乃落職鄂州（湖北武昌縣）居住，在相位僅七十五日。綱於靖康，排和議而主抗戰；於建炎，誅僞命而諫南遷，其言最質，非好高論，而賊臣闇主，動色相戒，狐疑不決，必去之而後已者，蓋趙構以徼時得位，愚柔之心，畏金以避，偏安自足，而綱必欲強之經營西北，有進無退，宜其雖忠義貫天地，而國是不明，反以此罷謫也。夫事莫急於招兵買馬，而指爲失策；政莫大於定都用人，而斥爲狂言，乃至詆之爲「空疏而不學，凶愎而寡謀，」又誣京師之禍，綱實使之。綱甫罷，諸賢盡空，左右謀國，惟有黃汪。而招撫經制司廢，車駕遂南幸，兩河郡縣相繼淪陷，凡綱所規劃軍民之政，一切廢罷。金兵益熾，關輔殘毀，而中原盜賊蠭起矣。太學生陳東，自丹陽召至，未得對，會李綱罷，乃上書乞留綱而罷黃汪，不報。又上疏請帝親征，以還二聖，治諸將不進兵之罪，以作士氣。車駕宜還京師，勿幸金陵，不又報。會撫州布衣歐陽徹（一〇九一—一一二七），徒步詣所在，伏闕上書，極詆用事大臣，潛善遽以語激帝怒，謂若不亟誅，將復鼓衆伏闕，乃將東徹斬於市。（註二八）尚書右丞許翰，言綱忠義英發，捨之無以佐中興，今罷綱，臣留無益，力求去，帝不許。及陳東見殺，翰曰：「吾與東皆爭李綱者，東戮於市，吾在廟堂可乎？」凡八上章，卒罷去。

建炎之初，基業草創，內以李綱爲腹心，外有宗澤爲股肱，本可以有爲，中興大業，不難實現也。葉適曰：「余嘗歎李綱世所謂有志，宗澤世所謂有材。二人皆已位將相，使其畫河南而守，身當勞苦，而以安佚付黃潛善輩，國家之敗，宜不至酷烈如此。」（註二九）毋如帝志不在雪恥復仇，小人盈庭，以求和相惑，遂致北轍而南轅，國事卒無可爲也。夫李綱之入相，方成朝廷，而宗澤之守汴，方禦強敵，自李綱罷，宗澤渡河之志，終難瞑目矣。初，澤見帝於應天，陳興復大計，帝欲留澤，黃潛善等沮之，故出知襄陽府。澤在襄陽，聞黃潛善復倡和議，上疏曰：「自金人再至，朝廷未嘗命一將，出一師，但聞姦邪之臣，朝進一言以告和，暮入一說以乞盟，終至二聖北遷，宗社蒙恥。臣意陛下赫然震怒，大明黜陟，以再造王室。今卽位四十日矣，未聞有大號令，但見刑部指揮云：不得謄播赦文於河之東西，陝之蒲解者，是褫天下忠義之氣，而自絕其民也。臣雖駑怯，當躬冒矢石，爲諸將先，得捐軀報國恩足矣。」（註三〇）帝覽其言而壯之，時澤年六十九矣。及開封尹闕，李綱薦之，六月，乃以澤爲東京留守，知開封府。時敵騎留屯河上，金鼓之聲，日夕相聞，而京城樓櫓盡廢，兵民雜居，盜賊縱橫，人情洶洶，莫有固志。澤因撫循軍民，修治樓櫓，屢出師以挫敵，市肆漸復平時，上疏請帝還京，以繫衆心。既而金人遣人以使楚爲名，至開封，覘虛實，澤拘其人乞斬之，帝乃手札諭澤，竟縱遣之。眞定懷衞間，金兵甚盛，方密修戰具，爲入攻之計，宗澤以爲憂，乃渡河，約諸將共議事，以圖收復，而於京城四壁各置使，以領招集之兵，造戰車一千二百乘。又據形勝，立堅壁二十四所，於城外沿河鱗次為連珠砦，連絡河東河北山水砦忠義民兵，於是陝西京東西諸路人馬，咸願聽澤節制。守禦之具既備，累表請帝還京，而帝用黃潛善計，決意幸東南，不報。秉義郎岳飛犯法當刑，會金人攻汜水（河南汜水縣），以五百騎授飛，使立功贖罪，飛大敗金人而還，升飛為統制，飛由此知名。七月，宗澤又上表疏奏，請帝回鑾汴京，亦不報。每疏奏上，以付中書省，為潛善伯彥所抑，皆詆以為狂。澤言潛善伯彥贊南幸之非，潛善等請罷澤，附潛善者多攻其短，欲遂去之。御史中丞許景衡疏奏，帝悟，封以示澤，澤始安。

自粘罕等虜帝北去，留萬戶銀朮可屯太原，副統郘合屯眞定，婁室圍河中，蒙哥進據磁相，渤海大撻不也圍河間。五月，婁室以重兵壓河中，陷之。十二月，金人分道南侵，粘罕自雲中下太行，由河陽渡河，攻河南，分遣銀朮可等攻漢上。窩里嗢、兀朮（宗弼）自燕山由滄州（河北滄縣）渡河，攻山東，分軍趨淮南。婁室與撒離喝黑鋒自同州（陝西大荔縣）渡河，攻陝西。此次進兵，更深入腹地，戰場益形擴大。粘罕至汜水關，留守孫昭遠南遁。婁室至河中，自韓城（陝西韓城縣）履冰過，陷同州、華州（陝西華縣），安撫使鄭驤死之，金兵遂破潼關，王𤩽棄陝州，走入蜀，中原大震。宗澤聞金人將謀侵汴，遣劉衍趨滑州，劉達趨鄭州，以分其勢，戒諸將保護河梁，以俟大軍之集，兀朮乃不敢向汴，夜斷河梁而去。金人既分三道南下，京西陝西及山東震盪，州縣紛紛陷落，京西路殘破為甚，京畿次之，獨汴京兩河間，尚能固守，百姓安堵如舊。二年（一一二八）正月，金兀朮自鄭抵白沙，離汴密邇，都人恐駭，澤乃選精銳數千，使繞出敵後，伏其歸路。金人方與衍戰，伏兵起，前後夾擊，金人果敗。粘罕據西京，與澤相持，澤遣部將閻中立，郭俊民，李景良等，帥兵趨鄭與戰，兵敗，中立死之，俊民降，景良遁去。澤捕景良斬之。既而俊民與金將持書來招降，澤皆斬之。劉衍還，金人復入滑，澤部將張撝往救之，衆寡不敵，力戰而死。澤聞撝急，遣王宣往援，已不及，因與金人大戰，破走之，澤以宣知滑州。金人自是不敢犯汴京。澤得金將遼人王策於河上，解其縛，激以為遼雪恥，問金人虛實，得其詳，遂決大舉之計，激勵將士，諸將皆奮，金人戰不利，悉引兵去。澤復上疏，請帝還京，不報。澤威聲日著，敵聞其名畏憚，對南人言，必稱「宗爺爺」。河北盜素強悍，楊進聚衆三十萬，與丁進、王再興、李貴、王大郎等，各亦擁數萬，往來京西、淮南、河南北侵掠。三月，澤悉招降之。有王善者，河東巨盜也，擁衆號稱七十萬，欲據京城，澤單騎馳至善營，曉以大義，善遂解甲降。澤既招撫羣盜，聚城下，丁進、李成、楊進願同效力。又募兵儲糧，召諸將約日渡河，並上疏，略言：「祖宗基業可惜，陛下父母兄弟，蒙塵沙漠，日望救兵。西京陵寢，為賊所占。今年寒食節，未有祭享之地，而兩河、二京、陝右、淮甸，百萬生靈，陷於塗炭，乃欲南幸河外，蓋姦邪之臣，一為賊虜方便計，二為親屬皆已津置在南故也。今京城已增固，兵械已足備，士氣已勇銳，望陛下毋沮萬民敵愾之氣，而循東晉既覆之轍。」奏至，帝乃降詔，擇日還京，既而不果。先是，王彥率岳飛等部隊七千人，渡河至新鄉（河南新鄉縣）。金兵盛，彥不敢進，飛獨引所部鏖戰，諸軍爭奮，遂復新鄉。明日，戰於侯兆川，飛身被十餘創，士皆死戰，又敗之，會食盡，詣彥壁乞糧，彥不許，飛乃引兵益北，與金人戰於太行山，擒其將拓拔耶烏，又刺殺其將黑風大王，金人退走。飛自知與彥有隙，遂率所部復歸宗澤，澤以爲留守司統制。彥以屢勝，因傳檄州郡，金人以爲大軍至，率騎數萬薄彥壘，圍之，彥潰圍出走，獨保其城西山，遣腹心結兩河豪傑，圖再舉。金人購求彥急，彥憂變，其部曲刺面「赤心報國，誓殺金賊」八字，彥益感勵。未幾，兩河響應，忠義民兵首領傅選、孟德、劉澤、焦文通等皆附之，衆十餘萬，綿亘數百里，皆受彥約束。金人患之，欲以大兵破彥壘，未敢圍，乃間遣騎兵撓其糧道，彥勒兵待之。至是，宗澤恐彥孤軍不可獨進，召彥赴汴，令宿兵近甸，以衛根本，彥遂屯滑州之沙店。澤上疏曰：「臣欲乘此暑月遣彥等自滑州渡河，取懷衛濬相等州。王再興等自鄭州直護西京陵寢；馬擴等自大名取洺(河北永年縣)、相、眞定；楊進、王善、丁進等各以所領兵分路並進，計渡河則山寨忠義之民相應者，不啻百萬。願陛下早還京師，臣當躬冒矢石，爲諸將先。中興之業，必可立致。」澤卽招集羣盜，聚兵儲糧，欲用天下之銳氣，以復讐雪恥，自謂渡河克復，可指日計。前後請帝還京二十餘奏，皆爲黃潛善等所抑，棄不復聽。潛善伯彥又疑澤有變，以郭仲荀爲副留守以察之。七月，澤憂憤成疾，疽發於背。諸將入問疾，無一語及家事，但連呼過河者三而卒，年七十。澤卒後數日間，將士去者十之五。王彥以所部兵馬付東京留守司，而率親兵赴行在，見黃潛善汪伯彥，力陳兩河忠義，延頸以望王師，願因人心，大舉北伐。言辭憤激，二人大怒，遂請降旨免對，差充御營平寇統領，彥遂稱疾致仕。杜充代澤，充殘忍好殺而無謀，短於撫御，人心疑沮，至汴，無意恢復，悉反澤所爲，於是豪傑離心，羣聚城下者復去爲盜，中原無可爲矣。

當金兵分道南下也，中路由粘罕爲主帥。粘罕諜知鄧州將爲行在所。二年正月，令銀朮可攻之，知州范致虛遁去，城陷，金人焚鄧州，竭城北遷。又陷均州房州，再陷鄭州。二月，陷淮寧府。粘罕聞張嚴東出，乃自河南西入關，以援婁室，盡焚西京廬舍，擄其民而北。時，韓世忠得劇盜張遇部萬人赴西京剿盜，粘罕復留兀朮於河陽以待之。河南統制官翟進復西京。四月，翟進以兵襲兀朮於河南，兵敗，其子亮死之，進又率韓世忠丁進等兵，戰於文家寺，又敗，世忠收餘兵南歸，兀朮復陷西京，尋棄去。

右翼方面二年正月，婁室既陷陝西同華諸州，遂圍永興軍。時京兆兵皆爲經制使錢蓋調赴行在，經略使唐重與守臣誓死守。已而經制副使傅亮以兵奪門出降，重死之。婁室既陷永興，鼓行而西，秦州帥臣李積降，虜勢益張，引兵犯熙河。經略使張深遣都監劉惟輔以精騎二千人禦之，夜趨新店，金人恃勝不虞，惟輔刺殺其帥黑鋒，虜爲奪氣。深更檄右都護張嚴往追之。嚴追婁室及鳳翔五里坡，嚴與曲端（一〇九一—一一三一）期，不至，徑前，遇伏而敗，死之。五月，婁室大掠而東還。陝西制置使兼節制環慶涇原兵王庶，以金人重載，可襲取勝，移文兩路，協力更戰，而環慶帥王似，涇原帥席貢，不欲受庶節度，不出兵。金人至清溪嶺爲吳玠（一〇九三—一一三九）所扼；至咸陽，望渭南義軍滿野，不得渡，遂循渭而東，其支軍入鄜延，攻康定，庶急遣兵斷河橋，又令鳳翔統領軍劉希亮屯神水峽，斷其歸路，虜遂去。知鎮戎軍兼經略使統制官曲端乘虜退，復下秦州。會希亮自鳳翔歸，端斬之。庶猶以書約似、貢，欲逼餘虜渡河，復限河自守，二人竟不應。婁室還軍陷絳州。六月，以知延安府王庶節制陝西六路軍馬，曲端充節制司都統制，但端雅不欲屬庶。八月，金人再犯永興軍，陝西節制司將官賀師範及金人戰於八公原，輕敵死之。十一月，婁室渡河，諜知庶端不協，乃併兵攻鄜延，庶調兵自沿河至馮翊，據險以守。金人先已乘冰渡河，犯晉寧（陝西葭縣），侵丹州（陝西宜川縣）；又渡淸水河，破潼關，秦隴皆震。庶傳檄諸路，會兵禦之，時端盡統涇原精兵，駐淳化（陝西淳化縣），極跋扈，庶日移文催端進，端不聽，而遣其副將吳玠復華州，自引兵遷延迂道，自邠（陝西邠縣）之三水，與玠會於襄樂（屬甘肅寧縣東北），蓋距金人五百里也。金人攻延安急，庶自坊州（陝西中部縣）收散亡往援，知興元府（陝西南鄭縣）王瓌亦將所部赴之。比庶至甘泉（陝西甘泉縣），延安已陷，庶無所歸，以兵付瓌，自將百騎，與官屬馳赴襄樂勞軍。端見庶，問延安失守狀，欲殺之而併其軍，幸藉宣諭使謝亮一言，不果，乃奪其節制使印。庶自劾，得詔罷，守京兆，乃去。王瓌將兩軍（併庶軍），端欲攘之，又襲殺關中義兵統領張宗諤。如此跋扈，專呑併友軍，故朝廷疑其反。婁室旣破延安，遂自綏德渡河闚晉寧軍，知軍事徐徽言屢破却之，至是，徽言約知府州折可求出兵，夾攻金。婁室聞之，執可求之子，使爲書招可求，遂以所屬麟府豐三州降金。可求與徽言連兵，金人使招徽言於城下，徽言射走之，並引擊虜，斬婁室之子。三年二月，晉寧軍陷，徽言潰圍走，被擒不屈死。

左翼方面，二年正月，窩里嗢陷京東之濰州（山東濰縣），又陷靑州（山東益都縣）。十二月，東平陷，濟南府守臣劉豫以城降。至於河北方面，八月，金人陷冀州（河北冀縣）。九月，窩里嗢襲破信王榛於五馬山，榛亡走，不克所終。十一月，粘罕攻陷濮州，而開德府、相州、德州、亦相繼陷落。十二月，窩里嘔攻陷大名府。

三年（一一二九）七月，留守杜充棄東京，歸行在。充將發汴，岳飛諫曰：「中原地尺寸不可棄，今一舉足，此日非我有，他日取之，非數十萬衆不可。」充不聽，遂與俱歸。朝廷命郭仲荀程昌寓相繼代充，然留守司亦名存而已。九月，南京陷。四年（一一三〇）二月，金人入東京，權留守上官悟出奔，爲盜所殺，自是四京皆沒於金矣。

第十四節　宋室南遷

高宗既無意於進取，畏金以避，而惑於黃汪之謀，欲求和議苟安；和議而不得，金人復大舉南下，遂被迫作南遷之計。

建炎元年六月，遣傅雱充大金通問使，致書於粘罕，欲求和通好。七月，帝手詔巡幸東南，決意遷揚州避敵。詔副指揮使郭仲荀奉元祐太后先行，六宮及衞士家屬皆從。又遣使詣汴京，奉太廟神主赴行在。九月，以金人犯河陽汜水，詔擇日巡幸淮甸，命淮浙沿海諸州，增修城堡，招訓民兵。十一月一日，帝登舟巡幸揚州。時，金兵日迫，尙書右丞許景衡（一〇七一—一一二七）亦言建康天險可據，帝從之，命揚州守臣呂頤浩繕城池。至是諜者言金人欲犯江浙，乃詔暫駐淮甸，捍禦稍定，即還京闕，有敢妄議惑衆沮巡幸者，許告而罪之；不告者斬，以示決意。

二年正月，帝在揚州，收容兩河流亡吏士。六月，浙東路馬步軍都總管楊應誠，由杭州赴高麗，以圖迎徽欽二帝，無結果而還。(註三二)十月，侍御史張浚請先定六宮所居地，詔孟忠厚奉元祐皇太后如杭州，以苗傅劉正彥爲扈從都副統制，早爲避敵之計。十二月，太后至杭州，苗傅以其軍八千人，駐奉國寺。以黃潛善汪伯彥爲尚書左右僕射兼門下中書侍郎，入謝，帝曰：「潛善作左相，伯彥作右相，朕何患國事之不濟？」時金兵橫行山東，羣盜蜂起，潛善伯彥既無謀略，專權自恣，言事者不納其說，請兵者不以上聞。金人知揚州無戒備，多僞稱李成餘黨，以緩宋師。金兵日南，潛善等果墮其計，以爲無足慮者。以張浚參贊御營事，浚極言金人必來，請預爲備，潛善伯彥以爲過計，笑之。三年正月，粘罕陷徐州(江蘇銅山縣)，時韓世忠屯淮陽，會山東兵以援濮州，粘罕聞之，分兵萬人趨揚州，自率大軍進戰。世忠以衆寡不敵，夜引還，粘罕躡之，至沭陽(江蘇沭陽縣)，世忠棄軍走鹽城，衆遂潰。粘罕入淮陽，以騎兵三千取彭城(江蘇銅山縣)，間道取淮東(江蘇鹽城縣)，入泗州(安徽泗縣)，許景衡以扈衛單弱，請帝避其鋒。早一月，已有敵人南侵之報，潛善以爲不足慮，率同列聽浮屠克勤說法。二月，局勢已趨嚴重，詔聽士民從便避兵。命劉正彥部兵衛皇子六宮如杭州。江淮制置使劉光世將所部守淮，士無鬭志，敵未至自潰。粘罕至楚州(江蘇淮安縣)，守城朱琳降，遂以數百騎乘勝而南，天長軍(江蘇天長縣)統制官俱重、成喜將萬人俱遁，天長軍陷，迫揚州近郊。三日，內侍鄺詢突報金兵至，帝卽披甲乘騎，馳至瓜州步，得小舟，渡江，惟護衛軍卒數人，及王淵張浚，內侍康履等從行。日暮，至鎭江府。汪伯彥黃潛善方共食會堂，吏大呼曰：「駕已行矣！」

二人相顧倉皇，乃戎服策馬南馳，城中大亂，居民爭門而出，死者相枕藉，無不怨憤。御營之師約十萬，揚州且駐有大軍，大臣屢以遠斥堠爲言，但由於黃汪壅蔽，而諸軍驕惰，自來斥堠不明，敵止五六千騎南下，前鋒奄至，遂亡命逃奔，全軍瓦解，禍幾不測，金人固意外成功，而建炎君臣之無狀，亦可知矣。金兵五百騎先馳至揚州城下，聞帝已南行，乃追至揚子橋。當時金人無舟，而天雨連降，平地水發，道路泥濘，馬步不能俱進，敵心頓沮，不思渡江，以迫大駕。然而事起倉卒，朝廷儀物皆棄，太祖神主，亦遺於道。民未渡者十餘萬，奔迸墮江而死者半之。敵人望江而回，縱火焚揚州，殺掠殆盡。帝至鎮江，宿於府治。鎮江居民聞警，奔走山谷，城中亦爲之一空！

翌日，帝召從臣問去留，呂頤浩乞留蹕，以爲江北應援，王淵獨主錢塘，有重江之險，帝意遂決。乃以劉光世充行在五軍制置使，駐鎮江府，控扼江口；楊惟忠節制江東軍馬，駐江寧府。是夕，帝發鎮江，越四日，次平江（江蘇吳縣），命朱勝非節制平江秀州（江蘇嘉興縣）軍馬，禮部侍郎張浚副之。又命勝非兼御營副使，留王淵守平江。又二日，次崇德（浙江崇德縣），呂頤浩從，即拜同簽書樞密院事，江淮兩浙制置使，還屯京口（江蘇鎮江縣），令劉光世楊惟忠並受節制。頤浩遂以王淵所部精兵二千人還鎮江府，以楊惟忠守金陵，劉光世守京口，王淵守姑蘇，中軍統制張俊以所部八千人防衛吳江。時禁衛班直及諸軍潰歸，無慮數萬，衆乏食，所至焚掠，後至平江，逐漸收容。用朱勝非（張邦昌友婿）計，詔錄用張邦昌親屬，遣閤門祇候劉俊民使金軍，仍携邦昌貽金人約和書稿以行。已而帝駐蹕杭州，卽州治爲行宮，下詔罪己，求直言，赦死罪以下，放還士大夫被竄斥者，惟李綱不赦，更不放還，蓋朱勝非呂頤浩素不喜綱，而用黃潛善計，罪綱以謝金人也。御史中丞張澂論黃潛善汪伯彥二人大罪二十，致陛下蒙塵，天下怨懟，乞加罪斥。乃罷潛善出知江寧府，伯彥知洪州（江西南昌縣）。潛善猥持國柄，嫉害忠良，逐李綱，沮宗澤，臺諫內侍言者隨陷以奇禍，中外爲之切齒，而帝不悟，至是始逐之。自宰相兼領御營使，遂專兵柄，樞府無所預，乃詔御營使司唯掌行在五軍，凡邊防經制並歸三省樞密院。召朱勝非赴行在，留張浚駐平江。三月，以勝非爲尙書右僕射兼中書侍郎，王淵同簽書樞密院事，呂頤浩爲江東安撫制置使。然因遷除問題之不滿，外患方殷，又突生內變。

王淵爲將，輕財好義，然其平羣盜，多殺降，又因處理劉光世軍渡江事，失諸將心。（註三）至簽樞制下，諸將口語籍籍。扈從統制苗傅者，上黨宿將，康王建立帥府時，即隸麾下，頗自負，以王淵驟得君，遷顯職，心忿不平。劉正彥以招降劇盜丁進，功大賞薄，懷怨。二人因相結，時內侍康履、藍珪恃恩用事，履尤妄作威福，凌忽諸將，諸將嫉之。王淵與之深交，大將如劉光世等，多曲意事之，苗傅等爲之切齒。會內侍臨浙觀潮，供帳遮道，傅等怒曰：「汝輩使天子顚沛至此，猶敢爾耶？」中大夫王世修亦嫉內侍恣橫，言於正彥。正彥曰：「會當共除之。」及王淵入樞府，傅等疑其由內侍以進，遂與王世修謀先斬淵，然後殺宦者。議既定，謀頗泄，淵伏兵天竺。五日，値劉光世進殿前都指揮使，百官入聽宣制。傅等伏兵城北橋下，俟淵退朝，卽斬之，擁兵至行宮門外，梟淵首於行闕，分捕內侍百餘，皆殺之，履馳入宮，白帝，帝大驚。朱勝非急趨樓上，詰傅等擅殺之故。傅黨入內奏曰：「傅等不負國家，正爲天下除害耳。」知杭州康允之見事急，請帝御樓撫諭之。日將午，帝登樓，憑欄呼傅等問故，傅厲聲呼曰：「陛下信任中官，賞罰不公，軍士有功者不賞，內侍所主者得官。黃潛善汪伯彥誤國至此，猶未遠竄。王淵遇賊不戰，首先渡江，因交康履，乃除樞密。臣自陛下卽位以來，功多賞薄。臣已將王淵斬首，中官在外者皆誅訖，更乞康履曾擇誅之，以謝三軍。」帝撫慰之，令歸營。傅堅謂要斬履、擇，帝不得已，命中軍統制吳湛，執履與之，傅卽於樓下腰斬履，梟首與淵首相望。帝遂以傅爲慶遠軍承宣御營使司都統制，正彥渭州觀察使副都統制，迫帝遜位於皇子旉，請太后垂簾同聽政。是夕，帝移御顯寧寺，尊帝爲睿聖仁孝皇帝，以顯寧寺爲睿聖宮，分竄內侍藍珪，曾擇等於嶺南諸州，旋追還擇殺之。十一日，改元明受。

赦書至平江，張浚與張俊密謀起兵問罪。會御史中丞鄭瑴遣親信謝嚮變姓名微服爲賈人，徒步如平江見浚等，具言城中事，以爲嚴設兵備，大張聲勢，持重緩進，使賊自遁，無驚動三宮，此上策也。浚乃約江寧呂頤浩，鎭江劉光世，共召韓世忠來會。呂頤浩且上書請睿聖復辟，並率兵萬人勤王，會劉光世部於丹陽（江蘇丹陽縣）。韓世忠自鹽城收散卒，亦以兵抵平江來會。傅、正彥等聞訊，卽防守臨平（杭州北臨平鎭），但憂恐不知所爲。太后詔以淵聖皇帝爲主，睿聖皇帝宜稱皇太弟，依舊康王天下兵馬大元帥，旉稱皇太姪監國，太后垂簾，賜傅正彥鐵券。此爲馮轓之議，轓乃張浚遣往甘言以誘傅等也。（註三三）已而呂頤浩、張浚傳檄聲討苗劉之罪，以韓世忠爲前軍，張俊翼之，劉光世爲游擊，頤浩、浚總中軍，光世分兵殿後，出師討之。太后遂降旨，睿聖皇帝處分兵馬重事。

呂頤浩張浚率兵發平江，奏乞睿聖還卽尊位，傅等遂朝睿聖宮。傅之腹心王鈞甫曾言二將忠有餘而學不足，朱勝非會其意，乃虛與委蛇，以弭其疑；乘便遊說，以誤其計，終使不爲帝害。然其騎虎難下，勤王之師步步緊迫於外，而太后賜鐵劵又誘之於內，苗劉一介武夫，進退維谷，心失主宰，竟欲倚帝以自保。四月，太后下詔還政，帝復位，與太后御前垂簾，詔尊太后爲隆裕皇太后。未幾，韓世忠勤王兵所向披靡，直入北關，傅正彥擁精兵二千，遂開湧金門夜遁，犯富陽（浙江富陽縣）、新城（浙江新登縣），將南趨閩中。太后撤簾，頤浩浚等入城，吳湛王世修俱斬於市，逆黨皆貶。明受之變，不及兩月卽平。

帝以張浚知樞密院，朱勝非爲相僅三十三日，及執政門下侍郎顏岐、中書侍郎王孝迪、尚書左丞盧益、尚書右丞張澂、簽書樞密院事路允迪皆罷。以呂頤浩爲尚書右僕射兼中書侍郎，凡勤王大臣僚屬將佐，各進官有差。大赦，欲收攬人心，自官制役法外，賞格從重，立法從寬，罷上供不急之物。頤浩喜用材吏，以其多出京黼之門，恐爲言者所指，乃白帝下詔破朋黨之論。元祐石刻黨人官職恩數追復未盡者，令其家自陳。許中外直言，又禁內侍交通主兵官及饋遺、假貸、借役禁兵、干預朝政。實行司馬光之言，併合三省爲一，稱爲後省，使政制簡化。呂頤浩請參酌三省之制，舊尚書左僕射，改爲尚書左僕射同中書門下平章事，舊尚書右僕射，改爲尚書右僕射同中書門下平章事，門下中書二侍郎，並改爲參知政事，廢尚書左右丞，從之。自是以門下併入中書，稱中書門下，左右丞相主中書事，兼尚書省之長，六部直屬於宰相，尚書省之制，遂廢於無形。地方政治，州郡行下事，須幕職官僉押，如有不足，得以論執，如門下省例。五月，韓世忠、劉光世追討苗劉，擒正彥於浦城（福建浦城縣），執苗傅於建陽（福建建陽縣）。七月，苗劉伏誅。明受之變，幸羣臣協力挽回危局，殲渠魁者韓世忠，集義兵者張浚呂頤浩，巨蛇在腕，弄計以誤敵脫險而保帝躬於無恙者，朱勝非也。故太后語帝曰：「賴相此人，若汪黃在位，事已狼藉矣。」初，汴京破，二帝及宗室北遷，多由范瓊之謀。至是，自洪州入朝，悖慢無禮，且乞貸苗劉等死。張浚因召瓊與張俊劉光世赴都堂議事，爲設食，擒之，下獄賜死，以其兵隸神武五軍，（註三四）八字兵復隸於王彥。升杭州爲臨安府。

明受之亂甫平。四月，帝發杭州，而赴江寧，改府名建康。五月，命張浚經理川陝，並命洪皓使金。六月，命江淮引塘濼開畝澮，以阻金兵。皇太后隨亦至建康。八月，帝聞金兵迫，又遣杜時亮及宋汝爲使金軍以請和，先後兩致粘罕書，稱：「宋康王趙構，謹致書於元帥閣下，願用正朔，比於藩臣，」且言守則無人，奔則無地，靦顏哀乞，曲盡卑屈，志氣之衰，亦可知矣。然大臣連奏紛紛，獻恢復之計。和州防禦使馬擴上書言：「西幸巴蜀，用陝右之兵，留重臣，使鎮江南撫淮甸，破金賊之計，回天下之心，是爲上策。都守武昌，襟帶荊湖，控引川廣，招集義兵，屯布上流，扼據形勢，密約河南諸路豪傑，許以得地世守，是爲中策。駐蹕金陵，備禦江口，通達漕運，精習水軍，厚激將士，以幸一勝，觀敵事勢，預備遷徙，是爲下策。若倚長江爲可恃，幸金賊之不來，猶豫遷延，候至秋終，金賊再舉，驅虜舟楫，江淮千里，數道並進。方當此時，然後又悔，是爲無策。」起居郎胡寅亦主張罷和議而修戰略，都荊襄以定根本。帝又召諸將議，張俊辛企宗請自鄂岳幸長沙，韓世忠曰：

「國家已失河北山東，若又棄江淮，更有何地？」呂頤浩曾建幸武昌爲趨陝之計，至是主張且戰且避，奉帝於萬全之地，自願留常（江蘇武進縣）潤死守，帝皆不聽。閏八月，以呂頤浩爲左僕射，杜充爲右僕射兼御營使。當時以建康、鎮江、九江（江西九江縣）皆要害之地，當宿重兵，乃命杜充守建康，韓世忠守鎮江，劉光世守九江。以頤浩內調主政，督府重任，竟委之最庸劣之杜充，並節制諸將。太后至洪州。帝發建康，將如臨安，考功員外郞婁炤上疏，言：「今日之計，當思古人量力之言，察兵家知己之計，力可以保淮南，則以淮南爲屏蔽，權都建康，漸圖恢復；力未可保淮南，則因長江爲險阻，權都吳會，以養國力。」然帝畏金徬徨，只圖避敵，遂決意還臨安，不復防淮矣。

當帝之自北而南也，金人實行渡江南犯，主其事者爲兀朮。九月，諜報金人治舟師，將由登州入海道以窺江浙，遂遣韓世忠控守圌山、福山。十月，兀朮分兵南寇，知帝在臨安，自滁和入江東；知隆祐太后在洪州，則自蘄（湖北蘄春縣）、黃（湖北黃岡縣）入江西。帝至臨安，遂如越州（浙江紹興縣）。金兵右翼，取壽春，掠光州，復陷黃州。劉光世在江州，日置酒高會。金兵自黃州渡江，凡三日，尚未之知。及薄城下，遂引兵遁，趨南康。知州韓梠棄城走，金人入城殺掠，乃趨洪州。十一月，洪州守臣王子獻遁去，遂屠州城，老幼死者七萬餘人。尋破撫袁諸郡，遍蹂湖之南北，所至殘暴，幾無噍類。(註三五)金人之左翼，由兀朮自將，首犯廬州，守臣李會以城降。隨陷和州、無爲軍（安徽無爲縣）、臨江（江西清江縣）、眞州（江蘇儀徵縣）。時江浙倚重杜充，充爲江淮宣撫使，留建康，使盡護諸將，竟日事誅殺，無制敵之方，爲諸將所不服。及兀朮與李成會兵攻烏江（安徽和縣東北烏江浦），充只聚諸軍在建康閉門不出，沿江皆無備。兀朮遂乘機由馬家渡渡江，充乃命統制陳淬同統制岳飛領兵二萬禦之，前軍統制王𤫊引軍先遁，飛等敗。敵陷太平州（安徽當塗縣）、溧水（江蘇溧水縣），長驅至建康。充渡江奔眞州，諸將怨充嚴刻，欲乘其敗害之。充聞，不敢入營，居長蘆寺。建康之敗，由於韓世忠王𤫊不爲用，劉光世亦坐視不救，故充謂：「光世遠在九江不得使，世忠近在鎭江不能使，」蓋言其實也。太后自洪州往吉州（江西吉安縣），復如虔州以避敵。已而金人陷吉州，又陷六安軍（安徽六安縣），帝發越州，次錢清鎭，將如浙西，迎敵親征，侍御史趙鼎力諫，遂復召百司囘越州。杜充既敗，兀朮使人說之曰：「若降，當封以中原，效張邦昌故事。」充遂還建康，與守臣陳邦光、戶部尙書李棁率官屬及步騎六萬降金。諸將驕悍已成，本無鬭志，故金人鋒刃所向，勢如破竹，州縣次第淪陷，守臣或降或遁或死。帝聞杜充敗，呂頤浩進航海之策，十二月，遂幸明州（浙江鄞縣）。韓世忠亦自鎭江退守江陰。時知徐州趙立聞詔諸路以兵勤王，乃將兵三萬趨行在，轉戰四十里，至楚州城下，立中箭，貫兩頰，口不能言，以手指揮諸軍，甜歇定，方拔箭出之。自燕山之役以來，宋兵只知潰逃，未有如此轟轟烈烈而決鬭者。金人攻常州，守臣周杞遣赤心隊官劉晏擊之，迎岳飛，移屯宜興（江蘇宜興縣）。時兀朮將趨杭州，遂進攻廣德軍，宋軍已全線崩潰，遍地潰卒爲亂，無實際主力抵抗，只有岳飛沿途死纏截擊而已。飛誓師血戰，至廣德境中，六戰皆捷，擒其將王權。金復遣兵攻常州，飛將士忍饑復追至，四戰俱捷，但廣德無援陷落。兀朮自廣德過獨松關，見無戍者，謂其下曰：「南朝若以羸兵數百守此，吾豈能遽度哉？」遂直犯臨安，民兵併力抵禦，血戰五日，城始破。兀朮聞帝在明州，遣阿里蒲盧渾帥精騎渡浙來追。知敵騎渡錢塘，帝卽登樓船，航海避兵，詔止以親軍三千自隨，次定海縣，留范宗尹趙鼎於明州，郎官以下多從衞。金人犯越州，安撫使李鄴以城降。

四年（一一三〇）正月，金人犯明州，張俊及守臣劉洪道擊却之。已而金人再犯，俊並無實際抵抗，只知大刼掠，旋引兵遁去。金人破明州，屠殺全城生靈無噍類。乘勝破定海，欲犯昌國，以舟師來襲御舟，追三百餘里，弗及，提領海舟張公裕，擁有舟師千艘，引巨舶擊却之，金人引還。御舟航海，以紅絲纓爲號，餘各以一字，如參政卽以參字，樞密卽以樞字，書黃旗上，揷舟尾，以笛響爲號令。並先由閩廣徵發米舟百艘以候。二月二十一日入溫州港，駐蹕於江心寺。自南渡以來，諸將平時飛揚跋扈，全無軍紀，刼掠成性。張俊自明州引軍至溫，道路雞犬，爲之一空，數百里間，寂無人煙。王瓌自信州（江西上饒縣）入閩，所過州縣，邀索動以千計。此類擾民有餘而禦敵不足之驕將悍卒，亦可知其何以不堪一擊也。然而兀朮孤軍深入，將帥牧守，未有擁衆附降，故得地而不敢有，況金人又不能觸熱，未暑先歸，(註三六)既不能久處江東，遂迅自北撤。兀朮引兵至臨安，縱火焚掠，城郭一空，爲州縣被禍之最酷者。以輜重不能遵陸，取道秀州而北，乃陷秀州，入平江，屠殺焚掠，士民死者近五十萬人。浙西宣撫使統制陳思恭，以舟師敗之於太湖，幾獲兀朮。時張俊與劇盜郭仲威在平江一帶，乘機打刼，人民不死於金兵則被其掠殺。三月，金人入常州，至鎭江。

初，韓世忠以前軍駐靑龍鎭，中軍駐江灣，後軍駐海口，欲俟兀朮師還而邀擊之。及兀朮由秀州趨平江，世忠知事不就，遂移師鎮江以待之。先以八千人屯焦山寺，兀朮欲濟，乃遣使通問，且約戰期，世忠許之，遂遣蘇德率百人，伏金山龍王廟岸側。及敵至，有五騎趨廟，廟兵先鼓而出，獲其兩騎，其三騎振策以馳，一人紅袍玉帶，既墮，復跳而免。詰諸獲者，則兀朮也。既而接戰江中，世忠力戰，妻梁氏親執桴鼓，敵終不能濟，俘獲甚衆，擒兀朮之婿龍虎大王。兀朮懼，請盡歸所掠以假道，世忠不許；復益以名馬，又不許。遂自鎮江溯流而上，兀朮循南岸，世忠循北岸，且戰且行。世忠艨艟大艦，出金師前後數里，將至黃天蕩（江蘇江寧縣東北，長江至此深廣，橫濶三十里），兀朮窘甚。乃鑿老鸛河故道，凡三十里，遂趨建康。岳飛設伏牛頭山待之，夜令百人擾金營，金兵驚，自相攻擊。兀朮次龍灣，岳飛以騎兵三百步兵二千，邀擊於新城，大破之，兀朮奔竄。會撻懶自淮州（江蘇淮安縣）遣太一孛菫引兵來援，兀朮乃復引還，欲北渡，世忠與之相持於黃天蕩。太一軍江北，兀朮軍江南，世忠以海艦進泊金山下，預以鐵綆貫大鈎，授驍健者，明旦，敵舟譟而前，世忠分海舟爲兩道，出其背，每縋一綆，則曳一舟沉之。兀朮窮蹙，求會語，祈請甚哀。世忠曰：「還我兩宮，復我疆土，則可以相全。」兀朮見海舟乘風使篷，往來如飛，謂其下曰：「南軍使船如使馬，奈何？」乃募人獻破舟之策。有閩人王姓者，僑居建康，教其舟中載土，以平板鋪之，穴船板以櫂槳，俟風息則出江，有風則勿出，以海舟無風不能動也。且以火箭射其箬篷，則不攻自破矣。兀朮然之。及天霽風止，兀朮以小舟出江，世忠截流擊之，兀朮令善射者乘輕舟，以火箭射之，煙燄蔽天，師遂大潰，焚溺死者，不可勝數。世忠收餘兵，至瓜步，奔還鎮江整頓。兀朮遂渡江，屯於六合（江蘇六合縣）。

是役也，世忠以八千人，拒兀朮十萬之衆，凡四十八日，(註三七)此則李綱請建水軍之效也。世忠舟師雖敗，然兀朮受此一挫，有過江艱危幾不免之感，金人自是亦不敢復南渡矣。(註三八)五月，金人餘衆，焚建康府，執李梲陳邦光而去，岳飛邀擊於靜安鎮，敗之。金人犯江西者，聞兀朮北還，亦自荊門(湖北荊門縣)引去，統制牛臯(一〇八七—一一四七)潛軍邀擊，敗之於寶豐之宋村。撻懶圍楚州急，趙立力拒之，乃稍引去。至是，兀朮北歸，以輜重假道於楚，立斬其使，兀朮怒，乃設南北兩屯，絕楚州糧道。八月，金人攻楚州，趙立遣人告急。朝廷欲遣張俊救之，俊辭不行，曰：「撻懶善戰，其鋒不可當，今救楚州，併亡無益，」蓋畏虜不敢與戰也。乃命岳飛行，而命劉光世出兵相助，光世亦不行，但遣王德酈瓊將輕兵以出，飛師孤力寡，金人知外援絕，猛攻東城，立在磴道中飛礮死，越旬餘，城始陷。命光世節制諸鎮，力守通泰。光世鑄「招納信寶」銅錢，獲敵不殺，令持錢文歸，使欲歸者扣江執錢爲信，歸者不絕。因創奇兵赤心兩軍，金人遂棄承楚，拔砦去。

初，帝嘗問大計於張浚，浚才短，喜事而疏，謂中興當自關陝始，慮金人或先入陝窺蜀，則東南不可保，請身任陝蜀之事，置幕府於秦州，別遣一大臣與韓世忠鎮淮東，令呂頤浩扈蹕至武漢，爲趨陝之計。復以張俊劉光世與秦州相首尾。帝然之，遂以浚爲川陝宣撫處置使，聽便宜黜陟，與沿江襄漢守臣議儲蓄，以待臨幸，此所謂經略關陝之一策也。然此既定之朝議，浚行未及武昌，而江浙士大夫搖動，頤浩遂變初議。三年七月，浚發行在，王彥統八字軍從之，置司秦州。十月，治兵於興元，以圖中原，浚上疏言：「漢中實形勢之地，前控六路之師，後據兩川之粟，左通荊襄之財，右出秦隴之地，號令中原，必基於此，謹積粟以待巡幸。」浚以主管茶馬之趙開爲隨軍轉運使，總領四川財賦；承制拜曲端爲威武大將軍，宣撫處置司都統制。又辟劉子羽（一〇九七—一一四六）參議軍事，子羽卽劉韐之長子，曾參與密謀誅范瓊，浚奇其才。子羽薦涇原路兵馬都監吳玠與其弟璘（一一〇〇—一一六五）之才勇，浚以玠爲統制，璘掌帳前親兵。四年春，升玠爲涇原路馬步軍副總管。四月，金驍將婁室既陷陝州，遂與撒離喝長驅入潼關，曲端遣吳玠拒之於彭原店（甘肅寧縣），而自擁兵邠州爲援。金人來攻，玠擊敗之；婁室整軍復戰，玠軍敗績，端退屯涇原，金人乘勝焚邠州。玠怨端不爲援，大詬之，由是二人有隙。婁室以端全軍退去，且入夏，遂復還河東。端劾玠違節制，罷總管，復知懷德軍（故治在寧夏豫旺縣南）。浚惜其才，尋以爲秦鳳副總管，兼知鳳翔府。初，曲端欲斬王庶，朝廷疑其叛，浚保而重用之。然以人言浸潤，不能無疑，乃使張彬詣渭川察之。彬詢以金兵深入，合諸路攻之，不難。端議持重，主採守勢以困敵。彬以告浚，浚不以爲然。浚節度五路諸將，帝嘗規以五年而後出師。及聞兀朮留淮西，恐復擾東南，議出師撓之，以分其兵勢。浚實短於用兵，端心常少之，曰：「平原廣野，敵便於衝突，而我軍未嘗習戰，金人新造之勢，難與爭鋒，宜訓兵秣馬，保疆而已，後十年乃可。」浚積前疑，六月，遂以彭原之敗，罷端兵柄，再貶海州團練副使，萬安軍（廣東萬寧縣）安置。其部將張中孚李彥琪並諸州羈管，軍情不悅。浚既欲出兵，七月，兀朮聞之，遂自六合引兵趨陝西。浚遣兵復陝西軍州，於是趙哲復鄜州，吳玠復永興軍，其餘州縣多迎降。九月，張浚聞兀朮將至，檄召熙河劉錫、秦鳳孫渥、涇原劉錡、環慶趙哲四經略，及吳玠之兵，合四十萬，馬七萬匹，以錫為統帥，迎敵決戰。王彥、劉子羽、吳玠、郭浩諫，以敵鋒方銳，主持重待敵，須俟其弊乃可乘，不聽，遂輕師而進。次於耀州富平縣，劉錡先薄虜陣，殺獲頗衆；敵以鐵騎直撲環慶軍，趙哲擅離所部未至，軍遂驚遁，而諸軍悉從之，大潰。敵乘勝而進，關陝大震。浚時駐邠州督戰，既敗，自秦州退保河池縣，召趙哲斬之，而安置劉錫於合州（四川合川縣），令諸將各還本路，上書待罪，自是關陝不可復。十一月，金人入德順軍，浚退保興州（陝西略陽縣），時輜重焚棄，將士散亡，惟親兵千餘自隨，人情大沮。或請徙治夔州，劉子羽叱止之，奉命至秦州，召諸亡將，悉以衆來會，凡十五萬，軍勢復振。子羽因請吳玠以兵扼守鳳翔大散關東之和尚原，以斷敵來路，關師古等聚熙河兵於岷州大潭，孫渥賈世方等聚涇原鳳翔兵於階（甘肅武都縣）、成（甘肅成縣）、鳳（陝西鳳縣）三州，以固蜀口，金人知有備，遂引去。浚銳於進取，幕下之士多蜀人南人，不練軍事，亟欲決勝負於一舉，以致於敗也。

兀朮既渡江北撤，四月十九日，帝離溫州，二十九日抵定海，還抵越州。呂頤浩乞車駕進幸浙西，號令諸將，前去江上夾擊金人。此議未決，會趙鼎劾頤浩專恣，頤浩求去，其事不行。五月，頤浩罷相，以范宗尹繼其位。宗尹方三十二歲，頗負才智，自謂有奇氣而於政事殊未練也。時諸盜據有州縣，朝廷力不能制，宗尹請稍復藩鎮之法，裂河南江北數十州縣之地，付以兵權，俾屏王室。帝從其言，授右相，以張守參知政事，趙鼎簽書樞密院事。分江東西為鄂州、江州、池州三路，置安撫使。六月，罷御營司，兵柄復歸樞密院，為機速房，以宗尹兼知樞密院事，宰相兼樞密使，自是遂為定制。宗尹置帥，多授劇盜，如李成、薛慶、孔彥舟、桑仲輩，起於羣盜；翟興列位土豪；李彥光、郭仲威皆潰將，多不能守其地，又無總領統屬，且不遣援，不通餉，故諸鎭守，鮮能久存者。爲政多私，以嘗仕僞楚故，凡受僞命者皆錄用。當時以浙西爲後方，開始注意海防，八月，禁閩廣淮浙海舶商，毋得發船往山東，水手五家爲保，慮其爲金人嚮導。詔江浙福建州縣，諭豪右募民兵據險立柵，置水斥堠，防遏外寇。明州亦屯兵，以防海道，以謝克家參知政事。隆祐太后至越州。十一月，日南至，帝在越州，率百官遙拜二帝，自渡江至是，始有此禮，其正旦亦然。是時朝廷播遷之餘，喘息稍定，二程門徒，不忘黨派成見，復圖元祐黨借屍還魂，乃追褒呂公著、呂大防、范純仁，並追封公著魯國公、大防宣國公、純仁許國公。臺諫亦好以朋黨論士大夫。人才不問賢否，皆視宰相出處爲進退，故政風不揚，尚難協力以禦侮也。明年改元紹興，詔所謂紹奕世之閎休，興百年之丕緒，仍以中興爲言也。

當宣和初年，徽宗以荒樂釀亂，方臘宋江，勢幾蜩螗，然六師張皇，淸蕩立奏，禍猶未烈也。末年，寇擾山東河北，數萬成羣。靖康之初，其勢益熾，金人犯京師，劇賊王嗣擁衆數萬迫泗州，李全之掠壽春，其著者也。自金虜蹂躪，中原淪沒，百姓失業，江淮之間，強者爲盜，乘虛劃疆，加以饑饉薦至，流丐滿路，村塢竊發；兵賊不分，潰兵梗卒，復因隙蹈瑕，魚爛鳥駭，徒黨蜂結，累歲不解。故盜寇之來源，曰饑民，曰潰兵也。建炎元年，祝靖、薛廣、黨忠、閻瑾、王存之徒，皆招安赴行在，凡十餘萬人，李綱委官整編，老弱者縱之，其首領皆命以官，分隸諸將，由是無叛去者。惟淮寧之杜用，山東之李昱，河北之丁進、王善、楊進，皆擁兵數萬不可招，而拱州黎驛，單州魚台，亦有潰卒數千爲亂。詔諭釋罪，分地爲鎮撫使，使盜有所歸，策皆不行。乃命王淵張俊討杜用，劉光世討黎驛，喬仲福討李昱，韓世忠討單州賊，大兵誅討，殺戮過當。其間雖張遇降於王淵，丁進楊進降於宗澤，郭仲威降於周望，戚方降於張浚，獸聚望風，間能革面，亦數服數叛，迄無寧時。羣寇如李成、楊么輩，且與僞齊金人勾結，擾亂後方。襄漢湖湘、江淮虔吉，閩中嶺南一帶，萑苻遍野，無干淨土，交通梗塞，民不聊生。如荊南舊戶口數十萬，寇亂後，無復人跡，其禍亂之酷可知矣。南宋初期寇患，約可分爲三期：第一期，自靖康之變至宗澤之歿，賊氛熾於黃河南北，如丁進、王善、楊進，皆擁衆數萬，受宗澤之招撫。而張俊平杜用，劉光世斬李昱，其勢漸戢。第二期，自宗澤之歿至建炎之末，招降羣盜，復潰散爲寇。且以金人南侵，江淮殘破，荊湘淮甸之間，寇氛益熾。羣盜之悍者，山東有劉忠，淮南有張用，襄陽有桑仲。第三期，紹興改元後，寇氛未戢，大者數萬，小者數千。除張用外，又有張琪、孔彥舟、李成、張榮等，而張榮殘暴，爲患尤烈。李成據江淮六七州，聚衆數萬，有席捲東南之意，朝廷患之。鼎州人鍾相作亂，自稱楚王，其勢最盛。當時孔彥舟據鄂，馬友據潭、曹成、劉忠（長沙賊）、李宏在湖南江西之間，李敦仁彭友起於虔吉，而鄧慶、龔富剽掠南雄英韶諸郡。然閩中之寇最急，廣東次之，其勢蔓延，且徧及東南諸地。當時諸將縱賊不敢擊，朝廷以羣盜爲憂，招而復叛，靡費不貲，燎原之勢，殆席捲東南。故呂頤浩以爲必「先平內寇，然後可以禦外侮。」（註三九）討平羣盜，王淵、韓世忠、張俊、劉光世等皆有功，（註四〇）迨岳飛（通泰鎮撫使）

用而賊勢始殺矣。洪州之戰，馬進授首(註四一)；江西之役，張用祖迎(註四二)；李成敗而襄漢平；楊么破而荆湖靖(註四三)。以至走曹成(註四四)，擒彭友(註四五)，盡天下之賊，莫克與飛鬬者也。當宗澤留守東京之日，尙有積粟，可維持一二百萬人一二歲之食，是以其守東京一歲，屢請帝歸汴，然後大舉渡河，蓋知其乍用而不可因糧於敵，不可久處而變生於內也。澤卒，此百萬羣盜復散，流入江湘閩廣，轉掠數千里。是時也，敵騎充斥於中原，羣盜跳梁於諸路，一片混亂，江南亦成蜩螗之局。自江西至湖南，無論郡縣與村落，經潰兵、金人與盜賊刼掠後，極目灰燼，所至破殘，十室九空。江西安撫使朱勝非言：「方今兵患有三：曰金人，曰土賊，曰遊寇。」遊寇者卽流寇，其禍最烈，竭西北諸將之力，經數年然後剿平，南宋方能立足，而有喘息之餘地。脫使非諸將協力，痛剿掃蕩，肅清醜類，則南渡半壁，卽不沒於金虜，而羣盜流竄之禍，其結果如非割據，亦成全面糜爛，然則宋之爲宋，未可知也。雖然，蕩平羣盜，所獲大批北方健兒，收爲部曲，朝廷於是乃有兵。故紹興諸大帥所用之兵，皆羣盜之降者也。平定羣盜後，地方元氣恢復，無後顧之憂，而簡汰降民，增充軍旅。紹興三年（一一三三），收編降賊等爲御前忠銳軍，已有十將。兵源既解決，聲勢復振，往往得其死力，足資征戰與守備，於是走劉豫，敗女眞，風聞驚竄之情，因以有定。岳飛且用之進而北問中原，長驅河洛矣。陳繼儒論之頗當，其言曰：

「吾嘗查宗澤傳，宗澤平湖東賊王善，得衆七十萬，車萬乘；平沒角牛賊楊進，得兵三十萬；平王再興、李貴、王大郎等，又得兵三萬，而河東、京西、淮南、河北之侵掠息矣，共算宗公得賊兵一百三萬。查韓世忠傳，世忠平淄青李復賊黨，得兵萬餘；平廣西賊曹成，得兵八萬；平白面山賊劉忠，又得兵萬餘，而淄青閩廣湖南之賊侵掠息矣，共算韓公得兵六十萬。查岳飛傳，岳飛平武陵賊孔彥舟，襄漢賊張用，江淮賊李成，筠州賊馬進，得兵八萬。降嶺賊曹成，得兵十餘萬；平吉賊得兵數千；又平湖賊楊么，得十萬餘，而江淮嶺表襄漢之侵掠息矣，共算岳公得兵二十萬。其他如二張劉錡等皆類是，不暇悉數。

大約乘輿播遷，京都不守，詔天下小則團練，大則勤王。團練勤王之名既起，則奸雄借名生奸，而盜賊縱橫矣。此輩善招諭之，則為我用；不善招諭之，則為敵用。又有不在我，不在敵，中立觀望者，往往鈔刼村墟，梗絕道路，故宗韓岳諸公未及與金人挑戰，先收山砦江海間盜賊。盜賊既服，則百萬之兵餉，皆不煩經營措置矣。然後鼓動其豪傑之壯心，撥轉其忠義之正氣，摧鋒陷陣，所向無前，此韓岳諸公苦心之極也。……非韓岳諸公招諭誅討，安知無溫操復生其間？今人但知韓岳諸公之善戰，而不知其得百戰百勝之根本，則以先乎平服諸盜故也。」(註四六)

當時平賊抗金，馳驅戰場之主要將領，皆為北方人，以西北勁旅，多產將才，而率兵勤王，皆中原子弟，來自北方也。即使其後之良將精兵，亦皆為北方歸正之人。四大統帥之張俊，鳳翔人；韓世忠，綏德軍人；劉光世，保安軍人；岳飛，相州人。其餘將領，王淵，階州人；苗傅，隆德人；王彥，上黨人；楊沂中（一一〇二—一一六六，紹興十二年二月，賜名存中）代州崞縣人；王𤩽，秦州人；劉錡、吳玠、吳璘、郭浩，皆德順軍人；王德，通遠軍人；楊惟忠、李顯忠（一一一〇—一一七八），環州人；張宗顏（一一〇六—一一四九），延安人；成閔（一〇九四—一一七四），邢州人；解元（一〇八八—一一四二），保安軍人；李寶，河北人；趙密（一〇九五—一一六五），太原清河人；楊政（一〇九八—一一五七），原州臨涇人；牛皐，魯州魯山人；曲端、鎮戎人；王友直（一一一八—一一七八），博州高平人；馬擴，熙州人，無非出自山陝燕魯者，則南宋之偏安，猶藉北方之餘力也(註四七)。而張韓劉三帥所統多西兵，爲金人所畏服，以其勁銳善戰也。建炎三年兵力，除川陝外，合內外大軍爲十六七萬，其後增至十九萬四千餘。紹興二年，戰鬪之主力，韓世忠、劉光世各四萬，張俊三萬，岳飛二萬三千，王瓌一萬三千。而三衙御前軍，亦有三萬。月費錢二百萬緡，而行在大軍，月費現錢亦佔五十萬緡。當時諸將，人自爲法，有韓家軍、張家軍之號。張軍有全副甲萬副，劉軍老弱頗衆。四帥另置親隨軍，每選精銳數百人，獨立組編，優其廩犒，以故驍勇競勸，所向有功，韓世忠所謂背嵬(註四八)，張俊所謂親隨，劉光世所謂部落是也。韓世忠爲江南東西路宣撫使，置司建康，其軍多爲陝西山東兵，自招馬友曹成之衆，整編後，選少年敢死士，創背嵬軍，皆勇鷙絕倫，各持長斧，上揕人胸，下斬馬足，凡遇堅敵，無有不破，爲戰鬪兵之最精銳者。

張俊韓世忠兩軍，在諸軍最爲得寵。劉光世之軍，主要部將爲王德，其餘收編酈瓊、及喬仲福、靳賽等，以淮浙上供物贍之，月費錢二十二萬緡，尚多勒索而跋扈，故軍紀較壞；光世又與韓世忠常在鎮江衝突，亦頗爲失意。張俊部將爲張宗顏、王璋、田師中、趙密等，俊戰功不多，但帝視之，與韓世忠爲左右手。三帥勝不相遜，敗不相救，大敵一至，各自爲謀，每難以協力禦侮也。當時張俊、韓世忠、劉光世、辛永企等重兵在握，將驕卒惰，軍政不肅，漸覺尾大不掉，寖成外重之勢。故起居郎胡寅（建炎三年），趙鼎（建炎四年），先後奏請立禁軍。中書舍人汪藻（一〇七九—一一五四），紹興元年又上書進馭將之說，謂：「臣以爲及今之時，當用漢建諸侯之法，衆建之而少其力，精擇偏裨十餘人，人裁付兵數千，直隸御前，而不隸諸將，合爲數萬，以漸銷諸將之權，此萬世計也。」（註四九）然將帥以被抑不堪，發生反感，有令門下進士作不當用文臣論者曰：「蔡京壞亂綱紀，王黼收復燕雲之後，執政侍從以下，持節則喪節，守城則棄城，建議者執講和之論，奉使者持割地之說，提兵勤王則潰散，防河拒險則遁逃。自金人深入中原，蹂踐京東、京西、陝西、淮南、江浙之地，爲王臣而棄民誤國敗事者，皆文臣也。時特有一二竭節死難當橫潰之衝者武臣也。又其甚也，張邦昌爲僞楚，劉豫爲僞齊，非文臣誰敢當之？」（註五〇）時抗金平亂，在在需用武臣，重武輕文，雖與傳統政策相悖，然亦爲時勢所造成，故武臣坐大其權力，乃一時不免之現象。然以重兵在握故，引致君主猜忌，文臣嫉功，而秦檜作姦，以後乘之以害岳飛，殆由此時伏其禍焉。

第十五節　劉豫僭號

完顏氏以少數之東北民族，攻陷中原，如拉枯摧朽，然以中國幅員之大，人口之衆，誠不易控制而治之。夫遼也、金也、乃至其後之蒙古也，方諸漢唐，不過爲匈奴、爲突厥、爲回紇、爲吐蕃，侵犯邊疆雖有之，而直入堂奧，使朝廷落荒，天子蒙難者，未有之；有之，前則見諸西晉，後則見諸宋代焉。然西晉五胡之亂，限於黃河流域而止，而金人侵宋，以破竹之勢，鋒鏑更鍥入長江流域，高宗南渡，徬徨無一刻之安。夷考中國外患，蓋以宋之失地爲最多，遭罹國難爲最酷也。雖然，邊疆民族雖強悍，未得漢人之助，實無法破中國，此爲歷代興亡極慘痛之教訓，尤以宋事爲烈。宋人放棄兩河汴洛，怯懦畏敵，日謀退避。有民而不用，金人得而治之，禁民漢服，削髮左衽，鉗制桎梏，不得擅去鄉里。置漢官，亦開科取士。又置簽軍之法，以家業高下定之者曰家戶軍，以人數多寡定之者曰人丁軍(註五一)。汪伯彥嘗疏言：「金敵所驅而戰者，兩河之民十之七，九州（中國九州）之虜十之二，狄人十之一焉。」(註五二)故負弩前驅者漢人也；攻城掠地者漢人也；塡壕塹死鋒鏑者亦漢人也。雖然，金人滅遼之速，出於意外，又以風馳電掣之勢，驟滅北宋，席捲雖廣，根基未立，何況南北對峙之局，軍事行動而未已。爲欲減輕佔領地之負擔，以少數統治多數，於是實行以華制華之策，立藩輔之邦，中國帝都，使中國人守之，作犄角病宋之計。故二帝北遷，卽援立張邦昌。邦昌之僭，金人欲之，而邦昌因之。惟邦昌之僞楚，時僅三月，自動解體。及兀朮南侵，受挫北還。知長江天塹，未易征服也，藩輔之議再起。當時以折可求劉豫（一〇七三—一一四三）皆可立，豫以重寶賂撻懶，請立己，於是立爲僞齊帝。故劉豫之僭，蓋豫欲之，而金人因之也。

劉豫，景州人，爲河北提刑，金人南侵，棄官奔眞州。張慤薦之，建炎二年五月，起知濟南府。時盜起山東，豫不願行，請易東南一郡，執政不許，豫忿而去。十二月，金人陷東平府，又攻濟南，撻懶遣人啖豫以利，豫遂殺濟南驍將關勝，降金。百姓不從，豫縋城，歸於撻懶。三年三月，金人陷京東諸郡，以豫知東平府，劃舊河以南爲界，俾豫統之。又以豫子麟，知濟南府。四年九月，豫得撻懶高慶裔之助，言於粘罕，從之，乃遣高慶裔及知制誥韓昉，備璽綬寶冊，立豫爲大齊帝，世修子禮，奉金正朔，稱天會八年，置丞相以下官。豫卽位，都大名府，以張孝純爲丞相，李孝揚爲左丞，張柬爲右丞，鄭億年爲工部侍郎，李儔爲監察御史，王瓊爲汴京留守。子麟爲太中大夫提領諸路兵馬兼知濟南府，弟益爲北京留守，妾錢氏爲皇后，改明年爲阜昌元年。

紹興元年六月，劉豫置招討司於宿州（安徽宿縣），誘宋人逋逃。十二月，金以陝西地畀豫，於是中原盡歸之。二年四月，豫徙居汴。時河南、山東、陝西皆屯金軍，劉麟籍鄉兵十餘萬，爲皇太子府十三軍，分置河南汴京淘汰官，兩京塚墓，發掘殆盡，賦斂煩苛，民不聊生。先是，襄陽鎮撫使桑仲上疏，請正劉豫罪。朝廷尋命仲兼節制應援京城軍馬，量度事勢，復豫所陷州郡。仍命河南翟興、荊南解潛、金房王彥、德安陳規、蘄黃孔彥舟、廬壽王亨、相爲應援。未幾，仲爲其下所殺。翟興進屯伊陽山，豫患之，陰結興裨將楊偉，殺興，持其首降豫。當時南宋國勢，極爲危殆，姑不論其不如金，亦不及僞齊之安定。五月，樞密院接諜報，敵人分屯淮陽軍海州，慮其以輕舟南犯，故震駭一時。以權邦彥簽書樞密院事，孔彥舟與之有隙，心不自安。時韓世清伏誅，而韓世忠連破湖湘羣盜，順流東歸，疑其圖已；張浚又令其領部曲往黃州屯駐，大失所望。六月，彥舟復叛，渡淮北歸劉豫。九月，沿江當塗之褐山、東采石、慈湖、繁昌、三山、至建康之馬家渡，大城堙，池州之鵲頭山凡八所，遇警旦舉煙，暮舉火以爲信，用李光之策也(註五三)。十二月，襄陽鎮撫使李橫敗劉豫兵於揚石店，乘勝趨汝州，僞守彭玘以城降。三年（一一三三）正月，李橫破潁順軍（河南禹縣），復敗豫兵於長葛。橫又引兵復潁昌府。二月，統制李吉敗殪劉豫將梁進於伊陽臺。三月，李橫傳檄收復東京，劉豫求援於金，粘罕遣兀朮赴之，豫亦遣李成率兵二萬，逆戰於汴京西北之牟駞岡，橫軍本羣盜，恃勇無律，故敗績，潁昌復陷。四月，劉豫陷虢州（河南靈寶縣南四十里）。明州爲東南大郡，置沿海制置使，駐水軍，都統制徐文，爲諸將所譖，遂率海舟六十艘，官軍七百餘人，浮海抵鹽城，降於豫，豫以文知萊州，增海舟二十艘，令率其衆寇通泰州。五月，以與金議和，詔李橫等班師還鎭，禁邊兵侵齊。是時兩界人往來，未嘗有禁，劉豫置歸受館，立賞格以招宋人。九月，沿江兵力重新部署，始劃分防區，以劉光世爲江東淮西路宣撫使，置司池州；韓世忠爲鎭江建康府淮南東路宣撫使，置司鎭江府；王𤫉爲荆南府、岳、鄂、潭、鼎、澧、黃州漢陽軍制置使，置司鄂州；岳飛爲江南西路舒、蘄州制置使，置司江州。主管殿前司郭仲荀知明州，兼沿江制置使。十月，李成陷鄧州，又陷襄陽，李橫奔荆南，知隨州李道棄城走，又陷郢州。豫將王彥先，自亳引兵至壽春，將窺江南。劉光世駐軍建康，扼馬家渡，遣酈瓊領所部駐無爲軍，爲濠壽聲援，豫兵乃還。十一月，金人遣李永壽王翊來，態度驕傲，請還豫俘及西北士民之流寓者，復要劃江以益豫，朝廷拒之。十二月，詔李橫、翟琮、董先、李道、牛皐亦聽飛節制，岳飛之軍始大。李橫部有一萬五千人，其後併入張俊部。時全部軍力，約共二十萬人。

四年（一一三四）四月，熙河路總管關師古與劉豫兵戰於左要嶺，敗績遂降，洮岷之地盡歸豫。

金主晟（太宗，一〇七五－一一三五）與粘罕議南侵，豫獻議海上取昌國縣，趨明州城下，奪取宋帝御船，直抵錢塘江口，蓋降將徐文所建言也。會兀朮還，力言不可，曰：「江南卑濕，今士馬困憊，糧儲未豐足，恐無成功。」金主以議不合，乃止。岳飛奏襄陽等六郡，爲恢復中原之根本，今當先取，以除心膂之病，李成遠遁，然後加兵湖湘，以殄羣盜。帝以諭趙鼎，鼎曰：「知上流利害，無如飛者，」遂授黃復州漢陽軍德安府制置使。飛一鼓下郢，復隨州，直趨襄陽，大破李成之衆，復襄陽，再敗之於新野。已而進兵鄧州，又敗李成與金將劉合孛堇，一鼓拔之，又復唐州信陽軍。襄陽平，趙鼎奏湖北鄂岳最爲上流要害，乞令飛屯鄂岳，自是飛以鄂岳爲根據地矣。

七月，僞齊奉議郎羅誘上南征議於豫，論宋有六擊之便。時劉豫以岳飛復襄鄧，大懼，方倚金爲重，欲取宋以悅之，至是得誘書，大喜，遂以誘爲行軍謀主，而遣其知樞密院事盧偉卿見金主，請兵下兩淮。金主乃命宗輔權左副元帥，撻懶權右副元帥，調渤海漢軍五萬以應豫，以兀朮嘗渡江，習知險易，使將前軍。僞齊初時計劃，自順昌趨合淝，攻歷陽，由采石以濟。但李成慮岳飛之軍自襄陽拊其背，主張沿汴直犯泗州，渡淮，以大軍扼盱眙，據其津要，分兵下滁和揚州，大治舟楫，西自采石以攻金陵，南自瓜州以攻京口，仍分兵東下，掠海楚之糧，庶爲大利。九月，金齊聯軍，以騎兵自泗攻滁州，步兵自楚州攻承州（江蘇高郵縣）（註五四）。楚州陷，韓世忠自承州退守鎮江。十月，詔世忠由鎮江進駐揚州。時張浚在福州，慮金齊釋川陝之兵，必將併力窺東南，而朝廷已議講和，因上疏極言其狀。及兵至，帝思其言，策免朱勝非。時局勢嚴重，或勸帝他幸，趙鼎曰：「戰而不捷，去未晚也。」遂勸帝親征，帝從之。又用喻樗留後門之策，起張浚於福州，俾爲閩浙江淮宣撫使，預備退保之地。以孟庾爲行宮留守，命百官不預軍旅之務者，從便避兵。以張俊爲浙西江東宣撫使，命其所部援韓世忠。王𤫊爲江西沿江制置使，使簽書樞密院事胡松年（一〇八七－一一四六）詣江上，會諸將進兵，而命劉光世移軍建康，且促世忠進兵。後宮自溫州泛海如泉州。可見當時朝廷震駭，倉皇應變之急矣。帝發臨安，劉錫楊沂中以禁兵扈從。次平江，帝欲渡江決戰，趙鼎諫之，乃止。

初，韓世忠至揚州，使統制解元守承州，候金步卒，親提騎兵至大儀（在揚州西七里，與天長接界），以當敵騎。會魏良臣使金過之，紿良臣有詔移屯守江，良臣疾馳去。世忠移軍復向大儀，勒五陣，設伏二十餘所，約聞鼓即起擊。良臣至金軍中，金前將軍聶兒孛堇問宋軍動態，具以所見對。孛堇大喜，即引兵至江口，距大儀五里，別將撻不野擁鐵騎過五陣東。世忠傳小麾鳴鼓，伏兵四起，金軍亂，世忠令背嵬軍以長斧上揕人胸，下斫馬足，敵披甲隔泥淖。世忠麾勁騎四面蹂躪，人馬俱斃，遂擒撻孛也等二百餘人。而世忠所遣董旼，亦擊敗金人於天長之鴉口橋。金人攻承州，解元遇敵於州之北門，設水軍夾河陣，一日十三戰，相拒未決，世忠遣成閔將騎士往援，復大戰，俘獲甚多。世忠復親追至淮，金人驚潰，相踐藉溺死者甚衆。捷報至，羣臣入賀，參知政事沈與求（一〇八六－一一三七）曰：「自建炎以來，將士未嘗與金人迎敵，今世忠連捷，厥功不細。」誠以官軍與金人交鋒，屢戰屢敗，遂懾其威。至此一捷，振奮人心士氣不少，故論者以大儀之役爲中興武功第一，洵非過譽也。時韓張劉三帥權相敵，且挾私隙，帝遣侍御史魏矼至張劉軍中，諭以息怨報國。光世乃移書二帥，二帥皆覆書致情，光世始移軍太平州，以援世忠。十一月，下詔聲討劉豫之罪。已而劉光世移軍建康，韓世忠移軍鎭江，張俊移軍常州，鼎足而守。命張浚知樞密院事，浚即赴江上視師。時撻懶兀朮擁主力十萬於揚州，約日渡江決戰。浚召三帥會議，即就署諸將，親留鎭江以節制之。十二月，金齊合圍廬州，守臣仇悆嬰城固守，求援於岳飛，飛遣牛皐徐慶救之。皐所向披靡，虜畏其名，不戰而潰。皐追擊三十里，金人相踐及殺死者甚衆。撻懶屯泗州，兀朮屯竹塾鎭，爲韓世忠所扼。經大儀廬州兩役受挫後，兀朮遂有歸意。會大雪，餉道不通，野無所掠，殺馬而食，軍士皆怨。又聞金主病篤，乃自淮乘夜引還，兀朮既去，僞齊劉麟劉猊，亦棄輜重而遁。

五年（一一三五）正月，帝在平江，召張浚、韓世忠、劉光世，張俊入見，以世忠爲淮東宣撫使，駐鎭江；光世淮西宣撫使，駐太平；俊江東宣撫使，駐建康。又以世忠光世有隙，賜酒諭釋之。岳飛亦自池州入朝，以飛爲鎭寧崇信軍節度使。二月，帝還臨安，以趙鼎爲左僕射並同中書門下平章事，張浚爲右僕射並同中書門下平章事兼知樞密院事，都督諸路軍馬。浚嘗薦鼎，鼎與浚同志輔治，務在塞倖門，抑近習，多所引擢，從臣朝列，皆一時之望。浚所薦虞允文（一一一〇—一一七四）、汪應辰、王十朋（一一一二—一一七一）、劉珙（一一二二—一一七八）等爲名臣，拔吳玠吳璘於行間，謂韓世忠勇，可倚以大事，一見劉錡奇之，付以事任，卒皆爲名將，一時稱浚爲知人。而鼎亦嘗薦胡寅、魏矼、晏敦復、潘良貴、呂本中、張致遠等數十人，分布朝列。詔建太廟，大臣以爲創建太廟，將以臨安爲久居之地，甚失興復大計，不聽。五月，遣何蘚等奉使金國，通問二帝。六月，洞庭湖寇楊么既平，張浚乃奏遣岳飛爲荆湖南北襄陽府路制置使，以圖中原，情勢稍定。命張浚詣江上措置邊防，詔諭諸路宣撫制置司示以專任之旨。浚奏江上諸軍已精強，非前日之比。但自置都督府後，朝廷兵柄，與樞密院分爲二矣。十二月，將各軍改編番號，廢神武中軍，改隸殿前司，於是殿司兵柄始統一（宿衞神武右軍中軍原有七萬二千人八百餘人，張俊將右軍，楊沂中將中軍，改隸後而右軍如故）。神武五軍，改爲行營護軍：（一）中護軍，張俊所將信德府部曲，後以忠銳諸軍及張俊親兵與張用、李横、閻皐之衆隸之。（二）前護軍，韓世忠所將慶源府部曲，後以張遇、曹成、馬友、李宏、巨師古、王𤫊（𤫊罷軍職，以所部一萬五千人改隸）、崔增之衆隸之。王彥所部改充行營前護副軍。（三）後護軍，岳飛所將河北部曲，後以韓京、吳錫、李山、趙秉淵、任士安之衆隸之。（四）左護軍，劉光世所將鄜延部曲，其後王德、酈瓊、靳賽自以其衆隸之。（五）右護軍，吳玠所將涇原部曲，後得秦鳳散卒，及劉子羽、關師古之衆隸之。俊與世忠光世軍人數最多，玠次之，飛又次之，王彥最少(註五五)。

六年（一一三六）正月，韓世忠聞劉豫聚兵淮陽，卽引軍渡淮，至其城下，爲敵所圍，突圍而出，統制呼延通與金將孛菫牙合搏戰，扼其吭而擒之，乘銳掩擊，金人敗去，遂進兵圍淮陽，敵舉六度烽火求援，兀朮與劉猊皆引兵至。世忠乞張俊將趙密爲助，不從。浚乃遣張俊將楊沂中以萬人往助，世忠復還楚州，淮陽之民從而歸者以萬計。二月，浚復會諸將於江上，榜劉豫僭逆之罪，命世忠據承楚以圖淮陽，光世移屯合肥以招北軍，俊練兵建康，進屯盱眙。時岳飛爲湖北京西招討使，駐軍鄂州，浚命飛進屯襄陽以圖中原，而以權殿帥楊沂中居後為諸將聲援。三月，金齊兵犯漣水軍，韓世忠擊敗之。四月，劉豫兵陷唐州。五月，命沿海制置副使馬擴閱習水軍戰艦。六月，浚渡江撫淮上諸屯，命劉光世自當塗進屯廬州，岳飛自九江進屯襄陽，楊沂中屯泗州。七月，浚奏東南形勢，莫重於建康，實為中興根本。且使人主居此，北望中原，常懷憤惕，不敢暇逸。而臨安僻在一隅，內則易生玩肆，外則不足以號召遠近，繫中原之心。請臨建康，撫三軍，以圖恢復。帝從之。八月，詔諭將士將親征，乃建行宮於建康府，以秦檜為行宮留守，孟庾副之。岳飛遣統制王貴牛皐破偽齊鎮汝軍，擒其將薛亨，焚其積聚，復盧氏縣及商虢州。九月，飛遣將敗偽齊兵於唐州，楊再興復西京長水縣，與敵戰於葉陽、洪潤，皆破之。豫聞帝親征及張浚視師江淮，告急於金，請先出兵南侵，而乞師救援。金主亶（熙宗，一一一九－一一四九）召請將相議之。蒲盧虎（宗磐）曰：「先帝所以立豫者，欲以開疆保境，我得息兵安民也。今豫進不能取，又不能守，兵連禍結，愈無休期，從其請，勝則豫收其利，敗則我受其弊。況前年因豫出師，嘗不利於江上矣，奈何許之？」金主遂不許豫而遣兀朮提兵黎陽以觀釁。豫無奈，於是簽鄉兵三十萬，分三路入寇。麟帥中路兵，由壽春以犯合肥。猊帥東路兵，由紫荊山出渦口（安徽懷遠縣東北）以犯定遠（安徽定遠縣）。孔彥舟帥西路兵，由光州以犯六安。時張俊、劉光世、楊沂中、韓世忠分屯諸州，而沿江上下無兵，趙鼎深以為憂，移書張浚，浚乃遣沂中張宗顏分路禦之。且令沂中趨泗州，以與張俊合。張俊欲棄盱眙，劉光世欲舍廬州，浚以書戒止之。及劉麟進迫合肥，趙鼎曰：「今賊渡淮，當急遣張俊，合光世之軍，盡掃淮南之寇，然後議去留。」帝善之。然慮俊光世不足任，因命岳飛盡以兵東下，而手劄付浚，令俊、光世、沂中等還保江。浚上言：「諸將渡江，則無淮南，而長江之險，與賊共有。淮南之屯，正所以屏蔽大江。使賊得淮南，因糧就道，以爲守計，江南其可保乎？今正當合兵掩襲，可保必勝，一有退意，大事去矣。且岳飛一動，襄漢有警，何所恃乎？願朝庭勿專制於中，使諸將有所觀望也。」帝手書報浚曰：「非卿識高慮遠，何以及此。」由是異議乃息，而部署淮南之戰。

濠州（安徽鳳陽縣）據兩淮之中，東爲盱眙楚州，以達鹽城，西爲安豐（安徽壽縣）光州，以通信陽，乃兩淮用兵必爭之地也。楊沂中兵至濠州，光世已舍廬州，將趨采石，淮西大震。浚即馳令止之，光世不得已，復還廬州，駐兵與沂中俊等相應，遣王德酈瓊領兵自安豐出謝步，遇金將三戰皆敗之。劉猊軍至淮東，爲韓世忠所阻，還順昌（安徽阜陽縣）。劉麟從淮西繫三浮橋而渡，以濟其衆十萬，次於濠壽之間，張俊以兵拒之。猊率衆犯定遠，欲趨宣化，以寇建康，楊沂中以兵二千進禦，與猊前鋒遇於越家坊，敗之。猊恐孤軍深入，爲宋師所襲，乃欲趨合肥，與麟合而後進。至藕塘（安徽定遠縣東六十里），沂中復遇之，猊據山列陣，矢石如雨，沂中急擊之，使統制吳錫率勁騎五十，突入其陣，猊衆潰亂，沂中縱大軍乘之，而自以精騎衝其脅，大呼曰：「賊破矣！」猊衆錯愕駭視。前軍統制張宗顏自泗來，乘背擊之。張俊大軍復與戰於李家灣，賊衆大敗，橫屍滿野。猊即與數騎遁去，沂中躍馬叱之，餘衆萬人皆怖而降。麟在順昌，聞猊敗，拔砦去，沂中及王德乘勢追擊，至南壽春而還。孔彥舟亦解光州圍而去。時岳飛以目疾，一聞召命，即日起行，未至，麟敗。帝語趙鼎曰：

「劉麟敗北不足喜，諸將知尊朝庭爲可喜，」蓋軍令能行，諸將用命，遂致克敵。賜飛劄，言敵兵已去淮，卿不須進發，飛乃還軍。

金人聞劉豫敗，來詰其狀，始有廢豫之意。初，豫由粘罕、高慶裔得立，故奉二人特厚，兀朮及諸將多憾之。及兵敗藕塘，而高慶裔誅，粘罕死，岳飛因遣間齎蠟書與豫，約同誅兀朮。兀朮得書，大驚。馳白金主，於是廢豫之意益決。會豫請立麟爲太子。金主未許之，豫雖意沮，而猶日遣使乞師南侵。金乃建元帥府於太原，令豫兵悉聽節制，而以束拔爲左都監，屯太原；大撻不也爲右都監，屯河間，復分戍陳、蔡、汝、亳、潁、許諸郡。七年（一一三七）閏十月，金主令撻懶兀朮僞稱南侵以襲豫。將至汴，遣人召劉麟渡河議事，麟至武城（山東武城縣），兀朮擒之，遂馳入汴。豫方射講武殿，兀朮從三騎，突入東華門下馬，逼豫出見，執之，囚於金明池。翌日（十一月十八日）集百官宣詔，責豫而廢爲蜀王，遂置行臺尚書省於汴，以張孝純權行臺左丞相，胡沙虎爲汴京留守，李儔副之，李成、孔彥舟、酈瓊、關師古各予一郡，諸軍悉令歸農。聽宮人出嫁，得金一百二十餘萬兩，銀一千六百餘萬兩，米九十餘萬斛，絹二百七十萬匹，錢九千八百七十餘萬緡（註五六）。僞組織剝削民間而累積之資財，盡落於金人之手，此爲十年之間，汴京第二次之浩刼。僭號八年之僞齊傀儡政權，至是消滅。豫曾哀求於撻懶云：「父子盡心竭力，無負上國，惟元帥哀憐之！」撻懶曰：「趙氏少主出京日，萬姓燃頂煉臂，香煙如雲霧，號泣之聲，聞十餘里。今廢了爾後，京城內無一人爲爾煩惱，爾悞做人，猶自不知罪過，朝庭還爾奴婢骨肉，各與父子錢物一庫煞好。」豫遂默然語塞（註五七）。迫之行，初居相州，後豫與家屬及其子麟，徙臨潢（遼爲上京，故城在今熱河林西縣），封豫爲曹王，賜田以居之，至紹興十三年（金皇統三年，一一四三）卒。岳飛奏乘廢劉豫之際，擣其不備，長驅以取中原。韓世忠亦上疏言機不可失，請全師北伐。皆不報，遂交臂失之。

西北方面，自富平之役一敗，張浚即爲保蜀之計。紹興元年三月，金人破福津躁同谷，以迫興州，浚遂退守閬中（四川閬中縣），而以張深爲四川制置使，知成都府，與劉子羽趨益昌，王庶爲利夔制置使，節制陝西諸路，知興元府。六月，浚以吳玠爲陝西諸路都統制，只管轄階成岷鳳洮五州，及鳳翔之和尚原（陝西寶鷄縣西南）、隴州（陝西隴縣）之方山原而已。其餘關隴六路，盡陷於金。浚既敗於富平，乃思曲端之言，召之還，稍復其官，徙閬州，將復引用，但吳玠王庶譖之。既而端之心腹張中孚、李彥琪、趙彬相繼降敵，疑端知其謀，乃送於恭州（四川巴縣）獄，殺之。端剛愎，恃才凌物，故取禍。然終以讒死，人莫不寃之。軍情益沮，而朝廷亦疑殺趙哲與端爲無辜。浚志大於才，在關陝三年，訓新集之軍，當方張之敵，以劉子羽爲上賓，任趙開爲轉運，擢吳玠爲大將。子羽慷慨有才略，開善理財，一歲之入可計者糧一百六十餘萬石，錢三千餘萬緡，軍需以給；而玠每戰輒勝，西北遺民歸附者衆，故關陝雖失，而全蜀安堵，且以形勢牽制東南，江淮亦安。十一月，兀朮寇和尚原，金將沒立自鳳翔，烏魯折合自階成，出大散關，約日會和尚原。烏魯折合先期至，玠敗之。遁去。沒立方攻箭筈關，玠復遣將擊敗之，兩軍復不得合。金人憤甚，謀必取玠，婁室死，兀朮會諸帥兵十餘萬，進薄和尚原。玠以勁弩拒之，又以奇兵旁擊，絕其糧道，度其困且乏，設伏，敵至伏發，遂大亂。玠因進兵夜擊，大敗之，俘其將英格貝勒，及隊領三百，甲兵八百，殺敵衆橫屍遍野，兀朮中二流矢，僅以身免。兀朮旣敗，遂自河東歸燕山，復以撒離喝爲陝西經略使，屯鳳翔，與玠相持。張浚承制，以玠爲鎭西軍節度使，璘爲涇原路馬步軍副總管，於是玠帥河池（甘肅徽縣），璘則專守和尚原。

三年正月，金人陷金州（陝西安康縣），王彥退保石原（陝西石泉縣），撒離喝遂乘勝而進。二月，王彥引兵會吳玠於饒風關（陝西石泉縣西五十里）。金人長驅趨洋漢（陝西洋縣）。興元守臣劉子羽聞王彥敗，亟命田晟守饒風關，而遣人召吳玠入援。撒離喝悉力仰攻，凡六晝夜，死者山積。敵乃由祖溪關入，繞出玠後，乘高以瞰饒風，諸軍不支，遂潰。玠退保西縣（陝西沔縣）。撒離喝入興元，子羽退保三泉（陝西寧羌縣）。玠走三泉會之。未幾金人北歸，玠遣兵邀於武休關，掩擊其後，敵軍墮澗死者以千計，盡棄輜重而走，餘兵不能自拔者悉降。子羽遂還興元。五月，王彥復金州，金人遂棄均房。浚承制以吳玠爲利州路階成鳳州制置使，劉子羽爲寶文閣直學士，王彥爲保康軍承宣使。九月，以王似爲川陝宣撫處置副使。浚聞王似來，始不安，上疏求解兵柄，且論似不可任。似與宰相呂頤浩有鄉里親戚之舊，故頤浩不悅，朱勝非又以宿憾，日毀短浚。十二月，召浚知樞密院事，而以盧法原爲川陝宣撫副使，與王似同治司事，乃分陝蜀之地，責守於諸將：自秦鳳至洋州，命吳玠主之，屯仙人關（陝西鳳縣西南接略陽及甘肅徽縣界）；金房至巴達，王彥主之，屯通州（四川達縣）；文（甘肅文縣）、龍（四川平武縣）至威（故城在四川理番縣東四十里）、茂（四川茂縣），劉錡主之，屯巴西（四川閬中縣）；洮岷至階成，關師古主之，屯武都。初，吳璘守和尙原，餽餉不繼，玠慮金人必復深入，且其地去蜀遠，乃命璘棄之，別營壘於仙人關右之地名曰殺金平，移兵守之，以防金人深入。

四年二月，兀朮、撒離喝、劉夔帥步騎十萬，破和尙原，進攻仙人關，鏖戰甚烈，玠敗之。是役也，兀朮以下皆携妻孥來，劉夔乃劉豫腹心，本謂蜀可圖，既不得逞，度玠終不可犯，乃還屯鳳翔，授甲士田，爲久留計，自是不敢妄動矣。玠善騎射，有志節，用兵本孫吳，務遠略，不求近小利，故能保必勝。御下嚴而有恩，故士樂爲之死，選用將佐，視勞能爲高下先後。其應付金人之策，每選據形便，出銳卒，更迭撓之，使不得休暇，以沮其堅忍之勢，然後乘機猛擊，因以挫敵。弟璘從戰，亦累立功。劉子羽稱其才勇，張浚始委以軍政。富平之役以後，秦鳳皆陷，金人專志窺蜀，玠璘收集散亡，誓師堅守，一捷於和尙原，再捷於仙人關，金人大敗，銳氣漸失，逡巡不敢再進。數年之間，屯田養兵，西人再造，厥功甚偉，微玠身當其衝，無蜀久矣。三月，張浚還至臨安，御史中丞辛炳，挾宿怨劾浚喪師失地，跋扈不臣，遂落職移住福州，安置劉子羽於白州（廣西博白縣）。詔以王似爲川陝宣撫使，盧法原吳玠副之。會兀朮攻仙人關，爲吳玠所敗，法原素與玠不睦，玠因奏功，訟法原不援師，手詔詰問，法原憂恚而卒。八月，改命趙鼎都督川陝荆襄諸軍事，鼎辭以非才。帝曰：「四川全盛，半天下之地，盡以付卿，黜陟專之可也。」鼎條陳便宜，復爲朱勝非所抑，乃上疏言：「頃張浚出使川陝，國勢百倍於今，浚有補天浴日之功，陛下有礪山帶河之誓，君臣相信，古今無二，而終致物議，以被竄逐。今臣無浚之功，而當其任，遠去朝廷，其能免於紛紛乎？」（註五八）鼎旋以入相，不果行。五年四月，玠聞虜犯淮南，遣吳璘楊政（一〇九八—一一五七）乘機牽制。璘等出奇兵，自天水至秦州，拔其城。撒離喝聞秦州被圍，集諸道兵來援，政復擊敗之。

吳玠因催餉與趙開爭陸運，二人不洽，朝廷爲之開解。六年正月，命玠專治兵事，以席益爲四川安撫制置大使，以折衷之。已而益與開又不協，八月，四川都轉運使趙開罷，以李迨代之。益尋以母喪亦去，以胡世將（一〇八四—一一四一）代之。

第十六節　諸將破虜

紹興四大將帥，其玩寇養尊，無若劉光世；其任數避事，無若張俊，當是時，廩稍惟其所賦，功動惟其所奏，徒擁重兵，對金抗戰，曾無重大之貢獻。而忠勇兼備，戰功最顯赫者，厥惟韓世忠與岳飛，故張浚視師江上，會諸大帥，獨稱世忠與飛可倚大事，言其實也。韓世忠自黃天蕩之役後，守淮東之山陽（江蘇淮安縣），屯兵三萬，如老熊當道，控扼清河口，金人始終不敢東出，此爲善守者也。岳飛邀擊兀朮，克復建康，獻俘時奏請固守建康，並乞增兵守淮，帝嘉納之，自此淮上佈置重兵，悉出飛之措劃。及其屯駐襄陽，進兵中原，朱仙鎮之戰，大破兀朮，河朔震駭，大有指日渡河之勢。其進攻之猛鷙，用兵之神捷，爲宋代僅有之將才，是以岳家軍之攻堅挫銳，乃南宋對金作戰中唯一能採取主動以攻敵，獲致最輝煌之戰果。

六年六月，張浚命岳飛進屯襄陽，以窺中原，曰：「此君素志也。」飛遂移軍京西，除宣撫副使置司襄陽。八月，飛遣楊再興進兵，至長水縣（河南洛寧縣西四十五里長水鎮），及僞齊李成孔彥舟連戰；至蔡州，克其城。九月，遣王貴等攻克虢州，獲糧十五萬石，降者數萬人。張浚曰：「飛措置甚大，今已至伊雒，則太行山一帶山砦，必有應者。」已而忠義社梁興等果歸之。時，僞齊兵屯唐州，飛遣王貴董先等攻破之，因奏進取中原，不許，飛召貴等還。飛自鄂入見，拜太尉，繼除宣撫使，以王德酈瓊兵隸之，飛見帝數論恢復之略，上出師疏，略言金人所以立劉豫於河南，蓋欲荼毒中原生靈，以中國攻中國，粘罕因得休兵觀釁。臣欲陛下假臣日月，便則提兵直趨京洛，據河陽陝府潼關，以號召五路叛將，彼必棄汴而走河北，京畿陝右，可以盡復。然後分兵濬滑，經略兩河。如此則劉豫成擒，金人可滅，社稷長久之計，實在此舉。帝批之曰：「有臣如此，顧復何憂？進止之機，朕不中制。」復召之寢閣，帝曰：「中興之事，一以委卿！」（註五九）飛方圖大舉，會秦檜主和議，忌之，遂不以德瓊兵隸飛。

自濠州之役後，張浚入對，言劉光世驕惰不戰，不可爲大將，請罷之。帝命與趙鼎議，鼎曰：「光世將家子孫，將卒多出其門，罷之恐拂人心。」十二月，遂遷護國鎮安保靜軍節度使。右司諫陳公輔劾其不守廬州。張浚言其沉酣酒色，不恤國事，語以恢復，意氣怫然，乞賜罷斥。光世引疾，請罷軍政，拜少師，封榮國公，賜甲第一區。光世麾下多降盜，素無紀律，在諸將中最先進，惟律身不嚴，馭軍無方，不肯爲國託事，逋寇自資，因而見詆於公論也。浚既奏罷光世兵柄，以其軍隸都督府，因分爲六軍，謀置帥，謂岳飛曰：「王德淮西軍所服，浚欲以爲都統，而命呂祉以督府參謀領之。」飛曰：「德與酈瓊，素不相下，一日握之在上則必爭，呂尚書不習軍旅，恐不足服衆。」浚曰：「張俊楊沂中何如？」飛曰：「張宣撫，飛之舊帥也，其人暴而寡謀，尤瓊所不服。沂中視王德等耳，豈能御此軍哉？」浚艴然曰：「固知非太尉不可！」飛曰：「都督正以問飛，飛不敢不盡其愚，豈以得兵爲念耶？」飛既忤浚，七年（一一三七）四月，上章乞解兵柄終喪服，以張憲攝軍事，步歸廬山。浚怒，奏言飛蓄意專在併兵，遂命張宗元權宣撫判官，監其軍。帝累詔趣飛還，飛不得已。六月，趨朝待罪，帝慰遣之。及張宗元還，言將和士銳，人懷忠孝，皆飛訓養所致。帝大悅。飛至鎭奏言：「比者寢閣之命，咸謂聖斷已堅，何至今尚未決？臣願提兵進討，順天道，因人心，以曲直爲老壯，以順逆爲強弱，萬全之效可必。」：又奏「錢塘僻在海隅，非用武地，願陛下建都上游，用漢光武故事，親率六軍，往來督戰，庶將士知聖意所向，人人用命。」不報(註六〇)。八月，樞密院以都督府握兵爲嫌，乞置武帥，乃以王德爲淮西都統制，卽軍中取酈瓊副之，浚奏其不當。瓊與德素積怨不相下，呂祉還朝，德瓊列狀交訴於都督府與御史臺，乃詔德還建康，仍命祉往廬州節制之。中書舍人張燾見浚，謂祉書生，不更軍旅，何得輕付？浚不從。祉爲張浚之人，疏庸淺謀，嘗離間趙鼎與張浚，及至廬州，瓊又訟德，祉諭之，事少定。然祉輕率喜事，密奏乞罷瓊及統制靳賽兵權。書吏洩語，瓊大懼，遂謀叛。會帝命張俊爲宣撫使，楊沂中爲淮西制置使，劉錡副之，並駐廬州。又命瓊率兵赴行在。瓊遂舉軍叛，殺中軍統制張景，兵馬鈐轄喬仲福，統制劉永衡等，率西陲勁旅全軍四萬人，擁祉渡淮降劉豫。祉不行，遂遇害。資糧盡空，淮西之未失，特其幸耳。事聞，公論沸騰，張浚始悔不用岳飛之言，乃引咎去位(註六一)。飛乞進討瓊，不許，詔駐師江州，爲淮浙援。九月，以劉錡知廬州，以固淮西。錡自陝蜀召還，本無軍，是年三月，解潛與王彥兩軍交鬨，俱罷命，錡兼將之，始能成軍。瓊降豫後，勸豫入寇，豫復乞師金人，金人恐豫兵衆難制，乃佯言酈瓊降恐詐，命解散其兵。八年（一一三八）五月，移張俊部張宗顏將七千人屯廬州。六月，劉錡軍調駐鎭江。王德所部八千人，改隸張俊，名其軍曰銳勝。九年（一一三九）正月，岳飛在鄂州，聞金將歸河南地，上書言金人不可信，和好不可恃，相臣謀國不臧，恐貽後世譏。秦檜銜之。以復河南，大赦。及赦書至鄂，飛表謝，寓和議不便之意，有「願定謀於全勝，期收地於兩河。唾手燕雲，終欲復仇而報國；矢心天地，尚令稽首以稱藩」之語，檜益怒，遂成仇隙。和議成，列加爵賞，飛加開府儀同三司，力辭，言今日之事，可危而不可安，可憂而不可賀，可訓兵飭士謹備不虞，而不可論功行賞，取笑敵人。三詔不受，帝溫言獎諭之，飛乃受命。會遣趙士㒟謁諸陵，飛請以輕騎從灑掃，實欲觀釁以伐謀。又奏金人無事請和，必有肘腋之虞，名以地歸我，實寄之也。檜白帝，止其行。十月，岳飛入見。

十年（一一四〇）正月，成都府路安撫使張燾，自京洛入潼，已聞金人有敗盟意，逮至長安，所聞益急。二月，以劉錡爲東京副留守，李顯忠爲南京副留守。錡赴東京，帥所部王彥八字軍，及益以殿司卒共一萬八千人，輜重居半，自臨安泝江絕淮，至渦口，兼程而進。五月，聞金人敗盟南下，復取河南陝西地。錡捨舟陸行，先趨順昌。城中諜報東京（孟庾爲留守）已降，知府事陳規，以守德安府著名者，(註六二)見錡問計。錡知城中有糧數萬斛，乃與規議斂兵入城爲守禦計，分命諸將守諸門，明斥堠，募土人爲間探。初，秦檜奏命錡爲沿海制置使，擇利班師，原不欲拒禦之也。錡不奉詔，於是軍士皆奮。城外民居悉焚之。凡六日，準備粗畢，而金人遊騎已涉潁河，二十九日，遂圍城。錡預於城下設伏，擒敵將二人詰之，云韓常將軍營於白沙窩，距城三十里，錡夜遣千餘人擊之，連戰，殺虜頗衆。已而金三路都統葛王褎以兵三萬，與龍虎大王合兵薄城下。錡以勁弓射敵，稍卻，復以步兵邀擊，溺河死者甚衆，破其鐵騎數千。及被圍達四日，金兵益盛，乃移砦於東村，距城二十里。守城必刼寨，錡遣驍將閻充率壯士五百，夜斫其營，金兵退十五里，錡復募百人往，直犯金營，乘閃電而奮擊，但見禿頭辮髮者殲之，敵衆大亂，終夜自戰，積屍盈野，退軍老婆灣。兀朮在汴聞之，即趣騎急行，帥孔彥舟、酈瓊、趙榮、及甲兵鐵騎十萬衆來援。六月九日，兀朮至城下，責諸將喪師，皆曰：「南朝用兵，非昔之比，元帥臨城自見。」錡以書約戰，兀朮應之，遲明，錡爲五浮橋於潁河上，且放毒於潁河上流及草中。兀朮用拐子馬(號長勝軍)嚴陣以待，時正大暑，敵遠來疲憊，晝夜不解甲，人馬饑渴，食水草者輒病，往往困乏。錡分部下兵五千人爲五隊，按兵不動，以逸待勞，迨未申刻，敵方疲，戰氣索，摸兜牟鐵甲熱如火時，調一隊軍至，令喫酒飯，與暑藥，出西門接戰；俄又遣一隊出南門，戒令勿喊，但以銳斧犯之。敵兵密集，不易轉動，錡軍直入人叢，刀斧亂下，敵大敗。明日，兀朮拔營去，錡遣兵追擊，死者無算。方大戰時，兀朮親率牙兵三千督戰，兵皆重鎧甲，戴鐵兜牟，三人爲伍，貫以韋索，每進一步，即用拒馬擁之，人進一步，拒馬亦進，退不可卻。錡軍以槍標去其兜牟，大斧斷其臂，碎其首。敵又以拐子馬配置於左右翼，亦爲錡軍所殺。自辰至申，敵敗，錡以拒馬木障之，少休，城上鼓聲不絕，戰士飼畢，撤拒馬木，深入斫敵，又大破之。十二日，順昌圍解，兀朮精銳，十損七八。撤至陳州，數諸將之罪，韓常以下皆鞭之，遂還汴(註六三)。夫宋昔日之敗，本由人不知兵，故望風奔潰，遂成孺子之名。自經歷次大戰，人才日經事，兵將日練習，非復前日之餒怯可比。而兀朮大戰既久，往返萬里，其徒銷折，實力自是不振。韓常嘗謂：「今之南軍，其勇銳乃昔之我軍；我軍，其怯懦乃昔之南軍，所幸者南方未知也。」(註六四)是以順昌孤壘，劉錡能以寡擊衆，力挫其鋒，而金人兵老氣衰，思歸益切。戰既敗，金人方有怯中國之意，遂從和議。時洪皓在燕，密奏順昌之捷，金人震恐喪魄，燕之重寶珍器，悉徙而北，意欲捐燕以南棄之。其後韋太后自虜歸，所言虜人加禮最厚之日，乃順昌大捷之時。故議者謂是時如諸將協心，分路進討，則兀朮可擒，汴京可復，而王師亟還，自失機會，良可惜也。六月，張俊克亳州。八月，韓世忠圍淮陽，金人來救，世忠迎擊於泇口鎮，敗之。又遣解元擊金人於剡城，劉寶擊金人於千秋湖，皆捷。

當劉錡之順昌告急也，帝命岳飛馳援。飛遣張憲姚政赴之。已而劉錡報捷，帝卽札岳飛遣騎兵兼程至光蔡陳許間，須七月以前乘勝決戰，賜劄曰：「設施之方，一以委卿，朕不遙度。」飛乃遣王貴、牛皐、董先、楊再興、孟邦傑、李寶等，分布經略西京、汝、鄭、潁昌、陳、曹、光、蔡諸郡，又命梁興渡河，糾合忠義社，取河東北州縣。復遣兵西援郭浩，自以其軍長驅以闞中原。將發，密奏言：「先正國本，以安人心，然後不常厥居，以示無忘復仇之意。」帝得奏，大褒其忠，授少保，河南北諸路招討使。其所遣李寶牛臯等相繼敗金人於京西。閏六月，飛遣張憲擊金將韓常於潁昌，敗之，又復淮寧府。郝晸復鄭州，楊遇復南城軍（河南孟縣西南），喬握堅復趙州，他將所至皆捷，中原大震。河南兵馬鈐轄李興聚兵應飛，收復伊陽（河南伊陽縣）等八縣及汝州，金河南尹李成棄城遁，詔興知河南府。七月，飛使張應韓清入西京，會興復永安軍（河南鞏縣西

圖八　岳飛像（國立故宮博物院藏品）

南四十里）。飛大軍在潁昌，諸將分道出戰，自以輕騎駐郾城（河南郾城縣），兵勢甚銳。兀朮大懼，會龍虎大王議，以爲諸帥易與，獨飛不可當，欲誘致其師，併力一戰。內外聞之，皆懼，詔飛審處自固，並遣楊沂中劉錡北上牽制。飛曰：「金人技窮矣！」乃日出挑戰，兀朮怒，合龍虎大王、蓋天大王及韓常之兵，逼郾城。飛遣子雲領騎兵直貫其陣，鏖戰數十合，敵屍布野，楊再興以單騎入其

軍，擒兀朮不獲，殺數百人而還。初，兀朮有勁軍，號拐子馬，又號鐵浮圖，堵牆而進，宋軍不敢當。是役也，以一萬五千騎來，飛戒步卒以麻札刀入陣，勿仰視，第斫馬足。拐子馬相連，一馬仆，二馬不能行，飛軍奮擊，遂大破之。兀朮慟曰：「自海上起兵，皆以此勝，今已矣！」因復增兵而前，部將王剛以五十騎覘敵，遇之，奮斬其將。飛時出視戰地，望見黃塵蔽天，自率四十騎突戰，破之。兀朮憤甚，合師十二萬，次於臨潁，楊再興王蘭以五百騎遇之於小商橋，驟與之戰，殺二千人及萬戶撒八孛堇、千戶百人，再興戰沒，飛痛惜之。張憲繼至，復戰，兀朮夜遁，追奔十五里。飛謂子雲曰：「賊屢敗，必還攻潁昌，汝宜速援王貴。」既而兀朮果至，貴將遊騎，雲將背嵬，戰於城西，殺兀朮婿夏金吾，副統軍粘罕索孛堇，兀朮遁去。捷聞，賜詔褒勉曰：「自羯胡入寇，今十五年。我師臨陣，何啻百戰，曾未聞遠以孤軍，當茲巨孽，抗犬羊並集之衆於平原曠野之中，如今日之用命者也！」

岳軍重選練，號令嚴明，將銳卒勁，士懷鬪志，故所至如破竹，梁興以飛命，會太行忠義及兩河豪傑，敗金人於垣曲(山西垣曲縣)，又敗之於沁水，遂復懷衛州，斷金人山東河北之道，金人大恐。飛奏：「興等過河，人心願歸朝廷。金兵屢敗，兀朮等皆令老少北去，正中興之機。」飛進軍朱仙鎮，距汴京四十五里，與兀朮對壘而陣，遣驍將以背嵬騎五百奮擊，大破之，兀朮遁還汴京。軍威所及，兩河豪傑李通、胡清、李寶、李興、張恩、孫琪等舉衆來歸，皆定期興兵與官軍會，旗幟以岳字爲號。兀朮既敗，乃嘆曰：「自我起北方以來，未有如今日之挫衄！」金帥烏陵思謀，素號桀黠，亦不能制其下。統制王鎮、統領崔慶、將官李覬、崔虎、葉旺等皆率所部降，金人動搖，軍情有急轉直下之勢，飛大喜，語其下曰：「直抵黃龍府（吉林農安縣），與諸公痛飲爾！」喪師蹙土之宋人，此時已露勝利之曙光。方期指日渡河，而秦檜竟欲劃淮以北棄之，諷臺臣請班師，飛奏金人銳氣沮喪，盡棄輜重，疾走渡河，而我豪傑向風，士卒用命，時不再來，機難輕失。檜知飛志銳不可回，乃先請張俊楊沂中等歸，而後言飛孤軍不可久留，乞令班師。當時情勢，東清淮泗，略梁宋，有席捲之機；西扼秦鳳，指長安，有建瓴之勢。飛從中而挺進，交相輔而不慮其孤。敗兀朮，收京闕，劃河以守，並非難事。奈何一日奉十二金字牌(註六五)，飛憤泣下，東向再拜曰：「十年之功，廢於一旦！」七月二十一日，遂班師，民遮馬慟哭，訴曰：「相公去，我輩無噍類矣！」飛亦悲泣，留五日，以待其徙，從而南者如市，亟奏以漢上六郡閑田處之。飛旣歸，所得州縣旋復失之。飛力請解兵柄，不許。旣而自廬入覲，帝問之，飛拜謝而已(註六六)。

兀朮自敗後，留屯京亳，出入許鄭之間，簽兩河軍與舊部凡十餘萬，以謀再舉。及聞秦檜召諸軍還。十一年（一一四一）正月，遂舉兵攻陷壽春，復渡淮，陷廬州。中外議論紛紛，二月，詔張俊楊沂中赴淮西。時兀朮自合肥趨歷陽，遊騎至江。張俊議分軍守南岸，王德力主渡江迎擊。俊乃遣德引渡采石，並督軍繼之，夜拔和州，兀朮退屯昭關（安徽含山縣北）已而金人復來爭和州，張俊敗之，王德又敗之於含山。王德與田師中克復含山及昭關，李顯忠遣統制崔皋亦敗金人於舒城。劉錡自太平渡江，與張俊楊沂中會，而廬州已陷，錡乃與關師古據東關之險以遏敵，引兵出清溪（安徽含山縣西三十里），兩戰皆捷。兀朮以柘皋（安徽巢縣以北柘皋鎮）地坦平，利於用騎，因駐師。金人戰術，往往以鐵騎張兩翼，前來圍掩，平原廣野，騎兵衝突，步兵遇之多敗。錡進兵，與兀朮夾石梁河而陣。河通巢湖，廣二丈，錡命曳薪疊橋，並遣人會合張俊、楊沂中之師。翌日，楊沂中、王德、田師中、張子蓋諸軍俱至，惟俊後期，錡與諸將分軍爲三路並進，渡江以擊之。王德與錡先迎敵，沂中繼之。兀朮以鐵騎十餘萬，分爲兩隅，夾道而陣。德曰：「賊右陣堅，我當先擊之！」麾軍渡河，首犯其鋒。德射殺一酋，乘勝大呼馳擊，諸軍鼓譟從之。金人以拐子馬兩翼而進，德率衆鏖戰，沂中使萬人持長斧密集進擊，虜遂大敗。德與錡追之，又敗之於東山，虜望見驚曰：「此順昌旗幟也！」即走保紫金山。是役也，失將士九百人，但金人死者以萬計。既而兀朮復親帥兵逆戰於店埠（在合肥縣東四十里），沂中等又敗之，乘勝逐北，遂復廬州。當金人之陷廬州也，帝命韓世忠援淮西，又趣岳飛應援，凡十七劄，飛奏金人傾國南來，巢穴必虛，若長驅京洛以擣之，彼必奔命，可坐而斃。時，飛方苦寒嗽，力疾而行，又恐帝急於退敵，乃奏臣如擣虛勢必得利，若以敵方在邇，未暇遠圖，欲乞親至蘄黃，以議攻卻。帝大喜，飛乃由鄂州進發。及廬州收復，金兵遠遁，飛還兵於舒以俟命。

時張楊劉三帥不相節制，各大軍相視如仇讎，相防如盜賊。張俊擁兵八萬，皆強壯精銳，爲諸軍冠，號鐵山軍。諸軍進退，多出於張俊，而劉錡以順昌之捷驟貴，諸將多嫉之。俊與沂中爲腹心，而與錡有隙，故柘皋之賞，錡軍獨不與焉。三月，張俊楊沂中劉錡奉詔班師。已而諜報金人攻濠州甚急，俊乃復邀沂中錡還，會於黃連埠（在合肥縣東北，近定遠縣界），同往援。距濠六十里，而濠南城已陷，俊召諸將謀之，沂中欲進戰，錡曰：「本來救濠，今濠已失，不若退師據險，徐爲後圖。」諸將同意，三帥鼎足而營。或言敵兵已去，錡謂俊曰：「敵得城而遽退，或有謀也，宜嚴兵備之。」俊不聽，且欲自以爲功，命錡勿往，而令沂中與王德將神勇步騎六萬，直趨濠州，列陣未定，城中金人伏騎萬餘，分兩翼出，沂中與德遂潰而南，金人追擊，死者甚衆。韓世忠率師至城下，亦不利而退。帝命岳飛救之，抵定遠，金人聞飛至，又遁去，渡淮北歸。各軍皆還鎭，俊歸建康，錡歸太平，沂中歸臨安，自是不復出矣。俊沂中還朝，每言岳飛不赴援，而錡戰不力，秦檜從其說，遂罷錡宣撫官，命知荆南府。岳飛奏留錡掌兵，不許。錡號善射，官隴右都護，名震夏人。張浚奇其才使經略涇原，後掌八字軍，未有赫赫功。及順昌之戰，出奇制勝；不數月，又有柘皐之捷，於是錡威名震夷夏，與韓岳等矣。自十年五月至十一年三月之間，扶風、順昌、京西、涇州、以至郾城、朱仙鎭、柘皐諸戰，金無不敗，光復中原，事在旦夕，社稷之慶，賊檜之憂也。講和議決，詔出班師，飛且不容，何有於錡？錡慷慨沈毅，忠勇愛國，有儒將風，頗類岳飛。賊臣害正，非殺之，卽錮之，錡廢處散地二十餘年，至海陵南犯時起而用之，顧英雄已老，亦扼腕而長嘆也。

吳玠與金人對壘且十年，帝以玠功高，因和議成，九年正月，授玠開府儀同三司四川宣撫使，陝西階成等州皆聽節制。六月，玠病卒於仙人關，年四十七。七月，以胡世將爲四川宣撫副使。世將推誠待將士，軍事一循吳玠之規，諸將皆服，在蜀五年，號爲名帥。時金人廢劉豫，歸河南陝西地，樓炤使陝以便宜，欲命三帥分陝而守，以郭浩（一〇八七—一一四五）帥鄜延（約萬人），楊政帥熙河

（二萬人），吳璘帥秦鳳（五萬人），又欲盡移川口十萬大軍於陝西。璘以爲不可，炤從之。命璘與楊政兩軍屯內地保蜀，郭浩一軍屯延安以保陝。時朝廷恃和忘戰，欲廢仙人關，世將抗奏不宜遽廢，於是璘留大軍守階成，毋得撤備。十年五月，詔吳璘同節制陝西諸軍。時金人復渝盟，撒離喝入同州，趨永興軍，陝西州縣，所至迎降，遂進據鳳翔。初，關陝新復，朝廷分軍屯熙秦鄜延諸路，撒離喝既至鳳翔，陝西諸軍皆隔在虜後，遠近大震。胡世將在河池，倉卒召諸將議，諸將請少避淸野以挫其鋒。吳璘力主戰，世將遂遣諸將分據渭南，尋有詔世將移屯蜀口。會金人犯石壁砦，璘遣姚仲等破走之。既而撒離喝以三千騎衝璘軍，璘使統制李師顏以驍騎擊走之。虜先於扶風（陝西扶風縣）築城，既敗，入城拒守，璘軍攻拔之，獲其三將及女眞一百七十七人。撒離喝憤甚，自戰百通坊，仲力戰，破之。撒離喝還鳳翔，由是金人不敢度隴，分屯之軍，得全師而還。閏月，撒離喝與吳璘楊政夾渭河而陣，璘駐兵大蟲嶺，撒離喝覘之，不敢與爭，乃引去，趨邠州，田晟遣將拒之於靑溪嶺，胡世將又遣王彥楊從儀分道而出，屢戰敗之。撒離喝還屯鳳翔，既而復出攻涇州，田晟奮兵擊敗之，走還鳳翔。十一年，吳璘進兵於秦州，金統軍胡盞與習不祝合兵五萬，屯劉家圈，璘請於胡世將以新立疊陣法（註六七）擊之，遂進次剡家灣。胡盞習不祝老於兵，據險自固，前臨峻嶺，後控臘家城。璘採姚仲議，戰於山上。璘先以兵挑之，胡盞果出鏖戰，璘以疊陣法更迭戰，士殊死鬪，金人大敗，降者萬人，胡盞走保臘家城，圍而攻之。城垂破，秦檜方主和議，以驛書詔班師。時，璘拔秦州，其勢方張，而楊政拔隴州，又破岐下諸屯，郭浩復華州，入陝州矣。詔至，璘卽由臘家城引兵還河池，浩還延安，政還鞏（甘肅隴西縣），世將唯浩嘆而已。

【注　釋】

（註一）宋史，卷四五五，列傳第二一四，陳東傳。

（註二）靖康傳信錄，卷二。

（註三）三朝北盟會編，靖康中帙十二，靖康元年二月十三日條。

（註四）當時宋人畏金之心理，由於張匯之言，可窺一斑。張匯謂：「時以親王宰臣在敵中，使命絡繹道路，約束諸軍，不得少有犯敵。敵至內邱，有數騎輒犯官軍，已斃數人，官軍束手不散擅動。內有一卒不勝其憤，輒擊殺一人，適會使命在軍，目覩其事。統制馬忠恐使命囘告朝廷，遂斬其卒以徇，且傳首於敵。自後敵時以數騎張弓注矢，戲犯官軍，官軍避之，敵以爲笑。以至與敵馬尾相繼，隨之出塞，無敢誰何。由此勤王之師，莫不解體，故不踰半年，復敢入犯。」（建炎以來繫年要錄，卷三十，建炎三年十二月條。）

（註五）靖康元年三月，責蔡京授崇信軍節度使，德安府安置。蔡攸削去省侍。七月，竄京於儋州，攸雷州，童貫吉陽軍，趙良嗣柳州。又詔京子孫二十三人，分竄遠地，遇赦不得量移。已而京死於潭州，下所在剖棺斬首。遣監察御史張徵誅童貫，遣廣西轉運副使李昇之誅趙良嗣，函首赴闕，懸於市。九月，蔡攸與弟翛及朱勔，俱伏誅於竄所。

（註六）靖康傳信錄，卷三。

（註七）耿南仲自謂事帝東宮，首當柄用，而吳敏李綱越次位居己上，雖進至尚書左丞（二月），門下侍郎（四月），但不能平。因每事異議，擯斥不附己者。綱等謂不可和，而南仲力沮之，惟主和議，故戰爭之備皆罷。又趣李綱往救河東，以致師潰，蓋不恤國事，用此報怨。金人再舉迫京師，又請割三鎮以和。議者多主作戰，唯南仲與吳幵堅欲割地。

聶昌本厚王黼，既而從蔡京。王黼之死，昌實遣客刺之。欽宗立，吳敏用事，初欲引昌以自助，後度其不可用，始憚之，引唐恪徐處仁等共政，獨遺昌。昌遂附耿南仲，曾進至同知樞密院事（八月），左右其說以誤國。

（註八）靖康傳信錄，自序。

（註九）宋史，卷三五三，列傳第一一二，孫傅傳。

（註十）宋史，卷三五二，列傳第一一一，唐恪傳。

（註十一）建炎以來繫年要錄，卷四，建炎元年四月條。

（註十二）宋世宗室踵唐制，不出閣，皆聚於京師，築大舍居之。熙豐間始許居於外，崇寧間，始即河南應天兩府置西南二敦宗院。然在京師，有所謂睦親宅，太祖太宗九王後所居也。廣親宅，秦王後所居也。以至親賢宅（英宗二王）、棣華宅（神宗五王）、蕃衍宅（徽宗諸王）等。靖康之禍，在京宗室皆被虜，自晉康郡王孝騫以下九百零四人，金遣赴韓州居住，但藉京師義士匿而獲免者猶七百人。而河南應天兩府宗室幸得全。建炎初，將南幸，於是大宗正司移江寧，而西南外初寓於揚州及鎮江，後再遷移，在應天府者寓於福州，河南府者寓於泉州，而居會稽者乃紹興初以行在未有居第，權分宗室居之。惟親賢子孫爲近屬則聚居之，然不復賜宅名。（建炎以來朝野雜記，甲集，卷一，睦親宅。續資治通鑑，卷一四二，乾道七年十月條。）

（註十三）續資治通鑑，卷九十八，建炎元年六月條。

（註十四）宋史，卷三五七，列傳第一一六，程振傳。

（註十五）宋史，卷三八五，列傳第一四四，龔茂良傳。

（註十六）浮溪集，卷二十，郭永傳。

（註十七）宋史，卷三六二，列傳第一二一，呂好問傳。

（註十八）浮溪集，卷十三，皇太后告天下手書。

（註十九）宋史，卷二十四，本紀第二十四，高宗一。

（註二十）高宗嘗謂：「南仲誤淵聖，天下共知，朕嘗欲手劍擊之，」命降授別駕，安置南雄，行至吉州卒。

（註二十一）李綱上十事大意：一曰議國是，先自治，專以守爲策，俟吾政事修，士氣振，然後可以議大舉。二曰議巡幸，謂車駕不可不一至京師，以慰都人之心；度未可居，則爲巡幸之計，長安爲上，襄陽次之，建康又次之。三曰議赦令，謂祖宗登極，赦令皆有常式，前日赦書，乃以張邦昌僞赦爲法，宜悉改正。四曰議僭逆，謂張邦昌爲國大臣，而挾金人之勢，易姓改號，宜正典刑。五曰議僞命，謂國家更大變，鮮有伏節死義之士，而受僞官以屈膝於其庭者，宜定其罪，以厲士氣。六曰議戰，謂軍政久廢，士氣怯惰，宜一新紀律，信賞必罰，以作其氣。七曰議守，謂敵情狡獪，勢必復來，宜於沿河江淮，措置控禦，以扼其衝。八曰議本政，謂政宜一歸之中書，則朝廷尊。九曰議久任，謂靖康間，進退大臣太速，宜慎擇而久任之，以責成功。十曰議修德，謂宜益修孝弟恭儉，以副四海之望，而致中興。（建炎以來繫年要錄，卷六，建炎元年六月條。）

（註二十二）高宗降御筆批曰：「邦昌僭逆，理合誅夷，原其初心，出於迫脅，可特與免貸，責授昭化軍節度使，潭州安置。」（宋史，卷四七五，列傳第二三四，張邦昌傳）。邦昌後至潭州伏誅。

（註二十三）宋史，卷三五八，列傳第一一七，李綱傳上。

（註二十四）宋史，卷一八七，志第一四〇，兵一。

（註二十五）宋史，卷三五八，列傳第一一七，李綱傳上。

（註二十六）當時車駕巡幸，持議各異：黃潛善汪伯彥力贊南幸，陰主揚州。李綱請幸南陽。宗澤反對南幸，力請還京。許景衡謂南陽無阻險，且密邇盜賊，漕運不繼，不若建康天險可據。京兆府路經略制置使唐重（一〇八三—一一二八），亦屢以車駕幸關中以固根本爲請，謂引兵南渡，則國勢微弱，人心離散，此最無策。

（註二十七）宋史，卷三五八，列傳一一七，李綱傳上。

（註二十八）陸放翁跋臨汝志云：「歐陽徹，字德明，撫州臨川人，徙崇仁。金人犯闕，上書請身使北庭，馭親王以歸。不報。建炎初，伏闕上書，論大臣誤國。太學生陳東亦上書，所言略同，遂併誅。紹興初，贈朝奉郎秘閣修撰，官其二子。」李猷護陳東之喪，貴子游賙歐陽徹之喪，皆義烈士也。（困學紀聞，卷二十，雜識）。

（註二十九）習學記言，卷四十三，五代史。

（註三十）宋史，卷三六〇，列傳第一一九，宗澤傳。

（註三十一）「高宗卽位，慮金人通於高麗，命迪功郎胡蠡假宗正少卿爲高麗國使以間之。蠡之囘，史失書。（建炎）二年，浙東路馬步軍都總管楊應誠上言：由高麗至女眞，路甚徑，請身使三韓結雞林，以圖迎二聖。乃以應誠假刑部尚書充高麗國信使。浙東帥臣翟汝文奏請毋遣，應誠聞之，遂與副使韓衍、書狀官孟健，由杭州浮海以行。六月，抵高麗，諭其王楷以所欲爲。楷曰：大朝自有山東路，盍不由登州往？應誠曰：以貴國路徑耳。楷有難色。居數月，無結果。且謂二聖今在燕雲，大朝雖盡納土，未必可得，何不練兵與戰？終不奉詔。應誠留兩月餘，不得已見楷於壽昌門，受其拜表而還。十月，至闕入對，言狀。上以楷負國恩，怒甚。尚書右丞朱勝非曰：彼鄰金人，與中國隔海，利害甚明，曩時待之過厚，今安能責其報也。右僕射黃潛善曰：以巨艦載精兵數萬，徑擣其國，彼寧不懼？勝非曰：越海興師，燕山之事，可爲近鑒。上怒解。」（宋史，卷四八七，列傳第二四六，外國三，高麗。）

（註三十二）宋史，卷三六九，列傳第一二八，王淵傳。

（註三十三）中興小紀，卷五。

（註三十四）宋史，卷二十五，本紀第二十五，高宗二。

（註三十五）眞文忠公文集，卷九，江西奏便民五事狀，庚辰。

（註三十六）浮溪集，卷二，奏論金人留建康乞分張俊軍馬策應狀。

（註三十七）宋史，卷三六四，列傳第一二三，韓世忠傳。

（註三十八）大金國志，卷六，太宗文烈皇帝四。

（註三十九）建炎以來繫年要錄，卷四十七，紹興元年九月條。

（註四十）降張遇，殺杜用、陳通、丁進等則有王淵。擊李昱、平趙方則有劉光世。破戚方則有守臣周杞。誅葉儂，討李成則有張俊。平范汝爲，降曹成，殺劉忠，則有韓世忠。

（註四十一）劇賊李成，乘金人殘亂之餘，據江淮十餘州，連兵三十萬，有席捲東南之意。建炎四年，遣其將馬進犯洪州，岳飛破之，追及筠州，設伏又破之，降者八萬人。成聞進敗，自引兵十餘萬來，遇於樓子莊，又破之，追斬進，降其餘衆數萬，簡汰老弱，得精兵萬餘人。成走蘄州，降僞齊，江淮平。紹興三年，僞齊復使成合金兵五十萬，大舉南犯，攻陷襄陽、唐、鄧、隨、郢諸州及信陽軍。岳飛率張憲王貴等進討，大破之，盡復六郡故地，襄漢悉平。川陝貢賦，綱馬道路，至是始暢通無阻。趙鼎奏令岳飛屯鄂，授淸遠軍節度使，湖北路荆襄潭州制置使，封武昌開國子。

（註四十二）紹興元年，相州人張用，與其妻一丈靑，以衆五萬寇江西。張俊召岳飛語，非公無可遣者，問用兵幾何？曰：以飛自行，此賊可徒手擒。俊固以步兵三千益之。飛至金牛頓兵，遣一卒持書諭之曰：「吾與汝同里人，忠以告汝，南薰門、鐵路步之戰，皆汝所悉也。今吾自將在此，汝欲戰則戰，不欲戰則降。降則國家錄用，各受寵榮；不降則身隕鋒鏑，或繫累歸朝廷，雖悔不可及矣。」用遂解甲，飛受之以歸，遂權留洪州，彈壓盜賊，分兵保建昌撫州。

（註四十三）洞庭湖楊么，與僞齊交結，欲分車船五十艘，攻岳鄂漢陽蘄黃，順流而下。李成以兵三萬益楊么舟師，自提十七萬由江西陸行趨兩浙，與楊么會合。朝廷患之，命岳飛於江南北岸水陸戰備處，常爲待敵計。岳飛定計，先破李成，復襄陽，以斷楊么之援。飛乃移駐潭州，以所部多係西北人，不習水戰，乃定以寇攻寇之策。招降楊么部將黃佐楊欽等，並以舟師掩殺其餘黨。惟楊么負固不服，方浮遊湖上，誇逞神速。其舟有所謂望三州、和州載、五樓、九樓、大德山、小德山、大海鰍頭、小海鰍頭，以數百計。舟以輪激水，疾駛如飛，左右前後，俱置撞竿，官舟犯之輒破。又官舟淺小而賊舟高大，矢石自上而下，官軍仰攻，至難取勝。岳飛伐君山木爲巨筏，塞諸港汊。又以腐木亂草浮上流而下，擇水淺處遣善罵者挑之，且行且詈，賊來追，則草木壅積車輪碍不行。岳飛召兵擊之，賊奔港中，爲筏所拒，官軍乘筏張牛革以蔽矢石，舉巨木撞其舟，盡壞。么投水，牛皐擒斬之。岳飛入賊壘，餘酋驚曰：「何神也！」俱降。乃親行諸砦慰撫之，縱老弱歸田，籍少壯爲兵，盡散賊物於諸軍，焚寨三十餘所，獲賊舟千餘艘，鄂渚水軍，遂爲沿江之冠。湖湘悉平。

（註四十四）

紹興三年，賊曹成擁衆十餘萬，由江西歷湖湘，據道賀二州。命岳飛知潭州，兼權荆湖東路安撫都總管，付金牌黃旗招成，成聞飛將至，驚曰：「岳字軍來矣！」即分道而遁。飛至茶陵，奉詔招之，成不從，遂進兵賀州，佯稱糧盡，欲返茶陵，成大喜，期翌日來追。飛命士蓐食，潛趨繞嶺，未明，已至太平場，破其砦。成據險拒守，飛揮兵掩擊，大敗之。成又自桂嶺置砦至北藏嶺，連控隘道，親以衆十餘萬守蓬頭嶺。飛所部僅八千人，一鼓登嶺，破其衆，成奔連州。又命張憲等分兵三路追成，會師連州。成走宣撫司降，並降其將楊再興，嶺表悉平。

節制江夏軍馬李允文，擁衆數十萬，跋扈不用命。汪若海馳往諭之，允文大感悟，即舉軍東下。若海復爲書招其徒張用，曹成、李宏、馬友，同歸朝廷。用一見，以其衆二十萬解甲效順，惟成疑貳有他志，遂遁。李宏走長沙，刺友，羣盜解散。若海遂以王林部五千人歸招討使張俊，俊乃班師凱旋，軍容愈盛。時朝廷方出師，若海以爲爲國家者當化盜賊爲我用，不可失英雄爲國患，因獻平寇策，朝廷悉用之。

（註四十五）紹興三年，江西虔州吉州之境，羣盜蜂起，吉州則彭友李動天爲之魁，及以次首領，號爲十大王。虔州則陳顒羅閑十等，各自爲首，連兵數十萬，置寨五百餘所，表裏相援，悍拒官軍。分路侵寇循、梅、廣、惠、英、韶、南雄、南安、建昌、汀、潮、邵武諸郡，縱橫來往，兇燄方赫。於是安撫李回等奏請專委岳飛討捕。飛至虔州固石洞，彭友率衆至雩都迎戰，躍馬馳突，飛揮兵卽馬上擒之，餘酋退保固石洞，復圍攻降之。遣將捕諸郡餘賊，皆蕩平。

（註四十六）狂夫之言，卷五。

（註四十七）建炎以來朝野雜記，乙集，卷十二，渡江後名將多西北人。廿二史劄記，卷二十六，宋南渡諸將皆北人。

（註四十八）燕北人呼酒瓶爲嵬，大將酒瓶，必令親信人負之，故韓兵稱親隨軍爲背嵬。

（註四十九）浮溪集，卷一，行在越州條具時政。

（註五十）三朝北盟會編，炎興下帙四十五，紹興元年二月二十六日條。

（註五十一）中興小紀，卷十一，紹興元年十一月條。

（註五十二）三朝北盟會編，炎興下帙七十三，紹興七年正月十五日條。

（註五十三）建炎以來繫年要錄，卷五十八，紹興二年九月條。

（註五十四）續資治通鑑，卷一一四，紹興四年九月條。

（註五十五）建炎以來繫年要錄，卷九十六，紹興五年十二月條。

（註五十六）宋史，卷四七五，列傳第二三四，劉豫傳。

（註五十七）三朝北盟會編，炎興下帙八十一，紹興七年十一月十八日金人廢劉豫條。

（註五十八）宋史，卷三六〇，列傳第一一九，趙鼎傳。

（註五十九）宋史，卷三六五，列傳第一二四，岳飛傳。寶眞齋法書贊，卷二十八，載鄂忠武王出師疏帖手寫全文。

（註六十）宋史，卷三六五，列傳第一二四，岳飛傳。

（註六十一）宋史，卷三六一，列傳第一二〇，張浚傳。

（註六十二）陳規，字元則，密州安邱人，中明法科，知安陸縣事。靖康元年十二月，羣賊王在、黨忠、閻僅、薛廣犯德安。知德安府李公濟他遁，德安官民推規權領府事，措置防禦。由二年正月十五日至二月初四日，賊圍攻二十日，不逞潰去。建炎元年九月，李孝忠餘黨張世李孝義五萬餘衆，寇德安四日引去。二年二月，楊進號稱十餘萬衆，寇德安十六日引去。三年正月，孔彥舟寇德安三次不逞。三月，羣賊董平之衆三萬人，寇德安，即日敗去。四年六月，羣賊趙壽數萬衆寇德安三日引去。嗣又有曹成李宏寇德安，自四年六月至五年二月，不逞，成等往漢陽軍渡江而去。紹興元年十二月，桑仲等圍攻德安，三月引去。二年六月，李橫復圍攻六十五日亦不克。後規召赴行在，出知順昌府。規以守城經驗，撰守城機要一書傳世。

（註六十三）宋史，卷三六六，列傳第一二五，劉錡傳。

（註六十四）續資治通鑑，卷一二三，紹興九年十二月條。

（註六十五）「金字牌，驛傳舊有三等：曰步遞，曰馬遞，曰急脚遞。急脚遞最遽，日行四百里。熙寧中，又有金字牌急脚遞，如古之羽檄也，以木牌朱漆金黃字，光明眩目，過如飛電，望之無不避路，日行五百里。有軍前機速處分，則自御前發下。」（夢溪筆談，卷十一，官政一。）

（註六十六）金佗稡編，卷八，行實編年，卷五，紹興十年。

（註六十七）疊陣法者每戰以長槍居前，坐不得起。次最強弓，次強弩，跪膝以俟。次神臂弓，以敵遠近而併發射之。凡陣以拒馬爲限，鐵鉤相連，俟其傷則更代，代則以鼓爲節。騎兩翼以蔽於前，陣成而騎退。此乃古車戰之遺意，謂之疊陣。

第四章　政治之變革(四)

第十七節　秦檜禍國

自徽欽二帝北遷，高宗卽位，遣使乞和，不絕於途。建炎元年六月，遣傅雱爲祈請使。十月，以王倫（旦之孫，一〇八四—一一四四）爲通問使，朱弁副之。二年五月，以宇文虛中充祈請使。三年四月，以洪皓（一〇八八—一一五五）爲通問使。九月，又遣張邵爲使，武臣楊憲副之。數年之間，雖戰爭時起時弛，但通使頻仍，而金人對於使節，或留之，或囚之，凌辱備至。十月，秦檜突自金歸，事至奇，而爲姦賊禍宋之始也。

初，檜從二帝至燕，金主以檜賜撻懶，爲其任用，撻懶信之。及南侵，以爲參謀軍事，又以爲隨軍轉運使。時「金諸將皆已厭兵欲和，難自己發，故使秦檜盡室南歸，密有成約。」（註一）撻懶攻楚州，檜與妻王氏及婢僕一家自軍中至漣水（江蘇漣水縣），自言殺金人之監己者，奪舟而來，欲赴行在，遂航海至越州。帝命先見宰執，朝士多疑其與何㮚孫傅等同被北擄，何以檜獨還？又自燕至楚州二千餘里，踰河越海，豈無譏訶之者，安得殺監而南？就令從軍撻懶，金人縱之，必質妻屬，安得與王氏偕？或謂歸檜於宋，用粘罕計也。其來歷爲一秘謎，誠大惑而莫解。惟宰相范宗尹及同知樞密院李回二人素與檜善，盡破羣疑，力薦其忠（註二）。檜入對，首言：「如欲天下無事，須是南自南，北自北，」並奏所草與撻懶求和書，帝謂輔臣曰：「檜樸忠，朕得之，喜而不寐。」大抵檜在金首倡和議，故撻懶縱之歸(註三)，其揣摩帝意，售謀和之策，亦以撻懶爲對象也。

檜以倡和議，得帝意，縱歸後四月(紹興元年二月)除參知政事。七月，范宗尹罷相，檜欲得其位，因揚言曰：「我有二策，可聳動天下。」或問何不言，檜曰：「今無相，不可行也。」帝聞之，八月，乃命檜爲尚書右僕射同平章事兼知樞密院事。而呂頤浩任江東安撫制置大使，以招降趙延壽破劇盜張琪有功，再拜尚書左僕射同平章事兼知樞密院事。及檜爲相，則知其所陳二策，不過以河北人還金，中原人還劉豫之漢奸理論而已。帝曰：「檜言南人歸南，北人歸北，朕北人將安歸？」起居郎王居正(一〇八七——一一五一)疾檜言行不符，知其詭，言於帝。時頤浩檜既並相，頤浩性粗疏，檜有傾頤浩之意。會桑仲上疏，願以所部出復京師，乞朝廷兵爲聲援，頤浩信之，屢請出師。檜乘之，因諷人言：「二相宜分任內外」，於是帝諭頤浩治軍旅，檜理庶務。乃命頤浩都督江淮荊浙諸軍事，開府鎮江。檜多引名士爲助，以傾頤浩，冀獨攬中樞，頤浩至常州，桑仲已爲霍明所殺，前軍將趙延壽復叛，遂稱疾不進，尋召還行在。頤浩既還，憾檜傾己，乃引朱勝非爲助。會頤浩薦勝非代己都督，命下，給事中胡安國(一〇七四——一一三八)奏勝非必誤大計，罷命改兼侍讀。安國復持錄黃不下，頤浩特命檢正黃龜年書行。安國仍爭之。安國者爲道學之姣姣，嘗聞游酢論檜人才可方荀文若，故重檜之大節，且力言檜賢於張浚諸人者也。頤浩問去檜之術於席益，益曰：「目爲黨可也，今黨魁胡安國在瑣闥，宜先去之。」安國遂落職。侍御史江躋、左司諫吳表臣祖安國，於是與張燾、程瑀、胡世將、劉一止、林待聘、樓炤等二十餘人皆坐檜黨落職，臺省一空，檜亦自求去。頤浩諷侍御史黃龜年上書劾檜專主和議，沮止恢復，植黨專權，漸不可長，至比檜爲莽卓。二年八月，檜罷，遂以觀文殿大學士提舉江州太平觀。龜年又奏論檜徇私欺君，合正典刑，投諸裔土，以禦魑魅。章凡三上，乃褫檜職，制詞揭其二策之詭，播告中外，仍榜其罪於朝堂，示不復用，人始知檜之奸。頤浩既傾秦檜，獨秉政，屢請興師復中原，謂今有兵十六七萬，其精銳皆中原人，恐久而消磨，他日難於舉事。時盜賊稍息，遣使循行州郡，平獄訟，宣德意。然自其復相也，胡安國以書勸其法韓忠獻（琦），以至公無我爲先，報恩復讐爲戒，頤浩不能用。時李綱宣撫湖南，頤浩言綱縱暴無善狀，請罷諸路宣撫之名，綱止爲安撫使。李光移書言綱有大節，四夷畏服。頤浩稱光結黨，言者因論光，罷之（註四）。器重如此，宜其功僅限於處苗劉之變，其他不足稱也。王倫既被留，久之，有商人陳忠密告二帝在黃龍府，倫遂與朱弁洪皓以金遺忠，潛通倫意，由是兩宮始知康王構已即位，已而粘罕忽與倫議和，縱之歸。九月，倫至，入對，言金人情僞甚悉，帝優奬之。時方議討劉豫，和議中格。復以潘致堯爲通問使，如金，附茶藥金幣進兩宮。帝自卽位，屢遣使如金，多見拘留，而金未嘗遣一介報聘。以朱勝非爲尙書右僕射同平章事兼知樞密院事。三年春，呂頤浩已定計北伐，遇潘致堯自粘罕處奉使回，恐害和議，其事中輟。四月，以韓肖胄爲簽書樞密院事，遣使金。九月，呂頤浩免。十一月，韓肖胄偕金使來，請還劉豫之俘，及西北士民之在江南者，且欲劃江以益豫，與秦檜前議脗合，識者益知檜與金人串謀矣。帝復遣章誼（一〇七八—一一三八）爲通問使，請還兩宮及河南地。誼與肖胄能奉使不辱，較爲可取。

四年九月，朱勝非罷，以趙鼎爲尙書右僕射同平章事兼知樞密院事。十一月，以張浚知樞密院事。五年二月，以趙鼎張浚爲尙書左右僕射同平章事兼知樞密院事。鼎曉事有才，好賢樂善，但對大義不甚分明，帝謂鼎眞宰相，天佐朕中興，可謂宗社之幸。鼎素重程頤之學，崇元祐之政，欲復差役法，帝不許。元豐之教官法，以爲非建學校立教官本意，罷之。元祐黨籍子孫，多所擢用。鼎不及見頤，故有冒稱伊川門人以求見者，亦蒙擢用（註五）。其姻家范冲，祖禹之子也，召爲宗正少卿，旋除待制，冲薦尹焞（一〇六一——一一三二）入朝，授京秩。冲又上重修神宗實錄五十卷。自紹興初以來，雖局勢搖動，而程門份子，以帝曾有「王安石之罪在行新法」一言，獲致鼓勵，加以褒贈程頤任伯雨等，於是程學復盛，服儒冠者多以伊川門人，妄自標榜。及鼎之提挈，元祐黨有死灰復燃之勢，凡有所謂新黨者攻之。鼎旣袒元祐，但張浚以爲元祐未必全是，熙寧未必全非。鼎薦范冲朱震兼資善，或謂浚由是與鼎有隙。兩人初合謀用兵，及因私隙，意遂以異。誠以局勢如此阽危，而不思從政治上大革新，示人以改弦更張，兼收並蓄，乃自爲執政，作左右袒，猶蹈覆轍，使程門之徒，呶呶然以君子小人邪正之口號，攻訐他人爲能，實自取滅亡之道也。趙鼎之才器，亦僅限於此耳。四月，上皇崩於金五國城（吉林依蘭縣治近旁），遺言欲歸葬內地，金主不許。五月，遣何蘚使金。六年八月，以秦檜爲建康行營留守，參決尙書省樞密院事。會與金議和，稍復檜官，又以張浚之薦，至是漸用事。趙張不睦，使秦檜復出而禍國，乃宋之盛衰一大關鍵也。自敗劉豫後，浚使呂祉入奏捷，所言誇大，鼎每抑之，後浚因論事語侵鼎，且有論之者，鼎言臣初與張浚如兄弟，近因呂祉輩離間，遂爾睽異。今同相位，勢不兩立，臣但奉行詔令經理庶務而已，浚當留，臣當去。浚乞幸建康，而鼎請回蹕臨安，浚乞乘勝攻河南，且罷劉光世軍，鼎亦不可。十二月，趙鼎遂罷相（註六）。七年正月，何蘚還自金，始知道君皇帝及寧德皇后鄭氏相繼崩，帝成服。張浚自兼樞密院事改兼樞密使，樞密使始復置，引秦檜共政，除檜爲樞密院使。三月，以軍事方殷，庶務日繁，浚乃請參知政事分治，分掌吏禮兵及戶刑工房。九月，張浚以酈瓊之叛，引咎去位，薦鼎以自代。帝問秦檜何如？對曰：「近與共事，方知其闇，」檜由是憾浚。趙鼎復相。當趙張之交攻，浚在則鼎去，鼎之門人亦去；鼎入則浚去，浚之門人亦去（註七）。浚主攻，鼎主守，兩人政策不同。浚本欲都建康，及浚出而鼎入，遂定都臨安。或議其無所設施，鼎聞之曰：「今日之事，如人患羸，當靜以養之，若復加攻砭，必傷元氣矣。」故其爲國，「事以固本爲先；根本固而後敵可圖，讐可復，此鼎之心也。」（註八）浚素輕銳，士之稍有虛名者，無不牢籠，初嘗與鼎論人才，極稱檜善，鼎曰：「此人得志，吾輩無所措足矣，」不復再薦。及鼎再相，檜在樞密，一惟鼎言是從。鼎素惡檜，由是反深信之，言檜可大任於帝，不可令去。可畏哉，奸臣進身之詭謀，顚之倒之，誠無所不用其極也！

時撻懶以左副元帥守汴京，劉豫新廢，河南不靖，撻懶朝京師，即與前東京留守訛魯觀（宗雋）、宰相蒲魯虎（宗磐），合議以山東爲撻懶根據地，以僞齊之河南陝西地歸宋，蓋欲結宋爲外援，而專事內爭，金主亦厭兵禍，遽從其議。太傅兼領三省事斡本（宗幹）等爭之不得。王倫再使金還，撻懶遂之曰：「好報江南，自今道塗無壅，和議可成。」十二月，倫既還，入對，言金人許還梓宮及太后（韋氏），且許歸河南地。帝喜曰：「若金人能從朕所求，其餘一切非所較。」復遣倫奉迎梓宮於金。八年三月，復以秦檜爲尙書右僕射同平章事兼樞密使。賊檜復起執政，趙鼎實爲厲之階，而奸臣蛇蠍爲心，其後鼎亦卒爲檜所賣也。五月，王倫偕金使來，議以廢齊舊地歸還，帝亟念皇太后春秋高，不憚屈己，冀和議之速成，朝臣多言其不可。七月，秦檜復遣王倫如金定和議。十月，檜以參知政事劉大中與趙鼎不主和議，忌之。及鼎以爭御筆和州防禦使璩除節鉞封國公事，拂帝意，檜乘閒擠鼎，蕭振者，本由趙鼎所薦，檜引其爲侍御史，以劾大中而搖鼎罷之。帝意不樂鼎，給事中勾濤（一〇八三—一一四一）因詆鼎結臺諫及諸將，帝聞，益疑，鼎乃引疾求罷，遂出知紹興府。鼎既去，檜獨專國，決意議和，無所顧忌矣。先是，宰執入見，檜獨留身，言臣僚畏首畏尾，多持兩端，此不足以論大事。若陛下決欲議和，乞專與臣議，勿許羣臣預。帝曰：「朕獨委卿」。檜復留身奏事者三，知帝意不移，乃始出文字，乞決和議。

已而王倫偕金江南詔諭使張通古蕭哲至，十一月，詔曰：「金國遣使入境，欲朕屈己就和，命侍從臺諫詳思條奏。」於是直學士院曾開當草國書，辨視體制非是，論之不聽，遂請罷，改兼侍講。秦檜以溫言慰之曰：「主上虛執政以待。」開曰：「儒所爭在義，苟爲非義，雖高爵厚祿弗顧也，願聞所以事敵之禮？」檜曰：「若高麗之於本朝耳。」開曰：「主上以盛德當大位，公當強兵富國，尊主庇民，奈何自卑辱至此？非開所聞也。」復引古義折之。檜大怒曰：「侍郎知故事，檜獨不知也？」

開又詣都堂，問計果安出。檜曰：「聖意已定，又何言？公自取大名而去，如檜但欲濟國事耳。」（註九）開乃與權吏部尙書張燾（一〇九一—一一六五）、侍郎晏敦復、魏矼、戶部侍郎李彌遜、梁汝嘉、給事中樓炤、中書舍人蘇符、工部侍郎蕭振、起居舍人薛徽言，同班入奏，極言屈己之禮不合，司勳員外郎朱松（一〇九七—一一四三）、館職胡珵、張擴、凌景夏、常明、范如圭（一一〇二—一一六〇），同上一疏，言：「金人以和之一字，得志於我者十有二年，以覆我王室，以弛我邊備，以竭我國力，以懈緩我不共戴天之讎，以絕望我中國謳吟思漢之赤子，以詔諭江南爲名，要陛下以稽首之禮，自公卿大夫至六軍萬姓，莫不扼腕憤怒，豈肯聽陛下北面爲仇敵之臣哉？」（註一〇）新除禮部侍郎尹焞奉禮郎馮時行亦皆極言不可和。吏部員外郎許忻上疏極論和議不便，謂：「彼以詔諭江南而來，是飛尺書而下本朝，豈講和之謂哉？」此等反和派之朝臣，大多爲程門弟子。檜猶以羣臣爲患，中書舍人勾龍如淵爲檜謀曰：「相公爲天下大計，而邪說橫起，盍不擇人爲臺諫，使盡擊之，則事定矣。」檜大喜，卽擢如淵爲中丞，劾異議者。如淵，始以張浚薦召，而乃翼秦檜，專劾良士，以成檜志，故帝曾謂此人用心不端也。樞密副使王庶論虜不可和者七，見帝言者六，秦檜方挾金人自重，庶且語檜曰：「公不思東都抗節存趙時而忘此虜耶？」檜大恨，出庶知潭州。樞密院編修胡銓（一一〇二—一一八〇）最爲憤激，轟轟烈烈抗疏，謂：「不斬王倫，國之存亡，未可知也！」又謂：「（秦）檜、（孫）近（參知政事）亦可斬也。臣備員樞屬，義不與檜等共戴天。區區之心，願斷三人頭，竿之藁街，然後羈留虜使，責以無禮，徐興問罪之師，則三軍之士，不戰而氣自倍。不然，臣有赴東海而死爾，寧能處小朝廷求活耶？」書既上，檜以銓狂妄凶悖，鼓衆刼持，詔除名，編管昭州（廣西平樂縣），仍降詔播告中外。給舍臺諫及朝臣多救之者，檜迫於公論，乃以銓監廣州都鹽倉，明年，改簽威武軍判官（註一二）。十二月，檜既定和議，以吏部尚書李光有人望，請帝用爲參知政事，同押榜。光本意謂但可因和而爲自治之計，旣受命，遂於尙書省榜諭，浮議乃息。金國使來，盡割河南陝西故地以通好，許還梓宮及母兄親族，餘無需索。王倫言：「金使稱詔諭江南，其名不正。」檜以未見國書，疑爲封册，白帝。帝曰：「朕嗣守祖宗基業，豈受金人封册？」館職胡埕、朱松、張擴、凌景夏、常明、范如圭上書極論不可。三大帥亦極力反對，尤以岳飛反對最烈。廷臣旣紛起力爭，顧力有不足，遂假軍人之勢爲援，以爲和議非與三大帥商議不可，形成文武官內外一致，掀動風潮，羣起鼓譟，或揭通衢指檜爲虜諜，情勢趨於嚴重。三衙主管楊沂中、解潛、韓世良以軍士洶洶欲爲變，不敢負責，懼而見檜曰：「朝議籍籍，軍民洶洶，若之何？」退又白之臺諫。勾龍如淵謂檜曰：「但取金書納之禁中，則禮不行而事定。」給事中樓炤亦舉諒陰三年事以告檜。遂攝冢宰，詣館受書，納於禁中。張通古入見，言先歸河南陝西地，徐議餘事。權禮部侍郎尹焞上疏，言和之不足爲。李綱時知洪州，亦上疏言：「臣竊見朝廷遣王倫使金國，奉迎梓宮。今倫之歸，與金使偕來，乃以詔諭江南爲名，不著國號，而曰江南；不曰通問，而曰詔諭，此何禮也？臣請試爲陛下言之。金人毀宗社，逼二聖，而陛下應天順人，光復舊業，自我視彼則仇讎也，自彼視我則腹心之疾也，豈復有可和之理？然而朝廷遣使通問，冠蓋相望於道，卑辭厚禮無所愛惜者，以二聖在其域中，爲親屈己，不得已而然，猶有說也。至去年春，兩宮凶問既至，遣使以迎梓宮，亟往遄返，初不得其要領。今倫使事，初以奉迎梓宮爲指，而金使之來，乃以詔諭江南爲名，循名責實，已自乖戾。其所以罔朝廷而生後患者，不待詰而可知。」(註一二)帝皆不納。初，檜主和議，命韓世忠移屯鎮江。世忠言金人詭詐，恐以計緩我師，乞留此軍，遮蔽江淮，因力論和議之非，願效死節，率先迎敵，若不勝，從之未晚。章疏上，皆慷慨激切，且請單騎詣闕面陳，帝不許。命韓肖胄等爲金國奉表報謝使。及張通古來，以詔諭爲名，世忠四上疏，言不可從，願舉兵決戰，兵勢最重處，臣請當之。且言金人欲以劉豫相待，舉國士大夫盡爲陪臣，恐人心離散，士氣凋沮，不報。及通古還，世忠伏兵洪澤湖，將邀殺之，不克而罷。(註一三)時傳金人欲立欽宗於南京，中分宋勢，以和議定而止，此大抵播謠以逼和也。

九年正月，以金人通和，大赦河南新復州軍。詔書至永州，張浚上疏，力言金人挾詐反覆，以石晉劉豫爲戒，謂：「陛下積意兵政，士氣漸孚，一旦北面事虜，聽其號令，小大將帥，孰不解體？蓋自堯舜以來，人主奄有天下，非兵無以立國，未聞委質可以削平禍難者也。」又言：「虜人與我讐釁之深，設心措意，豈欲存吾之國乎？抑願其委靡而遂亡也？臣意其力弱未暇，姑借和以怠我之心；勢盛有餘，將求故以乘吾之隙。理既甚明，事又易見，然則紛紛異議，可端拱而決矣。」前後凡五上疏爭之，皆不報。徐俯守上饒，連南夫帥廣東，皆因賀表寓諷意。他如秘書省正字汪應辰、樊光遠、澧州推官韓紘、臨安府司戶參軍毛叔度，皆言金人叵測。迪功郎張行成獻詢蕘書二十篇，言自古講和，未有終不變者，並條陳準備之策。檜悉加黜責。王倫以使金故，賜同進士出身，端明殿學士，簽書樞密院事，充奉護梓宮迎請皇太后，既又以倫爲東京留守，郭仲荀副之，交割地界。賜劉光世號和衆輔國功臣；張俊加少傅，安民靖難功臣；韓世忠爲少師；岳飛吳玠並開府儀同三司；楊沂中太尉，蓋欲以爵賞慰撫各大帥而弭其反對也。二月，以周聿爲陝西宣諭使，方庭實爲三京宣諭使。三月，王倫至汴，見兀朮，交割地界，得東西南三京，壽春府、宿、亳、曹、單州，及陝西、京西諸州之地。汴京官民送兀朮至北郊，兀朮坐壇上，酌酒爲別。應交割州軍官物，十分留二分，餘八分赴河北送納。宋人所得者僅此空城。兀朮遂自沙店渡河之祁州，移行臺於大名府。詔分河南爲三路，──京畿路治東京，河南府路治西京，應天府路治南京，以帥臣兼留守，三路各置漕臣一員兼提刑。判大宗正事士㒟、兵部侍郎張燾，奉命赴河南修奉陵寢，五月還，燾上疏曰：「金人之禍，上及山陵，雖殄滅之，未足以雪此恥，復此仇也。必不可恃和盟而忘復仇之大事。」帝問諸陵寢何如，燾不對，惟言萬世不可忘此賊。帝默然，秦檜惡之，出燾知成都府。改正僞齊所設州縣名。以孟庾爲西京留守，路允迪爲南京留守，以四千四百人爲忠銳三將守東京，又以孟庾兼東京留守。以文臣爲新復州縣令。時金人厚有所邀，議久不決，將再遣使。兀朮時言於金主曰：「撻懶蒲盧虎主割河南地與宋，必有陰謀。今宋使在汴，勿令踰境。」王倫聞之，即遣人具言於朝，令孟庾至汴。倫即解留鑰，將使指赴金國議事。行至中山，金發生內鬨。宋金和局，又爲之一變。

金之內部，粘罕、斡本（太祖庶長子）、謀良虎（宗雄）、希尹爲一黨，擁立金主亶（太祖第二子宗峻之子）者也（宗雄先死），可稱爲太祖系。太宗（太祖弟吳乞買）長子蒲盧虎、撻懶、訛魯觀爲一黨，蒲盧虎欲廢金主亶而自立，撻懶、訛魯觀爲其羽翼，可稱爲太宗系。當劉豫之立也，高慶裔推之，粘罕與金主吳乞買主之。高慶裔者，粘罕之羽翼也，因犯贓被蒲盧虎誅之，粘罕絕食縱飲，恚悶而死。粘罕、蒲盧虎與斡本，並領三省事，粘罕既卒，蒲盧虎主政，益跋扈，尙書左丞相希尹，不安於位而罷。蒲盧虎與斡本爭權，陰結撻懶及訛魯觀，篡立之跡漸露。斡本復援希尹入爲左丞相。七月，執蒲盧虎訛魯觀誅之，撻懶以屬尊，有大功，因釋不問。兀朮（太祖第四子）自軍中入朝，進拜都元帥，密奏謂割河南地本撻懶蒲盧虎王謀，二人必陰納彼國之賂，請誅撻懶，八月，乃矯詔殺之。內部政爭結果，太宗系既失敗，太祖系復得勢。十月，王倫見金主於御林子，致使指，金主不答，使宰相責之曰：「汝但知有元帥，豈知有上國耶？」乃遣副使藍公佐還，議歲貢正朔誓命等事，及索河南北士民之在南者，而徙倫於河間，以待報命之至。時皇后邢氏（高宗后）崩於五國城，金人秘之。李光初謂可因和爲自治之計，故署榜不辭，及秦檜議撤淮南守備，奪諸將兵權，光始極言夷狄狼子野心，和不可恃，備不可撤。光復折檜於帝前曰：「觀檜之意，是欲壅蔽陛下耳目，盜弄國權，懷奸誤國，不可不察。」檜大怒。光遂求去（註一四）。十二月，李光罷。

十年正月，遣工部侍郎莫將等使金，充迎護梓宮奉迎兩宮使。兀朮以歸河南陝西地爲非計，而張通古又言宋置戍河南，請及其部署未定，當議收復，斡本然之。遂大閱兵於祁州，五月，金人叛盟，分四路入侵，兀朮自黎陽率孔彥舟等趨東京，撒離喝出河中趨陝西，烏祿取歸德，李成取河南，分兵下諸郡，於是東京留守孟庾、南京留守路允迪等皆以城降，西京留守李利用棄城遁，河南州縣皆降。

敗盟消息報到行在，帝始大悟，諭諸路大將各竭力以圖大計，並激勵中原忠義之士。撒離喝入同州，趨永興軍，知軍事郝遠開門納之，陝西州郡，所至亦迎降，遂進據鳳翔。秦檜聞金人叛盟，以其言不售，甚懼，乃託給事中馮楫以探帝意。楫入見曰：「金人長驅犯順，勢必興師，如張浚者，且須以戎機付之。」帝嘗認爲浚誤事多，遂正色曰：「寧至覆國，不用此人！」檜聞之，意遂安。六月，貶趙鼎興化軍，以王次翁（一〇七九—一一四九）受檜旨，言其冀圖復用也。言者不已，尋竄潮州。七月，以王次翁爲參知政事。檜薦次翁爲中丞，故凡可以爲檜地者，無不力爲之。及金人敗盟，帝下詔罪狀兀朮，次翁懼檜得罪，因奏曰：「前日國是，初無主議，事有小變，則更用他相。後來者未必賢於前人，而排斥異黨、召收親故，紛紛然非累月不能定，於國事初無補，願陛下以爲至戒，」帝深然之。（註一五）檜德其言，遂引與同列，由是檜益安據其位，公論不能搖奪矣。秘閣修撰張九成（一〇九二—一一五九）等七人，皆言和議非計，秦檜惡之，九月，乃貶九成知邵州（湖南詔陽縣）、喻樗知懷寧縣（安徽懷寧縣）、陳剛中知安遠縣，凌景夏知辰州（湖南沅陵縣）、樊光遠閬州學教授，毛叔慶嘉州司戶參軍。兀朮既入侵。六月，劉錡有順昌之捷，吳璘有扶風之捷。七月，岳飛有郾城之捷。十一年二月，劉錡等又有柘皋之捷。金人主戰派遭逢勁敵，銳氣遂挫，知無可以敗宋（註一六），於是重申和議。當時國力漸強，原可以抗金，顧屢捷之後，尚汲汲以卑詞厚禮而乞和者，果何在哉？蓋帝自藏私心，實無意於對外恢復也，是以驅逐正士而不顧，犧牲大帥而不恤，國家之成敗利鈍，榮辱得失，全不措意焉。帝之私心者何？蓋亟欲以和議換取皇位之承認與欽宗長拘而不遣歸也，秦檜既先與金人有約，明察其內情，復窺悉帝之私隱，不和則太后（韋賢妃）不得歸，而金且擁立欽宗矣。以此牢籠要脅，刼持其志，使帝不得不就範，昏君姦臣，遂合爲一體，檜之志卽帝之志；帝之事卽檜之事也。是以和議既定，金人許歸徽宗、鄭后、邢后之喪，而朱后（欽宗后）之喪及欽宗獨留不遣，其用意不待言而可知矣。嗚呼，帝之忌欽宗，殆甚於畏金也！岳飛嘗面奏，虜人欲立欽宗子來南京，以變換南人耳目，乞皇子（孝宗）出閤，以定民心。帝云卿將兵在外，此事非卿所當預(註一七)。此諱言之事，實帝所不願談也。洪皓張邵等出使於金，被拘而逃歸。金使來取趙彬等三十人家屬（十二年），洪皓請俟淵聖及皇族歸乃遣，遂出知饒州(註一八)。張邵移書秦檜（十三年），勸其迎請欽宗及諸王后妃，亦斥爲外祠(註一九)。一言欽宗，卽被黜責。事之微妙如此，故以戰勝之局，偏示弱以求城下之盟，疆土可以放棄，幣帛可以厚納，屈己以受辱卑，詞以降名，而必欲乞和者，蓋其有此難言之隱在也。夫首次和議，帝本欲之，撻懶成之；第二次和議，帝乞求之，兀朮受挫而復許之。帝之至，亦兀朮之願也。是以秦檜力主和議，玉衡在握，京中反和風潮已壓服，患諸將難制，採給事中范同之議，第二步解決三帥，欲盡收其兵權，以柘皐之捷，召三大將論功行賞，遂拜韓世忠張俊爲樞密使，岳飛爲副使，並宣押至樞府治事。分命三大帥副校各統所部，自爲一軍，更其銜曰統制御前軍馬，鎭江、建康、鄂州、江州、池州、荆南府，皆有御前軍，凡六統制。罷三宣撫司，以其兵隸御前，遇出師取旨。張俊先至附和，則除美官；韓世忠不言和，則傷於讒；岳飛最後至，被禍最慘，蓋三帥之中，俊被檜所收買，首請以所部隸御前，且力贊和議，言無不從。麾下將佐，如楊沂中、田師中、王德、趙密、劉寶，皆建節鉞，或至公師。五月，於沿江之京口、建康、武昌及利州，置兩淮、江南、荆湖、四川四大鎮總領所，命朝臣總領軍需供應、兵器、及招兵、馬匹、歲計其費爲之科撥。但因其權高，漕司只行文書，全國財賦，盡在四領，軍人之糧餉，爲之控制矣，又爲監督諸軍。兀朮欲講和，乃縱莫將歸以道意。九月，莫將還自金，檜遂奏遣劉光遠爲通問使。兀朮遣光遠還，欲以官尊望著者爲使。十月，乃以魏良臣爲金國稟議使，良臣至金，金人頻問秦檜消息，稱之爲善人。十一月，兀朮以蕭毅、邢具瞻爲審議使，與魏良臣偕來，始許議和。蕭毅等入見，提出議和條件，帝悉從其請，定議和盟誓，以何鑄爲簽書樞密院事，充金國報謝進誓表使，奉誓表往。表略曰：

「臣構言：今來畫疆，合以淮水中流爲界，西有唐鄧州，割屬上國；自鄧州西四十里，併南四十里爲界，屬鄧州，其四十里外，併西南，盡屬光化軍，爲敝邑沿邊州城。既蒙恩造，許備藩方，世世子孫，謹守臣節。每年皇帝生辰並正旦，遣使稱賀不絕。歲貢銀絹二十五萬兩匹。自壬戌年（紹興十二年）爲首，每歲春季般送至泗州交納。有渝此盟，明神是殛，墜命亡氏，踣其國家。臣今既進誓表，伏望上國早降誓詔，庶使敝邑，永爲憑焉。」（註二〇）

此誓表之進獻，以其稱爲盟約，毋寧視作降書，稱臣稱邑，歲貢賀旦，自列於藩屬，可謂屈辱之至矣。毅辭，帝諭曰：「若今歲太后果還，自當謹守誓約；如今歲未也，則誓文爲虛設，」當時雖聽秦檜而尚疑金人之詐也。十二月，何鑄至汴，見兀朮，遂見金主，且趣割地。尋復遣使來求商州及和尚方山二原，遂命周聿鄭剛中等分劃京西唐鄧二州，陝西秦商之半以畀金，止存上津（故城在湖北鄖西縣西北一百四十里）、豐陽、天水三縣，及隴西成紀（卽天水縣）餘地，棄和尙方山二原，以大散關爲界。於宋僅保有兩浙、兩淮、江東西、湖南北、西蜀、福建、廣東西十五路，而京西南路止有襄陽一府，陝西路止有階成岷鳳四州，共有府州軍監一百八十五，縣七百零三。金既劃界，建五京，置十四總管府，凡十九路，其間散府九，節鎭三十六，守禦郡二十二，刺史郡七十三，軍十六，縣六百三十二。十二年二月，何鑄等遣還，金主許歸徽宗及鄭后邢后之喪，與帝母韋氏。三月，金遣左宣徽使劉筈以袞冕、圭寶、佩璲、玉冊來冊命宋康王爲帝，其冊曰：

「皇帝若曰：咨爾宋康王趙構不弔，天降喪於爾邦，亟瀆齊盟，自貽顚覆，俾爾越在江表，用勤我師旅，蓋十八年於茲，朕用震悼，斯民其何罪！今天其悔禍，誕誘爾衷，封奏狎至，願身列於藩輔。今遣光祿大夫左宣徽使劉筈等持節冊命爾爲帝，國號宋，世服臣職，永爲屏翰。嗚呼欽哉！其恭聽朕命！」（註二二）

八月，皇太后韋氏至自金，后將南還，欽宗臥車前泣曰：「歸語九哥與丞相，我得太乙宮使足矣，他不敢也。」后許之，且與誓而別。及歸，帝至臨平奉迎，見后，喜極而泣。后至臨安，入居慈寧宮，始知朝議，遂不敢述欽宗車前之語。九月，以和議成，加秦檜太師，封魏國公。

當秦檜之力主和議也，兀朮遺其書曰：「必殺飛，始可和。」岳飛每以恢復爲己任，不肯附檜；檜以飛不死，終梗和議，己必及禍，乃力謀殺之。飛之被害，實千古冤案！嗚呼！自古姦臣禍國，必害忠良，蓋邪正不相容，飛尙在，檜視之如眼中釘，背上芒，既殺飛，則其陰謀始得逞也。初，飛在諸將中，年最少，以列校拔起，戰功最顯，韓世忠張俊不能平，飛屈己下之。而俊初盛稱飛可用，至是益忌飛。俊之爲人，武人而帶有政客風，戰功不多，每嫉功害能。淮西之役，俊以前途糧乏訹飛，飛馳援不爲止。帝賜劄褒諭，有曰：「轉餉艱阻，卿不復顧。」俊疑飛漏言，還朝，反倡言飛逗留不進，以乏餉爲辭。至視世忠軍，俊知世忠忤檜，欲與飛分其背嵬軍，飛義不肯，俊極不悅。及同往楚州措置邊防，俊欲修城爲備，飛曰：「戮力當圖恢復，奈何爲退保計？」俊爲之失色。會世忠軍吏耿著與總領胡紡言：「二樞密若分世忠軍，恐至生事。」紡上之朝，檜捕著，下大理獄，將以扇搖誣世忠。飛馳書告以檜意，世忠見帝自明，俊於是大憾飛，倡言飛議棄山陽，且密以飛報世忠事告檜，檜大怒，遂以陷世忠之計，轉而陷飛(註二二)。十一年七月，以諫議大夫万俟卨（一〇八三—一一五七）與飛有怨，檜諷卨劾飛。又諷中丞何鑄、侍御史羅汝楫交章彈論，大率謂今春金人攻淮西，飛略至舒蘄而不進；比與俊按兵淮上，又欲棄山陽而不守。飛累請罷樞柄，尋還兩鎮節。性狠心毒之秦檜，志仍未伸也，又使張俊令刼王貴，誘鄂州前軍副統制王俊(軍中號曰王鵰兒)誣告副都統制張憲謀還飛兵柄，據襄陽爲變(註二三)。張俊收憲屬吏以聞。張俊使王貴執憲，親行鞫煉，使憲自誣，被掠無全膚，竟不伏，俊手自具獄成，告檜，械憲至行在，下大理寺。十月，檜藉證張憲事捕飛父子。使者至，飛笑曰：「皇天后土，可表此心！」初，命何鑄鞫之，飛裂裳，以背示鑄，有「盡忠報國」四大字，深入膚理。既而閱實，無左驗，鑄明其無辜，白之檜，檜不悅曰：「此上意也。」改命万俟卨。卨誣飛與憲書，令虛申探報，以動朝廷；雲與憲書，令措置使飛還軍。又言其書已焚。飛坐繫兩月，無可證者，檜勢成騎虎。或教卨以臺章所指淮西事爲言，卨喜白檜，令簿錄飛家，取當時御札束之左藏南庫，欲以滅迹；又逼孫革等證飛受詔逗留，命評事元龜年取行軍時日雜定之，傅會其獄。歲暮，獄不成。無何，檜手書小紙付獄，卽報飛死。子雲，年二十三，及憲，皆棄市，籍家貲，家屬徙嶺南，幕屬于鵬等從坐者六人。初，飛在獄，大理寺丞李若樸、何彥猷、大理卿薛仁輔，並言飛無罪，卨俱劾去。宗正卿士㒟請以百口保飛，卨亦劾之，竄死建州。布衣劉允升上書訟飛冤，下棘寺以死，凡傅成其獄者，皆遷轉有差。獄之將上也，韓世忠不平，詣檜詰其實，檜曰：「飛子雲與張憲書，雖不明其事體，莫須有。」世忠曰：「莫須有三字，何以服天下？」時洪皓在金國中，蠟書馳奏，以爲金人所畏服惟飛，至以父呼之，諸酋聞其死，酌酒相賀（註二四）。後十三年，張孝祥方第，尙在期集所，卽上疏言：「岳飛忠勇，天下共聞，一朝被謗，不旬日而亡，則敵國慶幸，而將士解體，非國家之福也。」（註二五）秦檜猶未卒，一狀元及第敢有此言，可見岳飛冤獄感人之深，當時非無公論也。

夫岳飛以二十從軍，至三十九歲卽被害，不滿二十年，而功勳彪炳威震華夷，誠曠世之民族英雄也。郭子儀廓淸兩京，再造唐室矣。飛之處境，較子儀尤爲危苦而艱鉅，然用兵本領，抑又過之。不幸而遭秦檜之忌，尤不幸而遇高宗，手賜精忠之旗，密委中興之任，猜忌之主，好語無實，遂使風波亭上，英雄慘死，眞千古奇冤者矣！夷考飛之死，起端乎張俊，而檜實成之（註二六）。然檜雖以一權臣，竟敢秘密處死功勳顯赫之大將，如宰羔羊，滿朝噤舌，如非得帝之准旨，自不可能。然則檜之殺飛，實帝許之也。而帝默許其殺飛者，蓋以飛功高震主，慮其難馴而有後患也。良以飛百戰百勝之

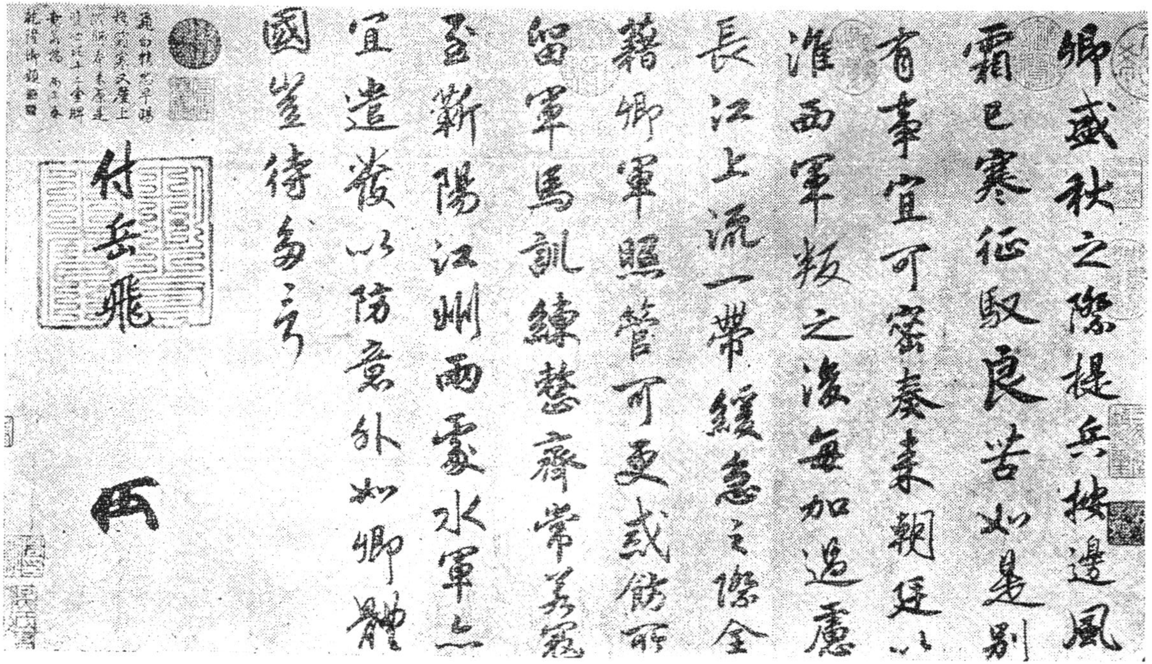

圖九　宋高宗賜岳飛御札（國立故宮博物院藏品）

姿，忠情激烈，議論剛正，不挫於人，年壯氣盛，未能弢光斂采，力謝衆美之名，而「失安身定交之道」(註二七)，遂使俊檜陷害於前，高宗疑忌於後，一中讒言，羣姦便構成其獄，終不免一死焉。夫骨肉至親，高宗猶忍父兄之囚死於虜中，然則何愛於飛？況飛與帝之關係，本視諸將爲較淺，自易於媒孽。張俊楊沂中雖無赫赫之功，皆治第臨安，貪財殖產，示無他志。韓世忠授樞密使即就第，放浪湖山以避禍，劉光世早解兵柄，與時浮沉，不爲檜忌，竊寵榮以終其身。獨飛引匈奴未滅何以家爲之義，不治生產。因母死葬廬山，遂家焉，召爲樞密副使之後，始置宅於臨安。兵權在握，不營生產爲子孫計，高宗不無顧慮，平素已疑諸將之跋扈，姦臣窺帝之隱，用軍變之讒以深中之，自然使帝信之，而飛之死決矣(註二八)。故飛之冤死，姦臣害之，亦帝忌之也(註二九)。李士英曰：「西漢而下，若韓彭絳灌之爲將，代不乏人，求其文武全器，仁智並施如岳飛者，一代豈多見哉？而卒死於秦檜之手，蓋飛與檜勢不兩立，使飛得志則金讎可復，宋恥可雪；檜得志則飛有死而已。昔檀道濟曰：自壞汝萬里長城。高宗忍自棄其中原，故忍殺飛，嗚呼冤哉！」(註三〇)

飛既被害，翌年三月，遣田師中(張俊薦)掌飛軍，初不伏，久稍定。八月，何鑄被万俟卨羅汝楫奏劾，指其董岳飛之獄，無一言鈹陳，有黨惡之罪。又侍御史江邈論鑄之罪，謂欲緩岳飛之死。張俊爲樞密使，自以爲助檜殺岳飛，主和議，固其位而無請去意。檜欲去之，乃令江邈言其罪，謂其大男楊存中握兵權於行在，小男田師中擁兵於上流，他日變生，禍不可測，幸帝不之信。十一月，檜卒罷俊，以孟忠厚爲樞密使，自是天下之權，全歸檜矣。朱熹曰：

「紹興之初，賢才並用，綱紀復張，諸將之兵，屢以捷告，恢復之勢，蓋已什八九成矣。虜人於是始露和親之議以沮吾計，而宰相秦檜，歸自虜庭，力主其事。當此之時，人倫尚明，人心尚正，天下之人，無賢愚，無貴賤，交口合辭，以爲不可，獨士大夫之頑鈍嗜利無恥者數輩，起而和之，淸議不容，詬詈唾斥，欲食其肉而寢處其皮，則其於檜可知矣。而檜乃獨以梓宮長樂藉口，攘却衆謀，熒惑主聽，然後所謂和議者，翕然以定而不可破。自是以來，二十餘年，國家忘仇敵之虜，而懷宴安之樂。檜亦因是藉外權以專寵利，竊主柄以遂奸謀，而向者冒犯淸議，希意迎合之人，無不夤緣驟至通顯，或乃踵檜用事，而君臣父子之大倫，天之經，地之義，所謂民彝者，不復聞於縉紳之間矣。……嗚呼！秦檜之罪，所以上通於天，萬死不足以贖者，正以其始則唱邪謀以誤國，終則挾虜勢以要君，使人倫不明，人心不正，而末流之弊，遺君後親，至於如此之極也。」（註三二）

自和議既成，檜擅國柄者又十五年，偷安江左，專爲粉飾太平，勸帝立太學，耕籍田，修舉彌文，殆無虛日，今日行某典禮，明日賀某祥瑞，士馬銷亡而不問，干戈頓弊而不修。士大夫豢於錢塘，湖山歌舞之娛，舉朝晏然，不復知有兵事矣。自建炎以來，奉使如金被拘囚者三十餘人，多已物故。十三年（一一四三）七月，許行人洪皓、張邵、朱弁歸，已而遣七騎追之，及淮，而皓等已在舟中矣。此三人者，留在金國，自分必死，備嘗艱苦。及其歸，不愜檜意，以閒曹置之，自檜再居相位，每薦執政，必選世無名譽，柔佞易制者，不使預事，備員書姓名而已。百官不敢謁執政，州縣亦不敢通書問，如孫近、樓炤、万俟卨、范同、程克俊、及李文會等，不一年或半年，必以罪罷，尚疑復用，多使居千里外州軍，且使人伺察之(註三二)。十四年（一一四四）二月，万俟卨罷參知政事，卨爲檜之功狗，酬以高官，僅半載而止。金拘王倫於河間六載，迫授以官，七月，倫自縊死。檜自以和議爲功，惟恐人議己，遂起文字之獄，十月，疏禁野史，並禁民間結集經社，因而附勢干進之徒，承望風旨，但有一言一字稍涉忌諱者，無不爭先告訐。欲有言者，恐觸忌諱，百官避免輪對，嘗諭宰執以禁之。獨裁氣燄之酷，執政亦不敢措一辭。且屏塞人言，蔽上耳目，一時獻言者，非頌檜功德則訐人語言，以中傷善類。汪應辰曾奏論之曰：「秦檜用事，專權自恣，惡天下之議己，而陛下得聞之也，乃始嚴刑峻罰，以箝天下之口，詞色之間，稍涉疑似，進退之際，或被顧盼，輒皆有不測之禍。長告訐之俗，而親戚爲仇；起羅織之獄，而道路以目。人不自保，導諛成風，稱之者以爲聖人，尊之者以爲恩父。」(註三三)而檜恩寵愈隆，十五年（一一四五），賜檜甲第一區，幸其第，加其妻婦子孫官，帝書「一德格天之閣」賜檜，仍就第賜宴。雖建諸府，而檜則居望仙橋私第治事。命子熺班簽書樞密之下，爲檜造家廟，又進熺爲資政殿大學士，封檜爲益國公。熺並進至知樞密院事，尋罷爲觀文殿學士兼侍讀，位次右僕射，父子殆共政。檜之熺，猶蔡京之攸也。檜稱聖相，或曰元聖。十九年（一一四九），帝命繪檜像，自爲贊。二十年（一一五〇）正月，殿前司軍士施全，候檜入朝，挾刃刺之於道，不中，捕送大理獄，檜親鞫之，全對曰：「舉天下皆欲殺虜人，汝獨不肯，故我欲殺汝也。」遂磔全於市。檜懼，每出，列五十兵，持長梃以自衞。五月，秘書少監湯思退奏，以檜存趙氏本末付史館。檜晚年尤含恨舊臣不已，書趙鼎、李光、胡銓三人姓名於一德格天閣，必欲殺之。鼎時安置吉陽軍，張浚放於連州。檜且令吉陽軍月具鼎存亡申報。鼎遣人語其子汾曰：「秦檜必欲殺我，我死，汝曹無患；不爾，禍及一家矣！」因絕食而死（十七年八月）。凡與趙鼎、李光、胡銓、張浚稍有關係之人，皆橫遭誣害。流李光子孟堅於峽州，編管王庶子之奇之荀於嶺南。檜憾未釋也，其後猶拘趙汾與知泉州令趙衿，交大理鞫問，指有奸謀，使汾自誣與張浚、李光、胡寅、胡銓等五十三人謀大逆，獄成，而檜病不能書矣。

二十一年（一一五一）八月，韓世忠卒。世忠轄部將成閔、解元、王勝、王權、劉寶、岳超等，守楚州十餘年，金人不敢南犯，猶有餘力以進取山東。創克敵弓，連鎖甲，狻猊鍪，及跳澗以習騎，同貫以習射，皆其遺法。秦檜收三大將權，世忠遂以所積軍儲錢一百萬貫，米九十萬石，酒庫十五歸於朝。岳飛寃獄，舉朝無敢出一語，世忠獨極言之。後抗疏言檜誤國，檜諷言者論之，帝格其奏不下。世忠連疏乞解樞密柄，繼上表乞骸骨。罷後，杜門謝客，絕口不言兵事，舊將部曲，不與相見，蓋懲岳飛之事也。二十四年（一一五四）七月，張俊卒。十一月，加秦熺爲少傅，封嘉國公。檜自二十年十月有疾，執政多赴其第議事，至二十五年（一一五五）十月，病重，帝幸其第詢問，惟流涕，無一語。及疾篤，其家秘不以聞。檜諷臺諫奏請拜子熺代居相位，帝察其奸曰：「此事卿不當預。」遂命檜父子致仕，命下而檜死。帝躬親政事，始收攬威柄，黜檜姻黨，釋趙汾及李孟堅、王之奇等自便，以魏良臣參知政事。十二月詔曰：「臺諫風憲之地，比用非其人，黨於大臣，濟其喜怒，殊非耳目之寄，朕今親除公正之士，以革前弊。」（註三四）詔張浚、万俟卨等聽自便。復胡寅、張九成等二十八人官，徙李光、胡銓於近州，光尋卒。以沈該參知政事。王十朋（一一一二—一一七一）與馮方、胡憲、查籥、李浩（一一一六—一一七六）相繼論事，太學生爲五賢詩以美之。

嗚呼！秦檜以文墨起家，當其爲御史中丞也，兩上金元帥書，主存趙宋，斥張邦昌，意氣慷慨，則謂非賢人乎？乃自金受約而歸，以術進身，兩據相位，專政十八年，以万俟卨王次翁等爲鷹犬，倡和誤國，忘仇斁倫，挾虜以自重，刼主以盜權。陰結內侍及醫師王繼先，伺帝微旨，動靜必具知之。郡國事惟申省，無一至帝前者。性陰險深阻，好用小智，同列論事帝前，未嘗力辯，但以一二語傾擠之，俾帝自怒。凡陷忠良，皆用此術。一時忠臣良將，誅鋤略盡。其頑鈍無恥者，率爲檜用事。臺諫風憲之人，除授悉由密啓，故皆黨於檜，諷之以彈擊執政。其無罪可狀者，則曰立黨沽名，曰訕謗，曰指斥，曰怨望，甚則曰有無君心。凡論人章疏，皆檜自草，以授言官，識之者曰：「此老秦筆也！」於是無恥之士，以告訐爲進取之計，「頃者輕儇之子，輒發親戚箱篋私書，訟於朝廷，遂興大獄，因得美官。緣是相習成風，雖朋舊骨肉，亦相傾陷，取書牘於往來之間，錄戲語於醉飽之後，況其間固有曖昧而傳致其罪者，薄惡之風，莫此爲甚。」（註三五）檜自知惡極爲衆論所嫉，置察事之卒，布滿京城，聞有議之者卽捕治，中以深文，道路以目。開門受賂，富敵於國，外國珍寶，死猶及門。檜每事與帝爭勝，曹筠言水漲，詔逐之，檜擢爲從官；周蔡欲言梁汝嘉，檜不待言，卽改除之。由是張扶請檜乘金根車，呂愿獻秦城王氣詩，其勢漸不可制。紹興要盟之日，虜先約毋得擅易大臣，檜既挾以無恐，帝又畏金，不敢動檜。方南渡之初，君臣激發，奮鬪圖存，卒能以奔敗之餘，而勝方張之敵。及秦檜倡邪議，沮恢復，言路久塞，上下相蒙，忠臣義士乃無以自立於羣小之間，多務愼默。誠以言不合則見排於當時，事不諧則追咎於始議，故論事者不敢盡情，當事者不敢任責。大柄既操於一人，政事無綱，因和議而上下苟安，邊備蕩弛。馴致人心痲痺，士風頹靡，而天下之氣索然無餘矣。劉克莊曰：「遷蹕錢塘，本趙鼎之謀也，時和議已有萌矣，向使鼎與諸賢主謀於內，諸名將宣力於外，必不專恃和；雖和必不至於甚卑屈。於是檜用計逐鼎，挾虜自重。高宗始欲和約之堅，舉國以聽，然大柄一失，不可復收。甚眷鼎浚，而鼎浚不得不貶；甚眷世忠俊，而世忠俊不得不罷；甚眷飛，而飛不得不誅；甚惡熺，而熺爲執政。一時名臣如李光、王庶、曾開、晏亨復、李彌遜、胡寅、張九成、胡銓諸人，或過海，或投荒，或老死山林，專欲除人望，以孤主勢。此猶可也，其甚者陰懷異志，撼搖普安，雖至尊亦有靴中匕首之防。甚矣，姦臣之可畏哉！其既退也，必有術自通，以媒復進；其復進矣，必有術自固而不復退。謀伏於既退之時，禍烈於復進之後，臣於檜之始末有感焉。」(註三六)夫高宗亦何以忘仇信檜，寵終無貳哉？蓋帝之忌欽宗而不欲其歸固矣，而外則畏懼金虜，內則猜防功臣，檜揣而持之，以爲知我厚我，羣臣莫及，姦術得售，遂成巨浸以滔天。「帝構初奇檜，繼惡檜，後愛檜，晚復畏檜，」(註三七)猜主姦臣，心術同歸不肖也。

第十八節　金亮南犯

十八年（金皇統八年）六月，金以完顏亮（一一二二—一一六一）爲平章政事。亮本名迪古乃，太祖子宗幹之子，爲人慓急猜忌，殘忍任數，自以己與金主亶同爲太祖孫，嘗懷覬望。十月，兀朮卒。十二月，亮爲尚書右丞相。翌年十二月，亮弒亶而自立，以秉德爲左丞相，唐括辨爲右丞相，烏帶爲平章政事，蓋酬其與謀弒亶有功者也。已而秉德、唐括辨亦被殺，復誅太宗子孫、粘罕子孫、及諸宗室。左副元帥撒離喝、景祖孫謀里野、斜也子孛吉、魏王斡帶孫活里甲等皆被殺，並夷其族。宗親妻女，奪納內宮，叔母諸從姊妹，皆無倖免焉。

二十年三月，朝廷遣參知政事余堯弼如金賀即位。及還，亮以上皇玉帶附遺於帝，其秘書郎張仲軻曰：「此希世之寶也。」亮曰：「江南之地，他日當爲我有，此置之外府耳。」仲軻由是知亮有南侵之意，每事先意逢之。二十一年二月，朝廷以巫伋爲祈請使，伋至金，首請迎靖康帝歸國，亮曰：「不知歸後何處頓放？」伋唯唯而退。二十三年三月，亮自上京如燕，遂改燕京爲中都大興府，汴京爲南京，削上京之名，止稱會寧府。又改中都大定府爲北京，而東京遼陽府、西京大同府如舊。遣完顏長甯爲南京留守，經畫之，以爲南侵之漸。既而汴京大火，宮室盡焚，杖殺長甯。二十六年（一一五六）三月，東平進士梁勛上書，言金人必舉兵，宜爲之備。帝怒，編管勛於千里外州軍。自秦檜一死，「金人頗疑前盟不堅，會荊鄂間有妄傳召張浚者，敵情益疑。於是參知政事沈該言：向講和息民，悉出宸衷，遠方未必究知，謂本大臣之議，懼復用兵，宜特降詔書，具宣此意，遠人聞之，當自安矣。時參知政事万俟卨、簽書樞密院事湯思退，言皆與該合。」（註三八）此三人皆爲檜黨，要求帝對金人表明態度，因下詔曰：「講和之策，斷自朕志，秦檜但能贊朕而已，豈以其存亡而渝定議耶？近者無知之輩，鼓倡浮言，以惑衆聽，至有僞撰詔命，召用舊臣，抗章公車，妄議邊事，朕甚駭之。自今有此，當重寘憲典。」（註三九）五月，遣陳誠之等賀金主尊號禮。以沈該万俟卨爲尚書左右僕射同平章事，湯思退知樞密院事，樞密院始不復爲宰相兼任。檜黨餘孽，又復得勢。張浚度金人必渝盟，上疏曰：「今日事勢極矣，陛下將拱手而聽其自然乎？抑將外存其名而博謀密計以爲久長計歟？臣誠恐自此數年之後，民力益竭，財用益乏，士卒益老，人心益離，忠烈之士，淪亡殆盡，內憂外患，相仍而起，陛下將何以爲策？今天下譬如中人之家，盜踞其室，安眠飽食其間而陰伺其隙，一日之間，其捨我乎？」書奏，執政不省。浚以母喪歸葬於蜀，行至江陵，再上書，謂嚮者講和之事，坐失事機二十餘年，「願陛下深思大計，復人心，張國勢，立政事，以觀機會，未絕其和，而遣一介之使，與之分別曲直逆順之理，事必有成。」万俟卨湯思退見之，大怒，御史中丞湯鵬舉亦奏浚要譽而論邊事，堅異議以唱率遠方之人，慮或生患，乃詔其依舊永州居住（註四〇）。六月，欽宗崩於金。十月，詔許秦檜在位之日，無辜被罪者，自陳釐正。

二十七年（一一五七）完顏亮動議南侵。六月，以湯思退爲尚書右僕射同平章事。八月，以湯鵬舉知樞密院事。鵬舉效秦檜所爲，植其黨周方崇、李庚置籍臺諫，鉏異己者。葉義問（一〇九八—一一七〇）累章劾鵬舉，有「一檜死，一檜生」之語，十一月，並方崇罷之。二十八年（一一五八）二月，以陳誠之知樞密院事，王綸同知樞密院事。金將渝盟，邊報沓至，沈該未敢以聞，參知政事陳康伯（一〇九七—一一六五），及陳誠之、王綸共白其事，乞備防禦。五月，完顏亮召吏部尚書李通，及翰林學士承旨翟永固，宣徽使敬嗣暉、翰林直學士韓汝嘉入見，問曰：「朕欲遷都於汴，遂以伐宋，使海內一統，卿意如何？」通以天時人事不可失機爲對。亮大悅，以爲舉兵滅宋，不過二三年，然後討平高麗、夏國，乃以通爲謀主，籌備南征。權禮部侍郎孫道夫充賀金正旦使，金將敗盟，詰秦檜存亡及關陜買馬非約。道夫還言，中外籍籍，皆謂金人有窺江淮意，帝謂以何名爲兵端？道夫曰：「興兵豈問有名，願早爲之圖。」二十九年（一一五九）正月，亮命張浩、敬嗣暉、內侍梁漢臣、及孔彥舟，造戰船於通州，遣使籍諸路猛安（千夫長）、謀克（百夫長）、及契丹奚人二十四萬，並簽中都、南都、中原、渤海丁壯共二十七萬，諸軍悉以蕃漢相兼。又遣使分詣諸道總督府，督造兵器，命諸路運貯器械於燕，並修燕城，積極部署，準備軍事行動。四月，國子司業黃中（一〇九六—一一八〇）使金還，上疏言金人治汴京，必欲徙居以迫我，不可不早爲之備；若彼果至汴，則壯士健馬，不數日可及境矣。湯思退大怒，貶中官。六月，遣王綸使金，陳誠之罷，沈該免，以賀允中參知政事。九月，以湯思退陳康伯爲尚書左右僕射並同平章事。十二月，諜言北界禁民妄傳起兵，帝諭大臣常自治爲安邊息民之計。以王綸知樞密院事。三十年（一一六〇）六月，王綸罷。七月，以葉義問知樞密院事，朱倬參知政事。侍御史陳俊卿（一一一三—一一八六）論思退所爲，多效秦檜，蓋思退致身，皆檜父子恩也。十一月，思退罷。

三十一年（一一六一）三月，以陳康伯朱倬爲尚書左右僕射並同平章事，康伯靜重明敏，以經濟自任，臨事明斷，一語不妄發，眞有宰相之器。而史浩、虞允文（一一一〇—一一七四），王淮、陳俊卿、劉珙之進用，皆倬所薦也，又以楊椿（一〇九五—一一六七）參知政事。先是，賀允中葉義問使還，言金必敗盟，四月，康伯請早爲之備，建四策：一、增劉錡荆南軍以重上流；二、分劃兩淮地，命諸將結民社，各保其境；三、劉寶獨當淮東，將驕卒少不可倚；四、沿江諸郡修城積糧，以固內地。帝納之。當時軍力之分配，襄陽吳拱，荆南劉錡，鎭江劉寶，鄂州田師中，九江戚方，池陽李顯忠，建康王權，武興吳璘，興元姚仲，漢陰王彥，兵員共有三十一萬八千餘人，但以主和息兵二十年，士氣衰弛，實不堪作戰。初，完顏亮聞行在景物繁麗，嘗密隱畫工於奉使，俾寫臨安湖山以歸爲屛，而圖己之像，策馬於吳山絕頂，題詩其上，有「立馬吳山第一峯」之句。五月，遣其簽書樞密院事高景山、右司員外郎王全以賀天中節爲名，亮謂全曰：「汝見宋主，卽面數其焚南京宮室，沿邊買馬，招致叛亡之罪，當令大臣來此，朕將親詰之。且索淮漢之地，如不從，則厲聲詆責之，彼必不敢害汝，」蓋欲激怒以爲南侵之名也。全至臨安，一如亮之言以詆帝。帝謂全曰：「聞公北方名家，何乃如是？」全復曰：「趙桓今已死矣！」帝始聞欽宗崩，遂起發喪。召楊存中及三衙帥（殿前司、侍衞馬軍司及侍衞步軍司之長官）至都堂，議擧兵。又詔侍從臺諫集議，康伯傳帝旨曰：「今日更不論和與守，直問戰宜如何？」時帝意雅欲視師，內侍省都知張去爲陰沮用兵，且陳退避策，或傳幸蜀，或有浮海遷閩之議，人物洶洶，右相朱倬無一語，康伯獨奏曰：「金狄敗盟，天人共憤，今日之事，有進無退。聖意堅決，則將士之意自倍，願分三衙禁旅助襄漢，待其先發應之。」（註四一）詔以王全語諭諸路統制帥守監司，隨宜應變。六月，提用劉錡爲淮南江東西浙西制置使，節制各路軍馬。遣步軍司都統制戚方提總江上諸軍，策應軍馬，聽錡指揮。諭利州路都統制吳珙嚴備襄陽，視緩急，合田師中成閔兵以援之。亮遷都於汴，並大括馬於諸路，計五六十萬匹。又大殺宋遼宗室之在金者一百三十餘人。遣徐嘉如金賀遷都，行至盱眙，金使韓汝嘉就境上止之，嘉乃還。八月，宿遷（江蘇宿遷縣）人魏勝（一一二〇—一一六四）起兵復海州，總管李寶承制以勝知軍事。勝多智謀，初應募爲弓箭手，居山陽。及金人籍諸路民爲兵，勝聚義士三百人，北渡淮，取漣水軍。士卒有自北方歸者，勝披心置腹待之，自是河北山東歸附者日衆。金知海州事高文富遣兵捕勝，勝擊走之，追至城下。旋殺文富之子安人及州兵千餘，擒文富，克海州。勝遣人諭朐山（故城在江蘇東海縣南）、懷仁（江蘇贛榆縣）、沭陽（江蘇沭陽縣）、東海諸縣，皆定之。分忠義士爲五軍，紀律明肅。益募忠義，以圖恢復，遠近響應，聚兵至數千人。勝將董成率所部千餘人，直入沂州（山東臨沂縣），殺金守將，軍士二千餘人悉降。金遣蒙恬鎮國，以兵萬餘取海州，抵州北二十里新橋，勝設伏大敗之，殺鎮國及金兵千人，降者三百人，軍聲益振。劉錡引兵屯揚州，遣統制王剛中以兵五千屯寶應，起復成閔爲京湖制置使，節制兩路軍馬。完顏亮既遷汴，弒其太后徒單氏，九月，大舉入寇。亮分諸道兵爲三十二軍，置左右大都督及三道都統制府以總之，以奔睹（昂）爲左大都督，李通副之；紇石烈良弼爲右大都督，烏延蒲盧渾副之。蘇保衡爲浙東道水軍都統制，完顏鄭家奴副之。劉蕚爲漢南道行營兵馬都統制，自蔡州出動，以趣荊襄。徒單合喜爲西蜀行營兵馬都統制，由鳳翔趨大散關，駐軍以俟後命。左監軍徒單貞別將兵二萬人入淮陰(註四二)。亮召諸將授方略，旋領大軍六十萬號稱百萬南下，李通造浮橋於淮水之上，將自清河口入淮東，遠近大震。詔劉錡、王權、李顯忠、戚方嚴備清河、潁河、渦河口。高平人王友直，起兵復大名，遣軍師馮穀入朝。未幾，自壽春來歸，詔以爲忠義都統制。十月，亮自壽春渡淮，慮魏勝睨其後，分軍數萬圍海州。

先是，金人渝盟，淮浙姦民倪詢、梁簡等教金人造舟，且爲鄉導。金使蘇保衡造舟於潞河，明年，以保衡爲統軍，欲奪南人之長技，將由海道徑趨臨安。諜聞，三十年九月，帝乃授李寶浙西路馬步軍副總管，駐紮平江，令與守臣督造海舟一百二十艘，募閩浙弓弩手三千人，開往海州，將拒敵於膠西。魏勝遣人邀之，寶慷慨厲士卒赴援，與勝同擊金兵於西橋，敗之。金兵四面薄城急攻，勝竭力捍禦，金人多死傷，乃拔砦遁。劉錡以兵駐清河口，扼金師。金人自渦口渡淮，錡次於淮陰，列兵運河岸以扼之。亮自發汴京，將士在道多亡歸者，曷蘇館猛安福壽、高忠建、盧萬家奴、婆娑路總管謀衍，東京謀克金住等，始授甲於大名，卽舉部亡歸，從者衆至萬餘人，皆公言於道曰：「我輩今往東京，立新天子矣。」時，東京留守完顏雍（烏祿，一一二三—一一八九），許王訛里朵之子，太祖之孫也，沉靜明達，衆心歸之。亮嘗使謀良虎圖淮北諸王，雍聞而憂懼。會故吏六斤自汴還，且言亮弒母等事，且曰：「將遣使害宗室兄弟矣。」雍益懼，謀於其舅興元少尹李石，石勸雍先殺副留守高存福。雍遂執存福，將殺之，十月，適完顏福壽等以軍入東京，乃共擊殺存福等。雍遂御宣政殿卽位，是爲世宗，改元大定，下詔暴亮罪惡十事(註四三)。初，金人議留精兵於淮東以禦劉錡，而以重兵入淮西。劉錡遣都統王權措置淮西，權不從錡節制，聞金兵大至，卽棄廬州，退屯昭關，兵皆潰。錡聞之，遂自淮陰退還揚州。金人入廬州，權自昭關退保和州。王權既敗，渡江，中外大震，百官皆挈家走。帝召楊存中同宰執議禦敵之策，廖剛請幸閩中，因命存中就陳康伯議，欲航海避敵，康伯止之，忽又降手詔曰：「如敵未退，可散百官。」康伯焚詔後奏曰：「百官散，主勢孤矣。」帝意既堅，康伯乃請下詔親征，帝從之，次於平江，以知樞密院事葉義問督視江淮軍馬，中書舍人虞允文參謀軍事，尋以楊存中爲御營宿衛使。金人陷眞州，步軍司統制邵宏淵敗走，金人不入城，遂犯揚州。王權退屯采石，完顏亮入和州。以梁山濼（卽梁山泊，在山東壽張縣東南梁山下）水涸，先所造戰船不得進，亮命李通復造船。金人陷揚州，劉錡以舟渡眞揚之民於江南，留屯瓜州（江蘇江都縣瓜洲鎭）。金人來爭，以運河岸狹，不利於騎兵，稍引去，劉錡大破之，斬其統軍高景山。李寶既解海州之圍，遂與其子公佐引舟師至膠西石臼島，敵舟亦出海口，泊唐島，相距僅一山。寶乘北風盛，過山薄敵，以火箭射其帆，帆皆油纈，煙焰隨發，延燒數百艘。火不及者，猶欲前拒，寶揮短兵擊殺之，俘漢軍三千餘人，皆中原遺民也，斬其副帥完顏鄭家奴等六人，擒倪詢等上於朝，獲器甲糧斛以萬計，餘物衆不能舉者悉焚之。由此一役，金水軍全師覆沒，完顏亮大怒，其後遂約以三日渡江，而釀成內變。據降者言，始謀本欲直犯錢塘，故其遺師入海也，決期破臨安，然後進兵渡江。微膠西之捷，則亮之死未可期，而錢塘之危可憂也（註四四）。十一月，殿中侍御史陳俊卿上疏，極言張浚忠藎。帝悟，由永州召浚判建康。又召王權至行在，以李顯忠代其軍。時劉錡病甚，求解兵柄，留其姪中軍統制劉汜以一千五百人塞瓜州，李橫以八千人固守。詔劉錡還鎮江，專防江。亮傾國入寇，其鋒初未易當，踰月之間，十四郡悉陷，於是盡失兩淮之地(註四五)。金人圍攻瓜州益急，汜以克敵弓射却之。葉義問至鎮江，見錡病劇，以李橫權其軍，並督鎮江兵渡江，衆皆以爲不可，義問強之。汜固請出戰，錡不從。汜拜家廟而行。金人鐵騎奄至江上，汜先退，李橫以孤軍不能當，亦潰敗，僅以身免(註四六)。義問爲人直言正色，掃除秦檜餘黨，然素不習軍旅，臨敵失措。聞敗，乃陸走趨建康。帝即命楊存中往京口，爲守江之計。

完顏亮臨江築臺，十一月七日，自被金甲，登臺刑黑馬以祭天，以一羊一豕投江中，召奔睹等謂之曰：「舟楫已具，可以濟江矣。先濟者與黃金一兩。」置黃旗紅旗於岸上，以號令進止。自秦檜主和，朝廷晏然不復以邊防爲事，將士驕惰，兵不閱習。及檜死，朝廷仍以和爲可恃，故軍備廢弛，主力空虛。況自岳飛誅，韓世忠罷，繼起無人，閫帥聽短長於文吏。往昔諸大帥撫士卒如家人，自罷諸將兵權，士卒薄待，軍心多怨，御前主帥，更徙不常。楊存中善逢迎，以三衙交結北司而盜大權，人言嘖嘖，乃首用劉寶、王權，亦皆庸懦之人。田師中老且病，時唯一老將劉錡，吳璘謂其有雅量而無英概，恐不能當亮，況又病嘔血，兵敗於瓜州。當日實情如此，其所以禦敵者，實全無把握。時，葉義問命虞允文往蕪湖迎李顯忠，交王權軍，且犒師。允文至采石，權已去，顯忠未來，敵騎充斥，王權潰兵只一萬八千人，馬數百匹而已，三五星散，解鞍束甲，坐道旁，無復成伍。允文以坐待顯忠則誤國事，遂立召其統制官時俊、張振、戴皐、盛新、王琪勞問之，勉以忠義，曰：「朝廷養汝輩三十年，顧不能一戰報國乎？」衆皆曰：「豈不欲戰，誰主張者？」允文謂朝廷已別選將，統此軍矣。衆愕立問爲誰，曰：「李顯忠。」衆皆曰：「得人矣！」允文曰：「今顯忠未至，而虜以來日過江，我當先進，與諸軍戮力決一戰何如？且金帛告命皆在此，以待有功。」衆皆曰：「如此則我輩效命有所付矣，請爲舍人一戰！」允文之責，原爲犒師。劉錡病，王權既罷，李顯忠遠在池陽（安徽貴池縣），成閔亦未至，此批潰兵無所統屬，殆不成軍。斯時欲收集殘餘，以決一戰，如以利害言，則衆寡強弱自不敵矣。然當時情勢極急，允文忽決機於俄頃，不計成敗，權爲督戰。八日，乃與時俊等整步騎陳於江岸，而以海鰌及戰船載兵駐中流，拒之於東采石。部署甫畢，敵已大呼，數百船絕江而來，瞬息之間，抵南岸者七十艘，直薄官軍、軍稍却，允文往來行間，撫時俊之背曰：「汝膽略聞四方，今可作氣否？立陣後則兒女子爾。」俊即揮雙刀出陣奮擊，士殊死戰，俘斬略盡。其中流者船小而卒衆，又自爭舟，兵刃隔塞，運掉不靈，而官軍之海鰌往來如飛，橫突亂刺，虜舟破溺，死者甚衆(註四七)。虜引餘舟遁去。允文命強弓勁弩追射之，虜復多死傷。金兵還和州，凡不死於江者，亮悉敲殺之。會報完顏雍已即位於東京，亮拊髀歎曰：「朕本欲平江南，改元大定，此非天乎？」遂召諸將帥謀北還，且分兵渡江。李通曰：「陛下親征，深入異境，無功而還，若衆散於前，敵乘於後，非萬全計；若留兵渡江，車駕北還，諸將亦將解體。今燕北諸軍，近遼陽者恐有異志，宜先發兵渡江，斂舟焚之，絕其歸望，然後陛下還，南北皆指日而定矣。」亮然之。允文知亮敗，明日必復來，夜半，部分諸將，出海鰌船五分二，以其半遣統制官盛新率往北岸上流楊林河口，以遏虜舟之所自出。明旦，虜衆如牆而進，官軍射之，應弦而倒，舟來未已，海鰌逆擊，虜舟大敗，顧見官舟壓其歸路，卽縱火自焚，官軍亦舉火盡焚其餘二百艘(註四八)。采石經此兩捷，局勢轉危爲安，論者比之赤壁、淝水之戰，「然赤壁、淝水之役，乘其方銳之初，君子以爲易；牛渚之役，振於屢敗之後，君子以爲難。」(註四九)蓋自廬州失守，全線崩潰，吳拱、李道、成閔合十萬之師，端坐淮漢，曾不能少掣其後，金兵如入無人之境，直抵江岸。至采石被迫決戰，倖而得勝，始振轉頽勢，此則允文見機立斷之功也。敵送僞詔來諭王權，其辭似有宿約。允文曰：「此反間也，欲以携我衆耳，」乃復書言權因退師，已寘憲典，新將李顯忠也，願速戰以決雌雄。亮得書，大怒，遂焚其龍鳳舟，斬教亮渡江之梁漢臣及造舟者二人，帥其軍趨瓜州(註五〇)。

李顯忠自蕪湖至采石，虞允文語之曰：「敵入揚州，必與瓜州兵合，京口無備，我當往，公能分兵相助乎？」顯忠撥李捧軍一萬六千人與之。允文自采石帥軍及戈船百艘如鎭江備敵，遂還京口。葉義問亦命楊存中將所部來會。時敵屯重兵滁河，造三牐，儲水深數尺，塞瓜州口。允文謂遇風則使戰船，無風則使戰艦，但京口只有戰艦二十四艘，恐不足用，遂改修馬船爲之，且借之平江。命張深守滁河口，扼大江之衝，以苗定駐下蜀爲援，且謁劉錡問疾。錡執允文手曰：「疾何必問？朝廷養兵三十年，一技不施，而大功乃出一儒生，我輩愧死矣！」錡以疾篤召還罷，劉汜、王權削籍流嶺表。成閔自京西倉皇奔歸赴援，合楊存中、邵宏淵等軍集中於京口者，凡二十餘萬。詔以成閔、李顯忠、吳拱爲兩淮京湖三路招討使，閔駐淮東、顯忠淮西、拱湖北京西。完顏亮至揚州，旋至瓜州。虞允文與楊存中臨江按試，命戰士踏車以行船，歷中流上下，三周金山，回轉如飛，敵相駭愕（註五一）。亮笑曰：「紙船耳，」召諸將，約以三日渡江，否則盡殺之。並下令，士卒亡者按級殺其長官，由是軍士益危懼。亮又令軍中運鴉鶻船於瓜州，期以明日渡江，敢後者死。衆欲亡歸，乃決計於浙西道兵馬都統制完顏元宜及猛安唐括烏野，且曰：前阻淮渡，皆成擒矣，比聞遼陽新天子即位，不若共行大事，然後舉軍北還。元宜然之。二十七日黎明，元宜等帥諸將以衆薄揚州龜山寺亮營。亮中箭仆地，延安少尹納合斡魯補先刃之。手足猶動，遂縊死而焚之。軍士攘取行營服用皆盡，並收其妃嬪、及李通、郭安國、徒單永年、梁玩、大慶山等皆殺之。元宜自爲左領軍副大都督，使人殺太子光英於汴。亮既死，虜軍三十萬，帖然無異變。元宜乃退兵三十里，遣人持檄詣鎮江軍議和。未幾，金軍在荊襄兩淮者，皆次第北還，官軍亦未敢追擊。金主雍知亮被殺，即趨燕京。其後降封亮爲海陵郡王，旋又廢爲海陵庶人。十二月一日，黃旗奏報，已殺虜酋完顏亮。四日，三省樞密院同奉旨，通令沿江諸大帥、監司、帥守，各條陳自今進討恢復事宜。成閔李顯忠乘機收復兩淮州郡。帝如建康，張浚亦被召由岳陽至，迎拜道左。帝亦勞之曰：「卿在此，朕無北顧憂矣。」然完顏亮之死，金兵北退，「諸將非唯無毫髮之功，虜未退則逗留觀望，已退則乘勢虜掠，既不干斧鉞之誅，而又受無名之賞，有盜節鉞者，有爲兩府者，有爲三公者，傳呼道路，取笑閭閻，名器之濫，未有甚於今日。」（註五二）此類驕將悍卒，禦敵不足，貪功有餘，正以見其政治腐敗，綱紀蕩然也。

南宋正賴蜀以爲重，而蜀之重權則在宣撫、制置二大帥臣。三十一年五月，以吳璘爲四川宣撫使，王剛中（一一〇三—一一六五）同處置軍事。時聞金亮將敗盟，故命璘爲之備；璘襲兄之業，操權甚專，每引寇自重。八月，金徒單合喜將兵扼大散關，遊騎攻黃牛堡，守將李彥堅告急，人情洶洶，制置使王剛中馳二百里，至吳璘營告之。璘大驚，卽馳至殺金平，遣軍分道以援黃牛堡。剛中又以書抵張正彥濟援，西師大集。李彥堅以神臂弓射金師，却之。璘遣別將鼓青至寶雞渭河，夜刧橋頭寨，破之；又遣劉海復秦州，鼓青復隴州，金師遂退。十月，詔吳璘出兵漢中，璘遂復商、虢州。三十二年（一一六二）二月，金人犯虢州（卽虢鎭），璘遣楊從儀等攻之，分兵守和尙原，金人走寶雞，璘遣兵復河源州及積石（甘肅臨夏縣西）、鎭戎軍，遂復大散關。時璘遣姚仲攻德順軍，踰四旬不克，乃以李師顏代之，遣子挺節制軍馬，挺與敵戰於瓦亭，大敗之，擒其將耶律九斤孛堇等一百三十七人。金人悉兵趨德順軍，璘自將往督師，敵銳師空壁而出，大敗之。翌日，會大風雪，金人拔營去，凡八日而克。又遣嚴忠取環州，遂還河池。姚仲等又復蘭、會、熙、鞏等州及永安軍。金以重兵扼鳳翔，爭吳璘新復十三州三軍，璘亟馳德順軍以備之。已而金蒲察世傑率師十萬來攻，璘力戰拒之。會史浩（一一〇六—一一九四）上言：「官軍西討，東不可過寶雞，北不可過德順；若兵宿於外，去蜀口遠，則敵必襲之。」朝廷遂欲棄三路，虞允文時爲川陝宣諭使，疏言：「恢復莫先於陝西，陝西五路新復州郡，又繫於德順之存亡。一旦棄之，則窺蜀之路愈多，西和階成，利害至重，不可不慮。」疏上，罷允文知夔州。十二月，詔吳璘班師，命諸將棄德順軍，倉卒引退，金人乘其後。璘軍正兵三萬人，亡失者二萬三千，部將數十人，連營痛哭，聲震原野。於是秦鳳、熙河、永興三路新復十三州，皆復淪於金矣。

當金主雍新立也，中原豪傑並起，耶律諸種數十萬，據數郡之地。太行山忠義耿京王世隆輩，皆欲挈地還於朝。又鑒於完顏亮之敗，金懼，亟請和。三十二年正月，山東人耿京起兵復東平，自稱東平節度使，以歷城人辛棄疾（一一四〇—一二〇七）掌書記，棄疾勸京來歸，京遣棄疾奉表詣行在，帝大喜，厚賚之，以京知東平府。金主下令散南征之衆，以高忠建爲報諭宋國使，且告卽位。二月，帝回臨安，以張浚駐建康。閏月，劉錡病卒。辛棄疾至山東，値耿京將張安國已殺京降金，棄疾還至海州，乃約李寶統制王世隆，忠義人馬全福等徑趨金營，卽帳中縛安國，獻於臨安，斬之。詔授棄疾江陰僉判。四月，金高忠建至臨安，議遣使報聘，且賀卽位。工部侍郎張闡（一〇九一—一一六四）請嚴遣使之命，正敵國之禮，彼或不從，唯有戰耳，如此，則中國之威，可以復振。帝然之。自金亮殞後，始敢以敵國自立，遂遣起居舍人洪邁充賀登極使。至燕，金閤門見國書不如式，卽令於表中改陪臣二字，朝見之儀，必用舊禮。邁執不可，鎖之使館三日，水漿不通，欲留之，後遣還。金人復遣五斤太師發諸路兵攻海州，魏勝屢挫之。敵圍數重，勝與郭蔚分兵備戰。旣而金人併力急攻，勝告急於李寶，寶以聞，命張子蓋赴援，進次石湫堰。金人陳萬騎於東河，子蓋率精銳數千騎擊之，馳入陣，勝等繼之，殊死戰，敵大敗，擁溺石湫河者半，圍遂解。五月，以金人議和，罷三招討司，並罷兵。

高宗嗣統之初，因四方勤王之師，內相李綱，外任宗澤，號曰中興，似有可爲。且以李光之才識高明，許景衡之論議剴切，張愨之善理財，張所之習知河北利害，皆一時之雋也。顧惑於憸邪之口，乍任乍黜，所謂善善而不能用，或用之而不竟其才。及倉皇南渡，時危事迫，兵弱財匱，奔敗之餘，重以叛亂，君臣上下，痛心疾首，奮其餘力，支撐殘局，所謂知討賊而不知立國，蓋事處權宜，確乎艱哉！然其始惑於黃汪，其終制於秦檜，挾姦計以沮藎謀，倡邪議以隳戰志，馴致割棄疆土，靦顏事敵，奉表稱臣而不羞，竄忠臣誅良將亦不惜也。一時有志之士，扼腕切齒，而天下之氣惰矣。及檜死，大勢弓弛，金亮南犯，舉國震駭。亮既殞命，金亂宋治，不乘此時定都建康，招合義師，以謀恢復，而猶遜辭致賀，復戀舊盟。夫帝偷安忍恥，無自強之志，虞允文權宜濟師，幸得一勝，非帝所望也。釆石之戰若敗，則帝浮海遠遁；允文既勝，亦不能有以自處，仍以議和爲得策。是以國體不能正，故疆不能復者，帝之下愚有以致之也。信哉吳應箕之言曰：

「宋之有狄患也，其禍甚於晉，而高宗之不能興復也，其心忍於元。高宗豈元帝比哉？其於徽欽，親父兄也，嗣統於二聖北去之日，而中原有主，又去舊京亦咫尺之間，非若元帝之疏屬先在江南也，又非若元帝承餘緒於晉統已絕之後也。此其人心國勢厲而用之，讎可報，虜可破，燕雲可復，二聖可還，而高宗不能者，豈不能哉？不欲耳。其意以爲非城陷主辱，吾安至是。萬一用兵而勝，勝而淵聖可還，又置吾何地？是故其屈而遠之者，吾有所因之以爲利；而其憚而不敢用者，吾亦恐犯吾所自忌也。不然，高宗即位，庸豈不知不還舊京則兩河必陷；不都關陝襄鄧，則中原必不可復；又豈不知李綱趙鼎可用，而岳飛必能成功哉？凡此皆有背於吾之所爲利而又適中其所自忌也。於是不恥奔竄，僻處臨安，安於不足存之地，而後吾之所利者存。黜綱鼎，殺岳飛，去敵之所深忌，而於吾之所忌亦不犯，此其處心積慮，全乎忍而外特示之以爲怯耳。不然，和之不可恃，已事瞭然；而大功之可成也，形勢已見。高宗亦險阻備嘗者，而愚至此哉？觀其卽位之始，不殺張邦昌，不深罪僞命諸人，而又委心於汪伯彥黃潛善，蓋已探其微而得之矣。特汪黃鄙夫佞人，不能有所發舒以成其志，故其後專任一秦檜，然後於其事濟，而高宗之心，亦至是盡見。吾故曰忍也。」（註五三）

初，太子旉卒，帝未有嗣。紹興二年，帝時年二十五，乃選秦王德芳五世孫偁之子伯琮（太祖七世孫）入宮，時年六歲，改名瑗。復取秉義郞子彥之子伯玖入宮，皆伯字行也，立書院於宮中教之。太宗子孫在京師者盡被擄北遷，惟太祖子孫以散處得全，故選以爲嗣。三十年，以瑗爲皇子，更名瑋，進封建王。三十二年五月，立瑋爲皇太子，更名眘。及歸自金陵，陳康伯求去，帝以對外屈辱，猶恐及身再見戰禍，遂有倦勤意。六月禪位於太子，自稱爲太上皇帝。

第十九節　隆興和議

孝宗眘（一一二七—一一九四）卽位，大赦，詔中外臣庶陳時政闕失，銳志以圖興復。七月，召張浚入見，改容曰：「久聞公名，今朝廷所恃唯公，」任以恢復海內，想望中興，加浚少傅魏國公，宣撫江淮。浚見帝英武，力陳和議之非，勸帝堅意以圖恢復。翰林學士史浩議欲城瓜州、采石，浚謂不守兩淮而守江干，是示敵以弱，怠戰爭之氣，不若先城泗州。浩不悅，遂爲有隙。八月，以史浩參知政事，浚所規劃，浩必沮之。十月，葉義問罷，以張燾同知樞密院事。十二月，詔宰相復兼樞密使。

改元隆興，取建隆紹興之義。元年（一一六三）正月，以史浩爲尚書右僕射同平章事兼樞密使，張浚爲樞密使，都督江淮東西路軍馬，開府建康。張燾參知政事。浚薦陳俊卿爲江淮宣撫判官。浩既相，首言趙鼎李光之無罪，岳飛之久寃，宜復其官，爵祿其子孫，凡坐廢者次第昭雪。帝悉從之。（註五四）先是，帝召俊卿及浚子栻（一一三三—一一八〇）赴行在，浚附奏，請帝臨幸建康，以動中原之心；用師淮堧，進舟山東，以爲吳璘聲援。帝見俊卿，問浚動靜飲食顏貌，曰「朕倚魏公如長城，不容浮言搖奪。」浚開府江淮，規劃進取，侍御史王十朋、禮部侍郎王大寶（一〇八九—一一六五）、監察御史陳良翰（一一〇八—一一七二）等皆贊之。然其久廢而晚年復出，不曾收拾人才，倉卒從事，既欲用兵淮泗，志圖恢復，而猶請幸建康者，蓋恐號令不行，須假主威以作將士之氣，措劃如此，固不待臨陣而知其無能爲矣。初，金主雍以宋欲正敵國禮，乃以僕散忠義爲都元帥，紇石烈志寧副之，居南京——南京，視爲前進指揮所也，以節制諸軍；復令志寧駐軍淮陽，以十萬兵屯河南，聲言規取兩淮。朝廷震恐，張浚請以大兵屯盱眙、泗、濠、廬備之。二月，志寧以書抵浚求海、泗、唐、鄧、商之地及歲幣，不然，請會兵相見。且遣蒲察徒穆、大周仁屯虹縣（安徽泗縣），蕭琦屯靈璧（安徽靈璧縣），貯糧修城，將爲南侵計。張浚初在五路治兵積粟，爲五年之計，然後大舉，蓋是時士卒老弱幾佔半，而錢穀枵竭，軍士所得不能贍家糊口，應募者少，又不刺手，實不足以臨敵也。會諜報，敵聚糧邊地，諸將謂秋高馬肥，必大舉南犯，不若先發而破之。四月，浚奉命入見，奏謂金人至秋必為邊患，當及其未動而攻之。帝以怨不可旦夕忘，時不可遷延失，然其言。乃議出師渡淮，因史浩多阻撓，三省樞密院不預聞。

初，主管殿前司公事李顯忠，陰結金右翼都統蕭琦為內應，請出師，欲自宿亳趨汴，由汴京以通關陝；關陝既通，則鄜延一路，熟知顯忠威名，必皆響應。且欲起其舊部曲數萬，以取河東。顯忠與建康都統制邵宏淵，皆為楊存中舊部，至是，二人並獻擣虹縣靈璧之策，帝命先圖二城。浚乃遣顯忠出濠，趨靈璧；宏淵出泗州（安徽泗縣東南），趨虹縣。當時兵力二十萬，留屯江淮者十萬人，可用之戰兵只得六萬，況值盛暑深入，都統制陳敏謂興師非時，且金人重兵皆在汴，我客彼主，勝負之勢先形矣，願少緩，參贊軍事唐文若（一一〇六—一一六五）、陳俊卿亦主張養威觀釁，俟萬全而後動。浚不聽。史浩於省中忽見邵宏淵出兵狀，始知不由三省而徑檄諸將，遂上疏力爭，謂浚「溺於幕下新進之謀，眩於北人誑惑之語，是以有請耳。德壽（高宗）豈無報敵之心？時張韓劉岳各擁大兵，皆西北勇士，燕薊良馬，猶不能進。今欲以顯忠之輕率，宏淵之寡謀，而取全勝可乎？惟當練士卒，備器械，固邊圉，蓄財賦，寬民力，十年而後用之，實天下之至計也。」（註五五）蓋浩主採守勢，勿徇諸將之虛勇，收無用之空城，因力乞罷。王十朋亦論浩懷奸誤國，植黨盜權，忌言蔽賢，欺君訕上，遂罷浩。五月，李顯忠自濠梁渡淮，琦背約，用拐子馬來拒，顯忠敗之於陡溝，遂復靈璧。宏淵擁兵，素無軍紀，圍虹縣久未下，顯忠遣靈壁降卒開諭禍福，金守將蒲察徒穆大周仁皆出降，歸附者以萬計。宏淵恥功不自己出，由是二將不協。未幾，蕭琦復降於顯忠。已而顯忠兵傅宿州（安徽宿縣）城，大敗金人，殲殺數千，追奔二十里。顯忠準備攻城計，宏淵等不從。顯忠引麾下楊椿上城，開北門，不踰時拔其城，宏淵等殿後，趣之，始渡濠登城。城中巷戰，又斬虜首數千，擒八十餘人，遂復宿州，中原震動，捷聞，帝手書勞張浚曰：「近日邊報，中外鼓舞，十年來無此克捷！」既而宏淵欲發倉庫犒卒，而全軍以歸，顯忠不可，移軍出城，每士卒只以三百錢犒之，士皆不悅。詔以顯忠爲淮南京東河北招討使，宏淵副之，節制又發生問題。金紇石烈志寧自睢陽（故城在河南商邱縣南）引兵攻宿州，顯忠擊却之。河南副統孛朮魯定方復自壽州帥步騎六萬來犯，晨薄城下，列大陣。顯忠請宏淵併力夾擊，宏淵按兵不動，顯忠獨以所部力戰。宏淵以盛夏煽衆勿戰，人心搖動，無復鬪志。其他將領周宏、邵世雍、劉侁及宏淵之子世雄，各率所部兵遁。統制左士淵、李彥孚亦撤走。顯忠移軍入城，統制張訓通、張師顏、荔澤、張淵等，以顯忠宏淵不協，復各遁去。金人乘虛，復來攻城，顯忠極力抵禦，殺敵二千餘，孛朮魯定方戰沒，敵始退却。顯忠嘆曰：「若使諸軍相與掎角，自城外掩擊，則敵兵可盡，敵帥可擒，河南之地，指日可復矣。」宏淵又揚言：「金添生兵二十萬來，倘我兵不返，恐不測生變。」顯忠知宏淵無固志，勢不可孤立，嘆曰：「天未欲平中原耶，何阻撓如此？」遂夜引還。至符離（安徽符離集），師大潰，退保濠泗，出寨時官兵七萬，還者六萬餘，計走亡七八千人，軍資器械，喪失殆盡，幸而大霧，金人不知顯忠軍之遁，故不復南追。（註五六）時張浚在盱眙，曾召顯忠班師；顯忠往見浚，納印待罪。浚以劉寶爲鎭江諸軍都統制，乃渡淮，入泗州，撫將士，遂還揚州。奏宿州之役，謂初非戰敗，而統制官等無故引歸，以致失利，並自劾。帝下詔親征。當宿州之戰，臨安日雇夫五百人，立殿廷下，人日支一千錢，足供擔索，蓋以揚州撤退經驗，預爲準備。及其報捷，先聲奪人，汴京爲之動搖，而一旦撤走，淪陷區遺民，深感失望也(註五七)。趙翼認爲宋有可乘之機，一失於劉豫被廢之際，韓岳迭奏捷，而君相急於求和，遽令班師，遂成劃淮之局。再失於金亮被殺之後，孝宗張浚皆銳意恢復，宿州之役，所恃者李顯忠邵宏淵輩，望輕才薄，遂致師潰。故前則有將帥而無君相，後則有君相而無將帥(註五八)，洵至論也

當宿師之還也，主和者橫議蠭起，皆議浚之罪，帝賜浚書曰：「今日邊事，倚卿爲重，卿不可畏人言而懷猶豫。前日舉事之初，朕與卿任之，今日亦須與卿終之。」浚乃以魏勝守海州，陳敏守泗州，戚方守濠州，郭振守六合，治高郵巢縣兩城，修滁州關山，以扼敵衝，聚水軍淮陰，馬軍壽春，大飭兩淮防備，重新部署，採取守勢。六月，以周葵（一〇九八—一一七四）參知政事。帝召浚子栻入奏事，浚附奏，以勢孤動輒受掣肘，乞致仕。夫符離師潰，帝若奮英斷，分別賞罰，誅宏淵以勵顯忠，倚浚如故，戰守並設，敵人雖強，猶可挫也。乃聞潰而懼，立志不堅，受橫議搖惑，復謀乞和。召湯思退爲醴泉觀使，奉朝請。下詔罪己，羣小窺間，和議遂興。尹穡以諂事龍大淵，而得進用，又本盧仲賢姻黨，而附湯思退，專主和議，劾張浚。遂降浚爲江淮東西路宣撫使，邵宏淵降官階，仍前建康都統制，貶李顯忠官，筠州（江西高安縣）安置。七月，復以湯思退爲尚書右僕射同平章事兼樞

密使，諫議大夫王大寶上章論之，不報。陳俊卿以張浚降秩徙治，上疏謂：「今削都督重權，置揚州死地，如有奏請，臺諫沮之，人情解體，尚何後効之圖？」帝悟，八月，即復浚都督江淮軍馬，浚遂以劉寶爲淮東招撫使。已而紇石烈志寧復以書移三省樞密院，求海泗唐鄧四州地及歲幣稱臣，還中原歸正人；不然，當俟農隙往戰。帝以付張浚，浚言金人強則來，弱則止，不在和與不和。湯思退者，秦檜黨也，檜死，屬於後事，高宗以其不敢受檜之遺金，以爲非檜黨而信用之。帝愛其警敏，既罷而復用，在急於求和。陳康伯周葵等皆上疏，言：「敵意欲和，則我軍民得以休息，爲自治之計，以待中原之變而圖之，是萬全之計也。」工部侍郎張闡獨曰：「彼欲和，畏我耶？愛我耶？直款我耳，」力陳六害，不宜許。帝曰：「朕意亦然，姑隨宜應之。」乃遣盧仲賢持報書如金師，云海泗唐鄧四州，乃正隆渝盟之後本朝未遣使以前得之；至於歲幣，固非所較，第兩淮凋瘵之餘，恐未如數。仲賢陛辭，帝戒以勿許四郡，差減歲幣，而思退等命許之。十月，朱熹（一一三〇—一二〇〇）入對垂簾殿，首言帝王之學，必先格物致知，以極夫事物之變，使義理所存，纖悉畢照，則自然意誠心正，而可以應天下之務。次言進攘之計，不時定者，講和之說誤之也。此說不罷，則天下事無一可成之理。「自今以往，閉門絕約，任賢使能，立紀綱，厲風俗，使吾修政事攘夷狄之外，了然無一毫可恃以爲遷延中已之資，而不敢懷頃刻自安之意，然後將相軍民，遠近中外，無不曉然知陛下之志，必於復讎啓土，而無玩歲愒日之心，更相激勵，以圖事功。數年之外，志定氣飽，國富兵強，於是視吾力之強弱，觀彼讐之深淺，徐起而圖之。中原故地，不爲吾有，而將焉往？」（註五九）熹之意，以爲今日之勢，非戰則守，和之策乃最下矣。帝命廷臣議金帥所提四條件，聚訟紛紜。帝曰：「四州地、歲幣可許，名分、歸正人不可從。」十一月，盧仲賢至宿州，僕散忠義懼之以威，仲賢惶恐，言歸當稟命，遂以忠義貽三省密院書來，上其劃定四條件：一欲通書稱叔姪，二欲得唐鄧海泗四州，三欲歲幣銀絹之數如舊，四欲歸彼叛臣及歸正人。仲賢還，帝大悔。湯思退奏以王之望充金國通問使，龍大淵副之，許割棄四州，求減歲幣之半。張浚力言金未可和，請帝幸建康，以圖進兵。帝乃手詔王之望等，及一行禮物併回，待命境上。詔以和戎遣使等四事大詢於廷，侍從臺諫與議十四人，主和者半，可否者半。胡銓獨上議曰：「京師失守，自耿南仲主和。二聖播遷，自何㮚主和。維揚失守，自汪伯彥黃潛善主和。完顏亮之變，自秦檜主和。議者乃曰：外雖和而內不忘戰，此向來權臣誤國之言也。一溺於和，不能自振，尚能戰乎？」(註六〇)自秦檜主和，摧折忠臣義士之氣，遂使士大夫懷安成習。至隆興和議，檜賊餘孽，仍襲舊調，朝論間有建白，率雜言利害，其言金人世讎不可和者，惟張闡與胡銓耳(註六一)。陳康伯等乞召張浚歸朝，特垂咨訪，帝從之。以胡昉楊由義爲金國通問所審議官先往，諭金以四州不可割之意。十二月，陳康伯祈去位，罷判信州，以湯思退張浚爲尚書左右僕射並同平章事兼樞密使，浚仍都督江淮軍馬。羣臣多欲從金人所請，張浚及虞允文、胡銓、閻安中上疏力爭，反對與和。湯思退詆之，謂此大言誤國，以邀美名，宗社大事，豈同戲劇？帝意遂定。

二年（一一六四）正月，僕散忠義復以書來議和。二月，胡昉至金，金人以昉等不許四州，械繫之，帝聞昉被執，謂張浚曰：「和議不成，天也，自此事當歸一矣。」既而僕散忠義以書進，金主雍覽之曰：「行人何罪？」卽遣還，邊事令元帥府從宜措劃。胡昉自宿州還，湯思退恐和議不成，奏請以宗社大計奏稟上皇而後從事，帝批示三省曰：「金無禮如此，卿猶欲議和，今日敵勢，非秦檜時比，卿議論秦檜不若。」思退大駭，陰謀去浚，遂令王之望等驛奏兵少糧乏，器械未備。又言委四萬衆以守泗州非計。之望，亦專主和議之徒，陰爲思退助也。帝惑之（註六二）。和戰爭議，紛紜莫定。會戶部侍郎錢端禮（一一〇九—一一七七）言：「兵者凶器，願以符離之潰爲戒，早定國是，爲社稷之計。」乃詔浚視師江淮，又詔王之望等以幣還。時浚招收山東淮北忠義士，以充實建康鎭江兩軍，凡一萬二千人。萬弩營所招淮南壯士及江西羣盜，又萬餘人，陳敏統之，以守泗州。凡要害之地，皆築城堡，又積水爲櫃，增置戰艦，諸軍器械悉備。金人方屯重兵，云刻日決戰，虛聲脅和，及聞浚復視師，亟撤兵北去，於是淮北之來歸者日不絕，山東豪傑，悉願受節制。浚以蕭琦沉勇有謀，欲令盡領契丹降衆，且以檄諭契丹約爲應援，金人益懼。是時，詔各軍毋輕動。張浚遣子栻入奏，言盧仲賢辱國無狀。帝怒，遂下大理，問其擅許四州之罪，奪三官，尋除名，竄郴州。湯思退諷右正言尹穡論浚跋扈，且費國不貲，奏令張深守泗州，不受趙廓之代爲拒命。復論督府參議官馮方，罷之。四月，浚乃請解督府，詔以錢端禮王之望宣諭兩淮，而召浚還。端禮不欲以虛名招實禍，當時財政既匱乏，而兵力又凋殘，故力主和議，始終不變。入奏，言兩淮名曰備守，守未必備；名曰治兵，兵未必精，蓋詆浚也（註六三）。浚留平江，八上疏乞致仕。乃命以少師保信節度使判福州。浚反對和議，力主抗戰，始終不渝。及主兵柄，以才不濟志，屢致敗衂。湯思退乃乘其敗而沮之，故帝之任浚，只歷一年四月。浚既去，朝廷遂決棄地求和之議矣。七月，湯思退急欲和議之成，自撤邊備，罷築壽春城，解散萬弩營兵，輟修海舟，毀拆水櫃，及撤海泗唐鄧之戍。浚行次餘干（江西餘干縣），得疾，手書付二子曰：「吾嘗相國，不能恢復中原，雪祖宗之恥，即死，葬我衡山下足矣。」八月，浚薨(註六四)。當浚再入為右相，帝使條奏人才可用者，浚奏虞允文、陳俊卿、汪應辰、王十朋、張闡可備執政，劉珙（一一二〇—一一七六）、王大寶、杜起莘，宜即召還，胡銓可備風憲，張孝祥可付事任，馮時行、馮方可備近臣，林栗、王秬、莫冲可任臺諫，皆一時選也，其後悉為名臣，終孝宗朝不顯用者數人而已(註六五)。胡銓上疏言：「自靖康迄今凡四十年，三遭大變，皆在和議，則醜虜之不可與和彰彰矣。肉食鄙夫，萬口一談，牢不可破，非不知和議之害，而爭言為和者，是有三說焉：曰偷懦，曰苟安，曰附會。偷懦則不知立國；苟安則不戒酖毒；附會則覬得美官。小人之情狀，具於此矣。」(註六六)遣宗正少卿魏杞如金議和，書稱：「姪大宋皇帝眘，謹再拜致書於叔大金聖明仁孝皇帝闕下」，歲幣二十萬。錢端禮又請遣國信所大通事王抃如金師，持兼權知樞密院事周葵書，致於僕散忠義及紇石烈志寧。九月，思退急於求和，諷侍御史尹穡言，乞置獄，取不肯撤備及棄地者二十餘人論罪，因擢穡諫議大夫。以王之望參知政事，命思退都督江淮，固辭不行。復命楊存中為同都督。思退以帝悔悟，恐事不成，陰遣孫造諭敵以重兵脅和，僕散忠義等遂議渡淮。十月，魏杞行次盱眙，忠義遣趙房長問杞所以來之意，求觀國書。杞曰：「書，御封也，見主，當廷授。」房長馳白忠義，疑國書不如式，又求割商秦之地，及歸正人，且邀歲幣二十萬。杞以聞，帝命盡依初式，許割四州，歲幣亦如其數，再易國書。忠義猶以未如所欲，與紇石烈志寧分兵南犯。時泗州既撤戍，虜迫淮河，邊城守將，聞風遁逃。淮上斥堠不明，虜騎渡淮，經涉七日始覺，自淸河口直犯楚州，——楚州爲由淮河通南方以入江之孔道，南北襟喉，必爭之地也。都統制劉寶棄城遁。十一月，敵出淸河口，連艘而下，知楚州魏勝奉詔專責防守，率神勁弓射之。矢盡，而船進不已，以戰艦拒之中流，勢不支，棄船登岸，敵已渡者衆，被圍甚急。勝冒東南而出，步卒居前，騎兵爲殿，至淮陽東十八里，身中數箭，拔之，復上馬。告急於劉寶，而救援不至。人馬受傷者十七八，士氣困竭，進退無所因，墜馬而死，楚州遂陷。金人入濠滁州，都統制王彥棄昭關走。夫李顯忠勇捷無敵，一潰不起；魏勝忠義，蹶死於楚州，國家虎士，當日盡矣。時諸軍各守分地，不相統一，以楊存中都督江淮軍馬，集諸將調護之，於是始更相爲援。朝議欲舍淮保江，存中不可，乃已。時帝屢易相，國是未定，太學生王質乃上疏曰：「陛下卽位以來，慨然起乘時有爲之志，而陳康伯、葉義問、汪澈（一一〇九—一一七一）在廷，陛下皆不以爲才，於是先逐義問，次逐澈，獨徘徊於康伯，不遽黜逐而意終鄙之，遂決意用史浩。而浩亦不稱陛下意，於是決用張浚。而浚又無成，於是決用湯思退。今思退專任國政，又且數月，臣度其終無益於陛下。」（註六七）僕散忠義既渡淮，言者極論思退急和撤備之罪，遂罷相，尋責居永州。於是太學生張觀等七十二人上書，謂思退、及王之望、尹穡姦邪誤國，鈎致敵人之罪，乞斬三人以謝天下，倂竄其黨洪适（一一一七—一一八四）、晁公武，而用陳康伯、陳良翰、王十朋、金安節（一〇九四—一一七〇）、虞允文、王大寶、陳俊卿、黃中（一〇九六—一一八〇）、龔茂良、張栻，以濟大計。思退行至信州，聞之，憂悸而死。夫思退之禍國，諷尹穡而劾浚，使盧仲賢而辱國。知帝好公論，則假臺諫爲彈擊；知帝厭用兵，則要金人以脅盟。今日割州縣，明日罷城戍。用事僅一年五月耳，而兵防墜地，國恥莫贖，小人爲虐，豈可一朝立於朝廷哉？時金人再犯淮甸，人情驚駭，有旨趣王剛中入見，陳戰守之策。剛中曰：「戰爭者實事，和議者虛名，不可恃虛名害實事。」當時悲浚之亡者，皆快思退之死，遂望陳康伯復相，故再以康伯爲尚書左僕射同平章事兼樞密使，錢端禮簽書樞密院事，虞允文同簽書院事。遣王之望勞師江上。金人犯六合縣，步軍司統制崔皐擊却之。以錢端禮兼權參知政事，沈介爲沿江制置使，命沿江諸州調保甲分守渡口。王抃見金二帥，得報書以歸。先是，金人至揚州，或請擊之，楊存中不敢渡江，獨臨江固壘自守，蓋是時徒知備江，不知保淮，置重兵於江南，委空城於淮上也。金人且退，帝詔督府擇利害擊之，王之望下令諸將不得妄動，言者論之望，遂罷。參知政事周葵與龔茂良，皆主和議，始終守自治之說，至是亦罷。王抃復使金，持陳康伯報書以行。十二月，魏杞渡淮如金。以錢端禮爲參知政事兼知樞密院事，虞允文同知樞密院事兼權參知政事，王剛中簽書樞密院事。十三日，下詔金人議和，爲叔姪之國，制曰：

「比遣王抃，遠抵潁濱，得其要約，尋澶淵盟誓之信，倣大遼書題之儀。正皇帝之稱，爲叔姪之國。歲幣減十萬之數，地界如紹興之時。憐彼此之無辜，約叛亡之不遣。可使歸正之士，咸起寧居之心。重念數州之民，罹此一時之難，老穉有蕩析之烖，丁壯有係累之苦。宜推蕩滌之宥，少慰凋殘之情。應沿邊被兵州軍，除逃遁官吏不赦外，雜犯死罪情輕者減一等，餘並放還。」

（註六八）

魏杞至燕山，見金主，具言：「天子神聖，才傑奮起，人人有敵愾意。北朝用兵，能保必勝乎？和則兩國享其福，戰則將士蒙其利，昔人論之甚悉。」金君臣環聽拱竦。館伴張恭愈以國書稱大宋，脅去大字，杞拒之，卒正敵國禮，損歲幣五萬，不發歸正人，金主命元帥府罷兵分戍（註六九）。金人復書，「叔大金皇帝致書於姪宋皇帝」，不用尊號，不稱闕下，自是爲定式。宋自渡江殆四十年，北來諸軍，大多老病，三衙御前，舊卒略盡，江南白丁之新軍，實難以言戰。況由秦檜以迄湯思退，權臣執柄，狃於和議，忠勇摧抑之餘，羣臣以兵爲諱，士氣索然。馴至軍政不修，邊備廢弛，兵力雖有三數十萬，但庸駑將領，循文法，避指摘，莫敢趨功。長淮千里，藩籬盡空，僅圖守江，苟延殘喘而已。僕散忠義驅軍南下，恫聲虛嚇，志在迫和。王質謂金主雍謀和之序有三：「勢未安則欲啗我（欲棄河南）以爲和，勢稍立則就我（削臣禮，損歲幣）以爲和，勢既振則脅我以爲和。」（註七〇）洪适亦論其實情曰：「竊觀敵人犯淮，終成和議，如期斂兵，初無過外邀求，有以知其本無侵犯猖獗之意。倘泗州不先撤戍，彼必不能近淮。既近矣，而邊城守將不望風遁逃，則彼必不散直渡。既渡矣，清口之戰，倘山陽大將出師以救急，則魏勝不死；若又有功，則是淝水之役也。敵既留連淮上兩月，惟六合有堅守之名，其它例循三舍之避，略無尺寸之功。」（註七一）此役之始末，由於湯思退之撤藩仆關，蕩然示之以無有，開門揖盜，僕散忠義遂得以憑陵兩淮，全國震駭，迫和之計得售，而終使宋之就範也。雖然，金「至完顏亮之時，梟雄之將，敢死之兵，或老或死，而存者僅矣。逆亮又以猜忌之威，虔劉其部曲。雍方四顧徬徨，無可託以騁雄心而窺江淮，則延首以待王之望之來，與宋共謀姑息，無奈何之情，猶之宋也。講敵國之禮，得四州之地，爲幸多矣，抑又何求？則是宋之爲宋，一女眞也；女眞之爲女眞，一宋也。」(註七二)不然，和議不成，則必用兵，完顏亮之禍猶新，又雍之所甚懼也。成之旣艱，保之必力，是以和議再成，宋金無兵革之爭者垂四十年。

乾道元年（一一六五）二月，陳康伯薨，執政大爲調動。三月，以虞允文參知政事，王剛中同知樞密院事。魏杞還自金，帝慰藉甚厚。四月，金報問使完顏仲入見。六月，以洪适簽書樞密院事，适雖曾附思退，但當其爲中書舍人時，痛斥秦檜，請錮其子孫，對檜殘黨，抨擊不遺餘力。八月，虞允文罷，以洪适參知政事，葉顒（一一〇〇—一一六七）簽書樞密院事兼權參知政事，錢端禮罷。九月，以汪澈知樞密院事。十月，金降人劉蘊古，發覺爲奸細，伏誅。十一月，詔收兩淮流散忠義人，以多流爲盜賊。十二月，以洪适爲尚書右僕射同平章事兼樞密使，汪澈爲樞密使，葉顒參知政事兼同知樞密院事。戰後之軍力，三衙、江上及四川大軍，新額共四十一萬八千人，計殿前司七萬三千，馬軍司三萬，步軍司二萬一千，建康都統司五萬，池州都統司一萬二千，鎮江府都統司四萬七千，江州都統司一萬，楚州武鋒軍一萬一千，平江府許浦水軍七千，鄂州都統司四萬九千，荊南都統司二萬，興州都統司六萬，興元都統司一萬七千，金州都統司一萬一千。一兵之給養，錢糧衣賜約二百緡，歲費錢八千萬緡(註七三)。此時行棄淮守江之策，置重兵於江南，尤其防守七渡(註七四)，最爲重視。另有民兵土兵(註七五)，亦常用以助戰也。二年（一一六六）三月，洪适罷，以魏杞同知樞密院事。四月，汪澈罷。五月，修建康行宮。葉顒罷，以魏杞參知政事，林安宅同知樞密院事兼權參知政事，蔣芾簽書院事。九月，林安宅免。十二月，以葉顒知樞密院事，旋又以葉顒魏杞為尚書左右僕射並同平章事兼樞密使，蔣芾參知政事，陳俊卿同知樞密院事，四人同心輔政，中書之務頓清。罷制國用司，詔以宰相領兼制國用使，參知政事同知國用事。葉顒為相，首薦汪應辰、王十朋、陳良翰、周操、陳之茂、王佐、芮曄、林光朝（一一一四—一一七八）等，可備執政、侍從、臺諫、給舍之選，帝嘉納之。顒為人簡易清介，與物若無忤，至處大事，毅然不可奪。魏杞以使金不辱命，由庶官一歲躍至相位，帝銳意恢復，杞每左右其論焉。御筆今後非兩任縣令，不除監察御史，初改官，人必作令，謂之須入，紹興初，欲厲行之，後或廢，帝則持之甚嚴也。龍大淵曾覿同為建王內知客，以潛邸舊人，大淵除樞密都承旨，覿帶御器械幹辦皇城司，兩人相朋而擅權。隆興改元，大淵、覿並除知閤門事，市權弄事，交通賄賂，給事中金安節（一〇九四—一一七〇）、周必大（一一二六—一二〇六）奏劾之。三年（一一六七）二月，顒於帝前極論大淵覿竊弄威福，魏杞亦言之，出大淵為浙東總管，覿為福建總管（註七六）。以虞允文知樞密院事。五月，金遣使來取被俘人，詔以實俘在民間者還之，軍中人及叛亡者不與焉。鎮江都統制戚方，剝削軍士，勾結宦官陳瑜李宗回，被奏劾，坐交結受賂，八月，瑜除名，決杖黥面配循州，宗回除名，筠州編管，方責受果州團練副使，潭州安置，籍所盜庫金以犒軍。十一月，葉顒魏杞免，以陳俊卿參知政事，劉珙同知樞密院事。宋制：三省事無大小，必先經中書，書黃，宰執書押，當制舍人書行，然後過門下，給事中書讀。如給舍有所建明，則封黃具奏，以聽上旨。惟樞密院既得旨，則書黃過門下，例不送中書，謂之密白。洪邁（一一二三—一二〇二）奏封駁之職，似有所偏，宜依三省書黃，以示重出命之意。報可(註七七)。四年（一一六八）三月，以蔣芾為尚書右僕射同平章事兼樞密使，王炎（一一三八—一二一八）簽書樞密院事。六月，龍大淵卒，兩姦佞去其一。八月，劉珙罷。十月，起復蔣芾為尚書左僕射，以陳俊卿為尚書右僕射同平章事兼樞密使，芾辭，許之。芾以言邊事結帝知，不十年間致相位，終以不能任兵事受責。俊卿性寬洪簡淡，以用人為己任，所除吏皆一時之選，獎廉退，抑奔競，虞允文宣撫四川，薦其才堪任宰相。時禁中密旨直達諸軍者，朝廷不與聞，俊卿且力爭之。五年（一一六九）二月，以梁克家（一一二八—一一八七）簽書樞密院事，罷制國用司，以王炎參知政事。三月，召虞允文還，以王炎代之，允文為樞密使。七月，召曾覿入見，覿至行在，陳俊卿虞允文言其不可留，詔以覿為浙東總管。八月，以陳俊卿虞允文為尚書左右僕射並同平章事兼樞密使。允文多薦知名士，如洪适、汪應辰等，及為相，籍人才為三等，有所見用，即記之，號材館錄。凡有所舉，帝皆收用，如胡銓、周必大、王十朋、趙汝愚、晁公武、李燾（一一一四—一一八三），其尤彰著者也。帝以兵冗財匱為憂，允文與俊卿議革三衙雜役，汰冗籍，三軍無怨言。時數年間無戰事，措置兩淮屯田，撫輯流民，安置忠義人。十一月，復置淮東萬弩手名神勁軍，增置廣東水軍至二千人，以明州定海縣水軍為衙前水軍二千人，分左右兩將統之。平江許浦水軍三千人，原隸殿前司改御前水軍。鎮江駐劄御前水軍，江陰駐二千人。潮州駐二百人。為岳飛立廟於鄂州。六年（一一七〇）三月，裁減樞密院、三省吏額七十人，又裁減六部吏額一百五十人。五月，陳俊卿罷。閏月，以起居郎范成大（一一二六—一一九三）爲金國祈請使，求陵寢地，且更定受書禮。初，紹興要盟之日，凡金使者至，捧書升殿，北面立榻前跪進，帝降榻受書，以授內侍，此所謂受書禮也。湯思退當政時，復循紹興故事，帝嘗悔恨。至是，乃命成大往。九月，成大還，二事皆無功，金只許以遷奉及歸欽廟梓宮。以梁克家參知政事兼同知樞密院事。七月，賜岳飛廟曰忠烈。十一月，召曾覿提舉佑神觀，姦佞又死灰復燃。七年（一一七一）二月，立子惇爲皇太子。三月，詔訓練水軍，平江許浦水軍有七千人，福建荻蘆延祥砦添招五千人。四月，以曾覿爲安德軍承宣使。金葬欽宗皇帝於鞏洛之原以一品禮。時鼓勵兩淮墾田及壯丁充民兵。七月，加王炎樞密使。八年（一一七二）二月，詔尚書左右僕射同中書門下平章事可依漢制，改爲左右丞相，令刪去侍中、中書令、尙書令，以左右丞相充，爲正一品，舊左右僕射非三省長官，故爲從一品。其參知政事如故，以大中大夫以上充，常除二員或一員。以虞允文爲特進左相，梁克家爲正奉大夫右相兼樞密使，自此迄宋末，未嘗改易。克家才優識遠，謀國盡忠，在政府與允文可否相濟，不苟同。張說以攀援母后戚屬，擢爲簽書樞密院事，侍御史李衡，右正言王希呂交章論說不可爲執政，直學士院周必大不草答詔，權給事中莫濟封還錄黃，李衡等四人俱罷，都人作四賢詩以紀之。以曾懷參知政事，王之奇簽書樞密院事。七年。以曾覿爲武泰節度使，殿中侍御史蕭之敏劾虞允文擅權不公，允文求去，罷爲四川宣撫使。克家獨秉政，雖近戚僥倖，不少假借，而外濟以和。張說入樞府，怒士大夫不附己，陰謀中傷，克家悉力調護，善類賴之。十二月，蠲兩淮明年租賦，詔京西招集歸正人授田如兩淮。九年（一一七三）正月，王炎、王之奇罷，以張說同知樞密院事。十月，梁克家與張說議遣使事不合，乃求去，出知建寧府。以曾懷爲右丞相，鄭聞參知政事，張說知樞密院事，沈復同知院事。十二月，沈復罷，以姚憲簽書樞密院事。

乾道之政，九年間悉力撫輯流亡，恢復兩淮元氣，但宰執進退如傳舍，政局未見淸明，急於求治，又改元淳熙，——淳熙者，取淳化雍熙之義也。元年（一一七四）二月，虞允文薨。三月，以鄭聞爲四川宣撫使。四月，以姚憲參知政事，葉衡簽書樞密院事。六月，憲罷，以衡代之。曾懷罷，七月，復以爲右丞相兼樞密使。八月，張說免，以楊倓簽書樞密院事。十一月，以龔茂良參知政事。楊倓曾懷罷，以葉衡爲右丞相兼樞密使。衡負才足智，理兵事甚悉，由小官不十年而至宰相，擢用之驟，人謂出於曾覿所進也。九月，以曾覿開府儀同三司，覿始與龍大淵朋比爲姦，及大淵死，則與王抃甘昪相勾結，文武要職多出三人之門，招權納賂，薦進人物，多以中批行之。十二月，以李彥穎簽書樞密院事，沈復爲四川宣撫使。二年（一一七五）五月，又以沈復同知樞密院事。八月，以左司諫湯邦彥爲金國申議使，邦彥知由葉衡所薦，以爲欲擠己，以衡有訕上語，奏之，九月，葉衡沈復罷，以龔茂良行相事。閏月，以李彥穎參知政事，王淮（一一二六—一一八九）簽書樞密院事。三年（一一七六）正月，淮東饑，命貸貧民種。八月，王淮進至同知樞密院事，趙雄（一一二九—一一九三）簽書院事。四年（一一七七）五月，以王淮參知政事。曾覿欲以父資官其子孫，龔茂良不肯與，侍御史謝廓然論茂良出之。六月，放之英州，後父子卒於貶所，皆覿所使也。責逐大臣，士始側目重足。

十一月，以趙雄同知樞密院事。五年（一一七八）三月，李彥穎罷，以史浩復爲右丞相兼樞密使，王淮知樞密院事，趙雄參知政事。四月，以范成大參知政事，六月罷。以錢良臣簽書樞密院事。九月，賜岳飛諡曰武穆。十月，史浩罷，以趙雄爲右丞相，王淮爲樞密使，錢良臣參知政事。六年（一一七九），夏旱，詔求直言。十一月，帝著論數百言，深原用人之弊因，及誅賞之法，命宰執示從臣於都堂（註七八）。七年（一一八〇）五月，以周必大參知政事，謝廓然簽書樞密院事。曾覿用事二十年，權震中外，帝寖覺其姦，嘗謂左右曰：「曾覿誤我不少，」遂稍疏之。覿憂恚，疽發於背，十二月卒。

八年（一一八一）正月，詔罷內侍兼兵職。八月，趙雄罷，以王淮爲右丞相兼樞密使，謝廓然同知樞密院事兼權參知政事，自是淳熙之政，不啻王淮之政矣。九月，錢良臣罷。時樞密副都承旨王抃，竊弄威柄，招權納賄，軍機邊事，輒用白劄子徑作得旨行正，朝廷又不預知，士論籍籍，無敢斥言。九年（一一八二）六月，以周必大知樞密院事。七月，以李彥穎參知政事。九月，以王淮梁克家爲左右丞相兼樞密使。十年（一一八三）正月，以施師點（一一二四—一一九二）簽書樞密院事，李彥穎罷。六月，監察御史陳賈請禁道學，帝從之。由是道學之名，貽禍於世，而變爲政治之鬪爭。論者譏王淮表裏臺諫，陰廢正人，蓋用此術也。八月，以施師點及御史中丞黃洽（一一二二—一二〇〇）參知政事。十一年（一一八四）六月，以周必大爲樞密使。十二年（一一八五）二月，禁胡服蕃樂。十三年（一一八六）閏五月，以留正（一一二九—一二〇六）簽書樞密院事，留正者，虞允文所薦也。十一月，梁克家罷。十四年（一一八七）二月，以周必大爲右丞相，施師點知樞密院事。八月，以留正參加政事。十月，太上皇崩，年八十一。十二月，大理寺奏獄空。十五年（一一八八），施師點罷，以黃洽知樞密院事，蕭燧（一一一七—一一九三）參知政事。五月，王淮罷。淮風骨淸臞，蕭然簡遠，喜慍不形於色，沖淡寡欲，自奉甚薄，帝謂其不黨無私，特信任之。執政凡七年，論事安舒，不迫不激，帝謂：「陳康伯雖有人望，處事則不及卿。」朱熹與唐仲友之爭，以「秀才鬬氣」一言答帝問，事寢息。論人先純正，論政本寬厚。是時士大夫多言閩人不可用，淮嘗薦留正爲成都帥，帝曰：「非閩人乎？」淮曰：「立賢無方，湯之執中也。必曰閩有章子厚呂惠卿，不有曾公亮、蘇頌、蔡襄乎？必曰江浙多名臣，不有丁謂王欽若乎？」帝稱善。（註七九）自此閩士多收用，然以禁道學故，亦毀譽參半也。十六年（一一八九）正月，金主雍卒，孫璟（章宗，一一六八—一二〇八）立。黃洽罷。以周必大留正爲左右丞相，皆一時以相業稱。必大純篤忠厚，臨事明敏而有決，能以善道其君。樓鑰謂其風度如張九齡，謀謨如崔祐甫也。（註八〇）王藺參知政事，葛邲同知樞密院事，蕭燧罷。

夫孝宗以外藩入繼大統，能盡宮庭之孝，而聰明英毅，卓然爲南渡諸帝之稱首。志存復讐，頗欲奮發有爲。及符離失利，不輕出師，而卒難振紹興以來之衰局者，其病有二：一曰求治太速，一曰任人不專。當其初即位，詔中外言時政得失。張浚入見，隆禮以待。似寄腹心，小大之臣，亦多出親擢。顧是時朝廷所憑藉爲折衝者奚恃哉？摧折之餘，凋零已盡，唯張浚之孤存耳。浚主進取，遂委以恢復海內之任，已而浚一不効，雄心遂隳，況史浩沮之於前，湯思退敗之於後，中心餒怯，士氣委靡，進退徬徨，實無所適從也。朱熹、陸九淵、楊萬里等小臣應詔對策，獻恢復之議；陳亮上中興論，首言：「臣竊惟海內塗炭，四十餘載矣，赤子嗷嗷無告，不可以不拯；國家憑陵之恥，不可以不雪。陵寢不可以不還，輿地不可以不復。」(註八一)力倡進取，意氣慷慨，反以爲怪狂，蓋初志已衰，空言究何益哉？帝既疏浚，即用湯思退；思退死，宰相凡九易，迨至淳熙，任人始稍專，十六年間，宰相只易六人。然帝凡事皆獨決，宰執惟奉旨而行，每與宰相論事，大率十事之中，不從者七八，羣臣多懷顧望。而脊寵曾覿、龍大淵、張說、王抃、甘昇等羣小，盜竊權柄，勾結亂政，雖召名士，求直言，詔書屢下，天子改顏，於治道未有補也。「夫孝宗而果爲大有爲之君，德遠(浚)而果能立再造之功也，則處此固有道矣。完顏亮南犯而自殪矣，完顏雍新撫其衆，而不遑遠圖，未有尋盟索賂之使，渡淮而南，則固可急修治內，擇師簡兵，繕備積儲，而從容以求必勝之術也。湯思退可逐而未逐，尹穡王之望可竄而未竄。史浩可戒之以正，而聽其浮沉；虞允文陳康伯可引與同心，而未遑信任。」(註八二)然則孝宗之政，因循覆轍，無復興之決心，而良莠不分，君子與小人抵銷，故終難以自拔也。金國饑饉連年，盜賊四起，金主雍新立，內部未安，實無力南侵，而伏莽之宵人，乘小挫而進其邪說，賊檜和議，借屍還魂，稱姪割地，屈辱而不惜，金人易宋之心，至是亦寖異前日矣。雖然，孝宗之世，亦殆與金大定朝(一一六一—一一八九)爲同時，金主雍善於守成，又躬自儉約，以養育士庶，故大定三十年，幾致太平，不煩擾，不更張，偃息干戈，修崇學校，議者以爲有漢之文景風。(註八三)而宋自和議以後，雖倡自治之說，顧權臣務爲苟安之計，凡百用度，悉如太平全盛之日，中外化之，競爲侈靡，是以府庫匱乏，賦斂無藝。政風已壞，盈庭之士，皆熟爛委靡。隆興不治，望之乾道；乾道不治，望之淳熙。然淳熙之際，內無良吏，田里怨咨；外無名將，邊陲危急，而廉恥道喪，風俗益媮，賄賂盛行，公私俱困。迨道學議起，則朋黨之論復熾矣(註八四)。陳亮曰：「坐錢塘浮侈之隅以圖中原，則非其地；用東南習安之衆以行進取，則非其人。」(註八五)是以前則陳俊卿，後有周必大，無能致君於郅隆，況其在下者乎？帝自高宗崩，以抱志未伸，不甘長受屈辱，卽欲傳位於太子惇（一一四七—一二〇〇），令其參決庶務，赴議事堂。二月，下詔傳位。太子卽位，帝素服退居重華宮，尊爲壽皇聖帝。

第二十節　韓侂冑專政

光宗惇，孝宗第三子，以其英武，越次立之也。孝宗內禪時，年六十三，國步未康，庭無心膂之臣，子有愚蒙之質，——昏懦之習不察也，悍妻之煽無聞也，遽以天下委之，坐視其敗，誠不知其何爲者也。未幾，過宮禮闕，逆布天下，帝卽病狂，兩宮父子，誓不相見，蓋受制於悍婦李后使然。皇后李氏，安陽人，慶遠軍節度使李道之女，道本戚方諸將，故羣盜也。高宗惑於道士皇甫坦一言，遂聘爲恭王妃，性悍妒，高宗不懌，謂吳后曰：「是婦將種，吾爲皇甫坦所誤！」壽皇亦屢訓敕，令以皇太后爲法，不然，行當廢汝。及爲后，專命制夫，光宗受其閫畏，驚憂成疾，遂使無能之人，負大逆之名也。

光宗旣立，五月，周必大罷，留正獨相。紹熙元年（一一九〇）七月，進爲左丞相，葛邲參知政事，王藺樞密使，胡晉臣簽書樞密院事。正謹法度，惜名器，毫絲不可干以私，引趙汝愚首從班，卒與之共政，用黃裳爲皇子嘉王翊善，世號得人。十二月，王藺罷，以葛邲知樞密院事，胡晉臣參知政事兼同知樞密院事，與留正同心輔政，內外帖然。帝每直降內批，給事中樓鑰（一一三七—一二一三）、中書舍人陳傅良（一一四一—一二〇七）常繳駁之，謂初政豈容有此不肅。二年（一一九一）十一月，帝有事於太廟，后殺貴妃黃氏。帝有心疾，又值此變，震懼增疾，不視朝，政事多決於后，后益驕恣。壽皇聞帝疾，亟往南內視之，且責后，后怒益深。自是以後，帝有疾，每不視朝。重華宮溫清之禮，以及誕辰節序，屢以壽皇傳旨而免，宰輔百官下至韋布之士，以過宮爲請者甚衆，軒然風波，舉朝以爲憂。由后作梗，光宗無丈夫氣，壽皇思與帝相見，卒不可得，兩宮之情，每多隔閡。四年（一一九三）三月，以葛邲爲右丞相，陳騤（一一二八—一二〇三）參知政事，胡晉臣知樞密院事，趙汝愚同知院事。五月，知閤門事姜特立恃恩無所忌憚，時人謂曾、龍再出，留正論其招權納賄，遂奪職與外祠。帝念之，復除浙東馬步軍副總管，留正引唐憲宗召吐突承璀事，乞罷相，不許（註八六）。六月，待罪六和塔，上書切諫。七月，以趙汝愚知樞密院事，余端禮（一一三五—一二〇一）同知院事。十月，丞相以下皆上疏自劾，乞罷黜。太學生汪安仁等亦上書請朝重華宮，皆不報。十一月，召留正赴都堂視事，復命姜特立還浙東。五年（一一九四）正月，壽皇不豫。葛邲罷。邲在相位雖不久，而能守法度，進人才，其處己也，則以不欺爲本。四月，壽皇疾浸革，羣臣數請帝問疾重華宮，不聽。於是羣臣請斥罷者百餘人，詔不許。時內侍間諜兩宮，臺諫官劾內侍陳源、楊舜卿、林億年三人，爲今日禍根，請逐之，不報。五月，壽皇疾大漸，欲一見帝，數顧視左右。中書舍人陳傅良以帝不往重華宮，乃繳上告敕，出城待罪。留正等率宰執進諫，傳旨令宰執並出殿門，正等俱出都門，至浙江亭待罪。復令其入城，於是正及趙汝愚等復還。經此番爭執，僅遣皇子嘉王擴詣重華宮問疾。六月，壽皇崩，年六十八，次日，帝視朝，汝愚以聞，因請詣重華宮成禮，帝許之，但不果行。宰相乃率百官詣重華宮發喪，將成服，留正與汝愚等議，請憲聖太后（壽皇之母）垂簾，暫主喪事。留正奏請皇子嘉王，宜早正儲位，以安人心，不報。越六日，又請，帝批曰：「甚好。」乞帝親批付學士院降詔。是夕，御劄付丞相云：「歷事歲久，念欲退閒。」正得之，大懼，佯仆於庭，上表請老。初，正始議帝以疾未克主喪，宜立皇太子監國，若未倦勤，當復辟；設議內禪，太子可即位。趙汝愚則請以太皇太后旨禪位嘉王。正與汝愚異，遂以肩輿五鼓遁去（註八七）。正既去，人心益搖動，會帝臨朝，忽仆於地。趙汝愚憂危不知所出，乃採徐誼（一一四四—一二〇八）之言，以內禪議遣知閤門事韓侂冑請於太后。侂冑得內侍關禮以事急而進言，太后許之。侂冑覆命，汝愚始以其事語陳騤余端禮，亟命殿帥郭杲等乘夜以兵分衛南北內，關禮使傳昌朝密製黃袍。翌日，禫祭，汝愚率百官詣梓宮前，太后垂簾。汝愚率同列再拜奏：「皇帝疾，未能執喪，臣等乞立皇子嘉王爲太子，以繫人心。皇帝批出有甚好二字，繼有念欲退閒之語，取太皇太后處分。」太后曰：「既有御筆，相公當奉行。」汝愚曰：「茲事體大，播之天下，書之史冊，須議一指揮。」太后允諾。汝愚袖出所擬太后指揮以進云：「皇帝以疾，至今未能執喪，曾有御筆，欲自退閒。皇子嘉王擴，可卽皇帝位，尊皇帝爲太上皇帝，皇后爲太上皇后。」太后覽畢曰：「甚善！」乃命汝愚以旨諭皇子卽位。皇子衰服登御座，行禫祭禮。汝愚卽喪次召還留正(註八八)。尋詔以寢殿爲泰安宮（後改爲壽康宮），以奉上皇。當定策之際，庭臣空國而逃，太學捲堂而課，都人失志而驚，及皇子卽位，民心悅懌，中外晏然，此雖僥倖成功，亦汝愚之力也。

皇子擴（一一六八—一二二四），光宗第二子也，卽位後，立皇后韓氏，后，韓琦六世孫，侂胄則其叔祖父也。以趙汝愚兼權參知政事。汝愚首裁抑僥倖，收召四方知名之士，中外引領望治。復召留正赴都堂治事。詔求直言，拜汝愚爲特進右丞相，議者或謂國朝無宗室宰相，汝愚上章力辭，越六日，詔改除樞密使。以陳騤知樞密院事，羅點（一一五一—一一九五）簽書院事，余端禮參知政事。寧宗初受內禪，羣賢在列，頗欲勵精圖治，未幾，而姦佞寖寖萌蘖其間矣。

初，韓侂胄欲推定策功，意望節鉞。汝愚不察其姦，吝而不與，曰：「吾宗臣，汝外戚也，豈可言功？惟爪牙之臣，則當推賞。」乃加郭杲節鉞，但遷侂胄爲汝州防禦使，侂胄大失所望。然以傳達詔旨，寖見親幸，時時乘間，竊弄威福。知臨安府徐誼告汝愚曰：「侂胄異時必爲國患，宜飽其欲而遠之。」不聽。葉適（一一五〇—一二二三）亦勸以節鉞與之，不從。適嘆曰：「禍自此始矣！」遂力求補外。侂胄凶人，靳其節使，反使居內，得傳遞詔旨，寖謀預政。數詣都堂，留正使省吏諭之曰：「此非知閣日往來之地。」侂胄怒而退。八月，汝愚薦朱熹，自潭州召至，以爲煥章閣待制兼侍講。會留正與汝愚議山陵不合，侂胄因間之於帝，遂以內批罷正，出知建康府，一以汝愚爲右丞相。

汝愚本倚留正共事，怒侂胄不以告，及來謁，因拒見之，侂胄慚憤。羅點曰：「公誤矣！」汝愚悟，乃見之，侂胄終不懌。帝欲除京鏜（一一三八—一二〇〇）帥蜀，汝愚謂人曰：「鏜望輕資淺，豈可當此方面？」鏜聞而憾之，由是侂胄引以爲助。九月，以京鏜簽書樞密院事，鏜已變素守，羣憸附和，視正士如仇讎，衣冠之禍自此始。侂胄日夜謀去汝愚，知閤門事劉弼亦以不得與聞內禪，心懷不平，因謂侂胄曰：「趙相欲專大功，君豈惟不得節鉞，將恐不免嶺海之行。」侂胄愕然問計，曰：「惟有用臺諫耳。」侂胄問若何而可，弼效蔡京丐徽宗御筆手詔之故智，曰：「御筆批出是也。」侂胄然之。弼獻此策，由是侂胄以內批逐人，然亦終以內批而自殺其身也。十月，遂以內批拜給事中謝深甫爲御史中丞。會汝愚請令近臣薦御史，侂胄密以其黨劉德秀屬深甫，遂以內批拜爲監察御史。由是劉三傑李沐等牽連以進，言路皆侂胄之黨，排斥正士，汝愚之跡始危。侍講朱熹憂其害政，每因進對爲帝切言之，曾奏疏：極言陛下即位未及旬月，而進退宰臣，移易臺諫，皆出陛下之獨斷，中外咸謂左右或竊其柄，臣恐主威下移，求治反亂矣。意指侂胄，侂胄由是大恨。熹復貽書汝愚，當以厚賞酬侂胄之勞，勿使預政。汝愚爲人疏，謂其易制，不以爲慮。右正言黃度（一一三八—一二一三）將上疏，論侂胄之姦，侂胄覺之，以御筆除度知平江府。未幾，復內批罷朱熹經筵，除宮觀，供職僅四十日。游中鴻（一一三八—一二一五）上疏曰：「陛下宅憂之時，御批數出，不由中書。前日宰相留正之去，去之不以禮；諫官黃度之去，去之不以正；近日講官朱熹之去，復去之不以道。自古未有舍宰相諫官講官，而能自爲聰明者也。願亟還熹，毋使小人得志，以養成禍亂。」（註八九）國子錄王介（一一五八－一二一三）亦上疏言：「陛下即位未三月，策免宰相，遷易臺諫，悉出內批，非盛世事也。崇寧大觀間，事出御批，遂成北狩之禍。杜衍爲相，常積內降十數封還。今宰相不敢封納，臺諫不敢彈奏，此豈可久之道？。」（註九〇）皆不報。詔侂胄可特遷二官，侂胄意不滿，力辭，乃止遷一官，爲宣州觀察使，怨趙汝愚益深。十一月，特遷侂胄樞密都承旨。十二月，吏部侍郎兼侍講彭龜年（一一四二－一二〇六）見侂胄用事，權勢重於宰相，上疏條奏其姦，謂：「進退大臣，更易言官，皆初政最關大體者，大臣或不能知，而侂胄知之；假託聲勢，竊弄威福，不去必爲後患。」帝覽奏，駭曰：「侂胄朕託以肺腑，信而不疑，不謂如此。」批下中書，予侂胄祠。已乃復入，龜年上疏求去（註九一）。帝欲兩罷其職，陳騤進曰：「以閤門去經筵何以示天下？」既而內批龜年與郡，侂胄進一官，與在京宮觀。給事中林大中（一一三一－一二〇八）與中書舍人樓鑰繳奏，請留龜年經筵而命侂胄以外任，不聽。由是侂胄愈橫，謝深甫劾陳傅良罷之。陳騤與趙汝愚素不協，乃因爭龜年事，復罷之。以余端禮知樞密院事，京鏜參知政事，鄭僑同知樞密院事。侂胄引京鏜居政府，以間汝愚。汝愚孤立於朝，帝亦無所倚信。工部尚書趙彥逾，始與汝愚共濟大計，冀汝愚引居政府，及除四川制置使，大怒，遂與侂胄合。因陛辭，疏庭臣姓名於帝，指爲汝愚之黨，由是帝亦疑汝愚矣。

寧宗欲取法慶曆元祐之政，改年號曰慶元，然有名無實，以偷安爲和平，以不事事爲安靜，兵吏冗濫，財政日窘，而韓侂胄爭奪權柄，專以排斥趙汝愚爲事。元年（一一九五）正月，秘書監李沐，彥穎之子也，嘗有怨於汝愚，侂胄引爲右正言，使奏汝愚以同姓居相位，將不利於社稷，乞罷其政，以奠安天位，杜塞姦源。是日，汝愚出浙江亭待罪。二月，遂罷汝愚，以觀文殿大學士出知福州。謝深甫仍奏請免其職，命提舉洞霄宮。兵部侍郎章穎（一一四一—一二一八）、國子祭酒李祥（一一二八—一二〇一）、知臨安府徐誼、太學博士楊簡（一一四〇—一二二五），皆抗論留汝愚，李沐劾爲黨，盡斥之。四月，太府寺丞呂祖儉奏言趙汝愚之忠，又上封事言朱熹、彭龜年、李祥不當逐。疏上，有旨祖儉朋比罔上，送韶州安置。中書舍人鄧驛繳奏祖儉不當貶。會樓鑰亦進言，帝問祖儉所言何事？人皆知韶州之貶，非出帝意，尋改吉州。以余端禮爲右丞相，鄭僑參知政事，京鏜知樞密院，謝深甫簽書院事。端禮平時論議剴正，及爲相，受制於侂冑，雖有志全護善類，而不得以直，蓋宰執中人，多爲侂冑黨也。太學生楊宏中等六人，伏闕上書，願念汝愚之忠勤，察李祥楊簡之非黨，灼李沐之回邪，竄沐以謝天下，還祥簡以收士心。疏上，詔宏中等罔亂上書，煽搖國是，悉送五百里外編管，鄧驛繳奏留之，不聽。是日，李沐除右諫議大夫，劉德秀除右正言。未幾，出驛知泉州。汝愚抵罪去國，搢紳士大夫與夫學校之士，皆憤悒不平，疏論甚衆。侂冑惡之，以汝愚之門人及朱熹之徒，多知名士，不便於己，欲盡去之，謂不可一一誣以罪，乃設爲僞學之目以擯之，用何澹劉德秀爲言官，專擊僞學，以胡紘爲最激烈。七月，加侂冑保寧節度使。侂冑必欲置汝愚於死地，監察御史胡紘條奏其十不遜，且及徐誼。十一月，詔謫汝愚寧遠軍節度副使，永州安置；誼惠州團練副使，南安軍安置。汝愚被貶，謂諸子曰：「觀侂冑之意，必欲殺我；我死，汝曹尚可免也。」（註九二）二年（一一九六）正月，以余端禮爲左丞相，京鏜右丞相，謝深甫參知政事，鄭僑知樞密院事，何澹同知院事。

汝愚行至衡州，病作，衡守錢鍪承侂冑風旨，窘辱備至，暴卒，全國聞而寃之。汝愚學務有用，常以司馬光、富弼、韓琦、范仲淹自期，然以不行定策之賞，致觸韓侂冑趙彥逾之怒，竄死湖湘，國乃危亂。四月，余端禮罷，以何澹參知政事，葉翥簽書樞密院事。自是京鏜以右丞相獨秉政，鏜暮年得政，朋姦取容，一時善類，悉罹黨禍，此雖本侂冑意，而謀實始於鏜也。七月，呂祖儉移高安，尋卒。八月，禁僞學之黨，詔監司帥守薦舉改官，勿用僞學之人。監察御史沈繼祖誣朱熹十罪，十二月，削熹秘閣修撰官，竄其門人蔡元定於道州。三年（一一九七）正月，鄭僑罷。閏月，貶留正爲光祿卿，居之邵州。侂冑排斥正人後，擅權專政，莫敢予毒。四年（一一九八）正月，以葉翥同知樞密院事。五月，加侂冑少傅，封豫國公。八月，以謝深甫知樞密院事，許及之同知院事，又以趙師睪（一一四八—一二一七）爲工部侍郎，皆謟事侂冑，無所不至。五年（一一九九）正月，使蔡璉誣告汝愚定策時有異謀，具列官僚所言，凡七十餘紙。璉曾任樞密院直省官，因漏言而被汝愚所竄也。詔下大理捕鞫彭龜年、曾三聘、沈有開（一一三四—一二一二）、葉適、項安世等，以實其事。中書舍人范仲藝謂侂冑曰：「章惇蔡確之權，不爲不盛，然而至今得罪於淸議者，以同文獄故耳，相公胡爲蹈之？」侂冑曰：「某初無此心，以諸公見迫不容己，但莫問其人。」乃知京鏜劉德秀實主其議，侂冑取錄黃藏之，事遂格，然猶奪龜年三官。九月，加侂冑少師，封平原郡王。六年（一二〇〇）二月，以京鏜謝深甫爲左右丞相，何澹知樞密院事。七月，以陳自強簽書樞密院事。自強爲侂冑童稚之師也。八月，太上皇崩，年五十四。婺州布衣呂祖泰者，祖儉從弟也，性疏達，尚氣誼，對世事無忌諱。及祖儉卒，九月，擊登聞鼓，上書論韓侂冑有無君之心，願亟誅侂冑、蘇師旦、周筠，而逐罷自強之徒。故大臣者，獨周必大可用，宜以代之，不然，事將不測。事下三省，朝論雜起，御史施康年，以爲必大實使之，遂奏劾必大，貶一官爲少保。降詔呂祖泰挾私上書，語言狂妄，拘管連州，後入配欽州牢城收管。十月，加侂冑太傅。十一月，皇后韓氏崩。

嘉泰元年（一二〇一）七月，何澹罷，以陳自強參知政事。八月，以張巖參知政事，程松同知樞密院事，皆諂附侂冑而得官也。二年（一二〇二）正月，以蘇師旦兼樞密都承旨。自京鏜死（慶元六年八月），侂冑亦稍厭前事，張孝伯以爲不弛黨禁，恐後不免報復之禍。侂冑以爲然。二月，遂弛僞學黨禁，追復趙汝愚、朱熹職名，留正周必大復秩還政，徐誼等亦先後復官。十一月，以陳自強知樞密院事，許及之參知政事。十二月，立貴妃楊氏爲皇后，侂冑以楊妃任權術，勸帝立曹美人，帝不從，竟立后，由是后與侂冑有怨矣。加侂冑太師。侂冑以區區騶弁，數年之間，位極三公，列爵爲王，外則專制東西二府之權，內則窺伺宮禁之嚴，且鉗天下之口，使不得議己，自呂祖泰編竄，而布衣不敢極說。又欲以勢利蠱士大夫之心，薛叔似、辛棄疾、陳謙（一一四三—一二一五）等皆起廢顯用，當時困於久斥者，往往損晚節以希榮進。政府樞密臺諫侍從，皆出侂冑之門，而蘇師旦、周筠，乃侂冑斷役，亦得預聞國政，羣小滿朝，勢燄薰灼，故倪思（一一四七—一二二〇）批評當時怪狀：「士大夫寡廉鮮恥，列拜於勢要之門，甚至匍匐門竇，稱門生不足，稱恩坐恩主，甚至於恩父者，諛文豐賂，又在所不論也。」（註九三）三年（一二〇三）正月，謝深甫張巖先後罷，以袁說友（一一四〇一二〇四）參知政事；參知政事始除三名（許及之、陳自強及袁說友）。二月，以費士寅簽書樞密院事。五月，以陳自強爲右丞相，許及之知樞密院事。時侂胄專權，竊柄獨裁，宰執惕息，不敢有異。自強至印空名敕劄授之，惟所欲用，三省不預知也（註九四）。其御用之宰相，初爲京鏜，次爲謝深甫，最後則爲陳自強。自強尤貪鄙，侂胄奸宄擅政，久盜國柄，自強表裏之功爲多。九月，袁說友罷。十月，以費士寅參知政事，張孝伯同知樞密院事。是年冬，金國多難，懼宋乘其隙，沿邊聚糧增戍，且禁襄陽榷場，邊釁之復開蓋自此始。

韓侂胄始附成肅（孝宗謝皇后），後緣恭淑（韓皇后），託根二后，霍燿宮府，自慶元用事，驕橫者凡九年。楊后既立，內不相容，有勸其立蓋世功，以堅寵固位，侂胄以金人寖微，於是患失之心生，立功之念起矣。時金爲北鄙韃靼等部所擾，無歲不興師討伐，兵連禍結，士卒塗炭，府庫空匱，國勢日弱，羣盜蜂起，民不堪命。四年（一二〇四）正月，侂胄定議伐金，聚財募卒，出封樁庫黃金萬兩，以待賞功，命吳曦練兵西蜀。既而安豐守臣厲仲方言淮北流民，咸願歸附。浙東安撫使辛棄疾入見，言金國必亂必亡，願屬元老大臣，預爲應變之計。侂胄大喜。會鄧友龍使金還，言金有賂驛使夜半求見者，具言金國困弱，王師若來，勢如拉朽。侂胄聞之，用師之意益決。於是封岳飛以勵諸將，削秦檜以申義討。五月追封岳飛爲鄂王。六月，詔諸路監司覈實諸州樁積錢米，沿江四川軍師簡練軍實。十月，以張巖參知政事。十二月，詔總覈內外財賦，以陳自強兼國用使，費士寅張巖同知國用事。改元開禧、取開寶天禧之義，元年（一二〇五）三月，費士寅罷。四月，以錢象祖參知政事，劉德秀簽書樞密院事，皇甫斌知襄陽府。武學生華岳上書，諫朝廷未宜用兵，恐啓邊釁，乞斬韓侂胄、蘇師旦、周筠，以謝天下。侂胄大怒，下岳大理，編管建寧。五月，金主璟以邊民侵掠及增邊戍，又聞宋將用兵，乃命平章僕散揆，會兵於汴以備之。六月，詔內外諸軍，密爲行軍之計；命諸路安撫司教閱禁軍。七月，詔韓侂胄平章軍國事，序班丞相之上。侂胄初以天慶觀爲朝士候謁裔賄之地，有三五日而不得見者，至是三日一朝，赴都堂治事。論者謂侂胄繫銜，比呂夷簡省同字，則其體尤尊；比文彥博省重字，則其所與者廣。於是三省印並納其第，侂胄置機速房於私第中，非入堂日，分吏抱文書以候於私第。甚者假作御筆，升黜將帥，事關機要，未嘗奏禀，人莫敢言。宰相僅比參知政事，不復知印矣。僕散揆至汴，移文來責敗盟。三省樞密院答言：「邊臣生事，已行貶黜，所置兵亦已抽去。」揆信之，會殿前副都指揮使郭倪、濠州守將田俊邁誘虹縣民蘇貴等爲間諜，言宋兵多白丁，窮蹙饑疾，死者甚衆。揆益弛備，金主聞揆言，遂命罷宣撫司及新置兵。而朝廷命興元都統司增招戰兵，又以侂胄兼國用使。八月，命湖北安撫司增招神勁軍，以郭倪爲鎮江都統兼知揚州。九月，侂胄遣陳景俊使金賀正旦，欲審敵虛實。景俊歸，金主諭之，戒勿犯邊；及還，以告陳自強，自強戒勿言，由是用兵益決。十一月，置殿前司神武軍五千人屯揚州。初，侂胄奏丘崈爲江淮宣撫使，崈、虞允文舉以自代者也，儀伏魁傑，機論英悟，固不同意北伐之議者，因手書力論金人未必有意敗盟，中國當示大體，宜申儆軍實，使吾常有勝勢，若釁自彼作，我有詞矣。因力辭不拜，侂胄不悅。（註九五）夫恢復之名非不美，但士卒驕逸，遽馳於鋒鏑之下，人才難得，財力未裕，實未可輕言戰也，況以寧宗之爲君，侂胄之爲相，豈用兵之時乎？自乾淳至紹熙，人才稍出，一挫於侂胄之凶燄，士氣頓索，大官喑啞，小臣退縮，無敢矯其失者。紹興主和者固皆小人，而開禧主戰者亦皆小人，韓侂胄、蘇師旦、鄧友龍、皇甫斌等皆主戰者也。言其不可者，僅婁機（一一三三—一二一一）、徐邦憲等一二人而已。

二年（一二〇六）三月，以程松爲四川宣撫使，吳曦副之。錢象祖以不主戰罷。四月，以薛叔似爲京湖宣撫使，鄧友龍爲兩淮宣撫使。追論秦檜主和誤國之罪，削奪王爵，改謚繆醜。以郭倪兼山東京東路招撫使，鄂州都統趙淳兼京西北路招撫使，皇甫斌爲副使。金聞皇甫斌分兵規取唐鄧，復命僕散揆領行省於汴，河南皆聽節制，盡徵諸道籍兵，分守要害，作戰防之準備。鎮江都統制陳孝慶與武義大夫兗州人畢再遇（一一四八—一二一七）復泗州，江州統制許進復新息縣（河南息縣西南），光州忠義人孫成復褒信縣（河南息縣東北七十里褒信鎮）。五月，陳孝慶復虹縣。韓侂胄聞陸續收復各郡，乃下伐金詔，並詔發鎮江總司緡錢七十萬犒淮東軍。江州都統王大節攻蔡州，不克兵潰。皇甫斌敗績於唐州。三衙禁旅始渡淮，李汝翼以騎帥，郭倬由池州，田俊邁由濠州，分三軍攻宿州。十餘年驕惰之卒，乍罹暑潦，怨聲載道，全無軍紀，僅至符離，環而圍之，虜守實欲迎降，忠義敢死已肉搏而登矣，而官軍反嫉其功，自下射之顚，守陴者自是不降。及敗還蘄縣（故治在安徽宿州），潰兵滿野，金人追而圍之，倬執馬軍司統制田俊邁以遺敵，始與汝翼脫走，後騎免者不能半焉。時建康都統李爽攻壽州，亦敗。六月，侂胄以師出無功，罷鄧友龍而以丘崈代之，駐揚州。崈至鎮，部署諸將，悉以三衙江上軍分守江淮要害，侂胄遣人來議，招收潰卒，且求自解之計。崈謂宜明蘇師旦周筠等僨師之奸，正李汝翼郭倬等喪師之罪。崈欲全淮東兵力爲兩淮聲援，奏泗州孤立，淮北所屯精兵幾二萬，萬一金人南出清河口，及犯天長等城，則首尾中斷，墮敵計矣，莫若棄之，還軍盱眙。從之。於是王大節、李汝翼、皇甫斌、李爽等皆坐貶。七月，侂胄既喪師，始覺爲蘇師旦所誤，乃罷之，籍其家，尋除名韶州安置。八月，斬郭倬於鎭江，流李汝翼王大節李爽於嶺南。以張巖知樞密院事，李壁參知政事。金人以宋師既敗，僕散揆遂分兵九路來犯，揆兵三萬出潁壽，完顏匡兵二萬五千出唐鄧，紇石烈子仁兵三萬出渦口，紇石烈胡沙虎兵二萬出清河口，完顏充兵一萬出陳倉（陝西寶雞縣），蒲察貞兵一萬出成紀，完顏綱兵一萬出臨潭，石抹仲兵五千出鹽川（甘肅漳縣西北），完顏璘兵五千出來遠（甘肅武山縣西南三十里）。胡沙虎自清河口渡淮，遂圍楚州。十一月，金人攻淮南日急，命主管殿前司公事郭杲，將兵駐眞州以援兩淮。以丘崈簽書樞密院事，督視江淮軍馬。或勸崈棄廬和州，爲守江之計，崈曰：「棄淮則與敵共長江之險，吾當與淮南共存亡。」乃益增兵防守。完顏綱陷光化棗陽，江陵副都統魏友諒突圍奔襄陽，趙淳焚樊城，金人遂破信陽襄陽隨州，進圍德安府（湖北安陸縣）。僕散揆引兵至淮，遣賽不等潛師渡八疊，駐於南岸，守軍何汝勵姚公佐等部皆驚潰，自相蹂踐，死者不可勝計。揆遂奪潁口，下安豐軍（故城在安徽壽縣南）及霍丘縣，進圍和州，屯於瓦梁河（江蘇六合縣西），以控眞揚諸州之衝，乃整軍列騎，張旗幟於沿江上下，江表大震。十二月，紇石烈子仁陷滁州，遂入眞州，州民奔逃渡江者十餘萬，自是淮西縣鎭，皆沒於金。自北伐以來，八月之間，全面潰敗，不堪一擊矣。夫侂冑驕橫禍國，其罪未若秦檜之甚。賊檜通敵主和，刼制庸主，文武忠義，一時剿絕。侂冑起而反之，使侂冑當日志存復讐，外窺敵釁，預爲應變，稍候歲月，後四年（嘉定三年）而後發，天下必不以爲非，金人亦莫能加也。顧自光寧以來，狃和墮戰，士氣已衰，人才盡空。侂冑以區區私意小智，盜柄專政，忠義屏放，讒諂側肩，以積弱之餘，驟起攖強敵之鋒，況以蘇師旦程松輩小人，咸建牙伐鼓，經略四方，以非常之功，責皂隸之賤，幾何其不敗哉？

金人雖長驅閃擊，如摧枯拉朽，然此只見宋之士氣頹靡，當時金國實已衰弱，僕散揆以戰果既得，亦無意南進，會大雪凍饑，淮襄城守者皆不能下，乃引去，欲通和罷兵。有韓元靚者，自謂琦五世孫，揆遣之渡淮，丘崈獲之，窮詰所以來之故，始露講和之意。崈遣其北歸，俾扣其實。元靚既回，崈得金行省文字，以聞於朝。韓侂冑方以師出屢敗，悔其前謀，輸家財二十萬以助軍，而諭崈募人持書幣赴敵營議和，謂用兵乃蘇師旦鄧友龍皇甫斌所爲，非朝廷意。崈乃遣陳璧充小使，持書於揆，願講和息兵。揆曰：「稱臣割地，獻首禍之臣乃可。」崈復遣使相繼以往，因許還其淮北流移人及今年歲幣，揆始許之，自和州退屯下蔡（故城在安徽鳳臺縣北下蔡鎮），獨濠州尚以數千人守之。時諸將用兵皆敗，惟畢再遇數有功，挫敗金人，遂命權山東京東招撫司。金既有和意，崈上疏乞移書金帥，以成和議，且言金人既指韓侂冑爲首謀，若移書，宜暫免繫銜。侂冑大怒，三年（一二〇七）正月，罷丘崈，以張巖代之（註九六），又以陳自強兼樞密使。二月，以知建康府葉適兼江淮制置使。（註九七）時兩淮殆爲眞空地帶，濠、盱、楚、廬、安豐、和、揚七郡之民所存只三十萬家。適上言：「三國孫氏，以江北守江，自南唐以來始失之，乞兼節制江北諸州，」詔從之。時羽檄旁午，而適治事如平時，軍需皆從官給，民以不擾。適既兼制置使，淮民被兵驚散，日不自保，乃上堡塢之議，以爲江北應援，使敵不敢窺江(註九八)。其防守皆盡法度。是月，僕散揆有疾，金主命左丞相完顏宗浩行省事於汴，揆旋卒於下蔡。四月，以方信孺（一一七七—一二二二）爲國信所參議官，三使金師，以口舌折強虜。金人計屈情見，宗浩乃遣信孺還，復書於張巖曰：「若能稱臣，卽以江淮之間取中爲界；欲世爲子國，卽盡割大江爲界，且斬元謀奸臣函首以獻，及添歲幣五萬兩匹，犒師銀一千萬兩，方可議和好。」信孺還，致其書，韓侂冑問之，信孺言敵所欲者五條件：一、割兩淮；二、增歲幣；三、犒軍；四、索歸正等人；五、不敢言。侂冑厲聲固問之，信孺徐曰：「欲得太師頭耳。」侂冑大怒，奪信孺三官，臨江軍（江西淸江縣）居住(註九九)。信孺既貶，欲再遣使，顧在廷無可者，近臣以王柟薦，乃命柟持書北行，柟、王倫之孫也。侂冑怒金人欲罪首謀，和議遂輟，復銳意用兵。乃以趙淳爲江淮制置使而罷張巖，——巖開督府九月，費耗縣官錢三百七十萬緡，而無寸功。十一月，禮部侍郎史彌遠（浩之子）奏：「自兵興以來，蜀口漢淮之民，死於兵戈者，不可勝計，公私之力大屈，而韓侂冑意猶未已，中外憂懼，」因力陳危迫之勢，請誅侂冑。皇后楊氏素怨侂冑，因使皇子榮王儼具疏言侂冑再啓兵端，將不利於社稷。帝不答，后從旁力贊之，帝猶未許。后請命其兄次山，擇羣臣可任者，與共圖之。帝始諾。次山遂語史彌遠；彌遠得密旨，以錢象祖嘗諫用兵忤侂冑，乃先白象祖，象祖許之，以告李壁（一一五九—一二二二）。壁謂事緩恐洩，乃令主管殿前司公事夏震，統兵三百，伏於六部橋側，侯侂胄入朝，至太廟則，卽呵止之，擁侂胄至玉津園側，殛殺之，(註一〇〇)彌遠，象祖赴延和殿以聞，帝猶未信，旣乃知之，遂下詔暴揚侂胄罪惡於中外。其謀悉出於中宮及次山等，帝初無意也。侂胄專政十四年，威行宮省，權震宇內。旣死，復治其黨。錢象祖探懷中堂帖授陳自強曰：「有旨，丞相罷政。」自強卽上馬去，貶永州居住。斬蘇師旦，流郭倪等於嶺南，貶李璧等官。中丞雷孝友劾葉適附侂胄用兵，亦奪職。十二月，罷山東京東西路招撫司。以錢象祖爲右丞相兼樞密使，衛涇、雷孝友參知政事，史彌遠同知樞密院事，林大中簽書院事。

嘉定元年（一二〇八）正月，以史彌遠知樞密院事。初，王柟至金，請依靖康故事，世爲伯姪之國，增歲幣爲銀幣三十萬兩匹，犒軍錢三百萬貫，蘇師旦等，侯和議定後，當函首以獻。完顏匡具以柟言奏於金主璟，璟命匡索韓侂胄首，以贖淮南地，改犒軍錢爲銀三百萬兩，會錢象祖移書金帥府，諭以誅韓侂胄事，和議始決，因遣柟還索侂胄首。詔命臨安府斲棺取首，梟之兩淮，仍諭諸路以函首畀金事。三月，遂以侂胄及蘇師旦首付王柟送金師，以易淮陝侵地。復秦檜王爵贈謚。六月，王柟以侂胄師旦首至金，金主璟御應天門，備黃麾立仗受之。懸二首並畫像於通衢，令百姓縱觀。然後漆其首，藏於軍器庫。遂命完顏匡等罷兵，遣使來歸大散關及濠州。衛涇罷。八月，以婁機同知樞密院事，樓鑰簽書院事。發米三十萬石，振糶江淮流民。九月，金遣完顏侃喬宇來，詔以和議成，諭全國。出安邊所錢一百萬緡，命江淮制置大使司糴米振饑民。十月，以錢象祖史彌遠爲左右丞相，雷孝友知樞密院事，婁機參知政事，樓鑰同知院事。金主璟卒，衛王永濟立。十一月，史彌遠丁母憂去位。十二月，錢象祖罷。

當韓侂冑之北伐也，吳曦亦以四川叛。吳曦者，吳璘之後，利州安撫使吳挺之子，世襲兵柄，號爲吳家軍。初，吳挺死，丘崈卽奏乞選他將代之，以革世將之患，其策至善。曦遂爲殿前副都指揮使，鬱鬱不得志，乃賂宰輔，規求還蜀。陳自強爲言於侂冑，侂冑欲結曦爲死黨，許之。嘉泰元年七月，命爲興州都統制。譖至興州，因譖副都統制王大節，罷其官，由是兵權悉歸曦，異志遂成矣。開禧二年三月，以程松爲四川宣輔使，曦副之。松移司興元東，以軍三萬屬之；曦進屯河池西，以軍六萬屬之，仍聽其節制財賦，按劾計司。曦由是益得自專，松無所關預。尋詔曦兼陝西河東招撫使，知大安軍。既而松開府漢中，夜延安丙議，丙言曦必誤國，松不悟。曦既得志，四月，謀叛，陰遣姚淮源獻關外階、成、和、鳳四州於金，求封蜀王。十二月，曦既遣客如金，因持重按兵河池。韓侂冑屢促其進兵，曦恐謀泄，乃遣兵度秦隴與金人戰，以堅侂冑之心。金人聞曦叛求封，大喜，與曦詔曰：「若能按兵閉境，不爲異同，使我師併力巢穴，而無西顧之虞，則全蜀之地，卿所素有，當加册封，一依皇統册構故事。更能順流東下，助爲掎角，則旌麾所指，盡以相付。」(註一〇二)因命完顏綱經略之。曦得報心喜，以程松在，未敢發作，只暗中退兵，使金人無復顧慮。綱奉命遣使持詔書金印至蜀口，封曦爲蜀王，曦密受之，遂還興州。翌日，曦召幕屬諭意，謂東南失守，車駕幸四明，今宜從權濟事。卽遣任辛奉表，獻蜀地圖，及吳氏譜牒於金。完顏抄合攻鳳州，程松獻未知曦之叛，遣人求援。曦紿言當得三千騎往，松信不疑。及曦受金詔，宣言金使者欲得階、成、和、鳳四州以和，馳書諷松，使去。會報金兵至，松急趨米倉山而遁，自閬州順流至重慶，以書抵曦乞贖，曦餽以金，松受而兼程出陝。三年正月，吳曦自稱蜀王，遣將利吉引金兵入鳳州，以四郡付之，表鐵山爲界。曦卽興州爲行宮，改元，置百官，遣董鎭至成都，治宮殿，欲徙居之。議行削髮左衽之令，稱臣於金。其所部兵十萬，分隸爲十統帥，遣祿祁等戍萬州，泛舟下嘉陵江，聲言約金人夾攻襄陽，下黃榜於成都、潼川、利州、夔州四路，以興州爲興德府，召隨軍轉運使安丙爲丞相長史，權行都省事。二月，帝密詔知成都楊輔，授制置使，許以便宜從事，吳曦逐之。監興州合江倉楊巨源謀討曦，乃陰與曦將張林、朱邦寧、及忠義士朱福、陳安、傅檜等深相結。眉州人程夢錫知之，以告安丙，丙時稱疾未視事，乃延巨源密商。巨源曰：「非先生不足以主此事，非巨源不足以了此事。」會興州中軍正將李好義亦結軍士李貴、進士楊君玉、李坤辰、李彪等數十人謀誅曦，欲安丙主其事，使坤辰來邀巨源與會。巨源往與約，還報丙，丙始出視事。君玉與白子申共草密詔，天未明，好義率其徒七十四人入僞宮。時僞宮門洞開，好義大呼而入，曰：「奉朝廷密詔，以安長史爲宣撫，令我誅反賊，敢抗者夷其族！」曦護衛兵千餘，聞有詔，皆棄械而走，巨源持詔乘馬，自稱奉使，入戶內，近曦寢室。曦啓戶欲逸，李貴卽前執之，刄中曦頰，曦素勇有力，反撲，貴仆於地，不能起。好義亟呼王換斧其腰，曦負痛手縱，貴起遂斫其首，引衆擁曦首出僞宮，馳告丙。宣詔，持曦首，撫定城中，盡收曦黨殺之。衆推丙權四川宣撫使，巨源權參贊軍事，丙陳曦所以反，及矯制平賊便宜賞功狀，上疏自劾待罪，函曦首與曦所受金人詔印送朝廷。曦僭位只四十一日，金遣朮虎高琪奉冊於曦，未至而曦已誅矣。曦首至臨安，獻於廟社，梟之市三日。詔誅曦妻子，家屬徙嶺南，奪曦父挺官爵，遷曦祖璘子孫出蜀，存璘廟祀。三月，以楊輔爲四川宣撫使，安丙副之，許奕爲宣諭使，連貶程松澧州安置。楊巨源李好義謂安丙曰：「曦死，賊破膽矣，關外西和、成、階、鳳四州爲蜀要害，盍乘勢收復之；不然，必爲後患。」丙從之。於是分遣好義復西和州（甘肅西和縣）、張林、李簡復成州，劉昌國復階州，張翼復鳳州，孫忠銳復大散關。好義欲乘勝徑取秦隴，以牽制淮寇，楊輔安丙不許，士氣皆沮。孫忠銳因而失守大散關，丙素惡忠銳，乃斬之以自解。時朝廷察安丙與楊輔異，召輔還，命知建康。李好義以中軍統制知西和州。曦故大將王喜貪淫狠愎，遣其死黨劉昌國毒死好義，蓋爲曦復仇也，丙不能止。朝廷以慮喜變爲詞，授節度使，移荊鄂都統制。丙既不哀好義，必殺巨源。曦之誅，實巨源好義爲首倡，功最大，安丙瞞之，故詔命一字不及巨源，王喜且授節度使，而巨源僅與通判，心不平，乃爲啓以謝丙。既又愬功於朝，六月，丙乃械巨源於鳳州戰場，收送閬州獄而殺之。事聞，忠義之士，莫不扼腕流涕。丙以人情洶洶，上章求免，楊輔亦謂丙殺巨源必召變，請以劉甲（一一四二—一二一四）權四川制置司而代之（註一〇二）。吳獵（一一三〇—一二〇〇）初爲四川宣諭使，首奏楊巨源死節及李好義有大功，尋授四川安撫制置使兼知成都府，未幾，召赴行在。嘉定二年（一二〇九）八月，以安丙爲四川制置大使，罷宣撫司，蜀變始告一段落。

第二十一節　金好復絕

當金僕散揆率兵渡淮長驅至江之際，新興民族之蒙古，亦崛起於朔漠焉。開禧二年（金泰和六年）十二月，鐵木眞稱帝於斡難河（今敖嫩河，亦作鄂諾河，爲黑龍江北源），曰成吉思汗，滅乃蠻及蔑里乞部，降畏吾兒國（高昌），入靈州，勢力寖盛。嘉定二年正月，以樓鑰參知政事。章良能同知樞密院事，宇文紹節簽書院事。五月，史彌遠起復。時大兵之後，兩淮凋殘，屢振饑民，州縣多歉荒，峒寇蠭起，官軍疲於奔命。三年（一二一〇）十二月，蒙古侵金，掠襲西北境，其勢漸迫。四年（一二一一）四月，金使人求和，蒙古不許。八月，蒙古取西京及桓撫州，蒙古主復遣其子朮赤、察合台、窩濶台三人，帥兵攻掠金境，北起豐潤、密雲、撫寧（河北境）、集寧（綏遠境），東至遼河、平、灤，西南至忻、代（山西境），皆降於蒙古，疆圉日蹙。金主命招討使完顏九斤監軍，完顏萬奴等帥兵號四十萬，駐守野狐嶺，參知政事完顏胡沙帥重兵爲後繼，及與蒙古戰，大敗。蒙古乘銳而前，至會河堡（察哈爾懷安縣東北），金兵又大敗，蒙古遂逾居庸關，遊騎直薄都城下。十月，以金國有蒙古之難，命江淮、京湖、四川等制置使，謹飭邊備。眞德秀（一一七八—一二三五）上疏言：「金有必亡之勢，亦可爲中國憂，蓋金亡則上恬下嬉，憂不在敵而在我，多事之端，恐自此始。」（註一〇三）十一月，金以上京留守徒單鎰爲右丞相，西京留守紇石烈胡沙虎（執中）爲右副元帥。五年（一二一二）三月，胡沙虎欲移屯南口，金主惡其危詞，罷歸田里。六年（一二一三）五月，復其職。

六月，使將兵屯燕城北。時蒙古兵在居庸關，而胡沙虎日務馳獵，不恤軍事，金主遣使責之，胡沙虎叛，統兵入京，弒金主允濟，迎昇王恂（宣宗，一一六三－一二二三）而立之（註一〇四）。已而蒙古兵敗金元帥右監軍朮虎高琪於懷來（察哈爾懷來縣），旋自南口攻居庸關，破之。復選精騎圍守中都，至阜河，金兵復大潰。高琪自度必為胡沙虎所殺，乃以糺軍（契丹人部隊）入中都，圍胡沙虎之第而捕斬之。高琪取其首，詣闕請罪，金主赦之，命為左副元帥。十二月，蒙古主留略台及哈台二將屯燕城北，分降人楊伯遇、劉材漢軍四十六都統，並韃靼兵為三路，命其子朮赤、察合台，窩濶台三人為右軍，循太行而南，破保州、中山、邢、洺、磁、相、衛輝、懷、孟諸郡，直抵黃河，大掠平陽太原之間。左軍哈撒兒及斡陳那顏布札遵海而東，大掠於薊、灤、平及遼西之地。蒙古主自將，與幼子拖雷，由中路破雄、莫、清、滄、景、獻、河間、濱、棣、濟南等郡，引兵復自大口以迫中都。凡破金九十餘郡，兩河山東數千里，人民殺戮幾盡，金帛子女畜類，皆席捲而去。屋廬焚燬，城郭丘墟，金境精華，頓成焦土。惟大名、眞定、青、鄆、邳、海、沃、順、通州，有兵堅守，幸未能破耳。

七年（一二一四）三月，蒙古主還自山東，屯燕城北。金主遣完顏承暉往議和，許之。金主乃以其故主允濟之女及金帛、童男女五百、馬三千匹與之。四月，金及蒙古平，蒙古主引歸，出居庸關。五月，金主以國蹙兵弱，財用匱乏，不能守中都，乃議遷於汴。夫燕京形勢，既不可恃，然則汴梁一望平原，四戰之地，敵騎自燕趙長驅而下，又何以防守哉？金主遷汴，中都必不能守；中都不守，則土崩之勢決矣。故棄燕遷汴之策，對晚金國運影響極大也。當其遷汴之初，羣臣奏議，或主遷山東，或主遷遼東，百官士庶，亦皆言南遷之非計。惟金主聽南京留守僕散端等議，遂命平章政事都元帥完顏承暉、左丞抹撚盡忠，奉太子守忠，留守中都，而與六宮啓行。蒙古主聞之，怒曰：「既和而遷，是有疑心，而不釋憾，特以解和爲款我之計耳，」復圖南侵。金主至良鄉（河北良鄉縣），扈衞糺軍叛，北還，降於蒙古。蒙古主遣金降將明安會糺軍圍燕京，金主遣人召太子；太子行，中都益懼。金主既遷汴，遣使來告，又督兩歲之幣。七月，起居舍人眞德秀上疏，請罷金歲幣，且謂：「今當乘虜之將亡，亟圖自立之策；不可幸虜之未亡，姑爲自安之計。」並論欲固兩淮，當先防三口——淮東爲淸河口，淮西爲渦口、潁口，反覆數千言，帝納之，議罷歲幣。淮西轉運使喬行簡上書丞相曰：「蒙古漸興，其勢已足以亡金。金，昔我之讎也，今吾之蔽也，宜姑與幣，使得拒蒙古。」議不決。（註一〇五）九月，金北京降於蒙古將木華黎，於是金順城懿通州相繼降。八年（一二一五）三月，燕京被圍日久，金主命完顏永錫、烏古論慶壽等將兵，李英運糧，分道馳援中都，爲蒙古所敗，自是中都援絕，內外不通。五月，完顏承暉仰藥死，抹撚盡忠南奔，蒙古兵遂入中都，吏民死者甚衆，宮室被焚，月餘不息。夫無汴則宋弱，無燕則金危，均是南奔，自愚之術相同也，燕城既陷，河北諸路軍戶盡遷，州縣官往往逃奔河南，金在河北之基地遂盡失矣。七月，以鄭昭先參知政事，曾從龍簽書樞密院事。十一月，經常遣使如金賀正旦。九年（一二一六）十二月，眞德秀復上疏曰：「臣竊見金虜自失國南遷，其勢日蹙。比者韃靼西夏，並兵東出潼關，深入許鄭，虜庭危迫之狀，見於僞詔所云。近復傳聞，敵兵攻圍都邑，遊騎布滿山東，雖探報之詞，不無同異。要其大勢，以河南數州之地，抗西北二國方張之師。加以羣盜縱橫，叛者四起，土傾魚爛，厥證具形。括馬斂糧，公私並竭，交鈔數萬，僅博一餐。危急如此，不亡何待？……今天下之勢，何以異政宣之時，陛下亦宜以政宣爲戒。」(註一〇六)金自南遷後，政尚威刑，吏治苛刻，任用朮虎高琪爲相，專固權寵，擅作威福，排斥異己，慘刻爲治。以河南一路，供全國之需，賦役綦重，率常三倍於平時，橫征暴斂，民力不堪，故逃亡者衆，而成坐困之局。夫金如尫羸病人，元氣無幾，而宋亦積弱之餘，疲敝同病。東南民力，耗於軍餉者十之八，而士卒窮悴，嘗有不飽之嗟。災異頻仍，修省之實未覩；言路壅塞，讜直之士弗容。蒙蔽之風日熾，聚斂之政日滋(註一〇七)。大敵當前，兩弱竟積不相容，宋金之好中絕，而戰事復起矣。

十年(一二一七)二月，陳伯震使金賀正旦還，金主謂之曰：「聞息州南境有盜，此乃彼界饑民，沿淮爲亂耳，宋人何故攻我？」蓋歲幣不至，乘蒙古攻勢稍緩，河北粗安，乃決意南征，欲以此爲用兵之端也。會有王世安者。獻取盱眙楚州之策，金主以爲淮南招撫使，遂有南侵之謀，朮虎高琪復贊之。四月，命右監軍烏古論慶壽、簽書樞密院事完顏賽不帥師南侵，遂渡淮，犯光州中渡鎮。慶壽分兵犯樊城，圍棗陽光化軍。別遣完顏阿鄰入大散關，以攻西和、階、成州。朝廷聞訊，詔京湖、江淮、四川等制置使趙方、李珏、董居誼俱便宜行事以禦之。自開禧兵敗後，士氣沮喪，實不敢輕言戰，此時倉卒禦侮，幸有趙方。其許國之忠，應變之略，隱然有樽俎折衝之風。部曲如扈再興、孟宗政，後皆爲名將；方之子范、葵(一一八六—一二六六)，宗政之子珙，亦皆以功名自見。先是，金右司諫許古、平章政事胥鼎等皆切諫，主與宋議和，不宜用兵以益敵，但阻於參政高汝礪及高琪之言，遂動兵端。五月，金人犯襄陽、棗陽，趙方抗疏主戰，親往襄陽，檄扈再興、陳祥、鈐轄孟宗政等禦之，仍增戍光化、信陽、均州（湖北均縣），以聯聲勢。金人來自團山，勢如風雨，再興等大敗之。尋報棗陽圍急，宗政馳援，金人大駭，宵遁。未幾，京湖將王辛劉世興亦敗金兵於光山、隨州，金人乃去。六月，趙方請下詔伐金，遂傳檄詔諭中原官吏軍民。十二月，金完顏贇以步騎萬人犯四川，破天水軍，又破白環堡，統制劉雄棄大散關遁。十一年（一二一八）二月，金人焚大散關，復破皂郊堡，死者五萬人。四川制置使倉皇進治利州（四川廣元縣）。孟宗政權知棗陽軍，整飭軍紀，積極部署，完顏賽不擁步騎圍城，宗政與扈再興合兵拒之，歷三月，大小七十餘戰，屢獲勝。金人怒，盛兵薄城，宗政力拒，隨州守許國援師至，宗政帥諸將出戰，金人奔潰。三月，利州統制王逸帥官軍及忠義人十萬，復大散關及皂郊堡。沔州軍士追斬完顏贇，進攻秦州，至赤谷口，沔州都統劉昌祖命退師，且解散忠義人，軍遂大潰。四月，金兵合長安鳳翔之衆，復攻皂郊，遂趨西和州，劉昌祖焚城遁還，時西和、成、階守臣以昌祖遁，皆棄城走，金兵遂入諸州，前後獲糧九萬斛，錢數千萬，軍實甚夥。復犯大散關，守將王立亦遁。又犯黃牛堡，興化都統吳政拒之，政至大散關，執立斬之以徇。事聞，進政三官，昌祖奪官竄韶州，西和守臣楊克家等並竄遠州。十二月，金主欲乘勝來議和，不納，和議遂絕。金主以僕散安貞為左副元帥，輔太子守緒（一一九八—一二三四），會師南侵，欲用兵以迫之。

十二年（一二一九）正月，金復寇西和州，守將趙彥吶設伏待之，殲其衆，乃還。已而吳政及金人戰於黃牛堡，陷陣死之。二月，金人乘勝攻武休關，都統制李貴遁還。金人破興元府，權知府趙希旨棄城走。金人破大安軍，連破洋州，中外喧沸，四川制置使董居誼遁。利州安撫使丁焴召沔州都統制張威速救蜀，威使石宣邀擊金人於大安軍，大破之，殲金兵三千人，俘其將巴土魯，金人乃遁去。竄董居誼於永州，以聶子述繼之。三月，金人圍安豐軍及滁濠光三州，江淮制置使李珏命巴州（四川巴中縣）都統制武師道、忠義軍都統制陳孝忠救之，皆不克進。金人遂分兵，自光州犯黃州之麻城；自濠州犯和州之石磧；自盱眙犯滁州之全椒來安，及揚州之天長、眞州之六合。淮南流民數十萬，渡江避亂，所在淸野，諸城悉閉。金人無所得，遊騎數百至采石楊林渡，建康大震。時賈涉號有才，以淮東提刑知楚州，節制京東忠義，慮石珪等忠義人爲金所用，乃遣陳孝忠向滁州，石珪、夏全、時靑向濠州，季先、葛平、楊德廣趨滁濠，李全、李福截擊其歸路。李全進至渦口，値金左都監紇石烈牙吾答將濟，全軍掩擊之，金兵溺淮者數千。又與駙馬阿海戰於化湖陂，大捷，殺金將數人，金人乃解數州之圍而去。全追擊之，復敗之於曹家莊而還。金人自是不敢窺淮東者六七年。四月，復以安丙爲四川安撫使。九月，以賈涉主管淮東制置司，節制京東河北軍馬。

襄陽方面，二月，金完顏訛可復大舉圍棗陽，孟宗政馳往救之，金兵遁去。趙方用擣虛之策，命許國及扈再興引兵三萬餘分兩路出攻唐鄧二州。七月，金帥完顏賽不擁步騎圍棗陽猛攻，戰況慘烈。宗政善守，金人不得逞，頓兵城下八十餘日。趙方知其氣已竭，乃召國、再興還，併東師隸於再興，尅期會戰，再興敗金人於瀼河，又敗之於城南。宗政自城出擊，內外合勢，士氣大振，衝入金營，殺其衆三萬，金人大潰，訛可單騎遁去。獲其資糧器甲，不可勝計。追擊至馬蹬寨，焚其城，入鄧州而還。金人自是不敢窺襄陽棗陽。中原遺民來歸者以萬數，宗政發廩救濟，給田建屋以居，籍其勇壯者號忠順軍，俾出沒唐鄧間。宗政由是威震境外，金人呼為孟爺爺（註一〇八）。十二月，趙方以金人屢敗，必將同時並攻，當先發以制之，乃遣扈再興、許國、孟宗政帥師六萬，分三路伐金，戒之曰：毋深入，毋攻城，第用游擊破壞之策。十三年（一二二〇）正月，扈再興攻鄧州，許國攻唐州。孟宗政復敗金人於湖陽（河南南陽之湖陽店）。許國遣部將耶律均敗金人於北陽。趙方遣其子葵及扈再興攻金人，至高頭，——高頭，金人必守之處也，出勁兵拒戰。葵率先鋒奮擊，再興繼進，殲之。翌日，進攻鄧州，金人阻泚河以拒，葵麾軍進擊，楊義諸軍繼至，金兵亦大出，合戰大破之，俘斬及降者幾二萬，直傅城下而還（註一〇九）。已而金兵至樊城，趙方督諸州兵擊退之。初，夏人與金連和八十餘年，及為蒙古所攻，求救於金，金人不能出兵，夏人怨之，和好遂絕。八月，安丙遺夏人書，定議夾攻金人，以夏人野戰，宋師攻城，遂命利州統制王仕信帥師赴熙、秦、鞏、鳳翔，委丁焴節制，且傳檄招諭陝西五路官吏軍民。九月，夏人引兵圍鞏州，且來趣兵。王仕信帥師發宕昌，四川宣撫司統制質俊李實引兵發下城。安丙命諸將分道出兵，沔州都統制張威出天水，利州副都統程信出長道，興元副都統陳立出大散關，興元統制田冒出子午谷，金州副都統陳昱出上津。質俊等克來遠鎮，敗金兵於定邊城。王仕信克鹽川鎮，會夏人於鞏州城下，攻城不克，遂趨秦州，夏人自安遠砦退師。十月，程信復邀夏人共攻秦州，夏人不從，遂自伏羌城引兵還，諸將皆罷兵。安丙命程信斬王仕信於西和，罷張威官，聯夏攻金之計劃，遂告失敗（註一一〇）。十四年（一二二一）二月，金人圍光州，犯五關，圍黃州、漢陽軍，又圍攻蘄州。三月，鄂州副都統扈再興引兵攻唐州。金兵圍黃州急，詔馮榯援黃蘄，榯遷延不進，黃蘄兩州皆陷。金兵退，扈再興邀擊於久長，敗之。四月，金人渡淮北去，李全遣兵邀擊，又大敗之。八月，趙方卒，方守襄陽十年，合官民兵爲一體，通總制司爲一家，以戰爲守，故金人南侵，淮蜀大困，而京湖獨全。既歿，人皆思之（註一一一）。十月，夏人復乞會師伐金。十一月，安丙卒，詔以崔與之（一一五八—一二三九）爲四川制置使。閏十二月，遣使如蒙古。十五年（一二二二）四月，金主以宋絕歲幣，國用以困，乃命元帥左監軍完顏訛可行元帥府事，節制三路軍馬，同簽書樞密院事，時全副之，由潁壽南犯，渡淮，破廬州將焦思忠兵。既而獲俘虜，言時全之姪青受宋詔，與全兵相拒，全匿其事。五月，訛可引還，距淮二十里，諸將將渡，全矯稱密詔，諸軍且留收淮南麥。留三日，大雨，淮水暴漲，乃爲橋渡軍，宋師襲之，全兵大敗。橋壞，全以輕舟先濟，士卒皆覆沒。金主詔數全罪而誅之（註一一二）。十六年（一二二三）十二月，以許國爲淮東制置使。金主珣殂，第三子守緒立。十七年（一二二四）三月，召崔與之爲禮部尚書，以鄭損爲四川制置使。金主遣尚書令史李廣英至滁州通好。六月，復遣樞密判官移剌蒲阿率兵至光州，榜諭宋界軍民，更不南侵矣。夫開禧之戰，宋嘗小勝而後乃大敗；嘉定之戰，宋固屢勝而中亦間敗。金兵皆山西河北無依之人，素非練習，大抵烏合之衆，已成強弩之末，而士馬折耗，十不存一，國力憊敝，既無以禦蒙古之患，猶復連年窮兵南侵，又肇蒙宋聯盟滅金之禍矣。

當宋金絕好而戰端復開也，蒙古侵金仍未已。嘉定八年十月，蒙古主遣撒木合自西夏趨京兆，以攻潼關，不能下，乃由嵩山小路趨汝州，圖犯汴京。金主急召花帽軍於山東，擊敗之，蒙古兵還至陝州，渡河而北。金人專守關輔，保有黃河南岸之沿河地帶。時蒙古兵所向皆下，取城邑凡八百六十二，殆全面糜爛，以削弱其據點。金主遣使求和，蒙古堅求以河北山東未下諸城來獻，及去帝號稱臣，議遂不成。九年四月，金知平陽府胥鼎聞蒙古兵渡潼關，遣兵由便道濟河，以趨關陝，自以精兵援汴京，又別遣部隊，會諸將以拒蒙古兵之自關而東者。十月，蒙古兵次嵩汝間，以遊騎襲擊州縣，金主以重兵屯駐汴京以自固，州縣破殘不復恤。十一月，胥鼎慮蒙古兵扼河，乃檄絳、解、隰、吉、孟五州，相與會師，爲夾攻之勢。及蒙古兵自三門析津北渡，至平陽，鼎遣兵拒戰，蒙古兵敗去，金人復潼關。金以苗道潤爲中都經略使，道潤有勇略，敢戰鬪，前後撫定五十餘城，署保定張柔爲元帥左監軍。十年三月，金主徵山東兵接應道潤，共復中都，而石海方據眞定叛，威州刺史武仙率兵斬石海及其同黨，金以武仙同知眞定軍事。十二月，蒙古主以木華黎有佐命功，拜太師國王，分宏吉剌等十軍及蕃漢諸軍，並隸麾下，建行省於燕雲，命其主管太行以南作戰。木華黎乃自中都南攻遂城及蠡州，皆下之。十一年五月，苗道潤爲其副賈瑀所殺，張柔檄召道潤部曲，共討瑀。會蒙古兵出自紫荆關，柔遇之，遂戰於狼牙嶺，被執，主帥明安釋之，以柔爲河北都元帥。八月，木華黎圍太原，城破，金元帥烏古論德升自縊死。蒙古兵尋陷平陽，破汾州潞州，河東州郡盡失。十二年五月，朮虎高琪築汴京裏城，蓋爲長守之計。已而張柔率兵南下，遂克雄、易、保安諸州，殺賈瑀，破武仙於滿城，復敗之於新樂，遂南掠深、澤、寧、晉諸縣。由是深冀以北，眞定以東，三十餘城，望風降附。柔有將才，旣爲蒙古用，威名震於河朔，大爲金患矣。右丞相朮虎高琪自執政，與平章政事高汝礪相唱和，琪主機務，汝礪掌利權，朋比爲奸，不附己者陰置之河北死地。時成吉思汗西征，金人乃得苟延殘喘，而高琪只爲私謀，凡精兵皆集河南，不肯輒出一卒以應方面之急，遂隳金人之局勢。金主久知其奸，十二月，下高琪於獄殺之。十三年四月，金封經略使王福九人爲郡公（註一一三），分河北山東地以隸之，欲建藩鎭作拱衞之策。七月，金使烏古論仲端如蒙古求和，呼蒙古主爲兄，蒙古主不允。八月，木華黎至滿城，使蒙古不花將輕騎三千，出倒馬關，適金恒山公武仙遣葛鐵槍迎戰，敗績，仙遂舉城降。十一月，木華黎入濟南，金嚴重挈所部降。時金兵二十萬屯黃陵岡，遣步兵二萬襲木華黎於濟南，木華黎敗之，遂薄黃陵岡。金兵陣河南岸，大潰，溺死甚衆。木華黎遂進陷楚邱，由單州趣東平圍之，旋命嚴實守之，遂北還。金易水公靖安民之山寨被圍，守寨者出降，安民被部下所殺。十四年四月，金東莒公燕寧與蒙古兵戰，敗死。五月，東平被圍日久，遂陷。十月，木華黎由東勝州涉河，引兵而西，會西夏兵五萬，復引而東，入葭州，攻綏德。十一月，攻延安，破金元帥合達之兵，留軍圍之，自將兵南侵鄜坊等州。十五年七月，木華黎徇靑龍堡、金平陽公胡天作遂降。十月，取河中，自將兵下孟州、晉陽、霍邑等寨，遂趨長安。十六年正月，木華黎攻鳳翔府不下，將由河中北還。金元帥右都監侯小叔襲河中，破之，金主命元帥都監阿魯帶守河中，但恇怯不能軍，及絳州破，遂棄河中。三月，木華黎自河中帥師還，至解州聞喜縣病卒。

嗚呼，南宋不競，姦相踵相接也。秦檜之後有湯思退；思退之後有韓侂冑；侂冑之後而又繼之以史彌遠，所謂一韓斃而復生一韓也。秦檜湯思退之禍國在主和，韓侂冑之禍國在蠹政，而史彌遠之禍國在廢立。慶元後，政在侂冑；嘉定後，政在彌遠。嘉定初政，號爲更化，取其嘗忤權要者以次收用，羣賢皆得自奮。已而把持權柄，排斥異己，直言之士，皆不容於朝，獨相寧宗十七年，參知政事者，唯有樓鑰、章良能、鄭昭先、曾從龍、任希夷、宣繒、俞應符輩，或並充樞府之職。專擅日久，世莫敢議，小人得志，終不出爲惡之一途，幸帝耄荒，竊弄威福，至於皇儲國統，乘機伺間，亦得遂其廢立之私，亦兩宋之僅有事也。初，寧宗未有嗣，慶元四年，詔育太祖後燕懿王德昭九世孫與愿於宮中，開禧三年，立爲皇太子，更名珣。嘉定十三年，太子珣卒。帝乃選太祖十世孫年十五以上者，如高宗擇普安、恩平故事，遂於十四年六月，立沂王希瞿嗣子貴和爲皇子，更名竑。時彌遠以沂王於帝爲近屬，亦未有後，欲借沂王置後爲名，擇宗室中可立者，以備皇子選，乃託其童子師余天錫物色之。後天錫在越州西門全保長家，得其外孫趙與莒。與芮以告，命召見。彌遠善相，大奇之。逾年，彌遠復使天錫召之，載至臨安。及貴和立爲皇子，乃補與莒秉義郎，賜名貴誠，年十七矣。十五年四月，進封皇子竑爲濟國公，以貴誠爲邵州防禦使。時楊皇后專國政，彌遠用事久，權勢薰灼，竑心不能平。竑好鼓琴，彌遠買美人善鼓琴者納諸御，使瞷竑動息必以告，竑嬖之。宮壁有輿地圖，竑指瓊崖曰：「吾他日得志，置史彌遠於此！」又嘗呼彌遠爲新恩，以他日非貶之新州則恩州也，彌遠聞之大懼，思以處竑，乃暗謀策立，日媒孽竑之失言於帝，覬帝廢竑立貴誠，而帝不悟其意。十七年（一二二四）八月，帝不豫，彌遠遣人告貴誠以將立之意，貴誠默不應。帝疾篤，彌遠稱詔以貴誠爲皇子，改賜名昀。已而帝崩，彌遠遣皇后兄子楊谷楊石以廢立事白后，后不可，曰：「皇子竑先帝所立，豈敢擅變？」谷石等一夜七往返，后終不許。谷石等以危言刼之，后默然良久，曰：「其人安在？」彌遠卽禁中遣快行宣昀，昀入見后，后拊其背曰：「汝今爲吾子矣。」彌遠引昀至柩前，舉哀畢，然後召竑，至柩前舉哀畢，引出帷，殿帥夏震守之。遂召百官立班聽遺制，立竑至舊班，竑愕然。已而遙見殿上燭影中有人在御座，則昀已卽位矣。宣制畢，閤門先贊呼百官拜賀，竑不肯拜，震捽其首下拜，遂稱遺詔以竑爲開府儀同三司封濟陽郡王，判寧國府；尊楊皇后曰皇太后，垂簾同聽政。尋進封竑爲濟王，出居湖州（註一一四）。

【注　釋】

（註一）宋史，卷三八〇，列傳第一三九，何鑄傳。

（註二）宋史，卷四七三，列傳第二三二，秦檜傳。

（註三）王明清謂：「檜既陷金，無以自存，託跡於金人之左戚悟室之門。悟室，素主和者也。凡經四載，乃授以旨意，得其要領，約以待時而舉，密縱之，使挈其妻航海南歸，抵漣水軍。」（玉照新志，卷四）。羅大經亦謂：「（檜）既至虜廷，情態遂變，諂事撻辣，傾心爲之用。兀朮用事，侵擾江淮，韓世忠邀之於黃天蕩，幾爲我擒，一夕鑿河，始得遁去；再寇西蜀，又爲吳玠敗之於和尚原，至自髠其鬚髮而遁。知南軍日強，懼不散當，乃陰與檜約，縱之南歸，使主和議。檜至行都，紿言殺虜之監己者，奔舟得脫。見高宗，首進南自南北自北之說。時上頗厭兵，入其言。會諸將稍恣肆，各以其姓爲軍號，曰張家軍韓家軍。檜乘閒密奏以爲諸軍但知有將軍，不知有天子，跋扈有萌，不可不慮。上爲之動，遂決意和戎，而檜專執國命矣。方虜之以七事邀我也，有册易首相之說，正爲檜設。洪忠宣自虜回，戲謂檜曰撻辣郎君致意，檜大恨之。厥後金人徙汴，其臣張師顏者作南遷錄，載孫大鼎疏，備言遣檜間我以就和好，於是檜之姦賊不臣，其迹始彰彰矣。」（鶴林玉露，天集卷五，格天閣）。

（註四）宋史，卷三六二，列傳第一二一，呂頤浩傳。

（註五）建炎以來繫年要錄，卷八十八，紹興五年四月條。

（註六）宋史，卷三六〇，列傳第一一九，趙鼎傳。

（註七）建炎以來繫年要卷，卷一二六，紹興九年二月條，吉州免解進士周南仲上書。

（註八）宋史，卷三六〇，列傳第一一九，論贊。

（註九）宋史，卷三八二，列傳第一四一，曾開傳。

（註十）宋史，卷四七三，列傳第二三二，秦檜傳。

（註十一）宋史，卷三七四，列傳第一三三，胡銓傳。按紹興十二年，諫官羅汝楫，劾銓飾非橫議，詔除名，編管新州。銓之初上書也，宜興進士吳師古鋟木傳之，金人募其書千金。其謫廣州也，朝士陳剛中以啓事爲賀。其謫新州也，同郡王廷珪以詩贈行，詩曰：「囊封初上九重關，是日淸都虎豹閑。百辟動容觀奏牘，幾人囘首愧朝班。名高北斗星辰上，身墮南州瘴海間。豈待他年公議出，漢廷行召賈生還。」「大廈元非一木支，欲將獨力拄傾危。癡兒不了官中事，男子要爲天下奇。當日姦諛皆膽落，平生忠義只心知。端能飽喫新州飯，在處江山足護持。」（桯史，卷十二，王盧溪送胡忠簡。）此三友皆爲人所訐，師古流袁州，廷珪流辰州，剛中謫知虔州安遠縣，遂死焉。

（註十二）宋史，卷三五九，列傳第一一八，李綱傳下。

（註十三）宋史，卷三六四，列傳第一二三，韓世忠傳。

（註十四）宋史，卷三六三，列傳第一二二，李光傳。

（註十五）宋史，卷三八〇，列傳第一三九，王次翁傳。

（註十六）紹興十八年，兀朮將死，語其徒以宋朝軍勢強盛，宜益加和好，俟十餘年後，南軍衰老，然後可爲寇江之計。（建炎以來繫年要錄，卷一五四，紹興十八年十月條。）

（註十七）朱子語類大全，卷一二七，本朝一，高宗朝。

（註十八）宋史，卷三七三，列傳第一三二，洪皓傳。

（註十九）同上書，同卷，張邵傳。又同上書，卷四七三，列傳第二三二，秦檜傳。

（註二十）金史，卷七十七，列傳第十五，宗弼傳。

（註二十一）同上書。

（註二十二）岳珂曰：「始秦檜將議和，以蘄王韓世忠，初謀刼北使張通古於洪澤，指爲首罪，密令胡紡，告捕世忠親校耿著，寘之獄。時先臣飛與張俊，實以宥府，出分楚軍，謂著倡言以撼軍心，圖叛逆，且謀還世忠，掌兵柄，將遂以左證，上逮世忠而甘心焉。出使之際，召先臣與俊諭之中堂，授之羅織之說，僞託以上意，議已定矣。先臣不忍世忠之以忠被禍，而告之世忠，號泣以愬於上，上驚而詰檜，故著既減死，遂又移所以誣著者而誣張憲，蓋出一轍焉。方三樞密並命，而世忠猶留，先臣與俊，不惟不釋兵柄，且將分總淮東軍，是出使也，非罷兵也，其意瞭然可見矣。檜之屬先臣與俊，以陷世忠，是亦猶後日屬張俊以陷先臣也。二人受命，而先臣獨不肯從，則先臣獨歸班，而留俊於外。著既出，而憲之獄，遂一力成於俊之手。遷怒之本末，指授之次序，固應然爾。」（寶眞齋法書贊，卷二，高宗皇帝親隨手札御書條）。珂謂初謀專爲飛後至之說不確，而二使並出，一使獨留之謀，乃檜遷怒以陷害飛之要因也。

（註二十三）「朱勝非秀水閑居錄曰：紹興七年，張浚措撫岳飛之過，以張宗元監其軍，蓋浚方謀收內外兵柄，天下寒心。予因是而觀，浚之舉措如此，則呂祉淮西之行，其爲意久矣。既而事蹶勢敗，失於急欲制諸將之故，使是時朝廷不堅起武穆，則荆襄之變在淮西之前久矣，豈非寡謀自用之咎歟？然後來武穆之禍，王貴告牒乃以雲憲謀還兵柄爲辭，觀此則武穆步歸廬山，其部曲亦必有不安者矣，此亦宜其來貴之讒口也。」（兩山墨談，卷二）。

（註二十四）宋史，卷三六五，列傳第一二四，岳飛傳。

（註二十五）于湖居士文集，附錄，宣城張氏信譜傳。

（註二十六）岳珂，金佗稡編，卷二十，籲天辨誣通敍。

（註二十七）宋論，卷十，高宗。

（註二十八）陔餘叢考，卷四十一，岳忠武之死。

（註二十九）金章宗曾與吳曦詔曰：「且卿自視贊翼之功，孰與岳飛？飛之威名戰功，暴於南北，一旦見忌，遂被參夷之誅，可不畏哉？」（金史，卷九十八，列傳第三十六，完顏綱傳）。

（註三十）歷代名臣言行錄，卷十六下，宋別集，岳飛傳。

（註三十一）朱文公文集，卷七十五，戊午讜議序。

（註三十二）續資治通鑑，卷一二六，紹興十四年十二月條。

（註三十三）文定集，卷一，應詔言弭災防盜事。

（註三十四）宋史，卷三十一，本紀第三十一，高宗八。

（註三十五）續資治通鑑，卷一三〇，紹興二十五年十一月條，三省樞密奏疏。

（註三十六）後村先生大全集，卷八十六，進政事，丙午十二月初六。

（註三十七）宋史紀事本末，卷七十二，秦檜主和，張溥評語。

（註三十八）宋會要輯稿，第一九六冊，蕃夷二之二六，二七。

（註三十九）宋史，卷三十一，本紀第三十一，高宗八。

（註四十）續資治通鑑，卷一三一，紹興二十六年五月條。

（註四十一）宋史，卷三八四，列傳第一四三，陳康伯傳。

（註四十二）金史，卷五，本紀第五，海陵，正隆六年條。

（註四十三）金史，卷六，本紀第六，世宗上。

（註四十四）宋史，卷三七〇，列傳第一二九，李寶傳。

（註四十五）「紹興之季，敵騎犯淮，踰月之間，十四郡悉陷。予親見沿淮諸郡守，盡掃官庫儲積，分寓京口，云預被旨許令移治。是乃平時無虞，則受極邊之賞，一有緩急，委而去之，敵退則反，了無分毫絓於吏議，豈復肯以固守爲心哉？」（容齋隨筆，續筆，卷四，洧南守備。）

（註四十六）宋史，卷三六六，列傳第一二五，劉錡傳。

（註四十七）楊萬里謂斃屍四千七百，殺萬戶二人，擒千戶五人，女眞五百人。（誠齋集，卷一二〇，宋故左丞相節度使雍國公贈太師諡忠肅虞公神道碑）。按采石却敵事，蹇駒虞尚書采石斃亮記、三朝北盟會編、熊克中興小紀、王明淸揮塵第三錄、趙甡之中興遺史，所載戰役經過，亦參差不一。

（註四十八）建炎以來繫年要錄，卷一九四，紹興三十一年十一月條。

（註四十九）誠齋集，卷一二〇，宋故左丞相節度使雍國公贈太師諡忠肅虞公神道碑。

（註五十）宋史，卷三八三，列傳第一四二，虞允文傳。

（註五十一）楊萬里曰：「采石戰艦曰蒙衝，大而雄；曰海鰌，小而駛，其上爲城堞屋壁皆垩之。紹興辛巳，逆亮至江北，掠民船，指麾其衆欲濟。我舟伏於七寶山後，令曰旗舉則出江。先使一騎偃旗於山之頂，伺其半濟，忽山上卓立一旗，舟師自山下河中兩旁突出大江。人在舟中踏車以行船，但見船行如飛，而不見有人。虜以爲紙船也。舟中忽發一霹靂礮，蓋以紙爲之，而實之以石灰硫黃。礮自空而下，落水中，硫黃得水而火作，自水跳出，其聲如雷。紙裂而石灰散爲煙霧，眯其人馬之目，人物不相見。吾舟馳之壓賊舟，人馬皆溺，遂大敗之云。」（誠齋集，卷四十四，海鰌賦後序）。

（註五十二）梅溪王先生文集，奏議，卷二，應詔陳弊事。

（註五十三）樓山堂集，卷六，宋高中興論。

（註五十四）宋史，卷三九六，列傳第一五五，史浩傳。

（註五十五）攻媿集，卷九十三，純誠厚德元老之碑。

（註五十六）宋史，卷三六七，列傳第一二六，李顯忠傳。

（註五十七）樓鑰出使北行，在胙城縣，途中遇父老云：簽軍遇王師，皆不甚盡力，往往一戰而散，迫於嚴誅耳。若一一與之盡力，非南人所能敵。符離之戰，東京無備，先聲已自搖動，指日以望南兵之來，何爲遽去？（攻媿集，卷一一一，北行日錄上）。

（註五十八）廿二史劄記，卷二十六，和議。

（註五十九）朱文公文集，卷十一，壬午應詔封事。

（註六十）宋史，卷三七四，列傳第一三三，胡銓傳。

（註六十一）宋史，卷三八一，列傳第一四〇，張闡傳。

（註六十二）宋史，卷三七一，列傳第一三〇，湯思退傳。

（註六十三）宋史，卷三八五，列傳第一四四，錢端禮傳。

（註六十四）宋史，卷三六一，列傳第一二一，張浚傳。

（註六十五）建炎以來朝野雜記，甲集，卷八，張魏公薦士。

（註六十六）宋史，卷三七四，列傳第一三三，胡銓傳。

（註六十七）雪山集，卷一，論和戰守疏，隆興二年。

（註六十八）宋史，卷三十三，本紀第三十三，孝宗一。

（註六十九）宋史，卷三八五，列傳第一四四，魏杞傳。

（註七十）雪山集，卷一，上皇帝書。

（註七十一）盤洲文集，卷四十四，論邊事劄子，隆興二年十二月十四日。

（註七十二）宋論，卷十一，孝宗。

（註七十三）建炎以來朝野雜記，甲集，卷十八，乾道內外大軍數。

（註七十四）長江七渡：上流，荆南之公安，石首，岳州之北津。中流，武昌，太平之采石。下流，建康之宣化，鎭江之瓜州。

（註七十五）利州路義士忠義（紹興初一萬三千人，乾道三年二萬三千餘人），興元良家子（紹興四年，兩河關陝流寓子弟組成），荆鄂義勇民兵（紹興末八千四百餘人），淮南萬弩手（紹興末千餘人），湖北土丁弩手（紹興六年三千五百人），夔州路義軍（紹興末三千四百人）。

（註七十六）龍大淵曾覿二人朋比爲姦，諫議大夫劉度、中書舍人張震、殿中侍御史胡沂，給事中金安節、周必大，參知政事張燾，或對言，或繳命，或封還錄黃，以去就爭，皆不能勝。不數月間，除命四變，羣臣以言二人者得罪去。侍御史周操章十五上，不報。自是覿與大淵勢張甚，士大夫之寡恥者潛附麗之。帝嘗令大淵撫慰兩淮將士，侍御史王十朋又論之。時又有內侍押班梁珂者，三人表裏用事。及珂以罪出，右正言龔茂良、著作郎劉夙論之，疏入不報。會右史洪邁過參政陳俊卿曰：「聞將除右史邁遷西掖信乎？」俊卿曰：「何自得之？」邁乃以二人告。俊卿即以語宰相葉顒魏杞，而已獨奏之，且以邁語質之帝前。帝怒，即出二人於外。（宋史，卷四七〇，列傳第二二九，曾覿傳）。

（註七十七）宋史，卷三七三，列傳第一三二，洪邁傳。

（註七十八）宋史，卷三十五，本紀第三十五，孝宗三。

（註七十九）宋史，卷三九六，列傳第一五五，王淮傳。

（註八十）攻媿集，卷九十三，忠文耆德之碑。

（註八十一）龍川文集，卷二，中興論。

（註八十二）宋論，卷十一，孝宗。

（註八十三）歸潛志，卷十二，辯亡。

（註八十四）楊萬里曰：「近日以來，朋黨之論何其紛如也，有所謂甲宰相之黨，有所謂乙宰相之黨；有所謂甲州之黨，有所謂乙州之黨；有所謂道學之黨，有所謂非道學之黨，是何朋黨之多歟？」（誠齋集，卷六十九，己酉自筠州赴行在奏事，十月初三日，上殿第一劄子。）

（註八十五）龍川文集，卷一，淳熙五年上孝宗皇帝第二書。

（註八十六）宋史，卷四七〇，列傳第二二九，姜特立傳。

（註八十七）宋史，卷三九一，列傳第一五〇，留正傳。

（註八十八）宋史，卷三九二，列傳第一五一，趙汝愚傳。

（註八十九）宋史，卷四〇〇，列傳第一五九，游仲鴻傳。

（註九十）宋史，同上卷，王介傳。

（註九十一）宋史，卷三九三，列傳第一五二，彭龜年傳。

(註九十二)宋史，卷三九二，列傳第一五一，趙汝愚傳。

(註九十三)宋史，卷三九八，列傳第一五七，倪思傳。

(註九十四)宋史，卷四七四，列傳第二三三，韓侂冑傳。

(註九十五)宋史，卷三九八，列傳第一五七，丘崈傳。

(註九十六)宋史，卷三九八，列傳第一五七，丘崈傳。

(註九十七)自開禧用兵，建康守臣，遂有江淮制置使之名。厥後兩淮別立制府，而建康帥獨兼沿江制置使。嘉定十二年，嘗置制置副使於鄂州，尋省。十二年以後賈涉始爲淮東制置使，治楚州。

(註九十八)葉適所創堡塢計劃，於墟落數十里內，依山水險要爲堡塢，使復業以守，春夏散耕，秋冬入堡，凡四十七處。又度沿江地，創石跋、定山、瓜步三大堡，以屏蔽采石、靖安、東陽、下蜀。每堡以二千家爲率，教之習射，無事則戍以五百人一將，有警則增募新兵，及抽摘禁軍二千人，併堡塢居民，爲四千五百人，共相守戍。(宋史，卷四三四，列傳第一九三，葉適傳)。

(註九十九)宋史，卷三九五，列傳第一五四，方信孺傳。

(註一〇〇)宋史，卷四七四，列傳第二三三，韓侂冑傳。

(註一〇一)金史，卷九十八，列傳第三十六，完顏綱傳。

(註一〇二)宋史，卷四〇二，列傳第一六一，楊巨源傳，李好義傳；卷四七五，列傳第二三四，吳曦傳。

(註一〇三)宋史，卷四三七，列傳第一九六，眞德秀傳。

(註一〇四)金史，卷一三二，列傳第七十，紇石烈執中傳。

（註一〇五）續資治通鑑，卷一六〇，嘉定七年七月條。

（註一〇六）眞文忠公文集，卷五，江東奏論邊事狀，丙子十二月十二日上。

（註一〇七）同上書。

（註一〇八）宋史，卷四〇三，列傳第一六二，孟宗政傳。

（註一〇九）宋史，卷四一七，列傳第一七六，趙葵傳。

（註一一〇）宋史，卷四十，本紀第四十，寧宗四。

（註一一一）續資治通鑑，卷一六二，嘉定十四年八月條。

（註一一二）金史，卷一一七，列傳第五十五，時青傳。

（註一一三）金封滄州經略使王福爲滄海公，河間路招撫使移剌衆家奴爲河間公，眞定經略使武仙爲恒山公，中都東路經略使張甫爲高陽公，中都西路經略使靖安民爲易水公，遼州從宜郭文振爲晉陽公，平陽招撫使胡天作爲平陽公，昭義軍節度使完顏開爲上黨公，山東安撫副使燕寧爲東莒公。九公皆兼宣撫使，總帥本路兵馬，置署官吏，徵斂賦稅，賞罰號令，得以便宜行之。

（註一一四）宋史，卷二四六，列傳第五，鎭王竑傳。

第五章　政治變革(五)

第二十二節　理宗獨斷

理宗昀（一二〇三－一二六四）即位，崇尚道學，眞德秀、魏了翁（一一七八－一二三七）等首蒙內召，天下拭目望治。但仍由史彌遠爲相，銷鑠正人。以薛極爲肺腑，馮楫爲爪牙，李知孝、梁成大、莫澤爲鷹犬，彌遠欲行事，此數人相與謀之。忤彌遠意旨者，李知孝三人必相繼擊之，於是名人賢士，排斥殆盡，人目爲三凶。政風日偷，貪汚流行，士大夫競求第宅之麗，聲伎之美，服用之侈，餽遺之珍。公家之財，視爲己物。薦舉獄訟軍伎吏役僧道富民，凡可以得賄者，無不爲也。故理宗之初治，尙秕政百出。

寶慶元年（一二二五）正月，湖州人潘壬與其從兄甫及弟丙，以史彌遠廢立，不平，乃遣甫密告謀立濟王意於李全，全陽與之定期進兵接應，而實無意也。壬等信之，遂部分其衆以待。及期，全兵不至，壬等懼事泄，乃以其黨雜販鹽盜千人，假扮全軍，揚言自山東來，夜入州城，求濟王。王聞變，匿水竇中。壬等得之，擁至州治，以黃袍加其身。王不從，壬等強之。王不得已，乃與約曰：「汝能勿傷太后官家乎？」衆許諾，遂發軍資庫金帛會子犒軍，知州謝周卿率官屬入賀。僞爲李全榜揭於門，數史彌遠廢立之罪，且曰：「今領精兵二十萬，水陸並進。」人皆聳動。比明視之，則皆太湖漁人，及巡尉卒耳。王知事不成，乃遣王元春告於朝，而帥州兵討壬。壬變姓名，走楚州，甫丙皆死。元春至行在，史彌遠懼甚，急召殿司將彭任帥師赴之，至則事平矣。壬至楚，將渡淮被獲，送臨安斬之。彌遠忌王，詐言王有疾，令余天錫召醫入湖州視之。天錫至，諭旨，逼其縊於州治，以疾薨聞。尋詔追貶爲巴陵郡公。起居郎魏了翁，考功員外郎洪咨夔相繼言王之冤（註一）。禮部侍郎直學士院眞德秀入見，奏謂霅之川變，非濟王本志，前有避匿之跡，復聞捕討之謀，情狀本末，灼然可考，願舍罪恤孤，斟酌行之。四月，太后以疾罷政。五月，進士鄧若水上封事，力斥史彌遠之姦，謂：「寧宗皇帝晏駕，濟王當繼大位者也，廢黜不聞於先帝，過失不聞於天下。史彌遠不利濟王之立，夜矯先帝之命，棄逐濟王，並殺皇孫，而奉迎陛下。曾未半年，濟王竟不幸於湖州。揆以春秋之法，非弑乎？非簒乎？非攘奪乎？」（註二）奏上，彌遠以筆橫抹之。六月，加彌遠太師，封魏國公。七月，以梁成大爲監察御史，罷直學士院眞德秀、工部尚書陳德綱、金部員外郎洪咨夔，竄大理評事胡夢昱於象州（廣西象縣），以論濟王之冤忤史彌遠故也。十一月，以薛極參知政事，葛洪簽書樞密院事，李知孝爲右正言，魏了翁眞德秀落職。了翁靖州（湖南靖縣）居住，彌遠黨猶欲竄德秀，帝不肯，乃止。眞魏之進，彌遠固推轂焉，及濟邸難作，二人執清議以置彌遠於無可自全之地，而激之以反噬耳。了翁至靖州，湖湘江浙之士，不遠千里負笈從學。德秀歸浦城，亦修讀書記。二年（一二二六）八月，從李知孝之請，追降巴陵郡公竑爲縣公，直至端平初，始詔復其官爵，有司檢視墓域，以時致祭。時竑妻吳氏自請爲尼，特賜號慧靜法空太師，紹興府月給衣資緡錢。三年（一二二七）七月，史彌遠乞歸田里，詔不允。

紹定元年（一二二八）十二月，以薛極知樞密院事，袁韶（一一五六—一二三四）同知樞密院事，鄭清之（一一七六—一二五一）簽書院事，葛洪參知政事。三年（一二三○）十二月，以鄭清之參知政事，喬行簡（一一五六—一二四一）同簽書樞密院事。詔史彌遠十日一赴都堂治事。四年（一二三一）六月，詔魏了翁眞德秀敍復元官職。五年（一二三二）四月，起魏了翁爲集英殿修撰，知遂寧府。八月，起眞德秀爲徽猷閣待制，知泉州。六年（一二三三）十月，史彌遠進爲太師左丞相兼樞密使魯國公，加食邑千戶，進封會稽郡王，奉朝請。鄭清之爲右丞相並兼樞密使，薛極爲樞密使，喬行簡陳貴誼（一一八三—一二三四）參知政事。史彌遠以疾解政，未幾卒。彌遠柄國，誅賞予奪，悉其所主持，鉗制內外，事無大小，或用私事，或用申狀，惟不得奏聞，故四方有敗，無由上達。姦猾官僚，徒逞自利之私，其肆虐善類，雖遠較秦檜爲輕，但其黠更甚焉。南外睦宗院教授王邁（一一八四—一二四八）曰：「我國家自韓侂冑用於慶元，迄於開禧，甫及十年，天下之勢，如人少壯而得疾，故其療之也易爲功。自史彌遠相於嘉定，迄於紹定，凡二十有七年，天下之勢，如人垂老而得疾，故其藥之也難爲力。」(註三)當金人垂亡之時，不圖振作，擅權弄術，苟且偷安，江淮巨鎮，委之肺腑之親；襄陽上流，畀之膏粱之子；殿巖重寄，庸夫尸之；總餉要權，濁吏領之。兵驕不可制，政紊不可理，積弊既深，所遺一沉痼難廓之局也。彌遠死，詔奪梁成大祠祿，莫澤罷刑部尚書，諂附彌遠之袁韶、陳晐、鄭損皆落職。趙善湘有討李全功特寢免。李知孝亦斥逐。十一月，召魏了翁爲文華閣待制知瀘州潼川安撫使，了翁應詔上章，論十弊，乞復舊典，以彰新化：一日復三省之典，以重六卿；二日復二府之典，以集衆議；三日復都堂之典，以重省府；四日復侍從之典，以來忠告；五日復經筵之典，以熙聖學；六日復臺諫之典，以公黜陟；七日復制誥之典，以謹命令；八日復聽言之典，以通下情；九日復三衙之典，以強主威；十日復制閫之典，以黜私意。疏列萬言，引故實，陳新弊，蓋首欲整飭彌遠所破壞之綱紀，以澄清其頹靡之政風也（註四）禮部郎中洪咨夔進對，帝問以今日急務，咨夔言進君子，退小人，開誠心，布公道。因乞召用崔與之、眞德秀、魏了翁，帝納之，命咨夔與王遂並拜監察御史，痛矯宿弊，斥去奸邪。咨夔上疏言：臣歷考往古治亂之源，權歸人主，政出中書，天下未有不治。然中書之弊端，其大者有四：一日自用，二日自專，三日自私，四日自固。願力懲往轍，而圖方來，以仰稱勵精更始之意。帝嘉納之（註五）。樞密院編修官陳塤（一一九七——一二七五），彌遠之甥也，亦上言：「天下之安危在宰相，南渡以來，屢失機會，秦檜死，所任不過万俟卨沈該耳。侂胄死，所任史彌遠耳，此今日之所當謹也。」次言內庭當嚴宦官之禁，外庭當嚴臺諫之選。宦者嫉之，監察御史王定劾塤，乃出之常州（註六）。

端平元年（一二三四），帝以彌遠既死，懲其擅權之失，復攬威柄，親總庶政，赫然獨斷出之。五月，詔李知孝瑞州居住，梁成大潮州居住，莫澤南康軍居住，彌遠黨人，斥逐殆盡。六月，以曾從龍參知政事，喬行簡知樞密院事，鄭性之（一一七二——一二五五）簽書院事。九月，召眞德秀爲翰林學士，魏了翁直學士院。時江淮帥閫有進取中原之議，德秀以爲憂，乃上封事，言移江淮甲兵以守無用之空城，運江淮金穀以治不耕之廢壤，富庶之效未期，根本之弊立見，唯陛下審之重之。召德秀爲戶部尚書。了翁入對，言和議不可信，北軍不可保，軍實財用不可恃。帝嘉納之，時又召徐僑爲太常少卿，趣入覲，手疏數千言，皆感憤剴切，上劘主闕。帝慰諭之，顧見僑衣履垢敝，愀然謂曰：「卿可謂清貧。」僑對曰：「臣不貧，陛下乃貧耳。帝曰：「朕何爲貧？」僑曰：「陛下國本未建，疆宇日蹙，權倖用事，將帥非才，旱蝗相仍，盜賊並起，經用無藝，帑藏空虛。民困於橫斂，軍怨於掊克，羣臣養交，而天子孤立；國勢阽危，而陛下不悟。臣不貧，陛下乃貧耳。」又言：「今女謁閹宦，相爲囊橐，誕爲二豎，以朘國膏肓，而執政大臣，又無和緩之術，陛下不此之慮，而耽樂是從，世有扁鵲，將望見而却走矣。」時貴妃閻氏方有寵，而內侍董宋臣表裏用事，故僑及之，帝爲之感動。明日，手詔罷邊帥之尤無狀者，申儆羣臣，以朋黨爲戒，命有司裁節浮費，而待僑甚厚（註七）。

鄭清之之入相也，能以廉儉，首變貪風，亦慨然以天下爲己任，召還眞德秀、魏了翁、崔與之、李㙔、徐僑、趙汝談、尤焴、游似、洪咨夔、王遂、李宗勉、杜範（一一八一—一二四四）、徐清叟、袁甫、李韶，故端平間召用正人，清之之力也。是以公正萃朝，忠讜接武，天下翕然曰：「此小元祐也。」（註八）頗有百度維新之氣象，號稱更化。然王邁論之曰：「清之爲相，避權則有之，而不敢以專權；遠勢則有之，而不至怙勢。然其心甚爲國，而其力不足以副心；德可服人，而其力不足以稱德，而又政府鮮協恭之助，宰掾乏素練之賢，處煩治劇而才疏，臨機應變而見鈍。開邊一事，雖出於帥臣之喜功，而清之不能救其源。換楮一策，雖出於樞臣之寡謀，而清之不能奪其議。然而公正平實，以主善類，而無妒賢嫉能之偏。明白洞達，以受人言，而無淺中自是之失。通國之臣，無愚不肖，皆稱爲君子之相，而非彼相比也。」（註九）邁非阿附淸之者，其言頗爲公允。二年（一二三五）三月，以眞德秀參知政事，以疾辭，五月卒。德秀立朝，不滿十年，奏疏無慮數十萬言，皆切當世要務，直聲振朝廷，史彌遠忌之，輒擯不用，而聲聞愈彰。晚年，帝始有意向用，而德秀遽殞。六月，以鄭淸之爲左丞相，喬行簡爲右丞相，曾從龍知樞密院事兼參知政事，崔與之參知政事，鄭性之同知樞密院事。十一月，以曾從龍爲樞密使，魏了翁同簽書樞密院事。了翁在朝六月，前後二十餘疏，皆當世急務。帝將引與共政，而忌者相與合謀，假出督以外之。十二月，以了翁往京湖督視軍馬，賜便宜詔書如張浚故事。了翁開幕府於江州，以吳潛爲參謀官，趙善瀚馬光祖爲參議官。三年（一二三六）二月，召了翁還，依舊端明殿學士簽書樞密院事，兼督視江淮軍馬，了翁乞帶行軍費一千萬緡，只撥五百萬緡，而實得三百萬緡，楮輕物貴，以此開府、犒軍、慰勞、調援、補給、振濟、招叛、用間，供應不敷，極爲困難，兼督視江淮，經費亦感拮据萬端，於是固辭求去。四月，了翁罷，出知潭州，湖南安撫使。帝時又召崔與之以爲參知政事，不至。七月，以鄭性之參知政事，李鳴復簽書樞密院事。九月，鄭淸之喬行簡罷，召崔與之爲右丞相兼樞密使，復辭不至。以鄭性之同知樞密院事，李鳴復兼參知政事。十一月，以喬行簡爲特進左丞相兼樞密使，魏了翁知紹興府兼浙東安撫使。崔與之既屢辭宰執不拜，帝乃訪以行政用人之事，與之條陳陛下勵精更始，擢用老成，然以正人爲迂濶而疑其難以集事，以忠言爲矯激而疑其近於好古，任之不專，信之不篤。敢諫之臣，忠於爲國，言未脫口，斥逐隨之，一去而不可復留，人才豈易得，而輕棄如此。又謂比聞獨斷以來，朝廷之事體愈輕，宰相進擬，多沮格不行，或除命中出，而宰相不與知，立政造命之原，失其要矣(註一〇)。與之有大臣之風，其指陳獨斷之失，誠深中嚴害之言。夫韓史用事，四十年間，分朋植黨，任小人，逐君子，擅權專政，海內積痛。紹定之末，元氣索然，理宗矯之以獨斷，欲求其變，故端平標榜更化，初意甚美，搢紳交口誦詠，以為清明可觀，太平可期。然施行甚銳，除擢太驟，況朝堂門戶派系之對立，是非莫辨，互為抵銷，實難革新。居相位者非其人，無能改於其舊，貪吏固未盡除，楮幣泛濫，民力凋耗，市井蕭條。且開邊激變，國事日壞，如江河之決，日趨日下而不可挽。故自端平以後，局勢急迫，無暇計治亂安危，而直論存亡問題矣。

嘉熙元年（一二三七）正月，以魏了翁知福州兼福建安撫使，越兩月卒。二月，以鄭性之知樞密院事。鄒應龍（一一六八—一二四八）簽書院事，李宗勉同簽書院事。八月，以李鳴復參知政事，李宗勉簽書樞密院事。二年（一二三八）二月，以史嵩之參知政事，督視京西、荊湖南北、江西路軍馬，置司鄂州。嵩之為人，尚權術，本不知兵，務功自侈，於紹定五年為京湖安撫制置使，知襄陽府。端平元年以入蔡功，加兵部尚書。三年為淮西制置使。嘗反對端平之師而得帝信任，委負全線軍事之責，至是復為執政，為擅權之漸。五月，以李鳴復知樞密院事，余天錫簽書院事，李宗勉參知政事。當時兵財兩問題，最為嚴重，喬行簡請以兵事委李鳴復，財用委李宗勉，楮幣委余天錫，當會議者已則參酌行之，詔允所請。三年（一二三九）正月，以喬行簡為少傅平章軍國重事，行簡為人，素號多智，歷練老成，方姦凶得志之時，獨以婉辭，陰主善類，居官無所不言，好薦士，多至顯達。李宗勉爲左丞相兼樞密使，史嵩之爲右丞相兼樞密使督視江淮四川京湖軍馬，余天錫參知政事，游似簽書樞密院事。喬行簡、李宗勉與史嵩之並相當國，論者謂喬失之泛，李失之狹，史則失之專。故嵩之既相，復守其家學，謀擅國政，私植黨羽，一時正人如杜範、游似、劉應起、李韶、趙汝騰等皆以不合逐去。四年（一二四〇）九月，喬行簡罷。閏月，李宗勉卒。宗勉爲人，淸儉平直，守法度，抑僥倖，不私親黨，召用老成，尤樂聞讜論，所謂公淸之相也。自是以史嵩之獨相國，權勢寖盛，苞苴公行，政出多門。以游似知樞密院事兼參知政事，徐榮叟簽書院事，范鍾參知政事。淳祐二年（一二四二）正月，游似罷，以范鍾知樞密院事，趙葵同知院事，別之傑簽書院事，徐榮叟有人望，爲參知政事。五月，趙葵罷。六月，徐榮叟罷。以別之傑同知樞密院事，高定子（一一七七—一二四七）簽書院事，杜範同簽書院事，定子尋罷。十月，史嵩之進封永國公。十二月，別之傑罷。四年（一二四四）正月，以李鳴復參知政事，杜範同知樞密院事，劉伯正簽書院事兼權參知政事，範固辭，遂與鳴復俱罷。三月，以金淵簽書樞密院事。六月，禮部進士徐霖以嵩之挾邊功要君，植黨專國，上疏歷言其姦狀，不報。九月，嵩之以父彌忠病謁告，許之。詔范鍾劉伯正暫領相事，輪日當筆。已而彌忠卒，詔嵩之起復右丞相兼樞密使，謂嵩之素諳敵情，熟識邊事，終難忍其去。當時臺諫給舍侍從執政不敢言，蓋皆爲嵩之之爪牙羽翼也。獨太學生黃伯愷、金九萬等，武學生翁日善等，京學生劉時舉、王元野等，宗學生與寰等共三百三十九人，分別伏闕上書，論不可。翁日善等且謂：「凡當世傑特之士，皆銷落於嵩之排擯之餘，如王萬謝方叔以爭不勝最先去，游似以大政不使聞而激之去，劉應起以轉對直言去，張蟠以轉對觸諱去，劉漢弼以臺論攻嵩之之黨去，趙與懽以才名軋己而嗾逐斥去，李韶以侍從數嵩之之專柄去，王伯大以意向不合去，趙汝騰以麻詞無佞語陰摘其小疵而遣去，徐榮叟趙葵皆墮其機穽去。別之傑號爲長厚，又以每事必問本末，假託而擠之去，杜範尤爲簡聖眷，負人望，上前敢論諍，遇事有分決，則又用李鳴復而速其去。……陛下所藉以爲耳目心腹者，皆盡空於嵩之之一網。」（註一二）皆不報。三學學生，再伏闕上書，時嵩之久擅國柄，帝亦患苦之，乃夜降御筆，黜諫議大夫劉晉之、侍御史王瓚、監察御史龔基先、胡清獻皆罷之。十一月，工部侍郎徐元杰復上疏論史嵩之起復，士論紛然，乞許其舉執宰自代。左司諫劉漢弼亦上書，願聽嵩之終喪，亟選賢臣，早定相位。嵩之亦自知不爲衆論所容，上疏乞終制，帝乃許之。史嵩之之去，以劉漢弼之力爲多，自是元老舊臣，次第收召。當嵩之居喪，虛相位三月，十二月，乃以范鍾杜範爲左右丞相兼樞密使，游似知樞密院事，劉伯正參知政事兼簽書樞密院事，趙葵同知院事。帝素重視杜範，每比之司馬光，仍親擢爲相，傾心委任之。時範已病，亦力疾思報，條革時弊，復延徐元杰議政，多所裨益，都人歡呼載道。五年（一二四五）正月，劉伯正罷，以李性傳簽書樞密院事兼權參知政事。四月，杜範卒。六月，徐元杰謁范鍾歸，是夕中毒暴卒。三學學生相繼伏闕請求治兇，詔付臨安府鞫治嘗所給使之人，獄迄無成。劉漢弼類風淼末疾，又以腫症暴死。太學生蔡德潤等復叩闕上書訟冤。杜範夙有公輔之望，入相纔八十日而卒，元杰漢弼又相繼暴斃，當時物論沸騰，但事不白，或謂諸人皆中毒，堂食無敢下筯者。嵩之從子璟卿，嘗上書諫嵩之，請盡去在幕之羣小，悉召在野之君子，相與改絃易轍，戮力王事。無何，璟卿暴卒，相傳乃嵩之致毒。十二月，以謹愿之游似爲右丞相兼樞密使，趙葵知樞密院事，李性傳同知院事，性傳尋罷。六年（一二四六）二月，范鍾乞歸田里，許之。鍾爲相，淸直守法，重惜名器，雖無赫赫之可稱，而淸德雅量，與杜範李宗勉齊名。六月，以陳韡（一一七八—一二六〇）參知政事。十二月，史嵩之服除，有進用之意，殿中侍御史章琰，正言李昴英（一二〇一—一二五七）、監察御史黃師雍、翰林學士李韶抗疏論之，乃命嵩之致仕。七年（一二四七）四月，以王伯大簽書樞密院事，吳潛同簽書院事，游似罷。以鄭淸之爲太傅右丞相兼樞密使。淸之與史彌遠議廢濟王竑而立帝，故帝信任之。然淸之再相也，端平遺老凋謝，存者十無一二，新貴各立門庭，分黨與，雖素有主眷，尙操化權，而人情固已陰懷向背，無同舟共濟之意，且淸之復年齒衰暮，政歸妻子，乏善政可言。趙葵爲樞密使兼參知政事，督視江淮京湖軍馬。陳韡知樞密院事，湖南安撫大使，知潭州。七月，吳潛罷，以別之傑參知政事；鄭寀同簽書樞密院事，尋罷。八年（一二四八）七月，以王伯大參知政事，應繇同知樞密院事，謝方叔簽書院事，史宅之同簽書院事，伯大尋罷。十月，應繇謝方叔別之傑俱罷。九年（一二四九）二月，以鄭淸之爲太師左丞相，趙葵爲右丞相並兼樞密使，應繇謝方叔參知政事，史宅之同知樞密院事。九月，嚴中外上書之禁。十一月，應繇罷。十二月，以吳潛同知樞密院事，徐淸叟簽書院事。十年（一二五〇）三月，以賈似道爲兩淮制置大使，李曾伯爲京湖制置使，自是賈似道禍國，此其嚆矢。言者以宰相須用讀書人，趙葵罷。十一年（一二五一）三月，以謝方叔知樞密院事，徐清叟同知樞密院事，吳潛參知政事。十一月，鄭清之薨，以謝方叔吳潛爲左右丞相兼樞密使，徐清叟參知政事，董槐簽書樞密院事。潛與槐，皆彌遠所薦也。十二年（一二五二）十一月，以水災，吳潛乞去職，許之。潛素有才望，不喜任術，但帝不甚親信之。

自端平更化，再變而爲嘉熙，三變而爲淳祐，皆求所以優於端平而不得，政局每況愈下。四變至於寶祐，董宋臣、丁大全、賈似道寵用，正邪互爲消長，國事益不可爲矣。理宗之季，年高怠政，閻妃色升，近倖用事；導帝荒淫，不恤國事，起自臣官董宋臣。寶祐二年（一二五四）四月，以徐清叟知樞密院事兼參知政事，董槐李曾伯參知政事。六月，加賈似道同知樞密院事。三年（一二五五）五月，以董宋臣幹辦佑聖觀。宋臣逢迎帝意，起梅堂、芙蓉閣、蘭亭，強奪民田，引倡優入宮，招權納賄，無所不至，人以董閻羅目之。六月，以丁大全爲右司諫，大全、鎭江人，面藍色，爲戚里婢婿，夤緣閻妃及內侍盧允升董宋臣，得寵於帝，遂自蕭山（浙江蕭山縣）尉累拜右司諫。時正言陳大方、侍御史胡大昌，與大全同除，人目爲三不吠犬。監察御史洪天錫，屢上疏論宦官外戚小人之患，會吳民列訴董宋臣奪其田，天錫下其事於有司，乃申劾宋臣併盧允升，疏六七上，悉留中不報，天錫遂罷去。宗正寺丞趙崇嶓移書責謝方叔不能救正，監察御史朱應元劾方叔及徐清叟，七月，罷之。方叔相業，無過人者，其子弟招權，誤用余誨帥蜀，無辜殺王惟忠，公論尤少之(註二二)。詔三省樞府機政，令董槐程元鳳輪日判事取旨。八月，以董槐爲右丞相兼樞密使，程元鳳簽書樞密院事權參知政事，蔡抗同簽書院事。董槐爲人淸勤有守，自以爲人主所振拔，可以利安國家者無不爲，嘗言於帝，謂臣爲政，而有害政者三：一、戚里不奉法；二、執法大吏久於其官而擅威福；三、皇城司不檢士。「將帥不檢下，故士卒橫；士卒橫，則變生於無時。執法威福擅，故賢不肯混淆；賢不肯混淆，則奸邪肆，賢人伏而不出。親戚不奉法，故法令輕；法令輕，故朝廷卑。三者不去，政且廢，願自上除之。」於是嫉之者滋甚。四年（一二五六）四月，加賈似道參知政事。時帝年寖高，收攬大權，悉歸獨斷，羣臣無當意者，漸喜狎佞人。丁大全方諂事內嬖，竊弄威權。董丁二兇，朋比爲奸，以獨斷之名奉君，而帝弗悟。大全旋擢至侍御史，嘗遣人欲私結於董槐，槐拒之。大全乃日夜刻求槐短。槐入對，極言大全邪佞不可近，帝不聽，上書乞骸骨，不報。（註一三）大全益怒。六月，乃上章劾槐，辭極詆譭，章走下，大全半夜以臺檄調隅兵百餘人，圍槐第，驅迫之出，紿令輿槐至大理寺，欲以此脅之，須臾，出北關，棄槐，囂呼而散。槐徐步入接待寺，罷相之制下矣。（註一四）物論殊駭，三學生屢上書言之，乃詔槐以觀文殿大學士提舉臨安府洞霄宮。詔程元鳳蔡抗可輪日判事，軍國重務取旨。大全既逐槐，益恣橫，道路以目。太學生陳宜中、黃鏞、林則祖、黃唯、劉黻、陳宗六人，上書攻之，謂丞相槐秉政未朞月，而爲奸邪所中傷。劉黻且謂：「自昔天下之患，莫大於舉朝無公論，空國無君子，」（註一五）蓋實論也。大全怒，使御史吳衍劾之，削其籍，編管遠州。七月，以程元鳳爲右丞相兼樞密使，蔡抗參知政事，張磻簽書樞密院事。元鳳有度量而太樸茂，引丁大全同列，受制於羣小。十一月，以張磻同知樞密院事，丁大全簽書院事，馬天驥同簽書院事。外戚謝堂厲文翁，內侍盧允升董宋臣既用事，而閻妃怙寵，大全天驥擅權，奸佞竊柄，朝政日壞。時境土漸蹙，以一百餘郡之事力，贍二萬四千餘員之冗官，況戰事方殷，飛芻輓粟，故調度日廣，賦斂日繁，國勢內外堪虞，將亡之象已露。五年（一二五七）正月，加賈似道知樞密院事，職任依舊。六月，馬天驥罷。八月，以張磻參知政事，丁大全同知樞密院事。十月，張磻卒，以林存簽書樞密院事。六年（一二五八）正月，以丁大全參知政事兼同知樞密院事。四月，程元鳳罷，以丁大全爲右丞相兼樞密使，林存知樞密院事。十一月，林存罷，以賈似道爲樞密使，朱熠同知樞密院事兼權參知政事。

開慶元年（一二五九）正月，國子監主簿徐宗仁伏闕上書，略謂：「今通國之所謂佚罰者，不過丁大全、袁玠、沈翥、張鎮、吳衍、翁應弼、石正則、王立愛、高鑄之徒，而首惡則董宋臣也。是以廷紳抗疏，學校叩閽，至有欲借上方劍爲陛下除惡，而陛下乃釋而不問，豈眞欲愛護此數人而重咈千萬人之心？天下之事勢急矣，朝廷之紀綱壞矣，若誤國之罪不誅，則用兵之士不勇。今東南一隅，天下已半壞於此數人之手。」宗仁又極論宋臣盤固日久，蒙蔽日深，不誅且誤國，竟不報。（註一六）時蒙古侵軼日甚，大全當國，匿不以聞。六月，以朱熠參知政事，饒虎臣同知樞密院事。九月，丁大全罷相出判鎮江府。中書舍人洪芹繳奏，乞追官遠竄，以伸國法。御史朱貔孫等相繼論大全奸回險狡，狠毒貪殘。饒虎臣又論其絕言路，壞人才，竭民力，誤邊防四罪，詔致仕。當此人才殆盡，羣奸充斥之際，大全雖去，而又有賈似道之禍國焉。以吳潛爲左丞相兼樞密使，卽拜賈似道爲右丞相兼樞密使，軍漢陽以援鄂。時蒙古兵已渡江，圍鄂州，帝問潛策安在，潛對曰：「當遷幸。」又問卿如何？潛曰：「臣當死守於此。」帝泣下曰：「卿欲爲張邦昌乎？」潛不敢復言。董宋臣亦請遷都，不果行。

以朱熠知樞密院事。景定元年（一二六〇）三月，出董宋臣於吉州。宋臣十餘年聲焰薰灼，結兇渠以致大禍，中外惶惑切齒，逐而出之，人心大快。帝在位久，儲宮尙虛。度宗禥時在忠王邸，欲立爲嗣，以問吳潛，潛密奏云：「臣無彌遠之才，忠王無陛下之福。」帝怒。賈似道聞之，因陳建儲之策，欲利用此行尸走肉之童昏，俛伏以聽己，且意在傾潛。帝既不樂潛，又以潛勸其遷幸，語羣臣曰：「吳潛幾誤朕！」四月，遂罷之。賈似道獨相，忠王立爲太子，進似道少師，封衞國公。以饒虎臣參知政事，戴慶炣同知樞密院事。六月，又以賈似道兼太子太師。二年（一二六一）四月，以皮龍榮參知政事，沈炎同知樞密院事。七月，竄吳潛於循州。似道專政，引薦奔競之士，受納賄賂，寘諸通顯，臺諫何夢然、孫附鳳、桂錫孫、劉應龍，承順風旨。又引外戚子弟爲監司郡守，進倡優傀儡，奉帝爲遊燕。臺臣有諫者，宣諭使裁去，謂之節帖，凡爲似道所惡者皆罷斥，權傾中外，進用羣小，而變更法制矣。十月，以何夢然同知樞密院事，尋爲參知政事，馬光祖知樞密院事兼知臨安府。三年（一二六二）正月，賜賈似道第宅家廟。五月，馬光祖罷，吳潛暴卒於循州。十一月，竄丁大全新州，道死。四年（一二六三）三月，以何夢然知樞密院事，楊棟同知院事，葉夢鼎簽書院事。五年（一二六四）三月，何夢然罷。五月，以楊棟參知政事，葉夢鼎同知樞密院事。七月，中外上書乞罷公田，似道力求去位，詔勉留之。十月，帝崩，年六十二，遺詔太子禥卽皇帝位。理宗朝四十年之間，若李宗勉、崔與之、吳潛之賢，皆弗究於用，而史彌遠、丁大全、賈似道竊弄威福，與相終始。中年嗜慾既多，怠於政事，權移姦臣，政風極壞，不獨臺諫爲大臣友黨，內簡相傳，風旨相諭，且甘爲鷹犬，而聽其指嗾，故權臣得遂其奸，王應麟曰：「端平訖景定，更一相則曰更化，然姦臣弄權之日常多，陽淑消而陰慝長，危亡之證，所由來漸矣。陰凝冰堅，極於似道。邵子謂禍在夕陽亭一語，遂與西晉同轍，哀哉！」（註一七）

第二十三節　聯蒙滅金

理宗朝初期，用兵最烈者，一爲李全之亂，一爲聯蒙滅金。李全之亂，乃招撫羣盜跋扈難制之結果，受兵禍者凡六年。及其亂平，淮東暫安。聯蒙古以滅金，重蹈海上之盟之覆轍。金哀宗謂：「蒙古滅國四十，以及西夏。夏亡，及於我；我亡，必及於宋。」（註一八）夫宋既會金以滅遼，遼亡，宋受其禍。今又會蒙古以滅金，唇亡齒寒，旋以自滅。理宗君臣之愚，誠不可瘳也。

李全之亂，實史彌遠爲之。初，金主遷汴，賦斂益苛，物價飛騰，人民闕食，益呈凋敝，遺民保巖阻思亂。於是劉二祖起泰安，掠淄沂。二祖死，霍儀繼之，彭義斌、石珪、夏全、時青、裴淵、葛平、楊德廣、王顯忠等附之。時河北殘破，干戈相尋，其黨復相團結，所在寇掠。李全者，起自濰州北海，農家也，銳頭蠭目，權譎善下人。以弓馬趫捷，能運鐵槍，號李鐵槍。時楊安兒起掠莒（山東莒縣）、密（山東高密縣），金人討之，敗死於卽墨。母舅劉全收潰卒，奉安兒妹四娘子爲主。四娘子狡悍，善騎射，衆尚萬餘。李全以衆附楊氏，遂嫁之，黨徒漸衆，金不能除之也。嘉定十一年，率衆來歸，詔以全爲京東路副總管。時山東之民，蜂屯蟻聚，歸投朝廷，不得已而納之，置忠義軍，有季先、石珪、楊德廣、李全等凡五六萬人，命賈涉主管淮東制置司（治楚州，後治揚州，兼山東制置使）以節制之，歲費錢五百萬緡，米十四萬斛。而山東張林，由李全往說，奉青、莒、密、登、萊、濰、淄、濱、棣、寧、海、濟南十二州來歸，乃授林京東安撫使兼總管。由淮東以至山東，爲忠義軍出沒之地帶，惟此等土盜，性難節制，禦敵不足，長亂有餘。涉初任用季先，招來全等，分屯塞，涅軍手，頗懷遠慮。無如史彌遠鑑禍開禧，志存姑息，涉亦號令漸疏，羣下交搆。李全自化湖陂之捷，有輕諸將心，以季先威望出己上，譖先欲反，十三年，賈涉信而誘殺之，其部潛迎石珪，奉爲統帥，據漣水，心懷不安，李全迫之，遂降蒙古。李全併漣水忠義，勢由是坐大，益驕悍，輕朝廷。十五年，李全使其兄福守膠西，爭舟楫鹽場之利，張林不能堪，遂以京東諸郡降於蒙古。李全攻林急，林走，全遂復泗州，入青州。史彌遠加全爲京東路鎮撫副使。十六年六月，賈涉以李全驕暴難制，力求還朝，在道卒。以邱壽邁攝帥事，全乘機併統帳前忠義。十一月，以許國爲淮東制置使。國武人，控馭無術，欲壓全就範，遂釀成暴亂。

寶慶元年二月，全遣劉慶福還楚州作亂，許國縋城走，賊擁通判姚翀入城，犒兩軍，使歸營。慶福殺國之幕客章夢先，翌日，國縊於途。事聞，史彌遠懼激他變，欲事含忍，以徐晞稷爲制置使，令屈意撫全。全自青州還，上表待罪，朝廷不問。五月，李全牒彭義斌於山東，欲求其受節制。義斌大怒，斬來使，誓衆必報此仇。全自青州攻東平不克，乃攻恩州（山東恩縣），義斌敗之，劉慶福引兵救全，又敗。全遣人求徐晞稷書，與義斌連和，乃止。義斌致書沿江制置使趙善湘曰：「不誅逆全，恢復不成。但能遣兵扼淮，進據漣海以蹙之，斷其南路，此賊必擒。賊平之後，復一京三府，然後義斌戰河北，盱眙諸將襄陽騎士戰河南、神州可復也。」盱眙四總管各遣使致書，乞助討賊。知揚州趙范亦以爲言，皆不報。六月，彭義斌既克山東，復納李全降兵，軍勢大振，遂圍東平。嚴實潛約蒙古合兵攻之，兵久不至，食盡，乃與義斌連和。義斌亦欲藉實取河朔而後圖之，遂以兄禮事實。七月，義斌下眞定，道西山，與孛里海軍相望。嚴實復投於孛里海軍，聯合戰於內黃，義斌兵潰，史天澤復以銳卒略其後，義斌被擒，不降而死。於是京東州縣，復爲實有。李全北剽山東，南仰錢糧，且挾朝廷以疑蒙古，蒙古攻之，全大小百戰，終不利。二年六月，蒙古圍李全於青州。九月，徐晞稷罷，以劉琸爲淮東制置使，以彭托代琸知盱眙。十一月，劉琸至楚州，心知不能制盱眙四總管，惟以鎮江兵三萬自隨。夏全請從，琸素畏其狡，不許。彭托認爲琸止夏全，是欲遺患盱眙，乃激全赴楚州。時青亦自淮陰入屯城內。琸駭懼，勢不容却，復就二人謀焉。時傳李全已死，全兄李福欲分兵赴青州，琸令夏全盛兵楚城，李全之黨震恐。李全妻使人行成於夏全，以玉帛酒色誘之（註一九）。夏全心動，轉仇爲好，反與福謀逐琸，遂圍楚州治，焚官民舍。時琸精兵尙有萬餘，事起倉卒，不能發一令，夜半縋城走，鎮江軍與賊戰，死者大半。琸步行至揚州。夏全既逐琸，暮歸李全營，被拒。全恐楊氏圖己，因大掠，趨盱眙，欲爲亂。盱眙將張惠、范成進，閉城門，不得入。狼狽降金。朝廷聞之大怒，琸自劾，未幾死。三年正月，以姚翀爲淮東制置使，翀至楚城東，艤舟以治事，閒入城，見李全妻，用徐晞稷故事而禮過之。楊氏許翀入城，翀乃入，寄治僧寺中，極意娛之。三月，趙范上書史彌遠，痛論淮東之事變，謂淮河不能失，揚州之必守。朝廷乃召范禀議，後令知池州。李全被圍一年，五月，以青州降蒙古。劉慶福在山陽，自知已爲厲階，懷不自安，欲圖李福以贖罪於朝，反被李福所殺。時楚州自夏全之亂，儲積無餘，綱運不續，賊黨怨福所致。福畏衆口，數見翀，促之，翀謝以朝廷撥降未下。六月，福與李全妻謀，召翀飲而害之，殺其幕客杜來，並欲殺翀，鄭衍德救之得免，縋城西夜走，歸明州，未幾死。楚州於二三年間，大帥數易，揭竿屢告，朝廷充耳不聞，淮東重鎮，輕等甌脫，孰非史彌遠失策哉？

時朝廷以淮亂相仍，姑欲輕淮而重江，楚州不復建閫，就以其帥楊紹雲兼制置，改楚州爲淮安軍，命通判張國明權守，視之若羈縻州然。七月，全將國安用、閻通、及張林、邢德、王義深，相與謀曰：「朝廷不降錢糧，爲有反者未除耳」，乃共議殺李福及全妻楊氏以獻。遂率衆趨楊氏家，殺李福，相屠者數百人，並殺全妾劉氏，妄稱楊氏，函其首併福首，獻於楊紹雲，雲馳送臨安，傾朝皆喜。八月，檄知盱眙軍彭忳及總管張惠、范成進、時青，合兵往楚州，盡戮李全餘黨。忳不敢自決，請制府及朝廷處之。朝議乃檄時青策劃，青恐禍及，密遣人報全於青州。惠、成進以朝檄專委青不及己，乃歸盱眙，設宴邀忳，乘其醉縛之，渡淮，以盱眙降金。李全得青報，力告蒙古大將，求南還。蒙古大將授全山東河南行省，得專制山東，歲獻金幣。全遂與蒙古張宣差及通事還楚州，楊紹雲聞其至，遂留揚州不還。王義深奔金，國安用殺張林邢德以自贖。十二月，金封李全爲淮南王，不受。已而李全誘殺時青，併其衆。紹定三年二月，起復趙范趙葵，節制鎮江滁州軍馬。全自還楚州，即厚募人爲兵，官軍多亡應之。又謀習水戰，治巨舶，欲循海道以窺臨安，外恭順朝廷以就錢糧，朝廷亦利用之往來山東，得少寬北顧之憂，遣餉不絕。全因縱遊說於朝，復請建閫山陽，又遣使入金，乃挾蒙古李宣差、宋宣差以恫疑虛喝。朝廷雖知其奸，姑事苟安，不之詰。全欲先據揚州以渡江，分兵徇通泰以趨海。已而以水陸數萬衆，徑擣鹽城。五月，朝廷乃授全爲京東鎭撫使，命釋兵，不受命。時朝士皆知全必反，而不敢言。國子監丞度正、趙范、趙葵累疏力言之，史彌遠不納。全造舟益急，招沿海亡命爲水手，又給暫攝制置司趙敬夫以防蒙古爲辭，求增五千人錢糧。朝廷猶遣餉不絕，叛迹已著，仍事含忍。獨參知政事鄭淸之，引爲深憂，力勸帝討全。帝乃以趙善湘爲江淮制置大使，並下詔討全，十二月，李全突至揚州灣頭，揚州副都統丁勝拒之，全乃攻城南門。趙敬夫得史彌遠書，許增一萬五千名糧，勸全歸楚州，卽遣劉易就全壘示之，全擲地不受。敬夫恐，亟迎趙范於鎭江，范亦刻日約葵，葵帥雄勝、寧淮、武定、強勇四軍一萬四千人赴之。時，全分兵攻取泰州，聞范葵已入揚城，乃分兵守泰，而悉衆攻揚州。至灣頭，立砦，據運河之衝，以屢戰多敗，遂築長圍，使三城自困。范葵出兵刼砦，縱兵衝擊，奪獲全糧。全以攻城不得，欲戰不利，始大悔，忽忽不樂。四年正月，范悉集精銳數千出西門，蓋西出常不利，賊必見易，又取官軍素爲賊所輕視者，張其旗幟以易之。全望見果喜，范麾兵並進，葵親搏戰，諸軍爭奮，賊始疑非前日軍，欲走入土城，李虎軍已塞其甕門。全窘，從數十騎北走，葵率諸將以制勇、寧淮二軍蹙之。全趨新塘，陷泥淖中，制勇軍追及，大刺殺之，並殺其將校三十餘人。全死，餘黨將潰，國安用等欲還淮安擁全妻楊氏爲主，范葵追擊，大破之，乃散去。范還揚州，捷聞，加趙善湘江淮制置大使，范淮東安撫使，葵淮東提刑。善湘季子汝楳，史彌遠婿，奏請無阻，而善湘亦以范葵進取有方，慰藉殷勤，故能成功。五月，范葵復率步騎大軍攻鹽城，敗賊衆，遂薄淮安城，殺賊萬計，焚二千餘家。淮安五城俱破，斬首數千，燒砦柵萬餘家。淮北賊歸赴援，舟師又剿擊，焚其水柵，夷五城餘址，賊始懼。全子才率王旻、趙必勝軍移砦西門與賊大戰，又破之。全妻絕淮而去，其黨納款軍門，趙范許之，淮安始平(註二〇)。夫李全以土盜，殺主帥，降蒙古，罪在不赦，彌遠縱之，跳梁南北，養亂之罪，實浮於韓侂胄也。

金自宣宗南遷，汴京漸繁盛，然僅二十年而被蒙宋之聯軍所滅。夫宣宗懦弱無能，性本猜忌，術喜刑名，政尚威嚴，苛刻成風。爲宰執者往往無恢復之謀，上下同風，止以苟安目前爲樂。爲將帥者多出於世家，皆膏粱乳臭子。朝廷近侍，以諂諛成風，而近侍之權尤重，蓋宣宗置近侍局於宫中，喜用其人爲耳目，以伺察百官，其要密埒宰相，寄爲心腹。大臣宿將，有罪必除去不貸。「況南渡之後，不能苦心刻意，如越王勾踐志報會稽之羞，但苟安幸存，以延歲月。由高琪執政，擢用胥吏，抑士大夫之氣，不復伸文法，紛然無興復遠略。大臣在位者，亦無忘身徇國之人，縱有之，亦不馳騁。又偏私族類，疏外漢人，其機密謨謀，雖漢相不得預。人主以至公治天下，其分別如此，望羣下盡力難哉！故當路者惟知迎合其意，謹守簿書而已。爲將者但知奉承近侍，以偷幸寵，無效死之心。倖臣貴戚，皆據要職於一時。士大夫一有敢言敢爲者，皆投置散地，此所以啓天興之亡也。」(註二一)金之棄燕遷汴，既失策於前，而吏治苛刻，賦役繁重，民生困憊，逃亡者衆，將帥攜離，人心渙散。「方且狃於餘威，牽制羣議，南開宋釁，西啓夏侮，兵力既分，功不補患。曾未數年，昔也日闢國百里，今也日蹙國百里，其能濟乎？」（註二二）且自濡染漢化，「其中葉鄙遼儉樸，襲宋繁縟之文；懲宋寬柔，加遼操切之政，是棄二國之所長而併用其短也。」（註二三）於是原有之民族強悍性漸失，而驕惰奢靡之習日盛。南遷以後，頹風益熾，昔日沉雄鷙勁之兵，今一變以貴游子弟而赴敵；向之將勇而志一，兵精而力齊，不可復見焉。金非蒙古之敵，亦猶遼非女眞之敵也。實力尚有數十萬衆，但庸將不知兵，士卒皆脆弱。每下令簽軍，州縣騷動，丁男揀取，號泣怨嗟，闔家以爲苦。況自河北淪喪，羣牧散亡，馬匹短乏，步多騎少，故兵勢不振。雖堅守關河，而蒙古避實擊虛，迂迴唐鄧，金兵大潰，汴京被圍，終蹈宋人之覆轍矣。

自嘉定十二年蒙古主鐵木眞第一次西征，任木華黎專負伐金之責。十六年，木華黎死，蒙古軍遂失主將，攻擊暫停，蒙金之戰，無形停頓。至寶慶元年，鐵木眞歸來，旋又帥師征西夏。三年五月，蒙古遣使責歲幣於金。六月，金亦遣使請和於蒙古。夏國主晛力屈出降，立國二百餘年，乃亡。七月，鐵木眞殂於六盤山（甘肅固原縣西南），臨卒，謂左右曰：「金精兵在潼關，南據連山，北限大河，難以遽破。若假道於宋，宋金世讐，必能許我，則下兵唐鄧，直擣大梁。金急，必徵兵潼關，然以數萬之衆，千里赴援，人馬疲敝，雖至，弗能戰，破之必矣。」（註二四）十二月，蒙古入京兆，關中大震，復以兵破關外諸隘。金陝西行省進三策：上策親征，中策幸陝西，下策棄秦保潼關。但金人只取下策，盡棄河北山東關陝，惟集中兵力守河南，保潼關，其防線自洛陽三門析津，東至邳州之源雀鎮，東西六百里，立四行省，帥精兵二十萬以守禦之。紹定元年三月，蒙古兵入大昌原，金平章政事完顏合達以忠孝軍提控完顏陳和尚（彝）爲前鋒，陳和尚以四百騎大敗蒙古八千之衆，士氣皆倍。自蒙古之難，二十年間，始有此捷，奏功第一，名震關中。忠孝一軍，皆回鶻、乃蠻、羌渾、及中原被俘避罪來歸者組成之，鷙狠淩突，每戰則先登陷陣，諸軍倚以爲重(註二五)。三年正月，蒙古兵入大昌原，金將移剌蒲阿敗之，慶陽之圍亦解。武仙既降蒙古，殺蒙古將史天倪以叛，復封恒山公。十月，蒙古主窩濶台（太宗）帥衆入陝西，翺翔京兆同華之間，趨鳳翔。時金之勁旅，皆爲完顏合達與移剌蒲阿二帥所統，行省事於閿鄉，保衛潼關，倚以決存亡。四年四月，蒙古取鳳翔。陳和尚敗蒙古將速不台於倒回谷。五月，金降人李昌國言於拖雷曰：「金主遷汴，所恃者黃河潼關之險耳，若出寶雞，入漢中，不一月，可達唐鄧，金人聞之，寧不謂我師從天而下乎？」拖雷然之，白於蒙古主。蒙古主乃會諸將，期以明年正月，合南北軍攻汴，遣拖雷先趨寶雞。八月，拖雷分騎兵二萬入大散關，破秦州，徑趨華陽，屠洋州，出武休東南，遂圍興元。旋攻入饒風關，由金州而東，將趨汴京。金主守緒召宰執等議，皆主張以兵屯京畿外郡諸縣，以大將守洛陽、潼關、懷、孟等處，嚴兵備之。金主不甘示弱，主迎戰。十二月，合達、蒲阿率諸將入鄧州，楊沃衍、陳和尚，武仙兵皆會之，遂出屯順陽（河南淅川縣東）。合達蒲阿失策，詎讓蒙古兵三萬畢渡漢江，又不乘機掩擊，以爲以勁騎蹴入江，但蒙古兵殊死戰，金兵幾不成列。五年三月，金主聞蒙古兵趨汴，召羣臣議，平章白撒遣麻斤出等部民丁壯萬人，開短堤決河水以衞京城，命夾谷撒合將步騎三萬巡河渡，起近京諸色軍家屬五十萬口入汴城。蒙古主用西夏人恤可計，自河中由河清縣（河南孟津縣東南二十里）渡河，遣人馳報拖雷，以師來會。夾谷撒合行至封邱而還，蒙古兵奄至，麻斤出等皆死，丁壯得免者僅三百人。蒙古主入鄭州，遣速不台攻汴。金主又召羣臣議，決計守外城。時，京城諸軍不滿四萬，而城周百二十里，不能徧守，故議以遷避之民充軍。又集京東西沿海舊屯兩都尉及衛州義軍凡四萬，併丁壯二萬，分置四面，每面選飛虎千名，以專救應，然亦不能軍矣。蒙古兵自禹山之戰，蜂湧北進，由唐州以趨汴京。合達、蒲阿自鄧州帥步騎十五萬赴援，蒙古以騎兵三千躡其後。金軍至鈞州（河南禹縣）沙河，蒙古兵不戰而退，採遊擊戰術，金軍不得休息，且行且戰，至黃榆店，望鈞州二十五里，雨雪不能進。忽有旨兩省軍急赴京師，合達等遂發，次於三峯山，軍士寒餓，雪深沒膝，蒙古兵與由河北南渡之兵四面圍之，乘金兵困疲，乃開鈞州路，縱之走，而以生力軍擊之，金軍大潰。楊沃衍、樊澤、張惠步皆戰死。合達陳和尚走入鈞州，城破被執。蒲阿走，蒙古兵追擒之，皆被殺。金之勁將銳卒，自是俱盡，不復可為矣。初，金聞蒙古入饒風關，二月，遣徒單兀典行省閿鄉，以備潼關；徒單百家為關陝總帥，便宜行事。會傳旨召兀典援汴，兀典遂與潼關總帥納合合閏、秦藍總帥完顏重喜等帥軍十一萬騎五千，盡撤秦藍諸關之備，從陝入虢，同華閿鄉一帶軍糧數十萬斛，備關船二百餘艘，欲順流東下。俄聞蒙古兵近，糧食不及載，船悉空下，復盡起州民搶運靈寶硤石倉粟，會蒙古遊騎至，殺掠不可勝計。金守將李平以潼關降，蒙古遂長驅入陝。兀典發自閿鄉，行至鐵嶺，蒙古以數百騎追及之，重喜先降，軍潰，兀典、合閏被擒殺，關陝之援師遂絕（註二七）。三月，蒙古礮攻洛陽，金兵力守，圍攻三月餘，不能拔，乃去。

當蒙古兵之進迫汴京也，蒙古主窩濶台將北還，自鄭州遣使至汴，諭金主降。金主乃封荆王守純子訛可爲曹王，命尚書左丞李蹊送之蒙古爲質以請和，御史裴滿阿虎帶爲講和使。速不台聞之，曰：「我受命攻城，不知其他也」。平章白撒以議和不散與戰，但蒙古兵仍併力進攻，以西南隅及西北隅爲最急，礮飛如雨，城中亦以震天雷應之，蒙古兵中雷者，燒死數人，全城丁壯出而應戰，太學生亦選爲兵。攻城十六晝夜，內外死者以千萬計。速不台知不可取，乃爲好語曰：「兩國已講和，更相攻耶？」金人乃以酒炙犒蒙古兵，且以金帛珍異賂之。四月，速不台遂許退兵，散屯河洛汝州之間。金主御端門肆赦，汴京解嚴。五月，汴京大疫，凡五十日，諸門出柩九十餘萬具，貧不能葬者，不在此數。七月，飛虎軍申福等殺蒙古行人唐慶等三十餘人於館，金主不問，和議遂絕。夫三峯之敗，精銳俱盡，陳和尚死，國無驍將，而質子請和，蒙古退軍，扶危救傷，莫若自保，乃殺行人，以開敵釁，亦計左之尤者矣。當三峯之敗也，武仙率三十騎逃脫，走南陽，收潰軍，得十萬人，屯留山。汴京被圍，金主詔仙與鄧州行省完顏思烈、鞏昌總帥完顏忽斜虎，合兵入援。思烈等至京水，蒙古乘之，不戰而潰，仙衆奔散，走還留山，京西僅有之援師亦絕。八月，金主以和議既絕，懼兵再至乃復簽民兵括汴京粟，下令存三月糧，計口每人三斗，以爲守禦之備。

十二月，汴京糧盡援絕，勢益危急，金主召羣臣入議，或言歸德四面皆水，可以自保；或言宜沿西山入鄧；或言取陳蔡路轉往鄧下，右司郎中白華認爲不可。金主又集衆諭以京城食盡，今擬親出，諸將佐奏止之，不聽。金主命右丞相賽不、平章白撒、右副元帥訛出，左丞相李蹊、元帥左監軍徒單百家等，帥諸軍扈從。發汴京，會忽斜虎援兵至，言於金主曰：「京西三百里之間無井灶，不可往，不如幸秦鞏。」金主決意東行，進次黃陵岡，白撒擊蒙古，降其兩寨，得河朔降將，遂一意向河朔。速不台聞金主棄汴，復進圍之。六年正月，金主渡河，會大風，後軍不能濟，蒙古軍追擊於南岸，金兵溺者近千人。金主次於北岸，望之震懼，遣白撒帥師攻衞州，敗績，遂與副元帥合里合等六七人，夜登舟，潛渡河，走歸德。翌日，諸軍始聞金主棄師，遂大潰。金主入歸德，遣使赴汴奉迎太后及后妃，諸軍怨憤，乃暴白撒罪，殺之。初，汴人以金主親出師，日聽捷報，及聞軍敗，始大懼。時速不台攻城日急，內外不通，米每升至銀二兩，殍死相望，城中觸目皆瓦礫廢墟，無復向來繁侈矣。西面元帥崔立，性淫狡，因民洶洶，潛謀作亂，初舉事止三百人，殺樞副兼知開封府完顏斜捻阿不，參政完顏奴申等十餘人。當是時，諸將帥四面握兵者甚衆，皆束手聽命，無一人出而與抗者。立遂勒兵入宮，集百官議所立，乃立衞紹王故太子從恪，命爲梁王監國，立自爲太師拜元帥。遂遣款詣青城見速不台，速不台喜，飲之酒，立以父事之。還城，悉燒樓櫓，令在京士庶皆割髮爲蒙古民，速不台益喜，始信其實降也。四月，以天子袞冕后服進於速不台，又括在城金銀，訊掠慘酷。立又以太后王氏、皇后徒單氏、梁王及荊王守純諸妃嬪，凡車三十七輛，宗室男女五百餘人，衍聖公孔元措、名儒梁陟、及三教醫流工匠繡女赴青城。速不台殺二王及宗屬，而送后妃等於和林，在道苦楚萬狀，尤甚於徽欽之時。速不台入汴城，縱兵大掠，欲依蒙古之制，請屠城，幸藉耶律楚材力諫，乃詔除完顏氏一族外，餘皆原免。時避兵在汴者尚有一百四十萬戶，幸得保全，遂爲定制（註二八）。

初，五年十二月，蒙古遣王檝來京湖，議夾攻金。史嵩之以聞，朝臣皆以爲可遂復讐之舉。獨趙范不喜，曰：「宣和海上之盟，厥初甚堅，迄以取禍，不可不鑑。」帝不從，命嵩之報使許之。嵩之乃遣鄒伸之往報蒙古，俟成功，以河南地來歸。六年三月，金主在歸德，隨駕親軍及河北潰軍漸集，樞密副使權參知政事石盞女魯歡懼不能給，白於金主，乞遣出城，及就糧於徐陳宿三州。金主不得已從之，止留元帥蒲察官奴忠孝馬軍四百五十人，都尉馬用軍二百八十餘人於城中。時蒙古兵圍亳州，且日遣兵薄歸德，民心搖動。官奴請北渡河，再圖恢復，女魯歡沮之；又謀邀金主幸海州，金主不從。官奴積忿，異志益堅，李蹊以聞。官奴乘隙率衆攻殺馬用，遂殺李蹊女魯歡以下凡三百人，軍將禁衛民庶死者三千人。金主被脅，不得已暴女魯歡罪，而以官奴繼其職。四月，唐鄧行省武仙次於順陽，與唐州守將武天錫，鄧州守將移剌瑗相掎角，謀迎金主入蜀，遂犯光化，其鋒甚銳。孟珙（一一九五—一二四六）破之，殺天錫，走武仙，降移剌瑗。金僅有外援之力，全部消滅。五月，官奴詐言欲刼金主以降，蒙古將忒木解還其母，因定和計，日往來講議會飲，官奴突率兵襲擊之，敗蒙古軍於亳州，遂眞拜左副元帥參知政事，命習顯總軍以守亳州。官奴既敗忒木解，勢益驕橫，居金主於照碧堂，禁近無人敢奏對者。金主惟益悲泣，遂與內侍局令宋珪等密謀討官奴。且聞蔡州（河南汝南縣）城堅池深，兵衆糧廣，咸勸幸之，以救饑窘。會蔡息陳潁等州便宜總帥烏古論鎬運米四百斛至歸德，且請臨幸。金主意遂決。六月初，官奴自亳州還，金主諭以幸蔡，官奴知蔡州備禦不及歸德，力爭以爲不可。金主遂與珪等謀，召宰相議事，官奴進見，伏殺之。金主留元帥王壁守歸德，遂如蔡州。明日至亳州，從者二三百人，馬五十匹而已。進次亳南六十里，蒿艾滿目，無一人跡。金主太息曰：「生靈盡矣！」爲之一慟。二十五日，入蔡，遂以忽斜虎爲尚書右丞，總領省院事，烏古論鎬爲御史大夫，張天綱權參知政事，孛朮魯小婁室簽書樞密院事。忽斜虎有文武才，事無巨細，率親爲之，選士括馬，繕治甲兵，未嘗一日忘奉金主幸秦鞏之志。兗王用安蠟書言入蔡六不可，無險無糧，勢難堅守，莫如權幸山東，但業已遷蔡，無可議。近侍久困睢陽，貪汝陽之安，皆娶妻營室，不願遷徙，進言西幸不便，金主信之。時蒙古兵離蔡稍遠，商販漸集，金主懷安，命選室女備後宮，及修建山亭爲遊息之所，忽斜虎切諫，乃止。忽斜虎進馬選兵，得精銳萬餘，兵威稍振。時從官近侍皆窮乏，悉取給於烏古論鎬，鎬不能繼，交譖於金主，金主遂疏鎬。鎬憂憤成疾，多不視事。七月，孟珙大敗武仙於馬蹬山，破九砦，降其衆七萬，珙還襄陽。八月，蒙古都元帥塔察兒遣宣撫王檝至襄陽，約攻蔡州。史嵩之先以兵會伐唐州，金將烏古論黑漢戰死，城遂降，官軍駐於息州之南，降者日衆。九月，金使完顏阿虎帶來乞糧，朝廷不許。蒙古兵數百突至蔡城下，金兵出接戰，蒙古兵奔潰，塔察兒以數百騎復駐城東，金兵又敗之。自是蒙古兵不復薄城，分築長壘圍之。十月，史嵩之命孟珙、江海帥師二萬，運米三十萬石，赴蒙古之約。塔察兒大喜，益修攻具，城中甚恐。賴忽斜虎循撫其民，營畫禦備，軍民感奮，始有固志。然應付南北兩路之薄攻，金盡徵民丁防守，不足，復括婦人壯健者運木石。孟珙得降人，言蔡城中饑，盡力守之，以防突圍。塔察兒遣張柔帥精兵五千薄城，金人堅拒之。

珙殊死戰，進薄柴潭，——蔡城恃潭爲固，外卽汝河，——立柵潭上，命諸將奪柴潭樓，南北兩軍皆濟，攻其外城破之。進薄土門，兩軍又合攻西城克之，因墮其城。金主率兵夜出東門，謀遁去，及柵，遇敵兵戰而還。端平元年正月，城中饑窘，絕糧已久，鞍韡敗鼓皆糜煮，且聽以老弱互食，諸軍以人畜骨和芹泥食之。又往往斬敗軍全隊拘其肉以食，故欲降者衆。且自被圍以來，戰沒將帥甚多，禁近內臣亦皆供役，分守城陴，蒙古兵攻城愈急，九日，金主守緒傳位於東面元帥承麟，——承麟者，系出世祖諸孫，白撒之弟也，拜泣不敢受。金主曰：「朕所以付卿者，豈得已哉？以朕肌體肥重，不便鞍馬馳突。卿平日矯捷，有將略，萬一得免，祚胤不絕，此朕志也。」承麟乃受璽卽位。十日，孟珙之師猛攻南門，列雲梯，萬衆競進，大戰城上。金百官稱賀禮畢，亟出應戰，而南門之陴已立宋幟，俄頃，四面鼓譟夾攻，執其參政烏古論鎬，殺其元帥烏林答胡土，南門守者棄門走，門遂開，孟珙招江海、塔察兒之師以入，忽斜虎帥精兵一千巷戰，不能禦。守緒自經死，忽斜虎聞之，赴汝水死，參政孛朮魯小婁室以下及軍士五百餘人皆從死焉。江海入宮，執參政張天綱，知金主已死。承麟亦爲亂兵所殺。金亡（註二九）。歷世九主，凡一百一十七年。

金既亡，史嵩之發露布，遣郭春按循故壤，詣奉先縣，汎掃諸陵。孟珙還師，屯襄陽，江海亦還屯信陽。王旻戍隨州，王安國守棗陽，蔣成守光化，楊恢守均州，並增兵整備，經營屯田於唐鄧州。四月，嵩之遣使以所獲金主完顏守緒遺骨及寶玉法物，並俘囚張天綱完顏好海等獻於臨安。乃備禮告於太廟，藏守緒骨於大理寺獄庫，孟珙江海以下論功行賞。

說者論金亡之跡，不殊汴宋。蒙古分兵侵金河北河東諸部，即金人分道入寇也。速不台圍汴京，即斡離不之圍京師也。昔康王爲質於金以請平，金曹王爲質於蒙古亦請平。昔斡離不引兵北去而赦，今速不台退師河洛而亦赦。徽宗奔亳州，而斡離不圍汴；守緒奔河北而速不台以圍汴。金人向汴京勒索金銀，訊掠慘酷。蒙古亦然。宋徽欽二帝赴青城，與后妃宗室全部北遷；金梁王荊王皆赴青城，與后妃宗室三教醫流工匠亦全部北遷。一百年間，故事一一重演，敗亡何相似也？第考宋之不能守汴也，無幽薊爲之蔽耳，宋取燕而不知取三關之險，守汴京而不知守關河之險，使虜笑南朝無人固矣。而金能守關河之險矣，蒙古則假道於宋，迂迴腹攻，三峯一役，知金之必亡，不須俟蔡州之圍也。夫宋人棄汴，猶有南可渡，江淮之人皆中國之族也。金以少數民族而迫宋作城下之盟，以華制華，盤據河朔。及其棄中都而南遷，兩河關陝之人，原非金族也。既人口之懸殊(註三〇)，且心理之仇視，壓力一弛，全部瓦解。當戰事逆轉，完顏氏故老宿將，凋零殆盡，四面楚歌，進退徬徨，戰守和皆不成策，唯圖一遷。然蔡州與秦鞏，形勢已非，是以力竭而亡，完顏氏之族，亦隨之而消滅矣，寧不哀哉！

第二十四節　蒙古南侵

金亡後，右丞相鄭清之有乘時撫定中原之意，會趙范趙葵全子才等惑於降人谷用安之說，謂非扼險無以爲國，於是守河據關之議起。朝臣多以爲未可。秘書少監趙汝談反覆言不可輕戰。樞密副都承旨吳淵謂力既不能取，取之亦不能守。監察御史李宗勉主張量力以有爲，相時而後動，謂：「今朝廷安恬無異於常時，士卒未精銳，資糧未充衍，器械未犀利，城堡未繕修，於斯時也，守禦猶不可，而欲進取可乎？」(註三一)獨淸之力主其說，致民兵死者以萬計。端平入洛之師，由於不量力而橫挑強敵之咎，宋之失計誤國，未有如淸之者也。

端平元年六月，詔出師收復三京，以趙范爲東京留守，趙葵爲南京留守，全子才爲西京留守，乃命趙范移師黃州，刻日進兵。范參議官丘岳曰：「方興之敵，新盟而退，氣盛鋒銳，寧肯損所得以與人耶？我師若往，彼必突至，非惟進退失據，開釁致兵，必自此始。且千里長驅，以爭空城；得之，當勤餽餉，後必悔之。」范不聽。京西湖北制置使史嵩之亦言荆襄方爾饑饉，未可興師。淮西轉運判官杜杲(一一七三—一二四八)復陳守境之利，出師之害。參知政事喬行簡上三大憂疏，謂：「不憂師出之無功，而憂事力之不繼；有功而至於不繼，則其憂始深矣。」皆不聽。淮西總領吳潛又告執政，論用兵復河南不可輕易。金人既滅，與北爲鄰，法當以和爲形，以守爲實，以戰爲應。取之若易，守之實難。今日之事，豈容輕易？執政不能從。十二日，初以知廬州全子才合淮西兵萬人赴汴，沿途所見，淮北凋殘之象，一片蕭條(註三二)。汴京都尉李伯淵殺崔立以應，子才次於汴。七月二十日，趙葵以淮東之師五萬，由泗宿抵汴，與子才會師。時沿淮旱蝗，不任征役，汴隄破決，水潦泛溢，盛暑行師，糧運不繼，所復州郡皆空城，無兵食可因。子才以待糧餉爲辭，逾半月，葵催其赴洛，子才乃檄鈐轄范用吉、樊辛、李先、明顯等提兵一萬三千人，由徐敏子爲監軍，先行西上。又命楊誼以廬州強勇軍一萬五千人繼之，只攜五日糧。至中牟，敏子遣和州寧淮軍正將張迪以二百人潛赴洛陽。時蒙古之戍洛陽者，空其城以相誘。迪至城下，城中寂然無應。逮晚，有民庶三百餘家，登城投降，遂入洛陽。翌日，軍食已盡，乃採蒿和麵作餅而食之。楊誼至洛東三十里，方散坐蓐食，被蒙古伏兵襲擊，倉卒無備，遂大潰，誼僅以身免。潰卒到洛報告，謂蒙古軍已據虎牢，洛師聞而奪氣。八月，蒙古兵至洛陽城下，徐敏子據洛水爲陣，略接戰，但不食四日，遂突圍南走，蒙古縱兵追擊，死傷者十八九。敏子中流矢，徒步間行，道收潰卒得三百人，食桑葉梨棗，轉戰而前，乃抵浮光。洛師既潰，敗耗傳至汴，趙葵全子才乃班師南下(註三三)。當時以江淮邊境守軍，乘虛北進，後方無全力支持，故糧援不繼，不戰而潰。此由於不明敵情，輕進易退，純爲戰術上錯誤也。趙范以入洛之師敗績，上表劾趙葵全子才輕遣偏師復西京，趙楷劉子澄參贊失計，師退無律，致後陣喪敗。詔趙葵全子才削一秩，分別措置河南京東及唐鄧息州營田邊備。劉子澄、趙楷、徐敏子、范用吉、楊誼削放貶降有差。河南新復郡縣，播種久廢，民食甚艱，乃命江淮制置司發米麥百萬石，往救濟歸附之軍民。蒙古以金既滅，寒盟無信，命劉福爲河南道總管，河南地不肯歸宋。十二月，遣王檝來責敗盟，朝廷遣鄒伸之等報謝。夫欲復三京八陵，不先令孟珙定議於軍前，而計出於兵退之後，乘虛襲取，用計之左，無以逾此，自是江淮之間無寧日矣。

當時軍政不修已久，軍紀廢弛，賞罰無章，邊防兵力，甚爲脆弱。兩淮民兵，雖號驍捷，然輕進易退，不足以當堅韌之鐵騎。淮西精甲數萬入洛之師，損失一萬五千人，而他州陷沒者猶不計焉。淮東尚有險可守，擁有新舊戰艦千艘，但江上諸軍常互調，皆非舊戍，且將不知士，士不識將，緩急不可倚仗。荆襄所恃保捷一軍，十餘年來，頗已凋落。金亡後，收容其降卒，除納合買住部屯於建康外，多不敢放在江南，而散置於揚泗滁廬及江陵。孟珙所招收屯襄陽者爲最多，組成鎮北軍二萬人，亦稱北軍，獨立組編，自兼都統制以統之，分駐漢北、樊城、新野、唐、鄧間，以備蒙古，但與南軍殆如冰炭。荆鄂舊軍二萬人，粗若可用，然僅存者六七千人，雖有外五軍，亦不滿數千。蜀中諸軍，實額爲六萬人，忠義一萬五千人(註三四)。廣東有摧鋒軍，增防建康。二年六月，蒙古主命闊端將塔海侵蜀，忒木䚟、張柔等侵漢，口溫不花及察罕等侵江淮。七月，口溫不花寇唐州，全子才等棄師走，趙范率師敗蒙古兵於上閘兒而還。十月，闊端入蜀，次鞏昌（甘肅隴西縣），金總帥汪世顯（秦鞏土豪）降，令率所部從征，世顯遂截高陵，進趨大安，闊端自鳳州入西川。十二月，入沔州，殺知州高稼，制置使趙彥吶進屯青野原，蒙古圍之。統制曹友聞卽往救之，解其圍。既而汪世顯擣大安，友聞又救之，蒙古大軍數萬突至，友聞復敗之。友聞遂引兵扼仙人關。三年正月，蒙古兵攻洪山，張順翁成大等以兵捍禦之。二月，忒木䚟寇江陵，統制李復明奮勇戰沒。信陽光州境內，蒙古軍虜掠焚燬，赤地千里，蘄州舒州黃州，往往行十日無炊煙。時京湖安撫制置使趙范在襄陽，以王旻、李伯淵、樊文彬、黃國弼等爲腹心，上下無序，諸事廢弛。既而南北軍交爭，又以歧視北軍而生變，范失於撫馭，三月，北軍主將王旻之克敵軍（背心有紅月號）首叛，伯淵繼之，焚襄陽城郭倉庫，而降於蒙古。城中官民尚有四萬七千，倉庫財粟無慮三十萬，軍器二十四庫，皆爲蒙古所有，金銀鹽鈔不預焉。南軍主將李虎到援，乘勢刼掠，城中爲之一空(註三五)。襄陽自岳飛收復以來，百三十年，生聚繁庶，城高池深，甲於西陲，一旦灰燼，詔以趙范失於撫馭，削三官，仍舊職任，制置司暫移江陵。而江陵府以去年被圍攻，沙市商貨所聚，掃地無餘。官兵旣屢爲蒙古所敗，襄漢淮蜀日急，帝悔前事，下罪己之詔。蒙古軍隨陷郢州荆門軍，又陷棗陽軍，德安府。九月，曹友聞與蒙古戰於大安軍陽平關，敗績死之。蒙古兵遂長驅入蜀，一月之間，成都、利州、潼川三路俱陷沒，西蜀所存，惟夔州一路，及潼川順慶府（四川南充縣）而已。十月，蒙古兵陷固始縣。濶端離成都，入文州，軍民死者數萬人。十一月，口溫不花入淮西蘄舒光州，守臣皆遁；又合三州人馬糧械，趨黃州，遊騎自信陽趨合肥。詔淮西史嵩之援光州，淮東趙葵援合肥，沿江陳韡遏和州，爲淮西聲援。忒木䚟攻江陵，史嵩之遣孟珙救之，珙破蒙古二十四砦，救回俘民二萬而歸。察罕攻眞州，知州丘岳拒之，不逞引去。

嘉熙元年十月，口溫不花攻黃州，孟珙赴援，卻之，遂攻安豐軍（安徽壽縣）。知安豐軍杜杲繕完守禦，蒙古以火礮擊焚樓櫓，杲督士奮死戰，會池州都統制呂文德突圍入城,合力捍禦,蒙古引去。當時江淮守軍主力，維揚爲趙葵，廬江爲杜伯虎，金陵則有別之傑，尤其葵留揚八年，墾田治兵，邊備益飭，朝廷倚之如長城。二年正月，詔史嵩之趙葵援黃州安豐。二月，蒙古再遣王檝來求歲幣，銀絹各二十萬。李宗勉言：「輕諾者多後患，當守原約可也。」史嵩之開督府，力主和議。三月，命周次說爲蒙古通好使，蓋自端平以來，敵兵歲至，和不可，戰不能，楮劵日輕，物價踊貴，民生流離，大勢殆無可爲，故欲尋和也。九月，察罕帥兵號八十萬，圍廬州，期破廬後，造舟巢湖，以窺江北。

杜杲極力守禦，蒙古敗走，杲追躡數十里，又練舟師，扼淮河，遣其子庶監呂文德聶斌，伏精銳於要害。蒙古不能進，遂引而北歸，詔加杲淮西制置使（治廬州）。十月，以孟珙爲京湖制置使（治江陵），詔珙收復京襄。珙謂必得郢，然後可以通餽餉；得荆門，然後可以出奇兵。先謀後動，遂發兵深入，收復郢州荆門軍。三年正月，曹文鏞復信陽，劉全收復樊城，再復襄陽，譚深復光化軍，息蔡降。八月，塔海將兵入蜀，制置使丁黼戰死於新井，蒙古遂取漢、卭、簡、眉、蓬州，遂寧、重慶、順慶府，尋引還。十二月，珙諜知塔海南侵，測其必假道施黔以滲入湖湘，乃以二千人屯峽州，千人屯歸州，命弟瑛以精兵五千駐松滋，爲夔州聲援，增兵守歸州隘口黃戶谷。及蒙古兵至，珙密遣劉全禦之，又遣伍思智以千人屯施州（湖北恩施縣）。蒙古既入蜀，珙從水陸積極佈防，遣兵間道抵均州防遏，且設策備禦。未幾，蒙古兵渡萬州（四川萬縣）湖灘，施夔震動。珙兄璟時知峽州，帥兵迎拒於歸州大埡砦，在巴東（湖北巴東縣）告捷，遂復夔州。四年正月，張柔等分道入寇。二月，以孟珙爲四川安撫使兼知夔州，節制歸、峽、鼎、澧軍馬。珙至鎮，招集散民，擇險立砦，屯田墾耕，敎以戰守。四月，蒙古復使王檝來，檝前後凡五至，以和議未決，隱憂成疾而卒。淳祐元年十一月，塔海部汪世顯等復入蜀，進圍成都，制置使陳隆之被執見殺。十二月，蒙古月里麻思來議和，從行者七十餘人，淮上守將囚之長沙飛虎寨。二年二月，蒙古也可那延耶律朱哥自京兆取道商房以攻三川，孟珙遣一軍屯江陵及郢州，一軍屯沙市，一軍自江陵荆門出襄陽與諸軍會。又遣一軍屯涪州。嚴令主兵官不許失棄寸土，諸將稟命惟謹。五月，蒙古陷廬州。七月，張柔自五河口渡淮，進攻揚、滁、和諸州，統制王溫等兵敗於天長縣。十月，蒙古陷通州，屠其民，守將杜霆棄城遁。十二月，蒙古攻敍州，都統楊大全戰死。三年七月，蒙古兵破大安軍，忠義副總管楊世安力戰卻之，詔以世安知大安軍。四年五月，蒙古兵圍壽春，呂文德率諸軍禦之。六月，以呂文德爲淮西招撫使，未幾，文德敗蒙古兵於五河口，復其城。十二月，以孟珙兼知江陵府。五年五月，詔沿江、湖南、江西、湖廣、兩浙制帥漕司，共造輕捷戰船，置游擊軍壯士，分備捍衛。七月，察罕帥步騎三萬與張柔再攻壽春，進至揚州而還。六年十一月，蒙古寇荊湖江淮之境，攻拔虎頭關，進至黃州。當端平嘉熙之際，蒙古病宋亟矣，幸而摧堅抵險，扞圉無患者，孟珙諸將力也。珙善知兵，當其駐兵岳陽也，曾條陳上流防禦之策，假想敵人沿江而下，分三道防線以禦之。以夔、忹、涪、萬以下江面爲第一線，鼎澧爲第二線，辰、沅、靖、郴、桂爲第三線，請峽州松滋各屯一萬人，舟師隸焉。歸州屯三千人，鼎、澧、辰、靖各屯五千人，郴桂各屯七千人，如是則江面可保。謂虜必由間道涉湖南江西之境，先事而言，其後皆驗也(註三六)。然而廟堂之上，空其無人，僅以公侯干城，寄之一珙。珙亦徘徊身後，莫有繼也。已而珙卒，遺表舉賈似道自代，而薦李庭芝於似道，局勢遂不可爲矣。

蜀自吳曦之變，地號多事，安丙卒，崔與之罷，統馭乏人。寶慶三年失關外。端平二年，蜀地破殘，所存州郡無幾。迄淳祐二年之十六年間，凡授宣撫使者三人，制置使者九人，副使四人，或老或暫，或庸或貪，或慘或繆，或遙領而不至，或開隙而各謀，而事權分散，無復紀律，其不亡者僅爾。余玠用而城守始備，軍事上產生一奇蹟，人心粗定，軍民始有安土之志，亦西土中興之會也。玠、蕲州人，家貧，有膽識，少爲白鹿洞諸生，殺人亡命，寄跡襄淮，喜功名，好大言。後謁淮東制置使趙葵，葵壯之，留置幕府。嘉熙三年，俾帥舟師，泝淮入河，與蒙古兵戰於汴城河陰。淳祐元年，又提兵應援安豐。有功，累擢淮東制置副使。曾入對，以「視文武之士爲一，勿令偏有所重，」奏於帝。帝曰：「卿人物議論，皆不尋常，可獨當一面，」乃授四川宣諭使。淳祐三年二月，加制置使，知重慶府。玠至，築招賢館，以禮納士。播州（貴州遵義縣）人冉璡（一作琎）冉璞兄弟，有文武才，聞玠賢，相率詣謁。玠賓禮之，對玠進言：「爲今日保蜀之計，其在徙合州（四川合川縣）城乎？」玠躍起執其手曰：「此玠志也！但未得其所耳。」二冉曰：「蜀口形勝之地，莫若釣魚山，請徙諸此，聚粟，得其人以守之，勝於十萬師遠矣，巴蜀不足守也」。玠大喜，密以其計劃聞於朝，詔以璡爲承事郎，權發遣知合州；璞爲承務郎，權通判州事，徙城之事，悉以任之。二冉之計，利用四川天然地理優勢，因山另築新城，因城設防。合州爲渠江與嘉陵江合流之地，山在合州城對岸。平時以舊城爲住居生聚之所，臨敵則以新城爲防禦之堡壘，以抵抗敵騎之馳突。一年而山城成，城位於釣魚山頂，因名曰釣魚城，徙合州治於其上。山西南北三面，絕壁劍立，僅一道通出入，山頂平坦，周圍十餘里，上有天池，汲用不竭。並依次建築靑居（順慶府治所，今南充縣南約四十里）、大獲（閬州治所，今蒼溪縣東南三十里）、雲頂（利戎軍治所，今金堂縣）、雲山（又名天生，蓬州治所，今蓬安縣）、得漢（洋州治所，今通江縣東一百二十里）、白帝（夔州府治，今奉節縣東）、苦竹（卽苦竹隘，劍州治所，今劍閣縣北），凡十餘處，皆因山爲壘，棋布星分，爲保蜀之防禦網（註三七）。其中最有戰略價值者，爲上述之八處，乃六州二府之治，號爲「巴蜀八柱」。其部署計劃，移金州兵於大獲，以護蜀口；移沔州兵於青居，興州兵先駐合州舊城，移守釣魚山，共備內水。移利州兵於雲頂，以備外水。於是如臂使指，氣勢聯絡，屯兵聚糧，爲必守計。又屬嘉定俞興開屯田於成都，蜀以富實。玠慷慨自許，又作經理四蜀圖以進曰：「幸假十年，手挈四蜀之地，還之朝廷，然後歸老山林，臣之願也」(註三八)。數年之間，建城堡，築關隘，增屯堡，邊警稍息，於是一意出師，率諸將巡邊，數與蒙古戰，迭獲勝利。四年，樞密院言：「四川帥臣余玠與蒙古大小三十六戰，皆有勞效，宜第功行賞。」六年，玠亦上言：「北兵分四道入蜀，將士捍禦有功者，宜便宜推賞。」(註三九)十年十月，出師擣興元，遇蒙古將汪德臣鄭鼎，大戰而還。十二年二月，汪德臣城沔州，未幾，又城利州，自是蒙古兵且耕且戰，以城堡對抗城堡，蜀土遂不可復。十月，汪德臣將兵掠成都，薄嘉定，四川大震，余玠帥諸將俞興、元用等，夜開關力戰，始解去。初，利州都統王夔素殘悍，恃功驕恣，桀驁不受節制，所至刼掠，蜀人苦之。玠召夔議事，潛以親將楊成代領其衆。夔至，玠斬之，乃薦成爲文州刺史。會戎帥欲舉統制姚世安爲代，玠素欲革軍中舉代之弊，以三千騎至雲頂山下，遣將代世安，世安閉關不納。世安素結丞相謝方叔子姪，至是求援於方叔，攻玠之短，爲夔報怨，而世安乃與玠抗。寶祐元年五月，召玠還，而以知鄂州余晦代之。余晦者，天錫之姪也，徐淸叟以晦輕儇浮薄，不堪任重，乞賜收回，但詔命已頒，不果。夫玠之治蜀也，雖出奇善戰，不若吳玠吳璘，而任都統張實治軍旅，安撫王惟忠治財賦，監簿朱文炳接賓客，隨材器任，人各盡能。至於修學養士，輕徭以寬民力，薄征以通商賈。蜀既富厚，乃罷京湖之餉；邊關無警，又撤東南之戍。自寶慶以來，蜀閫未有能及之者，西陲疆寄，作一木之支。然久假便宜之權，不顧嫌疑；昧於勇退，遂來讒賊之口。七月，聞召不自安，一夕暴卒，或謂仰藥死，蜀人莫不悲之(註四〇)。二年八月，余晦以私怨奏利州西路安撫王惟忠通敵，遂下大理獄，竟斬於市。旋召余晦還，以李曾伯爲四川宣撫使，置夔州。九月，追削余玠官秩，籍玠家財以犒師。嗟乎！孟珙卒，則宋無京湖；余玠卒，則宋無巴蜀。敵人有蜀，則舟師可自蜀浮江而下，而長江之險，敵人與我共之矣。當南宋之初，守江必守淮，故與金人常角逐於兩淮，而長江之天塹自若也。及蒙古南侵，戰略不同，入蜀以爭長江之險，欲從建瓴之勢，順流直下，向使余玠不城釣魚山，則無蜀久矣；無蜀，則長江之險早失，無江南久矣。余玠治蜀十二年，阻蒙古軍東下之路，玠死，蜀非宋有。全線統帥人才，兩淮惟賈似道，荊蜀惟李曾伯二人而已，故淳寶之際，亡形已露，國祚之危，從可知矣。

六年二月，蒙古主命諸王阿里不哥居守和林，阿藍答兒輔之，自將南侵，由西蜀以入。先命張柔從忽必烈攻鄂，趨杭州；塔察攻荆山（湖北南漳縣西）。又詔兀良合台自交廣引兵會鄂，李全子璮進攻海州漣水軍等處。四月，蒙古主進次六盤山，軍四萬，號十萬，分三道而入。蒙古主自隴州趨散關，諸王莫哥由洋州趨米倉關（陝西南鄭縣南米倉山，山下有道曰米倉道，爲川陝交通要道），萬戶孛里察由漁關趨沔州。紐璘將前軍，欲會都元帥阿答胡於成都，制置使蒲擇之遣安撫劉整等據遂寧江箭灘渡，以斷東路，紐璘軍至不能渡，自旦至暮，大戰，整等軍敗。紐璘遂長驅至成都，擇之命楊大淵等守劍門及靈泉山，自將兵救成都。會阿答胡死，紐璘率諸將大破大淵等於靈泉山，進攻雲頂山堡，克之。成都、彭、安（四川安縣）、漢、綿（四川綿竹縣）等州，威茂諸蕃，相繼悉降。九月，紐璘率衆渡馬湖江，獲張實，遣實招諭苦竹隘，實入城，與楊立堅守之。十月，蒙古主渡嘉陵江，至白水，命總帥汪德臣造浮橋以濟，進次劍門，破苦竹隘，楊立張實死之。蒙古進兵圍長寧山，守將王佐徐昕戰敗。十一月，進攻鵝頂堡，知縣王仲以城降，佐死之。又進攻大獲山，守將楊大淵降。十二月，龍州（四川平武縣）、青居、大良（四川廣安縣）、雲山、石泉（四川北川縣）俱降（註四二）。朝廷以蒙古兵渡馬湖入蜀，詔馬光祖移師峽州，向士璧移師紹慶府（四川彭水縣），以便策應，光祖士璧以兵阻蒙古，戰於房州（湖北房縣），敗之。蒙古取隆（四川隆昌縣）、雅（四川雅安縣）州，又取閬州，楊仲淵以城降。蒙古遣宋人晉國寶招諭合州守將王堅，堅拒之。開慶元年正月，蒙古兵攻忠（四川忠縣）涪州，漸迫夔境，詔蒲擇之，馬光祖戰爭調遣，以便宜行事。以賈似道爲京西湖南北四川宣撫大使，移馬光祖爲沿江制置使，似道尋兼督江西二廣軍馬。蒙古兵破利州、隆慶（四川劍閣縣）、順慶諸郡。兀良合台會由大理入交阯，是時率四王兵四千，蠻僰萬人，破橫山（廣西邕寧縣東八十里橫山寨），徇內地，乘勝破賓州，入靜江府（廣西桂林縣），連破辰沅，如入無人之境，遂壁潭州城下。王堅追還晉國寶，殺之。蒙古主遂命大將渾都海以兵二萬守六盤，乞台不花守青居山。又命紐璘造浮橋於涪州之藺市，以杜援兵，謀攻合州。二月，蒙古主悉帥諸軍渡雞爪灘（合川縣東北江中），直抵合州釣魚城下，王堅力戰以守，蒙古會師圍之。四月，詔守合州王堅，嬰城固守，百戰彌厲，節義爲蜀列城之冠。詔賞典加厚。六月，四川制置副使呂文德帥兵攻涪州浮橋，力戰，得入重慶，遂帥艦千餘艘，泝嘉陵江而上，圖救合州。史天澤分兵爲兩翼，順流縱擊，文德敗績。七月，蒙古主屢督諸軍攻合州，歷五月不克，前鋒將汪德臣選兵夜登外城，堅率兵逆戰，德臣幾爲飛石所中，因得疾死。會天大雨，攻城梯折，後軍不克進，俱退。蒙古主蒙哥（憲宗）殂於釣魚山下，或傳中飛矢死(註四二)。諸王大臣用二嬴負之北行，合州圍解。捷聞，加堅寧遠軍節度使(註四三)。

蒙古主蒙哥既殂於軍中，由忽必烈繼之，蒙古南侵，戰事急轉直下。夫忽必烈以雄才大略，能用漢人之智謀以滅宋，而又用漢人之學問以建國，史家譽之可媲美唐之太宗，信然。當時忽必烈主持荆淮戰場，八月，遣楊惟中郝經宣撫荆湖江淮，宣佈招納降附。經言於忽必烈，以用兵久且多，兵連禍結，久未卽功，宜諭宋令降名進幣，割地納質，偃兵息民，以全吾力，而圖後舉。宋之精銳，盡在兩淮，江面濶越，恃其巖阻，然兵皆柔脆，用兵以來，未嘗一戰，一處崩壞，則望風皆潰。乃獻先荆後淮，先淮後江之策。又謂取國之術與爭地異，併力一向，爭地之術也；諸道並進，取國之術也。(註四四)此以政治配合軍事之攻勢，政略與戰略之統一運用，正宋之大患也。於是會兵渡淮，忽必烈由大勝關（河南羅山縣南），張柔由虎頭關（湖北麻城縣東北，接河南光山縣界，爲鄂豫兩省之要隘），分路並進，官軍皆遁。九月，宗王莫哥自合州遣人以蒙古主凶訃告忽必烈，請北還以繫人望。忽必烈欲立功而後北還，乃至黃陂（湖北黃陂縣）趨陽邏堡（沙蕪口東）。時官軍以大舟扼江渡，軍容甚盛。忽必烈以董文炳帥死士爲前鋒，鼓譟強渡，官軍大敗。翌日，遂帥諸軍自黃州沙蕪口渡江，進圍鄂州，中外大震。蒙古兵進至臨江軍（江西清江縣），制置使徐敏子在隆興（江西南昌縣），頓兵不進，知軍事陳元桂力疾戰死，蒙古兵遂入瑞州（江西高安縣）。詔諸路出師以禦蒙古，大出內府銀幣犒師，前後出錢七千七百萬緡，銀帛各一百六十萬兩匹。十月，以賈似道爲右丞相兼樞密使，出師漢陽以援鄂。時邊報日急，臨安結集義勇，招募新兵，增築平江、紹興、慶元城堡，朝野震恐。董宋臣請帝遷都四明（鄞縣西南四明山），以避敵鋒。軍器監何子舉、御史朱貔孫認爲不可，皇后亦請留蹕以安民心，帝遂止。十一月，蒙古圍鄂州，都統張勝戰敗死。吳潛用御史饒應子言，移賈似道由漢陽至黃州，堠騎言前有北兵，似道大懼。及北兵至。乃老弱部所掠金帛子女而去者，由江西降將諸再興騎牛先之，孫虎臣出擒再興，似道遂狼狽入黃州。十二月，蒙古攻鄂州城益急，城中死傷者至萬三千人，似道密遣宋京詣蒙古營請稱臣納降，忽必烈不許。會走報蒙古主訃聞，似道再遣京往。忽必烈亦聞阿藍答兒等謀立阿里不哥（拖雷第七子，忽必烈同母弟），因召羣臣議事。郝經勸其與宋議和，許割淮南、漢上、梓、夔兩路，定疆界歲幣，置輜重，率輕騎而歸。忽必烈以爲然。會宋京至，請稱臣，割江南爲界，歲奉銀絹各二十萬兩匹。忽必烈許之，遂拔砦而去。留張傑閻旺以偏師候湖南兀良合台之兵。景定元年二月，張傑閻旺作浮橋於新生磯，兀良合台兵至，傑等濟師北還。賈似道用劉整計，命夏貴以舟師攻斷浮橋，進至白鹿磯殺敵卒一百七十人。詔賈似道以緡錢三千萬犒師，並示賞功之典。三月，似道匿議和稱臣納幣之事，只以所殺獲俘卒殿兵，虛報言諸路大捷，鄂圍始解，江漢肅清。帝以似道有再造功，詔入朝。四月，進似道少師，封衛國公。及似道至，又詔百官郊勞，獎眷備至，諸將士悉進官。時蒙古以郝經爲國信使，來告忽必烈（世祖）卽位，且徵前日講和之議。賈似道還朝，方使其客廖瑩中輩撰福華編，稱頌鄂功，通國皆不知所謂和也。郝經至宿州，遣其副使何源、劉仁傑請入境日期，不報。經數遺書於三省樞密院，及主管兩淮制置司公事李庭芝。似道恐經至謀泄，七月，乃密令拘經於眞州之忠勇軍營。經上表，願附魯連之義，排難解紛。數上書於帝，論天下之勢，始於北而終於南，宋以和議邦交爲國，無非爲勸和之論，並質問稽留使人之故，且請入見及歸國，皆不報。驛使棘垣鑰戶，晝夜守邏，欲以動經，經不屈。帝聞有北使，謂宰執曰：「北朝來使，事體當議。」似道奏：「和出彼謀，豈宜一切輕徇，倘以交鄰國之道來，當令入見。」蒙古遣詳問官崔明道、李金義詣淮東制置司，訪問經等所在。李庭芝奏蒙古使者久留眞州，亦爲似道所格。憾由一介之使，罔恤後患，似道以非和非戰誤國，比秦檜韓侂冑又等而下之矣。

李全之子璮，降蒙古爲山東行省，都督江淮。寶祐六年，陷海州漣水軍，拔四城，殺官軍幾盡，淮揚大震。自蒙哥大汗殂，忽必烈立，璮始萌南歸之心。前後所奏，凡數十事，皆恫疑虛喝，以動蒙古，而自爲完繕益兵計。景定三年二月，召其質子彥簡於開平，用私驛逃歸，修築濟南益都等城堡，遂殲蒙古戍兵，以漣海三城來歸，獻京東州縣，請贖父過，仍遣總管李毅等傳檄列郡。詔授璮保信寧武軍節度使，督視京東河北路軍馬，封齊郡王，復其父全官爵，改漣水爲安東。蒙古平章事王文統，璮其婿也，嘗遣其子蕘與璮通謀，事覺被誅。四月，璮引兵還攻益都，入之，遂入淄州（山東淄川縣）。蒙古主命哈必赤總諸道兵討之，璮兵勢甚張；又命史樞、阿朮各將兵赴濟南，璮帥衆出掠輜重，將及城，北兵邀擊，壇敗，退保濟南。復命右丞相史天澤往督師，諸將受節制。五月，用深溝高壘圍之，壇自是不得復出。六月，朝廷聞李壇被圍，給銀五萬兩下益都府犒軍，遣靑陽夢炎帥師援之。夢炎至山東，不敢進而還。已而壇愛將田都統縋城降，壇猶日夜拒守，糧竭窘甚。七月，壇知城且破，乃手刃妻妾，投大明湖，爲蒙古所獲，史天澤殺之（註四五）。益都亦降，三齊復爲蒙古所有，命董文炳爲經略使治之。李壇死，北人歸朝之志亦絕。

第二十五節　襄陽大戰

蒙古自景定元年（中統元年）三月忽必烈卽位，至咸淳四年開始圍攻樊城，九年（一二六〇—一二六八）之間，蒙古侵宋之戰，暫趨沉寂，蓋其正有事於內也。忽必烈卽位於開平府（察哈爾多倫縣），四月，阿里不哥卽僭號於和林城（外蒙古庫倫西南，一名喀喇和林）西之按坦河，宗王紛紛響應，蒙哥之將領亦與通，聲勢頗大。阿里不哥使霍魯歡、劉太平行省於關右，藉以抗命。六月，京兆等路宣撫使廉希憲執霍魯歡劉太平殺之，並誅怯的不花於東川，明里火者於西川。於是六盤山守將渾都海舉兵反，以應阿里不哥，阿藍答兒自和林援之。忽必烈乃遣兵進討，九月，殺阿藍答兒、渾都海，隴右悉平。阿里不哥佯言歸順，二年秋，復據和林，乘勝踰漠西南，兵敗西走。五年（至元元年）正月乞降，七月入京師，越二年卒（註四六）。爭位之亂，歷五年始平定。在此期間，忽必烈致力於消化佔領之版圖，整頓內部，任用儒者開始講論治道，以劉秉忠張文謙定官制，姚樞許衡立學校，郭守敬主水利，培養新興之力量，建立鞏固之基礎，而準備南犯。

南宋至度宗（一二三一—一六七四）之世，賈似道當國要君，國是大搖，胡塵四合，而廟廊已空，大事已不可爲矣。度宗禥既卽位，以似道有定策功，每朝必答拜，稱之曰師臣而不名，朝臣皆稱爲道公。理宗山陵事竣，似道徑棄官，還越，而密令呂文德詐報蒙古兵攻下沱急，朝中大駭，以奪天子之氣。帝與太后手詔起之，似道乃至，授鎭東節度使。咸淳元年（一二六五）二月，以姚希得參知政事。四月，加似道太師，封魏國公。閏五月，以江萬里參知政事，王爚同知樞密院兼權參知政事，馬廷鸞簽書樞密院事。十一月，以留夢炎簽書樞密院事。二年（一二六六）正月，江萬里罷。四月，姚希得罷。五月，以王爚參知政事，留夢炎同知樞密院事，包恢（一一八二—一二六八）簽書院事。三年（一二六七）二月，賈似道上疏乞歸養，帝命大臣侍從傳旨固留，日四五至。中使加賜，日十數至，夜交臥第外以守之。特授平章軍國重事，一月三赴經筵，三日一朝，治事都堂。賜第西湖之葛嶺，使迎養其中，似道於是五日一乘湖船，入朝不赴都堂治事，吏抱文書，就第署，大小朝政，一決於館客廖瑩中、堂吏翁應龍，宰執充位署紙尾而已（註四七）。三月，程元鳳爲右丞相兼樞密使，元鳳謹飭有餘，但乏風節。又以葉夢鼎參知政事，王爚知樞密院事，常挺簽書院事。元鳳爚尋罷。六月，以馬光祖參知政事。八月，以葉夢鼎爲右丞相兼樞密使，與似道分任，但以壓於似道，謂我斷不爲陳自強，卽求去，不許。以留夢炎爲樞密使，常挺同知樞密院事。十一月，以挺參知政事，馬廷鸞同知院事。似道雖深居簡出，但臺諫彈劾，諸司薦辟，及京尹畿漕一切事，不關白不敢行，正人端士，斥罷殆盡。吏爭納賂求職，貢獻不可勝計。一時貪風大肆，兵喪於外，匿不以聞，民怨於下，誅責無藝，莫敢言者。太府寺主簿陳蒙嘗入對，極言似道爲相，國政闕失。後爲淮東總領，似道誣以貪汚，安置於建昌軍，籍沒其家。五年（一二六九）正月，以李庭芝爲兩淮制置大使。葉夢鼎上疏引杜衍故事乞致仕，不待報而去。以馬廷鸞江萬里參知政事，三月，以萬里廷鸞爲左右丞相兼樞密使，馬光祖知樞密院事兼參知政事。七月，光祖求致仕，許之。六年（一二七〇）正月，江萬里罷。萬里器望淸峻，論議風采，傾動一時，學問德望，優於諸臣，然不免爲似道籠絡。晚年微露鋒頴，輒見擯斥，士大夫不幸與權姦同朝，自難免矣。八月，似道屢稱疾求去，帝至涕泣留之，不從。詔六日一朝，一月兩赴經筵。尋又詔入朝不拜。朝退，帝必起避席，目送之，出殿廷，始坐。繼復詔十日一朝。時蒙古圍攻襄樊甚急，似道日坐葛嶺，起樓閣亭榭，作半閒堂，延羽流塑己像其中，取宮人葉氏及娼尼有美色者爲妾，日肆淫樂，與故博徒縱博，人無敢窺其第者。嘗與羣妾踞地鬥蟋蟀，所狎客戲之曰：「此軍國重事耶？」或累月不朝，有言邊事者，輒加貶斥。一日，帝問曰：「襄陽已圍三年矣，奈何？」似道對曰：「北兵已退，陛下何得此言？」帝曰：「適有女嬪言之。」似道詰其人，誣以他事賜死。由是邊事雖日急，無敢言者(註四八)。七年（一二七一）十一月，蒙古改國號曰元，取易乾元之義，從太保劉秉忠之請也。八年（一二七二）九月，有事於明堂，以似道爲大禮使。禮成，幸景靈宮，將還，遇大雨。似道期帝雨止升輅，但帝升逍遙輦還宮。似道大怒，乞罷政，卽日出嘉會門，帝固留之，不得，乃罷帶御器械胡顯祖，出胡貴嬪爲尼，似道始還。似道專恣日甚，畏人議己，務以權術駕馭上下，以官爵牢籠一時名士，以故言路斷絕，威福肆行，相視以目。十二月，馬廷鸞罷。十二月，召葉夢鼎入相，固辭不至。九年（一二七三）十月，似道母胡氏死，歸越治喪，詔以天子鹵簿葬之。起墳擬山陵，百官奉喪事。既葬，詔似道起復，遂還朝(註四九)。

郝經久被拘囚，屢遣使詳問，不報。景定二年，忽必烈乃下伐宋之詔，諭將士水陸並進，以爲問罪，然尚未有軍事行動也。初，賈似道以論鄂功，專務欺蔽朝廷，不以聞。又忌諸將，欲汚衊置之罪，遂行打算法於諸路，遣客會計邊費，以軍興時支散官物爲贓私。向士璧守潭城，費用委浙西閫打算；趙葵守洪，則委建康閫馬光祖打算。於是趙葵、史巖之、杜庶皆坐侵盜掩匿罪，而向士璧曹世雄下獄死。劉整時爲潼川安撫使，亦以邊費爲蜀帥俞興所脅持，整素與興有隙，自遣使訴於朝，不得達，心益疑懼，遂籍瀘州十五郡領親兵數千人降於蒙古。整有智謀，善騎射，驍將也，自金亂入宋，隸趙方麾下，方嘗謂其子葵曰：「整才氣，汝輩不能用宜殺之，勿留爲異日患。」葵不聽。從孟珙作戰，夜率壯士十二人襲取信陽，有賽李存孝之稱。既知瀘州，捍西邊有功，南方諸將，皆出其下(註五〇)。蒙古得整，由是盡知宋事虛實，南征之謀益決。時呂文德守鄂，有威名，整言於蒙古主曰：「南人惟恃呂文德耳，然可以利誘也，請遣使賂以玉帶，求置榷場於襄陽城外以圍之。」至鄂，請於文德，文德果許之，遂開榷場於樊城，築土牆於鹿門山，外通互市，內築堡壘。由是敵有所守，以遏南北之援，將出兵哨，掠襄樊城外，兵勢益熾。文德知爲所賣，然已無及矣。至是，整又言於忽必烈曰：「攻宋方略，直先從事襄陽；如復襄陽，浮漢入江，則宋可平也。」忽必烈從之，整遂爲鄉導，併力築堡斷江，爲必取之計。咸淳三年十一月，忽必烈遂徵諸路兵，命阿朮與整經略，取襄陽(註五一)。襄陽大戰，由是開始，而爲宋室存亡之關鍵焉。

自賈似道誅鋤將帥，兵力既弱，武將亦凋零。襄陽戰局吃緊之際，當時可倚之統帥，唯呂文德李庭芝而已。阿朮築壘虎頭山，以斷官兵餉道。知襄陽府呂文煥大懼，遣人以蠟書告呂文德，文德認爲假城，戒勿妄言，邀功賞。四年九月，劉整與阿朮計議曰：「我精兵突騎，所當者破，惟水戰不如宋耳。奪彼所長，造戰艦，習水軍，則事濟矣。」乃造船五十艘，日練水軍，訓練士卒七萬人，遂築白河城，以逼襄陽。呂文煥報白河口、萬山、鹿門山、蒙古兵興築城堡。呂文德始檄知郢州（湖北鍾祥縣）翟貴，兩淮都統張世傑申嚴戒備。五年二月，阿朮自白河進圍樊城。三月，遂城鹿門。京湖都統張世傑將兵拒蒙古圍樊城之軍，戰於赤灘圃，敗績。沿江制置副使夏貴援襄樊，乘春水漲，輕兵運糧至襄陽城下，懼蒙古軍掩襲，僅能與呂文煥交語而還。七月，大霖雨，漢水溢，貴率兵五萬，饋糧三千艘，分遣舟師出沒東岸林谷間，而徑趨新城（沙洋南），至龍尾洲爲阿朮所敗，士卒溺漢水死者甚衆。貴又泊鹿門山西岸相持，范文虎復以舟師援貴，至灌子灘，亦爲阿朮所敗，文虎以輕舟遁。呂文德以許蒙古置榷場爲恨，每曰：「誤國家者我也！」因疽發背，乞致仕，十二月卒。六年正月，以李庭芝爲京湖制置大使，督師援襄樊。范文虎聞庭芝至，貽書賈似道曰：「吾將兵數萬入襄陽，一戰可平，但願無使聽命於京閫，事成，則功歸恩相矣。」似道卽命文虎之兵從中制之，庭芝屢欲進兵，文虎但變妓飲宴爲樂，以取旨未到爲辭。當時軍事佈置，高達爲湖北安撫使，知鄂州；孫虎臣爲淮東安

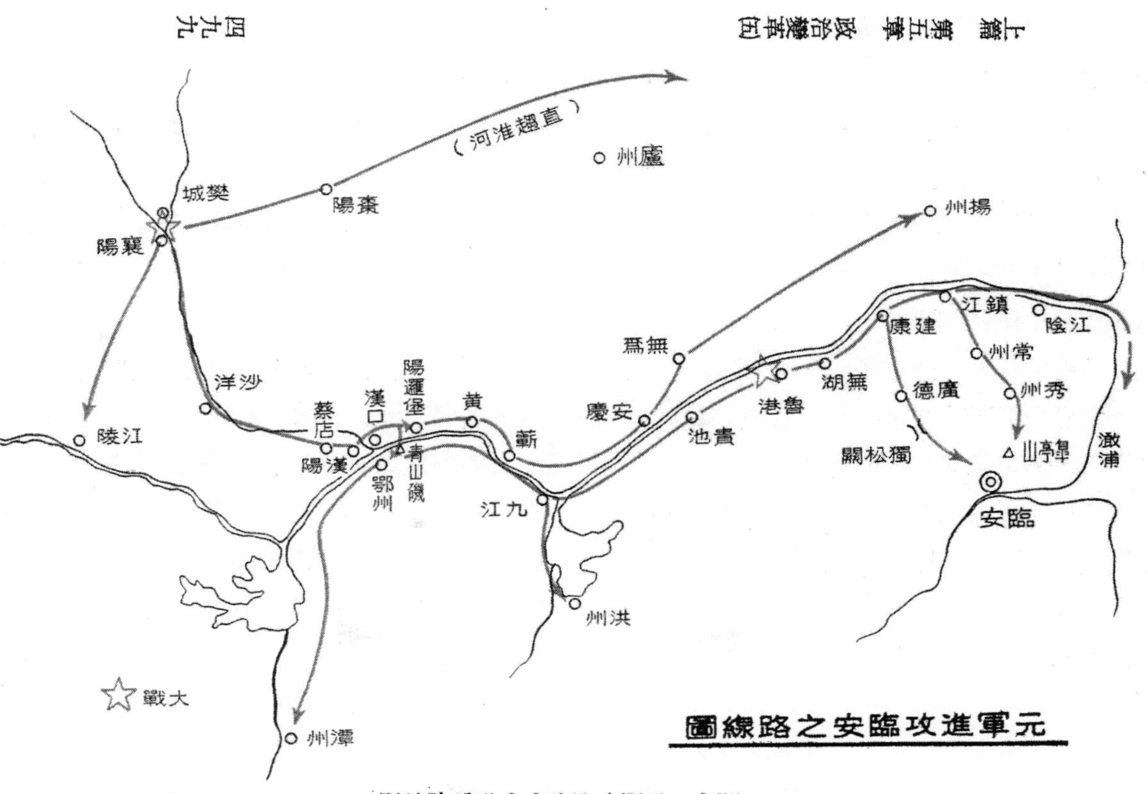

圖十　元軍攻取臨安之進兵路線圖

撫副使，知淮安；呂文福爲淮西安撫副使，兼知廬州；吳革爲沿江制置使，後皆爲降將。十二月，張宏範言於史天澤，今規取襄陽，若築城萬山以斷其西，立柵灌子灘以絕其東，則庶幾斃之之道也。天澤從之，遂城萬山，徙宏範軍於鹿門，自是襄陽道絕，而糧援不繼。七年五月，蒙古詔東道兵圍襄陽，各道並進兵以牽制之。六月，范文虎將衞卒及兩淮舟師十萬進至鹿門，時漢水溢，阿朮夾江東西爲陣，別遣一軍趨會丹灘犯其前鋒，諸將順流鼓譟，文虎軍逆戰不利，乘夜遁去，損失甚重。

襄陽被圍歷五年，援兵不至，呂文煥竭力拒守，幸城中稍有積粟，所乏者鹽薪布帛耳。八年五月，李庭芝將兵救襄陽。詔庭芝移屯郢州，將帥悉駐荆郢及均州河口，以守要津。庭芝乃於襄陽西北清泥河，造輕舟百艘，出重賞，募死士，得襄郢山西民兵之驍悍善戰者三千人，又徵得民兵部轄之張順張貴，乘順流，發舟百艘。各舟置火槍、火礮、熾炭、藥箭、勁弩，深夜出江，以紅燈爲號，徑犯重圍。至磨洪灘以上，元兵布舟蔽江，無隙可入。順等乘銳，轉戰百二十里，元兵皆披靡，以避其鋒。黎明，抵襄陽城下。城中久絕援，聞順等至，又運入大批軍需，踴躍過望，勇氣百倍。及收軍，獨失順，蓋已陣亡也。貴入襄陽，文煥固留共守，貴恃其驍勇，欲還郢，乃募二士泅水持蠟書赴郢，向范文虎求援。還報，發兵五千駐龍尾洲，以助夾擊。約期既定，乃別文煥東下，乘夜發舟，斷絙破圍冒進，元兵皆辟易。轉戰漸進龍尾洲，元人先得逃卒之報，預據龍尾洲，以逸待勞。貴與戰而困，且出於不意，所部殺傷殆盡，力不能支，被執見殺。此爲最後一次之救援，亦無濟於坐困也。九年正月，樊城被圍四年，范天順牛富力戰，不爲衂。阿里海牙得西域人所獻新礮法，用以攻樊城，破其郛。阿朮又破襄樊間之浮橋，襄兵不能救，乃以兵截江而出，銳師薄樊城，城遂破，范天順牛富自殺死，元兵盡屠樊城之軍民。二月，阿里海牙帥總管喚都等兵，轉攻襄陽。以回回礮轟擊城內，摧折樓閣甚猛。一礮中其譙樓，聲如震雷，城中洶洶，諸將多踰城降者，文煥亦意怯。阿里海牙親至城下，宣元主所降詔諭文煥，文煥遂出降。阿朮入襄陽，阿里海牙隨偕文煥朝燕。元主以文煥降，命如詔遷擢。文煥且陳策攻郢州，請自爲先鋒(註五二)。

襄陽既失，三月，賈似道上疏言：「事勢如此，非臣上下驅馳，聯絡氣勢，將有大可慮者。」帝曰：「師相豈可一日離左右？」似道乃建機速房於中書，以革樞密院洩漏兵事稽遲邊報之弊。四川制司言：「近出師成都，劉整故吏羅鑑自北復還，上整書稿一帙，有取江南二策：其一曰先取全蜀，蜀平，江南可定。其二曰淸口桃源河淮要衝，宜先城其地，屯山東軍，以圖進取。」帝覽奏，詔淮東制置司往淸口擇地利，築城以備之。四月，以汪立信爲京湖制置使，趙溍爲淮西總領兼沿江制置使，建康留守。李庭芝乞解職，詔赴闕。六月，前四川宣撫司參議官張夢發陳危急三策：一曰鎖漢江口岸；二曰城荆門軍當陽界之玉泉山；三曰峽州宜都以下，聯置堡砦，以保聚流民，且守且耕。並圖上築城形勢。似道不以上聞，事竟不行。給事中陳宜中言襄樊之失，皆由范文虎怯懦逃遁，乞斬之。似道不許，止降一官，依舊知安慶府。監察御史陳文龍言：「文虎失襄陽，猶使知安慶府，是當罰而賞也。趙溍乳臭小子，何足以當大閫之寄，請皆罷之。」似道大怒，黜文龍知撫州。汪立信言：「臣奉命分闔，延見吏民，皆痛哭流涕，言襄樊之禍皆由范文虎及俞興父子。文虎以三衙長，聞難怯戰，僅從薄罰，有子天順，守節不屈，猶或可少贖其愆。興奴隸庸材，器量褊淺，務復私怨，激叛劉整，流毒至今。其子大忠，挾多貲爲父行賄，且自希榮進，今雖寸斬，未足以快天下之忿。乞寘重典，則人心興起，事功可圖」。詔除大忠名，循州拘管(註五三)。時國勢危甚，太府寺丞陳仲微上封事，痛論在廷無謀國之臣，在邊無折衝之帥，謂迷國者進慆優之欺以逢其君，誤國者護恥敗之局而莫敢議，當國者昧安危之機而莫之悔。宜宣佈十年養安之往繆，深懲六年玩寇之昨非。似道大悔，乃出仲微江東提點刑獄(註五四)。十月，以李庭芝爲兩淮制置使，賜錢二百萬，激犒備禦。十一月，以夏貴爲淮西制置使，陳奕爲沿江制置使，而沿江舟師主力，則繫於夏貴一軍。

十年(至元十一年)正月，阿里海牙、阿朮進言乘時取宋。元主趣召史天澤同議。天澤對曰：「此國家大事，可命重臣一如安童伯顏都督諸軍，則四海混同，可計日而待矣。」阿里海牙因請增兵，遂詔中書省簽軍十萬人。六月，元主忽必烈降下伐宋詔曰：

「爰自太祖皇帝以來，與宋使介交通。憲宗之世，朕以藩職，奉命南伐，彼賈似道復遣宋京詣我，請罷兵息民。朕卽位之後，追憶是言，命郝經等奉書往聘，蓋爲生靈計也。而乃執之，以致師出連年，死傷相藉，係累相屬，皆彼宋自禍其民也。襄陽旣降之後，冀宋悔禍，或起令圖，而乃執迷，罔有悛心，所以問罪之師有不能已者。今遣汝等水陸並進。布告遐邇，使咸知之。」(註五五)

汪立信移書似道，謂：「今天下之勢，十去八九，誠上下交修，以迓續天命之幾；重惜分陰，以趨事赴工之日也。而乃酣歌深宮，嘯傲湖山，玩歲愒月，緩急倒施，卿士師師非度，百姓讟怨非上，以求當天心，俯遂民物，拱揖指揮而折衝萬里者，不亦難乎？爲今之計者，其策有二：夫內郡何事乎多兵，宜盡出之江干，以實外禦，算兵帳現兵可七十餘萬人，老弱柔脆，十分汰二，爲選兵五十餘萬人。而沿江之守，則不過七千里，若距百里而屯，屯有守將；十屯爲府，府有總督。其尤要害處，輒三倍其兵，無事則泛舟長淮，往來遊徼，有事則東南齊奮，戰守並用，刁斗相聞，餽餉不絕，互相應援，以爲聯絡之固。選宗室親王，忠良有幹用大臣，立爲統制，分東西二府，以涖任得其人，率然之勢，此上策也。久拘聘使，無益於我，徒使敵得以爲辭，請禮而歸之，許輸歲幣，以緩師期，不二三年，邊遽稍休，藩垣稍固，生兵日增，可戰可守，此中策也。二策果不行，則天敗我也，若銜璧輿櫬之禮，請備以俟。」（註五六）似道得書，大怒，擲之地，詬曰：「瞎賊狂言敢爾！」七月，帝崩，年五十三。帝三子皆幼，建國公昰，差長當立，似道獨主嫡，而立嘉國公㬎，年四歲，志在幼小，擅定策功也。太后臨朝稱制，詔似道依文彥博故事獨班起居，罷汪立信，以朱禩孫爲京湖四川宣撫使。度宗在位僅十年，雖無大失德，而拱手權姦，衰敝特甚。庸主姦臣，交相誤國，遂使局勢搖搖欲墜，國運不絕如縷矣。冲幼主繼統，豈能重振其墜緒哉？

九月，元兵大會於襄陽，伯顏分軍爲兩路：自與阿朮沿襄陽入漢濟江，以呂文煥將舟師爲前鋒；博魯歡沿東道取揚州，監淮東兵，以劉整將騎兵先行。伯顏一軍，又分三路：唆都將一軍爲左翼，由棗陽入淮；翟招討將一軍爲右翼，由老鴉衕荊南，而自帥阿剌罕、張宏範諸軍爲中路，水陸趨郢。進薄郢州，軍於城西。守將張世傑力戰，元軍不能前。阿朮獲俘民，言沿江九郡精銳，皆萃於二郢（舊郢在漢北，新郢在漢南），若舟師出其間，騎兵不能護岸，此危道也。不若取黃家灣堡（鍾祥西）。伯顏乃遣兵攻拔之。諸將以破竹勢，由藤湖入漢，伯顏阿朮殿後，郢州副都統趙文義帥精騎二千追之，至全子湖，力戰敗死，郢卒皆潰。元兵進至沙洋，以火礮攻之，煙焰燎天，城陷，擒守將王虎臣、王大用，餘悉屠之，進薄新城。呂文煥列沙洋所馘於城下，縛大用等至壁，使招降都統邊居誼，不答。文煥麾兵攻城，居誼度力不支，赴火死，所部三千人悉戰死。元兵遂進攻復州（湖北沔陽縣）。十二月，伯顏至蔡店（在漢陽縣西），大會諸將，將刻期渡江，遣人觀察漢口形勢。時夏貴以漢鄂舟師，分據要害，彌亘三十餘里。王達守陽邏堡（在湖北黃岡縣西北一百二十里，隔江與武昌分界），朱禩孫以遊擊軍扼中流。元兵不得進，軍將馬福言：「淪河穿湖中，可從陽邏堡西沙蕪口（在湖北黃陂縣東南五十里，即武湖入江處）入江」。伯顏使覘沙蕪口，夏貴亦以精兵守之。伯顏乃進圍漢陽，聲言取漢口渡江。貴果移兵援漢陽，伯顏乘機遣阿剌罕將奇兵倍道襲沙蕪口，奪之，因自漢口開壩，引船入淪河，轉沙蕪口以達江，戰艦相踵而至，以數千艘泊淪河灣口，屯布蒙古漢軍數十萬騎於江北，遣人招諭陽邏堡，不應，因以白鷂子千艘攻之，三日不克。伯顏遣阿里海牙進薄陽邏堡，貴率衆來援。阿朮率四翼軍，溯流二十里，乘雪渡青山磯，萬戶史格一軍先渡，爲荊鄂都統程鵬飛所敗。阿朮引兵繼之，大戰中流，鵬飛軍卻，阿朮遂登沙洲，拔岸步鬥，出馬急擊，追至鄂東門，鵬飛被重創走。阿朮獲其船千餘艘，遣人還報，伯顏麾諸將急攻陽邏堡。夏貴聞阿朮飛渡，大驚，引麾下三百艘先遁，大掠還廬州。都統制王達率所部八千人，及定海水軍統制劉成，俱戰死。伯顏渡江與阿朮會，遂趨鄂州。知漢陽軍王儀以城降。朱禩孫聞元兵趨鄂，帥師援之，道聞陽邏堡之敗，乃夜奔，還江陵府。朱與夏通，分任沿江防衛，而皆逃竄，使中流蕩然。時鄂州恃漢陽爲蔽，及京湖之援，朱禩孫既遁，漢陽復失，鄂勢遂孤。呂文煥以元兵攻鄂州，權守張晏然與程鵬飛度不能守，遂以州軍降。伯顏以鵬飛爲京湖宣撫使，撤宋兵，分隸諸將。取壽昌糧四十萬斛，以充軍餉。命阿里海牙及賈居貞以四萬人守鄂，規取荆湖，而自帥大軍，與阿朮東下，趨臨安。鄂州既破，朝廷大懼，羣上疏以爲非師相親征不可。詔賈似道都督諸路軍馬，開府臨安，以孫虎臣總領諸軍，黃萬石等參贊軍事，仍於封樁庫撥椿金十萬兩，銀五十萬兩，關子一千萬貫，充都督府公用。詔天下勤王，以高達爲湖北制置使，李庭芝遣兵入援。伯顏遣程鵬飛以元兵徇黃州，招降陳奕，蘄州管景模亦降。沿江諸郡，皆望風款付。

第二十六節　臨安請降

德祐元年（一二七五）正月，元兵入黃州蘄州，調遣呂師夔、知江州錢眞孫遣人請降於蘄州。知安東州陳巖夜遁。知南康軍葉閶、知德安府來興國、知六安軍曹明，俱迎降於江州。初，元軍大舉南犯，呂文煥與劉整爲嚮導，文煥引元兵東下，鄂、黃、蘄、安慶、九江，多呂氏舊部，皆誘下之。尋別命整出淮南，整銳欲渡江，伯顏不可。整遂率騎兵攻無爲軍，久而不克，聞呂文煥入鄂，捷至，失聲曰：「首帥止我，使我失功於後人。善作者不必善成，果然，」遂憤惋死於無爲城下（註五七）。亡宋賊臣，整罪居首，與郭藥師有同誅焉。知安慶府范文虎請降。文虎，呂文德之婿也。初，賈似道欲出師，畏劉整，不敢行，及聞整死，曰：「吾得天助也！」乃上表出師，抽諸路精兵十三萬以行，輜重之舟，舳艫相銜，百有餘里。似道由新安（安徽歙縣）池口以進，次於蕪湖，遣人通呂師夔以議和。二月，夏貴引兵來會。以汪立信爲江淮招討使，募兵江淮，增援江上諸郡，與似道遇於蕪湖，似道拊立信背，哭曰：「不用公言，以至於此！」立信既至建康，守兵悉潰，而四面皆敵，乃率所部數千人至高郵，欲控引淮漢，以爲後圖。已而聞似道師潰，乃扼吭而卒。似道自蕪湖遣還元俘曾安撫，且以荔子黃柑遺伯顏，復使都督府計議官宋京、承宣使阮思聰如元軍，請稱臣奉歲幣，如開慶約，不得要領而還。伯顏旋令囊加帶來答書曰：「未渡江時，議貢議和則可，今沿江諸郡，皆已內屬，欲和則當來面議也。」似道不答，囊加帶歸（註五八）。元兵犯池州，知州事王起宗遁去，通判趙昂發夫婦自縊死，都統張林開門降。似道以精銳七萬人，盡屬孫虎臣，駐於池州下流之丁家洲。夏貴以戰艦二千五百艘，橫亘江中。似道自將後軍，屯魯港，但將士離心，全無鬭志。伯顏以步騎夾岸而進。時元水軍已強，水哨馬往來如飛，伯顏麾戰艦配合行動，衝擊虎臣軍。方阿朮與虎臣對陣，伯顏命發巨礮擊虎臣中堅，虎臣軍動。阿朮以划船數千艘，乘風鼓譟直進。虎臣軍亂，夏貴不戰而走，似道錯愕失措，遽鳴鉦收軍。阿朮以小旗麾將校，帥輕銳橫擊深入，虎臣軍大敗，溺死者不可勝計，諸軍亦大潰。元人以力戰取勝，自襄陽以後，只有此役也。似道夜駐珠金沙，召貴籌商戰守計，虎臣亦至，撫膺哭曰：「吾兵無一人用命者！」似道曰：「計將安出？」貴曰：「諸軍已膽落，吾何以戰？師相惟有入揚州，招潰兵，迎駕海上，吾當以死守淮西耳。」遂解舟去。似道乃與虎臣單舸奔還揚，翁應龍攜都督府印奔臨安。翌日，潰兵蔽江而下，似道使人登岸，揚旗招之，皆莫應(註五九)。沿江各郡守俱棄城遁。太平、和州、無為，相繼納降。饒州亦陷，知州唐震不屈死之。元軍執知南劍州（福建南平縣）江萬頃，索金銀不得，支解之，江萬里聞耗，赴水死。夏貴既遁，走廬州，欲由太湖入衛臨安，元將李庭、薛塔剌海邀戰於裕溪口，敗之；高閑兒又敗之於巢湖，自是坐困於淮西。

似道入揚州，檄列郡如海上迎駕，上書請遷都，太皇太后不許。詔下公卿雜議，左丞相王爚請堅蹕。爚以元老入相位，値國勢危亡之際，天下所屬望，而卒與參知政事陳宜中不協，不能與大計，乞罷政，不待報遁去。已而宗學生上言：「陛下移蹕不如慶元，則如平江，事勢危急，則航海幸閩。不思我能往，彼亦能往，徒驚擾無益，」乃止。時方危急，京師內空，徵諸將勤王，多不至，惟郢州守將張世傑，率兵萬人入衛，道經饒州，復之，上下歎異。陳宜中疑世傑歸自元，易其所部軍。文天祥（一二三六—一二八二）率兵勤王，贛州大姓起義旅相從者二十三家，授江西安撫副使，知贛州。徵兩浙福建諸郡廂禁兵之半入衛。湖南提刑李芾，亦以丁壯三千勤王。時郝經尚留眞州，元主復使禮部尚書中都海牙及經弟郝庸等來問執行人之罪。賈似道震恐，乃遣總管段佑以禮送經歸。以陳宜中知樞密院事兼參知政事，曾淵子同知院事，文及翁簽書院事，倪普同簽書院事。宜中乞誅賈似道，乃罷平章都督。右丞相章鑑遁。三月，殿前指揮使韓震請遷都，宜中殺之。震部兵叛，攻嘉會門，射火箭至大內，急發兵捕之，皆散走。伯顏入建康，都統徐旺榮降。阿朮分兵監視揚州，與由清河漣海南侵之博魯歡、塔出所部，絕淮南之後，作大包圍態勢。伯顏分兵四出，鎮江統制石祖忠請降。朝廷以元兵漸迫臨安，命浙江提刑劉經、兩浙轉運司羅林等，分戍吳江、獨松關（浙江餘杭縣西北七十五里）、四安鎮、銀樹東壩。元兵陷無錫，降常州、西海州（江蘇朐山縣）及廣德軍，朝廷復發兵守吳江、獨松嶺，銅嶺。詔諭呂文煥、陳奕、范文虎，使通和議息兵。以王爚陳宜中爲左右丞相兼樞密使，都督諸路軍馬，削章鑑官，放歸田里。侍御史陳過請竄賈似道，併治其黨人翁應龍等，不俟報而去。詔張世傑總都督府諸軍，世傑遣其將閻順、李存進軍廣德，謝洪永進軍平江，李山進軍常州，順遂收復廣德軍。詔呂文福入衛，文福至饒州，殺使者，入江州降元。

元兵既分路進迫，李庭芝一軍被圍於揚州，夏貴一軍亦困於淮西，欲入衛而無由。京畿空虛，臨安戒嚴，同知樞密院曾淵子、左司諫潘文卿、右正言季可、兩浙轉運副使許自、浙東安撫使王霖龍、侍從陳堅、何夢桂、曾布顏等數十人皆遁，朝中爲之蕭然。文及翁倪普諷臺諫劾己，章未上，亟出關遁。太皇太后聞之，詔榜朝堂云：「我國家三百餘年，待士大夫不薄。吾與嗣君，遭家多難，爾小大臣，不能出一策以救時艱，內則畔官離次；外則委印棄城。避難偷生，尚何人爲，亦何以見先帝於地下乎？天命未改，國法尚存。凡在官守者，尚書省卽與轉一資；負國逃者，御史覺察以聞。」（註六〇）然土崩之勢已成，不能禁也。元主遣禮部尚書廉希賢、工部侍郎嚴忠範奉國書來，至建康，伯顏以兵五百送之。希賢等至獨松關，張濡部曲殺忠範，執希賢送臨安，希賢病重創死。濡、俊之曾孫也。朝廷使人移書元軍，言殺使之事乃邊將，太后及嗣君實不知，當按誅之，願輸幣，請罷兵通好。伯顏曰：「彼爲詐計，覘我虛實耳，當擇人同往，覩其事體，令彼速降。乃遣議事官張羽同使人還臨安，羽至平江，又被殺。

自伯顏東下，阿里海牙守鄂，作後方之掩護。岳州安撫使高世傑率水軍陣於洞庭湖中，阿里海牙分道擊之，世傑敗走，力屈乃降，阿里海牙斬世傑以徇，岳州總制孟之紹舉城降。四月，元兵破沙市城，都統孟紀死之。阿里海牙自岳州攻江陵，湖北制置使高達，爲京湖名將，戰屢敗，及元兵屠沙市，達與湖北宣撫使朱禩孫，提刑青陽夢炎等遂出降。阿里海牙入江陵，命禩孫檄所部歸附，於是京湖北路歸、峽、郢、復、鼎、澧、辰、沅、靖、隨、常德、均、房、施、荆門諸郡，相繼納降。知廣德縣王汝翼、知金壇縣李成大率義勇兵與元軍戰，皆被執，不屈死。時李庭芝率勵所部，固守揚州，阿朮遣李虎持降榜入城，庭芝殺虎，焚其榜。總制張俊出戰，持降臣孟之縉書來招降，庭芝復焚其書，梟俊首於市。時出金帛牛酒，燕犒將士，人人感激自奮。阿朮攻眞州，知州苗再成、宗子趙孟錦率兵大戰於老鸛嘴，敗績。阿朮乘勝進趨揚州，姜才爲三疊陣，逆戰於三里溝，敗之。已而戰揚子橋，兩軍夾水而陣，才將回回被張宏範刺殺，才軍潰，阿朮與宏範追之，進迫揚州南門。五月，詔趙溍統軍民舡屯江陰。劉師勇復常州，助姚訔守常，以張彥守呂城（常州以北），兵威稍振。由是浙右諸城降元者復與張世傑軍會。詔張世傑、張彥、淮東兵馬鈐轄阮克己、知遠慶府仇子眞四路出兵，皆爲入衛勤王之師。六月，以王爚平章軍國重事，陳宜中左丞相，留夢炎右丞相，李庭芝知樞密院事兼參知政事。時鎭江已降元，阿塔海駐京口，阿朮屯瓜州，以絕揚州之援。張世傑無地可據，七月，不得不與劉師勇、孫虎臣等動員舟師萬餘艘，次於焦山，以決死戰。初約殿帥張彥，自常州出京口，揚州兵出瓜州，三路同日舉事，而揚州失期，常州竟不出。阿朮遣健卒善射者千人，載以巨艦，分兩翼夾射，合勢進戰，繼以火箭，蓬檣俱焚，煙燄蔽江，諸軍死戰，欲走不能前，多赴江死。張宏範董文炳復以銳卒橫衝，世傑軍敗，奔圌山，宏範追之，獲白鷂子七百餘艘。師勇還常州，虎臣還眞州。世傑請濟師，不報。放賈似道於循州，已而殺之於漳州(註六一)。王爚子嗾京學生劉九皐等伏闕上書，言陳宜中擅權，黨似道，其誤國將有甚焉。宜中去，遣使四輩召之，皆不至，乃下劉九皐等臨安獄，罷王爚，召宜中於溫州。當賈似道督視江上之師，以國事付王爚、章鑑、陳宜中，蓋取其平時素與己者。爚爲人淸修剛勁，宜中則多術數，然二人自爲矛盾。宋事如此，危急存亡之秋也，當國者交歡戮力，猶懼不逮，所爲若是，何望其能匡濟乎？(註六二)元主召伯顏還，至上都，面陳形勢，乞卽進兵，遂拜右丞相，進阿朮左丞相，仍詔伯顏直趨臨安，阿朮攻淮南，阿里海牙取湖南，萬戶宋都帶及呂師夔李恒等取江西。八月，文天祥至臨安，上疏請分境內爲四鎭，集中兵力以抗敵。時議以爲迂濶，不報。九月，元兵陷泰州，知州孫虎臣自殺，張彥戰敗被執。十月，加張世傑爲沿江招討使，留夢炎陳宜中爲左右丞相兼樞密使，又以張世傑爲沿江制置副使兼知江陰軍。元兵發建康，分三路犯臨安，阿剌罕將右軍，自建康率步騎，出泗安鎭、廣德、趨獨松關。董文炳范文虎將左軍，率舟師循海，趨許浦、澉浦，以至浙江；入江陰軍，李世修以江陰降。伯顏、阿塔海將中軍，入常州。十一月，伯顏攻破常州，知州姚旹、通判陳炤死之，都統王安節被執殺，劉師勇以八騎潰走平江。伯顏命盡屠常州之民，止剩八人，伏於橋坎獲免，此與屠沙洋同其殘酷也。已而元兵破獨松關，馮驥死之，守將張濡遁。夫黎陽潰而汴都終陷，獨松失而臨安不守，獨松既破，鄰邑望風皆遁，朝廷大懼。時勤王師尚三四萬人，文天祥被召入衛，與張世傑議，以爲淮東堅壁，閩廣全城，若與敵血戰，萬一得捷，則命淮師以截其後，國事猶可爲也。世傑大喜。陳宜中白太后降詔，以王師務宜持重，議遂止。隆興府陷落，江西諸郡縣盡失，都統密祐死之。權禮部尚書王應麟、黃萬石提兵走建昌軍，尋叛降元。留夢炎亦遁，遣使召其還，不至。十二月，以吳堅簽書樞密院事。遣工部侍郎柳岳奉書詣元軍乞班師修好，伯顏不許。以陳文龍參知政事，謝堂同知樞密院事。伯顏入平江，復遣柳岳如燕祈請，行至高郵，民殺之。以文天祥簽書樞密院事。夫賈似道始立度宗，以周公自詡；繼立帝㬎，威福益專，不意江上師潰，殛死漳州，其禍國既深，惜乎又繼以陳宜中也。宜中在太學時，上書攻丁大全，公正發舒，似近矯矯。然大全之逐，似道爲之，宜中因此驟顯，遂黨賈氏。及聞蕪湖喪師，疑似道已死，即疏請正罪，其反覆諂詐，固小人之靡也。似道死，宜中進，伯顏已入平江，舉國徬徨，不能措一策，先請遷都，文天祥張世傑兩進背城借一之策，皆沮之；後請迎降，議成而又遁，策略顚倒，將士離心，其全無器識，抑亦可知。當國家板蕩傾覆之秋，亟賴忠勇剛毅之大臣，始能應變扶危，而乃滿庭羣小，草木臭味，加以留夢炎賈餘慶之徒，賣國求榮，宋之不亡，其可得哉？

二年（一二七六）正月，阿里海牙破潭州，湖南鎮撫大使知州事李芾死之，湖南州軍皆陷。參知政事陳文龍，同簽書樞密院事黃鏞遁。以吳堅爲左丞相兼樞密使，常楙參知政事，日暮宣麻慈元殿，文班只六人。除文天祥知臨安府，不拜，以輕兵赴闕。時局勢日殆，朝廷始從天祥初議，進封吉王昰（一二六八—一二七八）爲益王，判福州；信王昺（一二七一—一二七八）爲廣王，判泉州。乃出關渡江，大將蘇劉義以兵隨衞，由陸路經婺州間走溫州。大臣日請三宮渡江，太后不允。文天祥請以福王或沂王判臨安，以繫民望，身爲少尹以輔之；有急，則秘密遷移三宮，當以死衞社稷，議亦不合。少保張世傑，駐重兵於六和塔，天祥又請將京師義士二十萬，及城內外軍數萬人，隸世傑指揮，背城借一，以戰爲守。世傑勉天祥歸據江西，已歸淮堧，以爲後圖。朝訟莫決，戰守遷皆不及施，而敵騎已臨城下矣。

元軍既迫，陳宜中奏遣陸秀夫（一二三八—一二七九）等求稱姪，或甚至稱姪孫，納幣，見伯顏於平江，伯顏不許。至是，太后遣監察御史劉岊奉表稱臣，陳宜中難之，太后涕泣曰：「苟存社稷，稱臣非所計也。」遂遷岊詣元軍，奉表稱臣，上尊號，歲貢銀二十五萬兩，絹二十萬匹，乞存境土，且約伯顏會於長安鎮以輸平。時陳宜中以元不許和，徬徨無策，乃率羣臣入宮，請遷都，太后不許。宜中慟哭以請，太后命具裝以俟，及暮，宜中不入，太后怒曰：「吾初不欲遷，而大臣數以爲請，顧欺我耶？」遂閉閤，羣臣請見，皆不納。左司諫陳孟虎、監察御史孔應得，參知政事常楙皆遁。以夏士林簽書樞密院事，士林亦遁。已而伯顏至長安鎮，宜中違約，不往議和。伯顏乃進次皐亭山（杭縣東二十里），遊騎進至臨安北關。文天祥張世傑主戰，宜中不許。八日，白太后遣監察御史楊應奎上傳國璽，從降表，表曰：

「宋國王臣㬎謹百拜奉表言：臣眇然幼冲，遭家多難，權奸似道，背盟誤國，至勤師問罪。臣非不能遷避以求苟全，今天命有歸，臣將焉往？謹奉太皇太后命，削去帝號，以兩浙、福建、江東西、湖南、二廣、兩淮、四川現存州郡，悉上聖朝，爲宗社生靈，祈哀請命。伏望聖慈垂念，不忍臣三百餘年宗社，遽至隕絕，曲賜存全，則趙氏子孫，世世有賴，不敢弭忘。」（註六三）

伯顏受之，邀宜中出議降事，是夜宜中遁往溫州之淸澳。張世傑、蘇劉義、劉師勇各以所部兵至。朝廷乃除文天祥右丞相兼樞密使，都督諸路軍馬，以代宜中。伯顏以兵屯權木敎場，城中兵將官，紛紛自往納降。天祥所部駐富陽，欲入城，已不及事，會使轍交馳，伯顏約當國者相見，諸執政侍從，聚議於吳堅之私邸，不知計所從出。徬徨中推堅與天祥應邀往議。天祥深知元人不可信，但以爲初奉使往來，無被留難，更欲一覘元人動向，而求救亡之策，或可以口舌爭。於是辭相印不拜，以資政殿學士舊職行，見伯顏於明因寺。天祥此行，判斷既錯誤，又不幸呂師孟構惡於前，賈餘慶（知臨安府）獻諂於後，伯顏以危言折之，天祥不爲屈，遂羈留不放，遣堅還，蓋知其有異志也。二月，伯顏遣人入臨安，封府庫，收史館禮寺圖籍符印，及百司符印告敕，罷官府及侍衛。以賈餘慶爲右丞相兼樞密使，劉岊同簽書樞密院事，率百官拜表祥曦殿，令學士院詔全國州郡歸附以城降，又各州附一省劄，惟簽書樞密院事家鉉翁於省劄上不肯押號。吳堅號老儒，不能自持，一切惟賈餘慶之命以行。首先放還天祥所部勤王義士萬餘人西歸。賈餘慶與吳堅、謝堂、家鉉翁、劉岊並充祈請使如元，謝堂逃歸。伯顏趣天祥隨吳堅賈餘慶北行，至京口，天祥夜渡江逃眞州(註六四)。太皇太后曾以書召夏貴入衛，不應，至是以淮西叛，降元。三月，伯顏入臨安，以帝及皇太后全氏，福王與芮等北去，太皇太后以疾留杭，八月始北上。帝等北行，以入闕朝覲爲名，實乃俘虜，此爲繼徽欽以後第二次皇帝之北遷也。以阿剌罕董文炳行省事於臨安。

第二十七節　厓山覆滅

當益王廣王之渡江南行也，伯顏遣范文虎以五千勁兵追之。二王被追急，楊亮節等負王徒步，匿山中七日，統制張全以兵數十人趕至，遂同走溫州。閏三月，陸秀夫蘇劉義聞二王走溫州，繼追及於道，遣人召陳宜中於清澳，復召張世傑於定海。世傑以所部兵來會，於溫州之江心寺奉益王爲天下兵馬都元帥，廣王副之，乃發兵除吏。太皇太后尋遣二宦者以兵八人召王於溫，陳宜中等沉其兵江中，遂入閩。時汀建諸州方欲從黃萬石降，聞益王將至，萬石將劉俊、宋彰、周文英，亦多來歸。元人押帝等北行，至眞州，苗再成謀奪駕，不克。至瓜州，李庭芝遣指揮使姜才，夜以兵至瓜州，謀奪駕，激戰歷三小時，亦不克。帝等遂被押解至燕京。天祥由通州逃回溫州，上書勸進。五月一日，益王登極於福州，升福州爲福安府，溫州爲瑞安府，改元景炎，進封弟昺爲衛王，冊封楊太妃爲太后，同聽政。以陳宜中爲左丞相，李庭芝爲右丞相並兼樞密使，陳文龍劉黻參知政事，張世傑爲樞密副使，陸秀夫爲簽書樞密院事。命吳浚、趙溍、傅卓、李珏、翟國秀等分道出兵。以觀文殿學士召文天祥。及天祥行至都門，除右丞相，時國事皆取決於宜中，右丞相不過具員，辭不拜。以趙溍爲江西制置使，進兵邵武；謝枋得（一二二六—一二八九）爲江東制置使，進兵饒州；李世達、方興、張德，分道進兵浙東；吳浚爲江西招諭使；毛統由海道至通州，約淮兵會合。時臨安雖亡，而揚州所屬之高郵、寶應、通、泰、眞州，尙俱拒守，且可藉其糧援，故能支撐半年。及阿朮柵揚州北之丁村，以扼高寶之餽，留屯新城（邵伯埭），以斷泰州，庭芝閉門自守之策，遂受大困。七月，會福州使至，庭芝命制置副使朱煥守揚州，而自與姜才將兵七千趨泰州，將東入海。庭芝既行，煥即以城降，阿朮分道追及，圍泰州，驅庭芝將士妻子至泰州城下，陣將孫貴胡惟孝等開門降。會才疽發脅，不能戰，諸將遂相繼降，庭芝姜才被執至揚州而死(註六五)。未幾，眞州亦陷，苗再成死之。淮東僅存之實力，完全消滅矣。初，吳浚聚兵於建昌（江西南城縣），取南豐、宜黃、寧都三縣；翟國秀取秀山；傅卓至衢、信，民多應之。七月，吳浚兵敗於南豐，國秀聞元兵至，遂引還，傅卓兵敗，詣元軍降。

文天祥既辭相位，改授樞密使，同都督諸路軍馬。天祥初意，欲還溫州進取，陳宜中以已棄溫州而入閩，欲倚張世傑規復浙東西以自洗濯，遂不從天祥請而命其開府南劍。天祥乃發行都，出南劍，經略江西，使呂武招豪傑於江淮，杜滸募兵於溫州。八月，漳州兵亂，命陳文龍爲閩廣宣撫使以討之。以王積翁爲福建招捕使，兼知南劍州。張世傑遣都統吳文虎與吳浚合兵，欲復建昌，與元將李恒戰，兵敗，浚奔寧都。九月，元軍分道寇閩廣，阿剌罕、董文炳、及忙兀台、唆都以舟都出明州，塔出及呂師夔、李恒等以騎兵出江西。東莞民熊飛爲元人守潮惠，聞趙溍至，即以兵應之，攻降將梁雄飛於廣州，雄飛遁去，遂復韶州。新會令曾逢龍亦帥兵至廣州，降元之權通判李性道出迎謁，飛與逢龍執性道殺之，潛遂入廣州。十月，天祥師次汀州，遣參謀趙時賞，咨議趙孟濴，以一軍取道石城，復寧都；參贊吳浚，以一軍屯瑞金，復雩都；劉洙、蕭明哲、陳子敬皆自江西起兵來會。呂師夔等將兵度梅嶺，趙溍使熊飛及曾逢龍禦之於南雄。逢龍敗死，飛走韶州，元軍圍之，守將劉自立以城降，飛率兵巷戰敗，赴水死。時元兵分三路攻福州，董文炳等騎兵出江西浙東，奧魯赤入杉關、邵武，建、劍皆陷，阿剌罕、王世強等舟師趨福州。十一月，阿剌罕董文炳入處州，李珏以城降，秀王與檡等被執，不屈而死。元兵入建寧府邵武軍，福州危急。宜中世傑備海舟，正軍十七萬，民兵三十萬，淮軍萬人，奉帝登舟赴泉州，知福州王剛中以城降。世傑失策，不留泉州招撫使蒲壽庚，縱之歸，以舟不足，乃掠其舟，並沒其貨。壽庚怒，殺諸宗室及士大夫與淮兵之在泉者。宜中乃奉帝趨潮州。十二月，趙溍棄廣州遁。蒲壽庚及知泉州田眞子以城降，元兵入興化軍（福建莆田縣），執陳文龍械送至杭州，不食死(註六六)。壽庚既降元，其後以海舟及兵力助張宏範南犯。阿里海牙由湖南取廣西，破靜江，知邕州馬塈死之。阿里海牙盡坑邕民，分兵取鬱林、潯、容、藤、梧等州。已而帝駐蹕於惠州之甲子港，遣倪宙奉表請降，唆都命其子百家隸，偕宙赴燕。

景炎二年（一二七七）正月，元兵入汀州。汀州守黃去疾擁郡兵有異志，文天祥乃移屯漳州龍巖縣。未幾，吳浚與去疾降元，浚且啣唆都命來招降，軍士洶洶，遂殺浚以定衆志。二月，元兵入廣州，遂陷廣東諸郡。時北方有警，元主召諸將班師，凡諸將及淮兵在福州，命李雄統之。三月，天祥入梅州。陳文龍子陳瓚，起兵復興化軍，誅林華，復其城。四月，都統錢漢英、王福跋扈，天祥斬以徇。廣東制置使張鎮孫復廣州。五月，張世傑復潮州。天祥引兵自梅州出江西，入會昌，戰雩都，大捷。六月，入興國，因開府焉。七月，遣參謀張抃、監軍趙時賞趙孟濚，盛兵進迫贛州城下。招諭副使鄒㵭，帥贛州諸縣兵擣永豐，吉水招撫副使黎貴達，帥吉州（江西吉安縣）諸縣兵復泰和，連克四縣，臨洪諸郡豪傑皆響應。淮西義士張德興、劉源復黃州壽昌軍。潭州趙璠、張琥；撫州何時，亦起義兵。張堂、熊桂、劉斗元、吳希奭、陳子全、王夢應，則起兵邵永間，復數縣，以應天祥。分寧、建昌（江西永修縣）、武寧（江西修水縣）三縣豪傑，皆遣使詣軍門，受約束。福建斬僞天子黃從，傳其首至軍府，軍勢大振。當張抃等帥民兵數萬逼贛州，遇元軍騎兵百餘於泰和，衝擊突襲，民兵驚潰，自相蹂藉而死。孟濚收殘兵，退保雩都。時李恒遣兵援贛州，而自帥兵襲興國，天祥不料恒兵猝至，聞鄒㵭聚兵數萬於永豐，乃引兵就之，會㵭兵亦先潰，李恒以大軍乘機追擊，追及於廬陵（江西吉安縣）東固之方石嶺，都統制鞏信，荆湖老將也，駐軍於嶺上，短兵力戰，手殺數十人，投崖谷死，以是阻北騎追迫。恒軍復追至空坑，同督府兵潰，天祥幾被執，乘騎逸去，奔汀州。趙時賞、吳文炳、林棟、劉洙皆就執，各自引決。張抃劉欽則爲亂兵所殺(註六七)。故興國一役，天祥殆全軍覆沒。

當文天祥力戰於江西也，張世傑亦向福建以攻爲守，自帥淮兵，討蒲壽庚，圍泉州。又遣將高日新復邵武軍。淮兵在福州者，謀殺王積翁以應世傑，事覺，皆爲積翁所殺。及唆都援泉州，世傑乃引兵還淺灣（香港荃灣）。元主詔塔出與李恒呂師夔等以步兵入大庾嶺，忙兀台、唆都、蒲壽庚及元帥劉深等以舟師下海合追二王。十月，召陸秀夫還朝，同簽書樞密院事。時君臣播越海濱，楊太后垂簾，與羣臣語猶自稱奴。每時節朝會，獨秀夫儼然正笏，立如治朝，或時在行中，淒然泣下，以朝衣拭淚，衣盡濕，左右無不悲慟者（註六八）。唆都破興化，獲陳瓚，車裂之，屠其民。十一月，攻潮州，知州馬發竭力拒守。唆都舍之，繞至惠州，與呂師夔會師趨廣州，張鎮孫以城降。劉深攻帝於淺灣，張世傑戰不利，奉帝走秀山（東莞縣虎門山），旋至井澳（中山縣南橫琴山下）。陳宜中欲奉帝遁入安南，先往占城諭意，度事不可爲，又與世傑不協，遂一去不返。十二月，帝至井澳，風暴大作，舟敗幾溺，帝驚悸成疾，旬餘，諸兵士稍集，死者過半。劉深又襲井澳，帝奔謝女峽（或爲中山縣南水島之浪瀝），復入海，劉深追至七里洋（在井澳東）。欲往占城，不果。

三年（一二七八）正月，元兵夷廣州城。張世傑遣兵攻雷州，不克。二月，帝舟還，塔出令唆都還攻潮州，馬發敗死，唆都屠其民。文天祥在江西既敗，收殘兵，趨循州，駐南嶺，黎貴達潛謀降，執而殺之。天祥出海豐，三月，屯麗江浦，命弟璧攻惠州。帝遷駐碙州（東莞縣屬，一說大嶼山），四月，帝崩，年十一，羣臣多欲散去。陸秀夫乃與衆共立衞王，年八歲耳，上大行皇帝廟號曰端宗，楊太后仍同聽政。陳宜中往占城，屢召不至，乃以陸秀夫爲左丞相兼樞密使，加張世傑少傅，樞密副使，由陸張共同秉政。五月，改元爲祥興元年，升碙州爲翔龍縣（註六九）。遣張應科、王用取雷州敗績，用因降。天祥奉表起居，自劾罔功，有詔獎諭。乞移軍入朝，不許；又欲入廣州，時廣州新復，憚天祥威重，佯遣舟來迎，而中道去之，遂不果入。六月，世傑遣兵取雷州，應科戰死，不利引還。新會之厓山，可以藏舟，又可扼以自固，視爲天險，乃奉帝移駐。造行宮二十間，營房三千間，升廣州爲翔龍府。時官民尚有二十餘萬，多居於舟，資糧取辦於廣右諸郡，造舟楫器械，作久守計。湖南制置使張烈良及雷、瓊、全、永等地咸應之，大者擁衆數萬，小者不下數千，一時聲勢稍振。張宏範對元主言：「張世傑復立廣王，閩廣響應，宜進取之。」元主以宏範爲蒙古漢軍都元帥，李恒副之。宏範至揚州，選將校，發水陸之師二萬，分道而南。自帝㬎駐厓山，天祥累請入覲，諸大將多忌之，又位樞密使出己上，皆不便其入。八月，加天祥少保信國公，並以金三百兩犒其軍。天祥移書陸秀夫，謂：「天子幼冲，宰相遁荒，制訓勅令，出諸公口，奈何不恤國事，以遊辭相拒耶？」秀夫太息而已。夫宋室播遷流離，覆亡立待，而諸大臣仍不協，互相猜忌，甚矣朋黨之爲毒也！時督府全軍疾疫流行，兵士死者數百人。十月，元軍數路並進，水陸夾擊，張宏範以舟師沿海襲漳潮惠三州，李恒以步騎兵入粵，襲廣州，阿里海牙則攻瓊州，以大包圍態勢，攻取厓山。

初，陳懿兄弟五人皆爲劇盜，張世傑招之，攻閩，遂據潮州，叛附不常，潮人苦之。潮士民請天祥移行府於潮。十一月，天祥進駐潮陽縣，戮懿黨劉興，以爲假以歲月，因潮之民，阻山海之險，增兵貯糧，以立中興根本，亦猶齊之莒即墨也。已而張宏範自漳、泉入潮，天祥即報行朝。十二月，移屯趨海豐，入南嶺。鄒㵯、劉子俊以民兵數千，自江西開至。時宏範步騎兵，尚隔海港，陳懿爲迎導，具海舟，引其渡潮陽。宏範既濟，天祥率麾下走海豐，宏範使其弟先鋒將宏正以輕兵追之。二十

圖十一　新會厓門奇石角（國立故宮博物院藏品）

日午，天祥方飯客五坡嶺，敵步騎兵突襲，衆不及戰，紛紛伏匿於草莽。天祥自度不得脫，呑腦子。衆擁天祥上馬，天祥急索水飲，冀速得死，已乃暴下，竟不死，遂被執。鄒渢自剄，諸將皆死或被執，全軍潰散覆沒。二年（一二七九）正月，宏範驅天祥由潮陽港乘舟入海，至甲子門，獲斥堠將劉青顧凱，知帝所在。十日，乃至厓門，宏範索天祥爲書招世傑，天祥拒之（註七〇）。

先是張世傑固守厓山，或謂世傑曰：「元兵以舟師塞海口，則我不能進退，盍先據海口，幸而勝，國之福也；不勝，猶可西走。」世傑恐在海中，士卒離心一動則必散，乃欲與元兵決戰，遂焚行宮，集結大舶千餘艘，作木砦，碇泊海中，中艫外舳，貫以大索，四周起樓棚如城堞，奉帝居其間，爲死守計，人皆危之。已而元兵入厓門，以舟七百艘，作長蛇陣對峙。以北面水淺舟擱，非乘潮不能進，宏範乃由厓山東轉而南，入大洋，始得迫世傑之舟，且出奇兵截斷其薪水道，世傑舟堅不能動。宏範以舟載茅茨，沃以膏脂，乘風縱火焚之。艦皆塗泥，縛長木以拒火舟，火不能爇。二月一日，世傑部將陳寶降。二日，都統張達，夜襲元軍營，亡失甚衆。宏範旋以舟師據海口，世傑兵士食乾糧十餘日，掬海水飲之，飲卽嘔泄，兵士大困。旣而李恒自廣州以師來會，扼守厓山北。或勸先用礮，宏範曰：「火起則舟散，不如戰也。」六日，宏範下攻擊令，四分其軍，部署於東南北三面，自率一軍，相距里許。李恒乘早潮降退之際，先攻其北，順流衝擊。張世傑以江淮勁卒殊死戰；戰至將午，僅奪世傑船三艘。迨日午潮長，宏範卽乘順水，以舟攻其南。世傑南北受敵，兵士皆疲，不堪復戰。俄有一舟檣旗仆，諸舟之檣旗皆仆。世傑知事去，乃抽調精兵入中軍，諸軍皆潰，翟國秀、凌震、劉俊等皆解甲降。元兵復進迫中軍。會日暮風雨，昏霧四塞，咫尺不相辨。世傑遣小舟至帝所，欲取帝至其舟中，旋謀他遁。陸秀夫恐來舟不得免，又慮爲人所賣，堅執不肯赴。秀夫因帝座舟大，且諸舟環結，度不得出，乃請於太后曰：「臨安母子已被辱，殿下不宜再辱！」言訖，先沉其妻子冠裳，卽負帝赴海死，太后從之。世傑與蘇劉義斷維奪港，率十六艦乘昏霧遁去。餘舟尚有八百艘，盡爲宏範所得。越七日，尸浮海者十餘萬人。世傑將赴占城，回舟停陽江縣之海陵島上，會風暴大作，將士勸其登岸，世傑曰：「無以爲也！」登舵樓，墮水溺死。宋亡（註七一）。文天祥解至燕京，囚三年，終不屈，亦被殺。

【注　釋】

（註一）宋史，卷二四六，列傳第五，鎮王竑傳。
（註二）宋史，卷四五五，列傳第二一四，鄧若水傳。
（註三）臞軒集，卷二，乙未六月上封事。
（註四）宋史，卷四三七，列傳第一九六，魏了翁傳。
（註五）宋史，卷四〇六，列傳第一六五，洪咨夔傳。
（註六）宋史，卷四二三，列傳第一八二，陳塤傳。
（註七）宋史，卷四二二，列傳第二八一，徐僑傳。
（註八）宋史，卷四一四，列傳第一七三，鄭清之傳。
（註九）臞軒集，卷二，乙未六月上封事。
（註十）宋史，卷四〇六，列傳第一六五，崔與之傳。
（註十一）宋季三朝政要，卷二，淳祐四年條。
（註十二）黃震，古今紀要逸編。
（註十三）宋史，卷四一四，列傳第一七三，董槐傳。
（註十四）宋史，卷四七四，列傳第三三三，丁大全傳。
（註十五）宋史，卷四〇五，列傳第一六四，劉黻傳。
（註十六）宋史，卷四二五，列傳第一八四，徐宗仁傳。
（註十七）困學紀聞，卷十五，考史。

（註十八）金史，卷十八，本紀第十八，哀宗下，天興二年。

（註十九）宋史，卷四七六，列傳第二三五，李全傳上。

（註二十）宋史，卷四七七，列傳第二三六，李全傳下。

（註二十一）歸潛志，卷十二，辨亡。

（註二十二）金史，卷十六，本紀第十六，宣宗紀贊。

（註二十三）金史，卷四十六，志第二十七，食貨一。

（註二十四）元史，卷一，本紀第一，太祖。

（註二十五）金史，卷一二三，列傳第六十一，完顏陳和尚傳。

（註二十六）元史，卷一一五，列傳第二，睿宗。

（註二十七）金史，卷十七，本紀第十七，哀宗上。

（註二十八）孟珙謂：「蒙古凡攻大城，先擊小郡，掠其人民，以供驅使。乃下令曰：每一騎兵必欲掠十人，人足備，則每名需草或柴薪，或土石若干，晝夜迫逐，緩者殺之。迫逐塡塞其壕塹立平，或供鵝洞砲座等用，不惜數萬人。以此攻城堡，無不破者。其城一破，不問老幼妍醜貧富逆順，皆誅之，略不少恕。」（蒙韃備錄）。

（註二十九）宋史，卷四一二，列傳第一七一，孟珙傳。金史，卷十八，本紀第十八，哀宗下。

（註三十）金章宗明昌四年（宋紹熙四年），女眞官吏四千七百零五人，漢人官吏六千七百九十四人。女眞人口約三百萬，漢人三千九百三十萬，官吏用人之比較，女眞六百人中得一人，漢人則五千八百人中始得一人。自金人遷汴，漢人習胡俗，穿胡服，態度嗜好，與之俱化。金人以科第牢籠漢人爲官，亦有出死力者，又有賜姓完顏氏。自蒙古入侵，軍費丁壯，仰給於河南，民不堪命，乃相繼逃亡，屢降詔招復業，皆無效果，如亳州戶原六萬，所存者不及十分一。故逃戶之風，爲晚金削弱之致命傷。

（註三十一）宋史，卷四〇五，列傳第一六四，李宗勉傳。

（註三十二）周密謂：「當端平元年，全子才率兵入汴，離合肥，渡壽州，抵蒙城縣，城中空無所有，僅存傷殘之民數十而已。沿途茂草長林，白骨相望，蝱蠅撲面，杳無人跡。至城父縣，舊號小東京，縣中有未燒者十餘家，官舍兩三處。入亳州，總領七人出降，單州出戍軍六百餘人在內，皆出降。市井殘毀，有賣餅者云，戍兵暴橫，亳人怨之，前日降韃，今日降宋，皆此軍也。過魏眞縣、城邑縣、太康縣，皆殘毀無居人。抵東京二十里劄寨，猶有居人遺跡及桑棗園。整兵入城，見兵六七百人。荆棘遺骸，交午道路，止存居民千餘家，故宮及相國寺佛閣不動而已。」（齊東野語，卷五，端平入洛。）

（註三十三）齊東野語，卷五，端平入洛。

（註三十四）鶴山先生大全文集，卷十九，被召除禮部尚書內外奏事第四劄。

（註三十五）宋史，卷四十二，本紀第四十二，理宗二。

（註三十六）後村先生大全集，卷一四三，孟少保神道碑。

（註三十七）宋史，卷四一六，列傳第一七五，余玠傳。

（註三十八）續資治通鑑，卷一七〇，淳祐三年十一月條。

（註三十九）宋史，卷四十三，本紀第四十三，理宗三。

（註四十）宋史，卷四一六，列傳第一七五，余玠傳。

（註四十一）新元史，卷六，本紀六，憲宗八年條。

（註四十二）新元史，同上卷，憲宗九年條。

（註四十三）釣魚山孤壘，堅守凡二十年，至祥興二年（至元十六年）正月，全國已淪於元兵之手，合州安撫使王立始以城降。

（註四十四）元史，卷一五七，列傳第四十四，郝經傳。

（註四十五）新元史，卷二二二，列傳第一一九，李壇傳。

（註四十六）新元史，卷一一〇，列傳第七，阿里不哥傳。

（註四十七）宋史，卷四七四，列傳第二三三，賈似道傳。

（註四十八）宋季三朝政要，卷四。

（註四十九）宋史，卷四七四，列傳第二三三，賈似道傳。

（註五十）新元史，卷一七七，列傳第七十四，劉整傳。

（註五十一）襄陽自端平元年煨火後，淳祐十一年，李曾伯爲江陵制帥，始行修復，屯駐重兵。淳祐六年（定宗元年），蒙古軍前左右司郎中李楨言於定宗，襄陽乃吳蜀之要衝，宋之喉襟，得之則可爲他日取宋之資。（新元史，卷五，本紀第五，定宗）則襄陽在戰略上之重要地位，蒙古早已知之。

（註五十二）新元史，卷一七七，列傳第七十四，呂文煥傳。

（卷五十三）宋史，卷四十六，本紀第四十六，度宗。
（註五十四）宋史，卷四二二，列傳第一八一，陳仲微傳。
（註五十五）元史，卷八，本紀八，世祖五。宋史，謝枋得傳：「郭少師從瀛國公入朝，既而南歸，與枋得道時事曰：大元本無意江南，屢遣使使頓兵，令毋深入，特還歲幣卽議和，無枉害生靈也。張晏然上書，乞斂兵從和，上卽可之。兵交二年，無一介行李之事，乃挈數百年宗社而降，因相與痛哭。」（卷四二五，列傳第一八四）此大抵傳會此詔書之意，未必當日實事也。
（註五十六）宋史，卷四一六，列傳第一七五，汪立信傳。
（註五十七）新元史，卷一七七，列傳第七十四，劉整傳。
（註五十八）元史，卷八，本紀八，世祖五。
（註五十九）宋史，卷四七四，列傳第二三三，賈似道傳。
（註六十）宋史，卷二四三，列傳第二，理宗謝皇后。
（註六十一）賈似道既喪師，逃往揚州。陳宜中高斯德請誅之，不從。而似道亦自上表乞保全，乃命削三官，然尚居揚不歸。德祐元年七月，王爚對太后言：本朝權臣稔禍，未有如似道之烈者，不貶何以謝天下？始徙似道婺州，婺人率衆逐之。復徙於建寧，亦被拒。臺諫三學生皆上書，請誅似道，詔謫高州團練副使，循州安置。籍其家，遣會稽縣尉鄭虎臣監押之貶所。九月，至漳州木綿菴，虎臣以其父嘗爲似道所配，乃將似道殺害。（宋史，卷四七四，列傳第二三三，賈似道傳。）
（註六十二）宋史，卷四一八，列傳第一七七，論贊。

(註六十三)宋史，卷四十七，本紀第四十七，瀛國公。

(註六十四)三月一日，文天祥渡江至眞州城下。時眞州不知臨安消息，已有數月。天祥至，守將苗再成迎宿，將士聞訊，無不感憤流涕。諸將皆謂兩淮兵力，足以興復，獨恨李制置與淮西夏貴有隙，不能合作；若得丞相溝通兩閫聯絡，不出一月，連兵大擧，江南可傳檄定也。天祥大喜，即致書李庭芝與夏貴，遣使四出約結，而夏貴早已以淮西叛矣。當天祥未至時，揚州有逃歸兵供言敵方密遣一丞相入眞州說降云。庭芝得書，反疑天祥無得脫逃之理，遣官諭再成殺之。再成不忍，給其出城，閉門不納。天祥赴揚州，因制置司下令戒備，不敢進。乃夜趨高郵，迷失道，遇敵哨兵，幾不免。歷數度危險，經海陵，二十四日至通州，始得商船，四月八日，逃至溫州。(文山先生全集，卷十三，指南錄。)

(註六十五)宋史，卷四二一，列傳第一八〇，李庭芝傳。

(註六十六)宋史，卷四十七，本紀第四十七，瀛國公，二王附。

(註六十七)宋史，卷四一八，列傳第一七七，文天祥傳。

(註六十八)宋史，卷四五一，列傳第二一〇，陸秀夫傳。

(註六十九)宋史，卷四十七，本紀第四十七，瀛國公，二王附。

(註七十)宋史，卷四一八，列傳第一七七，文天祥傳。

(註七十一)宋史，卷四十七，本紀第四十七，瀛國公，二王附。又卷四五一，列傳第二一〇，張世傑傳。新元史，卷一三九，列傳第三十六，張宏範傳。

第六章　經濟生活(一)

第一節　民食政策

宋承五代亂離後，民庶凋敝，自開國三四十年間，人口未蕃，物價至賤，糧價亦低。開寶三年，京師米價貴，每斗售七十錢。太平興國五年，官鹽每斤售六十四錢，民以三數斗稻價，方可買一斤，乃詔減十錢。河東人稀物賤，米一斗十餘錢。眞宗咸平以後，民庶漸蕃，時物遂貴，然自景德以降，四方無事，田野日闢，四年八月，大稔，淮蔡間麥每斗十錢，粳米每斛（五斗）二百錢（註一）。大中祥符元年九月，京東西、河北、河東、江淮、兩浙、荊湖、福建、廣南諸路皆大稔，米每斗七錢，此爲糧價之最低者。二年九月，京西、河東、陝西、江淮、荊湖等路，鎭、定、益、梓、邛、密等州報豐稔，京師米每斗三十錢（註二）。仁宗朝，江浙米價，通常每石由六七百錢至一貫者（註三）。神宗朝，米價仍穩定，熙寧四年，每斗一百錢，蘇州則爲五十錢。元豐間，斗米亦止一百錢。陝西米價，賤止八十錢，自元祐紹聖以後，鐵錢日益輕，米價日長。元符二年，延安府官糴米價每斗五百二十錢足，市新米七百八十錢足，陳米七百二十錢足，比元豐五年最貴米價增一倍以上。崇寧後，因鹽鈔混亂，斗米有售至四百錢。宣和四年，米每石二千五百至三千錢（每斗爲二百五十至三百錢），而鹽價每斤仍爲六十錢。南宋雖兵荒馬亂，但紹興二十六年，斗米爲錢不滿二百，淮南米價最賤處每斗止一百二三十錢。乾道間，斗米售值曾漲至五六百錢者。然自紹興末年迄光宗紹熙間，荊湖一帶米價，大率盤旋於每斗千錢之間。慶元元年，因淮浙年饑，都城米價亦每斗千錢。嘉定十六年，潭州秋稅米，每石四千二百錢以給郡用，此則官定折價，非其實也。嘉熙四年，因旱災，米每斗一千錢。至於窮僻小郡，物價稍賤，在湖南蠻峒中之靖州城，不滿四十家，人煙稀疏，市況蕭條，寶慶元年，米每升售八九錢，猪羊肉每斤八九十錢而已（註四）。此乃特殊之例，未可概其全也。其他物價，亦因時而增漲，自北宋嘉祐至南宋紹熙一百三十年間，上漲達二十四倍有奇。衣料之價，天聖時，四川官以三百錢購民間布一疋。嘉祐時，冀州絹每疋折稅錢五百，綿每兩折錢三十，包拯奏議之，復評定價格，絹每疋爲錢一千三百，綿七十六，民大悅。通常北宋絹價每疋售一千至一千數百錢，徽宗時始漲高。建炎四年，西川布每疋爲十一貫錢，東川則爲七貫錢。紹興初年，絹價每疋由二千至三千五百錢。隆興講和後，爲三千五百錢。乾道六年，則漲至四千錢。

宋代頗重視民食，太宗常念耕稼，勤於督導，勸農之政，注意推行。太平興國中，詔：「兩京諸路，許民共推練土地之宜，明樹藝之法者一人，縣補爲農師，令相視田畝肥瘠及五種所宜。某家有某種，某戶有丁男，某人有耕牛，卽同鄉三老里胥，召集餘夫，分劃曠土，勸令種蒔，候歲熟共取其利。爲農師者，蠲稅免役，民有飲博，怠於農務者，農師謹察之，白州縣論罪，以儆游惰。所墾田，卽爲永業，官不收其租。」（註五）雍熙元年，以煩擾罷。端拱初，又詔江南、兩浙、荊湖、廣南、福建諸州長吏，勸民益種諸穀；民乏粟麥豆種者，於淮北州郡給之。江北諸州，亦令就水田廣種秔稻，並免其租。淳化五年，太子中允武允成獻踏犂。運以人力，亳州官依式造給農民，以補耕牛不足。眞宗景德二年，此農器更推廣於河朔（大中祥符六年，以農器稅關係罷之。）詔權三司使丁謂，取戸稅條目及臣民所陳農田利害，編成景德農田敕五卷，雕印頒行民間，咸以爲便。三年，詔知州並兼管內勸農使，餘及通判並兼勸農事；轉運使副，並兼本路勸農使，此爲有勸農使之始。大中祥符五年，以江淮兩浙稍旱，水田不登，詔遣使就福建取占城稻三萬斛，並出種法，分給三路爲種，令擇民田之高仰者蒔之，蓋耐旱之稻也。試種大成功，故豫章所種占稻爲多。天禧四年四月，利州路轉運使李防，請雕印四時纂要、齊民要術，付諸道勸農司，以勗民務，從之（註六）。詔諸路提點刑獄朝臣爲勸農使，又以武臣爲副使，勸恤農民，以時耕墾，招集逃散，檢括陷稅，農田之事悉領焉。凡奉舉親民之官，悉令條析勸農之績，以爲殿最黜陟。明道元年十月，壽州言歲饑，乏稻種，請於浙西購三萬斛以貸民，從之。仁宗敦本務農，屢詔勸耕，河北懷衞等八州，教民種水田；京東濟兗間，規度水利，募民耕墾。時全國廢田尙多，民罕土著，或棄田流徙爲閒民，天聖間，每詔招輯流亡，募人耕墾，優其蠲役，復賞勸績。己而生齒日蕃，闢田益廣，京西曠土，亦化爲膏腴，全國墾田，有籍可稽者，不下一千五百萬頃（註七）又選取優良稻種，購早稻一萬石於占城，分授農民，約當江南梅雨時而種之，早種早熟。神宗變法，原重視勸農，以諸路常平官使，專領農田水利，且使自動發展，功利大小，定有酬賞，民種桑柘，毋得增賦，貸常平錢穀，鼓勵墾廢田，開水利。熙寧五年，詔輔臣觀稻於後苑，蓋試種之實驗也。徽宗朝，崇寧以後，亦優賞闢荒，然而淮東、江東之逃田，無慮千餘頃，轉運司乃按籍根括，召人出租，足見秕政日滋，勸農之意已失矣。建炎元年，國難當頭，首求安農以固本，高宗命有司招誘農民歸業者振貸之，蠲欠稅並免耕牛稅。然內外用兵，州縣破殘，百姓棄產，所在多逃絕之田。紹興三年，詔兩浙路收買牛具，貸淮東人戶，誘民墾田，並立守令墾田殿最格，歸業之民，佃者給以附近之閑田，免三年租稅，無產願受閑田者亦與之。是時，中原士民南奔，流離遷徙，荒田日多，故朝廷注意授田，諸多優待，以廣招徠之意。淮南土皆膏腴，貧民散居兩淮，襁負流遷，既無偏耕之力，而豪強虛佔，亦無開耕之地，迄孝宗之世，仍以給田地牛具種糧，圖聚買歸正之人。郡守常有勸農之文，教民冬季犁土、造肥、播種、插秧、耘草、旱耕、水利、種麻、蠶桑、勸勤戒惰也。

北宋產稻米，首爲兩浙之太湖區，其次爲淮南之巢湖區、兩湖區、及四川區。如蘇州一州之田，出稅者三萬四千頃，中稔之利，每畝得米二三石，計產米七百餘萬石，豐腴情形，可以概見。南宋稻成熟期，早稻六七月，中稻八月，晚稻九十月。通常一歲兩熟，負山之田則一收。品種多經改良，江南東西路耕地，占城稻占八九成。晚稻多種秔，種糯亦極普遍。北宋時，江南東西路、福建路、淮南路、荊湖北路已種麥。南宋因北人流寓者多，皆食麵，酒庫釀酒使用麴麥，馬料需用大麥，用途既廣，麥價遂貴，故營田、屯田、墾田，皆推廣種之（註八）。小麥普遍播種，價格始下降。饑民救濟，亦鼓勵多種二麥，以備荒歉。農民除種稻麥外，以甘蔗茶爲副業。

凡遇荒災，每貸粟貸種於民。淳化五年詔，能出粟貸饑民者賜爵。宋亳數州牛疫，死者過半，官借錢令就江淮購牛。至道二年，詔官倉發粟數十萬石，貸京畿及內郡民爲種。天禧元年，查道知虢州，因民困極，急取州麥四千斛，貸民爲種，民由是而蘇。通常救災，聚民城中煮粥賑之，聚則爲疾疫，及相蹈踐死，或待哺數日，不得粥而仆。皇祐元年，富弼之青州救荒，最爲成功，全國傳以爲式。「初，河北大水，流民入京東者不可勝數，弼（知青州兼京東路安撫使）擇所部豐稔者五州，勸民出粟，得十五萬斛，益以官廩，隨所在貯之。擇公私廬舍十餘萬區，散處其人，以便薪水，官吏自前資待闕寄居者，皆給其祿，使即民所聚，選老弱病瘠者廩之。山林陂澤之利，有可取以爲生者，聽流民取之，其主不得禁。官吏皆書其勞，約爲奏請，使他日得以次賞於朝，率五日遣人以酒肉飯糗勞之，人人爲盡力。流民死者，爲大冢葬之，謂之叢冢，自爲文祭之。及流民將復其業，又各以遠近受糧歸，凡活五十餘萬人，募而爲兵者又萬餘人。」（註九）二年，吳中大饑，殍殣枕路。范仲淹領浙西，發粟及募民存餉，又以工代賑，興建佛寺，發有餘之財，以惠貧者，故民不流徙。每逢歲饑，發司農之粟，募民興利，自是著爲令。嘉祐間，曾鞏通判越州，值歲饑，出粟五萬石，貸民爲種糧，使隨歲賦入官，農事賴以不乏。治平中，河北民流入京師，詔以糴便司陳粟貸民，每戶二石（註一〇）。時劉渙知澶州，因河北地震，民乏粟，多賤賣耕牛，渙令發公錢買之。明年，民無耕牛，增價十倍，渙復出所市牛以原値與之，民賴不失業，公帑無虧。元豐間，趙抃知越州，行救荒法，凡民取息錢者，告富人縱予之以待熟，官爲責其償。要言之，凡振貧恤患之意，宋視前代尤爲切至。諸州歲歉，必發常平惠民諸倉粟，或平價以糶，或貸以種食，或直以振給之，無分於主客戶。不足，則遣使馳傳，發省倉或轉漕粟於他路，或募富民出錢粟，酬以官爵。又不足，則出內藏或奉宸庫金帛，鬻祠部度僧牒，東南則留發運司歲漕米數十萬石或百萬石濟之。賦租之米未入，入未備者或縱不取，或寡取之。民之流亡者，關津毋收渡錢，道經京師者，諸城門振以米，所至舍以官第或寺觀，爲淖糜食之，每人日給糧。可歸業者，計日併給遣歸；無可歸者，或賦以閑田，或聽隸軍籍，或募少壯興修工役。老疾幼弱不能存者，聽官司收養，死者官爲瘞埋。京師苦寒，或物價翔踊，置場出米及薪炭，減價予民，前後率以爲常。南渡初，當艱難之際，兵食方急，儲蓄有限，振給濟貸，從無間斷，雪寒霖雨，貧乏常有振恤(註一二)。淳熙七年九月敕，準倣乾道七年敕：湖南、江西旱災，立格獎富室振濟飢民之人，一千五百石補進義校尉，二千石補進武校尉，四千石補承信郎，五千石補承節郎，飭各州軍施行。八年十二月指揮，獻米二千五百石補迪功郎，三千石補上州文學。此蓋倣北宋明道中富豪出穀則補吏之例也。董煟(紹熙五年進士)嘗知瑞安縣，著有救荒活民書三卷，備述救荒故事與方策，頗爲詳切，此爲論救荒唯一之專書。蝗蟲爲害稼穡，郡守募民撲捕焚瘞，易以錢粟，蝗子一升，至易菽粟三升或五升。淳熙敕：諸蟲蝗初生，若飛落，地主鄰人隱蔽不言，耆保不即時申舉撲滅者，各杖一百。滅蝗不力，或防蝗而不根絕之者，官民皆受罰，此亦從消極上救民食之策也。

夫荒政無第一手，在乎蓄積有素，以調劑糧食之盈虛，故救濟民食之策，又有常平與義倉兩法。漢及隋唐，實行常平及義倉制度，爲利民之良法。宋代亦倣行此制。常平乃準平穀價，使無甚貴甚賤，維持平糴，以圖安定民食。義倉則貯粟穀以備凶災，爲直接救濟。茲分別述其沿革：

甲、常平法 太宗淳化元年，京師貴糴，開廩賤糶，以惠恤人民。三年，京畿地方豐穰，物價甚賤，分遣使臣於四城門置場，增價收購，貯之於倉庫，日常平，命常參官領之，於凶荒時減價糶與貧民。眞宗咸平年間，亦詔諸路倣此法行之。景德三年，以連歲登稔，於京東、京西、河北、河東、陝西、淮南、江南、兩浙，各置常平倉，是爲普遍設置常平之始。沿邊州郡，其後亦推行之。常平制度，每一萬戶，一年收購穀一萬石貯之。萬戶以上之縣，以五萬石爲限度；三年以上不賣出時，則換新穀。每年夏秋，視市價加錢收糴，遇貴則減價出糶。凡收糴比市價增三五錢，出糶減價亦如是，所減不得低過本錢。收糴之資金，依管轄內戶口之多寡，量留上供錢自二三千貫至一二萬貫，令轉運使每州擇清幹官主之，專領之於司農寺，三司不得干涉。此完全由國家公款辦理，故列入行政系統。大中祥符二年、六年、九年，水災蟲傷諸州，出常平倉粟麥開場糶之，以平物價。自後每遇災傷振貸，使國有儲蓄，民無流散者，用此術也。天禧四年，荆湖、川峽、廣南皆增置常平倉。五年，諸路總糴入數十八萬三千餘斛，糶出二十四萬三千餘斛。仁宗景祐間，詔全國常平錢粟，三司轉運司皆毋得移用。然數年間，常平之積蓄有餘，而兵食則不足，乃始詔司農寺流用之常平錢百萬緡，助三司給軍費；其後成爲慣例，流用之數額極大，終至常平之積蓄，殆無所存。故常平之壞，每被三司借支，而消耗於軍費，仁宗朝政之支絀，由此可見矣。慶曆中，於凶荒地方，公賣常平粟穀，比原價爲高之惡習，或特別提高收糴價格以市恩，皇祐三年詔止之（註一二）。治平三年，常平糴入穀五十萬一千零四十萬石，糶出四十七萬一千一百五十七石。神宗時，以常平錢行青苗法。元祐初，復常平舊法。南宋時，廢止青苗法，復常平官，講補助之政，以廣貯蓄，往往以義米百萬石，減價發糶，以抑貴價，振恤貧民。臨安府有豐貯倉，平糶倉，遇米貴平價出糶，亦卽常平倉之意也。紹興九年，於納稅期未畢之時，以常平錢和糴穀物。乾道六年，以和糴米續行常平制度。各縣每設置平糶倉，屬縣所有。紹定六年，曾用虎知興化軍，創平糶倉，捐楮幣一萬六千緡爲糴米，益以廢寺之穀，倉屬於郡，擇二僧以掌之。糴糶之價，不折不增，別儲錢楮二千緡，以備折閱；又撥廢寺錢三百緡供糜費。歲儉價長，則發是倉以權之；歲豐價平，則散諸市易新穀以藏焉。其纖悉載諸規約，以資遵守(註一三)。此亦常平之性質也。

乙、義倉法　宋承五代亂餘，義倉廢罷已久。乾德初，始詔諸州，各縣設置義倉，其方法，於二稅之外，每石令另納穀一斗貯之。若有凶歲，人民願借種子或食糧之穀物時，則由該縣稟告於所轄之州，州之長官計戶口而貸之，而後奏聞。此法因輸送煩勞，至四年罷。仁宗明道二年，詔議復之，不果。景祐年間，集賢校理王琪奏請復置義倉，其大意令五等以上戶，於夏秋納稅時，每二斗另納一升(水旱減稅時則免納)，各州縣擇便利之地置義倉貯之，領於轉運使，凶年出之，以振恤飢民。若二稅歲入十萬戶之郡，則義倉可收五千石，推而廣之，其利甚大。此乃以民間之穀物，貯備以爲救荒之用，卽直接振濟之法也。事下有司會議，議者異同而止。慶曆初，王琪再上奏，仁宗納之，令全國設置義倉。卽令三等以上戶納粟，此法不久卽廢。其後賈黯上議，願仿隋制立民社義倉。下其議於諸路度可否，但贊成之者僅得四路，其他皆反對，認爲與賦稅二重徵收，誘發盜賊，有常平倉足以振恤，且其實施亦煩擾，卒不能實行。嘉祐二年，詔全國置廣惠倉，亦屬義倉性質，依樞密使韓琦之所請也。

初，全國沒入戶絕田，官自鬻之，至是，韓琦請留勿鬻，募人耕而收其租，別爲倉貯之，以給州縣之老幼貧疾不能自存者，名廣惠倉，領以提點刑獄。於萬戶未滿之地，留租千石貯之，——萬戶貯二千石，二萬戶三千石，三萬戶四千石，四萬戶五千石，五萬戶六千石，六萬戶七千石，七萬戶八千石，十萬戶貯萬石。田有餘則公賣之，如舊時。四年，詔改廣惠倉隸司農寺，每州選幕職曹官各一人專監，主理出納。其施與方法，每歲十月，別差官吏調查受米者。凡老弱疾病，不能自給之人，籍定姓名，自十一月一日開始，施米一升，幼者半升，每三日一次，至明年二月止。若有餘米，則量諸縣大小而平均施給之(註一四)。神宗雖以常平及廣惠倉之錢穀行青苗法，但熙寧十年，詔開封府界先自豐稔畿縣立義倉法。元豐元年，由夏稅開始，以二石而輸一斗，詔以義倉隸提舉司，京東西、淮南、河東、陝西諸路義倉，以是年秋爲始，民輸稅不及斗者免納，並頒其法於川峽四路，八年並罷，至紹聖元年復置。紹興初，有屬縣義倉與負郭義倉之別，前者爲當地救濟，後者就州輸送。乾道八年水旱，命以常平米賤糶，以義倉米振濟；又改正義倉制度，夏秋正稅，每斗輸五合，不及一斗者免輸，豐熟縣九分以上卽輸一升，令諸路州縣歲收苗米六百餘萬石。

至於地方性質，有惠民倉及社倉，皆類常平性質，惠民倉以糶於國人，社倉以貸於郡人。惠民倉者，淳化中，張詠守成都，以市古準田稅，使民歲輸米於官，明年春，籍城中之民，糶以原值，此其法也。其後王曉、韓億父子、文彥博、胡宗愈等，又相與修其法而守之，歷代相沿而不易。寧宗嘉定十六年，眞德秀守潭州，效其法，使民輸米貯之別倉，榜曰惠民，由二月至七月，新陳未接，民苦貴糴，而計口給劵，視時値加損之。厥後郡官守之弗失，糴糶循環，自長沙善化外，爲縣十，爲錢十萬一千九百緡，請於朝，請視常平，定爲令。令丞去官，郡稽其存否爲功過，且俾常平使者察焉。社倉本爲靑苗法之變相，以南宋時朱熹之社倉法爲最著。乾道四年，建昌人大饑，熹請於官，在其所居建寧府崇安縣開耀鄉，領到該府常平振米六百石，乃設社倉一所，夏間貸與人戶，冬間納還，每石收息米二斗。行之十四年，迄淳熙八年，原米六百石，還回該府，以息米擴大倉厥三間，存有米三千一百石，不復收息，每石只收耗米三升。以故一鄉四五十里間，雖遇凶年，人不缺食。凡借貸者，十家爲甲，甲推其人爲首。五十家則擇一通曉者爲社首。每年正月，告示社首以下都結甲。其有逃軍及無行之人，與有稅錢衣食不缺者，並不得入甲。其應入甲者，又問其願與不願。願者開具一家大小口若干，大口一石，小口減半，五歲以下不預請，甲首加請一倍。社首審訂虛實，取人人手書持赴本倉，再審無弊，然後排定甲首附都簿，載某人借若干石，依正簿分兩時給——初當下田時，次當耘耨時。秋成還穀，不過八月三十日足，濕惡不實者罰(註一五)。建寧府統縣凡七，均仿社倉法而行之。「凡倉，以里居之有行誼者二人，職其出納。視其境之廣狹，爲置倉之疏密，故在建安、甌寧者，凡十有三，在建陽者二十有五，在浦城者二十有二，在崇安者十有八，松溪視崇安之半，政和又損其二焉。此其大較也。」(註一六)孝宗曾頒佈其法，於兩浙東路各州縣試行，任從民便。如願試行，可由該鄉土著或寄居官員有行誼者，具狀赴本州縣自陳，量於義倉米內支撥，其斂散之事，與該鄉耆老公共措置，州縣不加干預。紹熙四年，張訢行其法於邵武光澤縣，除振濟糧食外，並助民之產子，又建屋舍以待行旅之疾病者。五年，吳仲吳倫兄弟，推行於南城。寧宗時，李道傳攝宣州守，行其法於上饒、新安、南康諸縣，翕然應命，人蒙其利。嘉定初，簡州許奕（一一七〇——一二一九）嘗欲推行其法，捐錢五百萬，命弟契買善田，於一鄉試之，自爲規約，貧者月有廩，歲晚有衣褐財粟，而藥疾槥死，舉生隨求而應者又不與也。五年，於遂寧府，九年於潼川府復推行之(註一七)。然不善行之者，亦有流弊。度宗咸淳二年，「廣德則官置此倉，民困於納息，至以息爲本，而息皆橫取，民窮至自經。人以爲烹之法不敢議，黃震欲救此弊，謂烹社倉歸之於民，而官不得與；官雖不與，而終有納息之患。震爲別買田六百畝，以其租代社倉息，非凶年不貸，而貸不取息。」(註一八)由是民始得免於橫取。良以常平禁防密，與發難，非歲逢大祲，不敢舉而貸也。縣不稟之州，州不稟之部使者，亦不敢擅而出也。故社倉之設置，便於民者多矣。

第二節　田　制

太祖削平諸國，嚴令守勸農之條，稻粱桑枲，務盡地力。再傳以後，法令密而議論多，因循易而改作難，故宋於土地政策，只零碎補救，未若唐代實施均田之有具體辦法也。宋制：入官者皆有職田，以官莊及遠年逃亡之田土充之。剛至勢官富姓，占田無限，兼併冒僞，習以成俗。仁宗曾頒限田之詔，公卿以下，毋過三十頃，衙前將吏應復役者，毋過十五頃，然積重難返，未幾即廢。政和中，官吏限田，一品百頃，二品以次遞減至九品爲十畝。官愈高，田愈多，凡在限內之田，均免差科；限外之田，則須納稅。故北宋中葉，凡賦稅不及之田，十居其七，強宗巨室，阡陌相望，皆爲特殊階級之莊田。平民享田極少，朝廷有授給復業逃戶及浮客之田土，稱爲授田。故宋代田制，至爲混亂。

宋初，循用後周均括民田之法，繼以吏緣爲姦，稅不均適，由是人民失業，田多荒蕪，乃詔許民闢土，州縣毋得檢括，止以現佃（代耕者）爲額，然收效甚微。淳化五年，凡州縣曠土，許民請佃爲永業，三年間免稅；四年以後令納稅三分之一。官吏勸民墾田，然耕地遲遲未有增加。眞宗咸平年間，募民墾潁川地一千五百頃，汝州地六百頃。淮陽、許昌、汝南之域，人稀土曠，東平、鉅野至於彭城，亦多閑田，民力不贍。仁宗天聖年間，生齒日蕃，闢田益廣，獨京西唐鄧間，尚多曠土，入草莽者十分八九。嘉祐中，流民自歸及淮南湖北之民至者二千餘戶，引水溉田，幾數萬頃，遂變磽瘠爲膏腴。仁宗以前，墾田不及唐代十分之一。錢彥遠上言：「唐開元戶八百九十餘萬，而墾田一千四百三十餘萬頃。今國家戶七百三十餘萬，而墾田二百一十五萬餘頃，其間逃廢之田，不下三十餘萬。」（註一九）景德四年，丁謂著會計錄云：「總得一百八十六萬餘頃，以是歲七百二十二萬餘戶計之，是四戶耕田一頃。」太祖開寶末，墾田二百九十五萬二千三百二十頃六十畝。太宗至道二年，三百一十二萬五千二百五十一頃二十五畝。眞宗天禧五年，五百二十四萬七千五百八十四頃三十二畝。而開寶之數，乃倍於景德，則丁謂之所錄，恐未得其實。皇祐治平之三司，皆有會計錄，而皇祐中墾田二百二十八餘頃，治平中四百四十餘萬頃（註二〇）。皇祐之墾田，比景德間增四十一萬七千餘頃，而歲入穀類乃減七十一萬八千餘石。熙寧五年，墾田亦有四百六十一萬六千五百五十六頃。然則宋代墾田，因紀錄未備，實數難得正確，此蓋只計賦租以推知其頃畝，而賦租所不加者十居其七，率而計之，則全國墾田數，無慮三千餘萬頃。

墾田可分爲營田與屯田。營田者，即開墾田土，修蓋屋舍，置造農具，招人耕作，皆置務以管理之。屯田以兵，故可戰可耕。營田以民，然亦有用兵者。兩者實大同而小異，茲分述如下：

甲、營田　宋代營田，議論百端，而多不實行。至道二年，直史館陳靖上言：「今京畿周環二十三州，幅員數千里，地之墾者十才二三，稅之入者又十無五六。復有匿里舍而稱逃亡，棄農耕而事游惰，賦額歲減，國用不充。詔書累下，許民復業，蠲其租調，寬以歲時。然鄉縣擾之，每一戶歸業，則刺報所由，朝耕尺寸之田，暮入差徭之籍。追胥責問，接踵而來，雖蒙蠲其常租，實無補於捐瘠。況民之流徙，始由貧困，或避私債，或逃公稅，亦既亡遯，則鄉里檢其資財。至於室廬什器，桑棗材木，咸計其值，或鄉官用以輸稅，或債主取以償逋，生計蕩然，還無所詣。以茲浮蕩，絕意歸耕，如授以閑曠之田，廣募游惰，誘之耕墾，未計賦租，許令別置版圖，便宜從事。酌民力豐寡，農畝肥磽，均配督課，令其不倦。其逃民歸業，丁口授田，煩碎之事，並取大司農裁決。耕桑之外，令益樹雜木蔬果，孳畜羊犬雞豚，給授桑土，潛擬井田，營造室居，使立保伍。養生送死之具，慶弔問遺之資，並立條例，候至三五年間，生計成立，即計戶定征，量田輸稅。若民力不足，官借糴錢，或以市餱糧，或以營耕具。凡此給授，委於司農，比及秋成，乃令償值，依時價折納，以其成數，關白戶部。」此補救逃農之議，帝覽之喜，詔靖條奏以聞。靖再提奏一具體計劃言：「逃民復業及浮客請佃者，委農官勘驗，以給授田土，收附版籍，州縣未得議其差役。乏糧種耕牛者，令司農以官錢給借。其田制爲三品：以膏沃而無水旱之患者爲上品；雖沃壤而有水旱之患，埆瘠而無水旱之慮者爲中品；既埆瘠復患於水旱者爲下品。上田人授百畝，中田百五十畝，下田二百畝。並五年後收其租，亦只計百畝十收其三。家有三丁者，請加受田如丁數。五丁者，從三丁之制。七丁者，給五丁。十丁給七丁。至二十三十丁者，以十丁爲限。若寬鄉田多，卽委農官裁度以賦之。其室廬蔬韭，及梨棗榆柳種藝之地，每戶十丁者，給百五十畝。七丁者百畝。五丁者七十畝。三丁者五十畝。不及三丁者三十畝。除桑功，五年後計其租，餘悉蠲其稅。」宰相呂端謂靖所立田制，多改舊法，又大費資用，以其狀付有司。詔鹽鐵使陳恕等共議，請如靖奏。乃以靖爲京西勸農使，按行陳、許、蔡、潁、襄、鄧、唐、汝等州，勸民墾田，以大理寺丞皇甫選、光祿寺丞何亮副之。選亮上言：「功難成，願罷其事。」帝志在勸農，猶詔靖經度。未幾，三司以費官錢數多，萬一水旱，恐致散失，事遂寢（註二一）。惜小費而忘大利，又失於聽言之不斷，是以營田之議無成。咸平中，募民耕潁州陂塘荒地一千五百頃，部民應募者三百餘戶。汝州舊有洛南務內園，亦募民二百餘，自備耕牛，立團長，墾地六百頃，導汝水灌溉，歲收二萬三千石。宜城縣有屯田三百餘頃，知襄州耿望請於舊地兼括荒田，置營田上中下三務，調夫五百築堤堰，仍集鄰州兵，每務二百人，市牛七百分給之。是歲種稻三百餘頃。五年，罷營田下務。又於唐州赭陽陂置務如襄州，歲種七十餘頃，其後以得不償失，詔廢以給貧民，頃收半稅。陝西用兵，詔轉運使度隙田置營田，以助邊計。襄州宜城縣之長渠百里，肇於秦將白起，壅夷水以灌鄢，遂滅楚。後分渠水以灌田，田皆為沃壤者數千頃，但年久湮沒。至和二年，縣令孫永率民修之，田之受渠水者皆復其舊。並渠之民，足食而甘飲，其餘粟散之四方（註二二）。此亦恢復灌溉以墾田之類也。

南宋在官之田，曰營田，曰力田，曰屯田，曰官莊，曰荒田，曰逃絕戶田。營田與官莊相類，荒田與逃絕戶田，異名而實同，力田與屯田，皆為墾田也。紹興元年，荊南府、歸、峽州、荊門、公安軍置五州營田，荊州軍食仰給，省縣官之半。三年，詔江東西宣撫使韓世忠措置建康營田，世忠乞募民承佃，蠲三年租，滿五年田主無自陳者給佃者為永業。又詔湖北、浙西、江西皆如之，其徭役科配並免。六年，都督張浚奏改江淮屯田為營田，凡官田逃田並拘籍，以五頃為一莊，募民承佃，其法五家為保，共佃一莊，以一人為長。每莊給牛五具，耒耜及種副之，別給十畝為蔬圃，貸錢七十千，分五年償。尋命五大將劉光世、韓世忠、張俊、岳飛、吳玠、及江淮、荊襄、利路帥，悉領營田使。以樊賓提舉江淮營田，置司建康，官給牛種，撫存流移，一歲中收穀三十萬石有奇。而川陝宣撫使吳玠治廢堰營田六十莊，計田八百五十四頃，歲收二十五萬石，以助軍儲。十二年，鄭剛中為川陝宣撫副使，患蜀之困於漕運也，乃於關外四州，及興州大安軍，行營田之法，墾田二千六百一十二頃，除糧種分給外，實入官十四萬一千零四十九斛，而金州墾田五百六十七頃，歲入一萬八千零六十餘斛。三十二年，襄陽築堰開渠，溉田萬頃，募邊民或兵之老弱者耕之，官給耕牛耒耜種糧，既省餽運，又可安集流亡。四川諸州共墾田二千六百五十餘頃，夏秋輸租米十四萬一千餘石。

除營田外，又有莊田。莊田分為官莊田與私人莊田。官莊管理者曰勾當人，南宋則曰幹當人，指導佃戶，監督穀物收納，及掌管莊內諸物件。北宋時，河北、河東、陝西、熙河沿邊諸路多有之。官莊田之來源，是籍沒官僚產業，賊徒田舍，及逃田而得，如建炎元年，籍沒蔡京王黼等莊以爲田是也。私人莊田，則稱某某莊，有蔬圃、菓園、山林、莊屋、倉庫、牛舍等，皆爲大地主、宮廷、宗室、官僚、武人、寺觀、豪強之業也。凡營田與官莊田，稱爲官田，發券予民耕，歲使輸賦。官田亦有發售，召人承買。建炎三年，全國官田，令民依鄉例自陳輸租。紹興元年，以軍興用度不足，詔令鬻諸路官田。二十年，詔兩淮沃壤宜穀，置力田科，募民就耕，以廣官莊。二十六年，以諸路所賣官田之錢，七分上供，三分充常平司糴本。乾道二年，在黃岡麻城，設立官莊二十二所。淳熙元年，淮東官莊已成之數，爲五十四莊，屋二千四百四十九間，耕者一千二百餘人，牛六百二十五頭，稼器六百二十五副，老稚五千四百二十七人，耕田九百一十四頃。六年，高郵軍已諭到歸正人一千四百餘人，共置五十莊(註二三)。嘉定元年以後，又有所謂安邊所田，時韓侂胄既誅，金人講和，兩淮殘荒，逃亡最多。用廷臣言，置安邊所，凡侂胄與其他權倖沒入之田，及圍田湖田之在官者皆隸焉。輸米七十二萬二千七百斛，錢一百三十一萬五千緡有奇，藉以給行人金繒歲幣之費。迨與金人絕好，軍需邊用，皆由此取之(註二四)。

乙、屯田　屯田之議，始於滄州節度副使何承矩。端拱二年，承矩上疏言：「若於順安砦西，開易河蒲口，導水東注於海。東西三百餘里，南北五七十里，資其陂澤，築隄貯水爲屯田，可以遏敵騎之奔軼。俟春歲間，關南諸泊悉壅闐，即播爲稻田。其緣邊州軍臨塘水者，止留城守軍士，不煩發兵廣戍，收地利以實邊，設險固以防塞。春夏課農，秋冬習武，休息民力，以助國經。如此數年，將見彼弱我強，彼勞我逸，此禦邊之要策也。」(註二五)會滄州臨津令閩人黃懋上書言：「閩地惟種水田，緣山導泉，倍費功力，今河北州軍多陂塘，引水溉田，省功易就，三五年間，公私必大獲其利。」詔承矩按視，還奏如懋言，遂以承矩爲制置河北緣邊屯田使，懋爲大理寺丞，充判官，發諸州鎮兵一萬八千人給其役，凡雄、莫、霸州、平戎、順安等軍，興堰六百里，置斗門，引淀水灌溉。初年種稻，值霜不成。懋以晚稻九月熟，河北霜早而地氣遲，江東早稻，七月卽熟，取其種，課令種之。是歲八月，稻熟，試種遂成功。咸平四年，陝西轉運使劉綜言：「宜於古原州建鎮戎軍。於軍城四面立屯田務，開田五百頃，置下軍二千人，牛八百頭耕種之。」既而原渭州亦開方田，戎人內屬者皆依之。其他順安軍、威虜軍、保州、定州，亦開渠置屯田。營田務亦改爲屯田務。凡九州軍皆遣官監務，置吏屬。淮南兩浙，舊皆有屯田，後多賦民而收其租，第存其名。天禧末，諸州屯田共有四千二百餘頃，河北歲收二萬九千四百餘石，而保州最多，逾其半。治平三年，河北屯田三百六十七頃，得穀三萬五千四百六十八石。熙寧四年，河北屯田司奏，豐歲屯田，入不償費，於是詔罷緣邊水陸屯田務，募民租佃，收其兵爲州廂軍。陝西屢有屯田之議，多未成。元豐五年，惟招弓箭手營田，廂軍及弓箭手皆受田一頃，每五十頃爲一營，頗有組織。知太原府呂惠卿上營田疏，主張河外三州荒地皆可墾闢，以贍軍用。七年，開墾葭蘆吳堡間之木瓜原五百餘頃，麟府豐州地七百三十頃，弓箭手與民之無力及異地兩不耕者又九百六十頃，皆爲屯田性質。其後得不償失，以無效遂罷。

南宋紹興三年，德安府復州漢陽軍鎭撫使陳規，仿古屯田，凡軍士相險隘，立堡砦，且守且耕，水田每畝賦秔米一斗，陸田豆麥夏秋各五升，滿二年無欠，給爲永業。流民歸業浸衆，亦置堡砦屯聚之。五年，詔淮南、川、陝、荆、襄屯田，以此等地區，荒田尚多也。隆興初，有訴襄陽屯田之擾者，帝欲罷之，工部尚書張闡言：「荆襄屯田之害，在乏人力，而強徵百姓，舍己熟田而耕官生田，一方騷然。如使兩淮歸正之民，就耕荆襄之田，非惟可免流離，抑使中原之民聞之，知朝廷有以處我，率皆襁負而至矣。異時墾闢既廣，取其餘以輸官，實爲兩便。」從之。二年，江淮都督府參贊陳俊卿主張擴大墾田，則穀必賤；所在有屯，則村落無盜賊之憂；軍食既足，則饋餉無轉運之勞，此誠經久守淮之策。詔從之。四年，兩淮議營田屯田已久，但地有餘而人不足，每以爲病，蓋淮上治田之具，每招一家，必首給錢一百二十緡，以其三分二買牛，一爲室廬耒耜之費，故淮上不惟人稀，牛亦難得。淮陰鹽城閑田甚多，寶應山陽亦得閑田五百餘頃，以處歸正人。淳熙十年，鄂州江陵府副都統制郭杲言：「本司有荒熟田七百五十頃，乞降錢三萬緡，收買耕牛農具，使可施工，如將來更有餘力，可括荒田，接續開墾，」從之。紹定五年，京西路兵馬鈐轄在棗陽剏平堰，溉田萬頃，立十三莊，三轄使軍民分屯，邊儲豐物。端平元年，屯五萬人於淮之南北，且耕且守，置屯田判官一員，經紀其事，暇則教以騎射，初弛田租三年，又三年則取其半，從之。嘉熙三年，四川宣撫使兼夔路制置大使孟珙，以軍無宿儲，大興屯田，調夫築堰，募農給種，由秭歸以迄漢口，爲二十屯，一百七十莊，田十八萬八千二百八十頃（註二六）。四年，令流民於江邊七十里內，分田以耕，遇警則用以守江。

於邊城三五十里內，亦分田以耕，遇警則用以守城。在砦者則耕四野之田，而用以守砦。田在官者免其租，在民者以所收十分之一二歸其主，俟三年事定，則各還原業(註二七)。此皆爲南宋戰時設置屯田之策也。

宋初江南人口增加，土地因而亟謀開發，與水爭田，爲江南土地開發之特徵，故有湖田、圩田、與圍田。湖田者，修圩截湖而爲之，多在浙東。例如會稽、山陰間之鑑湖，宋初作湖田者十七戶，慶曆間，湖田面積四頃；治平熙寧間，有八十餘戶，七百餘頃；淳熙中，增至二千三百餘頃。紹興元年，吏部侍郎李光奏，祥符慶曆間，民始有盜陂湖爲田者，三司轉運使書切責州縣，復田爲湖，當時條約甚嚴。近年以來，所至盡廢爲田。如明越州鑑湖、白馬、竹溪、廣德等十三湖，宣政間樓异守明，王仲薿守越，悉廢二郡陂湖以爲田，民失水利，光請復之，遂廢餘姚上虞二縣湖田，而他未及也(註二八)。江南大都皆山，可耕之土，皆下濕厭水，瀕江規其地以隄，而藝其中以爲田，謂之圩。圩者圍也，內以圍田，外以圍水，江東淮東路有之。一圩方數十里，皆如長隄，植榆柳成行，望之如畫。中有河渠，外設門閘，旱則開閘以引江水之利，潦則閉閘以拒江水之害。圩田遠溯於五代，宋初，一時衰落，仁宗朝國家安定，再行開發，官圩民圩並盛。嘉祐六年，沈括當寧國縣令，建議開修蕪湖之萬春圩田。神宗時，江南土地開發益顯著。徽宗政和二年，太平州當塗鎮興修路西湖，創立政和圩，宣州惠民圩，當塗縣廣濟圩。五年，建康府溧水縣作永豐圩，面積一千頃。此等圩田，其後荒廢，至南宋初修復之(註二九)。江東圩田，以永豐圩爲最大，自紹興三年起，歲收米三萬斛，有監官三員，其餘十圩，共計收米五萬八千餘石，並無官監。三十年，張少卿初爲漕，徙民於近江，增葺圩岸，官給牛種，始使之就耕。乾道六年十月，寧國府修圩，詔其餘州軍守臣，依此措置修整。圩田分爲官圩（官築）、私圩（民築）、大圩、中圩、小圩。官圩規模較大，設田莊，置吏管理，佃戶耕作，納租課，爲南宋軍費重要來源之一。圍田者，築隄防以圍湖沼，中爲田，與圩田相同，浙西路多有之。其餘有沙田者，如江淮間沙淤之田也；梯田者，如江南西路袁州之山田也。

人民因災荒兵禍，無以爲生，每棄產他遷，發生逃田之現象。逃田爲宋代農業上一嚴重之損失，徽宗朝最爲普遍，政和八年，淮東之逃田，高郵軍四百四十六頃，楚州九百七十四頃，泰州五百二十七頃，江東之平江府四百九十七頃。宣和五年，詔江東轉運司根括到逃田一百六十頃一十六畝，兩浙根括到四百五十六頃，召人出租。其處理逃田之對策，在誘民墾田。南渡後，內外用兵，所在多逃絕之田。紹興二年，詔兩浙路收買牛具，貸淮東人戶，各縣令奉詔誘民墾田，奉行者增一秩。三年，民有產業者，並聽歸業；親屬應得財產者，守令驗實給還。募人佃閑田，分三等定租，上田每畝輸米一斗五升，中田一斗，下田七升。四年，貸廬州民錢萬緡，以買耕牛。五年，令縣具列歸業民數及墾田多寡，每月層報至戶部，戶部置籍以考。歸業之民，如田已佃者，以附近閑田與之，免三年租稅，無產願受閑田者亦與之。六年，減江東諸路逃田稅額，難民流徙後，十年不歸，以十年爲限，如期滿無理認者，現佃人依舊承佃，後再延展五年。隆興元年詔：凡百姓逃棄田宅，逾二十年無法歸認者，依法視爲絕戶。

南宋時，土地兼併之風甚熾。嘉定間，曾令禁兩淮官吏私買民田。淳祐五年，諫官曾有限田之議，惟空言而不行。時諸籍沒入官者，募人耕，仍以私家額課租，民苦額重，與官吏卒徒侵漁，議者言田在官非便，而有斥賣官田之說。六年，殿中侍御史謝方叔言：「豪強兼併之患，至今日而極，非限民田不可。國朝駐蹕錢塘，百有二十餘年矣，外之境土日荒，內之生齒日繁，權勢之家日盛，兼併之習日滋，百姓日貧，經制日壞，上下煎迫，若有不可爲之勢。夫百萬生靈生養之具，皆本於穀粟，而穀粟之產，皆出於田。今百姓膏腴，皆歸貴勢之家，租米有及百萬石者。小民百畝之田，頻年差充保役，官吏誅求百端，不得已則獻其產於巨室，以規免役。小民田日減，而保役不休；大官田日增，而保役不及。兼併浸盛，民無以遂其生。於此時也，可不嚴立經制以爲之防乎？」(註三〇)景定四年，賈似道以國計困於造楮，富民困於和糴，思有以變法而未得其說，會知臨安府劉良貴，浙西轉運使吳勢卿獻買公田之策。似道乃命殿中侍御史陳堯道、右正言曹孝慶、監察御史虞虙、張晞顏等議之。僉言廩兵造楮之弊，乞依祖宗限田議，自兩浙、江東西官民戶踰限之田，抽三分之一，買充公田，得一千萬畝，則歲有六七百萬斛之入，可以餉軍，可以免糴，可以重楮，可以平物而安富，一舉而五利俱矣。帝從之，詔買公田。其法先行限田之制，以官品計頃，以品格計數，下兩浙、江東西和糴去處，先行歸併詭析，後將官戶田產逾限之數，抽三分之一，回買以充公田，此卽收購其限額外之所有，每日增印會子一十五萬貫以購之。置官田所，以劉良貴提領，通判陳訔爲檢閱副之。然反對者多，時賈似道當國，以己出在浙西者省萬頃爲首倡，由是朝野無敢言者。已而詔平江、江陰、安吉、嘉興、常州、鎭江六郡，已買公田三百五十餘萬畝，其荊湖、江西諸道，仍舊和糴。公田買法，以租一石償十八界會子四十，而浙西之田，石租有値千緡者，亦就此價。價錢稍多，則給銀絹各半，又多則給以度牒告身準値。民失實產，而得虛誥，吏又恣爲操切，浙中大擾。夫田變爲官，佃不堪命，猶官以田與民也。官田變爲公田，官無田而取諸民，旣取民田而又賦之也，此直攫民耳，遂使民之破家失業者甚衆，故公田與關子、銀綱、鹽鈔、賦役，同爲病民之事。五年，選官充官田所，立四分司以主管公田，平江、嘉興、安吉各一員，常州、江陰、鎭江共一員，凡公田事悉以委之。每鄉置官莊一所，民爲官耕田者曰官佃，爲官督租者曰莊官，以富饒者充應，兩歲一更。初置時，上下迎合，惟欲買數之多，凡六七斗者皆作一石，及租收有虧，則以其額取足於田主，遂爲無窮之害。臺諫士庶多上書，以爲公田不便，乞罷之。賈似道以去就爭，詔勉留之，由是公論頓沮。初議欲省和糴以紓民力，而其弊極多，其租尤重，宋亡，遺患猶不息也(註三一)。

第三節　財賦與用度

財賦之制，多因於唐，其收入較唐爲大。然懲唐末方鎭之留使留州，皆留財賦自贍，又於舊賦之外，更厚斂以自奉，故太祖之制諸鎭，以執其財用之權爲最急。旣而宇內統一，諸節度伸縮惟命，遂強化中央集權而去其尾大不掉之患者，財在上也。乾德三年，詔諸州支度經費外，凡金帛悉送闕下，毋得占留。時藩郡有闕，稍命文臣權知，所在場務，或遣京朝官廷臣監臨，於是外權始削而利歸中央矣。然上供(註三二)只隨歲所入，初無定制，而其大者在糧帛銀錢。六年，又詔諸州通判官到任，須自檢閱帳籍所列官物，吏不得以售其姦，主庫吏三年一易。開寶六年，令諸州舊屬公使錢物，盡數係省，毋得妄有支費。然觀於宋初措施，乾德之詔，不過欲矯宿弊，實未嘗務虛外郡以實京師也。(註三三)

宋初理財，務在寬大，隨時損益，非必盡取上供。太宗時，錢穀上供，仍酌量一部份留州，以濟緩急。至道四年，敕川陝錢帛令，本路轉運司計度，只留一年支備，其餘計綱起發上京，不得占留，蓋平蜀後事也。其他諸州，常切估計，在州以三年準備爲率，外縣鎭二年，偏僻縣鎭一年，河北陝西緣邊諸州，不在此限。江浙、荆湖、淮南六路，自來便錢，州月帳內將現錢除半支遣外，並具單狀申奏。諸州應係錢物，開列帳籍，具言逐項數量，原管年代，及本州支用者報省，錢物皆儲封樁，候命由轉運司移易支遣，或巡運上京。至道末，上供錢一百六十九萬二千餘貫，金一萬四千八百兩，銀三十七萬六千兩，絲七十萬五千兩，綿四百九十七萬兩，紬三十七萬九千匹，絹一百七十萬八千匹，絁五萬二千匹，布一百一十萬六千匹。宋初雖存上供之名，但取酌中之數，定爲年額，而其遺利，則付之州縣樁管。州縣既有宿儲，可應支意外之警急，且亦寬於理財，陰以恤民。故自建隆至景德凡四十五年間，南征北伐，未嘗無事，而紀綱已立，官吏知有朝廷，金銀錢帛糧草雜物，毋煩悉送京師，可藏於州縣，以備不虞，蓋所以培其本也。仁宗朝，號爲至平極盛之世，因天災流行，西事暴興，而財用始大乏，是以留州銳減，慶曆二年，余靖奏言：「當今天下金穀之數，諸路州軍年支之外，悉充上供，及別路經費，現在倉庫，更無餘羨。」（註三四）熙寧之際，財賦更爲集中，蘇轍曾論其弊：「財賦之源，出於四方，而委於中都。故善爲國者，藏之於民，其次藏之於州郡。州郡有餘，則轉運司常足。轉運司既足，則戶部不困。唐制：天下賦稅，其一上供，其一送使，其一留州。比之於今，上供之數，可謂少矣。然每有緩急，王命一出，舟車相銜，大事以濟。祖宗以來，法制雖異，而諸道蓄藏之計，猶極豐厚。是以斂散及時，縱捨由己。利柄所在，所爲必成。自熙寧以來，言利之臣，不知本末之術，欲求富國，而先困轉運司，轉運司既困，則上供不繼。上供不繼，而戶部亦憊矣。兩司皆困，故內帑別藏，雖積如丘山，而委爲朽壤，無益於算也。」（註三五）增額起於熙寧，雖非舊貫，猶未爲甚，然在州諸色錢，一律封樁，以便不盡錢起發。元豐五年，除上供年額外，凡羨餘瑣碎錢，定爲無額上供（註三六），於是上供分爲有額與無額兩種矣。徽宗朝，務爲剝削，崇寧二年，官吏違負上供錢物，以分數爲科罪之，等不及九分者罪以徒，多者更加之。歲首則列次年上供之數，呈報漕司，考實申部。三年，始立上供錢物新格，於是聚斂益重。宣和元年，戶部尚書唐恪稽考諸路上供錢物數如下：荊湖南路四十二萬三千二百二十九貫匹兩，利州路三萬二千五百一十八貫匹兩，荊湖北路四十二萬七千二百七十七貫匹兩，夔州路一十二萬三百八十九貫匹兩，江南東路三百九十二萬四百二十一貫匹兩，福建路七十二萬二千四百六十七貫匹兩，京西路九萬六千三百五十一貫匹兩，河北路一十七萬五千四百六十四貫匹兩，廣南西路九萬一千九百八十貫匹兩，京東路一百七十七萬二千一百二十四貫匹兩，廣南東路一十八萬八千零三十貫匹兩，陝西路一十五萬七百九十貫匹兩，江南西路一百二十七萬六千九十八貫匹兩，成都路四萬五千七百二十五貫匹兩，潼川路五萬二千一百二十貫匹兩，兩浙路四百四十三萬五千七百八十八貫匹兩，兩淮南路一百一十一萬一千六百四十三貫匹兩，總計爲一千五百零四萬二千四百一十四貫匹兩，錢以貫計，絹以匹計，綿以兩計也，而斛斗雜科不與焉。財聚則民散，朱熹言其弊最切：「本朝鑒五代藩鎭之弊，遂盡奪藩鎭之權，兵也收了，財也收了，賞罰刑政一切收了，州郡遂日就困弱。靖康之役，虜騎所過，莫不潰散，」(註三七)蓋強榦弱枝之甚，其惡果有如是也。

建炎元年，詔諸路無額上供錢，依舊法自來年始，更不立額。三年，減各地上供額，渡江之初，東南歲入不滿千萬緡。紹興五年，四川保留上供錢帛及榷鹽酒並諸色窠名，爲三千六百萬緡，供贍川陝而未足。十一年，始命上供羅，其後綾紗絹亦如之，計有九萬五千八百匹。乾道二年，仿漢制歲終郡國遣上計簿使詣京師奏報之法，本州每歲將上供數目，歲終開具造冊包括次年正月之數，詣闕呈報。戶部掌全國之財計，有上限、中限、下限之格法，有月催、旬催、五日一催之期會，每於歲終，獨以常平收支戶口租稅造冊進呈，而於諸郡諸色窠目尙略焉。故是年宰執進呈戶部收支細數現管只四十二萬，而未催之錢乃二百八十餘萬，是知乾道之政，不盡歛以歸國，而財賦尙有藏於州縣(註三八)。理宗紹定元年，可用銀折輸，每兩不過三貫三百文。自咸淳七年起，銀錢關會，均可作上供之用。

凡貨物之結幇同行者曰綱，故上供錢穀，稱爲綱運。從交通工具言，綱運分爲陸路與水路。陸路綱運有脚夫、騾驢，民之供役者，三驢當五夫。水路綱道則用船。唐劉晏以十船爲一綱，每船載一千石。宋則一綱爲船三十艘，有押綱、綱梢、梢工等。物運之性質，可分爲米綱、銀綱、錢綱、絹綿綱等。㈠米綱。綱運之中，以米綱規模最大，沿唐制，發運使置司眞州主之，掌理東南歲漕，以餉京師，從楚泗至汴，八十日一運，一歲三運。開寶五年，令汴蔡河歲運江淮米數十萬石赴京，充軍食。

圖十二　糧食漕運圖(國立故宮博物院藏品)

太平興國六年，兩浙歸入版圖後，歲運三百五十萬石。至道間，楊允恭漕運六百萬石，自此歲增廣。景德四年，詔淮南、江浙、荊湖南北路，以由至道二年至景德二年間十年平均之數，定爲年額，上供六百萬石，米綱立額始於此(註三九)。以後每年米綱，以此數爲準。然米綱有耗折者，景德四年運六百萬石，欠折六七萬石；元祐六年，正運四百五十餘萬石，而欠折之數，多至三十餘萬石(註四〇)。綱運之人力，爲費亦鉅，通常運米一石，費三百錢，熙寧八年，運米一百萬石用費約三十七萬緡。除官運外，其召募客綱所運者曰私運，如熙寧三年，發運使薛向言召募客綱所運二十六萬石入京是也。㈡銀綱。自大中祥符元年詔，五路糧儲已有定額，其餘未有條貫，遂以大中祥符元年以前最多者爲額，則銀綱立額始於此。㈢錢綱。天禧四年，三司奏請立定錢額，自後每年錢綱，依此額起發。㈣絹綿綱。絹綿綱雖不可考，但以咸平三年三司所降之數，則亦有年額矣。

中央主管財賦之機構，初爲三司，然各置使局，不相統系。太宗淳化四年，改三司爲總計司，左右大計，分掌十道財賦。令京東西南北，各以五十州爲率。每州軍歲計金銀錢緡帛芻粟等費，逐路關報總計司。總計司置簿左右計使，通計置裁給，餘州亦如之。未幾，復爲三部，後亦復三司。咸平六年，始併鹽鐵、度支、戶部爲一，置三司使，副使三人，分領各部。錢穀繳運於三司者曰係省，納計省也。淳化五年，各州置應在司，保管封樁，主持解運，然因乏會計稽核，州郡錢穀數量，每虛實不清。景德間，三司使丁謂奏言：「承平日久，國家蓋務寬大，諸郡錢物，往往積留；漕臣靳惜，吝於起發，而省司殊不究知其詳。淳化以來收支數目，攢簇不就，名爲主計，而不知錢出納，——咸平以來，未見錢物着落。諸州受御指揮，多不供申；或有申報，多是鹵莽，以致勘會勾銷，了絕不得。」謂編有景德會計錄六卷，分類爲一、戶賦，二、郡縣，三、課入，四、歲用，五、祿食，六、雜記。每歲出入數，官吏養兵數，儲運等國家之巨細出納，總括網羅，猶唐之元和國計簿也，參考之量入爲出，頗有預算之作用(註四一)。天聖至嘉祐四十年間，理財之令數下，徒有根括驅磨之文，設而不用。至熙寧五年，判司農寺曾布奏：「伏以四方財物，乾沒差謬，漫不可知。三司雖有審覆之名，不復省閱，但爲空文。自天聖九年，上下因循，全無檢點，縱有大段侵欺，亦無由舉發，爲弊滋多。」遂乞專置司，驅磨全國帳籍，此似爲獨立稽核之法。自專置司，勾稽旁通，而天下無遺利。公使錢始立定額，自二百貫至三千貫止。此類公使錢，靠所入醋息、坊場、園池、祠廟之利，謂之收簇，以資維持；不足，以不係省錢補足額數(註四二)。驅磨帳籍之專司，其後又覺無實效，遂罷。州郡之財賦文帳，以前皆以時直呈三司，元祐時，司馬光欲改由戶部收全國諸帳，右司諫蘇轍主張保留元豐制度，使州郡計帳呈轉運司；由司別造計帳申省，蓋欲經轉運司之稽核，以免帳籍冗積於三司也。三司總領國計，方知其多少虛實，至於驛料等帳，非三司國計虛贏所係，故止令磨勘架閣，此法內外簡便，頗稱允當。建中靖國元年，詔諸路轉運司，以歲入財用置都籍。崇寧元年，又令歲以錢穀出入名數報提刑司保驗，以上戶部；戶部歲條諸路轉運使財賦虧贏，以行賞罰。大觀末，詔戶部編次一歲財用出納之數，諸路州縣各爲都籍，以待考較。工部金銀銅鉛水銀朱砂等，亦嚴帳籍之法，令諸路各條三十年以還歲出入及泛用之數。此則財用歲入之保管、帳籍、具報、會計、稽核等處理方法，以技術粗疏，督察鬆弛，致流弊滋生，故各朝政令，常注意整頓而改善之也。

上供爲正賦，僅佔全國歲入總額之一部份。除上供外，歲入另有茶鹽酒冶等商稅、雜稅、經制錢，總制錢，及其他收入。故全國歲入總額：至道三年，歲收穀三千一百七十萬七千餘石，錢四百六十五萬六千餘貫，絹一百六十二萬五千餘匹，絁紬二十七萬三千餘匹，布二十八萬二千餘匹，絲線一百四十一萬餘兩，綿五百一十七萬餘兩，茶四十九萬餘斤，芻茭三千餘萬圍，蒿二百六十八萬餘圍，薪二十八萬餘束，炭五十三萬餘秤，鵝翎雜翎六十二萬餘莖，箭幹八十九萬餘隻，黃蠟三十萬餘斤。(註四三)天禧五年，歲收穀三千二百七十八萬二千餘石，錢七百三十六萬四千餘貫，絹一百六十一萬五千餘匹，絁紬一十八萬一千餘匹，布三十三萬八千餘匹，絲線九十萬五千餘兩，綿三百九十九萬五千餘兩，茶一百五十九萬八千餘斤，芻茭一千九百萬餘圍，蒿一百六十八萬餘圍，炭二萬六千餘秤，鵝翎雜翎七十四萬九千餘莖，箭幹一百三十六萬餘隻，黃蠟三十五萬餘斤，又鞋八十一萬六千餘量，麻皮三十九萬七千餘斤，鹽五十七萬七千餘石，紙十二萬三千餘幅，蘆蓆二十六萬餘張(註四四)。如以緡錢計算，宋初，歲入錢一千六百餘萬緡，天禧末，增至二千六百五十餘萬緡，嘉祐間，又增至三千六百八十餘萬緡。熙豐間，所入乃至六千餘萬緡。元祐初，除其苛急，尚有四千八百餘萬緡(註四五)。紹興末年，六千四百萬緡。淳熙末，六千五百三十餘萬緡，其中上供錢二百餘萬緡，另經制錢六百六十餘萬緡，總制錢七百八十餘萬緡，月樁錢四百餘萬緡，茶鹽酒冶等商稅雜稅四千四百九十餘萬緡。寧宗朝，歲入仍爲六千餘萬緡。魏了翁曰：「中興以來，以十六路百七十郡之地，不能當天下全盛之半，歲入乃增至六千五百餘萬，而經制月椿等錢二千萬不預焉。兩浙之歲輸緡錢千二百萬，四川之鹽錢九百五十餘萬又不預焉。校之祖宗取民之數，不知凡幾倍矣。」(註四六)歲入之總額，雖難得其準確數，大抵接近一億緡，此可見南宋賦稅之窮徵苛斂，比北宋爲尤酷矣。

國家府庫，分內外之制，由三司所管者曰左藏庫；不領於有司者曰內藏庫，或簡稱內庫，始自太祖創景德內庫，以蓄金幣，爲帝室之財，蓋天子之別藏也。宋初，諸州貢賦，皆輸左藏庫。及取荆湖，定巴蜀，平嶺、南江南之國，珍寶金帛，盡入內府。乾德六年，太祖以帑藏盈溢，又於講武殿後別爲內庫，謂之封樁庫，卽特置之儲積所。嘗謂軍旅饑饉，當預爲之備，不可厚斂於民。太宗分藏庫爲內藏庫，於左藏庫擇上綾羅等物，別造帳籍，月申樞密院。改講武殿後庫爲景福殿庫，俾隸內藏，蓋慮司計之臣，不能節約，異時用度有闕復賦率於民也。自乾德開寶以來，用兵及水旱振給慶澤賜賚，有司預算之，所闕者必籍其數以貸於內藏，候課賦有餘卽償之。景德四年，又以新衣庫爲內藏西庫。大中祥符五年，按類分爲四庫。厥後三司用度不足，必請貸於內藏，輒得之，其名爲貸，實罕能償。且歲斥錢六十萬緡助三司，自天禧三年至明道二年，僅十四年，所貸錢達九百一十七萬緡。內藏歲入金帛，皇祐中，二百六十五萬七千一百零一，治平中，一百九十三萬三千五百五十四。神宗臨御，詔立歲輸內藏錢帛之額，諸路金銀輸內藏庫者，歲以帳呈司拘催。熙寧間，逐年於左藏庫撥金三百兩，銀五十萬兩入內藏，遂爲定額。元豐初，凡三十二庫，後積羨贏爲二十庫。內庫皆由中官總領之，劃定或分配特殊之收入，以輸內藏，多屬珍貴之物。崇寧後，爲大觀庫，制同元豐，但分東西之別(註四七)。紹興初，數取封樁錢入內藏，其制多承東京之舊。除內藏庫外，其他庫名尚多：(一)王藏庫，幫支三衙百官請給及宗廟宮禁泛供之費，並將校衛卒閤門醫職近侍請給皆出焉。(二)左藏封樁庫，孝宗所創，支付軍需之費，淳熙十年，聚積至四千七百餘萬緡。(三)御前甲庫，凡乘輿所需，圖畫雜物有司不能供者取之，百工技藝之巧者，皆出其間。(四)激賞庫，原爲支付軍士犒賞費，其後變爲賞膳、玉牒所、日曆敕令所、國史院、尚書省犒賞、中書門下密院支費之用，初歲支三十八萬緡，其後減至十萬緡。(五)豐儲庫，紹興二十六年置，別儲穀一百萬斛於行都，以備水旱，其後鎮江、建康、關外、四川皆有之。至於州縣，則又有軍資庫與公使庫之設，皆爲地方自籌之經費，許收遺利，以爲軍政費之補給焉。

當宋之興也，吳、蜀、江南、荆湖、南粤，皆號富饒，相繼降附，太祖太宗因其積蓄，守以恭儉簡易。時生齒尚寡，而養兵未甚多，任官未甚冗，佛老之徒未甚熾，外無夷狄金繒之遺，人民各安其生，不爲巧僞放侈，故上下給足，府庫羨溢。迨承平既久，戶口歲增，兵籍益廣，吏員益衆，佛老夷狄益耗蠹中國，縣官之費，數倍昂時，勢家貴族，亦稍縱侈，而上下始困於財矣。仁宗承之，給費寖廣，天聖元年，始命有司取景德一歲用度爲基數，較天禧所支出(註四八)，省其不急者。命御史中丞劉筠，提舉諸司庫務薛貽廓，與三司同議裁減冗費，大中祥符以來之齋醮宴賜及宮觀衛卒，皆爲之省削。至寶元元年，陝西用兵，調度百出，縣官之費益廣，故賦入十分之七爲養兵及宮省之費，僅以十分之三備水旱非常耳，於是議省冗費，減皇后及宗室婦郊祠所賜之半。而皇后嬪御宗室御史，各上俸錢以助軍，帝罷左藏庫月進錢一千二百緡，公卿近臣亦減郊祠所賜銀絹，皆著爲式。張方平謂：「景德以前，天下財利所入茶鹽酒稅歲課一千五百餘萬緡，未嘗聞加賦於民，而調度克集。慶曆以後，財政之入乃三倍於前朝，而惟日不足，何事功之異也？」（註四九）是時輸賦，比宋初雖增加十倍，而三司計度經費，則高至三十倍，故始終入不敷出。至和中，知諫院范鎭認爲主兵民者不作通盤大計，量入爲出，實難寬財，上疏言：「周以冢宰制國用，唐以宰相判鹽鐵度支，今中書主民，樞密院主兵，三司主財，各不相知。財已匱樞密院益兵無窮，民已困而三司取財不已，請使二府通知兵民大計，與三司同制國用。」（註五〇）蓋先重理財政策，方能解決財政之困難也。嘉祐雖號至治，歲出超額恒二千餘萬，知諫院司馬光曰：「國家用度素窘，復遭大喪，累世所藏，幾乎掃地。傳聞外州軍官庫無錢之處，或借貸民錢，以供賞給。」（註五一）治平二年，總歲入一萬一千六百一十萬八千四百，歲出一萬二千零三十四萬三千一百，而臨時費又一千一百五十二萬一千二百，與嘉祐之超額亦無以異也。

國家財政所以疲敝者，其最大開銷有四：一爲養兵，二爲宗俸，三爲冗官，四爲郊賚。而四者之中，冗官與郊賚，尤爲無名。自寶元用兵，北宋財政，爲劃時期一大變化。三司使王堯臣取陝西、河北、河東三路未用兵前及用兵後歲出入財用之數，會計以聞。寶元元年，未用兵前，三路出入錢帛糧草，計陝西收入一千九百七十八萬，支出二千一百五十一萬；河北收入二千零一十四萬，支出一千八百二十三萬；河東收入一千零三十八萬，支出八百五十九萬。用兵後，陝西收入三千三百九十萬，支出三千三百六十三萬，蓋兵屯特多，賦課用費，視河北河東爲尤劇也。自用兵以來，禁軍增八百六十餘指揮，四十餘萬人，中等禁軍一卒，歲給約需五十緡，一年約增二千萬緡。況廂軍不任戰而耗衣食，爲數亦不少。慶曆間，以西師軍用，調度至多，公私俱乏。元昊請臣，西兵旣解，而調用無所減，卽下詔切責邊臣及轉運司，趣議蠲除科率，稍徙屯兵還內地，汰其老弱，官屬羨溢，則並省之。張方平謂景祐以前，兵不及四十萬人，三司歲計，不聞有餘，今（慶曆七年）入九十萬人，則何以得足，此雖愚者，亦可見矣（註五二）。治平二年，禁軍六十六萬三千人，軍費三千三百一十五萬緡；廂軍四十九萬九千人，軍費一千四百九十七萬緡，共計爲四千八百一十二萬緡。當時歲收六千萬緡，軍費已佔六分之五矣。太宗時，宗室尙鮮，仕者寡少，宗俸與冗官，未生問題。眞宗景德祥符中，宗室員吏受祿者九千七百八十五人。仁宗天聖中，兩制兩省不及三千員，京朝官不及二千員，三班使臣不及四千員。寶元以後，宗室蕃衍，員吏歲增，受祿多至一萬五千四百四十三人，祿廩俸賜，從而益多。慶曆中，兩制兩省至五千員，京朝官二千七百餘員，流內銓選人僅萬計（註五三）。冗官之數尤爲繁濫。張方平曾慨乎言之，謂：「卽以景祐年未有邊事之時較之，卽可知其浮且濫矣。臣曾勾當三班院，約計在院使臣，景祐中四千餘員，今（慶曆七年）六千五百餘員。臣勘會學士院兩省已上官具員，景祐中四十餘員，今六十餘員。臣任御史中丞將本臺班簿點算，景祐中，京朝不及二千員，今二千八百員。臣判流內銓，取責在銓選人，畢竟不知數目，大約三員守闕，累計萬餘人。十年之間，所增官員之數如此，若更五七年後，其將奈何？」（註五四）皇祐元年，達一萬七千三百餘員，其未受差遣京官使臣及守選人，不在數內。治平時，連幕職州縣官三千三百餘員，總計爲二萬四千員，比皇祐仍增十分之三。有定官無定員，員吏之冗，用費自增矣。宋制，每三歲一親郊，郊則有恩蔭，又有賞賚，大半以金銀綾絹絁紬平其值給之。自眞宗朝起，薦辟之廣，恩蔭之濫，雜流之猥，祠祿之多，日增月益，遂至不可紀極。且封泰山，祀汾陰，禮亳社，又大興土木，累世之積，糜耗盡矣。故景德郊祀至七百餘萬緡，東封又八百餘萬緡，祀汾上又一百二十萬緡。皇祐郊祀一千二百萬緡，治平爲一千三百萬緡，皆爲增倍之數。神宗以國用不足，留意理財，命大臣注意節用，看詳裁減。禁中供奉，亦思有以節省。王安石欲增加吏祿，以止貪汚，帝亦緩其議。

元祐時，西夏不賓，水旱繼作，宗室員吏之蕃，一倍皇祐，四倍景德，班行選人吏胥之衆，率皆增廣。國家用度，大率較前爲多，是以收支不能平衡。蘇轍元祐會計錄指出：「今者一歲之入，金以兩計者四千三百，而其出之不盡者二千七百。銀以兩計者五萬七千，而其出之多者六萬。錢以千計者四千八百四十八萬（除末鹽後得此數），而其出之多者一百八十二萬。紬絹以疋計者一百五十一萬，而其出之多者十七萬。穀以石計者，二千四百四十五萬，而其出之不盡者七十四萬。草以束計者七百九十九萬，而其出之多者八百一十一萬。然則一歲之入，不足以供一歲之出矣。」（註五五）考其弊，由於宗俸與冗官太多之故（註五六）。時議裁損吏祿，冗濫者率多革去，然三省吏猶有受三俸而不改者。紹聖元符，一反元祐之政，下至六曹吏，詔皆給現錢，月俸三十六萬緡，如元豐之制。自元祐以來，熙豐餘積，用之幾盡，內外財用，月計歲會，入不敷出。徽宗卽位之初，思節冗費，中都吏重複增給及泛濫官額，並詔裁損。及蔡京爲相，增修財利之政，又復放肆。元豐改官制，在京官司供給之數，皆併爲職錢，故賦祿視嘉祐治平爲優，京更增給食料等錢，於是宰執皆增。崇寧五年，京旣罷相，帝惡其變亂法度，將盡更革，命戶部侍郎許幾裁損浮費及百官濫祿，悉循元豐之舊。大觀元年，京復得政，幾坐奪職。時天下久平，吏員冗濫，節度使至八十餘員，留後觀察下及遙郡刺史多至數千員，學士待制中外一百五十員。京又專用豐亨、豫大之說，務以侈靡惑人主，以前朝惜財省費，必以爲陋。始廣茶利，歲以一百萬緡進御，以京城所主之，於是費用寖廣。其後又有應奉司、御前生活所、營繕所、蘇杭造作局、御前人船所，巧立名目，以奇侈爲功。歲運花石綱，一石之費，至用三十萬緡。時用度日繁，左藏庫月費，由三十六萬衍爲一百二十萬緡。全國破耗，以土木爲首，其次人臣賜第、田產、房廊、賜帶等。又三省密院，吏員猥雜，有官至中大夫，一身而兼十餘俸者，濫冒已極。以史院言之，供檢吏三省幾千人。蔡京又動以筆帖於榷貨務，支賞給，有一紙至萬緡者。京所侵私，以千萬計，朝論益喧，乃詔三省樞密院吏額用元豐法，其歲賜悉裁之，時翕然以爲快。三年，時收入減少，例如戶部一歲之入，僅敷三季，餘仰朝廷應付，乃詔鐫減財賦。御史中丞張克公抗言，主張官冗者汰，俸厚者減，謂今官較之元祐，已多十倍，乞將節度使下至遙郡刺史除軍功轉授者各減俸半，然後閑慢局務，工伎末作，亦宜減省，自貴及賤，自近及遠。時論韙之。宣和以後，王黼專主應奉，掊剝橫賦，以羨爲功，所入雖多，國用日匱，崇侈無度，官祿月支一百二十萬緡。六年，尚書左丞宇文粹中言：「近歲南伐蠻獠，北贍幽燕，關陝綿茂，邊事日起。山東河北寇盜竊發，賦斂歲入有限，支梧繁夥，一切取足於民。陝西上戶多棄產而居京師。河東富人，多棄產而入川蜀。河北衣被天下，而蠶織皆廢。山東頻遭大水，而耕稼失時。他路取辦，目前不務存恤，穀麥未登，已先表羅（註五七）；歲賦已納，復理欠負。託應奉而買珍異奇寶。民積欠者一路至數十萬計。假上供而織文繡錦綺役工女者一郡至百餘人。陛下勤恤民隱，詔令數下，悉爲虛文。民不聊生，不惟寇盜繁滋，竊恐災異數起。」後乃置講議財利司，於是不急之務，無名之費，悉議裁省。帝亦自罷諸路應奉官吏，省六尙歲貢。七年，又罷製造局所、道官、教樂所、教坊額外人、行幸局、採石所、待詔額外人。是時天下財用，歲入有御前錢物，朝廷錢物，戶部錢物，其措置裒斂，取索支用，各不相知。全國財賦，多爲禁中私財，上溢下漏，而民重困。其後竭力裁減，凡熙豐無法該載者罷之。靖康元年，局勢危殆，凡當時苛刻煩細一切不便於民者皆罷（註五八），但民已不堪命矣。

建炎南渡，權宜創置，增賦凡四千三百餘萬，而供億於三衙，與科截於四總所者，無慮三千六十餘萬，其耗於養兵者幾十之七八（註五九）。紹興初，財政枯窘，賦斂百出，所謂民窮財匱之時，故僞齊羅誘上南征議，陳六擊之便，第六點，以其民窮財匱而可擊。當時以和買、和糴、度牒、加稅、科率、借貸以支持財政，巧作名目，多方剝削。然兩廣四川，亦供應資源，故僞齊侍御史盧載揚又上議，結南夷擾川廣之策，以圖斷絕宋之財源也。國家財力，竭於養兵，又莫甚於江上之軍，例如柘皋之役前，單就建康屯兵，歲費錢八百萬緡，米八十萬斛，榷貨務所入不足以供支。沿江屯兵，紹興十二年，爲二十一萬四千五百人；二十三年，二十五萬四千五百人；三十年，三十一萬八千人。鄂州、荊南、池江、建康四戰區，每歲軍糧一百二十四萬石，消耗不可謂不大。如以宿衞及各地之屯軍計，全數無慮七八十萬，供應更爲龐大。川陝方面，軍費亦鉅，四川歲收錢物共三千零六十餘萬緡，支出四千零六十餘萬緡，吳玠一軍之費，已佔二千三百七十萬緡。而軍費之大，又在冗官。廖剛疏言：「劉晏以一千二百萬貫供中原之兵而有餘，今以三千六百萬貫，供川陝一軍而不足。川陝兵數六萬八千四百四十九人，內官員萬一千七員，兵士所給錢，比官員不及十分之一，則冗員在官不在兵。」(註六〇)每欲省賦，朝廷以爲可，則版曹不可；版曹可則總領不可；總領可則都統司不可。以謂之御前軍馬，雖朝廷不得知；謂之大軍錢糧，雖版曹不得預。故軍費之支付，因職掌混雜，事權不一，雖欲裁減以寬民而不可得也(註六一)。爲統一財用，乾道三年，置三省戶房國用司，由宰相兼領制國用使，參知政事同知國用事，國用司每月上宮禁及百司官吏三衙將士請給之數。開禧三年，四川養兵之費，歲亦五千萬緡。南宋疆域，較之北宋時僅及其半，而其國用，乃超出北宋之最高額。況四川一隅之地，負擔如此龐大之軍費，其課取於民者亦倍增，故吳獵請蠲賦役以幸蜀民奏：「建炎時，鹽課八十萬緡，後改行引法，遞增至四百萬。今雖數數寬減，尚存三百餘萬緡。酒課爲一百四十萬緡，後改場店法，遞增至六百九十餘萬緡。今寬減之餘，尚存四百餘萬。產茶之郡，建炎改收引緡，至紹興而倍取，今爲緡二百餘萬矣。布估不過六州，自薛田創於天聖，每尺給以本錢三百，至建炎不給本錢，而匹二千，今爲緡一百三十七萬矣。以至二百餘萬緡畸零之錢與三十萬緡激賞之絹，當時固曰軍興暫科，事已即罷，其後取之自如，展轉滋甚。異時養兵費二千萬緡，今又倍增至五千萬矣，不知何以爲繼？」(註六二)可見軍費激增之重且急也。至於官冗之患，乾道中，京朝官已三四千員，選人亦七八千員。紹熙二年，京朝官四千一百五十九員，合四選，凡三萬三千零一十六員。慶元二年，京朝官如紹熙之數，但合四選凡四萬二千有奇，蓋五年之間，所增九千餘員。至嘉泰元年，合四選共三萬七千八百餘員，五年之間，減四千餘員(註六三)。由於官冗，故濫費亦較北宋爲甚，俸給每月由一百二十萬至一百五十萬緡之間。

第四節　賦　稅

張方平曰：「本朝經國之制，縣鄉版籍分戶五等，以兩稅輸穀帛，以丁口供力役，此所謂取於田者也。金銀銅鐵鉛錫茶鹽香礬諸貨物，則山海坑冶場監出焉，此所謂取於山澤者也。諸筦榷征算斥賣百貨之利，此所謂取於關市者也。」(註六四)宋史類分歲賦，其別有五：田之在賦民耕而收其租者曰公田之賦。取於百姓民田者曰民田之賦。徵宅稅地稅之類曰城郭之賦。百姓歲輸身丁錢米曰丁口之賦。牛革蠶鹽之類，隨其所出，變而輸之曰雜變之賦。歲賦之物，其類亦有四：曰穀（七種），曰帛（十種），曰金鐵（四種），曰物產（六種）是也(註六五)。要言之，賦稅之來源，爲田畝之征，山澤之征、與關市之征。茲分述如下：

一、**田畝之征**　耕地既分爲官田與民田兩種，則課於官田者爲官租（或租），而取於民田則爲賦稅（或稅）。官田之租率，每畝約在一斗上下，「紹興三年十月，募佃江東閑田，三等定租，上田畝輸米一斗五升，中田一斗，下田七升。」(註六六)「奉新縣舊有營田，募民耕之，畝賦米斗五升，錢六十。(註六七)「時關外營田，凡萬二千頃，畝僅輸七升。」(註六八)然賦稅之課率，視民田肥瘠，輕重不等，熙寧以前，未見有明確之規定。元豐中，唐鄧襄汝等州所墾新田，差爲五等輸稅，未幾亦罷。宋制二稅，前期令縣各造稅籍，夏稅籍由正月一日起，秋稅籍由四月一日起，並限四十五日造畢。二稅徵收起畢之日，各地不同，夏稅最遲者可至八月初，秋稅最遲者可至翌年正月，故較唐代爲特寬。州縣賦入有籍，歲一置，謂之空行簿，以待歲中催科；閏年別置，謂之實行簿，以藏有司，備鉤考。宋初克平諸國，每以恤民爲先務，累朝相承，凡無名苛細之斂，常加剗革，尺縑斗粟，未聞有所增益。其後更有支移折變之法。一遇水旱，減免租稅，或免積欠(註六九)。徭役則蠲除，倚格殆無虛歲；倚格者後或凶歉，亦輒蠲之。而又田制不立，甽畝轉易，丁口隱漏，兼併冒僞，未嘗考按，故賦入之利，視前代爲薄。丁謂嘗言二十而稅一者有之，三十而稅一者有之(註七〇)。然支移者，移此輸彼，移近輸遠，支移之法弊，遂有增收脚價之費。折變者，其入有常之物，而一時所輸則變而取之，使其值輕重相當，折變之法弊，斗斛價值不均，遂啓姦吏之浮收，常賦之外，多收加耗，肆行需索(註七一)。淳祐間，二稅且有預借，民力日殫，而逃徙者衆矣。

宋初田賦之根本癥結，實由於未肯澈底整理，冊籍無憑，賦收不均。宋之君臣，幾視整理田土爲擾民致亂之事，全國冊籍，每廢而不舉，均田之稅，且朝令夕改。其量田均稅，使賦額可考者，其法有三：甲、方田。眞宗時，已有量田之事。慶曆二年，歐陽修爲滑州通判，有秘書丞孫琳與崇儀副使郭諮，創千步方田法，卽千步開方法。修論方田均稅劄子，奏請商量試用，後以其擾民而罷之。熙寧五年，王安石之均田令，卽基於此，重修定方田均稅法，以一方爲單位，東西南北各千步，相當於四十一頃六十六畝一百六十步爲一方。每歲九月，縣委令佐分地計量，隨陂原平澤而定其地，因赤淤黑壚而辨其色。方量畢，以地及色參定肥瘠而分五等，以定稅則。至明年三月，畢揭以示民，一季無訟，卽書戶帖，並莊帳付之，以爲地符。凡方田之角，立土爲峯，植樹以封表之。有方帳、有莊帳、有甲帖、有戶帖，其分炊析產，典賣割移，設方帳莊帳以整理之，必要時由都度官給契，縣置簿，皆以今所方之田爲正（註七二）。所謂均稅法，乃依上述土地之等級，均定各等稅額之意。方田之制頗便於民，行之有效，但以手續之濡滯，姦吏之舞弊，終至擾民，其法亦難盡行，故時罷時復。至徽宗大觀五年復行之，官吏妄增田稅，至並無生產之山而方之，極爲民所詬病。乙、首實。其與方田同時並行者，更有首實法，或曰手實，或曰自占，其實一也。此法始於仁宗時之周湛。湛爲江南西路轉運使，許民自言。蘇頌知江寧日，亦許民自占，因得徭賦。及至呂惠卿，其法益進步。惠卿用其弟和卿計，制五等丁產簿，使民自供首實，尺椽寸土，檢括無遺，於是由土地陳報，進而至資產陳報，因煩擾而不易行，詔罷其法。首實之行期，似較方田爲短，行效亦較方田爲少。丙、經界。南渡俶擾，賦制難行。建炎三年，詔民復業者，視墾田之多寡，定租額賦役（註七三）。兵火之後，戶籍零亂，左司員外郎李椿年遂創經界法。紹興十二年，椿年上書，言經界不正十害（註七四），請考按覈實，自平江起，然後施之全國，因上經界法。以椿年爲兩浙路轉運副使，措置經界。民以所有田，各置坫基簿，圖田之形狀，及其畝目四至，土地所宜，永爲憑照。卽田不入簿者，雖有契據可執，並拘入官。諸縣各爲坫基簿三份：一份留縣，一份送漕司，一份送州。凡漕臣及守令相承，悉以相付。此卽淸丈之法，官吏奉行不力者處罰。十四年，詔頒其法於全國，椿年權戶部侍郎，主其事。十五年，椿年以母憂去，以兩浙轉運副使王鈇代之。鈇請令民十家爲甲自陳，卽陳報之法。十六年，王鈇以疾去。十七年，復以李椿年措置經界。但經界法推行，民病其煩，施行只歷八年，至二十年而罷。當時仍有以陳報之手續，反對椿年之行淸丈者。然經界之功，頗有足稱，蓋圖籍保存，則其田稅，猶可稽考，貧富得實，訴訟不繁，而田稅均齊，田里安靜，公私之間，兩得其利，誠一勞永逸之舉。朱熹知漳州，奏言經界爲民間莫大之利，請行經界法，謂：「此法之行，其利在官府細民，而豪家大姓，滑吏姦民，皆所不便。」(註七五)婺州亦行之有效，有結甲冊，戶產簿，丁口簿，魚鱗圖，類姓簿。其爲法也，均平詳審，爲貧民下戶之所深喜。景定五年九月，賈似道仿其說以創經界推排法，以縣統都，以都統保，選任財富公平者，訂田畝稅色，載之圖冊，使民有定產，產有定稅，稅有定籍而已。如田畝未實，則令鄉局釐正之；圖冊未備，則令縣局程督之。江南湖南各郡奉行唯謹，土地尺寸皆有稅，民力益困矣。

二、山澤之征

山澤之征者爲鑛物及茶鹽礬香之稅，茲分述如下：

甲、鑛物稅

主要鑛物爲金、銀、銅、鐵、鉛、錫、水銀、朱砂。此等鑛物，置有監、冶、場、務，皆設有監官，約計有七監，十二冶，二十四務，一百六十三場，而場務有時亦混稱也。宋初，鑛產資源；產金者商、饒、歙、撫四州及南安軍。產銀者鳳、建、桂陽三州有三監，饒、信、虔、越、衢、處、道、福、汀、漳、南劍、韶、廣、英、連、恩、春十七州，建昌、邵武、南安三軍共有五十一場，秦、隴、興元三州有三務。產銅者，饒、處、建、英、信、汀、漳、南劍八州，南安、邵武二軍，共有三十五場，梓州有一務。產鐵者，徐、兗、相三州有四監，河南、鳳翔、同、虢、儀、蘄、黃、袁、英九州興國軍，共有十二冶，晉、磁、鳳、澧、道、渠、合、梅、陝、耀、坊、虔、汀、吉十四州有二十務，信、鄂、連、建、南劍五州邵武軍有二十五場。產鉛者，越、建、連、英、春、韶、衢、汀、漳、南劍十州，南安邵武二軍，有三十六場務。產錫者，河南、南康、虔、道、賀、潮、循七州南安軍有九場。產水銀者，秦、階、商、鳳四州有四場。產朱砂者，商、宜二州富順監有三場。治平中，鑛冶總數爲二百七十一，計金鑛，登、萊、商、饒、汀、南恩六州，冶十一；銀鑛，登、虢、秦、鳳、商、隴、越、衢、饒、信、虔、郴、衡、漳、汀、泉、建、福、南劍、英、韶、連、春二十三州，南安、建昌、邵武三軍，桂陽監，冶八十四；銅鑛，饒、信、虔、建、漳、汀、南劍、泉、韶、英、梓十一州及邵武軍，冶四十六；鐵鑛，登、萊、徐、兗、鳳翔、陝、儀、邢、虢、磁、虔、吉、袁、信、澧、汀、泉、建、南劍、英、韶、渠、合、資二十四州，興國邵武二軍，冶七十七；鉛鑛，越、衢、信、汀、南劍、英、韶、春、連九州及邵武軍，冶三十；錫鑛，商、虢、虔、道、賀、潮、循七州，冶十六；而水銀朱砂之州冶，與至道天禧之時則一，皆置吏主之。江寧溧水縣亦產朱砂。熙寧七年，邕州右江並發現有金。元豐七年，鑛冶凡一百三十六所，領於虞部（註七六）。宋室南渡，鑛政每興廢無常，紹興三十二年，有鑛場一千三百五十八處，至乾道二年，廢五百八十一處，因是歲入多寡亦不同。鑛冶之著名者，鐵鑛爲在彭城東北之利國監，地產精鐵，凡三十六冶，爲鐵官商賈之所聚，冶戶皆大家，藏貲巨萬。磁州鍛坊，爲煉鋼之場，冶鐵工業，已知用煤作燃料。北宋鐵之生產，比唐代有飛躍之增加，而煤之使用亦增。南宋時，大冶產鐵始盛。洛南縣紅崖山、虢州靑水產靑銅，儀州竹尖嶺產黃銅，而韶州之銅鑛，產量最豐，供應嶺北諸郡。金鑛，在登萊二州。皇祐中，萊州產金最發達，歲產四千兩，邕州七百兩次之。湖北產金地域，有辰沅靖溪峒峽州夷陵宜都縣，而陝西亦有金，政和三年產一千六百兩。六年，荊南府枝江、江陵等縣亦有之。萬永州歲產二千四百餘兩，房州竹山有金谿，產金甚多，命官置場，公私俱利。銀鑛在定州，桂陽軍產量亦豐，歲貢二萬九千餘兩，而平陽縣佔產額三分之二。五鑛產量，戶工部尙書省皆有籍鉤考，做後周以來之制，各場定歲額，課納現物。玆將各年代鑛物之課納量，列表如下：

年代	金	銀	銅	鐵	鉛	錫	水銀	朱砂
至道末年		一四五,〇〇〇	四,一三〇,〇〇〇	五,七四八,〇〇〇	七九三,〇〇〇	二六九,〇〇〇		
天禧末年	一〇,〇〇〇	八八三,〇〇〇	二,六七五,〇〇〇	六,二九三,〇〇〇	四四七,〇〇〇	一九一,〇〇〇	二,〇〇〇	五,〇〇〇
皇祐年間	一五,〇九五	二一九,八二九	五,一〇〇,八三四	七,二四一,〇〇一	九八,一五一	三三〇,六九五	二,二〇一	
治平年間	五,四三九	三一五,二一三	六,九七〇,八三四	八,二四一,〇〇〇	二,〇九八,〇〇〇	一,三三〇,〇〇〇	二,二〇一	二,八〇〇
元豐年間	一〇,七一〇	二一五,三八五	一四,六〇五,九六九	五,五〇一,〇九七	九,一九七,三三五	二,三二一,八九八	三,三五六	三,六四六

紹興三十二年			七,〇五七,二六〇	二,一六三,一四〇	三,三二三,六三〇	七六一,二〇〇	
乾道二年			二六三,一六〇	八八〇,三〇〇	一九一,三四〇	二〇,四五〇	

（金銀以兩計，銅鐵鉛錫水銀朱砂以斤計）(註七七)

開寶三年，詔減從來課銀三分之一，禁民之鑄造佛像及無用之物，又禁輸出銅鐵於番界及化外之地。鑛冶時採時止，鑛課亦增減不一。崇寧以後，注意開採鑛山，以增加官收，榷賦之法亦密。其管理，宋初，各路有阬冶官，隸阬冶司，其後併入轉運司，隸金部，嗣又變更爲提舉司，鑛山分爲官營與民營兩種，紹興七年，金銀鑛召人承辦，百分之二十歸官，百分之八十歸鑛戶。然以屬吏貪殘，積成蠹弊，諸處檢踏官吏，大爲民殃，遂至坑源廢絕，鑛條湮閉，間有成本開採，而譁徒詘脅，甚至抵罪含冤(註七八)，此鑛冶所以失陷也。

煤炭稱爲石炭，河北、山東、陝西方面，皆有出產。石油已有發現，鄜延境內有之，漢書地理志謂高奴縣有洧水，即此也。生於水際，沙石與泉水相雜，惘惘而出，土人以雉尾裛之，乃採入缶中，頗似淳漆，燃之如麻，但煙甚濃，所霑幄幕皆黑。惜是時未知提煉之法，作燃料應用，故不作有計劃之生產。西北邊城多貯之，稱爲猛火油，用以作戰。葉夢得謂此物後必大行於世，蓋有先見也。(註七九)煤氣亦在韶州境發現，但不識其物，只稱之爲冷煙氣(註八〇)。

乙、茶稅　茶之生產，多作爲副業，甚爲旺盛。司茶政之官署，謂之榷貨務。主管官謂之提舉，初置於江陵府、眞州、海州、漢陽軍、無爲軍及蘄口六處。淮南之蘄、黃、廬、舒、光、壽六州，於茶之生產地，置山場官吏，總括州內之製茶者，其數十有三。探茶業者皆隸焉，謂之園戶。園戶製茶，課令納一定量之茶，其餘悉收買於官。其售於官者，官先給錢，後令納茶，謂之本錢。又園戶每年另課稅金，若欲以茶納稅者，謂之折稅。江南於十州五軍，兩浙於十州，荊湖於七州一軍，福建於二州，從事公賣，皆有本場。歲課租及折稅之現物，其定額合計如下：江南一千零二十七萬餘斤，兩浙一百二十七萬九千餘斤，荊湖二百四十七萬餘斤，福建三十九萬三千餘斤，共計爲一千六百一十四萬二千斤(註八一)。買臘茶(註八二)，每斤自二十錢至一百九十錢，有十六等。片茶(註八三)，大片自六十五錢至二百零五錢，有五十五等。散茶，自十六錢至三十八錢五分，有五十九等。鬻臘茶，每斤自四十七錢至四百二十錢，有十二等。片茶，自十七錢至九百一十七錢，有六十五等。散茶，自十五錢至一百二十一錢，有一百零九等。全國之茶，悉收買於官，而公賣之於民間，係專賣制度，且課稅於製造者。雖云專賣，而官只躉售收買之茶，小賣則令商人爲之。淳化二年，令商賈就園戶買茶，輦茶入官，隨商人所指而與之，給券爲驗，以防私售，始行貼射法(註八四)。川、陝、廣三地，許人民自由貿易，但不得出境。四年，初行交引，罷貼射法。京師商人欲行茶之交易，先於京師之榷貨務，納金錢或帛類，乃予以相當之交付貨物證券，謂之交引，指定買茶之地方，令就該地之榷貨務，從事交易；出境時，又給券以爲證明。東南地方，得納錢或金帛於當場之榷貨務，而受交引。官收買茶時，其價輕；出則重估，博利甚多。至道末，鬻錢二百八十五萬二千九百餘貫。咸平元年，茶利錢以一百三十九萬二千一百一十九貫三百一十九文爲額，至嘉祐三年，沿用此額凡六十一年。然因交引停積，商旅所得茶，指期於數年之外，京師交引愈賤。景德二年，改用新法。其於京師入金銀綿帛實値錢五十千者，給百貫實茶；若須海州茶者，入現錢五十五千。河北緣邊入金帛芻粟如京師之制，而茶增十千；次邊增五千；河東陝西緣邊次邊亦然，增減有差。是年得錢四百一十萬貫。三年，二百八十萬貫。大中祥符五年，歲課二百餘萬貫。六年，至三百萬貫。七年，又增九十萬貫。八年，僅一百六十萬貫。然交引行用，弊端迭出，如至場務時踰特給之程限者，每十分復令別輸二分現緡，謂之貼納，商人惑之，顧望不進，而茶多不精給，行商利薄，陝西交引愈賤，價値降貶。咸平五年，三司使王嗣宗始立三說法，以十分茶價，四分給香藥，三分犀象，三分茶引。六年，又改支六分香藥犀象，四分茶引。自建興以來，西北兵費不足，募商人入芻粟塞下，酌地之遠近，而定其值，給虛估劵，至京以茶償之。然緣邊入納芻粟，其價折爲三分：一分支現錢，一分折犀象雜貨，一分折茶。爾後又有並折鹽爲四說法(註八五)，更改不一。而茶價之償給，亦同三說法。但以虛估入中(註八六)之劵，可射厚利，商人競趨之，入錢者寡，京師闕緡錢。然虛估之劵，乃屬浮價，爲南商所折，茶劵遂貶値，雖有貼買之法，亦無以平其値，茶劵遂難售，北商無利，入中者寡，公私大弊，茶法亦大壞。天聖元年，復行貼射法，行之三年，茶利盡歸大商，官場但得黃晚惡茶，乃罷之。但自貼射法廢，而河北入中虛估之弊，景祐三年，罷榷茶，復行現錢法(註八七)，以實錢償芻粟，實錢售茶，皆如天聖元年制。慶曆七年，詔四說之法行於緣邊諸州，其後三說四說之法，並行於河北。榷茶施行，犯法者衆，歲課日削，所獲甚微，而煩擾爲患，園戶輸納，侵害日甚，小民趨利，犯法益繁。嘉祐四年，又罷榷茶，葉淸臣主張通商收稅，何鬲、王嘉麟皆上書，請罷給茶本錢，任園戶貿易，而官收租錢，與所在征算，歸榷貨務。富弼韓琦曾公亮贊同其策，茶不爲民害者六七十年（註八八）。歐陽修謂茶之新法旣行，而民無私販之罪，歲省刑人甚多，此一利也。然其爲害有五焉（註八九）。至治平中，歲入園戶租錢三十二萬九千八百五十五緡，茶稅錢四十九萬八千六百緡。東南雖行自由販賣制，然於蜀，熙寧七年則依李杞之策，罷茶園兩稅制度，設官場於諸州，茶園不殖五穀，惟宜種茶，賦稅一例折輸，歲增息爲四十萬，而重禁榷之令，悉爲專賣。八年，福建茶仍舊行榷法。杞以疾去，蒲宗閔同領其事，乃議川峽路民茶，取息十分之三，蜀民苦之。十年，知彭州呂陶反對此法，因奏劾劉佐、李杞、蒲宗閔，乃以李稷代領之。元豐中，汴河隄岸置水磨，以磨末茶，嚴禁茶戶私磨及雜入米豆雜物。五年，李稷死，以陸師閔代之；稷自是年冬推行茶法，至元豐元年秋，一歲之間，通課利及舊界息稅七十六萬七千零六十餘緡。元豐治茶五年，獲淨息四百二十八萬餘緡，而蜀道茶場計有四十一處。元祐元年，陸師閔罷，並罷成都榷茶場。紹聖元年，復以陸師閔都大提舉成都等路茶事，而陝西復行禁榷。水磨末茶歲收二十六萬餘緡，水磨並擴置於京西河北等州。崇寧元年，蔡京以收益爲目的，革茶法，罷通商，復舊制禁榷，於是茶再行專賣。二年，榷江淮七路（荆湖、江淮、兩浙、福建）茶，置茶事官，茶商請領長短引，自買於園戶，長引輸錢百緡，許往他路，限一年；短引輸錢二十緡，止行於本路，限半歲繳納（短引以地遠近，程以三等之期）。大觀三年，計七路一歲之息一百二十五萬一千九百餘緡，自是歲以百萬緡輸京師。重和元年，新定期限爲二年、半年。茶既專賣禁榷，取締私藏私販，凡私賣官茶，盜官茶販鬻，均有懲處，甚至處死。然而刑罰雖酷，民泯不畏死，茶賊橫行，儒生亦不免焉(註九〇)。建炎初，眞州印鈔給賣東南茶鹽，是時茶之產於東南者計十路六十六州二百四十二縣。二年，榷貨務都茶場始置於揚州。三年，置於行在及江陵，罷合同場十八處，惟洪州、江州、興國軍、潭州、建州，各置合同場，監官一員，罷食茶小引（每引五貫錢，許販茶六十斤），捕私茶法與捕私鹽同。四川方面，趙開大更榷茶買馬法，倣蔡京都茶場法，印給茶引，使商人卽園戶市茶百斤爲一大引，除其十勿算，置合同場以譏其出入，重私商之禁，爲茶市以通交易，每斤引錢春七十，夏五十，市利頭子錢不預焉。所過征一錢，所止一錢五分，引與茶隨，違者抵罪，自後引息錢至一百五十萬緡。蜀取締私茶甚嚴，稍重則至徒刑。園戶受榷茶之害，有逃免者，有投水以免者，欲伐茶則有禁，欲增植則加市，故其俗論謂地非生茶也，實生禍也(註九一)。紹興三年，置榷茶務於鎮江及吉州（五年省）。二十七年令，凡商販淮南長引茶，令秤發官司先問客人所指住賣州縣，經由場務及合過官渡，並背批日月姓名，卽時放行，如無批引，與私販同罪，蓋是時私販茶入虜，其利甚博，故淮河私渡，譏禁甚嚴也。東南十路六十州歲產茶一千五百九十餘萬斤，收鈔錢二百七十餘萬緡。然最病民之政，則爲各路有茶額。人口耗減之州縣，例行配額，如荆門軍，家有一丁則歲受茶三斤。其丁多以及老小者以次增減。至有一家買十三斤者，客人就官入納，每茶一斤爲錢一百八十文，而令民戶每斤還五百三十文，與鬻鹽之強迫人民承銷相似。茶商因運銷關係，擁有武裝，嘗用以助官軍作戰。私販亦然，乾道間，茶寇極猖獗，自荆湘，剽江西，薄嶺南，其鋒甚銳。淳熙二年五月，命鄂州都統李川調兵捕剿。六月，茶寇自湖南犯廣東，九月，始平之。是時，茶歲收達四百二十萬。宋初以蜀茶買蕃夷之馬，熙寧間，卽熙秦戎黎等州置場八處買馬，諸蕃皆以互市爲利，故川茶通於永興四路，成都府秦州皆有榷茶司。紹興二十四年，復易馬場。乾道初，川秦八場，馬額九千餘匹。淳熙以後，爲額一萬二千九百九十四匹(註九二)。買馬起運，則有馬綱，乾道元年，茶馬司及宣撫司所買馬，每歲計一萬零八百餘匹，約計二百一十六綱(茶馬司佔一百六十綱)，由四川運歸。但夔州與歸州間二百四十里，則從水道，每綱三船，每月三十綱，計用船三十艘，謂之馬紅。歸州以下，水陸並用，循環起運，沿江州縣，官民疲於治厩造船之役，故馬綱亦極爲擾民之事。

丙、鹽稅　唐代榷鹽，全國僅得四十萬緡，至大曆始增至六百餘萬緡。宋代鹽利，實逾唐代多倍。其鹽法隨年代而屢有改正，無一定之制，率由官公賣於商，而令推銷於州縣。以鹽利爲國庫收入之大宗，遂實施專賣制，禁私販極嚴，凡私販三十斤，煮鹻至十斤者處死。太平興國三年，刑罰稍寬，代之以黥面，送闕下。景德會計錄：收鹽稅課三百五十五萬餘貫。慶曆五年，收七百一十五萬餘貫，紹興末，則收二千一百萬餘緡。鹽之種類，依製法可別爲二：產自鹽池者稱顆鹽，卽由鹽池水化，不藉煮煉而成；出於海或井，並煮鹻而成者，其鹽皆散末，稱爲末鹽，亦稱散鹽。顆鹽實施專賣制，末鹽則採取收賣法。

(一)顆鹽　顆鹽出解州之安邑解縣兩池，天聖以來，兩池畦戶共三百八十戶，每戶歲出夫二人，每人日給米二升，歲給戶錢四萬爲鹽，悉蠲其他役。每歲自二月一日墾畦，四月始種（引池水沃之），曝以烈日，鼓以南風，水結成鹽，八月乃罷。安邑鹽池，一戶每年製鹽千席（每席一百一十六斤半），解縣鹽池減二十席。至道二年，兩池年產額合計爲三十七萬三千五百四十五席。三年，鬻錢七十二萬八千餘貫。大中祥符九年四月，陝西轉運使張象中言：兩池現貯鹽計值二千一百七十六萬一千八十貫。天聖以後，歲產一百五十二萬六千四百二十九石，每石五十斤，以席計爲六十五萬五千一百二十席。顆鹽供給於本州及三京暨京西之滑、鄭、陳、潁、汝、許、孟州，京東之濟、兗、曹、濮、單、渾州、廣濟軍，陝西之河中府、陝、虢州、慶成軍，河東之晉、絳、慈、隰州、淮南之宿、亳州，河北之懷州及澶州諸縣（一部份在河南）。官賣價格，每斤（五斤爲一斗）自三十四錢至四十四錢，分三等。官於賣買之間得其利，別無課稅，乃一種專賣制也。但官運制度，由於運送方法之遲滯，又各有經界，不得侵越，供應不順利，而人民復困於運鹽之役使。天聖八年，復解鹽通商法，詔罷三京及二十八州軍榷法，聽商人入錢或金銀於京師榷貨務，受鹽於兩池而售之，卽委託專賣於民間者，而民便之。改制結果，一年間得增收十五萬緡，然其後收入復減少。至康定元年，於京師南京及京東州軍，淮南宿、亳州，皆復舊制，禁商販，但不久弛榷法，鹽政日壞，官收亦激減。自西師興，用度不足，慶曆二年，京師復舊榷法，其他各地，亦實行禁榷法，民間反對甚烈，州郡騷然。時西夏之青鹽，質優而價賤，沿邊多盜販，奪解池之利，故常措置關防，嚴禁其越界。八年，用太常博士范祥之策，改革制度，始爲鈔法，令商人就邊郡入錢四貫八百，售一鈔，至解池請鹽二百斤，任其私賣，得錢以實塞下，是爲鹽鈔，蓋舊禁鹽地，悉令通商也。此法收入良好，兵民亦免輦運之苦，而黠商貪賈無所僥倖，是爲票鹽之始。行之數年，公私稱便。范祥初言歲入緡錢可得二百三十萬，皇祐初，年收入緡錢二百二十萬；四年，二百一十五萬。以四年之數，比慶曆六年增六十八萬，比七年之數增二十萬。又舊之歲出，慶曆二年榷貨務緡錢六百四十七萬，六年，四百八十萬，至是榷貨務緡錢不復出。至五年，猶及一百七十八萬。至和元年，一百六十九萬。至治平二年，仍得歲入一百六十七萬。每因各地鹽生產過剩，令中止製鹽一年或二三年，以調節需給。范祥死後，官每濫發鹽鈔，弊端滋生，故官民交受其害，或令通商，或又榷鹽，變更靡常，均不得其當。及至熙寧，採取官賣政策，然不久又行通商政策，其間曾屢言復范祥之法。不久，蔡京復用鈔法，請鈔於京師，商賈運於四方，有長引短引，限以時日，各適所適之地，遠近以爲差，但鹽法屢變。鹽法既變，鹽鈔因濫發與新舊兩券之兌換，發生糾紛。舊鈔每弗用，故商賈折損甚大。當時又有授人以鹽而徵收其錢謂之蠶鹽，乃擴張銷售之一種政策，行之於京東諸路；免鹽之榷而均諸稅，謂之兩稅鹽錢，行之於河北，皆五代之遺法。及其弊也，不給鹽而徵錢如故，稅已納而禁榷再行，此亦病民之秕政也。河北之榷（註九三），以張方平一言，仁宗聽而罷之。獨蠶鹽錢之輸，至和中，僅免其十分之三耳。

㈡末鹽　末鹽以煮煉海水而成，故其產地，亦爲臨海之地，計有京東、河北、兩浙、淮南、福建、廣東凡六路，而運銷於河北、京東、淮南、兩浙、江南東西、荊湖南北、福建、廣南東西十一路食之。其鬻鹽之地曰亭場，民曰亭戶，或謂之灶戶，戶有鹽丁。歲課入官，受錢或折租賦，皆無常數。鹽價每斤由八錢至四十七錢，凡二十一等。元符初，楚州鹽城監，歲煮四十一萬七千餘石；通州利豐監，四十八萬九千餘石；泰州海陵監如臯倉小海場，六十五萬六千餘石（五千斤爲一石，六石爲一袋），所產供給本州及淮南等地。海州三場，歲煮四十七萬七千餘石，漣水軍海口場，十一萬五千石，供給本州及京東淮南。淮場產鹽供應地區六十餘州，全國之鹽利，淮海佔五分之四（註九四）。其他京東（密州）、兩浙、福建、廣州、廉州，隨各產地而定供應區。天禧元年，始募人入緡錢粟帛京師，及淮、浙、江南、荊湖州軍易鹽。建興元年，入錢貨京師總一百一十四萬緡，後罷。但官鹽因運輸腐敗，又雜以沙土，一面鹽地產鹽山積，無法推銷，亭戶貧困，流爲盜賊。明道二年，復天禧之制，聽通商。康定元年，推行至陝西，但鹽券至京師，爲蓄賈所抑而貶值，商人以賤估售券取鹽，不復入錢京師。皇祐二年，稍增予鹽，以爲補救，遂復如初。天聖九年，三司請榷貨務入錢售東南鹽，以一百八十萬三千緡爲額，後增至四百萬緡。嘉祐中，諸路漕運不足，榷貨務課益不登，於是卽發運司置官專領運鹽事。治平中，京師入緡錢二百二十七萬，而淮南、兩浙、福建、江南、荊湖、廣南六路歲售緡錢，皇祐中二百七十三萬，治平中三百二十九萬。江湖運鹽旣雜惡，官估復高，故百姓利食私鹽，於是私販蠭起，捕之急則流爲盜賊。元豐三年，解決漕運，調用淮鹽以調劑之，所謂周輔立法，然只知峻剝於民，未見其效。崇寧元年，蔡京議更鹽法七條，以利便及保護鹽商爲旨，俾利暢通，遂變鈔法，置鈔所於榷貨務，故州縣無權。凡以鈔至者，並以末鹽及配乳香茶鈔雜物。商人先輸錢請鈔，赴產鹽區授鹽。但鈔有新舊，鈔法屢更，公私交敝，人不敢信，京師無現錢之積，而給鈔數倍於昔年，鈔至京師，無錢可給，遂至鈔值十不得一，往往變爲廢紙，其和買民帛，率不得償，故商旅嗟怨，人民受苦。張商英爲相，乃議變通損益，復熙豐之舊，令內府錢別樁一千五百萬緡，餘悉移用，以革錢鈔物三等偏重之弊，作合理之貼納，以資調劑（止用元豐舊價，鹽商購鹽，以八分給末鈔，二分給現錢，後又增至三分）。政和二年，蔡京復用事，鹽政再變，志在剝利，以進羨要寵。王黼當國，循用蔡京弊法，改行新鈔。鹽鈔屢更，謂之循環鹽鈔。舊鹽貼錢對帶，方許出賣，初限兩月，再限一月。黼方用事，改易鈔法，甚於盜賊，商賈咨怨（註九五）。南渡立國，專仰鹽鈔，紹興淳熙率享其利，其中仰給於淮東者最大。紹興二十五年，東南產鹽二萬七千八百一十六萬餘斤，共收息錢一千七百三十餘萬緡，乾道三年，增至二千四百萬緡，而四川亦歲產鹽六千四百餘萬斤。五年，兩務售淮東鹽六十七萬二千三百餘袋，收錢二千一百九十六萬三千餘緡，兩浙鹽二十萬二千餘袋，收錢五百零一萬二千餘緡。六年，戶部侍郎葉衡奏：今日財賦之源，煮海之水居其半，論鹽額，淮東之數多於兩浙五之一；以去歲賣鹽所得錢數論之，淮東多於兩浙三之二；及以灶之多寡論之，兩浙反多淮東四之三，蓋兩浙無非私販故也。東南沿海所產之末鹽，官卽於原產地以一斤值四錢（淮南、福建、溫、台明）、五錢（廣南）、六錢（兩浙杭秀）之廉價收買，置買賣鹽場，加算運輸費估利而賣之。運鹽法，陸運每斤每百里爲四錢，船費一錢，故末鹽售價，每斤由八錢至四十七錢，分二十一等，其價有達十倍者。至道末年之收入爲一百六十三萬三千餘緡，比顆鹽收入之兩倍。官鹽如此搾取暴利，其他商鹽則品質雜惡，道愈遠，雜惡殆不可食，故民間食用私鹽，漸成風氣，由是沿海之民得厚利，鹽梟橫行，且羣起而爲盜賊。嘉祐二年，一歲之間，兩浙私販坐罪者三千零九十九人。熙寧初，蘇軾在餘杭時，見兩浙之民，以販鹽得罪者，一歲至一萬七千人，而莫能止，姦民以兵仗護送，吏士不敢近者，常以數百人爲輩(註九六)。閩廣鹽梟，尤爲猖獗。南渡後，自建炎三年至紹興四年間，鈔法改制凡五次，因之鹽商受損失，官則利用新舊鈔兌換問題，以占不正當之利，因此鹽商益受壓迫，終至不得不從事私賣，而官之收入亦減少。寶慶二年，有鑑此弊，依奏寬商旅，減征稅。當時沿海，有亭戶，有鍋戶，有正鹽，有浮鹽。正鹽出於亭戶，歸之公上者也。浮鹽出於鍋戶，鬻之商販者也。端平初，正鹽佔十之八，浮鹽十之二，浮鹽任由人民自由販賣，後亦由官收買，其歲額達二千七百九十二萬斤。其後十餘年來，鈔法屢更，公私俱困，故正鹽猶不逮以前之額。至於浮鹽之收買，亦不能行，士大夫收買之，轉賣於官，從中牟利，弊害殊甚，故又復端平之制(註九七)。由井產鹽者，益州爲主，散佈於益、梓、利、夔四路十七州，初有六百三十二井，歲產鹽三十二萬三千三百八十二石，准民販賣，但不得出川。陵州鹽井，且有自然氣。鹽井每有汲涸，故井增減無定。建炎二年，趙開初變鹽法，置合同場，收引稅錢，大抵與茶法相類而嚴密過之，每斤輸引錢二十有五，土產稅及增添約九錢四分，所過稅錢七分，住稅一錢半，引別輸提勘錢六十，其後又增貼輸等錢。是時，四川凡四千九百餘井，歲產鹽約六千餘萬斤。引法初行，百斤爲一擔，又許增十斤免算以優待之。其後遞增至四百餘萬緡。淳熙六年，鹽井二千三百七十五，場四百零五。初，開之立榷法也，令商人入錢請引，井戶但照額鬻鹽輸土產稅而已，而鹽脈有盈縮，月額有登耗，間以虛鈔付之而收其算，引法由是大壞。井戶既爲商人所要，因增其斤重予之，每擔有增至一百六十斤者。又逃絕之井，許增額承認，小民利於得井界，增其額而不能售，其引息土產之輸無從出，由是刎縊相尋，公私病之(註九八)。至於鹻鹽，則兼鹻以爲之，幷州之永利監，歲鬻一十二萬五千餘石。民之有鹻土者爲鐺戶，戶歲輸鹽於官，謂之課鹽，餘則官以錢售之，謂之中賣。其入官每斤爲八錢或六錢，出爲錢三十六，歲課緡錢十八萬九千有奇。鹻土有厚薄，薄則利微，鐺戶破產，不能足其課。舊額東西兩監歲課二十五萬餘緡，熙寧八年降至十萬四千餘緡。元豐三年，准商販售。紹聖元年，復行官賣法。河東除晉、絳、慈、隰食池鹽外，餘皆仰給於鹻鹽。又有崖鹽者，生於土崖之間，階、成、鳳等州食之。

丁、礬稅　礬自唐代以來，令州縣主管而從事賦課。宋代白礬出晉、慈、坊州、無爲軍，汾州之靈石縣，綠礬出慈、隰州、池州之銅陵縣。於產地設官，監轄鑊戶，官收買其製品而公賣之，例如晉、汾、慈州礬一百四十斤爲一馱，給錢六千，隰州一百一十斤爲一馱，給錢八百。鬻賣價，博賣白礬，晉州每馱二十一貫五百，慈州又增一貫五百。綠礬汾州每馱二十四貫五百，慈州又增五百，隰州每馱四貫六百。零賣價，白礬坊州每斤八十錢，汾州一百九十二錢，無爲軍六十錢。綠礬每斤七十錢。官之收入如此其大，故建隆中，嚴捕私賣，沒收其貨，復又改爲棄市之罰。太平興國初，規定配流死刑等嚴令。建隆初，商人鬻賣之礬，一年增課八十萬貫。太平興國初，增課十五萬貫。端拱初，增課十六萬貫。至道中，歲課白礬九十七萬六千斤，綠礬四十萬五千餘斤，售錢十七萬餘貫。眞宗末年，白礬增二十萬一千餘斤，綠礬增二萬三千斤，售錢增六萬九千餘貫。天聖年間以來，晉慈二州礬，募民鬻之，每季鬻礬一盆，多者一千五六百斤，少者六七百斤，以銷數四分之一入於官，餘則官市之。後倣茶法，雖許民直接交易，然受官之取締，禁私賣，其禁法與茶法同。自此，河東產礬過剩，故許以金帛粟芻收納礬價，然虛估過高，實無礬利。至嘉祐六年，改納緡錢，令納錢於京師之榷貨務，自是商賈不得專其利。然此種制度，不能行於晉慈州，令以粟芻類納其代價。熙寧三年，因河東失礬利，嚴行取締，即限定鑊戶數，於陝西北界黃河，東限潼關，南及京西，令鑊戶互相保察，禁越界私賣。熙寧初，始變礬法，歲課所入，元年為錢三萬六千四百緡有奇，併增者五歲，乃取熙寧六年中數定以十八萬三千一百緡有奇為新額。元豐元年，分別規定畿內、京東、京西五路及陝西等地之販礬區域。六年，課增至三十二萬七千九百緡，而無為軍聽民自鬻，官置場售之，歲課一百五十萬斤，用本錢一萬八千緡。大觀元年，規定河北、河東礬額各二十四萬緡，淮南九萬緡，罷官賣，從商販，各置提舉官。至政和初，以虧損額數，又行官賣，罷商販，其制如舊，歸發運司主管，上供礬錢責以三萬三千一百緡為額。三年，減礬額計十六萬緡。四年，復循大觀之制。建炎三年，許商人販淮南礬入東南諸路，聽輸錢行在，而持引據赴場領礬。撫州、鉛山、潭州、韶州、漳州，亦皆有產，其類有青膽礬、黃礬、土礬等。青膽礬之價，每斤由一百二十至五十文，黃礬八十文，土礬三十文。紹興二十九年，取二十四至二十八年所收礬錢一年中數四萬一千五百八十五緡為定額(註九九)。

戊、香稅 香由外國輸入，官收買之於榷貨務，而公賣之於民間，而非產於本國之山澤也。除茶鹽礬外，惟香之為利博。南渡後，以泉州等地為主要輸入地，乳香分十三等。建炎四年，收買額為八萬六千七百八十斤。紹興年間，官之收益多，特獎勵外國船舶之來航。六年，官利達九十八萬緡。

三、關市之征

宋初頗能恤商，實行薄稅斂，苛稅廢者甚多（註一〇〇），以博取民心。建隆元年，詔：「所在不得苛留行旅，齎裝非有貨幣當算者，無得發篋搜索。」又詔：「榜商稅則例於務門，無得擅改更增損及創收。」（註一〇一）開寶六年詔：「嶺南商賈齎生藥勿算。」各地置官，取締行旅；行者齎貨，每千錢課稅二十，謂之過稅；而對於居者市鬻，課以住稅，其率每千錢算三十。淳化二年詔：「關市之租，其來舊矣，用度所出，未遑削除，徵算之條，當從寬簡，宜令諸路轉運以部內州軍市徵所算之名品告，參酌裁減，以科細民。」又詔：「除商旅貨幣外，其販夫販婦，細碎交易，並不得收其稅；當稅各物，令有司件拆揭榜，頒行天下。」至道元年詔：「兩浙諸州，紙扇芒鞋及細碎物，皆勿稅。」二年詔：「民間所織縑帛，非出鬻於市者，勿得收算。」眞宗除杭越十三州鵝鴨錢，又令柴薪渡河津者勿稅，商稅採取減輕之方針，然各地征稅，亦所在多有。景德元年，由京師送銀於各路州軍，出京門，有一兩課錢四十文之例，然無定制，其名物各隨地宜而不一焉。仁宗亦屢下減稅之令。神宗熙寧七年，減國門之稅數十種，錢不滿三十者蠲之。元祐初，因西夏邊患，財政困阨，課稅於商運之五穀，稱爲力勝錢。蘇軾曾極言其流弊，奏請廢止之。八年，商人載米入京糴者，力勝錢權蠲。

主管征稅之機關，汴京設都商稅院，府州軍設都商稅務，縣以至關鎮市寨，則置務或場，故務場遍設於全國各地，大則專置官監臨，小則令佐兼領。熙寧十年，務場增加甚多。通汴之商道，皆置務場課稅。船隻經過，無論載貨有無，須納稅錢，謂之力勝錢。蔡河上置鎖閘，民船勝百石者稅百錢，有所載，倍其征，商旅甚苦，太平興國三年詔罷之，然尙未澈底廢除。元豐三年，置堆垜場於泗州，買物至者，先入官場，官以船運至京師，稍輸船費。明年，詔近京以通津水門外順成倉爲導洛物貨場，以檢查商稅，此其例也。鄉村小市集，南宋時號爲墟市，三數日市合一次。初無收稅之法，孝宗朝後，創爲稅場，令人戶買撲納錢，俾自收稅，此屬於包稅性質。又有一務而分至十數處者，謂之分額；一物而征至十數次者謂之回稅。淳化三年，令諸州自端拱元年至淳化元年之最高稅收額爲歲課，比較科罰，凡不及此，則科罰於官吏。商稅有定額自此始。以此定額，令全國一千八百三十五務征收之。熙寧十年以前，全國諸州商稅歲額，四十萬貫以上者爲東京、成都、興元。二十萬貫以上者爲蜀、彭、永康、梓、遂。十萬貫以上者爲開封、壽、杭、眉、綿等十九州。五萬貫以上者爲西京、北京、徐、鄆等三十州。五萬貫以下者爲南京、靑、齊、沂、兗等五十一州。三萬貫以下者爲密、登、萊、濰、曹等九十五州。一萬貫以下者爲隨、金、均、信陽等三十五州。五千貫以下者爲廣濟、房、保安等七十三州（註一〇二）。景德會計錄：全國歲收商稅錢四百五十餘萬貫。慶曆五年，爲一千九百七十五萬餘貫，增加四倍有奇。元豐八年，在京商稅院，收入錢五十五萬二千二百六十一貫。元祐二年，曾用之爲定額。北宋末葉，綱紀更亂，商稅亦有於法令外征收者。

建炎元年，慮稅網太密，詔減併一百三十四處，減罷者九處，免過稅者五處，然機關雖裁減，而稅額仍保留。高宗詔：「北來歸正人，兩淮復業人，在路不得收稅。」孝宗隆興之初，招集流民，凡兩淮之商旅，歸正人之商販，並與免稅。又詔：「鄉落墟市貿易，皆從民便，不許人買撲收稅，」裁罷稅務甚多。然淳熙中，臨安府城內外及諸縣，歲收商稅仍達一百零二萬餘貫。光宗寧宗，亦時減罷州縣稅務，蠲省商稅，惟事實則適得其反。「關市之征迭放，而貪吏並緣，苛取百出。私立稅場，算及緡錢斗米束薪菜茹之屬，擅用稽察措置，添置專欄收檢。虛市有稅，空舟有稅，以食米爲酒米，以衣服爲布帛，皆有稅。……空身行旅，亦白取百金，方紆路避之，則攔截叫呼。」（註一〇三）胥吏越界拘攔，苛擾商旅；監稅官貪墨贓分，交結上峯，取得諒解，竟爲稅場慣例，且求成績優異，以希恩賞。在此情形下，商人對策，不能不行賄，與稅吏勾結。官商既串通，官吏每利用職權，發給商人免稅通行證，或依賴軍人庇護，不惟沿途不遭留難，且可逃稅。豪商能免課征，而小商寒士過境，反變爲苛稅騷擾之對象，故官吏可中飽，而國家財源則減少也。

關市之征，其稅收最大宗者爲酒稅。宋初酒稅之制，於三京官造麴而公賣之於人民；於諸州城內皆置務，卽官立釀造所以釀酒；於縣鎮鄉閭，或許民釀造而課稅，自用有過剩則得經官之許可而販賣之。太平興國之初，於京西置官局，以民租約入之米麥釀酒而賣之，因此，醞劑不良，酒多濟薄，發生民有婚葬量戶大小強制買酒之弊，大爲民苦。但此種制度，只於京西行之，而歲儉物貴，殆不償其費。時麴價東京南京每斤值錢一百五十五文，西京減五文。至道二年，京城賣麴錢四十八萬貫。天禧末，麴錢增三十九萬一千餘貫。熙寧四年，三司承買酒麴坊場錢率稅五十，麴數以一百八十萬斤爲定額，閏年增十五萬斤。元豐二年，在京鬻麴，歲以一百二十萬斤爲額，每斤值錢二百五十文。至於酒稅，淳化元年，依三年間之平均收入，始設定額。五年，募民之願自釀者，減常課三分之二，令納稅錢，使其易辦；有應募者，檢視其資產，由長吏及大姓共保，然後許之。同年，又於諸州稅收入少之四百七十二處，行此方法。然其後應募者少，產額以官釀者爲多。景德中，收酒麴歲課四百二十八萬餘貫；慶曆五年收一千七百一十萬餘貫；皇祐中，收一千四百九十八萬六千一百九十六貫。熙寧十年以前，全國諸州酒課歲額四十萬貫以上者，東京成都二處。三十萬貫以上者，開封、秦、杭三處。二十萬貫以上者，京兆、延、鳳翔五處。十萬貫以下者，西京、北京、濟、鄆三十二處。五萬貫以上者，南京、靑、密七十三處。五萬貫以下者，沂、濰、曹、光化四十五處。三萬貫以下者，廣濟、隨、金、均五十五處。一萬貫以下者，登、信陽、信安十九處。五千貫以下者，原、開寶監、火山軍十六處。無定額者萊蕪監、利國監十八處。無稅地，夔、黔、達、開十處。其後相沿至紹興年間，酒稅陸續增加，計崇寧二年，上等酒每升增稅二文，中等及下等酒一文。四年，上等酒增五文，其他三文。政和五年，每升增二文六分。建炎四年，上等酒增四十二文，次色十八文。紹興元年，上等酒二十文，下等十文。三年，三十文。五年，五文。六年，十文。八年，十文。其增稅名目，或稱贍學錢，或稱添酒錢，或稱總制錢，此實爲賣價之提高。南宋軍興，諸帥擅榷酤之利，由是縣官始資之以佐經費焉。建炎三年，趙開大變酒法，自成都始，先罷公帑實供給酒，卽舊撲買坊場所置隔釀，設官主之。民以米入官自釀，每斛輸錢三十，頭子錢二十二。明年，徧下其法於四路，歲遞增至六百九十餘萬緡，凡官槽四百所，私店不預焉，於是東南之酒額亦日增矣。趙開之法，蓋以紓一時之急，其後行之諸郡，國學贍兵，郡縣經費，率取給於此，雖罷行增減，不一而足，而其法卒不可廢（註一〇四）。紹興元年，行稅酒之法，募醞戶造酒於城外，而募拍戶賣之城中，酒入城，計嚣抽稅，各州仿行。三十年，酒庫改隸於戶部。三十一年，以諸軍酒坊六十六，亦歸戶部。東南及四川酒課共收一千四百萬餘貫。當時之專賣，則在全國禁止私釀，而在鄉村許民買麴引釀造（註一〇五）。地方另行課稅，自不待言；而酒稅之征收官署，每年收入有一定額，迫其張羅，坊店雖停，而督輸如故，益增細民之痛苦。酒稅之重賦如此，不免發生脫稅，又因而嚴厲執行取締法，凡私造或私運酒三數十斤者，每處以死刑，故違犯者鮮矣。

除酒稅外，其餘皆爲雜稅，種類頗多。淳化元年，池塘河湖魚鴨之類免稅，但經市發售則征稅。開寶二年，始收民印契錢，令人民典賣田宅者，必輸錢印契，稅契限兩月，猶今之稅契也。元豐時，令民有交易者，則官爲之據，因收其息。崇寧三年敕諸縣，典賣牛畜契書並稅租鈔旁等，印賣田宅契書，皆由官印售。紹興五年，印賣田宅契紙，後定出賣戶帖，凡坊郭鄉村出等戶，皆三十千錢，鄉村五等，坊郭九等戶皆一千錢，凡六等。三十一年，凡嫁資遺囑及民間葬地，皆令投契納稅，一歲中得錢四百六十七萬餘引。神宗時，兩浙和買並稅紬絹布帛，頭子錢外，每貫又收市例錢四十。徽宗時，蔡京取民無藝，除賦稅外，有御前錢物、朝廷錢物、戶部錢物，裒斂各不相知，肆行催索。又有大禮進奉銀絹，有贍糴本錢，剝削煩苛，民甚苦之。宣和末，陳亨伯以發運使經制東南七路財賦，時東南倉卒用兵，權宜措畫，嘗設經制司，因建議以贍學錢，糴本錢，與應奉司無名之斂凡十數色，如賣酒，鬻糟、商稅、牙稅（牙郎主互市事）、與頭子錢（每貫收錢二十三文，其中十文作經制起發上供，餘十三文充本路州縣並漕司用）、樓店錢，皆稍增其數，合爲經制錢。及經制使之軍已罷，而經制錢之名遂爲常賦。厥後州縣有所謂經制錢自此始。靖康召募勤王兵，翁彥國爲總制使，倣其法，又收贏焉，謂之總制錢，括民財以數百萬計。渡江以後，雖知其弊，然費出愈繁，遂不能罷，復置之，於東南設經制司，課附加稅於酒錢，增一分稅錢、頭子錢、賣契錢等。建炎二年，此中不便於民者除之，添加酒錢、添賣糟錢、典賣田宅、增牙稅錢、頭子錢、樓店務增三分房錢，令兩浙、江東西、荊湖南北、福建、二廣收充經制錢，以憲臣領之，通判掌之，季終輸送，以濟緩急。紹興五年，參政孟庾提領，措置財用，請以總制司爲名，又因經制之額，增析而爲總制錢，而總制錢自此始矣（註一〇六）。又紹興二年，韓世忠駐軍建康，軍務方殷，令江東漕臣以朝廷係省不係省，經制有額無額上供，及漕司移用等錢供給，每月計月樁辦大軍錢十萬緡，後遂征收月樁錢。故月樁錢之苛斂，強半幾爲無名，爲諸縣之害。十七年，詔諸州以寬剩錢立月樁，以紓民力。調度軍費，又創一種惡稅稱板帳錢，如輸米則增收耗剩，交錢帛則多收糜費，幸富人之犯法而重其罰，恣胥吏之受賕而課其入，索盜贓則不償失主，檢財產則不及卑幼，亡僧絕戶不俟覈實而入官，逃產廢田不與消除而抑納，別立名色，窮斂於人民以充之，——橫誅暴征，所取最爲無名。此本於正規稅之外，而臨時征收者。其他又有麴引錢，納醋錢（醋息錢，元祐間，揚州每年原額二千五百貫）、賣紙錢、戶長甲帖錢、保正牌限錢、折納牛皮筋角錢、罰錢（敗訟時）、歡喜錢（勝訟時）、七分坊場、七分酒息、僧道免丁錢等殊名異目（註一〇七），不一而足，有置而無廢，有增而無減。紹興二十一年，汪應辰謂：「今江浙州縣名色，臣之可得而見者，曰經制，曰總制，……糴本、僧道免丁、州郡寬剩、大軍月樁、和買折帛、名爲不取於民，而其實陰奪民利；名爲漕司移用，而其實責辦於州縣；名爲州郡之餘，而其實不足；名爲與之以本錢，而其實無有。又有無額上供，寺觀寬剩、贍軍酒息，總其所得，又什倍於兩稅而不翅也。」（註一〇八）其征收常平錢，舊法每貫收頭子錢五文，亦增作二十三文，除五文依舊法外，餘悉入總制。乾道元年，又詔諸路出納，每貫添收十三文，充經總制錢，自是每貫收五十六文矣。八年，經總制錢歲入一千七百二十五萬緡。至於市舶，自建炎二年至紹興四年，福建市舶司收息錢九十六萬緡。紹興末，閩廣兩舶司抽分及和買，歲得息錢二百萬緡。

唐之庸錢，楊炎已均入二稅，而後世差役，復不免焉，是力役之征既取其二也，而輸錢免役以至丁錢，則取其四也。所謂力役之征，乃一種變相之抽稅。初時，役法置於川縣主管之下，原無常賦。惟自五代以來，江浙、荆湖、廣南地方，有身丁錢（每丁納三百二十五錢）及丁米之課，此種制度，延及宋代尚行之。程大昌曰：「今之丁錢，即漢世算錢也，以其計口輸錢，故亦名口賦也。」（註一〇九）漢之算錢是全國征收，而宋之丁錢只行於南方。太平興國五年，每丁定納錢一百，但福州、長溪、溫、台等州，每丁納三百二十五文。雍熙元年，江浙、荆湖、廣南改以二十歲爲成丁，令輸丁錢；以六十歲爲老，並身有廢疾者免之。咸平三年，許將絹折納。自景德二年，定依溫台州現納錢二百，睦州每丁納六百九十六，處州每丁納五百九十四。大中祥符四年，雖詔除丁錢（四十五萬四百零六貫），但漳泉州、興化軍折丁米七斗五升，尚不廢止。其後裁減，嘉祐後所輸無幾矣。南宋端平元年，漳州以廢寺租利錢所入代輸，而二十五州仍有丁身錢。荆湖則有丁米，紹興三年，詔丁米三分二均取於民田，其丁錢取之丁口。六年，道州一丁，有出米四斗者。二十八年，荆湖北路州縣，丁米有高至七斗者。兩淮亦有丁身錢，乾道七年免。廣南有丁身米，乾道六年始蠲除。廣南東西路有丁錢，東路之丁錢，至理宗朝末期，諸路已蠲免，尚獨拘催，以轉運司靠此維持故耳。泉州又有宗子米，兩浙原有丁鹽錢，官頒蠶鹽，每人一斗，計五斤，令納錢一百六十六，皇祐年間，許依時價折納紬絹，謂之丁絹。然施行鈔法後，鹽皆商販，不給蠶鹽於民，而丁鹽錢依然征之，且增至三百六十，謂之身丁錢。大觀中，有丁絹三丁納一匹之制，其後物價益貴（絹每匹約七貫錢），乃令一丁納絹一丈，綿一兩，皆取於五等下戶，民甚詬病。建炎三年改之，令丁錢一半納現錢，一半折絹，是歲收絹二十四萬匹，綿百萬兩，錢二十四萬緡。紹興三十二年，以五丁科絹一匹，其後曾以七丁科一匹。此種役制，殊爲民苦，至開禧元年始撤除之（註一一〇）。和糴者，初由麟、府州以轉餉道遠，遣常參官就置場糴買，以息邊民飛輓之勞，其後令大戶納軍糧，繼則按畝分派，權勢多田之家，不足以加之，而只加之於小民，此乃田賦外附稅之性質。由和買變爲折帛，亦爲一種變相之惡稅。太平興國中，馬元方爲三司判官，始行和買之法。方春乏絕時，預貸庫款於民，至夏秋令輸絹於官，謂之和買。慶曆五年，和買絹三百萬匹。夫和買初本爲便民之政，其後抑勒苛索，變和買爲折帛。既有夏稅折帛，此又有和買折帛。折帛原出於和買，其始也，則官給錢以買之；其後也，則官不給錢而白取之；又其後也，則反令以每匹之價折納現錢。卽使絹價降賤，而民之所納折帛錢，每三倍於本色。和買分民戶爲五等，大抵一至四等科和買，五等不科，但有時全部亦科焉。建炎三年，東南亦施行折帛錢，當時凡和買紬絹，歲爲一百一十七萬匹（紹興末，增至三百餘萬匹），責令以每匹之價折納錢二千，以助國用，寖假實施於各路，貧民不勝其苦，遂爲弊政矣（註一一一）。四川又有布估（註一一二），與和買相似。孝宗時，四川有所謂虛額者（註一一三），州縣苦之，其搾取於民，更爲無理也。夫南宋民生之凋敝，除盜賊剽掠與兵燹爲患外，尚有賦斂之苛重、胥吏之刻剝與官軍之騷擾。紹興九年，監明州比較務楊煒上參知政事李光書云：「頻年以來，換度牒、鬻官爵、出賣戶帖、預借和買，頭會箕斂，衰世掊尅之法，略以盡行，剝膚搥體，無所不至。」（註一一四）而病民最甚者則爲月椿錢。理宗之世，兵端復起，人民困於和糴，困於軍需，困於浮鹽，困於拋買，困於招軍，更難以爲活矣。

因軍事需費甚亟，往往強徵於民，迫其負擔。宣和五年，王黼與金爲盟，括天下丁夫，計口出算，得錢六千二百萬緡，竟買五六座空城而奏凱。六年，詔以收復燕雲以來，京都兩河之民，困於調度，令京西、淮南、兩浙、江南、荆湖、四川、閩、廣，並納免夫錢，每夫三十貫，委漕臣限督之，違者從軍法。又詔宗室戚里宰執之家，及宮觀寺院，一例均敷，於是徧索全國，所得僅二千萬緡，而結怨四海矣。南宋之初，亦有所謂保役者，令民出錢而免其役。當戰事方殷，軍用物資，大如武器、甲葉，小至翎毛牛筋，亦分配州縣徵發，而攤之於民。例如紹興九年，江西路十一州軍合起歲額上供軍器下項物料，徑赴轉運司交納，發赴岳飛軍自造軍器，鐵甲葉六十九萬九千四百三十八片，牛角六千三百三十四隻，生黃牛皮九千一百八十三張，牛筋四千零一十斤一十二兩，牛羊皮一萬八千三百九十二張，箭笴一十八萬四千七百九十四隻，翎毛五十一萬二千九百八十二堵，各長四寸八分，條鐵七千六百九十四斤餘(註一一五)。又有軍衣錢，亦攤派於民也。

除正常賦稅及雜稅收入外，朝廷又發售度牒，開闢新財源，亦有一匹收入。所得之款，每爲軍費，修造、購買、興利本錢、賑災、墾荒、優恤等，皆有一定之用途，補助國用之不足。度牒者由祠部主之，以綾紙或絹綾爲之，僧人剃度而授給之印牒，卽僧人正式註册之憑證也。度牒之發售，肇於唐天寶十四載，以安史之亂，籌募軍餉而施行之。至宋則始於治平末，所出售爲空名度牒。元豐間，每年售數千道，每道價由一百三十貫至三百貫不等。六年以後，每歲限以一萬道爲率。徽宗時，歲售多至三萬道，然售出太多，價格下降，每道由二百二十貫降至九十貫。政和元年後，停止發售。迄建炎三年，賜度牒三十萬貫爲博易本，每道價爲一百二十貫。紹興二年，給降廣南東路度牒三百道，亦爲充博買本錢。四年，詔賜川陝荆襄都督府度牒二萬道。六年，更由榷貨務公開出售，並量付諸路發賣。八年，爲收糴常平，尚少錢五萬三千零二十餘貫，又給降度牒彌補。十二年停售。三十一年，聞金主亮敗盟，軍需孔亟，乃恢復出售度牒一萬道，每道價五百貫。隆興二年，又以度牒二萬道均下諸路，每道減爲三百貫，總數計廿萬三千餘道，總値爲六百萬貫。自恢復售牒後，迄乾道五年，八年間售出度牒總數爲十二萬餘道，而乾道五年，牒價增至四百貫。淳熙間，由四百五十貫續漲至七百貫，以米則爲三百石。紹熙年間，復漲至八百貫。開禧用兵，又廣售度牒。以後國事日非，用度不足，度牒更爲濫售矣。除度牒外，又出售師號，但爲數不多耳。

【注　釋】

(註一) 宋史，卷七，本紀第七，眞宗二。

(註二) 續資治通鑑，卷二十八，宋紀二十八。

(註三) 范文正公集，奏議上，答手詔條陳十事。

(註四) 鶴山先生大全文集，卷三十四，答樊致政庚。

(註五) 宋史，卷一七三，志第一二六，食貨上一，農田。

(註六) 續資治通鑑長編，卷九十五。

(註七) 宋史，卷一七三，志第一二六，食貨上一，農田。

(註八) 建炎之後，江浙湖湘閩廣，西北流寓之人徧滿。紹興初，麥一斛至萬二千錢，農獲其利，倍於種稻。於是競種春稼，極目不減淮北。（鷄肋編，卷上）淳熙元年，中書門下省言：江東西、湖南北、京西、兩浙東西路，各州縣種二麥。

(註九) 續資治通鑑，卷五十，宋紀五十，皇祐元年二月條。

(註十) 宋史，卷一七三，志第一二六，食貨上一，農田。

(註十一) 宋史，卷一七八，志第一三一，食貨上六，振恤。

(註十二) 宋史，卷一七六，志第一二九，食貨上四，常平義倉。

(註十三) 後村先生大全集，卷八十八，興化軍創平糴倉。

（註十四）宋史，卷一七六，志第一二九，食貨上四，常平義倉。

（註十五）宋史，卷一七八，志第一三一，食貨上六，振恤。

（註十六）眞文忠公文集，卷二十四，社倉。

（註十七）鶴山先生大全文集，卷六十九，顯謨閣直學士提舉西京嵩山崇福宮許公奕神道碑。

（註十八）宋史，卷四三八，列傳第一九七，黃震傳。

（註十九）宋史，卷三一七，列傳第七十七，錢惟演傳。又皇祐中，右司諫錢彥遠乞置勸農司云：「國家有戶九百五十餘萬，定墾田一千二百一十五萬餘頃，其間逃廢之田，不下三十餘萬頃。」（雞肋編，卷下）墾田數實不相符。

（註二十）宋史，卷一三七，志第一二六，食貨上一，農田。又景德戶七百三十萬，墾田一百七十萬頃。皇祐戶一千零九十萬，墾田二百二十五萬頃。治平戶一千二百九十萬，墾田四百三十萬頃。（元豐類稿，卷三十，元豐三年，議經費劄子。）

（註二十一）宋史，卷一三七，志第一二六，食貨上一，農田。

（註二十二）元豐類稿，卷十九，襄州宜城縣長渠記。

（註二十三）攻媿集，卷九十一，直秘閣廣東提刑徐公行狀。

（註二十四）宋史，卷一七三，志第一二六，食貨上一，農田。

（註二十五）宋史，卷二七三，列傳第三十二，何繼筠傳，子承矩。

（註二十六）宋史，卷四一二，列傳第一七一，孟珙傳。

（註二十七）宋史，卷一七六，志第一二九，食貨上四，屯田。

（註二十八）建炎以來繫年要錄，卷五十，紹興元年十二月條。

（註二十九）建炎以來朝野雜記，甲集，卷十六，圩田。

（註三十）續資治通鑑，卷一七二，宋紀一七二，淳祐六年十一月條。

（註三十一）宋史，卷一七三，志第一二六，食貨上一，農田。

（註三十二）上供之名，始於唐之中葉，蓋以大盜擾亂之後，賦入失陷，國家日不暇給，不能考覈，加以強藩自擅，朝廷不能制。是以立爲上供、送使、留州之法，上供僅能取其三分之一。

（註三十三）國家肇造之初，雖創方鎭專賦之弊，以天下留州錢物，盡名係省，然非盡取之也。當是時，輸送毋過上供，而上供未嘗立額。郡置通判，以其收支之數，上之計司，謂之應在。而朝廷初無封樁起發之制，自建隆至景德四十五年矣，應在金銀錢帛糧草雜物，以七千一百四十八萬計，在州郡不會，可謂富藏天下矣。大中祥符元年，三司奏立諸路歲額。熙寧新政增額一倍。崇寧重修上供格，頒之天下，率一路之增，至十數倍，至今爲額。」（止齋先生文集，卷十九，赴桂陽軍擬奏事箚子第二）。

（註三十四）武溪集，余襄公奏議，卷上，論常平倉。

（註三十五）欒城集，卷四十，轉對狀。

（註三十六）無額上供者，皆其他雜斂，起自熙寧，於是有色役錢，常平寬剩錢。至於元豐，則以坊場稅錢，鹽酒增價錢，香礬銅錫𣂏秤披剃之類，凡十數色，合而爲無額上供（止齋先生文集，卷十九，赴桂陽軍擬奏事箚子第二）。

（註三十七）朱子語類大全，卷一二八，本朝一，祖宗事實。

（註三十八）建炎以來朝野雜記，甲集，卷十四，國初至紹熙天下歲收數。

（註三十九）發運司歲供京師米，以六百萬石爲額，淮南一百三十萬石，江南東路九十九萬一千一百石，江南西路一百二十萬八千九百石，荊湖南路六十五萬石，荊湖北路三十五萬石，兩浙路一百五十萬石，通餘羨歲入六百二十萬石。（夢溪筆談，卷十二，官政二）。

（註四十）「國朝法，綱船不許住滯一時。所通稅場，不得檢稅，兵梢口食，許於所運米中計口分升斗借之，至下卸日，折算逐人之俸糧除之。蓋以舟不住則漕運甚速；不檢則許私附商販，雖無明條許人，而有意於兼容，爲小人之啗利，有以役之也。借之口糧，雖明許之，然漕運既速，所食幾何？皆工法之深意也。其後制度多變，所過稅場，隨船檢稅，不唯漕運遲滯，而日食官米及盜糶，歲虧甚大。」（師友談記）

（註四十一）祥符、慶曆、皇祐、治平、熙寧、元祐、宣和、紹興、乾道、紹熙、慶元、端平等年代，均編有會計錄。又元豐年間，造中書備對，亦屬此類性質。元祐三年，編成元祐會計錄，查一歲之收入，未足以支一歲之出，遂詔裁省浮費，頗具統計之效。

（註四十二）大中祥符七年，瀘州公用錢五十萬，澶州五十萬，邕州二十萬。元祐間公使錢，杭州爲七千貫，楚州五千七百貫，而揚州只有五千貫。此五千貫錢來源，除正賜六百貫，諸雜收簇一千九百貫外，二千五百貫並係賣醋錢，實際每年只收到醋息錢一千六七百貫。以揚爲東南都會，此數實不敷用。

（蘇東坡集，奏議集，卷十二，申明揚州公使錢狀。）

（註四十三）容齋隨筆載：至道三年，歲收穀二千一百七十萬石，錢四百六十五萬貫，絹紬一百九十萬匹，絲綿六百五十八萬兩，茶四十九萬斤，黃蠟三十萬斤。（三筆，卷二，國家府庫。）

（註四十四）文獻通考，卷四，田賦四。續資治通鑑長編所載數目不同，茲引錄以供參考。「天禧末，全國總獲錢二千六百五十三萬餘貫，金萬四千四百餘兩，銀八十八萬三千九百餘兩，絲四百一十七萬二十餘兩，綿一千八百九十九萬一千餘兩，絹一百五十五萬二千餘匹，紬九百四十一萬五千餘匹，綾三十四萬四千餘匹，絁一十三萬七千餘匹，紗縠二萬五千餘匹，錦綺二萬八千餘匹，布三百五萬七千餘匹，茶七十六萬餘斤，鹽一十六萬三千八百餘石，香藥眞珠犀象七十萬餘斤條片顆，竹木蘆箔三百六十餘萬條片，五穀二千九百八十三萬餘石，草三千萬餘圍，木炭薪蒿三千萬餘斤束。」（卷九十七，天禧五年十二月條。）

（註四十五）建炎以來朝野雜記，甲集，卷十四，國初至紹熙天下歲收數。

（註四十六）鶴山先生大全文集，卷二十一，答館職策一道。

（註四十七）宋史，卷一七九，志第一三二，食貨下一，會計。

（註四十八）天禧五年，支出總費錢二千七百一十四萬餘貫，金一萬三千五百餘兩，銀五十八萬餘兩，絲三百六十三萬二千餘兩，綿一千六百五十萬餘兩，紬七十六萬四千餘兩，絹四千一百七十三萬七千餘匹，綾十萬七千餘匹，絁五萬二千餘匹，羅二萬七千餘匹，紗縠一萬一千餘匹，錦綺六千七百餘匹，布一百二十九萬七千餘匹，茶三十六萬六千餘斤，鹽十一萬八千餘石席，香藥眞珠犀象五十二萬三千餘斤條片顆，竹木蔑箔一百二十三萬二千餘條片，五穀三千四百五十八萬二千餘石，草三千四百五十八萬三千餘圍，木炭薪蒿四百五十萬餘斤束。（續資治通鑑長編，卷九十七，天禧五年十二月條）。

（註四十九）欒全集，卷二十五，論免役錢箚子。

（註五十）宋史，卷三三七，列傳第九十六，范鎮傳。

（註五十一）續資治通鑑，卷六十一，嘉祐八年四月條。

（註五十二）欒全集，卷十八，對詔策，對手詔一道。

（註五十三）建炎以來朝野雜記，甲集，卷十二，天聖至嘉泰四選人數。

（註五十四）欒全集，卷十八，對詔策，對手詔一道。

（註五十五）欒城集，後集卷十五，元祐會計錄敘，收支敘。蘇轍又謂：「近編成元祐會計錄，大抵一歲天下所收錢穀金銀幣帛等物，未足以支一歲之出，今左藏庫見錢費用已盡，去年借朝廷封樁米鹽錢一百萬貫，以助月給。舉此一事，則其餘可以類推。」（同上書，卷四十一，乞裁損浮費箚子）。

（註五十六）「宗室之衆，皇祐節度三人，今爲九人矣。兩使留後一人，今爲八人矣。觀察使一人，今爲十五人矣。防禦使四人，今爲四十二人矣。百官之富，景德大夫三十九人（景德爲諸曹郎中），今爲二百三十人矣。朝奉郞以上一百六十五人（景德爲員外郞），今爲六百九十五人矣。承議郞一百二十七人（景德爲博士），今爲三百六十九人矣。奉議郞一百四十八人（景德爲三丞），今爲四百二十一人矣。諸司使二十七人，今爲二百六十八人矣。副使六十一人，今爲一千一百一十人矣。供奉官一百九十三人，今爲一千三百二十二人矣。侍禁三百一十六人，今爲二千一百一十七人矣。三省之吏六十人，今爲一百七十二人矣。其餘可以類推。」（欒城集，後集，卷十五，元祐會計錄叙，收支叙）。

（註五十七）度民田入多寡，預給錢，秋成，以時價入粟。如物價踴貴，權止入中，聽糴便司兌用，須歲豐補償。

（註五十八）宋史，卷一七九，志第一三二，食貨下一，會計。

（註五十九）朱熹謂財用不足，皆起於養兵，十分，八分是養兵，其他用度，止在二分之中。（朱子語類大全，卷一一〇，朱子七，論兵）。

（註六十）宋史，卷三七四，列傳第一三三，廖剛傳。

（註六十一）攻媿集，卷九十五，寶謨閣待制贈通議大夫陳公神道碑。

（註六十二）鶴山先生大全文集，卷八十九，敷文閣直學士贈通議大夫吳公行狀。

（註六十三）建炎以來朝野雜記，甲集，卷十二，天聖至嘉泰四選人數。

（註六十四）樂全集，卷二十五，論免役錢劄子。

（註六十五）宋史，卷一七四，志第一二七，食貨上二，賦稅。

（註六十六）宋史，卷一七三，志第一二六，食貨上一，農田。

（註六十七）宋史，卷三六一，列傳第一二〇，張栯傳。

（註六十八）宋史，卷四〇〇，列傳第一五九，游仲鴻傳。

（註六十九）熙寧九年，正稅積負者九十二萬二千二百貫石匹兩有奇。大觀四年，詔天下逋賦，五年外戶口不存者悉蠲。

（註七十）宋史，卷一七四，志第一二七，食貨上二，賦稅。

（註七十一）「宋時每當輸一石，而義倉省耗別爲一斗二升。官倉明言十加六，復於其間用米之精粗爲說，分若干甲，有至七八甲者，則數外之取亦如之。庾手執槩從而輕重其手，度二石二三斗乃可給。至於水脚頭子市例之類，其名不一，合爲七八百錢。以中價計之，並僦船負擔，又須五斗，殆是一而取三。」（容齋隨筆，續筆，卷七，田租輕重）。「今二稅悉爲上供，州家有軍糧，有州用，有官吏廩，稍不取於民，則何所取之？漕司每歲有所謂明會米，州家每於民戶苗米數內，每石取五斗供之，故不得而斛輸斛，斗輸斗也。使家無以處此，遂亦縱而弗問，由是取之無藝，而暗合斛面等名目，不可勝窮。」（象山先生全集，卷八，與張春卿書）。

（註七十二）宋史，卷一七四，志第一二七，食貨上二，方田。

（註七十三）宋史，卷二十七，本紀第二十七，高宗四。

（註七十四）椿年所奏十害：一、侵耕失稅。二、推割不行。三、衙門及坊場戶虛供抵當。四、鄉司走弄稅名。五、詭名寄產。六、兵火後稅籍不失爭訟日起。七、倚閣不實。八、州縣隱賦多，公私俱困。九、豪猾戶自陳，詭籍不實。十、逃田稅偏重，人無肯售。（文獻通考，卷五，田賦考五）。

（註七十五）朱文公文集，卷十九，條陳經界狀。

（註七十六）宋史，卷一八五，志第一三八，食貨下七，阬冶。

（註七十七）文獻通考，卷十八，征榷五。宋史，卷一八五，志第一三八，食貨下七，阬冶。

（註七十八）紹定五年五月，臣僚言：「比聞蘄州進士馮杰，本儒家，都大坑冶司，抑爲鑪戶，誅求日增，杰妻以憂死，其女繼之。弟大聲因赴愬，死於道路。杰知不免，舉火自經而死。」詔罷都大坑冶職。（續資治通鑑，卷一六六，宋紀第一六六）。

（註七十九）夢溪筆談，卷二十四，雜誌一。

（註八十）「韶州岑水場往歲銅發，掘地二十餘丈即見銅。今銅益少，掘地益深，至七八十丈，役夫云：地中變怪至多，有冷煙氣，中人即死。役夫掘地而入，必以長竹筒端置火先試之，如火焰青，即是冷煙氣也，急避之勿前，乃免。」（孔氏談苑，卷一，地中變怪）。

（註八十一）文獻通考，卷十八，征榷考五。

（註八十二）臘茶爲片茶之一種，將下等茶葉，碾爲細末，雜以腦子香及膏油，使成餅狀，以膏油塗其上。

（註八十三）片茶爲優品，其蒸造，實捲模中串之，惟建茶則既蒸而研，編竹爲格，焙室中，最爲精潔。

（註八十四）貼射之法，以十三場茶買賣本息，併計其數。罷官給本錢，使商人與園戶自相交易，一切定爲中估，而官收其息。如鬻舒州羅源場茶，斤售錢五十六，其本錢二十五，官不復給，但使商人輸息錢三十一而已。然必輦茶入官，隨商人所指予之，給券爲驗，以防私害，故有貼射之名。若歲課貼射不盡，或無人貼射，則官市之。（宋史，卷一八三，志第一三六，食貨下五，茶上）。

（註八十五）慶曆八年十一月丙丁，詔三司「河北沿邊州軍客人入中糧草，改作四說之法，每以一百貫爲率，在京支錢三十貫，香藥象牙十五貫，在外支鹽十貫，茶四十貫。」（續資治通鑑，卷五十，宋紀五十。）

（註八十六）令商人輸芻糧塞下，酌地之遠近，而優爲其值，如輸入河北者，其大約入糧每斗增六十五錢，馬料增四十五錢。西鄙回遠，運載甚難，其入中之價，靈州斗粟有至千錢以上者，給劵至京師，償以緡錢或移文江淮給茶鹽，謂之入中。

（註八十七）商人入芻粟塞下者，隨所在實估度地理遠近增其值，給劵至京師，一切以緡錢償之，謂之現錢法。願得金帛若他州錢或茶鹽香藥之類皆聽。（續資治通鑑長編，卷一百，天聖元年正月條）。寶元康定中，西師既興，入中糧草，在京支還交金銀錢物帛，一歲約支一千萬貫以上，三司無法應支，即須內帑供給。

（註八十八）嘉祐四年，通商立定茶引交錢，六十八萬四千三百二十一貫三百八十，後累經減放，至治平二年，最中分收上數——一年最中數計一百一十七萬五千一百四貫九百一十九錢，內三十六萬九千七十二貫四百七十一錢茶租，八十萬六千三十二貫六百四十八錢茶稅。（夢溪筆談，卷十二，官政二）。

（註八十九）其害有五：一、江南、荊湖、兩浙數路之民，舊納茶稅，今變租錢，使民破產亡家。二、自新法既用，小商所販至少，大商絕不通行。三、自新法之行，稅茶路分，猶有舊茶之稅，而新茶之稅絕少，年歲之間，舊茶稅盡，新稅不登，則頓虧國用。四、往時官茶容民入雜，故茶多而賤，偏行天下。今民自買賣，須要眞茶，眞茶不多，其價遂貴，小商不能多販，又不暇遠行，故近茶之處，頓食貴茶，遠茶之方，向去更無茶食。五、近年河北軍糧，用現錢之法，民入米於州縣，以鈔算茶於京師，三司爲於諸場務中，擇近上場分，特留八處，專應副河北入米之人，翻鈔算請。今場務盡廢，然猶有舊茶可算，所以河北和糴，日下未妨。竊聞自明年以後，舊茶當盡，無可算請，則河北和糴，實要現錢，不惟客旅得錢，變轉不動，兼亦自京師歲歲輦錢於河北和糴，理必不能。（歐陽文忠公集，奏議集，卷十六，論茶法奏狀，嘉祐五年）。

（註九十）至和年間，「山園茶盛四五月，江南竊販如豺狼。頑凶少壯冒嶺險，夜行作隊如刀槍。浮浪書生亦貪利，史笥經箱爲盜囊。津頭吏卒雖捕獲，官司直惜儒衣裳。」（宛陵集，卷三十四，聞進士販茶）。

（註九十一）文獻通考，卷十八，征榷五。

（註九十二）宋史，卷一八四，志第三十七，食貨下六，茶下。

（註九十三）河北鹽素無禁榷，防私梟。滄濱二州鹽，以地近虜，自開寶以來，聽人貿易，官收其算，歲爲額錢十五萬緡。元豐三年，章惇行河北榷法，哲宗即位罷之。紹聖中又復施。

（註九十四）武溪集，卷六，楚州鹽城南場公署壁記。

（註九十五）宋史，卷一八二，志第一三五，食貨下四，鹽中。

（註九十六）蘇東坡集，卷二十九，上文侍中論榷鹽書。

（註九十七）宋史，卷一八二，志第一三五，食貨下四，鹽中。

（註九十八）宋史，卷一八三，志第一三六，食貨下五，鹽下。

（註九十九）宋史，卷一八五，志第一三八，食貨下七，礬。

（註一〇〇）建隆初，蠲除津渡稅，其餘橘園、魚池、水磑、社酒、蓮藕、鵝鴨、螺蚌、柴薪、地舖、枯牛骨、溉田、水利等名，皆因諸國舊制，前後屢詔廢省。民船載粟稅，太平興國三年亦除之。（宋史，卷一八六，志第一三九，食貨下八，商稅）。

(註一〇一) 文獻通考，卷十四，征榷一。

(註一〇二) 同上書。

(註一〇三) 宋史，卷一八六，志第一三九，食貨下八，商稅。

(註一〇四) 宋史，卷一八五，志第一三八，食貨下七，酒。

(註一〇五) 洪适謂：「紹興間所謂麴引，在法：諸鄉村去州縣二十里外，有吉凶聚會，聽人戶納錢買引於鄰近酒戶寄造，上戶納錢三貫，造酒十石；中戶則二貫，造七石；下戶則一貫，造三石。以其錢作朝廷封樁，但縣吏以多寡勒索，酒戶亦視其貧富而剝削。中下戶緣無力出錢買引，遂有過期不成婚姻者。」（盤洲文集，卷四十九，荊門軍奏便民五事狀）。

(註一〇六) 宋史，卷一七九，志第一三二，食貨下一，會計。

(註一〇七) 紹興十五年，始收僧道士免丁錢，按其階級，自十五千至二千，凡九等，歲入緡錢約五十萬，隸上供。

(註一〇八) 文定集，卷一，應詔言弭災防盜事。

(註一〇九) 演繁露，卷五，丁錢條。

(註一一〇) 文獻通考，卷十一，戶口二。

(註一一一) 宋史，卷一七五，志第一二八，食貨上三，布帛。

(註一一二) 「天聖元年，薛田守蜀，就成都、重慶府，邛、彭、漢州，永康軍產麻去處，先支下戶本錢每疋三百文，約麻熟後輸官，應副陝西、河東、京東三路綱布。是時布價甚賤，因以利民，故願請者衆，不願者不強也。熙寧間，布値漸長，民無請者，漕司始增價至四百文，民尚樂輸。建炎後，趙開始改理估錢，每疋增至二貫。自後累經臣僚奏減，則又就除本錢三百，每疋爲錢一貫七百，去原買之意愈遠，而名愈不正。以今日所取之數言之，爲布七十二萬八千八百疋，價例不等，爲錢一百三十七萬七千有奇，有衮折敷二百文科一疋者，有衮折七十文亦科一疋，科敷既久，民力益困，年豐穀賤，則所收不足以償所輸，脫遇凶年饑歲，則十室九空。」（鶴山先生大全文集，卷三十二，上吳宣撫獵論布估）。

（註一一三）所謂虛額者，是積年拖欠，催科不行，雖屢經恩赦，有司不與放免。又昔之監司好聚斂者，取諸州積年酒稅諸色無名科斂之數，以一年最多者立爲定額。其後酒稅諸色之數不登，而有名無實之額常存，屢次督催，有預借民間常賦以充之。

（註一一四）三朝北盟會編，卷九一，紹興九年正月十四日條。

（註一一五）毘陵集，卷三，措置江西善後箚子。

第七章　經濟生活(二)

第五節　通　貨

五代以來，沿用唐舊錢，別鑄者殊鮮。錢幣經濟，至宋而成熟，每一朝皆鑄錢，所鑄元寶或通寶，共有六十三種。宋自平廣南、江南後，聽權用舊錢，及別鑄新錢，皆用元寶而冠以年號，或稱重寶，而稱通寶者爲多。開寶中，初鑄錢，文曰：「宋通元寶」，嚴禁闌出境外。太平興國後，又鑄「太平通寶」錢，太宗親書「淳化元寶」，作眞行草三體。自後每改元必更鑄。及改號寶元，文當曰：「寶元元寶」，詔學士議，因請改曰：「豐濟元寶」。仁宗特命以「皇宋通寶」爲文，以年號有寶，文不可重故也。慶曆以後，復冠以年號如舊。凡諸州輕小惡錢及鐵鑞錢悉禁之，私鑄者皆棄市。惟建州鑄錢用劑成份，每千文用銅三斤十四兩，鉛一斤八兩，錫八兩，成重五斤，大抵以此爲標準。惟建州所鑄，銅增五兩，鉛則減五兩。景祐二年，鑄銅錢千枚，用劑八十八兩，重八十兩，用劑成份，銅居六分，鉛錫居三分。鑄大鐵錢千枚，用鐵二百四十兩，重一百九十兩，此其大法也。度支判官許申，建議以藥化鐵與銅雜鑄，而銅居三分，鐵居六分，卒無成功。錢有銅鐵兩種，其折二、折三、當五、折十，則隨時立制，行之久者唯小平錢，夾錫錢最後出。太平、祥符、崇寧，因銅料豐富，錢最精好。其後屢減料，致錢日惡，錢法由是而壞。

銅錢鼓鑄，初置四監：㈠饒州曰永平（用唐開元錢料最善，歲鑄三十萬貫）；㈡池州曰永豐（歲鑄四十四萬五千貫）；㈢江州曰廣寧（歲鑄三十四萬貫）；㈣建州曰豐國（歲鑄百萬貫）。初平江南，歲鑄錢不過七萬貫。茲將北宋各朝歲鑄銅錢額與監數列表如下：

年代	歲鑄額	監數	備考
至道年間	八〇〇、〇〇〇貫	一	
咸平三年	一、二五〇、〇〇〇	一	
景德末年	一、八三〇、〇〇〇	四	
大中祥符八年	一、二五〇、〇〇〇	四	
天禧末年	一、〇五〇、〇〇〇	一	
天聖年間	一、〇〇〇，〇〇〇	一	一百萬餘貫
慶曆年間	三、〇〇〇、〇〇〇		
皇祐年間	一、四六〇、〇〇〇	五	
治平年間	一、七〇〇、〇〇〇	六	

熙寧八年	三、七三〇、〇〇〇	一七
元豐三年	五、〇六〇、〇〇〇	一七
崇寧四年	二、八九〇、〇〇〇	一〇
宣和二年	三、〇〇〇、〇〇〇	一八

仁宗朝，諸路錢歲輸京師，四方通貨恐慌，由是錢重而貨輕。景祐初，詔以江東、福建、廣南歲輸錢三十餘萬貫，易爲金帛，俾錢流通民間。慶曆五年，洛南縣紅崖山，虢州青水冶青銅，置阜民朱陽二監。陝西復採儀州竹尖嶺黃銅，置博濟監，鑄一當十大銅錢。時民間盜鑄者衆，錢文大亂，物價翔湧，公私患之。八年，定大銅錢一當小錢三，小鐵錢三當銅錢一，且罷官所置鑪，自是姦人稍無利，猶未能絕濫鑄也。其後詔商州罷鑄靑黃銅錢，又令陝西大銅錢一當大鐵錢二，盜鑄乃止。但法令數變，兵民耗損，甚爲咨怨。韶州天興場，歲採銅二十五萬斤，置永通監鑄錢。熙寧四年，改鑄折二錢，銅費相當，盜鑄無利可圖，乃衰息，自是折二錢通行於全國，鑄錢監亦大爲增加。紹聖時，蔡京改鑄當五大銅錢，以「聖宋通寶」爲文。崇寧三年，又鑄當十大錢，每貫重一十四斤七兩，用銅九斤七兩二錢，鉛四斤一十二兩六錢，錫一斤九兩二錢，除火耗一斤五兩，每枚錢重三錢。置鑄錢院，限歲鑄三十萬貫，並將折二錢改鑄當十錢，而私鑄遂興，雖嚴懲之，犯法者不爲止。乃命荊湖南北、江

南東西、兩浙並以當十錢改作當五錢，舊折二錢仍舊，令以江爲界。政和時，當三大錢止行於京畿東西及河東北，由是東南小平錢甚重而物輕，西北反是。大錢不行於東南，慮盜鑄也。然小平錢益少，盜鑄未已，私錢充斥，又流行當三當五，通貨混亂，人民苦之，而當十錢之弊害，雖朝議紛紛，但以蔡京作梗，始終無法解決也。

宋初，亦有鐵錢流通，川陝福州沿舊制用之。開寶三年，雅州百丈縣，太平興國八年，福建之建州，皆鑄鐵錢。鑄鐵錢有三監：㈠邛州曰惠民；㈡嘉州曰豐遠；㈢興州曰濟衆。行使銅錢者十三路，銅鐵錢者兩路（陝府西路、河東路），鐵錢者四路（成都府路、梓州路、利州路、夔州路）。四川鐵錢不出境外，大鐵錢每貫重十二斤十兩，其鑄法：每千文用鐵二百四十二兩，重一百九十二兩。嘉邛二州所鑄大鐵錢，每貫重二十五斤八兩，値銅錢一，小鐵錢十，兼相行用。然四川各地銅鐵錢兌換數，有銅錢一枚可兌換鐵錢六枚八枚等，價格亦不一致。後以鐵重，多盜鎔爲器，每二十五斤鬻之，値二千錢。大中祥符七年，知益州凌策言：錢輕則行者易齎，鐵少則鎔者鮮利。於是詔減景德二年之制，其現使舊錢，亦令仍舊行用，歲鑄共二十一萬餘貫。慶曆中，陝西河東皆用鐵錢，後小鐵錢獨行於江東。晉澤二州有鑄錢監，鑄造大小鐵錢，兩監每日共鑄不過四百貫，一歲不過十六萬貫，獲淨利十萬貫，大錢獲利平均增至二十倍，故犯法日多，小錢獲利只得一二倍。陝西許用銅錢及大鐵錢，以一折二，然小鐵錢四十萬緡，積在同華二州。熙寧八年後，諸路鑄錢共二十六監，其中鐵錢九監，鑄錢八十八萬九千二百三十四貫。陝西銅鐵錢既並行，熙寧間，銅錢一貫換鐵錢一貫零五文。元祐三年以前，本無分別，惟欲遠行，銅錢易於携帶，其找兌率每貫加二十至五十文而已。六年，加二百文。紹聖元年，加二百五十文。四年，加四百文。元符二年，加六百文。此因銅錢漸少，鐵錢積多，民間賤之。陝西鑄折二鐵錢，十五枚僅能比小銅錢十枚，或一比一而已。崇寧二年，河東運判洪中孚言：「二虜以中國鐵錢爲兵器，若雜以鉛錫，則脆不可用，請改鑄夾錫錢，當三當十鐵錢。」蔡京從之。四年，詔鑄於陝西，以夾錫錢一折銅錢二，每緡用銅八斤，黑錫半之，白錫又半之。既而洪中孚請通行於全國，京欲用其言，會罷政。大觀元年，京復相，遂降錢式及錢母於鑄錢之路鑄錢院，專用鼓鑄。初只行於陝西，民間往往以藥沾染，與銅錢相亂。三年，京復罷政，詔以兩浙鑄夾錫錢擾民，凡東南所鑄皆罷。明年各地陸續罷鑄，其後時復時罷，至建炎始止。

先是，饒、池、江、建四監，歲鑄錢一百三十四萬緡，充上供。衡、舒、嚴、鄂、韶、梧州六監，歲鑄錢一百五十六萬緡，充各路支用。建炎兵荒，州縣困敝，鼓鑄皆廢。紹興初，併廣寧監於虔州，併永豐監於饒州，價鑄纔及八萬緡，每鑄錢一千，率用本錢二千四百文。二年，十二萬緡。三年，十三萬緡。六年，四十萬緡。二十五年，十四萬緡。二十六年，二十二萬緡。二十七年，以饒、贛、韶三州鼓鑄，定以二十三萬緡爲額。紹興年間，因銅鐵鉛錫出產少，錢始較劣，至隆興間更淆雜。隆興二年，詔鑄當二小平錢，如紹興之初。四年，置和州鑄錢監。六年，置舒州同安監、蘄州蘄春監、黃州齊安監（三監歸司農丞許子中所領）、江州廣寧監、興國大冶監、臨江軍豐餘監、撫州裕國監（四監歸發運司所領），皆鑄鐵錢，共認鑄三十萬緡，其大小鐵錢，令兩淮流通。乾道六年，併鑄錢司歸發運司，至七年復置。八年，定江西四監鐵錢額，每歲廣寧監、大冶監各十萬緡，豐餘監、裕國監各五萬緡。是時，大江之西及湖廣間多毀錢，夾以沙泥重鑄，號沙尾錢，詔嚴禁之。淳熙元年，罷鐵錢改鑄銅錢。五年，令舒州蘄州兩監歲增鑄額至四十五萬緡，其後裁減至三十萬緡，錢以「淳熙通寶」爲文。湖北是行使鐵錢地份，多取給於漢陽監，民戶艱得銅錢。至於川陝，亦皆用鐵錢，由嘉、卭、利州等監鼓鑄以供給之。十年，禁內郡行用鐵錢。慶元二年，禁銷錢爲銅器。三年，復銅禁，以所括之銅器，鑄當三大錢，歲收江西四監新錢一百零五萬緡。寶慶元年，新錢以「大宋元寶」爲文。嘉熙元年，新錢當二及小平錢，並以「嘉熙通寶」爲文，當三錢則以「嘉熙重寶」爲文。寶祐元年，仍鑄新錢，以「皇宋元寶」爲文（註一）。

歷代雖陸續鑄錢，但常有錢荒之現象。造成錢荒之原因：一由於調劑之失靈，一由於通貨之外流。宋代兩稅不用錢，錢之入官者，惟茶鹽酒稅雜利而已，民間尚有現錢流通。通常東南諸郡，常患錢荒。熙寧以來，民間出錢免役，又出常平息錢，錢入官而不出，官庫之數，貫朽而不可較，民間官錢，搜索殆盡，市井所用，多私鑄小錢。錢既積於官，無宣洩之道，民無現錢，百物遂益賤。且因商業擴展，交通頻繁，錢幣數量雖增加，仍不能滿足市場上需要，故乾道九年，朝廷禁令三貫錢以上不得出城門，五貫錢以上不得下江，以私販載外州，致發生錢荒也。錢幣之外流，於開國之初爲甚，開寶三年，曾下嚴禁之令。慶曆元年，詔以銅錢出外界，一貫以上爲首者處死，其爲從若不及一貫者，則決配遠州。熙寧七年，頒行新敕，刪去錢禁之條（註二），流出境外者多，張方平曾痛論其弊。又自廢罷銅禁，民間銷毀，無復可辨，是以銅錢日少，鐵錢滋多。蘇轍北使還論事宜云：「本朝每歲鑄錢以百萬計，而所在常患錢少，蓋散入四夷，勢當爾也。」(註三) 故元祐六年，申錢幣闌出之禁，立銅錢出界徒流編配首從之法，但實行頗難。南渡之初，鼓鑄皆廢，而錢又外流，錢荒更爲嚴重。時宋錢已爲流通世界之通貨(註四)，蕃夷得宋錢，分庫藏貯，以爲鎮國之寶，故入蕃者非有銅錢不往，而蕃貨亦非有銅錢不售。海舶高大，多以貨物覆其上，而其內盡載銅錢，私運出口。紹興十年立制，當市舶解纜之時，特派官吏親臨檢查，使不得偷運銅錢。又至港口，目送船舶放洋，以防其在海上秘密貿易。當時銅錢流出，一部份輸入日本而流通於其民間。慶元、端平、淳祐年間，皆嚴禁銅錢出海，但未絕也。另一方面，宋金對峙之局，金人物資北移，府庫多在上京等處，河南之民甚貧，錢亦益少。宋人爲防金人吸收銅錢外流，凡毗鄰之兩淮、湖北等沿邊地區，只流通鐵錢。江北之銅錢，自乾道以來，以鐵錢或會子收兌之，送行在，嚴禁透漏北行。嘉定元年，淮楚屯兵，月費五十萬，現錢居其半，南北貿易，現錢之流入敵境者不知其幾，於是沿邊皆用鐵錢。五年，江北以銅錢一枚準換鐵錢四枚，禁之。宋代輸官錢，因北漢制，亦以八十或八十五文爲陌。然諸州私用，猶有隨俗至於四十八錢者。太平興國二年，始詔民間緡錢，定以七十七錢爲陌。自是全國承用，公私出納皆然，故名省錢，亦謂之省陌。其後有所謂頭子錢者，每貫五十六，除中都及軍兵俸料外，自餘爲州縣官民所當得。其出者每百纔得七十一錢四分，其入者每百爲八十二錢四分，原無所謂七十七矣(註五)。四川自行錢引，每貫收頭錢三十。紹興初，增至三十八；慶元嘉泰間，增至六十四。市肆之間交易，又有尅其五者，謂之依除。論錢陌者，有所謂十十錢，言其足數滿百，並無蹺減也（註六）。

金銀尚未作通貨之流通，但自有一定之價值。金價：咸平中，每兩爲錢五千文，大中祥符八年，爲一萬文。哲宗徽宗時，仍爲一萬文。靖康元年二萬文。南渡後，紹興四年，三萬文。嘉定二年四萬文。端平間，金二千兩約值官會十六萬貫，一兩約值八十貫。大中祥符元年，以蓄客收買，禁市金；領有文符，始准官市。至淳熙元年，禁金出國。銀價：咸平中，每兩爲錢八百文，天禧末，爲一千六百文。康定元年，二千文。紹興三年，二千二百文，隆興二年，三千文。端平間，銀十六萬兩，約值官會一百零五萬貫，一兩約值六貫餘。眞宗時，對遼夏是用銀作歲幣，自澶淵之盟，歲與契丹銀幣一十萬兩，其後增至二十萬兩。其累年所得銀幣之數，以千百萬計。此等銀，復流入漢界相貿易，自慶曆後，契丹始禁止之。銀之形式，有鋌（板）形、餅形、牌形等色，每枚重量約分五十兩、二十五兩、十二兩五錢三種。金則普通爲十兩。景祐二年，詔福建二廣「歲輸緡錢，易以銀」，此爲歲賦征銀之始。桂陽軍產銀，以銀爲稅，早在天禧間行之，民以爲便。南宋時，銀已爲一般之通貨，租稅折銀征收，更爲普遍矣。

除上述之硬幣外，宋代有匯票性質之通貨，曰交子，曰關子，曰會子，卽有價值證券，爲世界上最古之紙幣，比西洋紙幣史，殆提早八百年也。玆分述如下：

（一）**交子**　太祖時，取唐朝飛錢故事，許商民入錢京師左藏庫，以諸州錢便換。開寶三年，置便錢務，令商人入錢者，詣務陳牒，即日輦致左藏庫，給以劵，仍勅諸州，凡商人攜劵至，當日付給，不得阻滯，違者科罰。此法本以代輸運現錢，商人入錢，請在某地受領，謂之便錢。其後京師用度益多，諸州錢皆輸送，其轉易當給以錢者，或以物折付。至道末，商人便錢一百七十餘萬緡；天禧末，又增一百一十三萬緡。此後不見其結末。初，蜀用鐵錢，以二十五斤爲一千，其中者以十三斤爲一千，行旅携帶艱難。眞宗時，張詠守蜀，以爲不便，設質劑之法，以便貿易。始由益州富豪十六戶，連保作交子。諸豪以時聚首，同用一色紙印造，印文用屋木人物，鋪戶押字，各自隱密題號，朱墨間錯，以爲私記，書塡貫數，不限多少。收入人戶現錢，便給交子，票面額有五貫至十貫者，不分遠近行用。街市交易，如將交子兌換現錢，每貫扣除三十文爲利。每歲絲蠶穀麥將熟時，又印交子一兩番，捷如鑄錢，收買蓄積，廣置邸店屋宇園田寶貨。亦有詐僞者，興訟不少；或人戶來兌錢，貲缺不能償所負，則聚衆爭鬧。官爲差官攔約，每貫至多只得七八百文。知益州府事寇瑊，以此舉侵欺貧民，遂乞禁交子。令知益州薛田，轉運使張若谷，共議定奪。奏謂廢交子，則貿易不便，請官爲置務，以榷其出入，禁民私造。詔從其請，置交子務於益州，改爲公營。每交之額面爲一緡，以三年爲一界，期滿後換取新劵。天聖元年，第一界以一百二十五萬六千三百四十緡爲額，而有本錢三十六萬緡，貯備兌換。故其初制，兌換準備，雖不及三分之一，而民間樂用之。二年，書放第二界三百八十八萬四千六百緡。但以由官發行，以充經費，故有增額虛印之弊。皇祐三年，三司使田況奏請廢罷，然以行用既久，卒難改更。熙寧元年，轉運司奏請每界交子，以百分之六十書造一貫文，百分之四十書造五百文，俾重輕相權，易於流通，從之（註七）。又立僞造罪賞如官印文書法。以河東運鐵錢勞費，公私苦之。二年，乃詔置交子務於潞州，後以其影響於鹽礬之發售，罷之。四年，復行於陝西，文彥博等奏其不便，亦罷。五年，交子第二十二界（歷六十五年）將易，而後界給用已多，詔更造第二十五界一百二十五萬緡以償第二十三界之數，交子有兩界自此始。時交子發放多而錢不足，難維持幣值。於是罷陝西交子法。紹聖以後，陸續濫發，書放亦無定數。崇寧三年，私造交子者罪以配徒。四年，令諸路更用錢引（現錢文據，本以代鹽鈔），準新樣印製，四川如舊法，罷在京並永興軍交子務，時錢引通行諸路，惟閩、浙、湖、廣不行。五年，以未普遍行於諸路，罷印製。大觀元年，改四川交子務爲錢引務，但因濫造故，錢引額較天聖一界逾二十倍，而價愈損，以第四十三界引準書放數，仍用舊印行之，然不蓄本錢，而增造無藝，引值各地既不同，益賤而不可用。三年，詔錢引第四十一至四十三界毋收易，只如天聖額書放。四年，以封樁錢五十萬緡爲成都務本，復循舊法，引價略平。政和元年，錢引增印至四十四界始止，以後乏用時，聽於界內續增而已（註八）。

（二）**關子**　所謂交子關子者，大抵因交關一辭聯想而得之。紹興元年，有司因婺州屯兵，請樁辦合用錢。戶部以舟楫不通，錢重難致，造現錢關子，付婺州，召行商入中，執關子赴榷貨務請錢，有願得茶鹽鈔香貨鈔引者聽。於是州縣以關子充糴本，未免抑配，而榷貨務又只以日納三分之一償之，人皆嗟怨。六年，置交子務，令榷貨務儲現錢，印造關子。二十九年，印給公據、關子，付三路總領所，淮西湖廣關子各八十萬緡，淮東公據四十萬緡，皆自十千至百千，凡五等，內關子作三年，公據二年行用，許錢銀中半入納（註九）。

（三）會子　關子性質，本爲一種支付命令，而事實上變爲限制兌換之紙幣，流通既久，漸失信用，難復可行。故紹興三十年，戶部侍郎錢端禮受旨造會子，亦稱爲官會。端禮委徽州創樣撩造紙五十萬，以銅板印造新會子。初以分數給朝士俸，而於市肆熱鬧處置五場，儲現錢收換，每一千別輸錢十，以爲吏卒用，總額不過四百餘萬緡，商賈入納，外郡綱運，悉同現錢，無欠數、貼償，及脚乘之費，公私便之，遂不更用關子。初制：每界於四月造新會子，至歲終造一千萬道，每道一緡，自十二月一日起，置局收換舊會子，至明年三月十日終盡絕。三十一年，詔會子務隸都茶場，務門兼職，以都司官提領，每日以二百零四人從事製造，以爲客商請買茶鹽香礬等，歲以一千萬緡，可以陰助稱提（每以金銀等隨時買回會子，以調劑幣值，謂之稱提），既儲有現錢以爲本，又非全仰會子以佐國用，故行使而無疵。三十二年，詔定僞造會子之罰（犯人處斬），日造會子，監官分押，每一萬道解赴戶部覆印。當時會紙取於徽池州，續造於成都府，又造於臨安府。會子初行於兩浙，後又詔通行於淮、浙、湖北、京西，除亭戶鹽本並用現錢外，其山嶺崎嶇不通水路來往之上供等錢，許盡用會子解發。其沿流州軍，錢會各半。民間典賣田宅馬牛舟車等如之，或全用會子者聽。隆興元年，詔官印會子，以隆興尚書戶部官印「會子之印」爲文，更造五百文會，又造二百文會，三百文會。五年，置江州會子務。既而印造益多，而實錢寖少，至於十而損一，未及十年，不勝其弊。乾道二年，因左司諫陳祐言會子之弊，出內庫及南庫之銀一百萬兩，收而焚毀之（註一〇），僅解一時之急。三年，度支郎中唐瑑言：「自紹興三十年至乾道二年七月，六年之間，會子印發數二千八百餘萬道，止乾道二年十一月十四日以前，共支取過一千五百六十餘萬道，除在官司樁管環循外，其在民間流通者有九百八十萬道；自十一月十四日以後措置收換，截至三年正月六日，共繳進過一百一十八萬九千餘貫，尚有八百餘萬貫未收，大約每月收換不過六七十萬。緣諸路綱依近指揮，並十分現錢，州縣不許民戶輸納會子，是致在外會子，商賈往往低價收買，輻輳行在，所以六務支取擁幷，詔給降度牒及諸州助教帖各五千萬，付榷貨務召人全以會子入納，候出賣將盡，申取朝廷節續給降，務欲盡收會子也。」六月，戶部尚書曾懷言：「會子除收還外，有四百九十萬貫流在民間，乞存留行使。」此爲會子之第一期未立償還定限（所謂界），而許支取錢物，以稅課徵收，遂致跌價。十二月，以民間會子有破損者，另造五百萬道換給之。

第二期會子，自乾道四年始，以三年爲一界，每界額爲一千萬緡，逐界造新收舊；收到舊會，毀抹截鑿，付會子局重造。凡舊會破損，如貫百字存，印文可驗者即與兌換。五年，令行在榷貨務都茶場，將請算茶鹽香礬鈔引者，權許收換第一界會子，自然每界收換如之。其州縣諸色綱錢，以七分收錢，三分收會。故第二期之會子，比第一期爲進步，以各州縣綱運兼用會子，外郡通行，茶鹽兩項佔歲入之最大宗，故其收入，循環換易會子之機會較多，自有回籠之路。乾道年間，歲入五千五百餘萬緡（賦稅納本色者不計），會子收回，自有相當資金。故自乾道四年以迄慶元元年之三十年間，會子通行，較少弊病。其初，會子以三年爲界，淳熙三年，詔第三第四界各展限三年，則以六年爲界矣。每界之額，始爲一千萬緡，淳熙三年，令第四界續印會子二百萬緡，當時戶部歲入一千二百萬緡，其半爲會子，而南庫以金銀換取者四百萬緡，流行於外者僅二百萬緡耳，因此民甚重之。七年，帝諭宰執曰：「近來會子與現錢等，因不復增印之故。」當時南北方休息，歲入之數，與會子之收回，實有比例。十二三年間，仍保持幣值，每道會子可兌銅錢七百五十文。但僞造者所在有之，宿弊又生。而富商權貴，皆藏銅錢，百姓三軍，唯用會子。故孝宗惄焉憂之(註一一)，極力警戒，避免濫發。紹熙元年，以新界發出之後，舊界仍未收回，第七（二千三百二十三萬緡）第八兩界會子，同時行用，詔各展三年，臣僚言今展至再，則爲九年，於是詔造第十界，立定年限。

自慶元元年起，入於第三期，迄於淳祐七年，凡六十七年。其間各界會子，既不依期，又不依額，幣值降至六百二十文，惟以稱提之術維持其價值而已。慶元元年，詔會子每界以三千萬緡爲額。然東南則用行在會子，兩淮則用鐵錢會子，而湖北會子，則又異於二者，紙幣混雜，使商旅不通。開禧兵興，會子增至一億四千萬緡，故會子輕，僅值半價。嘉定二年，以三界會子數多，稱提無策，未經收回之會子，第十一界（三千六百三十二萬零二百緡）尚有一千三百六十餘萬緡，第十二界四千七百五十八萬餘緡，第十三界五千五百四十八萬緡。三界共約有一億一千六百餘萬緡。以會子數多，價值大貶，始以封椿庫金、度牒、官告綾紙、乳香等，湊成三千萬緡，添貼臨安府官局，收換舊會子，品搭入輸，以舊會子二易新會子一，則當時會子之價，約貶去一半矣。厥後直至紹定五年之二十四年間，遞次加增，皆爲第十四（一億一千二百六十三萬緡）、十五（一億一千六百九十八萬緡）兩界之會子，且有事山東，已增至二億二千九百餘萬緡。然當第十四界會子新行，價值日損，已成通貨膨脹之勢。紹定六年，印造第十六界（一億三千三百五十五萬緡），嗣又印造第十七界（一億三千九百八十六萬七千餘緡）。斯時財困於養兵，兵費困於生券，端平初，王邁曾剴切言之：「國貧楮多，弊始於兵。乾淳初生楮幣止二千萬，時南北方休息也。開禧兵興，增至一億四千萬矣。紹定有事山東。增至二億九千萬矣。議者徒患楮窮而弗懲兵禍，姑以今之尺籍校之，嘉定增至二十八萬八千有奇。用寡謀之人，試直突之說，能發而不能收，能取而不能守。今無他策，核軍實，窒邊釁，救楮幣第一義也。」(註一二)二年四月，都省言：第十六十七界會子，散在民間，爲數浩瀚，會價日損，物價日昂，若非措置收減，無由增長。詔令封樁庫支撥度牒五萬道，四色官資付身三千道，紫衣師號二千道，封贈敕告一千道，副尉減年公據一千道，發下諸路監司州郡，廣收兩界會子(註一三)。但所收會子，付封樁庫貯之，以備緩急，會子更壅積，乃罷諸造紙局，官印多方收減。嘉熙三年，以楮輕，詔戶部下諸路州軍應稅賦征榷其一半現錢，聽民間以全會折納。四年，發行第十八界，收換第十六界，將第十七界折半，當第十八界一券行用。當時有第十六、十七、十八界，共三界流通。十六界以前，用川紙印，堅而精，不易僞造。第十七界雜以杜紙，第十八界全用杜紙，僞造漸多。會子既混亂，難以通行，乃令以第十七界之五緡，準第十八界之一緡（時第十七界僅值錢五十文，第十八界值二百五十文），收回第十六界，不復行用。原擬第十八界一億緡，收回第十六、十七兩界五億緡，既而不能實行，僅換去第十六界，而第十七十八兩界，相並行使。金人亦有官鈔，曰交鈔，曰寶鈔，其無法維持幣值(註一四)，亦與宋會同也。

第四期會子，由淳祐七年起，令第十七十八界，更不立限，取消分界之辦法，永遠行使，至咸淳末止，凡二十九年。十一年，以會子價增減，課其官吏。景定四年，以收買逾限田之故，復日增印會子十五萬緡，次年另發行有所謂現錢關子，凡二千萬緡，每百作七十七文足，以一準第十八界之三，廢第十七界不用。但發行既無限制，盡侵會子流通之領域，於是會子更賤。置會子之初意，本非即以會爲錢，蓋以茶鹽鈔引之屬視之，而暫以權錢耳。然鈔引所值者重，而會子只限於一緡，下至二百三百文。茶鹽鈔引必須分路行使，而會子公私買賣支給，無往而不用，流落民間，愈多而愈賤。光宗寧宗以後，會子濫發，銅錢罕見，貯備不足，致物價飛騰，民生憔悴，公私俱困矣。

凡山嶺崎嶇，交通困難之州縣，苗米無上供之綱，每以絹帛折納，取其便也。南宋時，由於山地交通不便，硬幣載運困難，產銅不足，鑄錢至感不易。故其貨幣，實以會子爲主，携帶輕便，商賈亦樂用之，雖有銅錢，殆同輔幣。至於區域性貨幣，則有川引、淮交、湖會，各自印造。川引在北宋時，已與交子兼相並行，但只限行使於川境。淮交湖會，則爲會子之別種，行使於兩淮與兩湖。川引與淮交，則又代表鐵錢者也。茲再分述此三種區域性貨幣如下：

甲、川引　四川錢引，自蔡京改稱後，仍繼續行用。南宋初期，西北用兵，增印日多，莫能禁止。糴本軍需，皆恃川引以行。印給既多，將封樁本錢侵用，故引法日壞。紹興七年，川引三界通行，爲三千七百八十餘萬緡，以至於紹興末年，積至四千一百四十七萬餘緡，所貯鐵錢，僅及七十萬緡，又以鹽酒等陰爲稱提。以後陸續添印，至淳熙五年，竟達四千五百餘萬緡，立額不令再增。紹熙二年，詔川引展界行使。嘉泰末，兩界出放凡五千三百餘萬緡，通三界出放益多矣（增一界爲二千四百萬緡）。嘉定初，錢引價半減，每緡只値鐵錢四百以下，擬設法盡量收回，終於難行。於是商賈滯用，民皆嗟怨，一引之値，僅售百錢，制司乃厲行收兌，民心稍定，引値遂漲至五百有奇。三年春，制總司收兌第九十一界二千九百餘萬緡，其一千二百萬緡，以茶馬司羨餘錢及制司空名官告，總所椿管金銀度牒對鑿，餘以第九十三界錢引收兌，又造第九十四界錢引五百餘萬緡，以收前宣撫程松所增之數。自元年三年兩收舊引，引値遂復如故。川引原以三年爲一界，九年改爲十年一界。寶祐四年，做會子例，印造之權，歸之朝廷，造四川會子，每道定値七百七十錢，川引遂毀，銀會姑存。咸淳五年，復以會板發下成都，運司掌之，印發會子，歲以五百萬貫爲額。

乙、淮交　乾道元年，戶部侍郞林安宅言：「督府妄費印給會子太多，而本錢不足，遂致有弊，乞別給會子二十萬，背印淮南州軍行使，不得越過他路。」二年六月，詔別印二百、三百、五百、一緡交子三百萬緡，只於兩淮州縣行使。其日前舊會，聽對換，凡入納買賣，並以交子現錢各半。如往來不便，詔給交子會子各二十萬，付鎭江、建康府榷貨務，使淮人之過江，江南人之渡江者，皆得對換，循環使用。此策亦以對抗金人之交鈔也(註一五)。然自紹興末年以前，銅錢禁用於淮，而易以鐵錢；會子既用於淮，而易以交子，於是商賈不行，淮民以困。後又詔銅錢並會子依舊過江行使，又詔江南州郡民間行使淮交者，從便。乾道三年，詔造新交子一百三十萬緡，付淮南漕司分給州軍，對換行使，不限以年。紹熙三年，新造交子三百萬緡，以二百萬付淮東，一百萬付淮西，每緡準鐵錢七百七十文足，以三年爲界。慶元四年，詔兩淮第二界會子限滿，明年六月，更展一界。嘉定十一年，造兩淮交子二百萬，增印三百萬。十三年，造二百萬，增印一百五十萬。十四十五年，皆及三百萬。自是其數日增，價亦日損，稱提無術，但屢與展界而已。

丙、湖會 隆興元年，襄陽郢復等處大軍，支請以錢銀品搭，令措置於大軍庫現錢，印造五百並一貫直便會子，發赴軍前，當現錢流通於京西湖北路行使。印造之權既專，則印造之數日增。且總領所所給，只行本路，而荆南水陸要衝，商賈必由之地，流通不便。乾道三年，乃詔總所以印造銅板繳申尚書省。四年，以淮西總所關子二十萬，又撥茶引八十萬，付湖北漕司收換，輸左藏庫；又命降銀錢收之。五年，詔戶部給行在會子五十萬付荆南府兌換。淳熙十一年，再印給湖北會子二百萬貫，收換舊會。十三年，詔湖廣會子，仍以三年爲界。紹熙元年，除累易外，在民間行用者，有五百四十餘萬。至嘉定十四年，詔造湖廣會子三十萬，對換破損會。十七年，造湖廣第六界會子二百萬。嘉熙二年，撥第七界湖會九百萬，付督視參政行府。寶祐二年，撥第八界湖會三百萬貫，付湖廣總所，易兩界破會，自後因仍行之(註一六)。

第六節　漕　運

宋代交通，大別有二：一爲陸運，一爲水運。陸運有遞鋪，爲國家通訊之設備；有驛館，爲旅客貨運之設備。遞鋪因交通工具不同，可分爲三：一、步遞，傳遞不急官文書，平時邸報常程文字。

二、馬遞，傳遞大赦之詔勅，每日行程五百里。三、急脚遞，傳遞軍事上及盜賊警報，每日行程四百里。此傳遞機關，稱爲遞舖，歸尚書省兵部之駕部郎中總轄。邊境五十至七十里爲一舖，或一百里爲一舖。內地有十里或二十里爲一舖。遞舖有時亦搬遷貨物，如上供錢物、香藥、茶或私人書信，陸放翁詩：「日暮坐柴門，懷抱方煩紆。鈴聲從西來，忽得濠州書，」（註一七）是其一例。唐以三十里爲一驛，宋代驛制較衰，約以六十里爲一驛。驛有館舍，置驛長、驛夫、驛馬，並儲有食糧及住宿設備，以便旅客之來往，此爲國家之制度。至於水運，由諸路轉運使主管者，謂之漕運，最爲發達。

太祖懲五代藩鎮之禍，蓄兵京師，以成強榦弱枝之勢，故以兵食爲重。嘉祐中，三司使張方平上論京師軍儲云：「今之京師，古所謂陳留四衝八達之地者，非如函秦天府百二之固，洛宅九州之一，表裏河山，形勢足恃。……則是今日之勢，國依兵而立，兵以食爲命，食以漕運爲本。今仰食於官廩者不惟三軍，至於京師士庶，以億萬計，大半待飽於軍稍之餘，故國家於漕事，最急最重。」（註一八）夫宋既依兵而立，兵則賴於食。食以漕運爲本，而漕運又以河渠爲主。河渠者，關係於國計民生，至重且大。故史記以平準河渠合書，蓋平賦以相準，均天下之輸斂，與河渠之通塞，實息息相關。趙宋建國，漕運之利，尤盛於唐，盡量利用河渠，置發運使，掌水陸運輸。汴京綰轂四方，漕運之便捷，爲歷代最，故粟帛賦斂，不虞匱乏，而造成大梁之繁榮。宋代國策以東南之饒，養西北之勁，張方平言：「汴河之於京城，乃是建國之本，」（註一九）蓋有由也。

宋都大梁，通漕之道，以汴、蔡（亦名惠民河，通陳潁之漕）、金水（自滎陽引水過中牟，抵大梁西，架流於汴水上，東匯五丈河，亦名天源河）、五丈（亦名廣濟河，通濟南）等四河爲四渠。其後又以汴、惠民、廣濟三河合黃河爲四河。建隆二年，首濬五丈河，金水河，及蔡河三道，以通漕運。太平興國二年，開白河（出唐州，南流入漢），欲由京西以通湘潭之漕，渠成而水不行，遂作廢。汴京漕運，以汴河貫淮河出眞揚爲主，東南漕米，由此而進，輸運最多，蔡河出淮右次之。然淮險航行，尙多險阻，其中以山陽灣三十里，號稱「淮險」，而水準不平，沿河築堰者五，斗門水牐七十九座，以劑平水勢。舟過洪澤，湖水散漫，風濤多險，遂築隄以避之。又另闢洪澤河，龜山河，旣避「淮險」，亦暢舟運。運河高江淮數丈，分處築壩，使水不他洩。又開靖安河，以避長江黃天蕩之險。歷朝經營締造，頗具匠心，以改善運河交通。至於汴河本身，宋初每年浚渫一次。大中祥符八年疏濬，以通汴口運道，令各州長吏，自今汴河淤澱，可三五年一濬(註二〇)。淮運交通，由眞揚沿運河北行，至淮陰，由末口起，有故沙河四十里；至磨盤口，有洪澤河六十里；至洪澤鎭，有龜山河五十七里。然後由淮口北渡淮，至淸口，接淸河（泗水），而至汴口，客舟商舟，檣帆雲集，以入汴河。用卒牽挽，溯流直達京師，但六月翻黃沙，小舟兀浪甚苦。河濶一百至百五十尺，深八尺五寸，行平底船或淺底船，北高南低，舟行如駛，所謂「春雨微漲後，一夜到彭城」，詠其迅疾也。「汴渠千艘日上下」，詠漕運之密也。沿河首經最繁盛之市鎭，則爲南京之河市，有東西二橋，舟車所聚，民居繁夥，四方商賈之孔道也。可航期由四月至九月，約爲半年，十月閉口，則舟檝不行。且黃河挾淤，壅塞汴渠，日久失修，不但河底高出平地丈餘，容易潰決，而汴口年年閉塞，河流漲落不均，一年通漕只有二百餘日，影響汴京人民之經濟生活。熙寧四年，命沈括浚河，括測量汴河下游地勢，由汴京上善門起至泗州淮口止，計距八四〇里一三〇步，此乃汴河最緊要之地段。彼用分層築堰測量法以治之，惟因反對派之阻撓，又以開山鑿峽，工程過巨，未及完成。至元豐二年，知都水監丞范子淵始畢其功，將清汴修成，「波流平緩，兩隄平直，泝行者道里兼倍，官舟既無激射之虞，江淮扁舟，四時上下，晝夜不絕，至今公私便之。」(註二一)又有由汴京沿蔡河南下，至泗州而亦接運河。景祐三年五月，歐陽修由汴京赴荆南，雇舟南下，亦採此道。二十三日，舟次宋門，二十四日出東水門，二十七日午次陳留。六月二日宿州，三日青陽，四日泗州，九日洪澤，二十七日寶應，二十八日高郵。七月二日邵伯，三日抵揚州。沿途停留，此一段水程，凡歷月餘(註二二)。北宋漕運，以四大河爲經緯，而汴渠及淮南運河，實爲幹脈。至如導京索須河，置漕架流濟五丈河；而淮南運河，設斗門水牐以劑平水勢(註二三)，殆爲後世船閘之嚆矢，治水技術，超越前代矣。

初，四河所運，未有定制。建隆間，令自今諸州歲受稅租，及筦榷貨利上供物帛，悉官給舟車輸送京師，毋役民妨農，是爲漕運明令之始。「國初方隅未一，京師儲廩仰給，唯京西京東數路而已。河渠轉漕，最爲急務。京東自濰密以西，州郡租賦悉輸沿河諸倉，以備上供。清河起青淄，合東阿，歷齊鄆，涉梁山濼濟州，又五丈河，達汴都，歲漕百餘萬石，所謂清河即濟水也。而五丈河常苦淤淺，每春初農隙，調發衆夫，大興力役，以是開濬，始得舟檝通利，無所壅遏。」(註二四)開寶五年，率汴蔡兩河公私船運江淮米數十萬石，以給兵食。時京師歲費有限，漕事尚簡。太平興國六年，汴河歲運江淮米三百萬石，菽一百萬石。黃河粟五十萬石，菽三十萬石。惠民河粟（止供給太康、咸平、尉氏等縣軍糧）四十萬石，菽二十萬石。廣濟河粟（雜色粟豆，但充口食馬料）十二萬石。凡五百五十萬石。至道初，汴河運米五百八十萬石。景德三年，六百萬石，自是以爲歲額，從發運副使李溥之請也。唐自江淮歲運米四十萬石至長安，宋則增十餘倍，而眞州因漕運之故，代替唐代揚州之地位矣。大中祥符初，至七百萬石。天聖五年後，減五十萬石。治平二年，爲五百七十五萬五千石。凡江南、淮南、兩浙、荆湖六路上供米，皆輸運眞揚楚泗州，置轉般倉七處受納。由汴而南下之舟，則詣轉般倉，運米溯流輸京師，又置發運使領之。諸州錢帛雜物軍器上供亦如之。慶曆五年，在京諸倉二十三所，儲存糧食一千三百萬石，每月約支二十四萬餘石，計可備兩年十一月之消耗。至和初，存糧八百萬石，每月約支四十萬石，可供一年零八月之消耗。開封府人口一百萬，禁軍數十萬，胥賴汴河以爲養矣。

太平興國初，所在雇民挽舟，吏並緣爲姦，運舟或附載錢帛雜物輸京師，又回綱轉輸外州，主藏吏給納邀滯，於是擅貿易官物者有之。八年，乃擇精幹之臣，在京分掌水陸路發運事。有漕運官、提舉、催綱官，監裝卸，以京朝官任之。凡一綱，計其舟車役人之値給付，主綱吏雇募舟車到發財貨出納，並報關而催督之。自是調發邀滯之弊遂革。另有厨船造飯，可免盜米之虞。雍熙四年，合併水陸路發運爲一司。端拱元年，罷京城水陸發運，以其事分隸排岸司及下卸司。舊轉運使以本路綱發上供糧輸往眞楚泗州轉般倉，載鹽以歸，八十日一運，一歲三運，舟還其郡，卒還其家。汴舟詣轉般倉運米輸京師，歲摺運者四次，河冬涸，舟卒亦還營，至春復集，名曰放凍，卒得番休。每船之卒不過一二人，逃亡者少。分段輸送，汴船不涉江路，無風波沉溺之患。後發運使權益重，綱船既不復委本路獨專其任，而貪利舞弊，賄諸吏得詣富饒郡，市賤貿易以趨京，自是江汴之舟混轉莫辨，挽舟卒有終身不還家，老死河路者，籍多空名，漕事大弊。嘉祐五年，汴船不得復出江，至期諸路船猶不足。汴船既不至江外，江外船不得至京師，失商販之利，而汴船工卒，訖冬坐食，恒苦不足，皆盜毀船材料易錢自給，船愈壞而漕額愈不及矣。治平三年，始詔出汴船七十綱，未幾皆出江，復如故。至道末，有運船三千二百三十七艘；天禧末，二千八百一十六艘，治平二年，二千五百四十艘。熙寧二年，募客舟與官舟分運，互相檢察，舊弊乃去。自熙寧以來，歲運六百萬石供給京師外，諸轉般倉常有餘積，沿途儲糧，可備緩急，州縣告歉，則折收上價，謂之額斛。計本州歲額，以倉儲代輸京師，謂之代發。復以豐熟，以中價收糴，穀賤則官糴，不致傷農，饑歉則令民納錢，民以爲便。本錢歲增，兵食有餘，其法甚善。崇寧初，蔡京當國，始求羨財，供給侈費，以糴米數百萬緡充貢，本錢遂竭，儲積亦空，無可代發，而轉般之法壞矣。初，由眞州江岸北至楚州淮隄，以堰瀦水，不通巨舟，遂於堰旁置轉般倉，各州所輸，更用運河船駁運入汴。然卸接之間，侵盜之弊，由是而起。天聖中，度眞楚堰爲水牐，自是漕船無阻，六路州縣各認上供歲額，直達京師，號直達綱，豐不加糴，歉不代發。然以求迅速輸運故，船損無暇修整，州縣欲其速過，横費百出，而鹽法已壞，空船而歸，舟人逃散，船亦隨壞，本法盡廢。大觀三年，詔直達綱自來年並依舊法，復行轉般。政和三年，又行直達綱，毀拆轉般諸倉，流弊滋多，羣臣以爲言，其後乃復置。靖康初，汴河決，塞築未訖，乾涸月餘，綱運不通，汴京及南京皆乏糧。水復舊，綱運沓至，兩京糧乃足。此可見其依靠汴河漕運之大矣。

其他陝西諸州菽粟，自黃河三門沿流入汴，以達京師，亦置發運司領之。慶曆中，歲漕益減耗，纔運菽三十萬石。嘉祐四年，罷所運菽，減漕船三百艘，自是歲漕僅靠汴河、廣濟、惠民等三河而已。廣濟河運京東十七州之粟帛至京師，初額爲六十二萬石。慶曆中，曾減漕運二十萬石。治平二年爲七十四萬石。熙寧七年，詔濬廣濟河，增置漕舟，其後濬河成，歲漕粟六十萬石。由石塘惠民河而運至京師者，陳、潁、許、蔡、光、壽六州之粟，初額爲六十萬石。治平二年爲二十六萬七千石。宋初，導洛入汴，歲運粟一百萬石赴西京，元豐八年罷之。衞州東北有御河，達乾寧軍(河北青縣)。自衞州以下，可行三四百石之舟，四時通運，未嘗阻滯。河北上供輸京，及物料供應北京與接濟邊城者，每靠此河之漕運，亦由廷臣主之。廣南金銀香藥犀象百貨，陸運至江西虔州，而後水運至京。川蜀諸州金帛及租市之布，自劍門列傳，置分輦負擔至嘉州，水運達江陵。自江陵遣綱吏運送京師。(註二五)

建炎元年，詔諸路綱米，以三分之一輸送行在，餘輸京師。宗澤留守東京，開五丈河以通西北商旅。紹興初，因地之宜，以兩浙之粟供行在，江東之粟餉淮東，江西之粟餉淮西，荊湖之粟餉鄂岳荊南，量所用之數，責漕臣將輸，而歸其餘於行在，錢帛亦然。四年，詔燒毀揚州灣頭港口牐、泰州姜堰、通州白蒲堰，其餘諸堰，並令守臣開決焚毀，務要不通敵船，蓋當時戰局動盪，破壞淮運交通，以免資敵也。淮陰楚州間之運河，屢爲宋金進取退守之衝途，及局勢稍定，又思利用。紹熙五年，淮東提舉陳損之，乞興築自揚州江都縣至楚州淮陰縣三百六十里，又自高郵、興化至鹽城縣二百四十里之隄堰，隄岸旁開一新河，以通舟楫，仍存舊隄，以捍風浪。兼揚州墟鎮舊有隄牐，掫立斗門，西引盱眙。天長以來衆湖之水，而達於淮。又自高郵入興化，東至鹽城而極於海；自泰州、海陵南至揚州泰興而徹於江，共爲石磋十三，斗門七，以紹熙堰爲名。淮田多沮洳，因築隄捍，得良田數百萬頃。慶元六年，知眞州吳洪，以宣和時靖安河、下新河已堙，開上新河二十里通運舟，避大江黃天蕩之險。嘉定九年，知楚州應純之，開新河，築管家湖中心隄，北接老鸛河；又於湖河相接處，置斗門水閘。宋室南渡後，淮南運河與江南運河，漸爲運輸之幹道。陳損之大舉興修，功蹟最著。

除汴河與淮河外，交通上佔重要之地位者，首推長江，其次有黃河、渭水、洞庭湖、漢水、湘水、靈渠、鄱陽湖、贛江、錢塘江、西江等，皆通舟楫，具有輔助交通之用。長江流長水深，又有七渡口，交通甚便。黃河對漕運之利甚微，而崩潰之患，遺禍則甚大也。

陸游入蜀記，爲半旅行半遊歷性質之記載。途中見聞，可領會南宋時長江流域交通與經濟生活情形。游於乾道五年十二月六日，奉命通判夔州，方久病，未堪遠役，謀以夏初離鄉。遂於六年閏五月十八日，紹興府山陰縣出發。

六月三日黎明，至長河堰，亦小市也，魚蟹甚富。五日抵秀州。八日，遇順風，舟人始張帆，過合路，居人繁夥，賣鮓者尤衆。道旁多軍中牧馬。運河水泛溢，兩岸皆車出積水，婦人兒童竭作，亦或用牛，婦人足踏水車，手猶績麻不置。過平望，遇大風暴雨，既霽，只宿八尺，聞行舟有覆溺者。小舟叩舷賣魚，頗賤。九日午，至吳江縣，市中賣鮓魚頗珍。十六日，早發丹陽，過新豐，小憩，李太白詩云：「南國新豐酒，東山小妓歌。」又唐人詩云：「再入新豐市，猶聞舊酒香，」皆謂此，非長安之新豐也。至今市肆居民頗盛。已而抵鎮江，十九日，赴蔡守（洸）飯於丹陽樓，熱特甚，堆冰滿坐，了無涼意。蔡自點茶頗工，而茶殊下。

七月一日，黎明，離瓜州，便風掛颿，晚至眞州。二日，縱觀市邑官寺，比數年前頗盛。五日，入建康。十日，早，出建康城，宿大城岡，居民數十家，亦有店肆。十九日，至蕪湖縣，過池州。二十七日，過雁翅夾，居民二百許家，岸下泊船甚多，至趙屯，亦一小市聚。二十九日，阻風馬當港中，風雨淒冷，有小舟冒風濤來賣薪菜豨肉，亦有賣野彘肉者。

八月六日，甲夜，有大燈毬數百，自湓浦蔽江而下，至江面廣處，分散漸遠，赫然如繁星麗天。土人云：此乃一家放五百椀，以禳災祈福，蓋江鄉舊俗云。七日，往廬山，小憩新橋市，蓋吳蜀大路，市肆壁間，多蜀人題名。自江州至太平興國宮三十里，此適當其半。是日，車馬及徒行者，憧憧不絕，云上觀，蓋往太平宮焚香。九日，至晉慧遠法師祠堂及神運殿焚香。西林東林間有小市曰雁門市，傳者以爲遠公雁門人，老而懷故鄉，遂髣髴雁門邑里，作此市，漢作新豐之比也。十四日，遶雨，過一小石山，遇一木栰，廣十餘丈，長五十餘丈，上有三四十家，妻子雞犬臼碓皆具。中有阡陌相往來，亦有神祠，素所未覩也。十五日，次蘄口鎮，居民繁錯，蜀舟泊岸下甚衆，是日，買熟藥於蘄口市，藥貼中皆有煎煮所須如薄荷烏梅之類，此等皆客中倉卒求者，藥肆用心如此，亦可嘉也。十七日，晚泊巴河口，距黃州二十里，一市聚也。十八日，至黃州，州最僻陋少事。二十一日，離黃州，晚泊楊羅洑，居民稠衆，魚賤如土，百錢可飽二十口，又皆巨魚，欲覓小魚飼貓不可得。二十二日，晚泊白楊夾口，居民及泊舟甚多，然大抵皆軍人也。二十三日，食時至鄂州，泊稅務亭，賈船客舫不可勝計，銜尾不絕者數里，自京口以西皆不及，蓋此郡自唐爲衝要之地，市區雄富，列肆繁錯，城外南市亦數里，雖錢塘建康不能過，隱然一大都會也。二十五日，觀大軍教習水戰，大艦七百艘，皆長二三十丈，上設城壁樓櫓，旗幟精明，金鼓鞺鞳，破巨浪往來，捷如飛翔，觀者數萬人。三十日，黎明，離鄂州，便風掛颿，過謝家磯、金雞洑；洑中有聚落如小縣，居民率以賣鮓爲業。

九月一日，始入沌，實江中小夾也。過新潭，自是無復居人，兩岸皆葭葦彌望，謂之百里荒，又無挽路。二日，晡時，次下郡，始有二十餘家，皆業漁釣，魚尤不論錢，自此始復有挽路。八日，次江陵之建寧鎮，蓋沌口也。自是泛江，入石首縣界，夜觀隔江燒蘆場，煙焰亘天，如火城，光照舟中皆赤。九日，泊塔子磯，自離鄂州，至是始見山，買羊置酒，蓋村步以重九故，屠一羊，諸舟買之，俄頃而盡。十四日，次公安，古所謂油口也，井邑亦頗繁富，米斗六七十錢。十六日，入沙市，舟不復進。十七日，換舟；日入後，遷行李過嘉州趙青船，蓋入峽船也。沙市堤上居者，大抵皆蜀人，不然則與蜀人爲婚姻者也。

十月一日，過瓜洲壩、倉頭、百里洲，泊沱澭，皆聚落，竹樹鬱然，民居相望。亦有村夫子，聚徒教授，羣童見船過，皆挾書出觀，亦有誦書不輟者。五日，過白羊市，蓋峽州宜都縣境上。二十七日，早，入夔州（註二六）。

黃河流入中原，行一十五郡，時有崩決，淹沒河北，威脅大梁，遺禍甚大。宋承五季之後，滑、澶久成漏卮，其他博、鄆諸州，尤決溢時聞。乾德三年，決陽武、澶、渾。四年，決滑州。五年，太祖以河隄屢決，所在殘毀，分遣使行視，發畿甸丁夫繕治，自是歲以爲常，皆以正月首事，季春而畢，是爲河工歲修之始。又命開封、大名府、鄆、澶、滑、孟、濮、齊、淄、滄、棣、濱、德、博、懷、衛、鄭等州長吏，並兼本州河隄使，謹力役而重水患，是爲沿河州官兼理河務之始。開寶四年，決澶州。五年，大決濮陽，又決陽武。太平興國二年，河決孟州之溫縣，鄭州之滎澤、澶州之頓丘。三年，滑州靈河縣河塞復決。八年，決滑州韓村，已而決河塞。九年，滑州房村河復決。淳化四年，決澶州。宋初，河屢決，隨決隨塞，頗知捍災憂民，然未審全河大勢，惟知治遙隄與分水，枝節爲之，難見實效。自眞宗以降，治河無善策，續有決溢。咸平三年，決鄆州王陵埽。五年，河大溢，而惠民河並溢。景德元年，決澶州橫隴埽。四年，又溢王八埽。大中祥符四年，決通利軍（河南濬縣），又決棣州聶家口。七年，決澶州大吳埽。九年，澶州河隄決溢。天禧元年，決滑州。三年，滑州城西北及西南復決，三十二州縣皆罹患。四年，決河塞，復決滑州城西北天臺，災害益甚。自前漢用竹落，爲石隄（賈讓三策），至五代有遙隄之名。宋沿唐法，惟主築隄與分水兩議，河防之制，漸以精密。當時治繕之術，置「木龍」以護岸，或治埽（註二七）以護隄，而治埽爲最多，用力亦最大（註二八），其中如滑州之天臺埽，於天聖五年完成，建築龐巨，以塞決河，自是滑州患弭，而澶州之禍未已。六年，河決澶州之王楚埽。景祐元年，又決澶州之橫隴埽，自是河從橫隴出舊河之南，其下流仍入舊河，河愈分而愈壅，不適行水。越十五載，至慶曆八年，海口旣淤，乃決上游之商胡埽，直奔大名，入衞河，至清池合口與漳滙流，注乾寧軍入海，不塞遂徙。橫隴流斷，水道大變，世稱爲黃河大徙之第三次。從河流入海之方向言，亦稱爲北流。自商胡北徙後，行於禹河故道之東，周定王故道之西，河流稍安，不幸引起回河之議，不諳水平，更不明地學，致拂逆河性，慘遭三次之橫決。

第一次 皇祐二年，河決大名府館陶縣之郭固口。四年，郭固口塞而河勢猶壅，提舉河渠司李仲昌請自澶州商胡塞決河，開六塔渠，導入橫隴故道。歐陽修力主商胡不可塞，故道不可復；六塔之於大河，有減水之名，無減患之實，直有害而無利。但宰相富弼力贊仲昌議，疏奏皆不省。至和二年，修六塔河（在淸豐縣西南三十里），引商胡決河通橫隴過六塔集，故曰六塔河之支渠。嘉祐元年，塞商胡北流，入六塔河，河廣僅數丈，小不能容，當夕復決，河仍北流，溺死者以萬計，河北被患數州。此由於不專治下流，海口先淤，故復有商胡之決。仲昌以是貶死於春州。自後無復言橫隴者，京東故道遂廢。

第二次 嘉祐五年，河流派別於魏之第六埽，曰二股河，廣二百尺，行一百三十里。至魏、恩、德、博之境，曰四界首河，下合篤馬河，又東北經樂陵、無棣入海。熙寧元年，河溢恩州烏欄隄，又決冀州棗強埽，北注瀛州。七月，復溢瀛州樂壽埽，此蓋二股河分洩水勢，下流受淤，水行漸壅而上決也。都水監丞宋昌言建議，於二股河口西岸新灘立上約，擗水令東，俟東流漸深，卽塞北流，以紓恩、冀、深、瀛四州水患。孰知大河非一約所能擗，二股新衝之河，固不能容納而順下也。但王安石贊東流之議，卒塞北流。二年，東流未深，北流遽塞，河自其南四十里之許家港東決，泛濫大名、恩、德、滄、永靜（河北東光縣）五州軍境。三年，遣使相度澶滑以下至東流河勢，詔輟濬御河夫卒三萬三千人，專治東流（註二九）。四年八月，河溢澶州曹村（河北濮陽縣西南），十月，溢衞州王供，時新隄凡六埽，而決者二，下屬恩冀，貫御河，奔衝爲一。十二月，令河北轉運司開修二股河上流，並修塞第五埽決口。五年四月，河成。方浚河則稍障其決水，至是水入於河，新隄決口亦塞。六月，河復溢北京夏津（山東夏津縣），前功盡廢。六年，置疏濬黃河司，採李公義所獻鐵龍爪揚泥車法，撓蕩泥沙，以濬大河，將自衞州濬至海口。時北流閉已數年，水或橫決散漫，常虞壅遏。十月，外監丞王令圖獻議，於北京第四第五埽等處，開修直河，使大河還二股故道，從之。時舉全國之役，其半在於河渠隄埽。十年，復有澶州曹村之大決。澶淵北流斷絕，河道南徙，東匯於梁山、張澤濼，分爲二派：南溢於南清河（卽泗水）者入於淮；北溢於北淸河（卽濟河）者入於海。北淸河歷東阿、平陰、長淸、齊河、歷城、濟陽、齊東、武定、靑城、濱縣、蒲臺，至利津入海。南淸河歷汶上、嘉祥、濟南、合泗水至徐邳達淮陰入淮。凡灌州縣四十五，濮齊鄆徐尤甚，壞官亭民舍數萬，田逾三十六萬頃，六塔、二股、直河皆廢。河流雖分南北兩派，大半皆入於南。河之南徙，實由於此也。元豐元年四月，治河者創爲橫埽之法，以遏絕南流。五月，新隄成，曹村決口塞，河復歸北。自後雖屢有衝決，經流仍自北，行故道無改者凡十六年。

第三次　哲宗之初，河流雖北，而孫村低下，夏秋霖雨漲水，往往出岸東流，澶州小吳埽之決（元豐三年）既未塞，又決於大名之小張口，恩冀以北諸郡，災患不息，無以杜回河者之口，於是減水入二股，回河東流之議復起。主其議者王令圖、王孝先、王巖叟、文彥博、呂大防皆贊其說，而蘇轍范純仁則非之，謂不獨不能回河，亦必不能分水。卒興役，功弗就。元祐三年，文彥博、呂大防、安燾等謂不東流，異日或從北界入海，則失中國之險，河朔無以禦狄。范純仁、王存、胡宗愈等以虛費勞民爲憂，各上書止其役。四年，乃罷回河及修減水河之議。惟都水監吳安持，修河司李偉，以分水爲名，力主東流，爭論不休(註三〇)。紹聖元年，王宗望代吳安持之職，亦力主東流，以梁村口吞納大河，於內黃下埽，閉斷水流，並築隄七十里，盡障北流，使全河東還故道。然東流迤下，地勢高仰，水行不快，隄防未固，瀕河仍慮有壅滯衝決之患。元符二年六月，竟以東流難容，水不下洩，河決內黃口，併勢北行，東流斷絕。大河東行僅五年，至是復歸北流故道，嗣後不復開二股河，回河之議寢息。至金世宗大定六年（一一六六），雖屢決屢塞，總不出深、冀、武強、河間、樂壽諸州縣之境，歷六十七年。

綜觀黃河自商胡北徙之後，既議回河於六塔，又議回河於二股，東回無效，小吳再徙，河仍北流。而孫村減水，復起回河二股之爭，內黃三徙，水仍北奔。元符三年四月，河決蘇村，復有獻東流之議者，以任伯雨之言而止(註三一)。建炎二年十一月，杜充決黃河，自泗入淮，以阻金兵，開南徙奪淮之新局，自是河流不復。金大定六年五月，河決陽武，由鄆城東匯流入梁山濼，鄆城淪陷。自來河變，皆在濬滑以下，今則上移於陽武，此黃河第四徙，汲胙流空之嚆矢也。金昌宗明昌五年（宋紹熙五年，一一九四），河決陽武之光祿村，爲全河南徙入淮之始，灌封邱而東，南連大野，歷延津、長垣、蘭陽、東明、曹州、濮州、鄆城、范縣諸州縣界中，至壽張注梁山濼，分爲二派：北派由北清河入海，即濟河故道；南派由南清河入淮，即泗水故道，如熙寧時決河之形勢。河道大變，汲胙之流空，世稱爲黃河大徙之四（至明弘治七年而五徙）。自慶曆八年大徙後，至明昌五年，凡一百四十六年，統計河溢三十四次，河決五十三次，決河一次，大水六十五處。黃河遺患而影響國計民生之深可知矣。

第七節 戶口

建隆初年，始以戶口增耗爲州縣吏歲課之升降。是時，杭蜀粵漢未入版圖，州一百一十一，縣六百三十，戶九十六萬七千三百五十三。至末年，州二百九十七，縣一千八百零六，戶二百五十萬八千九百六十五（註三二）。乾德元年，令諸州歲奏男夫二十歲爲丁，六十歲爲老，婦女不預焉。是年平荆南，得戶一十四萬二千三百；平湖南，戶九萬七千三百八十八。三年，平蜀，戶五十三萬四千零二十九。開寶四年，平廣南，戶一十七萬零二百六十三。八年，平江南，戶六十五萬五千零六十五。九年，全國主客戶爲三百零九萬零五百四十。因定居與流寓不同，戶籍遂分爲主客（註三三），蓋自唐代以來已有之也。

太宗拓定南北，戶猶三百五十七萬四千二百五十七(註三四)。至道元年，詔復造全國州縣戶口版籍。三年，主客戶爲四百一十三萬二千五百七十六。茲將眞宗以後歷朝戶口數，綜列如下表：

年代	主客戶數	丁數	備註
咸平六年	六、八六四、一六〇	一四、二七八、〇四〇	續資治通鑑長編，卷六十六，景德四年七月條。
景德三年	七、四一七、五七〇	一六、二八〇、二五四	同上書
大中祥符元年	七、九〇八、五五五	一七、八〇三、四〇一	同上書，卷七十，大中祥符元年十二月條。
天禧三年	八、五四五、二七六	一九、四七一、五五六	同上書，卷九十四，天禧三年十二月條。
天聖七年	一〇、五六二、六八九	二六、〇五四、二三八	宋史，卷一八四，志第一三七，食貨下六，茶下。
景祐元年	一〇、二九六、五六五	二六、二〇五、四四一	同上書。
慶曆八年	一〇、七二三、六九五	二一、七三〇、〇六四	宋會要輯稿，第一二七冊，食貨一一之二七。

年份			資料來源
皇祐二年	一〇、七四七、九五四	二二、〇五七、六六二	續資治通鑑長編，卷一六九，皇祐二年十二月條。
嘉祐八年	一二、四六二、五三一	二六、四二一、六五一	宋史，卷八十五，志第三十八，地理一。
治平三年	一四、一八一、四八六	二〇、五〇六、九八〇	同上書
熙寧二年	一四、四一四、〇四三	二三、〇六八、二三〇	宋會要輯稿，第一二七冊，食貨一一之二七。
元豐元年	一六、四九二、六三一	二四、三二六、一二三	同上書
元祐三年	一八、二八九、三七五	三二、一六三、〇一七	宋史，卷十七，本紀卷十七，哲宗一。
紹聖元年	一九、一二〇、九二一	四二、五六六、一四三	宋史，卷八十五，志第三十八，地理一。
元符三年	一九、九六〇、八一二	四四、九一四、九九一	同上書
崇寧元年	二〇、二六四、三〇七	四五、三二四、一五四	同上書
宣和四年	二八、〇八二、三五八	四六、七三四、七八四	續資治通鑑長編，卷一〇一，宣和四年十二月條。

上述之丁數，以宣和四年之四千六百餘萬爲率，若加上婦女及老幼男子計，全部人口殆爲一億之數。然就此丁數言，亦多不實。詳定九域圖志，蔡攸何志同言：「本所取會天下戶口數額多不實。且以河北二州言之，德州主客戶五萬二千五百九十九，而口纔六萬九千三百八十五；霸州主客戶二萬二千四百七十七，而口纔三萬四千七百一十六。通二州之數，率三戶四口，則戶版所隱，不待校而知之，」蓋由於賦重、荒災、兵禍、人民每大量遷移，逃亡者衆，報告旣簡，戶口自不實也。盛唐之際，以關中人口爲最密，歷唐季五代之亂，變爲稀少。宋初以京東、河北、兩淮、四川人口爲最密，江東、兩浙、陝西次之，京西以至荆襄一帶，較爲荒凉。然以元豐三年統計，江南人口大量增加，計戶，華北四百五十九萬餘戶，江南九百九十四萬餘戶，逾二倍之比；計丁，華北九百三十六萬餘口，江南則二千三百六十八萬餘口，約達二倍半。據元豐九域志：二十萬戶以上之都市，在華北爲長安開封，在江南則爲杭州、隆興、潭州、福州、泉州；十萬戶以上者，華北佔十四，江南則爲三十五，其懸殊可知也。邊區戶口稀少，如廣西一路人口纔二十餘萬，等於江淮一大郡耳。太祖嘗徙太原民千餘家於山東，太宗又徙雲、應、寰、朔之民於京西諸州。雍熙三年，徙山後諸州降民至河南府許汝等州凡七萬八千餘口，故河東之邊疆，殆徒存州郡之名。例如遼州，東西二百五十里，南北一百五十九里，所轄主客戶二千七百餘，不及一中下小縣。而分建四縣，楡社縣一千零七十二，遼山縣五百六十九，平城縣六百一十八，和順縣四百五十九，各不及一鎭之人煙。潞州管內八縣，亦相類此。人口絕少，虛立縣名（註三五）。

南渡後，紹興五年，詔諸路殘破之州縣，親民官到任，據現存戶口實數批上印，歷滿任日亦如之，以考殿最。八年，尙書劉大中奏：「自中原陷沒，東南之民，死於兵火疫癘水旱，以至爲兵，爲緇黃，及去爲盜賊，餘民之存者，十無一二。」如紹興末年，荆門軍所轄長林當陽兩縣，主戶纔及三千，坊郭不滿五百。南宋之初，戶丁數可稽者如下：

年代	主客戶數	丁數	備考
紹興二十九年	一一、〇九一、八八五	一六、八四二、四〇一	
紹興三十二年	一一、一三九、八五四	二三、一一二、三二七	
隆興元年	一一、三一一、三八六	二二、四九六、六八六	
乾道元年	一一、七〇五、六六二	二五、一七九、一七七	
淳熙元年	一二、〇九四、八七四	二七、三七五、五八六	
七年	一二、一三〇、九〇一	二七、〇二〇、六八九	
十一年	一二、三九八、三〇九	二四、五三〇、一八八	
十六年	一二、九〇七、四三八	二七、五六四、一〇六	（註三六）

口。宋代自元豐至紹興年間，戶口率以十戶爲二十一口，蓋一家只得兩口，端無是理，可見每戶漏報人口者衆也。今浙中戶口率以十戶爲十五口有奇，蜀中則爲二十口弱。蜀人生齒非盛於東南，意者蜀中無丁賦，故漏報人口者較少耳（註三七）。然東南州縣，北宋時戶口已衆，南宋尤然。當錢氏據有吳越，獨不被兵，又以四十年都邑之盛，四方流徙，盡集於十五州之內，況經北宋百年之承平無事，故生齒日繁，人口愈密。自靖康之變，中原難民相率南奔，爲中國人口遷移之最大者。靖康元年八月，李綱援太原不克，於是威勝軍、隆德府、汾、晉、澤、絳之民，皆渡河南竄，州縣爲之一空。又如淮南東西兩路，處戰爭衝要之區，如將元豐六年與嘉定十六年戶口數相比，後者則缺少七十三萬三千三百三十五戶，八十四萬七千口，人民因兵禍南逃之衆可知也。每次戰役，避難之民，自北而南。呂頤浩謂：「自古外國不善攻城，惟金人剽勇堅捍，輕生不畏死，長於攻城。諸路州郡，緣大兵縱橫之後，鄉村有力人戶，盡挈其家屬牛畜資產，入州城居止。金人既破一城，緣此所得倍廣。」（註三八）是則敵人南犯，殺戮軍民不分，洗掠則公私皆盡，無辜平民，戰地絕對無安全可言，有力者遂不得不出於逃避之一途。當高宗南渡時，難民蜂湧渡江，有不能渡者，家人骨肉離散，沿路皆貼榜子，旅店樹下爲之滿，厥狀甚慘！而縉紳之士，亦莫不晉接宗戚渡江。京都巨室，以戰禍爲之破產，如汴京姜氏，住在京師城外，當承平時，富盛甲京師，婚姻多后妃侯王之家，聲勢赫翕，而最重儒家，藏書築館，延太學名士以教子弟。及兵火流離，貲財蕩盡，傾室南下，逃至京口，被潰兵刼虜，變爲窶人，後遷四明。此類難民，陸續南下，扶老携幼，茫然無所歸，播遷流離，至爲痛苦。影響所及，江南人心浮動，亦動輒虛驚，紹興四年十月，聞淮上警報，江浙之民，自東走西，從南走北，居山林者謀入城市，居城市者謀入山林，旁午絡繹，莫卜所之。而遠避二廣者，雖幸獲安居，但連年瘴癘，至有滅門(註三九)。即使留在戰區，誠難爲活，「自靖康丙午歲，金狄亂華，六七年間，山東京西淮南等路，荊榛千里，斗米至數十千，且不可得。」(註四〇)淮甸之民，每歲春秋避兵，輒以土窖藏稻麥，老稚潛匿叢薄中，丁男健婦守村舍，相偵伺，黃塵翳天，猶能在旁近集結保護。卒然有相接，持梃筆盡力抵抗，其甚不幸者，則皆係累長驅，御車逐馬。故凡淮民之家，子不識其父，弟不知其兄，因循苟活，厥狀甚慘。

難民蜂湧渡江避難，苟全性命，但生活亦無法維持，張孝祥詩：「連年避胡亂，生理安可說？今年更倉皇，芻蕘亦焚刼。扶持過江南，十口四五活。斗米六百錢，兼旬又風雪。」(註四一)又遇大戰將臨，官令徙民以清野。因此收容救濟，爲當時最緊急之工作。建炎三年，渡江之民，溢於道路，詔令淮南江浙轉運司量給錢米賑濟，患病者差官醫治。高宗抵臨安，詔出米十萬斛，就杭、秀、常、湖州平江府減價出糶東北流寓之人。紹興元年三月詔：「常州平江府近有淮南京東西等路避寇渡江流移失業之民，可專委逐州知通措置賑卹，仍依老疾貧乏不能自存人條法給散，及慮艱得柴薪，每人每日特更給錢二十文，七歲以下減半，以本州常平錢穀支撥。」(註四二)六月，詔令兩浙江淮諸州縣守令，將東北流寓之人，多方存撫照管，如無屋舍居止，即於寺院或空閑官舍內安泊，不管少有失所，及令逐路監司常切檢察，毋致違戾(註四三)。自劉豫破廢，歸正人甚多，皆有賑濟。八年三月，左正言李誼請於淮南荆襄僑建西北諸州郡，分處歸正之民，給以閑田，貸以牛具，使各遂其耕種之業，而又親戚故舊同爲一所，相愛相卹，不異於閭里。詔諸路宣撫司依累得旨措置(註四四)。九年十一月，臣僚言：「淮南流移百姓，現在浙江州軍，無慮十數萬衆，雖欲賑濟，緣官司米斛有限，近降指揮有田一萬畝，出糶三千石，其餘萬畝以下，却有未曾經水災收蓄米斛之家，糶價倍於常年，今相度欲委逐州覓不曾經水災處占田一萬畝以下八千畝以上，立定出糶米一千五百石，如此，可以廣有出糶之數，應接急闕支遣。」從之。又上封事者言：「虜騎犯邊，兩淮之民，皆過江南，緣鎭江潮閘不開，老小舟船艤泊江岸者數千隻，近日大雪，皆有暴露絕食之患，欲乞廣行賑濟。」詔專委浙江江東提舉照應現行條法，通融收撥一路常平米斛，躬親賑濟。臣僚又言：「近嘗具奏，乞賑給兩淮流移之民，伏蒙施行。竊觀近日有司措置於多田之家，廣加和糴，今諸處各有糴到米斛，欲望於浙西江東西諸郡和糴到米內取撥二三十萬石，令逐路轉運司日下措置般運，分往兩淮經殘破州縣鄉村，委守處守令，遍行賑濟，招誘流民歸業。其貧乏人不能自存者，日計口數給糧。」詔從之(註四五)。其他救濟辦法，或免租稅，或供給種子牛畜耕具錢米，以資墾田。歸業者還其田，或撥官田，使能治生。難民復歸，免收渡錢，官助其修葺屋宇，勉其耕作。

徽宗以宗室衆多，京師不能容，故令秦王位下子孫，出居西京，謂之西外；太祖位下子孫，出居南京，謂之南外。及靖康之變，遭金人殺戮，虜掠之餘，能渡江自全者，高宗亦遣州郡收容，皆分置於福泉二州(註四六)。難民既絡繹南移，粗成井邑，是謂之僑寓。當時有主張倣六朝時晉宋僑置郡縣之制，專設官吏以治之。汪藻曾奏論云：「比金人入寇，多驅兩河之人民，列之行陣，號為簽軍。彼以數百年祖宗涵養之恩，一旦與我為敵者，豈其本心哉？特妻子父兄為其刼質，以死脅之，出於不得已而然耳，恩未嘗一日忘宋也。今年建康鎭江為韓世忠岳飛所招遁歸者，無慮萬人，其情可見。臣愚以為莫若因此時用六朝僑寓法，分浙西諸縣，悉以兩河州郡名之，假如金壇，權謂之南相州，許相州之人，皆鄭淸之為相時，兩淮民流徙入太平境四十餘萬，就金壇而居，其他類此。無事之時，多印文牓，先行散布，使皆明白國家優恤之意，俟其入寇，徐以旗幟招之。彼既知所居，各有定處，粗成井邑，父兄骨肉，親屬故舊皆在，其有無足以相通，禍患足以相救，與鄕居無異，亦何為而不居乎？」(註四七)此法施行，荆門軍亦有僑治，但收效甚微。及紹興和議旣堅，淮民始有生聚之樂，桑麥大稔。福建號為樂區，負戴而之者，謂之反淮南(註四八)。金人防阻難民南逃，沿河置寨堵截，凡載人渡淮者處死。投往江南之人，又常追索，秦檜主和，金求歸北境人，軍士平民，固然北遣，敷文閣待制周襟、馬觀國、史愿、忠州防禦使白常，檜亦遣其北還。十四年，淮北人在江南者，金仍索之。朝廷慮人情猜忌，妄生事端，准其移入以南州軍，自由居止。因此，福建廣東，人口大為增加。

隆興元年，金人方聚兵汴京，張浚力主戰，飭防備，淮北之民，南下而來歸者，每日不絕。淮東之人，亦「扶老携幼，流徙失業，口累之衆者，衣食不能自給，間有所携，皆輕價以售之。貧者則三五為羣，收拾棄栥於巷陌之間，官雖計口給粟，一家不踰五斗，兵將又或折辱之。」(註四九)難民進退失據，竟有衷錢買舟，欲由鎮江而北歸者。而金常以還歸正人爲講和條件，二年，朝廷約以叛亡不遣，示保護難民之意。乾道元年二月，詔高郵軍壽春府流移之民，令淮東總領所將太平蕪湖縣起到江西常平米內取撥一千石救濟，高郵軍則於滁州金人遺棄下內取撥二千石應副（註五〇）。二年八月，詔令鎮江府建康府守臣賑濟貧乏歸正人，大人每日支米一升，小兒五合，內有實殘廢病患不能經營之人，每日各更添支鹽菜錢二十文省。指揮到日，於常平內支付，至三年五月終，仍踏各空閑官屋，應副居住，如間數不足，即將現賃客日納房錢減半（註五一）。淮民流移，遊寓於溫州處州甚多。淮河流域，爲攻戰地帶，兩淮北部，河南南部，及湖北之居民，一部份則逃往金人統治下比較和平之河東陝西北部，蓋以避戰禍而求生存爲目的也。

開禧之變，淮民紛紛徙入浙閩。戰事甫罷，金人復渡淮，人心大駭，淮民百萬家渡江。安豐、濠、盱眙、楚、廬、和、揚七州，其民奔迸渡江求活者幾二十萬家，而依山傍水相保聚以自固者，亦幾二十萬家。二年，以淮農流動，無田可耕，詔兩浙州縣已開圍田，許原主復圍，專召淮農租種。嘉定元年八月，發粟三十萬石，賑糶江淮流民。大抵淮人南遷，以兩浙路及江南西路收容爲最多。南渡後，人口莫盛於嘉定之時。嘉定十六年，主客戶一千二百六十七萬八百零一，丁數二千八百三十二萬零八十五。茲將所轄十五路戶口數表列如下：

路名	主客戶數	丁數	備考
兩浙路	二、二二〇、三二一	四、〇二九、九八九	
江南東路	一、〇四六、二七二	二、四二〇、〇三八	
江南西路	二、二六七、九八三	四、九五八、三九一	
淮南東路	一二七、三六九	四〇四、二六一	
淮南西路	二一八、二五〇	七七九、六一二	
廣南東路	四四五、九〇六	七七五、六二八	
廣南西路	五二八、二二〇	一、三二一、二〇七	
荊湖南路	一、二五一、二〇二	二、八八一、五〇六	
荊湖北路	三六九、八二〇	九〇八、九三四	
福建路	一、五九九、二一四	三、二三〇、五七八	
京西路	六、二五二	一七、二二一	
成都府路	一、一三九、七九〇	三、一七一、〇〇三	

利州路	四〇一、一七四	一、〇一六、一一一
潼川府路	八四一、一二九	二、一四三、七二八
夔州路	二〇七、九九九	二七九、九八九(註五二)

理宗時，有蒙古之患。端平間，蒙古軍蹂躪江北淮西，人民多被殺害，故避難南渡者所在成市。三年蜀破，衣冠大姓，順流下東南，至江陵，舟觸巖崿以死，十不存一二。嘉熙元年正月，詔兩淮荆襄之民，避地江南，沿江州縣，間有招集賑卹，尚慮恩惠不周，流離失所。江陰、鎮江、建寧、太平、池、江、興國、鄂、岳、江陵境內流民，其計口給米，期十日，竣事以聞(註五三)。三年，流民渡江而來歸者十餘萬人。淮民在都城衆，其家既破，又無贏貲，每靠賑濟為活。是時，兩淮既遭戰禍，淮民多死於兵，有自浮光過淮安道中書所見，詩云：「浮光迤邐過淮安，舉目淒然不忍觀。數畝地埋千百家，一家人哭兩三般。犬銜脛脡筋猶軟，鴉啄骷髏血未乾。寄與滿朝朱紫道，鐵人見此也心酸。」(註五四)淳祐間，難民更多，曾詔賑濟。三年，蜀益蹙，避兵南來者，其物故與端平無異。難民既飢寒無依，飄泊無所，迫而為盜寇者有之。劉克莊謂：「今沿流諸郡流移，悉已布滿。此曹羣聚無統，飢餓無憀，或橫行江中，沉舟奪貨；或夜出墟落，斬關探囊。有司雖稍捕獲，梟磔相望，終不衰止。」(註五五)寶祐六年，蒙古南侵日亟，淮民蜂湧渡江，詔鎮江府、常州、江陰軍各出義倉米千石賑之。其後陸續渡江，又出浙西、江東路五州米三萬石，命各郡守臣賑之。情形如此混亂，戶口之數大減，故

景定五年，主客戶僅有五百六十九萬六千九百八十九，丁數爲一千三百零二萬六千五百三十二。(註五六)度宗時，元兵大舉南犯，戰禍益酷，難民遍野，無以爲活，老弱被俘，迫塡池塹以攻城，力屈城陷，則空室而屠之。生民之命，眞不絕如縷矣。

第八節　商業貿易

宋代定期市制，有年市、旬市、日市三種。年市者，一年幾次，如成都之春、秋藥市、正月三日之蠶市。旬市如開封相國寺三八日設市，每月五次。日市，如臨安每日有米市。菜市之名，唐代已有之。村鎭則定期市集。開封市場有日市、夜市，月市。夜市者如東京潘樓東十字大街，每五更燈火輝煌，交易買賣，至曉始散，謂之鬼市。州橋夜市，龍神橋以南之街設市，至夜三更迄開市。月市有類似後來之廟會。成都每月有市，如正月燈市，二月花市，三月蠶市，四月錦市，五月扇市，六月香市，七月七寶市，八月桂市，九月藥市，十月酒市，十一月梅市，十二月桃符市，此等特殊交易之市，獨成都有之。宋代市制，已成一大變化，汴京城內到處有商店，設置之限制取消。同業店稱爲行，客商經紀則有牙行，介紹買賣。客商之貨物貯倉庫稱場坊或堆垛場。旅店稱爲邸店。地域限制與時間限制取消，故夜半極盛。中國都市，至宋始爲近代型，歷元明以後而不變。

北宋商業，以兩浙路、淮南西路、河北東路、淮南東路爲最發達，稅收亦較大。但全國商業中心，仍首推汴京。汴京大內東華門外，市井最盛，禁中買賣，多在於此。凡飲食、時新花果、魚蝦、脯臘、金玉、珠玩、衣著。無非天下之奇。皇城之東，曰潘樓街，皆珍珠疋帛香藥鋪席。南通一巷，謂之界身，並爲金銀綵帛交易之所，屋宅雄壯，門面寬敞，望之儼然。每一交易，動即千萬。大內前州橋之東臨汴河大街曰相國寺，爲廟市之地。相國寺者乃瓦市也，僧房散處，而中庭兩廡，可容萬人之衆。凡商旅交易，皆聚其中，四方趨京師，以貨物求售，轉購他物者，必由於此(註五七)。相國寺每月開放五次，由百姓交易。大三門上，皆是飛禽貓犬之類，珍禽奇獸，無所不有。第三門，皆動用什物。庭中設綵幙露屋義鋪，售賣蒲合、簟席、屛幃、洗漱、鞍轡、弓劍、時果、脯臘之類。近佛殿，孟家道冠、王道人蜜煎、趙文秀筆、及潘谷墨。占定兩廊，皆諸寺師姑賣繡作，領抹、花朶、珠翠頭面、生色銷金花樣、幞頭、帽子、特髻、冠子、條線之類。殿後資聖門前，皆書籍、玩好、圖畫，及諸路罷任官員土物香藥之類。後廊皆日者貨術傳神之類(註五八)。其餘坊巷院落，縱橫萬數，莫知紀極。處處擁門，各有茶坊酒店，勾肆飲食。市井經紀之家，往往只於市店置飲食，不置家蔬，夜市直至三更盡，纔五更又復開張，耍鬧之處，通曉不絕。而各路貨物，從水路咸運至銷售。有薑行、紗行、Ӂ子行、牛行、馬行、大小貨行。糧食除漕運供應外，景德間，富商大賈，自江淮經營運銷，坐邀厚利。元豐八年，京都商稅收入五十五萬二千二百六十一緡七百二十八文。官僚資本，亦營商圖利，大臣或設商肆，或置資產，或以鄉親興販，務殖貨財，貪贓百出，太宗時始嚴禁之，然難根絕。至於汴京城外，另有繁盛市集，俗稱草市，其名遠溯於唐代，此小市井，有旗亭酒樓，露天飲食店，及日用品零售店等。

南宋之臨安，爲政治經濟中心，財貨萃集，日趨繁榮。「都城自大街及諸巷，大小鋪席連門，俱是無空隙之屋。客販往來，旁午於道，曾無虛日。江南海賈，穹桅巨船，安行於煙濤渺莽之中。四方百貨，不趾而集。金銀鹽鈔引交易。鋪前列金銀器皿及玩錢，紛紜無數。珠子市買賣，動以萬數。城內外質庫，不下數十處，收解以十萬計。」「城郭內北關水門裏，有水路週迴數里，自梅家橋至白洋湖，方家橋，直到法物庫市舶前，有慈元殿及富豪內侍諸司等人家，於水次起造塌房數十所，爲屋數千間，專以假賃與市郭間鋪席宅舍，及客旅寄藏物貨，並動具等物，四面皆水，不惟可避風燭，亦可免偷盜，極爲利便。置塌房家，月月取索假賃者管巡廊錢會，顧養人力，遇夜巡警，不致疏虞。」(註五九)商業有四百四十三行，多集中營業，如藥市在炭橋，花市在巷口，珠子市在融和坊南官巷，米市在北關門外黑橋頭，肉市在大瓦修義坊，菜市在新門外東青門霸子頭。其中有象牙瑇瑁市，雕牙之業，非常發達，官局所製象牙犀玉等雕刻，工作極爲精細。因分工細密，早有批發及定貨辦法，爲南宋商業上一特色。城市外之草市，亦有小規模交易。

川蜀在宋朝幾成爲經濟上一獨立單位，成都商業亦盛。市店有鹽鋪、酒肆、茶肆、花市、米商、凶肆（喪儀用器具）、書房、藥鋪、生藥鋪、銅鍋店、裝裁匠、賣針家、香藥鋪、絨線鋪、餅店、糕鋪、故衣店、油餅店、紙店、薑鋪、筆店、墨店、綵帛鋪、販傘者，麵店、鮮魚行、豬行。工匠有幕工、紙匠、裝界、鍥工、瓦匠、圩墁者、刀匠、鐵匠、銀匠、染家、鐵鑷工、接花工、麵工、篙工、楫師、酒工、鬃工、骨路（補治古銅鐵器者）。又有藥市，期以七月七日，四方皆集，其藥物多，品甚衆，凡三日而罷（註六〇）。

宋代嚴格管理人民，不得擅與外人貿易婚姻，法律明定：「諸越度緣邊關塞者徒二年，共化外人私相交易若取與者，一尺徒二年半，三疋加一等，十五疋加役流，私與禁兵器者絞。共爲婚姻者流二千里。」（註六一）宋與遼夏，常處戰時狀態，貿易定例，兩國於分界處，置榷場以爲互市之所。太平興國二年，始令鎭、易、雄、覇、滄州，各置榷務，命常參官與內侍同掌，輦香藥犀象及茶與交易。四年，有范陽之師，罷不與通。雍熙三年，禁河北商民與遼人貿易，違者抵死；北界商旅，輒入內地販易，所在捕斬之。淳化二年，令雄、覇州、靜戎軍、代州、雁門砦，置榷署如舊，尋罷。咸平五年，契丹求復置署，乃聽置於雄州，六年罷。景德初，復通好，請商賈卽新城貿易，但禁中國人隨外蕃進奉使出境，邊吏嚴加伺察，違者論如律，仍傳送闕下。二年，令雄、覇州、安肅軍置三榷場，北商趨他路者勿與爲市；又於廣信軍置場，皆廷臣專掌，通判提轄焉。三年詔，民以書籍赴沿邊榷場博易者，非九經書疏悉禁之。凡官鬻物如舊，而增綿帛、漆器、秔糯之禁，所入者有銀錢、布帛、羊馬、駱駝，歲獲四十餘萬。契丹因其土產不敷國用，亦常於雄州立互市，與宋貿易，但羊氈銀等商品，每有禁斷。終仁宗英宗之世，契丹固守盟好，互市不絕。後以河北四榷場私販者衆，熙寧九年，立與化外人私貿易罪賞法。未幾，又禁私市硫黃、焰硝，及以盧甘石入他界者，河東亦如之。元豐元年，復申賣書北界告捕之法。然元祐間，蘇轍北使，仍見文集私運入契丹販賣，獲利十倍（註六二）。元祐編敕，諸以熟鐵及文字禁物與外國使人交易，罪輕者徒二年。

西夏方面，自景德四年於保安軍置榷場，以綿帛、羅綺易駝馬、牛羊、玉氈毯、甘草，及以香藥、瓷漆器、薑桂等物易蜜蠟、麝臍、毛褐、羱羚角、硇砂、柴胡、蓯蓉、紅花、翎毛，非官市者聽與民交易，入貢至京者，任其爲市。天聖中，陝西榷場二，幷代路亦請置場和市，許之。及元昊反，實施經濟制裁，卽詔陝西河東絕其互市，廢保安軍榷場，後又禁陝西並邊主兵官與屬羌交易。久之，元昊請臣，數遣使求復互市。慶曆六年，復爲置場於保安、鎭戎二軍，歲售馬二千匹，羊萬口。嘉祐初，西夏人仍內侵，復絕其互市，但仍有私市，故嚴禁之。治平四年，西夏乞通和市，並上章謝罪，遂復許之，後又禁絕。既而於寧星和市如舊。又令鬻銅鐵以市馬，而纖縞與急需之物皆禁。楚蜀南粵之地，與蠻獠溪峒相接者，以及西州沿邊羌戎，皆聽與民通商，置市易司、折博務、或博易場。

對金貿易，紹興十二年，盱眙軍置榷場，商人資本百千以下者，十人爲保，留其貨之一半，赴泗州榷場博易，俟得北貨，復易其半以往。大商悉拘之，以待北貨之來。兩邊商人各處一廊，以貨呈主管官，牙人往來評議，毋得相見。每交易千錢，各收五釐息錢入官。其後又置場於光州、棗陽、安豐花靨鎭，皆以盱眙爲準。而金人亦於蔡、泗、唐、鄧、秦、鞏、洮州、鳳翔府置場(註六三)。二十九年正月，金將沿邊榷場廢罷，只留泗州榷場一處，每五日一次開場，宋亦只留盱眙一處。乾道元年，襄陽鄧城鎭，花靨光州光山縣中渡市，皆置榷場(註六四)。

西南諸夷與南宋貿易最盛者，一曰大理，一曰交阯。紹興中，置提舉買馬司於邕州，以邕控蠻獠，百貨所聚，以錢鹽錦交易大理諸蕃之馬，歲額馬一千五百匹，分爲三十綱，每綱五十匹，赴行在所。紹興以後，江上諸軍乞添綱，令原額之外，添買三十一綱，蓋三千五百匹矣。隨馬而來之貨，又有麝香、胡羊、長鳴雞、披氈、雲南刀，及諸藥物，宋商賈所齎錦繒、豹皮及諸奇巧之物，於是譯者平價交星。與大理貿易之所，多在橫山寨；至與交阯貿易，則在永平寨。「永平寨與交阯爲境，隔一澗耳，其北有交阯驛，其南有宣和亭，就爲博易場。永平知寨主管博，交人日以名香、犀、象、金、銀、鹽、鐵與吾商易綾錦羅布而去。凡來永平者，皆峒落交人，遵陸而來，所齎必貴細，惟鹽粗重，然鹽止可易布，以二十五斤爲一籮，布以邕州武緣縣所產狹幅者。」(註六五)邕州之外，欽州亦與交人貿易，「博易場在城外東江驛，其以魚蚌來易斗米尺布者，謂之交阯蜑。其國富商來博易，必自其邊永安州移牒於欽，謂之小綱。其國遣使來欽，因以博易，謂之大綱。所齎乃金、銀、銅、鐵、沉香、光香、熟香、眞珠、象齒、犀角。吾之小商，近販紙筆米布之屬，日與交人少少博易，亦無足言。惟富商自蜀販錦至欽，自欽易香至蜀，歲一往返，每博易動數千緡云。」(註六六)

海運自隋唐以來已有之，至宋而盛，所謂東南之利，舶商居其一也。時因有遼金之患，而海盜猖獗，沿海遂佈置國防，屯練水軍。北宋控扼登州，南宋則鞏衛閩浙。登州「常屯重兵，教習水戰，旦暮傳烽，以通警急。每歲四月遣兵戍駝基島，至八月方還，以備不虞。自景德以來，屯兵常不下四五千人。」(註六七)南宋注重防守長江以南，金人水軍，常出沒於膠西，窺伺南犯，故水軍駐守，明州二千人（乾道二年），平江許浦七千五百人（淳熙五年），澉浦一千五百人（開禧元年）。沿海之明州、泉州、廣東、雷化皆有海盜。浙江沿海之賊船，濶一丈八尺者，載一百六十餘人；又有船面濶一丈七尺者，可載一百四十七人。故官方配置水軍船艦，以爲防備。浙閩海岸之水軍基地，爲通州、明州、福州、漳州、泉州，及廣東之潮州等地，爲防盜計，每處駐數百人。沿海各縣，常令建造戰艦，每邑動輒有海舟千數百艘。建炎元年七月十一日，尚書省言：瀕海沿江巡檢下魛魚船，可堪出戰，式樣與揚子江魛魚船不同，俗又謂之釣櫓船，頭方小，俗謂之盪浪斗，尾濶可分水，面敞可容人兵，底狹尖如刀刃狀可破浪。糧儲器仗置黃版下，標牌矢石分兩挾。可容五十人者，面濶一丈二尺，身長五丈。依民間工料建造，每艘約費四百餘貫。今來召募諸路水戰人，且以三萬人爲率，每船可容五十人，合用魛魚船六百艘，計用錢二十四萬貫(註六八)。二年，定江湖沿流二十餘州，建造舟船二千七百六十七艘供用，皆爲五百料（石），長不過十丈，風濤低小，可以乘使之江船也。江船有多槳船及車船。(註六九)三年，平江府造船場，計四百料八櫓戰船，長八丈，每艘造費一千一百五十九貫；四櫓海鶻船，長四丈五尺，每艘用錢三百二十九貫。紹興初年以後，明州之華亭有造船場，歲造海舶及戰艦。溫州亦有造船場，歲造直達綱船三百四十艘，以供運輸。泉州法石寨，常駐大戰艦，三年一小修，五年一大修。水軍經常訓練，每招撫海盜，以補充實力。沿江內線諸軍，歲再習水戰。州軍常奉命限造船隻，一爲運輸，一備作戰，每州約限造戰船二十二艘，大型船二十二丈，十六丈各一艘，分拋二十六車船，二十車船各一艘(註七〇)。紹興四年，知樞密院張浚言：「臣到鼎州，親往本州城下鼎江閱視，知州程昌禹造下車船長三十丈或二十餘丈，每支可容戰士七八百人，駕放浮泛，往來可以禦敵」(註七一)。乾道八年，輔臣言：諸軍戰船久不點檢，恐日後有誤備禦。帝曰：舟楫我之所長，豈可置而不問？差樞密院承旨葉衡點檢諸軍戰船具數奏聞，仍令各軍趕速修整(註七二)。淳熙二年，爲校閱故，盡發福建一路之海舟五百七十艘，用柁師水手一萬四千人。通常三分調一，以備守禦，非有緩急，不盡發也。宋人具有如此強大之海上力量，不唯堵阻金人，不敢南犯，且有主張用以抄襲者。紹興初，呂頤浩論分道進兵之策，主張另選大將一員，統舟師二萬人，趁便風泛海攻襲沂密(註七三)。紹興十年，金人叛盟，張浚曾獻議以戰艦一千艘，浮海抄襲山東。咸淳六年，襄陽圍攻戰方亟，處士金履祥進牽制擣虛之策，請以重兵由海道直趨燕薊，則襄樊之師不攻而自破。此其著例也。而宋室南奔，張世傑督率軍民四十七萬，由福州分乘巨船，南遷廣東，又可見其運輸力之大也。

船之大小容量，以載料量數爲準，廣濟河五丈河水淺，行二百五十料船。汴河漕船，以三百料爲多，大者五百料，載三至五十人。海船有一千料者，長約二十餘丈，可容百人。二千料者有載二三百人。巨船五千料，載五六百人。海洋船則尖底，船面濶三丈，底濶三尺，約載二千料。其餘謂之鑽風，大小八櫓或六櫓，每船可載百餘人。海舟以福建船爲上，廣東廣西船次之，溫州明州船又次之。以北方之木與水不相宜，故舟船入海不能耐久，又不能禦風濤，往往有覆溺之虞(註七四)。海船之最大者曰獨檣，載一千婆蘭(馬來語，合中國三百斤)。次者曰牛頭，比獨檣得三分之一。又次曰木船，曰料河，遞得三分之一(註七五)。海船內部編制，有綱首、副綱首及雜事等員，由市舶司給以公憑稱爲朱記，上載綱首副綱首姓名，乘客人數，船之大小構造等項。爲防海盜，得備用兵器，且雇有射手、盾手及發射火箭之弩手。船有帆有錨有櫓，櫓極大，每船有櫓八條至二十條，搖櫓者須用四人至三十人。船之內部，構造間隔，以免局部受損害而影響全船。每一大船附有小船多艘，在碇泊時，任樵薪汲水之用，船中雜役，每以黑奴充之。通常所用之舟型曰客舟。「舊例，每因朝廷遣使，先期委福建兩浙監司，顧募客舟，復令明州裝飾，略如神舟，具體而微。其長十餘丈，深三丈，濶二丈五尺，可載二千斛粟。其制皆以全木巨枋攙疊而成，上平如衡，下側如刃，貴其可以破浪而行也。其中分爲三處，前一倉不安艎板，唯於底安竈與水櫃，正當兩檣之間也。其下卽兵甲宿棚也。其次一倉，裝作四室。又其後一倉，謂之㡚屋，高及丈餘，四壁窗戶如房屋之制，上施欄楯，采繪華煥，而用帟幕增飾，使者官屬，皆以階序分居之。上有竹篷，平時積疊，遇雨則鋪蓋周密。然舟人極畏㡚高，以其拒風，不若仍舊爲便也。船首兩頰柱，中有車輪，上綰藤索，其大如椽，長五百尺，下垂矴石，石兩旁夾以二木鈎。船未入洋，近山抛泊，則放矴著水底，如維纜之屬，舟乃不行。若風濤緊急，則加遊矴，其用如大矴，而在其兩旁，遇行則卷其輪而收之。後有正柂，大小二等，隨水淺深更易。當㡚之後，從上插下二棹，謂之三副柂，唯入洋則用之。又於舟腹兩旁，縛大竹爲橐以拒浪。裝載之法，水不得過橐，以□輕重之度。水棚在竹橐之上，每舟十艣。開山入港，隨潮過門，皆鳴艣而行，篙師跳躑，號叫用力，甚至而舟行終不若駕風之快也。大檣高十丈，頭檣高八丈，風正則張布颿五十幅，稍偏則用利篷左右翼張，以便風勢。大檣之巔，更加小颿十幅，謂之野狐颿，風息則用之。然風有八面，唯當頭不可行。其立竿以烏羽候風所向，謂之五兩。大抵難得正風，故布帆之用，不若利篷翕張之能順人意也。海行不畏深，惟懼淺閣，以舟底不平，若潮落則傾覆不可救，故常以繩垂鉛硾以試之。每舟篙師水手可六十人，惟恃首領熟識海道，善料天時，人事而得衆情，故一有倉卒之虞，首尾相應如一人，則能濟矣。」（註七六）又有神舟，其長濶高大，什物器用人數，皆三倍於客舟。宣和元年，朱彧叙述海船航行生活情形：

「舶船深濶各數十丈，商人分占貯貨，人得數尺許。下以貯物，夜臥其上。貨多陶器，大小相套，無少隙地。海中不畏風濤，惟懼靠閣，謂之湊淺，則不復可脫。船忽發漏，既不可入治，令鬼奴持刀絮自外補之。鬼奴善游，入水不瞑。舟師識地理，夜則觀星，晝則觀日，陰晦觀指南針，或以十丈繩鉤取海底泥嗅之，便知所至。海中無雨，凡有雨則近山矣。商人言：舶船遇無風時，海水如鑑。舟人捕魚，用大鈎如臂，縛一雞鶩爲餌，使大魚吞之，隨其行，半日方困，稍近之；又半日方可取。忽遇風則棄，或取得大魚不可食，剖腹求所吞小魚，可食，一腹不下數十枚，枚數十斤。海大魚每隨舶上下，凡投物無不噉。舟人病者，忌死於舟中，往往氣未絕，便卷以重席投水中，欲其遽沉，用數瓦罐貯水縛席間，纔投入，羣魚並席吞去，竟不少沉。有鋸鯊長百十丈，鼻骨如鋸，遇舶船橫截斷之，如拉朽爾。舶行海中，忽遠視枯木山積，舟師疑此處舊無山，則蛟龍也，乃斷髮取魚鱗骨同焚，稍稍沒水中。凡此皆危急，多不得脫。」（註七七）

遠洋航海，要有地理學博物學知識，舟師觀海洋中日出日入，則知陰陽；驗雲氣，則知風色逆順，毫髮無差。遠見浪花，則知風自彼來。見巨濤拍岸，則知次日當起南風。見電光，則云夏風對閃。而相水之清渾，便知山之遠近。每月十四、二十八日，謂之大等日分，此兩日若風雨不當，則知一旬之內，多有風雨。風雨晦冥時，唯憑指南針而行，乃火長掌之，晝夜守視唯謹，毫釐不敢差誤，蓋一舟人命所繫也(註七八)。海上通信，使用白鴿，自唐以來已行之。「鴻臚陳大卿言：昔使高麗，行大海中，水深碧色，常以鑞碣長繩沉水中爲候，深及三十托已上，舟方可行。既而覺水色黃白，舟人驚號，已泊沙上，水纔深八托，凡一晝夜。忽大風，方得出。」(註七九)海外舶船，每乘船趠風而返江浙，蘇東坡詩：「三旬已過黃梅雨，萬里初來船趠風，」(註八〇)蓋吳中暑月梅雨既過，吹東南風數日，甚者至踰旬而止，歲歲如此，吳人名之曰船趠風，云此風自海與舶俱至也。

宋代以前，沿海交通，南起交廣，北至青州(山東益都縣)。宋代則北至密州板橋鎮(山東舊膠州)。自密州以北至直沽，尚無一定寄泊之港，故南方船舶，始終未駛至今日之天津，至元代朱清始開闢之。宋初，指定廣州、明州、杭州爲華夷互市，賈船出入之區。其海舶東至日本高麗，南通占城、眞臘、勃泥、麻逸、闍婆、三佛齊、大食諸蕃，皆往來交通，貿易有無。開寶四年，置市舶司於廣州，以知州爲使，通判爲判官，管理蕃舶貿易。當夏至之後，蕃舶入港時，市舶司官吏，檢查舶載，閱實其貨，抽分(輸入稅)博買(收購)之後，方聽其與商人貿易。凡蕃商之有急難者，亦向市舶司投訴。商皆豪家大姓，習以客禮見主者，有樊氏商。咸平二年，又於杭州明州各置司，聽蕃客從便。主要商港之市舶司，均置備款項，爲購入蕃貨之用。此款謂之折博本錢，又稱博易本錢，或市舶本錢。買物謂之博買，或稱合買，又曰官市，凡蕃貨可獲厚利者皆收買之。與諸蕃貿易，以金、銀、緡錢、鉛、錫、雜色帛、瓷器，市其蕃貨，計輸入者有金、銀、眞珠、玉、瑇瑁、象牙、犀角、鑌鐵、鼊皮、琥珀、瑪瑙、薔薇水、牛皮筋角、烏樠木、吉貝布、水銀、水精、檀香、黃蠟、魚膠、魚鰾。藥物有乳香、木香、檳榔、石脂、硫黃、大腹、龍腦、沉香、丁香、丁香皮、桂胡椒、阿魏、蒔蘿、蓽澄茄、訶子、破故紙、荳蔻花、白荳蔻、硼沙、紫礦、胡蘆巴、蘆薈、蓽撥、益智子、海桐皮、縮砂、高良薑、草荳蔻、桂心苗、沒藥、煎香、黃熟香、降眞香、麝香、茴香、茯苓、鹿茸、黑附子油、肉蓯蓉、蘇木、川芎、雄黃、紅花、石鍾乳、白蕪荑、山茱萸、茅朮、杏仁、五苓脂、黃耆、土牛膝、石斛、史君子、扶律膏、大風油、加路香、天南星、秦皮、橘皮、天竺黃、藿香、草果、莪朮、木鼊子、石決明、木蘭皮、烏藥、蒼朮、雞骨香、白芷、土半夏、常山、蕤仁、遠志、人參、蘇合油、龍涎香、牛黃、血竭、安息香、桔梗、澤瀉、茯神、桂皮、甘草、三稜、防風、黃芩、滑石、蔓荊子、金毛狗脊、五加皮、菖蒲、五倍、細辛(註八二)。京師置有榷易院，市舶司購入蕃貨，即發送榷易院，而賣之民間。詔諸蕃香藥寶貨至廣州、兩浙、泉州，非出官庫者，無得私相貿易。其後乃詔自今惟珠貝、瑇瑁、犀象、鑌鐵、鼊皮、珊瑚、瑪瑙、乳香禁榷外，其他藥官市之餘，聽市於民。雍熙中，遣內侍八人，齎敕書金帛，分四路招致海南諸蕃商人，出海外蕃國販易者，令並詣兩浙市舶司請給官劵，違者沒收其寶貨。雍熙二年，詔廣州市舶司除榷貨外，他貨之良者，止市其半。大抵海舶至，先征稅十分之一，價值酌蕃貨輕重而差給之，歲約獲五十餘萬斤條株顆。皇祐中，總歲入犀象珠玉香藥之類，其數五十三萬有餘。至治平中，又增十萬。熙寧九年，杭明廣三市舶司收錢糧銀香藥等五十四萬零一百七十三緡匹斤兩段條箇顆臍隻粒。同時，變更市舶法，抽解有定數，而取之不苛，輸稅寬其期，而使之待價，懷遠之意實寓焉。泉人賈海外者，往復必使詣廣州，否則沒收其貨，海道回遠，偸還者過半，歲抵罪甚衆。太守陳偁奏疏請置市舶於泉，不報。哲宗即位之二年，始詔泉州置市舶司。蕃制雖有市舶司，多州郡兼領。元豐中，始令轉運司兼提舉，而州郡不復預矣。後專置提舉一員，另有同提舉、副提舉、知雜各一員，而轉運司亦不復預矣。密州板橋鎮商賈雲集，爲廣南、福建、淮、浙賈人航海販物至京東、河北、河東等路者所必經。舊稅額二萬九千一百九十六貫，熙寧十年增至八萬九千一百三十六貫，約二倍於前。南海商人多循運河至楚州，再泛海到密州。元祐三年，於板橋鎮置市舶司。崇寧元年，復置杭明市舶司（熙寧九年罷），官吏如舊額。

與蕃商貿易，限制甚嚴。太平興國初，凡私與蕃國人貿易，計值滿百錢以上者論罪；十五貫以上者黥面流海島；過此送闕下。婦人犯者配充針工。淳化五年，申其禁至四貫以上者徒一年，稍加至二十貫以上，黥面配本州爲役兵。端拱二年五月詔：自今商旅出海外蕃國貿易者，須於兩淛市舶司陳牒，請官給券以行，違者收沒其寶貨。慶曆嘉祐編勅：客旅商販，不得往高麗新羅及登萊州界，違者並徒二年，船貨皆沒入官。熙寧編勅亦同。元豐二年，賈人入高麗貲及五千緡者，明州籍其姓名，召保識，給引發船，兩艘往交易非違禁物，仍次年即回；其無引發船者如盜販法。三年，中書劄：諸非廣州市舶司，輒發過南蕃綱舶舡；非明州市舶司，而發過日本高麗者，以違制論。八年，勅諸非杭明廣州而輒發海商船舶者，以違制論，不以去官赦降原減，諸商賈由海道販諸蕃，惟不得至大遼國及登萊州，即諸蕃願附船入貢或商販者聽，始將禁人往高麗新羅條削去（註八二）。元祐五年十一月，刑部言：商賈許由海道往外蕃興販，並具入船貨物名數，目的地，申報所在州，仍詔本土有物力戶三人委保不夾帶兵器，若違禁以堪充造軍器物，並不越過所禁地分，州爲驗實，牒送願發舶州置簿鈔上，仍給公據，聽行。回日許於合發舶州住舶，公據繳納市舶司。如不請公據而擅乘船自海道入界河及往高麗新羅登州界者徒二年，五百里編管；往北界者加二等，配一千里，並許人告捕，給船物半價充賞。其餘在船人雖非船物主，並杖八十。即不請公據而未行者徒一年，鄰州編管，賞減擅行之半，保人並減犯人三等。從之（註八三）。紹聖元年，往高麗者財本必及三十萬貫，船不許過兩艘，仍限次年回，召本土有物力戶三人委保，物貨內毋得夾帶兵器（註八四）。崇寧三年，令蕃商欲往他郡者，從舶司給券，毋雜禁物姦人。凡海舶欲至福建兩浙販易者，廣南市舶司給防船兵仗，如詣諸國法。廣南市舶司鬻所市貨物，取息毋過二分。政和二年六月，臣僚言：訪聞入蕃海商，自元祐後來押販海船人，時有附帶曾經赴試士人及過犯停替胥吏過海入蕃，或名爲住冬，留在彼國，數年不回，有二十年者，取妻養子，轉於近北蕃國，無所不至。又有遠僻白屋士人，多是占戶爲商，趨利過海，未有法禁。欲乞於元豐停替編配人不許過海條，添增凡曾預貢解及州縣有學籍士人不得過海一節（註八五）。三年詔：凡知州通判官吏並舶司使臣等，毋得市蕃商香藥禁物，如至道之法。宣和元年，秀州開修青龍江浦，舶船輻輳，復置監官專領。四年，蕃國進奉物，如元豐法，令舶司即其地鬻之，毋發至京師，違者論罪。

建炎元年詔：市舶多以無用之物費國用，自今有博買篤耨、香環、瑪瑙、貓兒眼睛之類，皆置於法，惟宣賜臣僚象笏犀帶選可者輸送。紹興十四年，令蕃商以香藥至者，十取其四，即稅率百分之四十。朝廷聞商人病其重，十七年詔：三路市舶司，自今丁香、沉香、豆蔻、龍腦之屬，號細香藥者，十取其一。隆興二年，廣南福建兩浙市舶司申條具利害，舊法抽解，十五取一，其後十取其一，又其後擇其良者，如犀角十分抽二分，又博買四分；眞珠十分抽一分，又博買六分之類。市舶抽稅如此苛重，船戶只販運粗色雜貨。乾道三年，詔廣南兩浙市舶司所發舟還，因風水不便，船破檣壞者，即不得抽解。七年詔現任官以錢附綱首商旅過蕃買物者有罰。明州市舶司每歲夏汛，高麗日本船舶至，依例提舉市舶官於四月初親去檢察抽解金珠等。但除抽解和買外，違法抑買者，許蕃商越訴，計贓罪之。蕃貨輸行在，分水陸兩綱運送。十月詔，今後廣南市舶司起發粗色香藥物貨，每綱以二萬斤正六百斤耗爲一綱，依舊例支破水脚錢一千六百六十二貫三百三十七文省，限五個月到行在交納，差諸州使臣熟曉海道者管押。淳熙二年，以五萬斤爲一全綱，福建限三個月程，廣南限六個月程到行在。(註八六)陸路綱粗色，海道綱細色，海道押綱官，並無酬賞，人畏風濤，多不願行。每差副尉小使臣，多有侵欺貿易之弊。南渡後，三路舶司，歲入不少，頗助國用。高宗謂：「市舶之利最厚，若措置合宜，所得動以萬計，豈不勝取之於民？朕留意於此，庶幾可以少寬民力耳。」(註八七)然金銀銅錢，海船飛運，所失良多，而銅錢之泄尤甚，法禁雖嚴，亦無法止商人之貪利也(註八八)。各國亦有錢幣，流入中國。天禧二年，有蕃商船舡中載黎字錢到廣州，頗紊中國之法，沒納入官。市舶之區，蕃商雜居，而海船往來，有利可圖，福泉一帶，有海盜橫行。乾道七年，島夷毗舍邪（面目漆黑，言語不通），嘗掠泉州平湖海濱，居民歲遣戍勞之費不貲，卒敗擒之，獲四百餘人。嘉定年間，王子清帮海盜，縱橫海上。而倭寇亦爲患，海道不寧，乃置兵立戍，以爲防衛焉。

廣南東路轄連、英、循、惠、新、恩等州，人口稀少，原非懋遷之地，而烟瘴癘疫，以英州春州爲最甚。南方風土病、脚氣病、與瘧疾流行。當時治瘴之方，以薑、葱、豆豉、蒼朮、橘皮之類，最爲急需。北人畏瘴，無敢往廣南，雖武臣亦憚之。淳化四年詔舊制選人，年六十，不任川陝廣南官，蓋嶺表蠻荒，視爲畏途，又況方言隔閡。粵人好食蟲蛇，以北人視之，殆同化外也。然以中原士人謫居者多，故風俗稍變，士風浸盛。五嶺以南，廣州爲一都會，亦稱五羊城，於熙寧宣和間，先後修葺。紹興二十三年再修，分爲中城、東城、西城，周圍十九里。大中祥符四年，邵曄知廣州，蕃舶每至岸，常苦颶風，曄鑿內濠通舟，颶始不能害(註八九)。船舶以十一月十二日就北風啓程，五月六月就南風回航，廣帥以五月祈風於豐隆神。提舉司於十月大設宴蕃商而遣之。大賈自占城、眞臘、三佛齊、闍婆、大食涉海而至者，每歲數十艘。占城至廣州，順風半月程，但最忌風漂船至石塘（西沙羣島），則累歲不達矣。諸蕃之入中國，一歲可以往返，唯大食必二年而後可。廣州旣爲通商大口岸，繁盛爲三市舶冠。舶船泊市舶亭下，五州巡檢司派兵監視，謂之編欄。凡舶至，帥漕與市舶監官涖閱其貨而征之，謂之抽解，以十分爲率。據畢仲衍中書備對（書成於熙寧十年）稱：廣明杭三州市舶司所收乳香三十五萬四千四百四十九斤，獨廣州一處有三十四萬八千六百七十三斤。貿易之盛可見。

蕃商居留地曰蕃坊，設有蕃長一人，主管蕃坊公事，猶今之領事官，由朝廷任命。蕃商擁有雄厚資財，而具有勢力。「蘇緘爲南海簿，廣州領市舶司，每海商至，選官閱實貲貨。其商酋皆州里右姓，至則陵轢官府，以客禮見主者。緘以選往，有大商樊氏入見，遽陞階就榻，緘捕繫杖之。樊氏訴於州，州將召緘責以專決罰。」（註九〇）「慶曆中，廣州有死番商，沒官珍珠，有司賤估其值，十分價中纔及一分，羣官分買之，為本路監司按劾計贓，以珍珠赴京師。具案既上，仁宗閱之，依所估值，出禁中錢買之，以賜張貴妃。」（註九一）儂智高圍攻廣州，蕃商蒲亞訥，以猛火油燒其攻具，故以為銀青光祿大夫（註九二）。「熙寧元年，知廣州張田徙郡學於國慶寺之東，未及營造而卒。繼田任者程師孟、蔣之奇發官資庀成之。懷化將軍辛押陁羅者，蕃酋也，聞風興起，亦捐貲以完齋宇，且售田以贍之。後置別舍以來蕃俗子弟之願學者。」（註九三）「廣州商有投於戶部者曰：蕃商辛押陁羅者，居廣州數十年矣，家貲數百萬緡，」（註九四）曾乞統察蕃長司公事，詔廣州裁度；又進錢銀助修廣州城，不許。辛押陁羅者，殆為貲財雄甲一方之蕃商也。紹興間，王勳提舉廣州市舶，歲大疫，夫婦繼歿，賈胡率錢三百萬為賻（註九五）。此可見蕃商之富裕。中國對蕃商之管理，「諸化外人同類自相犯者，各依本俗法；異類相犯者，以法律論。」（註九六）大中祥符二年十二月，廣州蕃商湊集，遣內侍趙敦信馳驛撫問之，即詔知州馬亮等定蕃商犯罪決罰條。亮等請應大舶主及因進奉曾受朝命者有罪責保奏裁，自餘悉論如律。從之（註九七）。「蕃人有罪，詣廣州鞫實，送蕃坊行遣。」（註九八）審判定讞後，處罰權仍交回蕃坊執行。蕃商死，其遺產處理，宋律准唐太和八年八月二十三日勅：「自今以後，諸州郡應有波斯及諸蕃人身死，若無父母嫡妻男及親兄弟元相隨，其錢物等，便請勘責官收。如是商客及外界人身死，如無上件親族相隨，即量事破錢物埋瘞，明立碑記，便牒本貫追訪。如有父母嫡妻男及在室女，即任收認。如是親兄弟親姪男不同居，並女已出嫁，兼乞養男女，並不在給還。限在室親姊妹，亦請依前例三分內給一分，如死客有妻無男女者，亦請三分內給一分。」(註九九)蕃商訴訟，每因言語文字之困難而受欺，向子諲用蕃書之助以解決之。「(廣)州爲蕃商所聚，人多入其貨而隱其置，訐訟則書不可識，語不可曉，官必憑譯者。而譯者受交，隱其情實，蕃商終不能自白。公(子諲)命求蕃書千文，及他書數種，先識之矣。乃命吏以蕃書告喻。羣商爭來愬，盡得其情，應負之者悉徵還，咸呼舞歸其國。」(註一〇〇)蕃商在中國出生者曰土生蕃客；寄寓廣州，是歲不歸者，謂之住唐(註一〇一)。蓋此時海外，仍稱中國爲唐，中國人爲唐人也。阿拉伯婦女，亦有旅居廣州者，故有波斯女菩薩蠻(Mussulman)之名。廣州波斯婦，繞耳皆穿穴，帶珥環有二十餘枚者。家家以篾爲門，人食檳榔，唾地如血。又婦女凶悍，喜鬭訟，雖遭刑責而不畏恥(註一〇二)。蕃人手指皆帶寶石，視其貧富，嵌以錫金，謂之指環子。蕃商有娶漢女爲婦，元祐間，蕃坊劉氏娶宗女，因爭產而發覺，遂禁止之。「紹興七年十月，知廣州連南夫言：市舶司惟藉蕃商往來貿易，大商蒲亞里者，昨在廣州，有武臣曹訥利其財，以女適之，亞里遂留不歸。帝因令南夫勸其歸國，運蕃貨財往來。」(註一〇三)廣州富人，畜有黑奴(註一〇四)祆教仍有由賈船傳至廣州(註一〇五)。沿海又有一族曰蜑戶，人口凡數萬，水上生活，生計至微。海南島未設市舶，眞宗時，有蕃舶遭風至瓊州，且告食乏，不能去，貸錢三百萬，亦如期償還。該港收稅，較船之丈尺，以定多寡，謂之格納，其法分三等，有所較無幾，而輸錢有相差十倍者。對內貿易，發船來往，亦請引於廣州市舶司。買物自泉福兩浙湖廣至者，皆金銀物帛，值或至萬餘緡。自高化至者，唯穀米瓦器牛畜黃魚之類，値纔百分一，而概收以丈尺，故高化商人，不至海南，遂乏牛米。一般商人，亦有至海南販檳榔者。此島有瓊、崖、儋、萬四州，隔在南海，地理險遠，輸賦科徭率不以法，產沉香翠羽怪珍之物。蘇軾謫居儋耳，在黎氏園建載酒堂。城東有陳氏園，城西有成氏園，擅林壑之勝。有郡學，應舉考試者三百餘人。猪肉出售，每月只有二三次。吉陽雖遠郡，其實魚米之鄉，藷芋餉晝，松明照夜，泉甘酒美，不啻海外樂園也。

泉州，五代時留從效重加版築，傍植刺桐環繞，故名刺桐城。當泉州未置市舶司之前，蕃舶間有到福州者。天聖三年八月，監察御史朱諫上言：「福州遞年常有船舶三兩隻到鐘門海口。其郡縣官吏，多使人將錢物金銀博買眞珠犀象香藥等，致公人百姓，接便博買，却違禁寶貨不少。」自泉州置司，蕃舶源源而至。三佛齊國有眞珠、象牙、犀角、腦子、乳香、沉香、煎香、珊瑚、琉璃、玳瑁、龜筒、梔子香、薔薇水、龍涎香。渤泥國有腦版。闍婆國多藥物。波斯有吉貝布、貝紗。高麗則有人參、銀、銅、水銀、綾布等物(註一〇六)。自宋室南渡，因與杭州較近，泉州貿易，有長足之進步，漸與廣州相頡抗。船商歲再至，一船連二十艘，異貨禁物如山，吏私與市者，價十之一二。眞臘大商，每以四舟俱行，販入黃蠟。當紹興間，賈胡以富豪故，建層樓於郡庠之前，士子以爲病，言之郡。然上下俱受賂，莫肯誰何。後由通判傅自得以化外人法不當城居，立戒兵官始卽日撤之。十四年九月，提舉福建路市舶樓璹言：「臣昨任廣南市舶司，每年於十月內，依例支破官錢三百貫文，排辦筵宴，係本司提舉官同守臣犒設諸國蕃商等。今來福建市舶司，每年止量支錢委市舶監官備辦宴設，乞依廣南市舶司體例，每年於遣發蕃舶之際，宴設諸國蕃商，以示朝廷招徠遠人之意。」從之（註一〇七）。蕃商雜處民間，舊法，與郡人爭鬭，非至折傷，皆用其國俗，以牛贖罪，寖亦難制。至乾道七年，汪大猷知泉州，用中國法治之，始有顧憚。蕃客居留地，在州城之南。城外東南隅作叢塚，以掩蕃客之遺骸。宋宗室寄居泉州，挾勢爲暴，至奪胡賈巨舶，結怨甚深。迨宋亡，蒲壽庚降元，宗室三千餘人，殺戮殆盡，可見蕃客留居於泉州者之衆也。

朝貢實爲貿易之變相，在中國徒慕遠人向化，牽職中原之虛名，非利乎方物。大中祥符七年七月，詔交阯、占城、大食、闍婆、三佛齊、丹流眉、賓同朧、蒲端等國使入貢者，所在遣使臣伴送赴京，郵傳供億，務從豐備（註一〇八）。九年七月，知廣州陳世卿言：海外蕃國貢方物至廣州者，自今犀象珠貝揀香異寶聽賫赴闕。每國使副判官各一人，其防援官，大食、注輦、三佛齊、闍婆等國，勿過二十人；占城、丹流眉、勃泥、古邏、摩逸等國，勿過十人，並往來給券料。從之（註一〇九）。而在蕃國，志在博取等値之賜與及通商之便利，目的全爲經濟，其次則希望受封。故紹興初，大食進奉人使蒲亞里貢方物，御史張守謂所貢多無用之物，賜答之費，數倍所得。方朝廷汲汲於自治之時，珍奇之物，亦復何用？所有今來大食故臨國(Kūlam)進奉，乞令廣州諭旨却之，以示聖明不寶遠物，以格遠人之意，兼免財用之侵蠹，道路之勞費（註一一〇）。守之言，正道破當時所謂朝貢之作用也。諸蕃國之富盛多寶貨者，莫如大食國，其次闍婆國，又其次三佛齊國。旅居廣州之大食人，往往爲鉅富，尤以蒲姓爲多（註一一一）。僧行勤遊西域，太祖嘗因賜大食國王書以招懷之。開寶元年十二月，遣使來貢方物。厥後屢有朝貢，多獻花錦、越諾、揀香、白龍腦、白沙糖、薔薇水、琉璃器、龍鹽、眼藥、乳香、千年棗等。淳化四年，遣其副酋長李亞勿來貢。其國舶主蒲希密至南海，以老病不能詣闕，乃以方物附亞勿來獻。奉表謂昨在本國，曾得廣州蕃長寄書招諭，令入京貢奉，盛稱皇帝聖德，布寬大之澤，詔下廣南，寵綏蕃商，阜通遠物云云，共獻象牙五十株，乳香一千八百斤，賓鐵七百斤，紅絲吉貝一段，五色雜花蕃錦四段，白越諾二段，都爹一琉璃瓶，無名異一塊，薔薇水百瓶。詔賜希密敕書錦袍銀器束帛等以答之。又至道元年，其國舶主蒲押陁黎齎蒲希密表朝貢，引對於崇政殿，由譯者代奏，賜宴，就館延留數月，遣回，降詔答賜蒲希密黃金，準其所貢之値。大中祥符九年十一月，大食國以金錢銀錢各千枚入貢，蓋大食產金，貿易使用金錢也。自開寶元年至天禧三年，遣使朝貢者凡二十次，其入貢路線，或循海道以抵廣州，或由沙州涉夏抵秦州。建興初，趙德明請道其國中不許，至天聖元年來貢，恐爲西夏鈔略，乃詔自今取海道由廣州至京師。然大食人入中國，往來須經兩年。中國舶商之從廣州赴大食，舶抵故臨，易小舟而往；而從大食之來也，亦至故臨易大舶東行。從泉州之往也，「自泉發船四十餘日，至藍里博易，住冬。次年，再發順風，六十餘日方至其國。本國所產多運載與三佛齊貿易，賈轉販以至中國。」(註一一二)至和嘉祐間，四貢方物，最後以其首領蒲沙乙爲武寧司階。建炎三年，因戰爭匱財，却其寶玉珠貝之貢，俾省數十萬緡，但優賜以答之(註一一三)。紹興元年十一月二十六日，提舉廣南路市舶張書言上言：「大食人使蒲亞里進貢大象牙二百九株，大犀三十五株，現收管廣州市舶庫，象牙各係五十七斤以上，依例每斤估錢二貫六百文，約用本錢五萬餘貫，數目稍多，難以變轉。乞起發一半，將一半就便搭息出賣給還。」詔揀選大象牙一百株犀二十五株，起發赴行在，準備解笏造帶宣賜臣僚使用。餘從之(註一一四)。四年七月六日，蒲里亞將進貢回賜到錢置大銀六百錠，及金銀器物疋帛，被賊數十人持刃上船，殺死蕃牧四人，損傷亞里，盡數刼奪金銀等逃去。提刑司令廣州火急追捕，限一月追獲。六年八月二十三日，提舉福建路市舶司上言：大食蕃國蒲囉辛造船一艘，搬運乳香投泉州市舶，計抽解價三十萬貫，委是勤勞，理當優異。詔蒲囉辛特補承信郎，並賜公服履笏。仍開諭以朝廷存恤遠人優異推賞之意。候回本國，令說喻蕃商，廣行搬販乳香前來，如數量增多，依此推恩(註一一五)。自開寶元年至乾道四年，共入貢二十九次。

占城(Campa)因與交阯對抗而最親中國，自建隆二年至淳熙四年（被眞臘所滅），遣使入貢四十一次，所貢多爲香藥、馴象、牯犀、象牙、犀角、瑇瑁、珍禽、胡椒等物，而中國則賜以絹布、衣褥、戎器、馬鞍或賜銀以千兩計。占城不只對中國親善朝貢，且被迫於交阯，每向廣東移民避難。雍熙三年，儋州報告，占城人蒲羅遏爲交州所迫，率其族百口來附。四年秋，廣州報告，雷恩州關送占城夷人斯當李娘並其族一百五十人來歸，分隸南海清遠縣。端拱元年，廣州又報告，占城夷人忽宣等族三百零一人來附。至道元年，其王遣使來貢，奉表言：「臣本國之有流民三百散居南海，曾蒙聖旨許令放還，今有猶在廣州者。本國舊有進奉夷人羅常占，現駐廣州，乞詔本州盡數點集兵籍，以付常占，令造船舶，乘便風部領歸國，冀得安其生聚，以實舊疆。」太宗覽表，遣使詣廣州，詢問願還者，悉付其專使波珠帶還。天禧二年，占城國王遣使羅皮帝加等以方物來貢。明年使還，賜其王銀四千七百兩，並戎器鞍馬。中國軍賊，有流亡至占城者。慶曆元年九月，廣東商人邵保，見軍賊鄂鄰百餘人在占城，轉運司選幹員二人，賫詔書器幣賜占城，購鄂鄰致闕下，餘黨悉令就戮之（註一一六）。皇祐二年正月，占城遣使來貢象牙二百零一株，犀角七十九株，齎表二通，一以蕃書，一以中國書（註一一七）。闍婆(Java)於淳化三年，其王穆羅茶遣使至明州，其主舶大商毛旭者，建溪人，常往來貿易，因假爲嚮導。熙寧中，亦朝貢一次，餘無聞。三佛齊 (Palembang) 與中國之關係亦密，號稱大國，有文書，善算，地產檀香乳香。自建隆元年至淳熙五年，朝貢二十次，方物有水晶，火油，犀角，象牙，香藥，香水，沙糖，琉璃，珊瑚等。中國商船，經三佛齊修船，轉易貨物，詣大食；囘航時，汎海使風，二十日可至廣州。太平興國五年，三佛齊蕃商李甫誨，乘船船載香藥犀象至海口，會風勢不便，飄船六十日至潮州，其香藥悉送廣州。淳化三年冬，廣州報告，蒲押陀黎（端拱元年遣使）前年自京囘，聞本國爲闍婆所侵，住南海一年。今春乘船至占城，遇風信不利，復還，乞降詔諭本國。從之。咸平六年，其王思離咮囉無尼佛麻調華遣使李加排，副使無陁李南悲來貢，且言本國建佛寺以祝聖壽，願賜名及鐘。眞宗嘉其意，詔以承天萬壽爲寺額，並鑄鐘以賜，授加排歸德將軍，無陁李南悲懷化將軍。元豐三年，廣州南蕃綱目，以其主管國事國王之女，唐字書寄龍腦及布與提舉市舶孫迥，迥不敢受，言於朝。詔令估値輸之官，悉市帛以報。南宋乾道間，請鑄銅瓦三萬，詔泉廣二州守臣督造付之。淳熙五年，復遣使貢方物，詔免赴闕，館於泉州（註一一八）。闍婆與三佛齊，據明代瀛涯勝覽一書所載，見有閩廣之華僑甚衆，生聚成村（註一一九），華路藍縷，殆可遠溯於宋代也歟？

其他朝貢之國，有拂菻、眞臘(Kamboja)、勃泥(Borneo)、注輦(Cūliyān)、丹眉(Tambralinga)、蒲甘(Pagan)、南毗(Namburi)、層檀（卽諸蕃志之層拔，在南海傍城Zanguebor)等國。最遠者爲南毗（由三佛齊風飄月餘，可至其國）、拂菻、大食、層檀（海道便風行百六十日）。而占城眞臘常貢象，太平興國七年，占城遣使乘象入貢，詔留象於廣州畜養之。中國各地常發現野象流浪（註一二〇），大抵亦由南海諸蕃運來之所遺也。

【注釋】

（註一）宋史，卷一八〇，志第一三三，食貨下二，錢幣。

（註二）一、將銅錢出中國界者，河北、陝西、河東不滿一百文，杖一百；一百文，徒一年，每一百文加一等，至徒三年決訖，刺配遠惡州軍牢城。一貫文以上爲首者處死，從者決訖刺配遠惡州軍牢城。其餘路分，二百文杖一百，每二百文加一等。至徒三年決訖刺配遠州牢城。二十貫以上依河北等路一貫以上刑名定斷。（熙寧七年編勅刪去此條）。嘉祐編勅：一、商客蕃客往南蕃者，聽逐人各帶路費錢五百文，過此數者，許諸色人陳告，犯人依雜禁條將銅錢出中國界刑名施行。（熙寧編勅刪去此條）。（樂全集，卷二十六，論錢禁銅法事）。

（註三）欒城集，卷四十一，論北朝所見於朝廷不便事。

（註四）南洋各屬，厥後常發掘有宋錢。當明代鄭和通使南洋，隨使人馬歡，於第三次出國回來後，永樂十四年撰瀛涯勝覽一書，記其所見各國之風物，謂爪哇、舊港國（三佛齊）等地，中國歷代銅錢可使用。

（註五）容齋隨筆，三筆，卷四，省錢百陌。

（註六）容齋隨筆，四筆，卷一，十十錢。

（註七）宋朝事實，卷十五，財用。

（註八）宋史，卷一八一，志第一三四，食貨下三，會子。

（註九）同上書。

（註十）宋史（卷一八一，志第一三四，食貨下三，會子。）及文獻通考（錢幣考）謂乾道二年出內庫及南庫銀一百兩收之。建炎以來朝野雜記（甲集，卷十六，東南會子）謂三年出南庫錢二百萬緡，收回所增會子。容齋三筆（卷十四，官會折閱）謂三年出內庫銀二百萬兩售於市，以錢易楮，焚棄之。

（註十一）容齋隨筆，三筆，卷十四，官會折閱。

（註十二）宋史，卷四二三，列傳第一八二，王邁傳。

（註十三）續資治通鑑，卷一六八，宋紀一六八。

（註十四）嘉定八年七月，金改交鈔名貞祐寶券，自泰和（一二〇一——一二〇八）以來，交鈔日多而輕，乃更作二十貫至百貫，二百貫，千貫，謂之大鈔。初雖稍重，未幾益輕而愈滯，市邑視爲無益之物。商人往往舟運貿易於江淮，錢多入宋，至是改名而弊如故。（續資治通鑑，卷一六〇，宋紀一六〇）。

（註十五）范成大於乾道間所見，謂：「虜本無錢，惟煬王亮嘗一鑄正隆錢，絕不多餘，悉用中國舊錢，又不欲留錢於河南，故效中國楮幣，於汴京置局造官會，謂之交鈔，擬現錢行使，而陰收銅錢，悉運而北，過河即用現錢，不用鈔。鈔文曰：南京交鈔所准戶部符尚書省批降檢會。……前後有戶部管當令史官交鈔庫使副書押，四圍畫龍鶴有飾。」（攬轡錄）其時中國雖亦有准交，然引會混雜，鼓鑄不一，故常困錢，幣多而賤，稱提無策，而彼則惟以交鈔行之河南，以中國舊錢行之河北，似反簡易也。

（註十六）宋史，卷一八〇，志第一三四，食貨下三，會子。

（註十七）陸放翁集，劍南詩稿，卷八十三，得子虡濠上書。

（註十八）欒全集，卷二十三。

（註十九）同上書，卷二十七，論汴河利害事。

（註二十）夢溪筆談：「國朝汴渠，發京畿輔郡三十餘縣夫，每歲一浚。祥符中，閤門祗候使臣謝德權領治京畿溝洫，權借浚汴夫，自爾後三歲一浚，始令京畿民官皆兼溝洫河道，以爲常職。久之，治溝洫之工漸弛，邑官徒帶空名，而汴渠有二十年不浚，歲歲湮澱，河牀高出平地，有一丈二尺餘者。」（卷二十五，雜誌二）。

（註二十一）續資治通鑑長編，卷二九七，元豐二年條注。

（註二十二）歐陽文忠公集，于役志。

（註二十三）夢溪筆談：「淮南漕運，築埭以畜水，天聖中，監眞州排岸司右侍禁陶鑑始議爲複閘節水，以省舟船過埭之勞，始爲眞州閘，歲省冗卒五百人，雜費百二十五萬。運舟舊法，舟載米不過三百石，閘成，始爲四百石船。其後所載浸多，官船至七百石，私船受米八百餘囊，囊二石。」（卷十二，官政二）。

（註二十四）王文正筆錄。

（註二十五）宋史，卷一七五，志第一二八，食貨上三，漕運。

（註二十六）陸放翁集，卷四十三。

（註二十七）埽之制，密布芟（蘆荻）、索（辮竹糾芟爲索）、鋪梢（山木榆柳枝葉）。梢芟相重，壓之以土，雜以碎石。以巨竹索橫貫其中，謂之心索，卷而束之。復以大芟索繫其兩端，別以竹索自內旁出，其高至數丈，其長倍之。凡用丁夫數百或千人，雜唱齊挽，積置於卑薄之處，謂之埽岸。既下，以橛臬閡之，復以長木貫之。其竹索皆埋巨木於岸以維之。遇河之橫決，則復增之，以補其缺。凡埽下，非積數疊，亦不能遏其迅湍。（宋史，卷十一，志第四十四，河渠一，黃河上）。

（註二十八）夢溪筆談敍述以長埽塞商胡之工程：「慶曆中，河決北都商胡，久之未塞，中間一埽，謂之合龍門，屢塞不合。時合龍門埽長六十步，有水工高超者，獻議以謂埽身太長，人力不能壓，埽不至水底，故河流不斷，而繩纜多絕。今當以六十步爲三節，每節埽長二十步，中間以索連屬之，先下第一節，待其至底，冗壓至第二第三。以第一埽水信未斷，然勢必殺半。壓第二埽止用半力，水縱未斷，不過小漏耳，第三節乃平地施工，足以盡人力。處置三節既定，即上兩節自爲濁泥所淤，不煩人力。後用超計，商胡乃定。」（卷十一，官政一）。

（註二十九）宋史，卷九十一，志第四十四，河渠一，黃河上。

（註三十）宋史，卷九十二，志第四十五，河渠二，黃河中。

（註三十一）宋史，卷九十三，志第四十六，河渠三，黃河下。

（註三十二）元豐類稿，卷四十九，本朝政要策。

（註三十三）全國浮戶，依強家而爲佃客。主戶即土著戶口，客戶爲他州縣移入者，但宋則以資產有無爲標準，而定其主客之分。故主戶者，有常產之人也，客戶則無產而僑寓者也。南宋荆湘間，買賣土田，載客戶於契書。客戶依主戶以生，供其役使，從其約束。

（註三十四）楓窗小牘，卷上。

（註三十五）歐陽文忠公集，河東奉使奏草，卷上，相度併縣牒。

（註三十六）宋會要輯稿，第一二七冊，食貨一一之二八—三〇。

（註三十七）建炎以來朝野雜記，甲集，卷十七，本朝視漢唐戶多丁少之弊。

（註三十八）忠穆集，卷一，上邊事備禦十策，收人心。

（註三十九）雞肋編，卷中。

（註四十）同上書。

（註四十一）于湖居士文集，卷三，赭山分韻得成葉字。

（註四十二）宋會要輯稿，第一五〇冊，食貨五九之二二。

（註四十三）同上書，食貨五九之二三。

（註四十四）續資治通鑑，卷一二〇，宋紀一二〇。

（註四十五）宋會要輯稿，第一五〇冊，食貨五九之四〇—四一。

（註四十六）朱子語類大全，卷一一一，朱子八，論民。

（註四十七）浮溪集，卷二，論僑寓州郡劄子。

（註四十八）四朝聞見錄，戊集，淮民漿棗。

(註四十九)盤洲文集，卷四十二，論東人來歸事宜劄子。

(註五十)宋會要輯稿，第一五〇冊，食貨五九之四二。

(註五十一)同上書，第一六〇冊，食貨六八之一五二。

(註五十二)文獻通考，卷十一，戶口二。

(註五十三)宋史，卷四十二，本紀第四十二，理宗二。

(註五十四)梅磵詩話，卷下。

(註五十五)後村先生大全集，卷五十二，淳祐六年召對劄子。

(註五十六)宋史，卷四十六，本紀第四十六，度宗。

(註五十七)燕翼貽謀錄，卷二，東京相國寺條。

(註五十八)東京夢華錄，卷三，相國寺萬姓交易。

(註五十九)夢粱錄，卷十九，塌房。

(註六十)皇朝類苑，卷五十九，廣博智識，百藥枕。

(註六十一)宋刑統，卷八，衞禁律，越州縣鎭戍城及官府廨垣，度關必請領過所。

(註六十二)欒城集，卷四十一，論北朝所見於朝廷不便事。

(註六十三)續資治通鑑，卷一二五，宋紀一二五，紹興十二年五月條。

(註六十四)宋史，卷一八六，志第一三九，食貨下八，互市舶法。

(註六十五)周去非，嶺外代答，卷五，邕州永平寨博易場。

（註六十六）同上書，卷五，欽州博易場。
（註六十七）蘇東坡集，奏議集，卷二，登州召還議水軍狀。
（註六十八）宋會要輯稿，第一四五冊，食貨五〇之八。
（註六十九）車船是用脚踏車輪而行，有踏駕棹梢、水碗手、踏駕兵梢。二十丈車船，每艘造費二萬緡。
（註七十）浮溪集，卷一，撫州奏乞罷打造戰船等事。
（註七十一）宋會要輯稿，第一四五冊，食貨五〇之一五。
（註七十二）同上書，食貨五〇之二五。
（註七十三）忠穆集，卷二，上邊事善後十策。
（註七十四）同上書。
（註七十五）太平御覽謂海船「大者長二十餘丈，高出水二三丈，望之如閣道，載六七百人，物出萬斛。」（卷七六九）
（註七十六）宣和奉使高麗圖經，卷三十四，客舟。
（註七十七）萍洲可談，卷二。
（註七十八）諸蕃志，卷下，海南。夢粱錄，卷十二，江海船艦。
（註七十九）文昌雜錄，卷三。
（註八十）蘇東坡集，卷十，舶趠風。
（註八十一）宋會要輯稿，第八十六冊，職官四四之二四，市舶。

(註八十二) 蘇東坡集，奏議集，卷八，乞禁商旅過外國狀。
(註八十三) 續資治通鑑長編，卷四五一。
(註八十四) 宋會要輯稿，第一四〇冊，食貨三八之三三—三四。
(註八十五) 同上書，第一六五冊，刑法二之五七—五八。
(註八十六) 同上書，第八十六冊，職官四四之二九—三〇，市舶。
(註八十七) 中興小紀，卷二十三。
(註八十八) 宋史，卷一八六，志第一三九，食貨下八，互市舶法。
(註八十九) 宋史，卷四二六，列傳第一八五，邵曄傳。
(註九十) 東都事略，卷一一〇，忠義傳九十三，蘇緘傳。
(註九十一) 元城先生語錄，卷中。
(註九十二) 續資治通鑑長編紀事本末，卷五十，廣源蠻叛。
(註九十三) 廣東通志，卷二六九，列傳二，劉富傳。
(註九十四) 龍川略志，卷五，辨人告戶絕事。
(註九十五) 攻媿集，卷九十九，朝議大夫秘閣修撰致仕王公墓誌銘。
(註九十六) 宋刑統，卷六，名例律，化外人相犯條。
(註九十七) 續資治通鑑長編，卷七十二。
(註九十八) 萍洲可談，卷二。

（註九十九）宋刑統，卷十二，戶婚律，死商錢物條。
（註一百）五峯集，卷三，向侍郎行狀。
（註一〇一）萍洲可談，卷二。
（註一〇二）雞肋編，卷中。
（註一〇三）中興小紀，卷二十三。
（註一〇四）「廣中富人，多畜黑奴，絕有力，可負數百斤。言語嗜慾不通，性惇不逃徙，亦謂之野人。色黑如墨，唇紅齒白，髮鬈有黃。……有一種近海者，入水眼不眨，謂之崑崙奴」。（萍洲可談，卷二）。
（註一〇五）桯史，記番禺有海獠雜居，其最豪者蒲姓，號白番人，本占城之貴人也，留中國以通往來之貨。屋室侈靡踰制，層樓傑觀，宏麗奇偉，富盛甲一時。性尚鬼而好潔，平居終日，相與膜拜祈福。有堂焉以祀名，如中國之佛，而實無像設。稱謂聱牙，亦莫能曉，竟不知何神也。堂中有碑高袤數丈，上皆刻異書如篆籀，是爲像主，拜者皆嚮之。此爲紹熙三年所見也。（卷十一，番禺海獠）。
（註一〇六）雲麓漫鈔，卷五。
（註一〇七）宋會要輯稿，第八十六册，職官四四之二四，市舶。
（註一〇八）續資治通鑑長編，卷八十三。
（註一〇九）同上書，卷八十七。
（註一一〇）毘陵集，卷二，論大食故臨國進奉劄子。

(註一一一) 大食入宋進貢之使者，蒲(Abu)姓最多，如開寶九年蒲希密，太平興國二年蒲思那，至道元年蒲押陁黎，景德元年蒲加心，天禧三年蒲麻勿陁婆離，嘉祐中蒲沙乙等是。

(註一一二) 諸蕃志，卷上，大食國。

(註一一三) 宋史，卷四九〇，列傳第二四九，外國六，大食。

(註一一四) 紹興間，廣南市舶司奏，大食故臨國進奉人使蒲亞里等，奉其本國蕃首命，遣齎表章、眞珠、犀象、乳香、龍涎、珊瑚、梔子、玻璃等物，前來進奉。高宗命眞珠等物，令市舶司估價回答，其龍涎珊瑚梔子玻璃，津發赴行在。(毘陵集，卷二，論大食故臨國進奉劄子)。

(註一一五) 宋會要輯稿，第一九七冊，蕃夷四之九三，大食。

(註一一六) 宋史，卷四八九，列傳第二四八，外國五，占城。續資治通鑑長編，卷九十二。

(註一一七) 續資治通鑑長編，卷一六八。

(註一一八) 宋史，卷四八九，列傳第二四八，外國五，三佛齊。

(註一一九) 瀛涯勝覽謂在爪哇島之杜板(Tuban)，約有千餘家，其間多有中國廣東及漳州人流寓此地。東行半日許，至革兒昔 (Geresike, Griss'e)，因中國人來此創居，遂名新村，村主爲廣東人，約有千餘家。國內有三等人，一爲回回人，西蕃各國商人流落此地者；一爲唐人，皆爲廣東漳泉等處人竄居此地，食用美潔；一爲土人。往三佛齊，船入彭家門，至其國，國人多是廣東漳泉州人逃居此地，人甚富饒。

(註一二〇) 建隆三年，有象至黃陂縣，匿林中，食民苗稼。又至安、復、襄、唐州，踐民田，遣使捕之。明年十二月，於南陽縣獲之，獻其齒革。乾德二年五月，有象至澧陽安鄉等縣。又有象涉江入華容縣，直過闤闠門。又有象至澧州澧陽縣城北。（宋史，卷六十六，志第十九，五行四）。三年，潘美伐南漢，陣於蓮花峯下，南漢人教象爲陣以抗，每象載十餘人，皆執兵器，蓋南漢已利用象以作戰也。太宗朝，雷、化、新、白、惠、恩等州山林有羣象，民能取其牙，官禁不得賣，宜令送官以半價償之。（宋史，卷二八七，列傳第四十六，李昌齡傳）。天禧五年正月，養象所言：舊管象四十六，今只三頭，望下交州取以足數。（續資治通鑑長編，卷九十七）。南宋乾道七年，潮州之潮陽縣，野象數百爲羣，食稼，農設穽田間，象不得食，率其羣圍行道車馬，斂穀食之乃去。（宋史，卷六十六，志第十九，五行四）。然咸平二年，陳堯佐通判潮州，鱷魚肆虐，命吏捕殺一尾，（宋史，卷二八四，列傳第四十三，陳堯佐傳）大抵熱帶動物，時仍殘存於廣東也。

第八章　社會風俗㈠

第一節　首都風物

迤邐平原，城堞兀峙，樓櫓壕塹壯且整，形勢雄偉而秀麗者，北宋首都之開封也。開封城垣高四丈，廣五丈九尺，分爲三重城，中間是宮城：周圍五里，南門爲宣德樓。次爲舊城，即汴州城，周圍二十里許。又其次爲外城，亦曰新城，顯德二年築，元豐中重修之，周圍四十八里許。城內街巷，整齊美觀。城壕曰護龍河，闊十餘丈，夾壕植柳，直如引繩。城門皆甕城三層，屈曲開門，以日初出入時爲啓閉之準。汴河自西京洛口分水入京城，東至泗州入淮，運東南之糧食。河水深僅六尺，以通行重載爲準，自城西來，由西水門入，向東穿城至東水門而出。水流湍急，失足者輒沖流溺斃，故沿河修短垣以防護，每隔數丈，留小缺以通舟人維纜之便。金水河自京城西南分京索河水，築堤，從汴河上用木槽架過，由西北水門入京城。蔡河由西南戴樓門入京城，繚繞自東南陳州門出。五丈河自新曹門北入京城。仁宗時，勢家多置園第於惠民河上。宮城內有大慶殿、紫宸殿、崇政殿、集英殿、天章閣、寶文閣等重要建築物。宮城外有教閱場。宮城御道，夾植桃李梨杏，間以雜花，春夏間一望如繡，直通朱雀門，上爲宣德樓。宣德門前御道，南至天漢橋，設梐枑，禁止行人。宣和末，艮嶽正門陽華門，夾道種荔枝八十株，紅荔纍纍焉。國家承平日久，生齒增息，元豐間，多至三百萬家。

（註一）每坊巷三百步許，有軍巡舖屋一所，舖兵五人，夜間巡警，及領公事。火禁甚嚴，將夜分卽滅燭，凡有醮祭，必先請准廂使。又於高處磚建望火樓，樓上有人眺望，下有官屋數間，駐軍兵百餘人，備救火器具，遇火警則馬軍奔報，官兵搶救（註二）。冬寒時，盡仰石炭（煤）取暖，無一家燃薪者（註三）。京師諸塔聳峙，以開寶寺塔爲最高。新城有牌樓，曰狀元坊。

汴河上築有橋十三座，由東水門外七里曰虹橋起，西行經順城倉橋至新城之上善門，東水門在其旁。此地一帶稱爲河市，乃開封最繁華之區。東城爲酒樓、瓦子所在地，一爲朱雀門外，東去大街麥稍巷狀元樓，及御街東新門瓦子以南殺豬巷，皆有妓館。二爲潘樓街，爲金銀綵帛交易所，屋宇雄壯，門面廣濶，街北曰潘樓酒店，街南桑家瓦子。潘樓東去十字街，謂之土市子，爲早市交易，謂之鬼市子。東北舊曹門，朱家橋瓦子、下橋、南斜街、北斜街，及以東劉家藥鋪附近牛樓酒店，亦有妓館。三爲皇城東南之東角樓，爲十字街，街巷內瓦中有貨藥賣卜之類，麕居於此（註四）。朱雀門外街，龍津橋南，謂之州橋夜市，州橋者，天漢橋也，三更營業，最爲熱鬧。開封商店，常有一二時閉業，四時開業，終夜運輸，成不夜之城。酒肆瓦市，無間風雨寒暑，晝夜駢闐。每日交五更，諸寺院行者打鐵牌子或木魚，沿門報曉，趨朝入市之人，聞聲而起。粥飯點心亦開市，以應早客。京師酒店，有建築二三層者，門首皆縛綵樓，向晚則燈火熒煌，上下相照，艷妓數百，以待酒客呼喚。妓館亦有三層至五層者，諸酒店必有廳院廊廡，掩映排列，小閣高窗，各垂簾幕。宣和間，京師建欣樂、和樂、豐樂三酒樓，壯觀之盛，雖從官亦許遊宴，時高麗遣使賀正，賜宴其上（註五）。遊樂賣藝場所，通稱瓦子，亦曰瓦市、瓦肆、或瓦舍，瓦者野合易散之意也。有新門瓦子、桑家瓦子、朱家橋瓦子、州西瓦子、保康門瓦子、州北瓦子等。「桑家瓦子，近北則中瓦，次則裏瓦，其中大小勾欄五十餘座。內中瓦子蓮花棚、牡丹棚，裏瓦子夜叉棚、象棚最大，可容數千人。………瓦中多有貨藥、賣卦、喝故衣、探搏、飲食、剃剪、紙畫、令曲之類，終日居此，不覺抵暮。」(註六) 又有伎藝表演，爲遊客消遣之地也。

汴河上泊有官船，又有巡邏小舟。汴水上游，有金明池，導金水河水注之，爲訓練水軍之所。池中有大小龍船、虎頭船、鳳頭船等。池邊建有臨水殿、仙橋、寶津樓。每歲二月間開放，許士庶縱觀，謂之開池，至上巳車駕臨幸畢卽閉。歲賜二府從官宴及進士聞喜宴，皆在其間 (註七)。又有瓊林苑、宜春苑、玉津園，與金明池合稱爲四園，惟瓊林與金明爲最盛。汴河水濁，城郊一望平野，沿岸垂鋪綠草，遍植楊柳榆樹，雨後堤淨如掃。清明時節，都人上河，蔚爲風俗。暮春三月，有拽龍舟之戲 (註八)。士女行樂，喧闐熙攘。城內交通之具，有太平車、平頭車、宅眷坐車子獨輪車、浪子車、又有檐子車、兜子、轎、暖轎等。「尋常出街市幹事，稍似路遠，倦行，逐坊巷橋市，自有假賃鞍馬者，值不過百錢。」(註九) 都人士女，正月十五日以後，跨馬郊野中，爲探春之宴。士子白紵春衫，或騎馬遊城郊，到酒家去。妓女劄客，打酒坐，飲一色好酒，吃些淹藏鹹菜，以風流自賞。在宋門外，俗謂之浴堂巷，有酒肆號仁和酒，有名於京師，客常飲其中。開設食店賣酸鎌者，皆大標牌牓於通衢，廣招顧客。

汴京物價，十分便宜，「出朱雀門，直至龍津橋，自州橋南去，當街水飯、爊肉、乾脯；王樓前獾兒、野狐、肉脯、雞、梅家鹿、家鵝、鴨、兎、肚肺、鱔魚、包子、雞皮、腰腎、雞碎，每個不過十五文。」(註一〇)此乃切成小塊而發售之價。至於論斤，「賣生魚則用淺抱桶，以柳葉間串，清水中浸，或循街出賣，每日早惟新鄭門、西水門、萬勝門如此，生魚有數千擔入門。冬月卽黃河諸遠處客魚來，謂之車魚，每斤不上一百文。」(註一一)孟老所言，大抵爲天聖時之物價。至司馬光時，俗較侈靡，情形不同，謂：「近歲風俗，尤爲侈靡，走卒類士服，農夫躡絲履。吾記天聖中先公爲郡牧判官，客至未嘗不置酒，或三行五行，多不過七行；酒酤於市，果止於梨栗棗柿之類，肴止於脯醢菜羹，器用磁漆，當時士大夫家皆然，人不相非也。會數而禮勤，物薄而情厚。近日士大夫家，酒非內法，果肴非遠方珍異，食非多品，器皿非滿案，不敢會賓友。常數月營聚，然後敢發書。苟或不然，人爭非之，以爲鄙吝，故不隨俗靡者鮮矣。」(註一二)由是消費較大，求過於供，物價自然上漲也。

南宋行都爲臨安，卽杭州，周圍七十里許。臨安者非永久首都之謂，故曰行在，朝曰行闕，陵曰欑寢。紹興年間，臨安累經兵火後，戶口所存，纔十二三，而西北人流寓，數倍土著，故富室大賈，往往而是。講和以後，成偏安之局，戶口數隨增。乾道臨安志，戶二十六萬一千六百九十二，口五十五萬二千六百零七。(卷二，人口)淳祐志：主客戶三十八萬一千零三十五，口七十六萬七千七百三十九。咸淳志：戶一十八萬六千三百三十，口四十三萬二千零四十六(註一三)。合城內外而言，居民大抵有一百五十萬。全城分爲左三廂，廂卽區也，三十二坊；右四廂，三十五坊。街巷之名多稱坊，但亦有大街之名。街衢皆砌以磚。官私房屋及基地，多是賃居，還僦金及出地錢，——僦金及地錢，約分大中小三等。因人煙稠密，常有大火災，如嘉熙元年，焚民廬五十三萬間，為災難之最大者，故寶祐五年，定兩城民居，須相隔二丈。設置巡警以防火燭盜賊。「臨安城郭廣濶，戶口繁夥，民居房宇高森，接棟連居，寸尺無空；巷陌壅塞，堦道狹小，不堪其行，多為風燭之患，官府於坊巷近二百餘步，置一軍巡鋪，以兵卒三五人為一鋪，遇夜巡警地方，盜賊烟火，或有鬧吵不律公事，投鋪即與，經廂發覺，解州陳訟。」(註一四)紹興二年，左右廂巡共一百一十五鋪，用卒六百七十三人，二十二年，又增為一百五十鋪(註一五)。巡警猶今日之警察，鋪即派出所之謂也。每日交四更，諸山寺觀已鳴鐘，報更人為頭陀，打鐵板或木魚，沿街報曉，並報晴陰風雨。

宮殿在鳳山之前，向來鳳山一帶，路南未闢，車馬冠蓋，多經嘉會門路。嘉定年間，八盤嶺屢經砌疊，其平如砥，遂為通衢。諺云：東門菜，西門水，南門柴，北門米。東門無民居，彌望皆菜圃。西門則引湖水注城中，以小舟散給坊市。嚴州富陽之柴，聚於江下，由南門而入。蘇湖米則來自北關。「杭城之外城，南西東北各數十里，人煙生聚，民物阜蕃，市井坊陌，鋪席駢盛，數日經行不盡，各可比外路一州郡，足見杭城繁盛矣。」(註一六)城西之西湖，大小船隻不下數百，大者長二十餘丈，可容百人；小者長數丈，可容二三十人，皆奇巧打造，雕欄畫棟，行駛平穩，如在平地，為遊覽宴飲之好去處。每年四月八日，郡人會於湖上，所放羽毛鱗介以百萬數。坊巷市井，買賣榷關，酒樓歌館，直至四鼓後方靜，而五鼓朝馬將動，其有趁賣早市者復起開張，無論四時皆然(註一七)。其商店分類，有米鋪、肉鋪、經籍鋪、藥鋪、漆器鋪、鐵器鋪、麵食鋪、頭巾鋪、團扇鋪、腰帶鋪、胭脂鋪、顏色鋪、絨線鋪、絲鞋鋪等。經籍鋪最著名者爲陳氏經籍鋪（北左二廂）、及尹氏經籍鋪（大廟前尹家）。又有賈官人經籍鋪（衆安橋南）、經史書籍鋪（中瓦南街），及張官人諸史子文籍館（保祐坊）。藥店則分爲生藥鋪與熟藥鋪（註一八）。市肆謂之團行者，蓋因官府科索而立此名，不以其物大小但合充用者，皆置爲團行，有名爲團者，如城西花團、泥路青果團、後市街柑子團；有名爲行者，如官巷方梳行、銷金行、冠子行、城北魚行、城東蟹行、薑行、菱行、州北豬行等。又有稱爲市者，如藥市、花市、珠子市、米市、肉市、菜市、南豬市等（註一九）。諸行市戶俱結有會社。其他工役之人，或名爲作，如油作、木作、甎瓦作、泥水作、石作、竹作、漆作等是（註二〇）至於熟藥丸散、生藥飲片、麩麵、糰子、饅頭、爊炕鵝鴨豬羊，以及零食糖果店等，亦屬於作坊。

糧食問題，「米市橋黑橋俱是米行，接客出糶，其米有數等，如早米、晚米、新破礱、冬舂、上色白米、中色白米、紅蓮子、黃芒、上稈、杭米、糯米、箭子米、黃秈米、蒸米、紅米、黃米、陳米。且言城內外諸鋪戶，每戶專憑行頭，於米市做價，經發米到各鋪出糶，鋪家約定日子，支打米錢。其米市小牙子，親到各鋪支打發客。」（註二一）然此等米市，實爲政府糧食管理處，非普通市場之米市。肉市亦然，「杭城內外肉鋪，不知其幾，皆裝飾肉案，動器新麗，每日各鋪懸掛成邊豬，不下十餘邊。如冬年兩節，各鋪日賣數十邊，案前操刀者五七人，主顧從便索喚劃切。……壩北修義坊名曰肉市，巷內兩街皆是宰屠之家，每日不下宰數百口，皆成邊及頭蹄等肉，俱係城內外諸麵店分。」

(註二二)各飯店及小販所需之肉，乃官賣肉市之肉。市民日常購用者，各鋪只得十餘邊，至年節始增多數倍。市民飲食之處所，曰栢戶、包子酒店、角毬店，多是以竹柵布幕爲之。栢戶爲小酒店，兼賣一般下酒食物者。包子酒店，則賣饅頭、薄皮春繭包子、蝦肉包子、魚兜雜合粉、灌熵大骨之類，宴飲在樓上，樓下只散坐。麵食店，專售小菜及麵食，通宵買賣，早市點心，有煎白腸、羊鵝事件、糕、粥、血臟羹、羊血粉羹。冬天有五味肉粥，七寶素粥，夏天則義粥、饊子、豆子粥、丁香餛飩。又有燒餅、蒸餅、糍糕、雪糕(註二三)。榷貨有冰出售，民間亦有賣雪，故能製雪糕。葷素從食店，售點心餅、各色饅頭、糕、湯圓、粽、裹蒸等。

臨安天氣和暖，四季如春，而山川秀麗，民生樂裕，故自錢氏有國以來，已開侈靡之風。南宋雖國難當頭，而受物質引誘，意志銷沉，昇平歌舞，猶髣髴東京之盛。元夕，「天街鼓吹不絕，都民士女，羅綺如雲，無夕不然。舞隊多至數千百隊，連亘十餘里，錦繡塡委。簫鼓振作，耳目不暇給。邸第好事者，如清河張府，蔣御藥家，間設雅戲煙火，花邊水際，燈燭燦然。遊人士女縱觀，則迎門酌酒而去。又有幽坊靜巷，好事之家，多設五色琉璃泡燈，更自雅潔，靚妝笑語，望之如神仙。」(註二四)此可見當時小康偏安之局，殆忘國仇，但求歌舞嬉遊，追求聲色之樂，故林洪詠西湖詩云：「山外青山樓外樓，西湖歌舞幾時休。煖風薰得遊人醉，直把杭州作汴州！」蓋慨乎言之。其酒樓、酒肆、茶肆、歌館，爲風流買歡之地，甚爲熱鬧。所謂酒樓者，有官辦與私營兩種。官辦者或曰樓或曰庫，如和樂樓、和豐樓、昇暘宮南庫、中和樓北庫、春風樓東庫等是，隸屬於戶部點檢所。每庫設官妓數十人，飲客登樓，則以名牌點喚侑樽，謂之點花牌。庫中無庖人，凡肴核杯盤，各隨意攜至。此等場所，往往爲學舍士夫所據，外人未易登也。私營者或曰樓、或曰厨，如熙春樓、三元樓、嚴厨、翁厨等是。每樓各分小閣十餘，每處各有私名妓數十輩，皆時妝巧笑，凭檻招邀，謂之賣客。又有小鬟不呼自至，歌吟強聒，以求支分，謂之擦坐。又有吹簫彈阮，歌唱散耍等人，謂之趕趁。老嫗以小爐炷香爲供者，謂之香婆。設有下酒點心美品羹湯，任意索喚。名厨以肴饌供客，歌管歡笑之聲，每夕達旦(註二五)。酒肆裝飾輝煌，門前有紅燈子，多蓄妓女，兼賣諸般下酒，食次隨意索喚，嚴禁官吏入酒肆，亦不得開設(註二六)。茶肆爲士大夫期朋約友會聚之地，揷四時花，掛名人畫，裝點店面。備置雙陸局棋局，以爲博戲。四時賣奇茶異湯，冬月添賣七寶擂茶，饊子，葱茶，或賣鹽豉湯，暑天添賣雪泡梅花酒，或縮脾飲暑藥之屬。但有等茶肆爲富家子弟諸司下直等人會聚，習學樂器，敎曲賺之類，謂之掛牌兒。又有專是五奴打聚處，爲賣伎人會聚。又有專安着妓女，名曰花茶坊(註二七)，如清樂茶坊，八仙茶坊，珠子茶坊，潘家茶坊等是。歌館卽妓館，如上下抱劍營、漆器牆、沙皮巷、清河坊、融和坊、太平坊、巾子巷、獅子巷等十餘處，皆羣花所聚之地，莫不靚妝迎門，爭妍賣笑，朝歌暮絃，搖蕩心目。凡初登門，則有提瓶獻茗，雖杯茶亦犒數千，謂之點花茶。登樓甫飲一杯，則先與數貫，謂之支酒。然後呼喚提賣，隨意置宴，趕趁祇應，撲賣者亦皆紛至，浮費頗多。或更招他妓，則雖對街，亦呼肩輿而至，謂之過街轎(註二八)。城內外皆有瓦舍，不下十七處，爲士庶蕩遊妓樂之所，尤甚於汴都(註二九)。

第二節 民風

山川之厚薄，地域之險易，環境所孕育者，民風之強弱、剛柔、智愚、直狡，由是而異焉。開封首府，官吏易得毀譽，世稱難治。人民語音淸軟，以繁華故，引起契丹金人之覬覦。京東路，其俗重禮義，勤耕織。登萊高密，民性愎戾，而好訟鬥。下邳俗尙，頗類淮楚。徐州之人皆長大，膽力絕人，喜爲剽掠。曹濮素多盜賊，北宋時，梁山濼爲盜窟。大率東人皆樸魯純直，甚者失之滯固，然專經之士爲多。京西路，土廣而民淳，鬥訟簡少，盜賊稀疏，外無蠻夷疆埸之虞，內無兵屯饋饟之勞，爲吏者常閒暇無事。然其壤地瘠薄，多曠而不耕；戶口寡少，多惰而不力，故租賦之入，於他路爲最貧(註三〇)。洛邑民性安舒，而多衣冠舊俗，孟津、滎陽、滑台、宛丘、汝陰、潁川、臨汝，其俗頗同。太宗徙雲應寰朔之民於京西諸州，西北之人，勤力謹儉，皇祐間以富稱於鄉里者，多當時所徙之民也。荊襄北連許汝，自宋開國二百年間，降爲荒落之邦，民居稀少，土產卑薄，人才之能通姓名於上國者，寥若晨星。洎乎建炎紹興之際，羣盜出沒於其間，而被禍尤烈。唐州素稱沃壤，經五代之亂，田不耕種，土曠民稀，賦不足以充役，議者欲廢爲邑，仁宗時，募兩河流民以實之。河東路，其俗剛悍而樸直，勤農織之事業，善治生，多藏蓄，靳嗇尤甚。南北宋之間，姚种折等姓，爲武人世家，多出名將。澤潞在唐爲雄鎭，以精兵聞天下，故其民好武爲健。河北路，民性質厚少文，多專經術，大率氣勇尙義，號爲強忮，土平而近邊，習尙戰鬥。博州之魏俗尙椎剽，姦盜相囊橐。燕雲之民，以塘水三關之隔絕，則漸染夷風。陝西路，其民慕農桑，好稼穡，大抵誇尚氣勢，多遊俠輕薄之風，甚者好鬥輕死。關中之俗，強悍豪忍。長安多豪族，尤多仕宦子弟，恃蔭縱橫，鮮能管治。興元府饒財而寡文，人多豪惡。蒲解本隸河東，故其俗頗純厚。被邊之地，以鞍馬射獵為事，其民勁悍而質木。

淮南之衝，以重法禁盜賊者三郡，而泗之臨淮，宿之虹，地大而多藪澤，與豐沛接，其民驍悍而剽輕，於三郡之盜居多焉。其豐年無事，則寇盜為之少息，然其悖戾之氣，發於囂訟爭鬥欺妄譎詐而不畏法，故臨淮為泗之劇，而吏於泗者於臨淮為最勞(註三一)。淮南人性輕揚，善商賈，廛里饒富，多高貲之家，飲食喜甘酸。揚壽皆為巨鎮，揚州，東南之吭也，舟輿至自汴者，日十百數；而壽州近京師，諸豪大商，交結權貴，號為難治者，僅為霍邱一邑。其民矜豪，其俗淫狡，飲酒呼博，椎牛掘塚，剽攻賊殺，則固其常事，以至闇昧之獄，姦怪之訟，難證之罪，亦無虛日。淮西村人，多作炙手歌，以大長竹數尺，刳去中節，獨留其底，築地逢逢若鼓聲，男女把臂成圍，撫髀而歌，亦以竹筒築地為節(註三二)。江南東西路，文物頗盛，其俗性悍而急，尤好爭訟，其氣尚使然。吳人短小，語清軟，多作山歌，聲怨咽如悲，聞之使人酸辛。南宋紹熙間，江寧巫風頗盛。江西之俗，士大夫多秀而文，其細民險而健，以終訟為能，村校中往往以訟牒法授生徒。洪俗信巫、天聖初，知洪州夏竦索部中得巫一千九百餘家，毀其淫祠，勒令改業歸農以聞，朝廷詔江淮以南皆嚴禁絕。饒州壤土肥而物產豐，其民家富而戶羨，喜事甲於江南。虔吉等州，專有家學，教習詞訟，脅持州縣，傷害善良。贛州俗尚門而喜殺。兩浙路，民性敏柔而慧，尚浮屠之教，俗侈靡而無積蓄，厚於滋味，急於進取，善於圖利，而奇技之巧出焉。然士大夫惟以隨俗苟且，不生事撫循爲知體。杭州人多易貧乏者，以其無恒產，借錢造屋，棄產作親，充飾門戶，虛有其表，此浙西人之常情，而杭州人尤甚。錢塘遊手數萬，以騙局爲業。明州俗輕悍喜鬥，但諫而無剛。徽、嚴、衢，婺、建、劍等州，其地阻險，其民好鬥，能死而不屈，視棄軀命與殺人，如戲劇之易。歙州其俗好大而敢爲。衢州俗尚巫鬼，民毛氏柴氏二十餘家，世蓄蠱毒，值閏歲，害人尤多，與人忿爭，輒毒之。南宋時，宗室多住桐廬。荊湖南北路，南路有袁、吉接壤者，其民往往遷徙自占，深耕穊種，率致富饒，自是好訟喜鬥。北路農作稍惰，多曠土，俗薄而質。歸峽信巫鬼，重淫祀，民以火種山。川峽四路，民勤耕作，多遨遊，踏青藥市之集尤盛，好音樂，少愁苦，尚奢靡，性怯懦，喜虛稱，涪陵之民，尤信巫鬼，漢中巴東，俗尚頗同。福建路，民安土樂業，川源浸灌，田疇膏沃，無凶年之憂，但地狹人稠。俗信鬼尚祀，以盡力豐侈爲孝，又重浮屠之教，與江南兩浙略同。然士多向學，喜講誦，好爲文辭，登科第者尤多。廣南東西路，土曠人稀，民性輕悍，婚嫁喪葬衣服，多不合禮。俗尚淫祀，殺人祭鬼。山林翳密，多瘴毒，春梅諸州，災厲頗甚。凡命官吏，秋冬赴治，使職巡行，皆令避盛夏瘴霧之患(註三三)。在兩廣中，桂林號稱士鄉。

北方之人，養生之具，不求於人，是以無甚富甚貧之家。南方多末作以病農，而兼併之患興，貧富斯不侔矣。西北民性強悍而堅毅，兩河次之，兩淮又次之，故北宋重視西北勁旅，南宋則以淮兵爲三衙之基幹也。自古江南文物，不能與中土埒，及宋統一宇內，然後七閩二浙與江之東西，冠帶詩書，翕然大肆，人才之盛，遂甲全國。

第三節　消息傳遞

宋代以人文之盛，印刷之便，政治活動之頻繁，社會關係之密切，因傳遞消息，而流行邸報與小報。前者爲官方消息，後者爲民間消息。此爲新聞紙之雛型，乃當時社會通訊作用之工具也。

所謂邸者，卽諸藩在京師自置之邸（駐京辦事處）。其制，漢諸侯王已然，唐藩俱因之。邸中傳抄詔令章奏報於諸藩，故稱爲邸報。至宋代，自太宗恢復都進奏院以後，邸報統籌編印。京師置進奏院，爲文報之收發機關，而諸路州郡亦各有進奏吏，凡朝廷已行之命令，已定之差除，皆以達於四方，謂之邸報。五代聽支郡自置邸，宋初沿舊制，置各進奏院，太平興國八年十月，詔於大內側近置都進奏官，人兼二三州(註三四)。進奏官之人數，凡一百二十人，由朝廷任命(註三五)。日赴院承受宣敕。「國初州郡自置邸吏，散在都下。外州將吏不樂久居京師，又符移行下，率多稽遲，或漏泄職事。太平興國初，起居郎何保樞奏置鈐轄諸道都進奏院，以革其弊，人給銅朱印一紐。」(註三六)其機掌：「進奏院隸給事中，掌受詔敕及三省樞密院宣劄，六曹寺監百司符牒頒於諸路。凡章奏至，則是事目上門下省，若案牘及申稟文書，則分納諸官司。凡奏牘違戾法式者，貼說以進。」(註三七)給事本隸屬於門下省，故都進奏院亦爲門下省再從機構，負責中央與地方之通傳使命，且能與各方保持聯絡，故爲編印邸報最適當之機關。其名稱，有所謂邸報、邸狀、報狀、朝報、進奏院報、進奏官報、進奏報、應稱爲朝報，卽政府公報。消息來源，由六曹供應。大中祥符元年十二月，詔進奏院不得非時供報朝廷事，宜令進奏官五人爲保，犯者科違制之罪(註三八)。舊例，進奏院每五日派進奏官一名，於閤門抄劄報狀，申樞密院，呈定，錄供各處，仍實封一送史館，一送本院時政記房，然後傳之四方。此所謂定本謄報。而邸吏輒先期報下，或矯爲家書，以入郵置。熙寧三年，樞密院吏房檢詳文字劉奉世乞革定本，去實封，但以通函謄報，從之(註三九)。四年，詔應朝廷擢用材能，賞功罰罪，事可懲勸者，中書檢正、樞密院檢詳官，月以事狀錄付院，謄報天下。元祐初罷之。紹聖元年，詔如熙寧舊條(註四〇)。定本謄報，由進奏院印刷，後以經費不足，交刑部印刷。邸報發行，十日一次，是利用當時已相當發達之郵傳制度（由兵部負責傳遞），以達於各州縣，同時亦間有零賣。南宋時，朝報「日出事宜也，每日門下後省編定，請給事判報，方行下都進奏院，報告天下。」(註四一)則南宋時邸報，由門下後省（門下外省）負責編輯，而進奏院只管理發行。新聞檢查機關，北宋時在樞密院，南宋則在門下省給事中。所謂檢查，「多刪去緊急事目，止傳常程文書。」(註四二)至於邸報之內容，是報導官吏任免、皇帝起居、臣下章奏、朝廷典禮、朝廷政策、及其他外患大變特殊之事故。南宋邸報，篇幅加大，凡朝廷政事施設、號令、賞罰、書詔、章表、辭見、朝謝、差除、注擬、及詩文等，令播告四方。紹興四年九月，侍御史魏矼言：「國家法度森嚴，講若劃一，凡成命之出，必先錄黃；其過兩省，則給舍得以封駁；其下所屬，則臺諫得以論列。已而傳之邸報，雖遐方僻邑，莫不如家至戸曉，此萬世良法也。」(註四三)是以各地藉閱邸報，而知京都之事。儂智高寇嶺南，詔奏邸毋得輒報。呂溱言一方有警，使諸道聞之，共得爲備(註四四)。自政和後，徽宗多微行，民間初猶未知，及蔡京謝表，有輕車小輦，七賜臨幸，自是邸報聞四方(註四五)。士大夫亦憑閱讀邸報，而知政情。「張尙書詠鎭陳台，一日邸報，同年王文貞公旦登庸，乖崖色不甚悅。」(註四六)蘇軾謂：「前日見邸報，范景仁乞上殿，不知其爲何也。」(註四七)陳文蔚謂：「近於邸報中，得知先生復有召命。」(註四八)王邁近體詩，二月閱邸報有云：「聞道邊頭數萬兵，倒戈歸我我遺民。處降失策國非國，淸野無糧人食人。」(註四九)凡此事例，不勝枚舉。

然而邸報之印發，傳抄新聞，情報每易洩漏。哲徽以後，更公然假冒朝報，印刷出版。元符元年五月，尙書省言：「進奏官許傳報常程申奏及經尙書省已出文字，其實封文字或事干秘密者，不得傳報。如違並以違制論，卽撰造事端謄報，若交結謗訕惑衆者亦如之。並許人告，賞錢三百貫。事理重者奏裁。」從之。大觀四年六月詔：「近撰造事端，妄作朝報，累有約束，當定罪賞。仰開封府檢舉，嚴切差人緝捉，並進奏官密切覺察。」又同年十月詔：「近傳僞詔曰：朕承祖宗之烈，在位數年，深思股肱之臣，盡皆忠輔，以相予治，不可得也。前宰相蔡京，目不明而強視，耳不聽而強聽，公行狡詐，行跡諂諛，內外不仁，上下無檢，所以起天下之議。四夷凶頑，百姓失業，遠竄忠良之臣，外擢暗昧之流，不察所爲，朕之過也。今州縣有蔡京蹤跡，盡皆削除，有朋黨之輩，悉從貶剝，內外文武臣僚無隱，奉御筆。內外盛傳此御筆手詔，深駭聽聞，且姦人乘閒輒僞撰詔，撰造異端，鼓朝報以揭露朝政之錯誤而詆譭執政者，秘密發行，以製造輿論，二爲邊防問題，誠恐國防軍機，洩漏於敵也。

傳，郵寄零賣，一如現代之報紙。然朝廷之三令五申，嚴厲取締者，一爲牽涉黨爭問題，反對派每假出榜曉諭（註五一）。靖康要錄：「凌晨有賣朝報者。」臨安商店，有供朝報一項營業（註五二）。朝報流未退，事已傳播，甚者諸處進奏官，將朝廷機事，公然傳寫謄執，欲乞嚴行禁止。詔三省檢坐條法，惑羣心，可立賞錢，內外收捕。」（註五〇）乾道六年四月二十八日，臣僚言：近日每遇批旨差除，朝殿

南宋時，另有所謂小報者，具有潛勢力，甚爲流行。高宗朝，周麟之論禁小報：「方陛下頒詔旨，布命令，雷厲風飛之時，不無小人譸張之說，眩惑羣聽，無所不至，如前日所謂召用舊臣，浮言胥動，莫知從來。臣嘗究其然矣，此皆私得之小報。小報者，出於進奏院，蓋邸吏輩爲之也。比年事有疑似，中外未知，邸吏必競以小紙書之，飛報遠近，謂之小報，如日今日某人被召，某人罷去，某人遷除，往往以虛爲實，以無爲有，朝士聞之，則曰已有小報，州縣間得之，則曰小報到矣。他日驗之，其說或然或不然。使其然耶？則事涉不密。其不然耶？則何以取信？此於害治，雖若甚微，其實不可不察。」（註五三）印賣小報之行爲，早已見諸神宗之初，熙寧二年，監察御史裏行張戩言有矯撰敕文，印賣都市。小報既原由邸吏之所爲，乃邸報之變相，而流於民間之私探新聞也。因是之故，朝廷遂下令嚴禁。淳熙十五年正月二十日詔：「近聞不逞之徒，撰造無根之語，名曰小報，轉播中外，駭惑聽聞。今後除進奏院合行關報已施行事外，如有似此之人，當重決配，其所受小報，官吏取旨施

行，令臨安府常切覺察，御史臺彈劾。」十六年閏五月二十日詔，更懸賞告發，「今後有私撰小報，唱說事端，許人告首，賞錢三百貫文，犯人編管五百里。」此皇皇禁令，仍無法根絕，故紹熙四年十月四日臣僚言：「此來有司防禦不嚴，遂有命令未行，差除未定，即時謄播，謂之小報。始自都下，傳下四方，甚者鑿空撰造，以無爲有，流布近遠，疑悟羣聽。且常程小事，傳之不實，猶未害也，倘事干國體，或涉邊防，妄有流傳，爲害非細，乞申明有司，嚴行約束，應妄傳小報，許人告首，根究得實，斷罪追賞，務在必行。」臣僚又言：「朝報逐日自有門下後省定本，經由宰執，始可執行。近年有所謂小報者，或是朝報未報之事，或是官員陳乞未曾施行之事，先傳於外，固已不可，至有撰造命令，妄傳事端，朝廷之差除，臺諫百官之章奏，以無爲有，傳播於外。訪聞有一使臣及閤門院子，專以探報此等事爲生，或得於省院之漏泄，或得於街市之剽聞。又或意見之撰造，日書一紙，以出局之後，省部寺監知雜司及進奏官悉皆傳授，坐獲不貲之利，以先得者爲功，一以傳十，十以傳百，以至遍達於州郡監司。人情喜新而好奇，而以朝報爲常，眞僞亦不復辨也。欲乞在內令臨安府重立賞牓，緝捉根勘，重作施行。其進奏官令院官以五人爲甲，遞相委保覺察，不得仍前小報於外，如違重寘典憲。」從之(註五四)。由於朝廷之加強檢舉，懸賞重罰，乃至進奏官採保甲制實行覺察，此證明小報之發行，漸漸擴大，難於制止。良以朝廷邸報既難滿足新聞之供應，在人文發達，出版便利，又有宮官相護，處在黨爭潮流，造成此種背景之宋代社會，私人報紙，乃不脛而走。故小報之秘密組織，直至理宗朝，依然存在。「其有所謂內探、省探、衙探之類，皆衷私小報，率有漏泄之禁，故隱而號之曰新聞。」（註五五）自渡江以後，官衙淺隘，屋小人多，雖賣物之人，亦縱之入政事堂，故關防甚弛，消息容易洩漏。內探卽由宮廷所得情報，省探卽由三省所得情報，衙探卽在三省以外各機關所得情報，或加以臆測，或加以渲染，務期以最大速率發出，當時雖在禁令之下，仍秘密發行。

此外，尚有邊報，是沿邊守將對朝廷報告之軍情消息。榜文，爲朝廷曉諭官民之佈告。時文，是當時流行之文字。民間雕印發售，亦皆爲向大衆傳播消息之工具也。

第四節　宗　教

唐代道教頗盛，高宗乾封二年，追號老子，以宰相領道觀。宋代尊奉道教，早在太祖之時。建隆初，太祖遣使詣眞源祠老子，於京城閶闔門外修建隆觀，自是齋修率就此觀。乾德五年，詔萊州道士劉若拙爲左街直錄，俾其肅正道流。若拙蜀人，自號華蓋先生，善服氣養生，九十餘歲不衰，步履輕捷，每水旱，必召於禁中致禱。開寶五年，詔自今如願入道者，須本師與本觀知事，同詣長吏陳牒，請給公憑，方許披度，謂之度牒。又令若拙與功德使，集京師道士試驗，其學業至而不修飭者皆斥之（註五六）。私入道者，禁令亦嚴，「諸私入道及度之者杖一百，已除貫者徒一年，本貫主司及觀寺三綱知情者與同罪。」（註五七）

眞宗徽宗兩朝，道教最盛，故自宋代起，爲教權之確立時代。宋本趙氏，不能以老子爲祖，眞宗乃別創一道教之祖曰趙玄朗，而改太上玄元皇帝爲太上混元皇帝，使與唐高宗之封號相對，改玄聖文宣王（孔子）爲至聖文宣王，以避趙玄朗之諱。大中祥符二年十月，詔天下並建天慶觀，時罕習道教，惟江西、劍南人素崇重，及是，天下始徧有道像矣（註五八）。八年正月，建太極觀，五月宮成，凡七百二十六區。賜信州道士張正隨爲虛靜先生，王欽若爲奏立授籙院及上清觀（後改太上清宮，在江西龍虎山上），蠲其田租。自是凡嗣世者皆賜號，即後世江西張天師之起源也。此時於汴京建玉清昭應宮（大中祥符元年建，至七年竣功）、會靈觀，管以宰相職。各路亦遍置宮觀，以侍從諸臣退職者領之，號爲祠祿，迄於南宋未改。方士凡二萬人，皆有俸，每觀給田數百千頃，大齋輒費錢數萬緡。民間禳災喪葬，求雨祈晴，多請道士爲之。道教之風習，普遍影響於社會，成爲中國人固有之習俗。道士度籙，歲有限數。景德三年，兩京諸州道釋，歲度十人者，特放一人，不取經業。大中祥符二年，詔全國宮觀寺院內，十人度一人，不滿十人者，亦度一人。三年，天慶節，兩京諸路宮觀，每十人度一人，不及十人者亦如之。天禧三年八月，詔普度全國道士、女冠、僧、尼，凡度二十六萬二千九百四十八人。仁宗朝，度籙之數漸減，至和五年，道士及女冠，率二十人度一人。北宋初葉，士大夫崇道者，有陶穀、王質、薛居正、張詠、張洎、舒雅、樂黃目、羅處約、楊億、晁迥、种放、劉溫叟、富弼等。四川之青城山、江南之茅山、江西之龍虎山，爲道教之聖地。道士常隱逸，好煉丹，每以五雷法爲人祈雨治祟。太宗朝，華山陳摶、華陽李奇，關中呂洞賓（註五九）；眞宗朝，陝府魏野、蒲中李瀆、嵩山种放等，以道學之湛深修養，有名於時也。

眞宗崇道教，帶有政治意味。徽宗崇道教，名色益繁，純屬君主之把戲，姦諛之蠱惑，以崇奉道教爲名，遂行其私慾爲實，然道教至時始正式成立，以皇帝而兼教主。崇寧四年五月，賜信州龍虎山道士張繼元號虛靖先生，漢張道陵三十代孫也。張氏自是相襲爲山主，傳授法籙者，即度爲道士。(註六〇)政和三年，詔求道教仙經於天下。四年，置道階，有先生處士等名，秩比中大夫，至將仕郎，凡二十六級。後又置道官二十六等，有諸殿侍宸、校籍授經，以擬待制、修撰、直閣之名（後改爲大夫等名，使與文武官階同）。七月，詔全國悉立神霄玉清萬壽宮。此宮初止改天寧萬壽宮觀爲之。後別改宮觀一所，不用天寧。若州城無宮觀，即改僧寺。俄又不用宮觀，止改僧寺。初通撥賜產千畝，既而豪華無涯，西京以崇德院爲宮，據其產二萬一千畝，賃金錢園利錢，又在其外。已而凡縣皆改一僧寺爲神霄下院，駸駸日張，至宣和末方已，此則改佛爲道也(註六一)。六年，賜方士林靈素號通眞達靈先生。旋從靈素言，立道學，自元士至志士，凡十三品。詔太學辟雍，各置內經、道德經、莊、列博士二員。以內經、道德經爲大經，莊子、列子爲小經，升貢及三歲大比，法同科舉。又用蔡京言，集古今道教事爲紀志，賜名道史。上玉皇帝尊號曰太上開天執符御歷含眞體道昊天玉皇上帝。詔全國洞天福地，修建宮觀，塑造聖像。重和元年十月，帝如上清寶籙宮，傳度玉淸神霄秘籙，會者八百人。時道士有俸，每一齋施，動獲數十萬，每一觀，給田亦不下數百千頃。貧下之人，多買靑布幅巾以赴，日得一飯餐及襯施錢三百，謂之千道會(註六二)。又欲盡廢佛教，宣和元年，改佛號大覺金仙，餘爲仙人、大士，僧爲德士，易服飾，稱姓氏，寺爲宮，院爲觀。女冠爲女道，尼爲女德。尋詔德士並許入道學，依道士之法。徽宗自稱教主道君皇帝。

北宋曾致力編輯道藏，欲確立聖典。大中祥符二年，選道士十人，校定道藏經。九年，王欽若上新校道藏經，賜目錄名寶文統錄，又命欽若詳定成羅天醮儀十卷。十年，於崇文院集官詳校，王欽若總領鑄印給之。舊藏經（徐鉉校）三千七百三十七卷，欽若增六百二十二卷。又以道德陰符經，自四輔部升於洞眞部(註六三)。雲笈七籤等於全部道藏之提要，其序文述校編道藏之經過：「盡得所降到道書，並續收到蘇州舊道藏經本千餘卷，越州台州舊道藏經本亦各千餘卷，及朝廷續降到福建等州道書，明使摩尼經等，與道士依三洞綱條，四部錄略，品詳科格，商較異同，以銓次之，僅能成藏都盧四千五百六十五卷，起千字文天字爲函目，終於宮字號，得四百六十六字，且題曰：大宋天宮寶藏，距天禧三年春寫錄成七藏。」(註六四)鄭樵通志藝文略，更詳爲分類。儒學之士，每採道學之理論，北宋大儒周敦頤採無極之說，邵雍襲龍圖之易（道藏於邵雍之皇極經世、擊壤集皆採入），蘇軾平生好道術，喜學煉形蟬蛻之道。南宋大儒朱熹，且撰陰符經考異，又爲周易參同契作注，亦有天堂地獄之說。至於眞德秀等，更無論矣。

宋南渡後，道教之分派漸起，有南北二宗。南宗主性，北宗主命。主性者由服食煉養而保嗇吾人之眞性，可稱爲自力派。主命者，由符咒科教，而得延命，可稱爲他力宗。南宗自老聃、東華少陽君、鍾離權、呂純陽、遼之劉操、宋之張伯端、石泰、薛道光、陳楠、白玉蟾至彭耜，爲正一教，即天師教，乃道教中最正統之嫡派。北宗自呂純陽傳至王喆，當靖康之變，汴宋遺民，創三派道教，流傳於北方，與金元二代相終始。一爲咸陽人王喆（重陽，一一一三—一一七〇）之全眞教。二爲滄州劉德仁（一一二二—一一八〇）之大道教。三爲汲郡蕭抱珍（金大定六年卒）之太一教。全眞教於金貞元元年倡立，合儒釋道三教教義，自立一教，名爲出家，實則濟世，先使人讀孝經及道德經，而修孝謹純一之德。立說多及於六經，而刻苦自勵，淡泊寡營爲主，不殺不爭爲尙，故能保西山之節。四方學者，輻湊堂下，歸皈參叩，于于而來，推進甚遠，結納士流，每爲遺老之逋逃藪。萊州諸地，說法設會，其二流以下，弟子恒千人，庵觀百所。必使三教之名，稱之爲全眞，蓋屛去妄幻，獨全其眞之意也。門人有譚處端（長眞子）、劉處元（長生子）、馬鈺（丹陽子）、丘處機（長春子）等七子，最爲有名。大道教以苦節危行爲要，而不妄取於人，不苟侈於己，一時翕然宗之。大定初，詔居京城天長觀，賜號東岳眞人，傳其道者幾徧國中。太一教，蓋取元氣渾淪，太極剖判，至理純一之義也。各建太一堂，奉持香火，以符藥濟人，蓋以老氏之學修身，以巫祝之術御世者也。其教盛行於趙州、眞定、衞州一帶。「金有中原，豪傑奇偉之士，往往不肯嬰世故，蹈亂離，輒草衣木食，或佯狂獨往，各立名號，以自放於山澤之間。當是時，師友道喪，聖賢之學，泯滅澌盡。惟是爲道家者，多能自異於流俗，而又以去惡復善之說勸人。一時州里田野，各以其所近而從之，受其教戒者，風靡水流，散於郡縣，皆能力耕作，治廬舍，聯絡表樹，以相保守，久而未之變也。」(註六五)此則汴宋雖陷落，北方之民風文化，寄托於道教而保存。南宋亡後，道教第三十六代天師張宗衍，北上受封，邀忽必烈之寵賞，盛行於南方，又爲南方士大夫在政治上盡相當掩護之作用也。

佛教方面，周世宗顯德二年敕全國寺院，非敕額者悉廢之，是歲全國廢者三萬零三百三十六所，存者二千六百九十四所，僧四萬二千四百四十四人，尼一萬八千七百五十六人。宋建隆元年，詔諸路寺院，經顯德二年當廢而未毀者聽存，其已毀者，所有佛像許移置存留，又度僧八千人。開寶二年，詔天下僧入殿廷，試經律論三學義十餘條，全通者賜紫衣，號曰手表僧。又令僧尼百人，許歲度一人。太平興國元年，詔普度天下童子，凡十七萬人。至道初，又令三百人歲度一人，以誦經五百紙為合格。先是，泉州奏僧尼未度者四千人，已度者萬數。太宗驚駭，遂下詔曰：「一夫耕，三人食，尚有受餒者。今一夫耕，十人食，天下安得不重困，水旱安得無轉死之民？東南之俗，游惰不職者，跨村連邑，去而為僧，朕甚疾焉，故立此制。」然太宗志奉釋老，崇飾宮廟，重修五臺十寺，峨嵋五寺，建開寶寺、靈感塔以藏師舍利。由於佛寺逐漸恢復，汴京寺塔之雄偉，固無論矣，而西京之王公戚里，富商大姓，喜於事佛者，往往割脂田沐邑貨布之贏，奉祠宇為莊嚴，故浮屠氏之居，與侯家主第之樓臺屋瓦，高下相望於洛水之南北，若奕棋然。景德中，全國佛寺達二萬五千間。眞宗以崇道故，天禧二年三月，詔不許擲修寺觀院宮，州縣常行查察，如造一間以上者，許人陳告，犯者依法科罪。然當其末年，全國僧三十九萬七千六百一十五人，尼六萬一千二百三十九人（註六六）。景祐元年，四十三萬四千二百七十三人。慶曆二年，三十九萬六千五百二十五人。至和元年，敕增歲度僧率百人度一人，尼五十人度一人。熙寧元年，二十五萬四千六百七十人。熙豐以後，佛寺增至三萬九千所。徽宗初崇佛教，大觀四年，毛注奏言：「天下僧尼，增舊大倍，凡數十萬人，祠部歲給度牒幾三萬，乞權住三年，」帝從之。政和宣和間，道教方盛，一時詔命章表，皆指佛為金狄，抑之甚而仇之也。

南宋累代保護佛教，或度僧，或寫經，或遣僧求法。高宗時，嘗敕賣四字師號，命僧道納免丁錢，算寺觀鐘磬，鬻僧道度牒。紹興二十七年，全國僧約有二十萬人。

佛經之訪求整編與翻譯，宋人不遺餘力。乾德三年，于闐國僧善名七人來，詔館於相國寺。又滄州僧道圓，遊五天竺，歷十八年，及還，偕于闐使者至京師，獻佛舍利，貝葉梵經。帝召見便殿，問西土風俗，賜紫方袍器幣。四年，詔秦涼既通，可遣僧往西域求法。時沙門行勤等一百五十七人應詔，所歷焉耆、龜茲、迦濕彌羅等國，並賜詔書，諭令遣人前導，仍各賜裝錢三萬。五年，右街應制僧文勝，奉敕編修大藏經隨函索隱凡一百六十卷。開寶四年，詔成都造金銀字佛經各一藏。是年，沙門建盛，自西竺還，詣闕進貝葉梵經，同梵僧曼殊室利偕來，室利者，中天竺王子也，持律甚精，詔館於相國寺（後太天興國三年歸國）。後可智、法見、眞理、彌羅等，接踵來朝。五年，詔雕佛經一藏，計十三萬板，經十二年而成，是所謂開寶勅版大藏經，即北宋官本。

唐自元和以後，不復譯經。中天竺摩伽陀國僧法天者，至鄜州，與河中梵學僧法進，共譯經義，始出無量壽、尊勝二經，七佛賨法，進筆受綴文，知州王龜從潤色之，開寶六年，遣法天、法進獻經闕下，太祖召見慰勞，賜以紫方袍。太平興國五年二月，北天竺迦濕彌羅國僧天息災，與其受具母弟烏塡曩國僧施護繼至，各持梵筴來獻。太宗召見，賜紫袍，令閱乾德以來西域所獻梵經。天息災等皆曉華言，帝遂有意翻譯，因命中使鄭守鈞就太平興國寺之西偏建譯經院，設三堂，中爲譯經，東序爲潤文，西序爲證義，七年六月院成。詔天息災等將梵本各譯一經以獻，擇梵學僧常謹、淸沼等與法進同筆受綴文，義學僧苾芻、慧達等證義，高品、王文壽等監譯，光祿卿湯悅、兵部員外郎張洎參詳潤色之。七月，天息災上新譯聖佛母小字般若波羅密多經，法天上大乘聖吉祥持世陀羅尼經，施護上如來莊嚴經。詔新經入藏，開板流行。帝臨幸賜賚，詔賜金額，歲給餐錢，度僧十一人，翻譯之制，於茲大備。御製三藏聖教序，以冠經首，天息災賜名法賢。八年，詔譯經院賜名傳法院，更於其西偏建印經院。既而天息災等言，歷朝翻譯，並藉梵僧，若遐阻不來，則譯經廢絕，奏請令兩街選童子五十人習梵文。詔令高品王文壽選惟淨等十人，送譯經院受學。雍熙二年，以天息災爲譯經三藏明教大師，施護爲傳教大師，並授朝散大夫，試鴻臚少卿，仍月給俸祿(註六七)。惟淨者，南唐李煜之姪，任梵學筆受，賜紫衣及光梵大師號，至道以後，所譯新經九千五百餘卷。眞宗繼世並隆，嘗應天息災之請，製繼聖教序，令置太宗之聖教序後，並詔賜名大中祥符法寶錄。沙門可升，注序進上，又製崇釋論及注四十二章、遺敎二經。是時廣事譯經，大開梵學，五竺沙門，競集闕下，而專用宰輔詞臣，兼潤文之職。曾以自太平興國以來所翻譯，合經律論共成四百一十三卷，悉編入大藏。

仁宗景祐二年，又盛譯經典，「命宰相呂夷簡奉制兼使，參知政事宋綬、故樞密使王曙、參知政事張洎、趙安仁，樞密副使楊礪、翰林學士承旨晁迥、李維、翰林學士朱昂、梁周翰、楊億，繼司譯潤。主譯者則有三藏五人，皆賜朝散階，累遷試光祿卿。始法賢，次法天，次施護，並剎帝利氏(Kṣatriya)，又次法護。次曰惟淨，特命主譯。其監譯內侍，則自文壽以來，有陳文一、閻士良、朱若水等十七人。筆受綴文證義等僧，則自法進至今，有文一、法凝、鑒深、慧濤、潛政、淸漏、善初、義崇、慧素、存行、及梵學僧文渉、道隆、慧燈等七十九人。其貢經五印度僧，則自法軍至法稱八十人。取經還華僧，則自辭潮至棲秘一百三十八人。其貢獻並內出梵經，無慮一千四百二十八夾，秘之院閣，譯成經論，凡五百六十四卷。」（註六八）至於佛經數量，司馬光謂：「余嘗聞學佛者言：佛書入中國，經律論三藏，合五千四十八卷，般若經獨居六百卷，」（註六九）大抵約言其數耳。大藏經版本，除開寶勅版外，私刻者尚有福州東禪寺版。元豐三年，福州東禪寺住持慧空大師淨眞與其弟子等發願雕版，費時二十四年，至崇寧三年完成。崇寧三年至政和二年，又補刋新譯天臺部章疏，共成書六千八百七十卷。福州開元寺之慧通大師了一等，發願又刋大藏經，經時三十餘年，至紹興十六年完成，迄乾道八年，補入禪宗部經，亦爲六千一百一十七卷，是爲福州開元寺版。紹興二年，天台宗之淨梵，禪宗之懷深，於湖州思溪之圓覺禪院，得王永從之施財，而刻大藏經之版，成書六千卷，其事蓋始於北宋，而完成於紹興二年者，是爲思溪版。自是佛釋經典，供應方便，傳之鄰邦，視爲瓌寶矣。

佛教宗派，以天台宗、淨土宗、禪宗爲最盛，律宗雖起而復微。天台宗有所謂山家、山外兩派之爭，詰難之論點，以觀境之眞妄爲中心。天台與淨土，其關係最密切。天台之學者，多修淨業，期往生。天台山家派之四明知禮，其弟子神照本如之系統，尤盛修淨業。本如在廬山結白蓮社，後成巨刹，仁宗賜名曰白蓮寺。抗州西湖昭慶寺省常，爲蓮社七祖之一，在西湖邊結蓮社，專修淨業，後易名爲淨行社，宰相王旦爲社首，士大夫預其會者，前後一百二十三人，皆投詩頌，自稱淨行社弟子。

比丘預者，復千餘人，廬山白蓮社之風，於是復興。禪家五宗，宋代以雲門、臨濟二宗最盛。雲門宗盛行凡二百年，至南宋法脈遂絕。臨濟宗之大慧宗杲，盛倡看話禪，從此禪流，無不以看話頭爲入門。貶曹洞宗天童正覺（即宏智）所倡默照禪爲默照邪禪。佛教流行，風靡上下。太宗第七女申國大長公主，眞宗即位，乞削髮爲尼，庭掖嬪御隨出家者二十餘人。山林避世之士，固無論矣，士大夫亦篤信其學，往往作偈頌以發明禪理。當嘉祐治平以前，濂洛之說未盛，儒者沿唐代餘風，認爲義理一也，不應有華夷之辨，而多歸心於浮屠。夏竦宋綬皆通釋典，王隨甚好釋氏。富弼致仕家居，爲佛氏之學。張方平、韓維、趙抃俱學佛。杜衍歐陽修獨不言佛，修且撰有本論以闢之。蘇軾信道外又喜佛，故佛徒每崇蘇而抑歐，謂歐陽修爲一代文宗，但其理不通，而東坡之理通，是以其文渙然如水之質，漫衍浩蕩，則其波亦自然而成文（註七〇）。晁迥性躭禪悅，喜究心於內典，撰法藏碎金錄十卷，宗向佛乘，以莊老儒書，彙而爲一。王安石罷相，歸老鍾山之定林，著有楞嚴經疏解，略諸師之詳，而詳諸師之略，非智者而莫能窺也。司馬光謂近歲舉世談禪，獨范景仁（鎭）未耳。「洛中有一僧，欲開堂說法，司馬君實夜過邵堯夫云：聞富彥國、呂晦叔欲往聽，此正不可，但晦叔貪佛，已不可勸，人亦不怪，如何勸得彥國？堯夫曰：今日已暮矣，姑任之。」（註七一）可見公卿大夫之悅禪者，大有人在也。人恒謂多疾病宜學道，多憂患則宜學佛。蘇轍常坐黨禍，兩謫高安，多與山林有道者語，乃爲排遣憂患之故。轍亦自云：「予自十年來於佛法中漸有所悟，經歷憂患，皆主所希有，而眞心不亂，每得安樂。崇寧癸未，自許遷蔡，杜門幽坐，取楞嚴經翻覆熟讀，乃知諸併涅槃正路，從六根入。」

(註七二)晁補之亦好佛，黃庭堅與靈源大士極相得。南渡後，胡安國有崇正辨，乃佛氏之攻輸，但道學家仍襲佛釋之說。孝宗游心內典，深味禪悅。淳熙十四年十月二十日，會慶聖節，親書心經於禁中觀堂，崇信佛釋，頗見虔誠。民間信佛，甚爲普遍。杭州市肆，有喪之家，命僧爲佛事，必請親戚婦女觀看。信佛者組有上天竺寺光明會。至於佛節奉行，進香膜拜，殆視爲常禮也。

祆教在唐時爲盛，宋代仍有之。汴京城北有祆廟，京師人畏其威靈，甚重之。其廟祝爲史世爽，自云家世爲祝累代矣，藏先世補受之牒凡三：一爲唐咸通三年宣武節度使令狐綯給；二爲周顯德三年權知開封府王朴給；三爲顯德五年王朴給。鎮江府朱方門之東城上，亦有祆神廟，不知何人所立也。(註七三)廣州泉州，因大食波斯蕃商聚居，回教建有寺塔，亦頗盛行。一賜樂業教，即以色列 (Israel) 猶太教，宋代已傳入汴梁，俺都剌始建寺於開封，爲猶太人奉祀之所，有李、俺、艾、高、穆、趙、金、周、張、石、黃、李、聶、全、張、左、白十七姓。孝宗隆興元年，列轍五思達領掌其教，宣道不衰。

民間迷信，崇祀多神。各州縣皆有城隍廟，莫詳其起源，蓋唐代已有之。其他廟宇亦林立。神仙故事雖傳聞，但無八仙之說。星相占卜，甚爲流行。風鑒一事，乃昔賢甄識人物，拔擢賢才之所急，非市井卜相之流，用以賈鬻取貲者。宋代大臣，每好藻鑒。錢若水得異人傳相法，後傳楊大年。寇準年十九，擢進士第，有相者曰：「君相甚貴，但及第太早，恐不善終。若功成早退，庶免深禍，君骨類盧多遜耳。」(註七四)星命之學，初以唐李虛中命書(三卷)爲宗。虛中字常容，進士及第，元和中官至殿中侍御史，其書以人之始生年月日所直日辰支干相生勝衰死王相斟酌，推算人之壽夭貴賤吉凶，此僅以年月日起算，而未有所謂八字者。宋有徐子平珞琭子三命消息賦注二卷，其人不可考，但此書流行於宣和建炎之間，專以人生之年月日時八字，推衍吉凶禍福，今稱推八字爲子平，蓋因其名也。後之命名者，亦每根據八字而定之(註七五)。又有取人生年月日時成卦，謂之軌革術，亦曰卦影，以費孝先爲最著。孝先，蜀人，至和二年，始泝眉山，云遊青城山，一老人授以易軌革卦影之術，前此未知有此學者。由嘉祐至元祐間，孝先名聞天下，王公大人，皆不遠千里，以金錢求其卦影，孝先遂以致富。其術，先筮之，得兆詞，然後以丹青繪畫，預言將來休咎，多驗於事後。但所畫皆唐人衣冠，祿位亦唐官次，豈非唐代之精象數者爲之歟？宣和間，測字盛行，謝石，字潤夫，成都人，宣和四年到京師，以測字之驗，盛傳一時。理宗寶慶初，葉子仁，上饒人，推算筮占，往往如破的。至於星曆之學，張載、眞德秀、文天祥特喜談之，以推驗事變。

第五節　居室服飾

皇帝巨公名卿，宅第都麗，每兼園林之勝，假山池沼，橋臺亭榭，以爲點綴，皆仿文人畫而造園，盡量利用平面，效法自然，以藝術佈置環境，意趣甚高。此園第合式，隋唐時代，極爲普遍，至北宋而特盛，構造亦至精麗。名人隱士，雖土屋茅舍，常遍植松竹，寓詩情畫意，配合自然之美。太祖置瓊林苑，太宗置宜春苑、玉津園、芳林園(後改潛龍園，又改奉眞園)。徽宗築山號壽山艮嶽，假山結構之精，推為第一。唐代風行設置離宮別館，故洛陽園第別墅甚多。宋代洛陽之名園，有富鄭公園、文彥博之東園、董氏之東西兩園、劉氏園、叢春園、歸仁園、苗帥園、趙韓王園、李氏仁豐園、紫金臺張氏園、水北胡氏二園、呂文穆園、司馬光獨樂園，以及唐氏遺留之大字寺園、湖園（裴晉公宅園），皆稱盛一時。茲舉富鄭公園與獨樂園為例，可窺其內容：

一、**富鄭公園**　此園乃富弼所建，自其第東出探春亭，登四景堂，則一園之景勝，可顧覽而得。南渡通津橋，上方流亭，望紫筠堂而還。右旋花木中有百餘步，走蔭樾亭、賞幽臺，抵重波軒而止。直北走土筠洞，自此入大竹中。凡謂之洞者，皆斬竹丈許，引流穿之，而徑其上，橫為洞一，曰土筠；縱為洞三，曰水筠、曰石筠、曰榭筠。歷四洞之北有亭五，錯列竹中，曰叢玉，曰披風，曰漪嵐，曰夾竹，曰兼山。稍南有梅臺，又南有天光臺。臺出竹木之杪。遵洞之南而東，還有臥雲堂。堂與四景堂並南北，左右二山，背壓通流。凡坐此，則一園之勝，可擁而有也。富弼自還政歸第，一切謝賓客，燕息此園幾二十年，亭臺花木，皆出其目營心匠，故逶迤衡直，闓爽深密，皆曲有奧意。

二、**獨樂園**　司馬光居洛陽，自號迂叟。熙寧六年，於尊賢坊置田二十畝，闢為獨樂園。其中為讀書堂，數椽屋，聚書五千卷。堂南有屋一區，引水北流，中央為沼，方深各三尺，疏水為五派注沼。自沼北伏流會於西北而出，會之曰弄水軒。堂前為沼，中央有島，島上植竹，攬結其杪，如漁人之廬，名曰釣魚庵。沼北橫屋六楹，開戶東出，南北列軒牖，以迎涼颸，前後多植美竹，為淸暑之所，曰種竹齋。沼東治地雜蒔草藥，畦北植竹，四周植木藥為藩，命曰採藥圃。圃南為六欄芍藥牡丹

圖十三 司馬光獨樂園（國立故宮博物院藏品）

雜花；欄北爲澆花亭。園中築臺曰見山臺，可望萬安轘轅至於太室(註七六)。又作地室，隧而入，以避暑熱。

洛陽固多名園，汴中園圃，亦以名勝於時。「州南則玉津園，西去一丈佛園子，王太尉園，景初園。陳州門外，園館最多，著者有奉靈園、靈嬉園。州東宋門外，麥家園，虹橋王家園。州北李駙馬園。西鄭門外，下松園，王太宰園，蔡太師園。西水門外，養種園。州西北有庶人園。城內有芳林園，同樂園，馬季良園。」(註七七)歐陽修在揚州作平山堂，壯麗爲淮南第一，環堂左右，老木參天；後有竹千餘竿。堂據蜀江，下臨江南數百里，眞、潤、金陵三州，隱隱若可見焉。

南宋偏安，園第亦不遜北宋之盛，高宗置御園、八仙園、養種園於金陵。杭州園圃，俯瞰西湖，高挹兩峯，亭館臺榭，藏歌貯舞。城南萬松嶺內有富覽園，慶壽庵褚家塘東瓊花園，淸湖北慈明殿園，楊府秀芳園，張府北園。楊府風雲慶會閣，築一圃，亭臺花木，最爲富盛，每歲春月，放人遊玩。堂宇內頓放買賣關撲，並體內庭規式，如龍船、鬧竿、花籃、花工用七寶珠翠、奇巧裝結花朵，冠樣並皆時樣。官窰碗碟，歷古玩具，鋪列堂右，儼如關撲。歌叫之聲，淸婉可聽。湯茶巧細車兒，排設進呈之器。桃村杏館酒帘，裝成鄉落之景。數畝之地，觀者如市。又有富景園(城東御園)，五柳園，張府七位曹園。南山長橋之慶樂園，舊名南園，有十樣亭榭，工巧無二，射圃、走馬廊、流杯池、山洞，堂宇宏麗，野店村莊，裝點時景，觀者不倦。淨慈寺南有翠芳園，雷峯塔前有張府眞珠園，塔後有謝府新園，羅家園、白蓮寺園、霍家園、劉氏園、北山集芳園、四聖延祥觀御園，下竺寺園。錢塘門外九曲橋下有擇勝園，錢塘正庫側新園。城北隱秀園，謝府玉壺園，四井亭園，楊府雲洞園，西園，楊府具美園，裴府山濤園，西秀野園，集芳園（賈似道園），趙秀王府冰月園，張府凝碧園，張內侍總宜園，九里松嬉園。湧金門外隄北一清堂園，聚景園，張府泳澤環碧園。城南玉津園（御園）。嘉會門外包家山，有張侯壯觀園，王保生園，趙郭園（註七八）。此等園圃，有御園，有內侍公卿等之園，常有豪華侈麗，充滿金銀之氣，與北宋名園擅自然之美者有異焉。

吳興山水清遠，昇平日士大夫多居之。城中二溪水橫貫，此全國之所無，故好事者園池之勝，有南沈尚書園、北沈尚書園、章參政嘉林園、牟端明園、趙府北園、丁氏園、趙氏菊坡園、程氏園、丁氏西園、倪氏園、趙氏南園、葉氏園、李氏南園、王氏園、趙氏園、趙氏清華園、兪氏園、趙氏蘭澤園、趙氏繡谷園、趙氏小隱園、趙氏蘇灣園、畢氏園、倪氏玉湖園、韓氏園、劉氏園、錢氏園、程氏園、孟氏園。其中以南北沈尚書園，規模較大。沈德和尚書園依城南，近百餘畝，果樹甚多，林檎尤盛。內有聚芝堂，藏書室，堂前鑿大池數十畝，中有小山，謂之蓬萊。池南豎太湖三大石，各高數丈，秀潤崎峭，有名於時。沈賓王尚書園，正依城北，園中鑿五池，三面皆水，極有野意，有靈壽書院，怡老堂，溪山亭，對湖臺，盡見太湖諸山。其他各園，亦皆有堂室亭臺，池沼溪水，擅園林之勝，含丘壑之意也（註七九）。吳江方面，范成大晚歲卜築於盤門外十里，隨地勢高下而爲亭榭，所植多名花，而梅尤多。別築農圃堂，對楞伽山，臨石湖。又有北山堂，千巖觀，天鏡閣，壽樂堂，其他亭宇尤多。一時名人勝士，篇章賦詠，莫不極鋪張之美焉（註八〇）。

居室有階級性，景祐三年八月詔：天下士庶之家，屋宇非邸店樓閣臨街市之處，毋得爲四鋪作及鬭門八；非品官毋得起門屋；非宮室寺觀，毋得彩繪棟宇，及朱墨漆梁柱窗牖，雕鏤柱礎(註八一)。六品以上宅舍，許作烏頭門，父祖宅舍原有者，子孫許仍之。凡民庶家不得施重拱藻井，及五色文彩爲飾，仍不得四鋪飛簷。民庶舍屋許五架門一間兩厦而已。黃州產竹，故多竹屋。襄州人不善陶瓦，建屋亦用竹。里巷間有遷居者，鄰里醵金治具過之，名暖屋。民庶聚居而爲鄉村，其組織，北宋中葉以後，採都保制。南宋初期採鄉里制，縣以下分爲鄉，由鄉管里，里之下爲村。中期以後，兩浙、江東西等路則用鄉都制，由鄉管都（或稱爲保），都之下爲里爲村。故南宋施行經界法，州縣以鄉都保爲單位也。室內生活，唐代坐胡牀，尙少垂脚，五代漸有椅子，宋則椅子杌子，已甚普遍。丁晉公談錄：竇儀雕起花椅子二，以便右丞及太夫人同坐，此則椅子雕有花也。秦檜偶仰首墜巾，吳淵乃製荷葉託首以媚之，號曰太師樣，則椅又有託首也。公卿士大夫之家好焚香，故書室中有香几。焚香有香爐，香凡八十種，室中所焚者多爲伽南、龍涎、沉香等。衣袖有懷香，藏衣有薰香，刷牙有牙香，則須配藥劑而製之也。室內有懸肖像者，柳開在京師，謁監兵錢供奉之家，造其書閣，見壁上有繪婦人像甚美，詰以誰氏。監兵曰：「某之女弟也。」柳喜而求婚(註八二)。此爲一例。

服飾亦有階級性，分爲官服與民服。冠服各從本色。官服除朝服外，又有公服，公服卽常服。宋因唐制，三品以上服紫，五品以上服朱（緋），七品以上服綠，九品以上服靑，凡四等。其制：曲領大袖，下施橫襴，束以革帶，幞頭，烏皮鞾，自王公至一命之士通服之。諸司使以下，出入內庭，不得服皀衣，違者論其罪。三品以上服玉帶（帶上嵌以玉），四品以上服金帶（鏤金），以下升朝官雖未升朝，以賜紫緋內職諸軍將校並服紅鞓金塗銀排方，雖升朝著綠者，公服上不得繫銀帶，餘官服黑銀方團胯及犀角帶（以犀角製爲板），貢士及胥吏工商庶人服鐵角帶。以金銀飾爲魚形，繫於帶而垂於後，謂之佩魚，以明貴賤。舊制：執政以上始服毬文帶佩魚。雍熙元年，內外升朝文武官皆佩魚，服紫者飾以金，服緋者飾以銀，京朝官兼幕州縣官賜緋紫者亦佩，親王武官內職將校皆不佩。其後定未升朝賜緋紫者皆不得佩魚。學士以上賜御仙花帶而不佩魚，翰林學士亦然，世謂之横金。元豐官制行，四品以上服紫，六品以上服緋，九品以上服綠。服緋紫者必象笏佩魚，謂之章服。故六曹尙書、翰林學士、雜學士皆得佩魚，侍從官、給事中以上服金帶，中書舍人以下皀帶佩魚，與庶官等。武臣內侍皆服紫，不佩魚。非官至本品，不以假人。章服亦可恩賜而得，凡言賜者，謂以官品未合服而特賜之也，蓋官卑而職高，有特殊情形者，如轉運、奉使、年勞等特許之。外官可借緋借紫，如知節鎭及轉運副使；衣緋綠者並借紫，如知防禦、團練、刺史、州；衣綠者借緋；衣緋者借紫之類是。借緋借紫，初不佩魚，後許之，但改其銜爲借紫金魚袋，借緋魚袋(註八三)。自朝辭出國門，則衣借色，任滿還朝，仍服本色。又有服官年久，叙賜緋紫者。南宋仍依元豐之制，但有定十五年或十七年可許改轉服色。幞頭一名折上巾，其初以藤織草巾子爲裏紗爲表，而塗以漆，後惟以漆爲堅，去其藤裏，前爲一折平施，兩脚以鐵爲之。幞頭簪花，謂之簪戴，凡郊祀、上壽、聖節、賜宴，每以賜臣僚。幞頭加戴帽，謂之重戴，宋初御史臺皆重戴，餘官或戴或否，後新進士亦戴至釋褐則止。除公服外，又有時服。宋初，因五代舊制，每歲諸臣皆賜時服，時服者，錦袍也。然只賜將相學士禁軍大校。建隆三年，乃徧賜之。歲遇端午，十月一日，文武羣臣將校皆給焉。禁軍帥從卒，服裝至為華貴，著新紫羅衫，紅羅袍，肚白綾袴，穿絲鞋，戴青紗帽，拖長紳帶，一身之服，不啻萬錢。通常軍警，服裝簡便，春冬嚴寒請衣帛，則賜棉衣也。

民間服飾，每有明令規定。太平興國七年李昉奏：「今後富商大賈，乘馬漆素鞍者勿禁。近年品官綠袍及舉子白襴下皆服紫色，亦請禁之。出私第便服，許紫皂衣白袍。舊制庶人服白，今流外官及貢舉人庶人，通許服皂。」以緋紫為章服，故禁人紫色衣。端拱二年詔：「庶人、商賈、不係官伶人，只許服皂白衣，鐵角帶，不得服紫。」至道元年，復許庶人服紫(註八四)。咸平景德以後，粉飾太平，服用寖侈，不惟士大夫之家，崇尚不已，市井閭里，以華靡相勝，議者病之。天聖三年，詔在京士庶，不得衣黑褐地白花衣服，並藍黃紫地撮暈花樣。慶曆八年，詔禁士庶做契丹服，及乘騎鞍轡。皇祐七年，禁用黑紫。熙寧中，京師貴人戚里多衣深紫色，謂之黑紫，與皂色相亂，幾不可分。大觀四年十二月詔：「京城內近日有衣裝雜以外裔形製之人，以戴氊笠子，著戰袍，繫番束帶之類，開封府宜嚴行禁止。」蓋是時服裝好窄狹，有胡風。政和七年詔敢為契丹服，若氊笠、釣墪（襪袴，婦人之服）之類者，以違御筆論。宣和間，風俗雖已尚諂諛，然衣服猶趣簡便(註八五)。冷則著背子，或稱背心，抵雨則有油衣也(註八六)。幞頭巾子，高約二寸五分，尚白，皆折而斂前，紹聖後始改而偃後，兩脚不繫領，只為虛設，而有圓頂方頂之別。北宋人帽而不巾，燕居雖披襖亦帽，否則小冠(註八七)。

帽子尖形，謂之尖簷帽子。元祐之初，士大夫效蘇軾，戴短簷高桶帽，謂之子瞻樣。宋初猶襲唐制，士子皆曳袍重戴，出則席帽自隨，蓋大梁地勢平曠，每風起，則塵沙撲面，故侍從跨馬，許重戴以障塵。鞋爲便服，仍有帶，穿布襪，士庶要束帶，約束在後，散腰謂之不敬。宣和之季，京師士庶競以鵝黃爲腰腹圍，謂之腰上黃。又京城士人舊通用淸涼繖(傘)，祥符五年，始詔惟親王得用，六年，中書樞密亦許用。太皇太后繖皆用黃，太妃用紅。

南宋士大夫之服，大抵因東都之舊而稍變焉：一曰深衣，二曰紫衫，三曰涼衫，四曰帽衫，五曰襴衫。深衣用白細布，衣全四幅，其長過脇，下屬於裳，其長及踝，圓袂方領，曲裾黑緣，大帶緇冠，幅巾黑履，士大夫家冠婚祭祀宴居交際服之。紫衫，本軍校服，金人南下，兵革擾攘，以冠帶不甚輕便，士大夫亦服之，形窄以便戎事。紹興九年，詔公卿將吏，毋得以戎服臨民，復用冠帶，論者以爲擾。二十六年再申嚴禁，於是紫衫遂廢，士大夫皆服涼衫(註八八)。涼衫，其制如紫衫，卽白色衫，士大夫服之以爲便服。乾道初，以其純白可憎，有似凶服，禁服之，若便服許用紫衫，自後涼衫只用爲凶服。帽衫，帽以烏紗，衫以皀羅爲之，角帶繫鞵，東都時士大夫交際常服之。南渡後，一變爲紫衫，再變爲涼衫，自是服帽衫少矣，惟士大夫家冠婚祭祀猶服焉。襴衫，國子生常服之，以白細布爲之，圓領大袖，下施橫襴爲裳，腰間有襞積(註八九)。士大夫無官而以禮見者，幞頭、襴衫、腰帶，繫鞋；燕見者，深衣涼衫均可。乾道四年，臣僚言臨安府風俗，自十數年來，服飾亂常，習爲邊裝；聲音亂雜，好爲北樂，詔禁之。淳熙中，上下有從窄之論。光寧以後，服用乃更疏濶，大冠高髻，廣袖滿領，風氣又爲之一變。衣料以木綿紡績爲布（註九〇），山居者常以紙爲衣（註九一）。民間好穿木屐，陸放翁詩：「百錢買木屐，日日繞村行，」（註九二）正謂此也。

婦女衣飾，亦有限制。端拱二年禁假髻，亦不得作高髻及高冠。其銷金、泥金、眞珠裝飾衣服，除命婦許服外，餘人並禁。大中祥符二年，詔申禁鎔金以飾器服，故民間不得以金銀爲裝飾品。天聖三年，詔在京婦女，不得將白色褐色毛段並淡褐色匹帛，製造衣服。非命婦之家，毋得以眞珠裝綴首飾衣服。皇祐元年，詔婦人冠高毋得踰四寸，廣毋得踰尺；梳長毋得踰四寸，仍禁以角爲之。貴婦上衣下裳，大袖，通用羅縠蔽膝，隨裳色，以緅爲領，緣加文繡重翟，爲章二等，大帶革帶，青韈舄，頭戴花釵冠，兩博鬢，寶鈿飾之。汴京閨閣，粧抹凡數變。崇寧間，作大髻方額。政宣之際，又尚急把垂肩。宣和以後，多梳雲尖巧額，髻撐金鳳，小家至爲剪紙襯髮，膏沐芳香（註九三）。靖康初，婦女首飾衣服，皆備四時，如節物則春旛、燈毬、競渡、艾虎、雲月之類；花則桃杏荷花菊花梅花，皆併爲一景，謂之一年景（註九四）。庶民婦人，上衣下裙，娼妓大抵好服紅裙。婦女步行通衢，以方幅紫羅障蔽半身，俗謂之蓋頭，蓋唐帷帽之制也。婦人纏足，或云起於五代，熙豐間，爲之者猶少，宣和以後盛行。汴京閨閣，花靴弓履，窮極金翠，則人人相效以不爲者耻也。

第六節　飲食嗜好

南食多鹽，北食多酸，中州及城市人食淡，地不同而口嗜之味異也。汴京烹飪菜色，最擅名者，

「如王樓梅花包子，曹婆肉餅，薛家羊飯，梅家鵝鴨，曹家從食，徐家瓠羹，鄭家油餅，王家乳酪，段家爊物，石達巴子南食之類，皆聲稱於時。若遷湖上，魚羹宋五嫂，羊肉李七兒，奶房王家，血肚羹宋小巴之類，皆當行不數者。」(註九五)飯店茶飯之菜色，有百味羹、新法鵪子羹、三脆羹、二色腰子、蝦蕈、雞蕈、渾砲等羹，旋索粉、玉碁子、羣仙羹、假河魨、白渫虀貨鱖魚、假元魚、決明兜子、決明湯、虀肉醋、托胎襯腸沙魚、兩熟紫蘇魚、假蛤蜊、白肉夾面子茸、割肉胡餅湯、骨頭乳炊羊、閙廳羊角腎腰子、鵝鴨排、蒸茘枝腰子、還元腰子、燒臆子、入爐細項蓮花鴨、簽酒炙肚胘、虛汁垂絲羊頭、入爐羊、羊頭簽鵝鴨、簽雞、簽盤兔、炒兔、葱潑兔、假野狐、金絲肚羹、石肚羹、假炙獐、煎鵪子，生炒肺、炒蛤蜊、炒蟹、渫蟹、洗手蟹之類。又有炙雞、爊鴨、羊脚子、點羊頭、脆筋巴子、薑蝦、酒蟹、獐巴、鹿脯。有外賣軟羊諸色包子、猪羊荷包、燒肉、乾脯。其餘小酒店，亦賣下酒，如煎魚鴨子、炒雞兔、煎爊肉、梅汁血羹粉羹之類，每分不過十五錢(註九六)。州橋夜市，猶今之排檔，亦有精美之食品，如煎羊白腸、鮓脯、爦凍魚頭、薑豉剿子、抹臟紅絲、批切羊頭、辣脚子、羗辣蘿蔔。夏月，麻腐雞皮、麻飲細粉、素簽沙糖冰、雪冷元子、水晶皂兒、生淹水木瓜、藥木瓜、雞頭穰、沙糖菉豆、甘草冰雪、凉水茘枝膏、廣芥瓜兒、鹹菜、杏片、梅子、薑萵苣筍、芥辣瓜兒、細料餶飿兒、香糖果子、間道糖茘枝、越梅鋸刀紫蘇膏、金絲黨梅香棖元，皆用梅紅匣盛貯。冬月，盤兔、旋炙猪皮肉，野鴨肉、滴酥水晶鱠、煎夾子猪臟之類，直至龍津橋須腦子肉止，謂之雜嚼(註九七)。

汴京有南北食之分，臨安則漸泯，因流寓之北人甚衆，做製北饌，但苟簡終不如意。其菜色有百味羹、錦絲頭羹、十色頭羹、間細頭羹、海鮮頭食、酥沒辣象眼頭食、蓮子頭羹、百味韻羹、雜彩羹、枕葉頭羹、五軟羹、四軟羹、三軟羹、集脆羹、三脆羹、雙脆羹、羣鮮羹、落索兒、焙腰子、鹽酒腰子、脂蒸腰子、釀腰子、荔枝焙腰子、腰子假炒肺、雞絲簽、雞元魚、雞脆絲、笋雞鵝、柰香新法雞、酒蒸雞、炒雞蕈、五味焙雞、鵝粉簽。又有羊、黃雀、江瑤柱、海鮮等(註九八)。孝宗時，尚有京師流寓經紀人，如李婆婆魚羹、南瓦張家圓子之類。宋人菜色，不吃牛肉。汴菜有兔獐鹿、肉脯、鹹醃貨。杭菜有鵪子、鳩子、黃雀、亦有獐鹿肉，但不多，而注重海鮮，嗜田雞如炙。又有犯鮓，犯爲肉脯，鮓爲魚類。其粥品有七寶素粥、五味粥、粟米粥、糖豆粥、綠豆粥等。因天氣酷熱，則有凉水，如甘豆湯、椰子酒、豆兒水、鹿梨漿、滷梅水、薑蜜水、木瓜汁、沉香水、荔枝膏水、雪泡縮脾飲等。又有糖糕、雪糕、乳糕。晨早小食爲點心，有春繭、大包子、荷葉餅、芙蓉餅、羊肉饅頭、細餡、豆沙餡、笋肉餡、薄皮、蟹黃、蒸餅、千層、月餅、燒餅、諸色餃子、包子、角兒、果食、從食，名目殊多(註九九)。

浙間以牛乳爲素食，餛飩甚爲流行。南方沿海盛產牡蠣，爲珍貴饌食，至南宋更爲普遍，以其令人「細肌膚，美顏色。」其食法有酒蠣、章舉蠣肉、牡蠣煨肚等外，而最流行是煨牡蠣。蘇軾嗜江瑤柱，孝宗帝則好食蛤蜊。同州糕、南都撥心麵，嘗爲東坡所稱許。至於山家清供，有豆粥，東坡玉糝羹，用蘿蔔或芋爛煮，研白米爲糝。素蒸鴨乃蒸葫蘆，煨竹笋，荸薺粉也。

造酒原料，北方爲黍、秫，用麵麴，南方則用稻米，而用麴及米麴。太平興國間，釀酒者，自春至秋，醞成卽鬻，謂之小酒，其價自五錢至三十錢，有二十六等。臘釀蒸鬻，候夏而出，謂之大酒，自八錢至四十八錢，有二十三等（註一〇〇）。荊州士大夫家，以菉豆麴酒，多碧色可愛，而病於不醇。（註一〇一）戎州有荔枝酒，以荔枝釀之。各酒肆皆懸有旗望，所謂大字翩翩賣酒旗，以招徠顧客，「今都城與郡縣酒務，及凡鬻酒之肆，皆揭大帘於外，以青白布數幅爲之。微者隨其高卑大小，村店或掛缾瓢，標箒秆。」（註一〇二）豪飲者流，常怪態百出，「石曼卿喜豪飲，每與客痛飲，露髮跣足，著械而坐，謂之囚飲。飲於木杪，謂之巢飲。以槀束之，引首出飲，復就束，謂之鼈飲。其狂縱大率如此。」（註一〇三）

飲茶有解渴、滌煩、去膩、破睡之功。自唐以來，其風甚盛。當唐以前，茶惟貴蜀中所產，其次爲湖州紫筍，乃入貢之物。福建茶，至南唐李氏時漸見貴，置北苑使，始有團圈之製。建、劍製茶，既蒸而研，編竹爲格，置焙室中，最爲精潔。新焙成，價甚貴，每餅包青蒻，紅籤，纏素麻。其品精絕者，一餅值四十貫。其名有龍鳳、石乳、的乳、白乳、頭金、臘面、頭骨、次骨、末骨、粗骨十二等。龍鳳皆團片，石乳的乳皆狹片，的乳亦有潤片者，白乳以下皆潤片。龍鳳團茶，凡八餅，重一斤，造作之精，經丁謂始大備。慶曆中，蔡襄爲福建轉運使，始造小片龍茶以進，謂之小龍團（註一〇四），味尤精美，所謂上品龍茶，凡二十餅，重一斤，值金二兩。建寧臘茶，北苑爲第一，其最佳者曰社前，次曰火前（寒食前），又次曰雨前（穀雨前），以造茶時期而名之也。北苑茶，所產爲曾坑，官焙也，所以供玉食，備賜與，太平興國間始置。漕司歲以入貢茶爲上。壑源，私焙也，土人亦以入貢茶爲次。二焙相去三四里間，若沙溪外焙，與二焙相去絕遠，自隔一溪茶爲下，味短而微澀矣。官焙造茶，常在驚蟄後一二日，興工採摘。是時茶芽，已皆一槍，故時人言茶者多云旗槍，蓋以始萌而嫩者爲槍，浸大而展者爲旗也。茶芽蘖細微，不可多得，色白，方爲上品。其取數多而碧綠者，乃常品也。元豐間，官焙又進密雲龍，其雲紋細密，更精絕於小龍團也。紹聖間，復進瑞雲翔龍者，御府歲止得十二餅焉。大觀初，龍焙於歲貢色目外，乃進御苑玉芽、萬壽龍芽。政和間，且增以長壽玉圭，芽僅盈寸。宣和間，又剔葉取心，造龍團勝雪。此大抵北苑絕品，瑞雲翔龍顧居下矣。兩浙之茶則曰草茶，蓋與焙製之臘茶不同。虔、袁、饒、池等州，有仙芝、玉芝、先春、綠芽之類，凡二十六等。南宋時，霅川顧渚生石上者，謂之紫笋，毗陵之陽羨，紹興之日鑄，婺源之謝源，隆興之黃龍雙井，皆絕品也。蜀茶之細者，其品視南方已下，惟廣漢之趙坡、合州之水南、峨嵋之白牙、雅安之蒙頂，土人亦珍之，但所產甚微（註一〇五）。唐人於茶，雖有陸羽茶經，至蔡襄撰龍茶錄，持論尤精。良以飲茶者以味爲上，甘香重滑爲味之全，故對於煎茶，頗爲講究，所謂茶之佳品，宜點啜之；其煎啜者，皆常品也（註一〇六）。蘇轍詩：「相傳煎茶只煎水，茶性仍存偏有味。君不見閩中茶品天下高，傾身事茶不知勞。又不見北方俚人茗飲無不有，鹽酪椒薑誇滿口。」（註一〇七）蓋北人認爲寒中瘠氣，莫甚於茶，故濟之以鹽或用薑也。通常接客，客至則啜茶，去則啜湯。湯或溫或凉，則用甘草爲之（註一〇八）。糖霜始於宋，色白，細粒如霜，爲砂糖中之最進步產品。蘇軾嗜甘，日食蜜五合，嘗謂以蜜煎糖而食。

又好食薑蜜湯，甘芳滑辣，謂使人意快而神清也。

生果品類，柑甚爲流行，漬有黃柑酒。橘出溫州最多，其次爲蘇州台州，西出荊州，南出閩廣數十州。金橘產於江西，香清味美，光彩灼爍，以綠豆藏之，可經時不變。大柿出於唐鄧間，熟爛如泥可食(註一〇九)。西瓜乃由洪皓使金，於紹興十三年自北方帶歸，始傳入南宋，普遍種植(註一一〇)。河北梨，河陰石榴，河陽查子，爲著名土產。北人嗜甘蔗，南人則飫龍眼荔枝。漢永元間，荔枝來自交州。唐天寶間，則取之涪州。至宋，產於閩粵，並產於廣西之桂林，而四川之忠州、戎州、漢州、嘉州、夔門亦有之(註一一一)，傳由福建移植者(註一一二)。閩粵產荔枝最豐，陸放翁詩：「路僻蠻村荔子繁。」(註一一三)蘇軾詩：「日食荔枝三百顆，不妨長作嶺南人，」(註一一四)言嗜其美味也。歲貢則乾而致之，又有用蜜漬者。通常以閩產第一，蜀次之，嶺南爲下。福建所產之荔枝，似晚於廣東，但在宋時已極盛。蔡襄撰有荔枝錄，言其品種最詳：

「陳紫出興化軍秘書省著作佐郎陳琦家，於品爲第一。江綠出福州，類陳紫，差大而香味，蓋爲次也。方紅，徑可二寸，色味俱美，荔枝之大，無出此者，歲出二百顆而已，出興化軍尙書屯田郎中方秦家。紫種自陳紫實大過之，出興化軍。小陳紫，實差小，出興化軍。宋公荔枝，實如陳紫而小，甘美亦如之，出興化軍，宋氏世傳，其木已三百歲。藍家紅，泉州第一，出尙書都官員外郎藍丞家。周家紅，初於興化軍爲第一，及陳紫方紅出而周家紅爲次。何家紅出漳州何氏。法石白出泉州法石院，色靑白，其大次於藍家紅。綠核出福州，荔枝紫核，而此獨核綠。圓丁香，荔枝皆旁蔕大，而下銳，此獨圓而味尤勝。右十四種皆以次第著於錄。

虎皮色紅而有靑斑，類虎皮，出福州。牛心以狀名之，長二寸餘，皮厚肉澀，出福州，惟一本。玳瑁紅，色紅而又有黑點，類玳瑁，出福州城東。琉黃，以色類琉黃。朱柿色朱如柿，出福州。蒲桃荔枝，穗生，一穗之實至三（一作一二）百，然其品殊下。蚶殼以狀名之。龍牙長可三四寸，彎曲如爪牙，而無瓤核，出興化軍，然不常有。水荔枝，漿多而淡，出興化軍。密荔枝以甘爲名，然過於甘。丁香荔枝，小如丁香。大丁香，殼厚色紫，味微澀，出福州天慶觀。雙髻小荔枝，每朶數十，皆並蔕雙實。眞珠荔枝，團白如珠，無核，荔枝之最小者。十八娘荔枝，色深紅而細長，閩王氏有女第十八，好食此因而得名，女冢在福州城東報國院，冢旁猶有此木。或云謂物之美少者爲十八娘，閩人語。將軍荔枝，五代時有此官者稱之，因以得名，出福州。釵頭顆荔枝，顆紅而小，可施釵頭。粉紅荔枝，荔枝多深紅，而此以色淺爲異。中元紅，實時最晚，因以得名。火山荔枝，本出南越，四月熟，穗生，味甘酸肉薄，閩中近年有之。右二十種無次第。

荔枝三十四種，或言姓氏，或言州郡，或皆識其所出，或不言姓氏州郡，則福泉漳州興化軍蓋皆有也。一品紅，言於荔枝爲極品也，出近歲，在福州州宅堂前。狀元紅，言於荔枝爲第一，出近歲，在福州報國寺。」（註一一五）

陳紫者，荔枝小紫，王十朋詠之：「端明品第首推陳，花裏姚黃是等倫。郡圃一株稱小紫，故家風味自宜珍。」（註一一六）興化陳紫與仙遊探花紅，號爲妙品。此外，又有所謂皺玉、大將軍、玉堂紅、奪先紅、七夕紅、白蜜、馬綠、馬家紅等，各目繁多。至於廣中荔枝，鄭熊嘗記之，亦有二十二種。

其特殊之嗜好者，巴蜀人好食生蒜，臭不可近。嶺南人好食檳榔，合蠣灰蔞藤葉食之，輒昏醉，已而醒，蓋口味之嗜，各地不同。

【注　釋】

（註一）彭城集，卷三十二，開封府南司判官題名記。

（註二）東京夢華錄，卷三，防火。

（註三）雞肋篇，卷中。

（註四）東京夢華錄，卷二，東角樓街巷。

（註五）張氏可書。

（註六）夢粱錄，卷二至三。

（註七）石林燕語，卷一。

（註八）拽龍舟之戲：「截春流，築沙坻。拽龍舟，過天池。尾孏孏，角岐岐。千夫推，萬蹸隨。驚鴻鵠，沉魚龜。春三月，輕服時。薄水殿，習水嬉。馬特特，來者誰？魏公子，人不窺。車轔轔，集其涯。邯鄲倡，士交馳。銀絣索酒傾玻璃，用錢如水贈舞兒。卻入上苑看鬥雞，擊毬彈金無不爲。適聞天子降玉輦，當門虎脚看大旗。春風吹花入行幄，紅錦百尺爭蛟螭。雲蓋迴，綵纜維。明年結客觀未遲。」（宛陵先生集，卷十七，觀拽龍舟懷裴宋韓李）。

（註九）東京夢華錄，卷四，雜貨。
（註十）同上書，卷二，州橋夜市。
（註十一）同上書，卷四，魚行。
（註十二）司馬文正公傳家集，卷六十七，訓儉示康文。
（註十三）夢粱錄，卷十八，戶口。
（註十四）同上書，卷十，坊隅巡警。
（註十五）建炎以來繫年要錄，卷五十一。
（註十六）夢粱錄，卷十九，塌房。
（註十七）古杭夢遊錄。
（註十八）夢粱錄，卷十三，鋪席。
（註十九）武林舊事，卷六，諸市。
（註二十）夢粱錄，卷十三，團行。
（註二十一）同上書，卷十六，米鋪。
（註二十二）同上書，卷十六，肉鋪。
（註二十三）同上書，卷十三，天曉諸人出市。
（註二十四）武林舊事，卷二，元夕。
（註二十五）同上書，卷六，酒樓。

（註二十六）夢粱錄，卷十六，酒肆。
（註二十七）同上書，卷十六，茶肆。
（註二十八）武林舊事，卷六，歌館。
（註二十九）同上書，卷六，瓦子勾欄。
（註三十）欒城集，卷二十三，京西北路轉運使題名記。
（註三十一）張右史文集，卷四十九，臨淮縣主簿廳題名記。
（註三十二）墨莊漫錄，卷四。
（註三十三）宋史，卷八五至九十，志第三十八至四十三，地理一至六。
（註三十四）高承，事物紀原，卷六，進奏院。
（註三十五）宋會要輯稿，第五十九冊，職官二之四四，進奏院。
（註三十六）王闢之，澠水燕談錄，卷五，官制。
（註三十七）宋史，卷一六一，志第一一四，職官一，門下省進奏院條。
（註三十八）續資治通鑑，卷二十七，宋紀二十七。
（註三十九）宋史，卷三一九，列傳第七十八，劉奉世傳。
（註四十）宋史，卷一六一，志第一四四，職官一，門下省進奏院條。
（註四十一）趙昇，朝野類要，卷四，朝報。
（註四十二）建炎以來繫年要錄，卷一七一，紹興二十六年二月條。

（註四十三）續資治通鑑，卷一一四，宋紀一一四。
（註四十四）宋史，卷三二〇，列傳第七十九，呂溱傳。
（註四十五）宋史，卷三五二，列傳第一一一，曹輔傳。
（註四十六）湘山野錄，卷上。
（註四十七）東坡志林，卷四。
（註四十八）陳克齋集，卷一，通晦庵先生書問大學誠意章。
（註四十九）臞軒集，卷十四。
（註五十）宋會要輯稿，第一六五冊，刑法二之五二—五四。
（註五十一）同上書，第一六六冊，刑法二之一五八。
（註五十二）武林舊事，卷六，小經紀。
（註五十三）海陵集，卷三，論禁小報。
（註五十四）宋會要輯稿，第一六六冊，刑法二之一二三—一二六。
（註五十五）朝野類要，卷四，朝報。
（註五十六）宋朝事實，卷七，道釋。
（註五十七）宋刑統，卷十二，戶婚律，僧道私入道。
（註五十八）續資治通鑑，卷二十八。
（註五十九）「世傳神仙呂洞賓，名巖，洞賓其字也。唐呂渭之後，五代間從鍾離權得道。權，漢人，不死者。

自本朝以來，與權更出入人間。權不甚靈，而洞賓踪跡數見，好道者每以爲口實。余記童子時，見大父魏公自湖外罷官還，道岳州，客有言洞賓事者云：近歲嘗過城南一古寺題二詩於壁而去。其一云：朝遊岳鄂暮蒼梧，袖裏青蛇膽氣粗。三入岳陽人不識，朗吟飛過洞庭湖。其一云：獨自行時獨自坐，無限時人不識我。惟有城南老樹精，分明知道神仙過。」（巖下放言，卷中）。

（註六十）續資治通鑑，卷八十九。

（註六十一）日知錄，日知錄之餘，卷三。

（註六十二）續資治通鑑，卷九十三。

（註六十三）通鑑長編紀事本末，卷十六，王欽若校道藏經。

（註六十四）張君房，雲笈七籤，序。

（註六十五）陳垣，南宋初河北新道教考，卷三，大道篇，引道園學古錄，五十，眞大道教第八代崇玄廣化眞人岳公碑。

（註六十六）宋朝事實，卷七，道釋。

（註六十七）通鑑長編紀事本末，卷十四，釋老。

（註六十八）文莊集，卷二十六，傳法院碑銘。

（註六十九）司馬文正公傳家集，卷六十七，書心經後贈紹鑒，元豐五年。

（註七十）石門文字禪，卷二十七，跋東坡忼池錄。

（註七十一）道山清話。

（註七十二）欒城集，後集，卷二十一，書楞嚴經後一道。

（註七十三）墨莊漫鈔，卷四。

（註七十四）山堂肆考，徵集，技藝第二十一卷，相士，骨類多遜，引歸田錄。

（註七十五）「嘉定四年龍集辛未五月二十二日，滽得男，其八字辛未乙未癸酉癸亥，以辛未土克癸亥水，或以爲大海水，非土之所能克，是不然。辰戌丑未皆爲土，而未乃坤位，納音又爲土，是坤土也。坤爲地，中庸謂振河海而不洩者也，何克之云。欲名以振。又有當避者，易曰：地勢坤，君子以厚德載物，名曰厚孫，抑誨之使從厚云。」（攻媿集，卷七十九，名厚孫）。

（註七十六）李格非，洛陽名園記。河南邵氏聞見後錄，卷二十四至二十五。

（註七十七）楓窗小牘，卷下。

（註七十八）夢粱錄，卷十九，園囿。

（註七十九）癸辛雜識，前集，吳興園圃。

（註八十）齊東野語，卷十，范公石湖。

（註八十一）續資治通鑑長編，卷一一九。

（註八十二）皇朝類苑，卷七，君臣知遇，柳仲塗。

（註八十三）燕翼詒謀錄，卷一。

（註八十四）宋史，卷一五三，志第一〇六，輿服五。

（註八十五）老學庵筆記，卷三。

（註八十六）「宋初，孔拯侍郎朝回遇雨，避於坊叟之廡下，欲借油衣，但叟寒熱風雨均不出，未嘗置油衣也」（苕溪漁隱叢話，後集，卷二十二，邵康節，引復齋漫錄）。

（註八十七）雲麓漫鈔，卷四。

（註八十八）鶴林玉露，地集，卷一，紫窄衫。

（註八十九）宋史，卷一五三，志第一〇六，輿服五。

（註九十）「閩廣多種木綿樹，高七八尺，樹如柞，結實如大麥而色青，秋深即開，露白綿茸茸然。土人摘取出殼，以鐵杖捍盡黑子，徐以小弓彈，令紡起。然後紡績爲布，名曰吉貝。今所貨木綿特其細緊爾。當以花多爲勝，橫數之得一百二十花，此最上品。」（泊宅編，卷中）。

（註九十一）「山居者常以紙爲衣，利其拒風，亦甚煖。造紙衣法，每一百幅，用胡桃乳香各一兩煮之。不爾，蒸之亦妙，令熱熟陰乾，用箭幹橫卷而順蹙之。今黟歙中有人造紙衣，近士大夫征行亦有衣之。」（文房四譜，卷四，紙譜）。

（註九十二）陸放翁集，劍南詩稿，卷三十一，買屐。

（註九十三）楓窗小牘，卷上。

（註九十四）老學庵筆記，卷二。

（註九十五）楓窗小牘，卷下。

（註九十六）東京夢華錄，卷二，飲食果子。

（卷九十七）同上書，卷二，州橋夜市。

（註九十八）夢粱錄，卷十六，分茶酒店。

（註九十九）武林舊事，卷六，蒸作從食。

（註一百）宋史，卷一八五，志第一三八，食貨下七，酒。

（註一〇一）豫章黃先生文集，卷十五，醇碧頌，並序。

（註一〇二）容齋隨筆，續筆，卷十六，酒肆旗望。

（註一〇三）夢溪筆談，卷九，人事一。

（註一〇四）蔡襄之茶，「法用熟碾爲丸，爲梃，故所稱有龍鳳團、小龍團。」（長物志，卷十二，品茶）。

（註一〇五）宋史，卷一八四，志第一三七，食貨下六，茶下。

（註一〇六）苕溪漁隱叢話，前集，卷四十六，東坡九，引學林新編。

（註一〇七）欒城集，卷四，和子瞻煎茶。

（註一〇八）萍洲可談，卷一。

（註一〇九）歐陽文忠公集，歸田錄，卷二。

（註一一〇）洪适謂：「癸亥年，先公自北方帶歸。萬里隨虜使，分留三十年，甘棠遺愛在，一見一潸然！」（盤洲文集，卷九，西瓜）。又曰：「四夷附錄所載，西瓜、先君特以獻，故禁圃及鄉圃種之，皆碩大，西瓜始入中國。」（同上書，卷七十四，先君述）。

（註一一一）唐白居易種荔枝於忠州。黃庭堅謂：「戎州荔子，歲登一種柘枝頭，出於過臘乎？大如雞卵，味極美，每斤才八錢。」（豫章黃先生文集，卷十九，與王觀復書三首）。陸放翁詩：「江驛山程日夜馳，筠籠初折露猶滋。星毬皺玉雖奇品，終憶戎州綠荔枝。」（劍南詩稿，卷十一，莆陽餉荔子）。王十朋詩：「夔門又見荔枝紅」。（梅溪王先生文集，後集，卷十四，拾荔枝核欲種之戲成一首）

（註一一二）蘇轍詩：「蜀中荔支出嘉州，餘波及眉半有不？……近聞閩尹傳種法，移種成都出巴峽。名園競擷絳紗苞，蜜漬瓊膚甘且滑。北遊京師墮紅塵，箬籠白曬稱最珍。」（欒城集，後集，卷二，奉同子瞻荔支歎一首）。唐代交州荔枝貢長安，只七驛，自南平取道涪州達州以入子午谷，蓋經夔峽一帶，故川東荔枝，或由交州移植。

（註一一三）陸放翁集，劍南詩稿，卷十六，得所親廣州書。

（註一一四）蘇東坡集，後集，卷五，食荔枝二首。

（註一一五）元豐類稿，卷三十五，福州擬貢荔枝狀，並荔枝錄。

（註一一六）梅溪王先生文集，後集，卷十八。

第九章　社會風俗（二）

第七節　婚姻喪葬

宋代之結婚年齡，雖沿唐開元之制，但司馬氏書儀，定男子爲十六歲以上，女子爲十四歲，（註一）朱子家禮亦如之。宋刑統規定：凡同姓不婚，宗妻不婚，表親不婚，（註二）堂外甥女不婚，（註三）如違各杖一百並離之。又良賤不婚，僧道不婚，娶同族之寡婦，於禮亦非宜。父母及夫喪，不得嫁娶。財婚嘗見於帝系間，士庶可知，故進士登科，娶妻論財。或則貪女家之富而欲與之締婚，如仁宗謀立富人陳氏女爲后，（註四）其例也。或則貪男家之貨而竟妻之以女，宗室以女賣婚民間，又其例也。（註五）當仁宗時，曾禁以財冒充士族而娶宗室女者，然宗女當嫁，皆富家大姓以貨取，不復事銓擇如故也。因此，熙寧十年，詔嫁宗女，則令其婿召保，其妄冒成婚者，以違制論。又詔宗室嫁娶，不得與雜類之家爲婚。（註六）然元祐初，宗室女聽編民通婚，皆予官，民爭市婚爲官戶。朱彧謂：「近世宗女既多，宗正立官媒數十人掌議婚，不限閥閱。富家多賂宗室求婚，苟得一官，以庇門戶。後相引爲親，京師富人如大桶張家，至有三十餘縣主。」（註七）前述之禁令，徒爲具文。宋人不復以氏族家世爲重，王公之女，苟貧乏有盛年而不能嫁者，閭閻富室便可以婚侯門，婿甲科。至寧宗朝，詔禁宗室毋與胥吏通婚，遂著爲令焉。

婚姻憑媒，先使媒婦通意，俟女家許之，然後遣使者納采。(註八)汴京風俗，將爲婚姻者先相婦，「相媳婦，卽男家親人或婆往女家，看中卽以釵子插冠中，謂之插釵子；或不入意，卽留一兩端綵段與之壓驚，則此親不諧矣。」(註九)媒婦有時不可信，「古人謂周人惡媒，以其言語反覆，給女家則曰男富，給男家則曰女美。近世尤甚，給女家則曰男家不求備禮。且助出嫁遣之資；給男家則厚許其所遷之賄，且虛指數目。若輕信其言而成婚，則責恨見欺，夫妻反目，至於仳離者有之。」(註一〇)「祖無擇晚娶徐氏，有姿色。議親之時，無擇爲館職，徐氏必欲嘗相其人，而無擇貌寢，恐不得當也。同舍馮當世，丰姿秀美，乃諭媒妁，竢馮出局，揚鞭躍馬，經過徐居，曰：此祖學士也！徐窃窺甚喜，成婚始寤其非，竟以反目離婚。」(註一一)士大夫求婚有啓，(註一二)並有定儀，(註一三)女家皆有回書。宋律規定，諸許嫁女已報婚書及有私約，不得自悔，雖無許婚之事，但受娉財亦是。男家自悔者無罪，不得追還娉財。(註一四)司馬氏書儀，雖列納采、問名、納吉、納幣、請期、親迎六禮，但士庶人婚禮，併問名於納采，併請期於納成。(註一五)宋禮所存者納采、納吉、納徵、親迎四禮而已。惟朱子家禮並將納吉刪去，蓋得吉則送禮幣，不必於納徵之先，再有納吉之程序，故只存三禮。納采用雁，其無雁奠者，三舍生聽用羊，庶人聽以雉及雞鶩。親迎日，設禰位於廳，父祝告於親迎，子將行，跪受父命。男家以車子或花轎子發出，引至女家迎親，陳雁於階，報承父命，成茲嘉禮。主人答如命。女盛服，父母戒之。女出，婿先還，俟於門外，新婦用轎，蒙首；下轎，有陰陽執斗，內盛穀豆錢菓草節等咒祝，望門而撒，謂之撒穀。婿揖婦降自西階，至婦轎所立，舉簾以俟。入室，設對位，婿及婦皆卽坐，受醮飲者三，出見祖禰見舅姑而成婚。歐陽修謂：「今之士族，當婚之夕，以兩椅相背，置一馬鞍，反令婿坐其上，飲以三爵，女家遣人三請而後下，乃成婚禮，謂之上高坐。凡婚家，舉族內外姻親與其男女賓客，堂上堂下竦立而視者，惟婿上高坐爲盛禮爾。」(註一六)民間婚娶，仍涉於侈，樂官伎女茶酒之役皆備，其儀名色亦多。如元祐大婚，呂公著當國，執議不用樂，宣仁太后云：「尋常人家，娶個新婦，尚點幾個樂人，如何官家卻不得用？」習俗移人，雖古禮亦莫之遵也。

離婚不算稀奇，雖公主亦然，嘉祐二年，李瑋尙福康公主，不協，卒告離絕。章元弼娶中表陳氏，甚端麗。元弼貌寢陋嗜學，初眉山集有雕本，元弼得之也，觀讀忘寢，陳氏有言，遂求出，元弼出之。(註一七)離婚後，返回父母家，曰歸宗，然後俟擇婿再婚。宋以前，寡居不嫁者固多，但婦人再嫁，仍視爲非過惡，故婦人皆不諱再嫁。從一而終之義，莫如宋以後之甚。程頤認爲孀婦不可取，「凡取以配身也，若取失節者以配身，是己失節也。」或問：「孤孀貧窮無託者可再嫁否？」答之曰：「只是後世怕寒餓死，故有是說，然餓死事極小，失節事極大。」(註一八)於是朱熹以此勸其妹守節曰：「昔伊川先生嘗論此事，以爲餓死事小，失節事大，自世俗觀之，誠爲迂濶，然自知經識理之君子觀之，當有以知其不可易也。」(註一九)自經程朱倡爲夫死不嫁之說後，世俗遂以再嫁爲奇耻。以道學家之氣節論衡之，婦人夫死既不可再嫁，視之爲天經地義矣，但夫以婦死又何以許再娶者，蓋以「養親承家，祭祀繼續，不可無也。」(註二〇)宋律規定：「諸有妻更娶妻者，徒一年，女家減一等。

圖十四　馬和之女孝經圖（國立故宮博物院藏品）

若欺妄而娶者徒一年半，女家不坐，各離之。諸以妻爲妾，以婢爲妻者徒二年，以妾及客女爲妻，以婢爲妾者徒一年半，各還正之。若婢有子及經放爲良者聽爲妾。」（註二二）民間女幼許嫁未行，而養於婿氏者曰養婦，或曰童養媳，其爲名最早當始於宋，因「息婦」稱謂，至宋始有，以後遂變爲「媳婦」

故耳。(註二二)婦女以奴爲美稱，(註二三)閨閣女稱小娘子，小姐乃賤者之稱，如宮婢、娼妓則稱之也。招夫爲婚，宋代已有，袁采世範有接脚夫。(註二四)北宋時，京師買妾，其身價有騰至五千緡者，西北人名妾曰祇候人，或云左右人；浙人則稱之爲貼身。冥婚，盛行於北俗。典雇妻妾之風，始於宋元之際，有賜宮女爲妻者，陳修年七十三，中探花及第，尚未有室，仁宗爲選一宮女賜之。

與外國和親，宋人力斥其非，認爲漢開其端，實君臣莫大耻辱。宋祁撰新唐書突厥傳，蓋嘗有此言也。故迄宋世，與回鶻雖稱甥舅國，不過沿唐與五代之舊稱，而未嘗一有和親之事。慶曆二年，契丹求取關南地，朝廷欲以信安僖簡王允寧女許配契丹皇子梁王洪基，富弼以爲不可。金主固曾以趙氏女爲后爲妃，此乃由汴京陷落，被擄而迫充之，與韋妃之爲蓋天大王妻之例相類，不能與漢唐之和親同視也。宋不特斷絕和親，且嘗禁止族際通婚，如至道元年，太宗禁西北緣邊諸州民與內屬戎人婚娶是也。

唐朝崔盧李鄭及城南韋杜二家，蟬聯珪組，各守閥閱，宋不及其盛，但呂韓二族，亦號爲巨室。呂蒙正一家，相繼執政歷七朝，後爲東萊呂氏。韓族有桐木韓家（京師第門有桐木，韓億之家）與魏國韓氏（琦），兩韓並盛。元祐間，韓氏子弟，布滿中外，朝之要官，多其親黨。兩浙錢氏惟演兄弟，濮州李迪之一家，皆有盛名。至於大臣，亦多稱名門。韓億與李若谷未第時皆貧寒，同應舉，後皆至參政，子孫數代，婚姻不絕。名門卿士，每姻婭相聯，如王曾爲李沆之婿、王拱辰歐陽修爲薛奎之婿、富弼爲晏殊之婿，李淸臣爲韓琦之婿等是。大臣家法，素重謹嚴。賓儀爲尚書，弟儼、侃、儕、僖皆相繼登科，儀性嚴重，家法整肅，每對賓客，則二侍郎、三起居、四參政、五補闕皆侍立焉。陳堯咨兄弟，既登將相，其父左諫議大夫陳省華尙無恙，省華每與客坐，則堯咨兄弟左右侍立，坐客踧踖不安求去，省華笑曰：「此兒子輩爾。」其母馮氏，殊嚴肅，訓諸子尤力，不許諸子事華侈，莫敢不從命，韓億敎子亦然。范仲淹常以儉約戒諸子。司馬光治家，謹守禮法，以御羣子弟及家衆。

開寶元年，詔荆蜀民，祖父母、父母在者，子孫不得別財異居。二年，詔川峽諸州，察民有父母在，而別籍異財者論死。淳化元年，禁川峽民父母在而出爲贅婿。大中祥符二年，詔誘人兄弟析家產者，令所在擒捕流配。其於維護家庭完整，敎民厚俗之意，可謂深且篤矣。(註二五)是以大家庭之累世同居，見於宋史孝義孝友傳者五十人。襄陽縣民張巨源五世同居，內無異爨，太平興國五年，詔旌表門閭，巨源嘗習刑名書，特賜明法及第。(註二六)李昉之家，居京城北崇慶里，七世不異爨，至宗謂之子昭述，稍自豐殖，爲族人所望，然家法亦不隳，從子昭遘，性和易不忤物，善守前規。(註二七)淳化元年，江州陳競十四世同居，長幼一千二百餘口，常苦食不足，令歲貸官米二千石。(註二八)二年十月，信州言玉山縣民兪擕(一稱儁)，八世同居，內無異爨，詔旌表其閭，常稅外，免其他役。(註二九)至道二年六月，溫州言：永嘉縣民陳侃，五世同居，內無異爨，侃事親至孝，爲鄉里所稱，詔旌表門閭，賜其母粟帛。(註三〇)方綱，池州青陽人，八世同爨，家屬七百口，居室六百區，每旦鳴鼓會食。嘗出稻五千篛，賑貸貧民，眞宗詔旌其門，並蠲其戶雜科。又有莫州高珪，永定軍朱仁貴，潞州邢濬，相州趙祚，八世同居，均詔加旌表。大中祥符四年，越州言：會稽縣民裘承詢，居雲門山前，同居十九世，家無異爨，子弟習絃誦，鄉里稱其敦睦，詔旌其門閭。(註三一)江州民陳蘊，聚居二百年，食口二千，而蘊年八十，且有行義，天聖元年州以聞，乃授蘊本州助教。(註三二)至於大姓聚居，所在有之，如青州大姓麻氏，其富冠四方，縱橫臨淄。契丹之寇澶淵也，兵至臨淄，麻氏率莊人千餘，據堡自保，鄉里賴之，全濟者甚衆。(註三三)南宋時，理宗朝有潭州李符，度宗朝有高郵夏世賢，皆累世同居。陸九淵傳，其家累世義居，推一人最長者爲家長，家事悉聽命，子弟分任家事，田疇庖爨，賓客之事各有主。李庭芝傳，其家亦十二世同居。父祖有慮子孫爭訟者，每預立遺囑，故遺囑之文，皆賢明之人，爲身後之慮，然亦須公平，乃可以保家。(註三四)父曰爹，母曰媽。男子冠而字，字者表其取名之義，士大夫重之，常求學者撰字說以解其義。命字由父母家長，而朋友亦可代爲之。子歸宗，宋仍許之。有本身直接歸宗者，范仲淹二歲喪父，母改適朱氏，冒朱氏舉學究，及第後登仕版，迎養生母，天禧元年，二十九歲始復范姓。有遺子歸宗者，魏了翁之父孝璹，由其舅高黃中自襁褓間取養。後孝璹既知己爲魏氏子，嘗欲歸宗，但以請本州文解，有名籍在禮部，恐費申明，遂遣了翁代歸本姓。

奴婢之畜養，法律有保護之文。開寶二年詔：奴婢非理致死者，即時檢視，聽其主速自收瘞；病死者不須檢視。四年詔：應廣南諸郡民家有收買到男女爲奴婢，轉將傭僱以輸其利者，今後並令放免，敢不如詔旨者，決杖配流。淳化三年詔：陝西沿邊諸郡，先歲饑貧民，以男女賣與戎人，宜遣使者與本道轉運使分以官財物贖還其父母。至道二年，詔江南、兩浙、福建州軍，貧人負富人息錢無以償，沒入男女爲奴婢者，限詔到並令檢勘還其父母，敢隱匿者治其罪。咸平元年詔，川陝路理逋欠官物，不得估其家奴婢價以償。六年，詔士庶家僱僕有犯，不得黥其面。天禧三年，詔自今掠賣人口入契丹界者，首領並處死；誘致者同罪；未過界者決杖黥配。凡此皆明令保護人民，不得擅賣爲奴婢也。其虐殺奴婢，更嚴予懲處。大理寺言：按律，諸奴婢有罪，其主不請官司而殺者杖一百，無罪而殺者徒二年。又諸條主毆部曲至死者徒一年；故殺者加一等。其有愆犯決罰至死及過失殺者勿論。自今人家傭賃當明設要契及五年主因過毆決至死者，欲望加部曲一等，但不以愆犯而殺者，減常一等。如過失殺者，勿論，從之。(註三五)羅願謂：「今世所云奴婢，一概本出良家，或迫饑寒，或遭誘略，因此終身爲賤，誠可矜憐！臣昨來被旨權贛州日（乾道八年），捕治土人往廣南盜牛者，其間往往並掠其小兒以來。臣今假守鄂州（淳熙六年），又見民間所須僮奴，多藉江西販到，其小者或纔十歲左右，既離地頭，無復幾察。官吏不肯，或乃計口收其稅錢，歲時窃來，亹亹不已。臣嘗窮正其罪，選謹信人，給與路費，牒元來州縣，送還其家。」(註三六)則奴婢之來源，多由被擄掠而販售之也。

北宋初年，重視喪禮，士大夫貴族之家，儀色甚盛。民間亦有用僧道誦經設齋作醮作佛事，曰資冥福也，出葬則用以導引。(註三七)仁宗崩，遺詔到洛，城中軍民以至婦孺，朝夕東向號泣，紙煙蔽空。京師罷市，巷哭數日不絕，雖乞丐與小兒，皆焚紙錢哭於大內之前。(註三八)故皇帝之喪，舉國致哀。紹聖元符間，喪祭用紙錢，以禮鬼神。又以蘆葦紮鬼屋，外糊彩紙，屋內裝潢器物，悉如生人所用，定期燒化。政和初，又造紙人或紙馬等置紙屋門口，一併焚而殉葬。葬法豐嗇不一，程頤主張鑿地必四五丈之深，但薄葬無如宋祁者，其治戒一文曰：「吾歿後，稱家之有無以治喪，斂用濯浣之衣，鶴氅裘，紗帽線履，三日棺，三月葬，愼無爲陰陽拘忌。棺用雜木，漆其四會，三塗即止，使數十年足以腐吾骸朽衣巾而已。……掘冢三丈，小爲冢室，劣取容棺及明器。左置明水二盎，酒二缸；右置米麵二奩，朝服一稱，私服一稱，鞾履一副。左刻吾誌，右刻吾銘，即掩壙，惟簡惟儉。」（註三九）朱熹言葬法：「於穴底先鋪炭屑，築之厚一寸許。其上之中，即鋪沙灰，四傍即用炭屑，側厚寸許，下與先所鋪者相接。築之既平，然後安石椁於上，四傍又下三物如前。椁底及棺四旁上面，復用沙灰實之。俟滿加蓋復布沙灰，而加炭屑於其上，然後以土築之，盈坎而止，蓋沙灰以隔螻蟻，愈厚愈佳。」（註四〇）如用木椁，則塗瀝青。士大天或巨室始有此葬法，墓有表，表其人之大略，可以傳世者。又有墓誌，敘次其族世名字事始末而銘之，碑則曰神道碑。

宋人重葬術，於是有風水之說。程頤之葬說，以爲地之美者，則其神靈安，子孫盛。所謂地之美者，土色之光潤，草木之茂盛，乃其驗也。父祖子孫同氣，彼安則此安，彼危則此危。此爲擇地之美惡，而非陰陽家所謂禍福者也。司馬光葬論，以爲葬者藏也，孝子不忍其親之暴露，故斂而藏之。風水之說，始於郭璞，其要旨謂本骸乘氣，遺體受蔭，所撰葬書二十篇，自宋始出。但蔡元定深覺其妄，刪去十二，而存其八篇。王褘撰靑巖叢錄，曰擇地以葬，其術本於郭璞。後世爲其術者，「分爲二宗：一曰宗廟（屋宅）之法，始於閩中，其源甚遠，至宋王伋乃大行。其爲說主於星卦，陽山陽向，陰山陰向，不相乖錯，純取八卦五星，以定生尅之理，其學浙中傳之，而用之者甚鮮。一曰江西之法，肇於贛人楊筠松（唐代人）、曾文迪（筠松弟子），及賴大有、謝子逸輩，尤精其學。其爲說主於形勢，原其所起，卽其所止，以定位向，專指龍穴砂水之相配，而他拘泥在所不論。今大江以南，無不遵之者。二宗之說雖不相同，然皆本於郭氏者也。」（註四一）孝宗年間，地理之學，二家之說俱盛行，而贛人形氣說較優。（註四二）形氣說者，專言山龍脉絡形勢，形者山阜之象形於金木水火土也。氣者山川之脉理，或聚或散，聚者其生氣也。賴文俊，字太素，處州人，好相地之術。世稱賴布衣，有催官論二卷，分龍穴砂水四篇。蔡元定有發微論，乃相地之書。朱熹信元定陰陽風水之說，上書建議，乞以武林山爲孝宗皇堂。（註四三）廖瑀，字伯玉，寧都人，建炎中，以茂異薦不第，後精父三傳堪輿之術，卜居金精山，自稱金精山人，所著有懷玉經，鄒寬（字仲容）、傅伯通皆師其術。卜則巍，字應天，贛縣人，精形家言，著作甚富，所傳雪心一賦，旨約而該，業地理者咸宗之。（註四四）嘉定間，王彥正以風水名家，善靑囊之術。（註四五）北宋時，貴人多葬洛陽，埋葬則好講風水。南方用靑囊，西方用一行，而南人試葬地，用五色帛或器貯水養小魚，埋地下經年，以卜地之美惡。熙寧二年，洪适之高祖士良疾革，命家人曰：「葬我必於樂平滃港倉下，後世靑紫當不絕，科第蟬聯，子孫官者絡繹。」（註四六）蘇軾居陽羨，而葬嵩山。岳飛母葬廬山，僧言葬地雖佳，但處王樞密敏之先塋坐向旣同，龍虎無異，掩壙之後，子孫須有非命。（註四七）此皆因信風水而葬也。道學家雖講義理，然程朱亦篤信風水。程頤之葬說，擇地有五事：相地須使異日決不爲路，不置城郭，不爲溝渠，不爲貴人所奪，不致耕犂所及，此大要也。其穴之法，南向北首。(註四八)朱熹謂：「伊川先生力破俗說，然亦自言須是風順地厚處乃可，然則亦須稍有形勢，拱揖環抱無空闕處，乃可用也，但不用某山某水之說耳。」(註四九)晦翁聽蔡元定預卜藏穴，門下裹糗行紼，六日始至。通常講風水之說者，先擇山水環抱，略成氣象之形勢，其次，注意葬地深淺高低，有無水石；又其次，葬時擇年月日時，以趨吉避凶，此其大略也。

無主孤骸，常由官方收斂。天禧中，於京城外四禪院，買地瘞無主骸骨，每具官給工値六百文，幼者半之，此義塚之法也。嘉祐七年，詔開封府市地於四郊，給錢瘞貧民之不能葬者。元豐二年三月詔：開封府界僧寺旅寄棺柩，貧不能葬，歲久暴露，其令逐縣度官不毛地三五頃，聽人安葬。無主者官爲瘞之。民願得錢者，官出錢貸之，每喪毋過二千，勿收息。崇寧三年，仿其法而推廣之，擇高曠不毛之地，置漏澤園，凡寺觀寄留轄櫝之無主者，若暴露遺骸悉瘞其中，縣置籍，監司巡歷檢察。應葬者，人給地八尺，方磚二口，以原寄所在鄉貫及月日姓名，以千字文爲號。若其子孫父母兄弟今葬字號年月日，悉鐫訖磚上，立峯記識如上法。無棺柩者，官給以葬，而子孫親屬認識。(註五〇)建炎紹興之際，兵荒馬亂，仍維持安濟坊與漏澤園。慶元六年，各路提舉司，令各州縣置義塚，以瘞無力葬者。

火葬之俗，自北魏始，唐代亦有之。貞觀八年，突厥頡利可汗卒，命國人從其俗焚尸。宋建隆三年，禁民火葬，但汴京仍行之，無墳墓，每寒食，則野祭而已。其後盛行於江南。紹興二十七年，監登聞鼓院范同言：「今民俗有所謂火化者，生則奉養之具，惟恐不至，死則燔爇而捐棄之，何獨厚於生而薄於死乎？甚者焚而置之水中，識者見之動心。國朝著令，貧無葬地者，許以係官地安葬。河東地狹人衆，雖至親之喪，悉皆焚棄。韓琦鎭幷州，以官錢市田數頃，給民安葬，至今爲美談。然則承流宣化，使民不畔於禮法，正守臣之職也。方今火葬之慘，日益熾甚。事關風化，理宜禁止。仍飭守臣，措置荒閑之地，使貧民得以收葬，少裨風化之美。」(註五一)從之。廣東新州，亦有火葬，知州黃勳(紹興二年進士)曾禁之。景定二年，黃震爲吳縣尉，乞免再起化人亭，狀曰：「照對本司久例，有行香寺曰通濟，在城外西南一里。本寺久爲焚人空亭，約十間以罔利。合城愚民，悉爲所誘，親死即舉而付之烈燄，餘骸不化，則又舉而投之深淵。」(註五二)焚尸火葬，原爲浮屠之俗，宋人習之，遂流行於河東兩浙也。

第八節　養老恤族

養老慈幼，原爲社會救濟政策之一，京師早有此類機關之設立。宋之爲治，一本於仁厚，凡振貧恤患之意，遇有疾疫饑荒，贍醫贍藥，施粥施棺，視前代尤爲切至。北宋時，京師有舊置東西福田院，以廩老疾孤窮乞丐，給錢米者才二十四人。英宗命卽寶勝壽聖禪院，增置南北福田院，幷東西各建屋五十間，所養各以三百人爲額，歲出內藏錢五千貫給其費。其後又賜以泗州大聖塔施利錢，增爲八千貫。(註五三)熙寧二年，京師雪寒，詔老幼貧疾無依丐者，聽於四福田院額外給錢收養，至春稍暖則止，此爲臨時救濟之性質。元祐四年，蘇軾知杭州，裒羨錢二千緡，黃金五十兩，於城中置病坊一所，名安樂，以僧主之。五年，醫愈千人，後改爲安濟坊。元符元年，詔鰥寡孤獨貧乏不能自存者，以官屋居之，月給米豆，疾病者仍給醫藥。崇寧初，詔州縣立安濟坊、居養院。安濟坊沿唐代養病坊之制，爲贈醫機關，醫治病人。居養院爲救濟機關，收養鰥寡孤獨疾病癃老之人，京師亦置之，給常平米，厚至數倍，差官卒充使，令置火頭，具飲膳。給以衲衣絮被。(註五四)居養安濟錢米頗贍，供養相同。楊時曰：「學校養士，反不如居養安濟所費之多。如餘杭學今止有三十人，而居養安濟乃共有百餘人。居養安濟，人給米二升，錢二十，爲士者所給如其數，加四錢耳。」(註五五)宣和二年定，居養人日給杭米或粟米一升，錢十文省，十一月至正月，加柴炭錢五文省，小兒並減半，比崇寧制略爲裁減。南宋時，地方之救濟機關，或稱居養院，或稱養濟院，各地常有之。例如江南西路轉運司養濟院，在隆興府城，由轉運副使芮燁等，於淳熙七年以私錢創建，原有貲錢三百七十萬，買田一千一百一十一畝，歲入租穀九百八十三斛。其詳則書之牘，藏之有司，而院之戒令糾禁，亦書而揭之堂上。其後遷至東和門內故歸德佛舍之廢址，增屋十八間，並得故僧田六頃，又市田七十畝，歲收穀三百餘斛，錢五萬有奇以充入之，供給貧苦者之藥與食，不幸死者亦爲之斂葬焉。(註五六)紹熙五年，臨安府仁和、錢塘縣養濟院，收養流寓乞丐，令切實救濟，不得徒爲具文。福建莆田廖德明，慶元二年，在縣南設仁壽廬，使凡道路往來疾病之民，咸得以託宿而就哺。又請於郡，得廢寺之產，歲入穀以供藥餌，並立條約，以垂久遠。(註五七)嘉泰元年三月和州言：以本路提舉韓挺申請置居養院，收養孤老殘疾不出外乞食之人，起造屋宇，支給錢米，揀選僧行看管。計有瓦屋二十五間，可收養一百餘人。共用錢三千二百餘貫，米二十石。去年十二月建，收養六十九人，每人日支米一升，至歲終共支米一百七十二石八斗五升。差醫人診候，病人用藥調治，有過往客臥病在道路或店肆，不能行動者，許抬入院，官給錢米藥餌，俟其病愈，再給錢米津貼遣還鄉。(註五八)紹定初，魏了翁由靖州歸里後，在瀘州城南設有養濟院，有序有室，有府有庖，歲收穀八千三百斛，約其所入，可飽百人，乃增置官田，增養百人，凡老廢有養，疾病有療，孤幼者可以成人，鰥寡者有告也。又設有義塚，凡無主之喪，合而藏之，分左右以別男女，書年狀以待子孫，撥田租十三斛以爲掩埋之經費，命鄉之仕者司其事焉。(註五九)

孤貧小兒，收容教養。政和七年，成都府路提舉常平司，乞請居養院孤貧小兒可教者，令入小學聽讀，各人衣服襴鞹，於常平頭子錢內支給置造。詔從之。餘路依此(註六〇)。遺棄小兒，雇人乳養，仍聽宮觀寺院養爲童行。慶元元年，詔兩淛、兩淮、江東路提舉司行下所部荒歉去處，各州縣各選清強官一員，遇有遺棄小兒，支給常平錢米措置存養。內有未能食者，雇人乳哺，其乳母每月量給錢米養贍。如願許收養爲子者，並許爲親子條法施行，務要實惠，毋致滅裂。(註六一)各地貧苦人家，常有棄嬰，尤其鄂岳間溺嬰之風甚盛。淳祐九年，詔給官田五百畝，命臨安府創慈幼局，凡貧家子多欲厭棄不育者，許其抱至局，書生年月日，「官給錢典，雇乳婦在局中。如陋巷貧窮之家，或男女幼而失母，或無力撫養拋棄於街坊，官收歸局養之。月給錢米絹布，使其飽煖。養育成人，聽其自便生理，官無所拘。若民間之人，願收養者聽，官仍給月錢一貫，米三斗，以三年住支。」（註六二）歲祲，小孩多入慈幼局，道無抛棄者。其他州軍縣，亦多仿置。

恤族者，巨卿大夫以其資財賙濟宗族之舉也，以范仲淹所創之義莊爲最著。蘇州范氏之族，聚居者九十人，仲淹建義宅，置義田義莊以收其宗族，又設義學以敎子弟，敎養之法咸備。初，仲淹在蘇州吳長兩縣置田十餘頃，歲入粳稻八百斛。其所得租米，自遠祖而下諸房宗族，計其人口，供給衣食及婚嫁喪葬之用，謂之義莊。於諸房中選擇子弟一名管理，旋立定規矩，令諸房遵守，其規矩如下：

「一、逐房計口給米，每口一升，並支白米；如支糙米，即臨時加折（支糙米每斗折白米八升，逐月實支每口白米三斗）。

一、男女五歲以上入數。

一、女使有兒女在家及十五年，年五十歲以上聽給米。

一、冬衣每口一疋，十歲以下五歲以上，各半疋。

一、每房許給奴婢米一石，即不支衣。

一、有吉凶增減口數，畫時上簿。

一、逐房各置請米曆子一道，每月末於掌管人處批請，不得預先隔跨月分支請，掌管人亦置簿拘轄，簿頭錄諸房口數爲額，掌管人自行破用或探支與人，許諸房覺察勒賠塡。

一、嫁女支錢三十貫（七十七陌，下並准此），再嫁二十貫。

一、娶婦支錢二十貫，再娶不支。

一，子弟出官人，每還家待闕、守選、丁憂、或任川廣福建官留家鄉里者，並依諸房例，給米絹，並吉凶錢數。雖近官實有故留家者，亦依此例支給。

一、逐房喪葬，尊長有喪，先支一十貫；至葬事，又支一十五貫。次長五貫，葬事支十貫。卑幼十九歲以下喪葬，通支七貫。十五歲以下支三貫。十歲以下支二貫。七歲以下及婢僕皆不支。

一、鄉里外姻親戚，如貧窘中非次急難，或遇年饑不能度日，諸房同共相度詣實，即於義田米內量行濟助。

一、所管逐年米斛，自皇祐二年十月支給逐月餱糧并冬衣絹，約自皇祐三年以後，每一年豐熟，樁留二年之糧。若遇凶荒，除給餱糧外，一切不支。或二年糧外，有餘卻先支喪葬，次及嫁娶；如更有餘，方支冬衣。或所餘不多，即吉凶等事，衆議分數，均匀支給。或又不給，即先凶後吉，或凶事同時，即先尊口後卑口，如尊卑又同，即以所亡所葬先後支給。如支上件餱糧吉凶事外，更有餘羨數目，不得糶貨。樁充三年以上糧儲，或慮陳損，即至秋成日，方得糶貨，回換新米樁管。

右仰諸房院依此，同共遵守。

皇祐二年十月日資政殿學士尚書禮部侍郎知杭州事范押。」

其後諸房子弟，有不遵守，范純仁乃奏請朝廷特降指揮下蘇州，令官司受理。治平元年四月，劄付蘇州照行。熙寧以至政和，隨事立規，關防益密。南宋紹興五年，義宅焚燬，族人散亡，尚餘二千。慶元二年，范良器恢復義宅，就立新倉，揭舊規於堂上，刻田籍於石。嘉定三年十一月七日，續定規矩，是關於補助貢舉考試、掌管問題（有奴婢米支）、給領、螟蛉子、私生子不受權利等修正。（註六三）嘉熙四年，范氏義莊田在吳縣者八百九十七畝，得米二百九十二石一斗；在長洲縣者二千二百七十一畝三角，得米六百八十一石五斗二升。至元朝至元二十七年，義莊義學仍存在。

范氏義莊之制，影響頗大，各朝之元臣故老，多仿之以濟貧活族。吳奎少時家貧，晚貴，以錢三百萬，置義莊以賙濟親戚朋友之貧乏者。湘陰富室鄧沿（循道），以族大口衆，貧富錯居，欲贍給其貧者，體其父之遺志，於宣和四年元旦，與族人爲約券，月給穀一斛。男議婚者錢十貫，再婚減其半。女議嫁者錢三十貫，再嫁則減其半。備喪者錢十貫，及葬更給其半，刻石以誌之。（註六四）紹定年間，洪雅毛拱己，承其先人之志，有慈惠莊，爲田百畝，歲儲其入，凡婚嫁喪葬疾病，而貧不能自贍者給之。（註六五）衡山趙氏義學莊，規模則較大。「衡山縣崇嶽鄉紫蓋里，地名神前，趙氏之祖居，至趙忠肅公（趙方）而族益蕃。忠肅公既貴，欲倣范氏義莊以厚其宗而未果。及丞相衞公世載勳勞，致位二府，欲成先志，乃設趙氏義學莊，置田五千畝。莊有籍，五世以下入籍，計口衣食，悉遵高平之約，惟嫁娶喪葬各加厚。至於弁冠乳哺有助，尤貧者計口歲有特給。又沾丐及於異郡之族，則推廣舊約之所無者。擇族之賢而廉者二人，掌其出納。既成，援嘉定免文正義田科敷之詔，拜疏於朝，璽書報可。又曰有養而無敎未也，乃立義學。中祠忠肅，旁闢四齋，歲延二師，厚其餼廩，子弟六歲以上入小學，十二歲以上入大學。課試中前列者有旌，發薦擢第銓集補入者有贐。學規如嶽麓石鼓，而所以禁切其佻闥，純糾其踰禮敗度者尤嚴。」(註六六)由上述數例，可見私人之救濟敎養機關，亦遍設於各地也。

京洛士大夫之家，聚族旣衆，必立規式爲私門久遠之計，是謂家訓。司馬光有家範訓要十卷。熙寧中陳直有養老奉新書十五篇，皆爲居家雜儀，以約束子弟。各地巨族，又常訂有鄉約或義約，本出入相友，守望相助，疾病相扶持之義。張橫渠之敎，以禮爲先，熙寧中，其弟子呂大鈞條爲鄉約，關中風俗，爲之一變。此著名之藍田呂氏鄉約，茲錄其內容如下：

一、德業相勸

德謂見善必行，聞過必改，能治其身，能治其家，能事父兄，能敎子弟，能御僮僕，能肅政敎，能事長上，能睦親故，能擇交遊，能守廉介，能廣施惠，能受寄託，能救患難，能導人爲善，能規人過失，能爲人謀事，能爲衆集事，能解鬥爭，能決是非，能興利除害，能居官奉職。業謂居家則事父兄，敎子弟，待妻妾，在外則事長上，接朋友，敎後生，御僮僕。至於讀書治田，營家濟物，畏法令，謹租賦，如禮樂射御書數之類，皆可爲之。非此之類，皆爲無益。

右件德業同約之人，各自進修，互相勸勉。會集之日相與推舉，其能者書於籍，以警勵其不能者。

二、過失相規

過失謂犯義之過六，犯約之過四，不修之過五。犯義之過：一曰酗博鬥訟，二曰行止踰違，三曰行不恭遜，四曰言不忠信，五曰造言誣毀，六曰營私太甚。犯約之過：一曰德業不相勸，二曰過失不相規，三曰禮俗不相成，四曰患難不相恤。不修之過：一曰交非其人，二曰遊戲怠惰，三曰動作威儀，四曰臨事不恪，五曰用度不節。

右件過失，同約之人，各自省察，互相規戒。小則密規之，大則衆戒之。不聽則會集之日，值月以告於約正。約正以義理誨諭之，謝過請改，則書於籍以俟。其爭辯不服與終不能改者，皆聽其出約。

三、禮俗相交

禮俗之交，一曰尊幼輩行，二曰造請拜揖，三曰請召送迎，四曰慶弔贈遺。

尊幼輩行凡五等：曰尊者（謂長於己二十歲以上，在父行者），曰長者（謂長於己十歲以上，在兄行者），曰敵者（謂長於己上下不滿十歲者，長者爲稍長，少者爲稍少），曰少者（謂少於己十歲以下者），曰幼者（謂少於己二十歲以下者）。造請拜揖凡三條：曰凡少者幼者於尊者長者，歲首、冬至、四孟月朔、辭見、賀謝，皆爲禮見。此外候問起居質疑白事，及赴請召，皆爲燕見。尊者受謁不報。長者歲首冬至具牓子報之，如其服，餘令子弟以己名牓子代行。凡敵者，歲首冬至辭見賀謝相往還。凡尊者長者，無事而至少者幼者之家，唯所服。曰凡見尊者長者，門外下馬，俟於外次，乃通名。主人使將命者先出迎客，客趨入至廡間。主人出降階，客趨進，主人揖之，升堂禮見，四拜而後坐。燕見不拜。退，則主人送於廡下，若命之上馬，則三辭，許則揖而退，出大門，乃上馬；不許，則從其命。凡見敵者，門外下馬，使人通名，俟於廡下，或廳側，禮見則再拜，退則主人請就階上馬。凡少者以下，則先遣人通名，主人具衣冠以俟。客入門下馬，則趨出迎揖，升堂來報，禮則再拜謝，退則就階上馬。曰凡遇尊長於道，皆徒行，則趨進揖。尊長與之言，則對；否則立於道側以俟。尊長已過，乃揖而行。或皆乘馬，於尊者則廻避之；於長者則立馬道側，揖之，俟過，乃揖而行；若己徒行，而尊長乘馬，則廻避之。若己乘馬，而尊長徒行，望見則下馬前揖，己避亦然。過既遠，乃上馬。若尊長令上馬，則固辭。遇敵者皆乘馬，則分道相揖而過。彼徒行而不及避，則下馬揖之。

請召送迎凡四條：曰凡請尊長飲食，親往投書，既來赴，明日，親往謝之。召敵者以書柬，明日交使相謝。召少者用客目，明日，客親往謝。曰凡聚會皆鄉人，皆坐以齒；若有親則必序；若有他客有爵者，則坐以爵；若有異爵者，雖鄉人亦不以齒。若特請召，或迎勞出餞，皆以專召者爲上客，如婚禮則姻家爲上客，皆不以齒爵爲序。曰凡燕集初坐，別設桌子於兩楹間，置大杯於其上，主人降席立於桌東西向，上客亦降席立於桌西東向。主人取杯親洗，上客辭，主人置杯桌子上，親執酒斟之，以器授執事者，遂執杯以獻上客。上客受之，復置桌子上，主人西向再拜，上客東向再拜，興取酒東向跪祭，遂飲。以杯授贊者，遂拜，主人答拜。上客酢主人如前儀，主人乃獻衆賓如前儀，唯獻酒不拜。若婚會，姻家爲上客，則雖少亦答其拜。曰凡有遠出遠歸者，則迎送之。少者幼者不過五里，敵者不過三里，各期會於一處，拜揖如禮，有飲食則就飲食之。少者以下，俟其既歸，又至其家省之。

慶弔贈遺凡四條：曰凡同約有吉事則慶之，有凶事則弔之，每家只家長一人，與同約者俱往，其書問亦如之。若家長有故，或與所慶弔者不相接，則其次者當之。曰凡慶禮如常儀，有贈物或其家力有不足，則同約爲之借助器用，及爲營幹。凡弔禮聞其初喪，未易服，則率同約者深衣而往哭弔之，且助其凡百經營之事。主人既成服，則相率素幞頭素襴衫素帶（皆用白生紗絹爲之），具酒果食物而往奠之。及葬，又相率致賵，俟發引，則素服而送之。及卒哭，及小祥，及大祥，皆常服弔之。曰凡喪家不可具酒食衣服以待弔客，弔客亦不可受。曰凡聞所知之喪，或遠不能往，則遣使致奠，就外次，衣弔服，再拜哭而送之。過期年則不哭，情重則哭其墓。

右禮俗相交之事，値月主之。有期日者爲之期日。當糾集者，督其違慢。凡不如約者，以告於約正而詰之，且書於籍。

四、患難相恤

患難之事七：一曰水火，二曰盜賊，三曰疾病，四曰死喪，五曰孤弱，六曰誣枉，七曰貧乏。

右患難相恤之事，凡有當救恤者，其家告於約正，急則同約之，近者爲之告約正，命值月徧告之，且爲之糾集而繩督之。凡同約者，財物器用車馬人僕，皆有無相假。若不急之用，及有所妨者，則不必借，可借而不借，及踰期不還，及損壞借物者，論如犯約之過，書於籍。鄰里或有緩急，雖非同約，而先聞知者，亦當救助。或不能救助，則爲之告於同約而謀之。有能如此，則亦書其善於籍，以告鄉人。」（註六七）

此藍田呂氏鄉約，朱熹取其他書及附己意稍增損之，爲月旦集會讀約之禮。衆推有齒德者一人爲都約正，有學行者二人副之。約中月輪一人爲値月。置三籍，凡願入約者書於一籍；德業可勸者書於一籍；過失可規者書於一籍。値月掌之，月終則以告於約正而授於其次焉。呂氏鄉約，有類於地方自治與社會教育之性質，其組織之要旨，以禮統馭全鄉份子之行爲，使社會倫理化，而共同處於互助之生活中，在宋代實爲一別開生面之理想社會也。

第九節　時節習俗

時節多沿隋唐以來故事，臘月落雪三次，認爲是豐年預兆。村人有賽神，以神猪神鵝爲祭品，「荒園拋鬼飯，高杌置神鵝。」(註六八)正謂此也。臘日春米爲一歲計，多聚杵臼，盡臘中，畢事，藏之瓦缶中，經年不壞，謂之冬春米。上元一月前已賣燈，謂之燈市，爭奇鬥巧，買客雲集。吳中風俗尤競，價貴者數人聚博，勝則得之，喧盛不減燈夕。(註六九)臘月二十四夜祀灶，謂灶神翌日朝天，白一歲事，故前期禱之。二十五日煮赤豆作糜，暮夜合家同饗，云能辟瘟氣，未歸者亦留貯口分。鍾馗辟鬼事，濫觴於唐代。宋時，近歲節，市井皆印賣門神鍾馗桃板桃符，以備除夜之用。故新歲民間，遍貼鍾馗像於門首，「秉燭題桃符，登梯掛鍾馗」；(註七〇)「改歲鍾馗在，依然舊綠襦。」(註七一)又貼桃符，朱熹書所居之桃符云：「愛君希道泰，憂國願年豐」；書竹林精舍桃符云：「道迷前聖統，朋誤遠方來。」(註七二)此殆爲後世春聯之嚆矢。蜀之風俗，歲晚相與餽問爲餽歲，酒食相邀，稱爲別歲，至除夕，闔爐團在，達旦不寐，謂之守歲。此月，三數婦人扮鬼神，敲鑼擊鼓，沿門乞錢，俗呼爲打夜胡，蓋逐祟之意也。

元旦，家家戶戶慶新年。立春前一日(正月初四日)官府以旗鼓吹樂迎春牛(南宋時)。七日爲人日，家家剪綵或鏤金箔爲人，以貼屏風，亦戴之頭鬢。三元(正月十五日上元，七月十五日中元，十月十五日下元)觀燈，本起於方外之說，自唐以後，常於正月十五日夜，開坊市門燃燈，謂之上元張燈，亦稱爲元夕節。宋因之，上元前後各一日，城市張燈。太平興國中，吳越王錢俶來朝，值上元節，獻錢百萬，乞更買燈兩夜，即更增十七十八兩夜，由十四至十八連續五夜，是爲五夜燈。上元夜登樓，貴戚例有黃柑相遺，謂之傳柑。嘉祐七年，上元遊幸，正月十三十四日，車駕幸諸寺觀。十八日，仁宗御宣德門，召諸色藝人各進技藝，賜與銀絹，內有婦人相撲者，亦被賞賚(註七三)。「正月十五日元宵，大內前，冬至後，開封府絞縛山棚，立木正對宣德樓，遊人已集御街兩廊下。奇術異能，歌舞百戲，鱗鱗相切，樂聲嘈雜十餘里。」燈山上綵，「於左右門上，各以草把縛成戲龍之狀，用青幕遮籠草上，密置燈燭數萬盞，望之蜿蜒，如雙龍飛走。」(註七四)南宋進一步爲鼇山大觀，元夕「至二鼓，上乘小輦幸宣德門觀鼇山，擎輦皆倒行，以便觀賞。金爐腦麝，如祥雲五色，熒煌炫轉，照耀天地，山燈凡千數百種，極其新巧，怪怪奇奇，無所不有。中以五色玉柵簇成皇帝萬歲四大字，其上伶官奏樂，稱念口號致語；其下爲大露臺，百藝羣工，競呈奇技。內人及小黃門百餘，皆巾裹翠娥，做街坊清樂傀儡，繚繞於燈月之下，」(註七五)並燃放煙火。禁中又有琉璃燈山，皆琉璃所爲，號無骨燈，其高五丈，人物皆用機關活動，結大綵樓貯之(註七六)。又爲大屏，灌水轉機，百物活動。收燈畢，汴京都人，出郊探春，臨安則至禁煙爲最盛。二月初一日，爲中和節，民間向以青囊盛百穀瓜果子種，互相遺送爲獻生子，百官進農書，以示務本。蜀俗舊以二月二日爲踏青節，成都士女，絡繹遊賞，緹幕歌酒，散在四郊。是日自萬里橋以綵舫十餘隻，與郡僚屬官分乘之，妓樂數船，歌吹前導，命曰遊江。於是士女駢集，縱觀如堵，抵寶曆寺，橋出，宴於內寺。寺前剏一蠶市，縱民交易，嬉遊樂飲，薄暮方回。(註七七)浙俗以十五日爲花朝節，恣意遊賞。汴京通常以冬至後一百零五日爲寒食節，前一日謂之炊熟，用麵造棗餬飛燕，以柳條串之，插於門楣，謂之子推燕子，女子及笄者，多以是日上頭。寒食節後第三日爲淸明節，人家皆插柳滿簷，雖小坊曲巷，亦靑靑可愛。凡新墳皆用此日拜掃，車馬紛然，野祭者尤多。成都於三月三日，遠近祈福於龍橋，命曰蠶市。(註七八)四月八日，佛生日，各禪院有浴佛齋會。五月五日端午節，有糉子，以桃柳葵花蒲葉陳於門首，又釘艾人於門上。臨安雖有龍舟競渡，但端午並無龍舟。六月六日，臨安人登舟泛湖爲避暑之遊。七夕乞巧，食油麵糖蜜煎果。七月十五日中元節，設盂蘭盆，焚冥器冥錢；有新墳者卽往拜掃。道院設大會，焚錢山祭陣亡將士，設孤魂道場。八月十五日，中秋賞月。民間有春社秋社，以祝年豐，吹簫擊鼓，聚衆賽神祭社，社飲序齒，並分肉，各以社糕社酒相賚。「太平處處是優場，社日兒童喜欲狂。且看參軍喚蒼鶻，京都新禁舞齋郎，」(註七九)社日蓋有演劇助興也。十五至十八日，杭州人則觀潮。九月九日重陽登高，以剪綵小旗插糕上，十月十五日下元節，京師始張燈，如上元之夕。淳化元年，始罷中元下元張燈。十一月冬至，京師最重此節，更易新衣，備辦飲食，享祀先祖，慶賀往來，一如年節。

生日之禮，起於齊梁之間，逮唐宋以後，自天子至於庶人，無不崇飾此日，開筵召客，稱觴賀壽。宋時親王等生日，均有賜禮物之例。大臣生日，多賜羊酒米麵。大中祥符五年十一月，宰相王旦生日，詔賜羊三十口，酒五十壺，米麵各二十斛，令諸司供帳京府，具衙前樂，許宴其親友。南渡後，復有生日賜宴之例，如紹興十三年十二月二十三日，賜宰臣秦檜辭免生日賜宴詔，(註八〇)可以概見。公卿生日，以詩爲壽，見於唐末，而盛於北宋。陳執中再罷政，判亳州，年六十九，遇生日，族子獻老人星圖以爲壽。通常以畫松，或以檀香雕觀音像，畫壽星佛像等爲壽，而題以壽詩者。刻絲有羣仙拱壽、蟠桃獻壽、瑤池獻壽等圖。或用神鬼，焚香瞻禮。但自秦檜擅權，四方皆以其生日致饋，其後州郡監司，率受此禮，極其僭侈。故紹興二十六年，詔內外現任官，因生日受所屬慶賀之禮，及與之者，各徒三年，贓重者依本法。(註八一)

官吏退休，每以晚景自娛，或隱居山家，或優遊林泉，種梅植竹，養鶴插花，從容自適。張齊賢罷相歸洛，得唐裴度午橋莊，有池榭松竹之勝，日與賓客親屬，吟宴於其間。歐陽修與趙槩，同在政府，相得歡甚。槩先告老，歸睢陽；修相繼謝事，歸汝陰。一日，槩單車特往過之，時年幾八十矣，留劇飲踰月，日於汝陰縱遊而後返。大臣掛冠後，能從容自適，未有如此者。(註八二)江寧半山報寧禪寺，王安石故宅也，荊公掛冠後，「晚卜居鍾山謝公墩，自山距州城適相半，謂之半山。畜一驢，每食罷，必日一至鍾山，縱步山間，倦則即定林而睡，往往至日昃而歸，率以爲常。」(註八三)宋代尚敬老，篤意於高年，「仁廟朝，河陽縣民張晉，一百五歲，定州新樂縣民楊則，一百三歲，棣州商河縣民蔣宜，一百二歲，石州平夷縣民高榮，一百三歲，密州諸城縣民丘氏，一百五歲，登州黃縣民姜文貴，一百一歲，潤州金壇縣民景皓，一百二歲，台州黃巖縣民葉成，一百三歲，洪州南昌縣民裴文，一百歲，宣州寧國縣民洪嵩，一百一歲，撫州臨川縣民何彧，一百七歲，合州日照縣民李知全，一百二歲，守臣皆以名聞，詔並以爲本州助教。」(註八四)崇敬耆耇，即古禮養老乞言之意也。士大夫年高致仕，以齒相尙，每有耆英之會。慶曆六年，吳興郡守馬尋，宴六老於南園，酒酣賦詩，胡瑗爲序其事。六老者，工部侍郎郎簡年七十九，司封員外郎范說八十六，衛尉寺丞張維九十一，俱致仕。劉維慶年九十二，周守中年九十五，吳琰七十二，皆有子弟列爵於朝，詩及序刻石園中。(註八五)慶曆末，杜衍年七十，告老，退居南京，與太子賓客致仕王渙，九十歲，光祿卿致仕畢世長，九十四歲，兵部郎中分司朱貫，八十八歲，尙書郎致仕馮平，八十七歲，至和三年中秋日，爲五老會，吟醉相歡，士大夫高之，(註八六)有睢陽五老圖詩傳於世。元豐間，吳中有十老之集，大中大夫盧革，八十二，奉議郎黃挺，八十二，正議大夫集賢修撰程師孟，七十七，朝散大夫鄭平方，七十二，朝議大夫閭邱孝終，七十三，蘇州太守章岵，七十三，朝請大夫徐九思，七十三，朝議大夫徐思閔，七十三，承議郎崇大年，七十一，龍圖直學士張詵，七十，米芾爲之序。(註八七)元豐五年正月，文彥博留守西京，年七十七，韓國公富弼納政在里第，年七十九。自士大夫以老自逸於洛者，於時爲多，如司封郎中席汝言，七十七歲，朝議大夫王尙恭，七十六歲，太常少卿趙丙，七十五歲，秘書監劉幾，七十五歲，衛州防禦使馮行己，七十五歲，大中大夫楚建中，七十三歲，朝議大夫王愼言，七十二歲，宣徽南院使檢校太尉判大名府王拱辰，七十一歲，大中大夫張問，七十歲，龍圖閣直學士張燾，七十歲，而端明殿兼翰林侍讀學士司馬光，六十四歲，年未及七十，用狄監盧尹故事，亦預於會。雅集在富弼之第舉行，置酒相樂，賓主凡十三人，人爲一詩，命畫工閩人鄭奐圖形於妙覺佛寺，時人謂之洛陽耆英會或耆年會。洛陽舊俗，燕私相樂，尙齒不尙官，自樂天之會已然，是日復行之。(註八八)文彥博有詩紀其盛：「九老舊賢形繪事，元豐今勝會昌春。垂肩素髮皆時彥，揮麈清談盡席珍。染翰不停詩思健，飛觴無算酒行頻。蘭亭雅集誇修禊，洛社英遊賞序賓。自愧空疏陪几杖，更容欵密奉簪紳。當筵尙齒尤

圖十五　洛陽耆英會圖

（國立故宮博物院藏品）

多幸，十二人中第二人。」翌年三月二十六日，又作眞率會，伯康與君從七十八歲，安之七十七歲，正叔七十四歲，不疑七十三歲，叔達七十歲，司馬光六十五歲。用安之韻招諸子西園爲會云：「榆錢零亂柳花飛，枝上紅英漸漸稀。莫厭銜杯不虛日，須知無力惜春暉。」「眞率春來頻宴集，不過東里只西家。小園容易邀佳客，饌具雖無已有花。」會約云：「一序齒不序官。一爲具務簡素。一朝夕食，不過五味。一菜果脯醢之類，各不過三十器。一酒巡無算，深淺自斟，主人不勸，客亦不辭，逐巡無下酒時作菜羹不禁。一召客共作一簡，客注可否於字下，不別作簡，或因事分簡者聽。一會中早赴不待促。一違約者，每事罰一巨觥。」而七人合共五百一十五歲，再成詩用前韻云：「七人五百有餘歲，同醉花前今古稀。走馬鬥雞非我事，紵衣絲髮且相暉。」「經春無事連翩醉，彼此往來能幾家？切莫辭斟十分酒，儘教人笑滿頭花。」眞率會中，止有七人，而九老圖像有九人，不知彼二人者果何人？集中不載也(註八九)又。文彥博歸洛日，年七十八，同時有中散大夫程珦，朝議大夫司馬旦，司封郎中致仕席汝言，皆年七十八，嘗爲同甲會，各賦詩一首，潞公詩曰：「四人三百二十歲，況是同生丙戌年。招得梁園爲賦客，合成商嶺採芝仙。清談亹亹風盈席，素髮飄飄雪滿肩。此會從來誠未有，洛中應作畫圖傳。」(註九〇)由此各種集會，飲酒吟詩，可見士大夫年高致仕，風流自賞，志行高潔，自別有一種人文意趣也。

第十節　遊樂技藝

遊樂之戲，京師有溜冰，「故事齋宿，必御樓警嚴，幸後苑，觀花，作冰戲；」(註九一)跳水，「又有兩畫船上立鞦韆，船尾百戲，人上竿，左右軍院虞候監教，鼓笛相和。又一人上蹴鞦韆，將平，架筋斗擲身入水，謂之水鞦韆。」(註九二)及三月一日，駕幸臨水殿，觀競渡爭標，(註九三)蓋常在金明池舉行也。角觝，相撲之異名地，亦謂之爭交，置於皇室大宴之樂舞內，每春秋聖節三大宴，由軍中選有膂力者相撲，以助餘興。臨安瓦市相撲者，乃路岐人聚集一等選手，以圖奪標之賞。先以女颭數對打套子，令人觀覩，然後以膂力者爭交。若論護國寺南高峯露臺爭交，須擇諸道州郡膂力高強，天下無敵者，方可奪其賞。獲頭賞者有旗帳、銀盃、綵段、錦襖、官會、馬疋等。景定年間，賈似道秉政時，有溫州人韓福者，勝得頭賞，曾補軍佐之職。杭城有周急快，董急快，王急快，賽關索，赤毛，朱超，周忙憧，鄭伯大，鐵稍工，韓通住，楊長脚等，及女颭賽關索，囂三娘，黑四姐，俱在瓦市諸郡爭勝，以逞強雄耳。(註九四)蹴鞠卽蹋毬，以皮爲之，始於唐，宋代亦流行，有蹴鞠打毬社之組織。神宗第十一子端王好蹋毬，宰相李邦彥嘗謂蹋盡天下毬。此種遊戲，當時想甚爲普遍。陸放翁詩：「少年騎馬入咸陽，鶻似身輕蝶似狂。蹴鞠場邊萬人看，鞦韆旗下一春忙。」(註九五)又謂：「蹴鞠牆東一市譁，鞦韆樓外兩旗斜。」(註九六)可見蹴鞠競技，極爲熱鬧。女性似亦有此運動，張敦禮繪有間庭蹴鞠圖(故宮博物院藏)，在楊柳下一女子以足弄鞠，旁有四男子，立而觀看。工於蹴鞠者，肩背膺腹，皆可代足，兼應數敵，皆給自弄，旋轉縱橫，無施不可。擊鞠(馬上擊毬)之技，唐代自西域傳入，頗爲時尚，宋代仍盛行。汴京講武殿有毬場。太宗令有司詳定其議，三月，會鞠大明殿，豎木東西爲毬門，高丈餘，左右分朋主之。承旨二人守門，衛士二人持小紅旗唱籌。毬門兩旁，置繡旗二十四，而設空架於殿東西階下，每朋得籌，卽插一旗於架上以識之。陸放翁詩：「射朋命中萬人看，毬門對植雙旗紅，」(註九七)卽謂此也。毬隊組織，擊毬三十二人，左右軍各十六人，人員有毬頭、蹺毬、正挾、頭挾、左竿網、右竿網、散立等之分。張直方李詠各撰有打毬儀一卷。除馬上擊毬外，有步擊者，乘驢騾而擊者。軍中最爲盛行，「四十從戎駐南鄭，酣宴軍中夜連日。打毬築場一千步，閱馬列厩三萬匹。」(註九八)孝宗召諸將擊鞠殿中，雖風雨亦張油帟，布沙除地，蓋其父子皆好此藝也。

馬戲，表演御馬術之技巧最多，「先一人空手出馬，謂之引馬。次一人麾旗出馬，謂之開道旗。次有馬上抱紅繡之球，繫以紅錦索，擲下於地上，數騎追逐射之，左曰仰手射，右曰合手射，——謂之拖繡毬。又以柳枝插於地，數騎以剗子箭或弓或弩射之，謂之褙柳枝。又有以十餘小旗遍裝輪上而背之出馬，謂之旋風旗。又有執旗挺立鞍上，謂之立馬。或以身下馬，以手攀鞍而復上，謂之騗馬。或用手握定鐙袴，以身從後鞦來往，謂之跳馬。忽以身離鞍，屈右脚，掛馬騌，左脚在鐙，左手抱鬃，謂之獻鞍，又曰棄鬃背坐。或以兩手握鐙袴，以肩著鞍橋（同蹻），雙脚直上，謂之倒立。忽擲脚著地，倒拖順馬而走，復跳上馬，謂之拖馬。或留左脚著鐙，右脚出鐙，離鞍，橫身，在鞍一邊，左手捉鞍，右手把鬃，存身，直一脚順馬而走，謂之飛仙膊馬。又存身拳曲在鞍一邊，謂之鐙裏藏身。或右臂挾鞍，足著地，順馬而走，謂之趕馬。或出一鐙，墜身著鞦，以手向下綽地，謂之綽塵。或放令馬先走，以身追及，握馬尾而上，謂之豹子馬。或橫身鞍上，或輪弄利刃，或重物，大刀，雙刀。百端訖。」(註九九)御馬之技，宋人可謂絕唱。

汴京皆乘馬，與唐人習俗同，士大夫以乘馬朝服爲禮，乘車爲不恭。老病不能騎者，始肩輿出入。用人舁，則稱擔子，稱車兜子，又稱轎子。太平興國七年令：工商庶人家乘擔子，或用四人八人，禁斷之。聽乘車兜子，舁不得過二人。士大夫不甚用轎，如王荆公程伊川皆云不以人代畜。元祐初，司馬光三日一至都堂聚議或門下尚書省治事，因老病，皆乘小竹轎子來往。京師士人與豪右大姓，出入率乘轎，四人舁之，甚至飾以櫻蓋，徹去簾蔽，翼其左右，旁午往來於通衢。紹聖二年，以其僭擬，禁之。又有暖轎，甚爲流行。政和七年，禁非品官不得乘之。行遠路則用籃輿，輿以竹爲之，故曰竹輿，左右開兩窗，舁行時伊軋有聲。南渡後，因馬缺乏，仕宦皆乘輿，無復乘馬者。泉福二州婦人轎子，則用金漆，雇婦人以荷，福州以爲僧擎，至其他男子則不肯肩也。（註一〇〇）民間遊樂來往，每乘犢車，婦女亦有之。「京師承平時，宗室戚里，歲時入禁中。婦女上犢車，皆用二小鬟持香毬在旁，而袖中又自持兩小香毬。車馳過，香煙如雲，數里不絕，塵土皆香。」（註一〇一）

秋千仍盛行，「牆裏秋千牆外道，牆外行人牆裏佳人笑，」此乃女子在庭院打秋千，蘇東坡爲詞（蝶戀花）以描寫之也。釋德洪直詠其戲：「畫架雙裁翠絡偏，佳人春戲小樓前。飄揚血色裙拖地，斷送玉容人上天。花板潤霑紅杏雨，綵繩斜掛綠楊煙。下來閑處從容立，疑是蟾宮謫降仙。」（註一〇二）少年於秋郊放鷂子，獵鳥雀以取樂。又有鬥雞之戲。

京師雜樂百戲，有踏毬、蹴鞠、踏蹻、藏挾（幻人之術，取物象而懷之，觀者不能見其機）、雜旋（取雜器圓旋於竿標而不墜）、弄鎗、鋺瓶、齪劍、踏索、尋橦、筋斗、拗腰（翻折其身手足皆至於地，以口銜器而復立）、透劍門，飛彈丸。女伎百戲之類，皆隸左右軍而散居，每大饗燕，宣徽院按籍召之。(註一〇三)臨安有演史、說經諢經、小說、影戲、唱賺、小唱、鼓板、雜劇、雜扮、彈唱因緣、唱京詞、諸宮調、唱耍令、唱撥不斷、說諢話、商謎、覆射、學鄉談、舞綰百戲、神鬼、撮弄雜藝、泥丸、頭錢、踢弄、傀儡、頂橦、踏索、清樂、角觝、喬相撲、女颭、使棒、打硬、舉重、打彈、蹴毬、射弩兒、散耍、裝秀才、吟叫、合笙、沙書、教走獸、教飛禽蟲蟻、弄水、煙火等。(註一〇四)又有踢瓶、弄碗、踢磬、踢缸、踢鐘、弄花錢、花鼓、槌踢、筆墨壁上睡、虛空掛香爐、弄花毬兒、栘築毬、弄斗、弄熊、藏人、燒火、藏劍、喫針、射弩端、親背、攢壺瓶等手藝。藏去之術，則手法疾而已。(註一〇五)此等百戲，與當今馬戲團所表演之技藝相類似，殆為當時江湖客討生活之專技職業也。傀儡戲最盛，種類亦多，有懸絲傀儡、走線傀儡、杖頭傀儡、藥發傀儡、肉傀儡、水傀儡等。又有影戲，喬影戲。(註一〇六)「仁宗時，市人有能講三國事者，或采其說，加緣飾作影，人始為魏吳蜀三分戰爭之像」。(註一〇七)「有弄影戲者，元汴京初，以素紙雕鏃。自後人巧工精，以羊皮雕形，用綵色裝飾，不致損壞。杭城有賈四郎、王昇、王閏卿等，熟於擺布，立講無差。其話本與講史書者頗同，大抵眞假相半，公忠者雕以正貌，奸邪者刻以醜形，蓋亦寓褒貶於其間耳。」(註一〇八)遊藝之同道組合，文士有西湖詩社，武士有射弓踏弩社。凡遇神聖誕日，諸行市戶，組會迎獻不一，以為助興。「二月八日，為桐川張王生辰，霍山行宮，朝拜極盛，百戲競集，如緋綠社(雜劇)、齊雲社(蹴鞠)、遏雲社(唱賺)、同文社(耍詞)、角觝社(相撲)、清音社(清樂)、錦標社(射弩)、錦體社(花繡)、英略社(使棒)、雄辯社(小說)、翠錦社(行院)、繪革社(影戲)、淨髮社(梳

剃）、律華社（吟叫）、雲機社（撮弄）。三月三日，殿司眞武會。三月二十八日，東嶽生辰。社會之盛，大率類此。」（註一〇九）

賭博之技有攤，「今人意錢賭博，皆以四數之，謂之攤。」（註一一〇）擲錢爲博戲，以錢文面背分勝負，曰字曰幕。遊藝有象棋，「象，獸之雄，故戲兵而以象戲名之。局縱橫十一，棊三十有四，爲兩軍，畫地而守。規矩有截，而變化舒卷，出入無倪。」（註一一一）圍棋之書，北宋末，劉仲甫有棋訣，南宋時，晏天章有元棋經。仲甫，徽宗朝江西人，爲棋待詔，奕名號國手第一，比唐開元國手王積薪高兩道。衢州祝不疑，紹聖初，曾勝仲甫。相繼有河東晉士明，其藝亦高仲甫兩道。南宋之楊中隱、王琬、孫侁、郭範、李百祥，亦爲圍棋之名手。其他手藝，羣琴則有僧梵如，教坊琵琶則有劉繼安，舞有雷中慶。世皆呼之爲雷大使。笛有孟水清。此數人者，祖前代之技，一皆過之。（註一一二）士大夫好打詩謎，元祐間，好事者取達官姓名爲詩謎；又取古人名而傳以今事，如「人人皆戴子瞻帽，君實新來轉一官。門狀送還王介甫，潞公身上不曾寒，」蓋指仲長統、司馬遷、王安石、與文彥博也。

第十一節　風流玩賞

唐代士大夫常溺於色情，風流韻事，雖經生亦不諱言。宋代雖不及唐人之盛，但相習成風而不變，太學生宴飮，公然召妓。司馬光君子人也，私幸營妓不諱。嘉祐以前，惟提點刑獄不得赴妓樂，熙寧以後，監司率禁，至屬官亦同，唯聖節一日許赴。(註一一三)然日久玩生，亦視爲具文。唐之妓女所居曰坊曲，北里志有南曲北曲；宋則謂南院北院也。宋代妓女，有官妓，有營妓，有家妓，有歌妓，有私妓。文武官用官妓，軍士用營妓，即軍妓。家妓之畜，示客以爲歡，韓絳有家妓十餘人，歌妓擅歌唱，而私妓則花街柳巷以賣歡也。蜀妓每多才情，蓋習薛濤之遺風。吳下風俗尚侈，貧民有女必教之樂藝，以待賓客，蓋覬利贍家，一切不顧，長大鬻爲妾，狠戾則籍之官，動以千計，習俗薄惡，教女當娼，莫此爲甚也。(註一一四)

妓有擅才華，能文學者，每與士大夫結文酒之緣，才情繾綣，詞壇相競。如聶勝瓊、蘇瓊、李師師、僧兒、嚴蕊等，不獨煊赫一時，多能塡詞製曲，與文人相爭勝。張詠席上贈官妓小英歌。范仲淹守鄱陽，屬意於小鬟妓。劉敞知長安，妓有茶嬌者，以色慧稱，敞惑之，事傳一時。徐州有營妓馬盼者，甚慧麗，蘇軾守徐日，極喜之，盼能學軾書，得其髣髴。至其守杭日，悅杭妓琴操能詞，其妾朝雲，亦本錢塘妓也。張耒初官許州，喜營妓劉淑奴，作少年遊令，其後去任，又爲秋蕊香寓意。黃庭堅鍾情於小妓楊姝及衡陽妓陳湘。秦觀在蔡州，與營妓婁婉字東玉者甚密，贈之詞。又贈歌妓陶心兒南歌子詞。妓有寄詩於賀鑄者。餘杭名妓周月僊，意態丰采，精神艷冶，尤工詞翰，柳永年甫二十五，來守茲郡，造玩江樓於水滸，每召月僊至樓上歌唱。后山詩話云杭妓胡楚、靚靚，皆有詩名。宿州營妓張玉姐，字溫卿，技冠一時，見者皆屬意，沈子山爲獄掾，最所鍾愛，罷官途次南京，猶念之不忘，爲剔銀燈二闋。蘇州官妓蘇瓊，能詞，蔡京道經蘇州，太守召飲，命即席爲之，乞韻，以九字。南宋時，唐仲友守臺州，命營妓嚴蕊作紅白桃花如夢令，賞以雙縑。此則才藝之妓，身世飄零，每以風雅動人憐也。

北宋名妓，有郜六、李師師、崔念月、秦妙觀等，而以李師師爲最著。郜六卽蔡奴也，元豐中，曾命待詔崔白圖其貌入禁中。政和間，崔念月與李師師齊名。宣和名娼秦妙觀，色冠都邑，畫工多圖其貌售於外方。(註一一五)師師著名於宣和間，樹艷幟於京師金線巷，才藝歌舞，冠絕一時，達官貴人，王孫公子，爭相接納。徽宗放意佚樂，亦不惜以萬乘之君，紆尊燕婉，止宿其家(見宣和遺事)。師師之爲人，有謂：「慷慨飛揚有丈夫氣，以俠名傾一時，號飛將軍。每客退，焚香啜茗，蕭然自如，人靡得而窺之也。」(註一一六)但其他詞人，則描狀之爲細柳腰肢，佳人如仙。此一代尤物，吸引文人爲之歌詞，但以聖情追歡故，其舊婿武功郎賈奕有南鄉子，因此被貶瓊州。周邦彥爲太學生時，每遊其家，其賦玉樓春、少年遊等詞，幾至於禍。張先贈新製詞，爲師師令。秦觀亦有贈汴城師師生查子詞。甚至傳山東巨寇宋江，將圖歸順，潛入汴京訪師師，酒後且書念奴嬌一闋。金兵入汴，烽煙兵燹之間，門庭車馬冷落，而人老珠黃，師師乃嫁爲商人婦，隨其行旅南下，劉屏山有詩云：「輦轂繁華事可傷，師師垂老過湖湘。縷衣檀板無顏色，一曲當年動帝王。」(註一一七)此詠名妓之晚景淒涼，與詠杜秋娘詩相類也。淳祐間吳妓徐蘭，擅名一時。其他代有名姝，但不及北宋之盛。

汴京亦有男娼，以圖衣食。政和中，始立法告捕男子爲娼者杖一百，賞錢五十貫。吳俗此風尤盛，杭州新門外，乃其巢穴，皆傅脂粉，盛裝飾，善針指，稱呼亦如婦人。(註一一八)

以花比美女，作人性化，所謂若教解語能傾國，任是無情也動人。士大夫對自然之觀察，欣賞花木，故撰有梅譜、菊譜、竹譜、牡丹記、海棠記等，爲研究之資，生活內容，饒有興趣。賞花賦詩，始於雍熙初年。二年四月，太宗宴近臣於後苑，賞花釣魚，張樂賜飲，命賦詩習射，自是歲以爲常。眞宗朝，歲歲賞花釣魚，羣臣應制，賦詩而退。春月氣暖，尋芳賞花，蔚爲一種風俗者久矣。洛陽人好花，正月梅已放，二月桃李雜花盛，三月牡丹開。牡丹謂之眞花，又謂之寶花。唐自武后以後，洛陽牡丹始盛，至宋更爲狂熱。城南沿洛水一帶，家家作塘，花園尤盛，遍種花而少大樹。春光明媚，滿城士女皆揷花。花開時，又競爲遨遊，都人載酒爭出，往往於古寺廢宅有池臺處，爲市井，張幄幕，笙歌之聲相聞，最盛於月陂堤、張家園、棠棣坊、長壽寺、東街與郭令宅，至花落乃罷。邵雍曾詠之曰：「洛陽人慣見奇葩，桃李花開未當花。須是牡丹花盛發，滿城方始樂無涯。」「桃李花開人不窺，花時須是牡丹時。牡丹花發酒增價，夜半遊人猶未歸。」(註一一九)洛俗春月放園，園子得茶湯錢，與主人平分。魏家花圃之牡丹初出，人有欲觀者，每人納十數錢，乃得登舟渡池至花所，日收十餘緡，洛陽至東京，計六驛，自李迪相國，歲遣衙校一員，乘驛馬，歷一晝夜，至京師，以姚黃魏紫三數朶進御。皇帝用於宴會，每令內侍爲親王宰臣揷牡丹。春初時，洛人於壽安山中斲小栽子，賣城中，謂之山篦子，人家治畦種之，至秋乃接枝。最知名之接花匠爲門園子，本姓東門氏也，豪家皆雇之。姚黃一接頭，値錢五千，秋時立約，至春見花乃付值。洛人甚惜此花，雅不欲傳於別人，以其不時得，率三四歲一開，開或得一二本，傾城往觀若狂，餘花雖盛勿視也。(註一二〇)黃山谷詩：「正是風光嬾困時，姚黃開晚落應遲，」（註一二二）此花大抵較遲開也。魏花初出時，接頭亦値錢五千。洛人種牡丹，將佳種移入於他枝，謂之轉枝花，故最重接枝。「接時須用社後重陽前，過此，不堪矣。花之木，去地五七寸許截之，乃接，以泥封裹，用軟土擁之，以蒻葉作庵子罩之，不令見風日，惟南向留一小戶以達氣。至春，乃去其覆，此接花之法也。種花必擇善地，盡去舊土，以細土用白斂末一斤和之，蓋牡丹根甜，多引蟲食，白斂能殺蟲，此種花之法也。澆花亦自有時，或用日未出，或日西時。九月，旬日一澆；十月十一月，三日二日一澆；正月，隔日一澆；二月，一日一澆，此澆花之法也。一本發數朶者，擇其小者去之，只留一二朶，謂之打剝，懼分其脉也。花纔落，便剪其枝，勿令結子，懼其易老也。春初旣去蒻庵，便以棘數枝置花叢上，棘氣暖，可以辟霜，不損花芽，他大樹亦然，此養花之法也。花開漸小於舊者，蓋有蠹蟲損之，必尋其穴，以硫黃簪之。其旁又有小穴如鍼孔，乃蟲所藏處，花工謂之氣窗，以大鍼點硫黃末鍼之，蟲乃死；蟲死，花復盛，此醫花之法也。」（註一二三）

洛陽亦有黃芍藥、緋桃、瑞蓮、千葉李、紅郁李之類，而洛人不甚惜，謂之果子花，曰某花某花。至牡丹則不名，直稱之曰花，其意以爲天下眞花獨牡丹，其名之著，不假曰牡丹而可知也。牡丹出丹州延州，東出靑州，南亦出越州，而出洛陽者，推爲第一。（註一二三）歐陽永叔有詩詠之：「洛陽地脉花最宜，牡丹尤爲天下奇。我昔所記數十種，於今十年半忘之。開圖若見故人面，其間數種昔未窺。客言近歲花特異，往往變出呈新枝。洛人驚誇立名字，買種不復論家貲。比新較舊難優劣，爭先擅價各一時。當時絕品可數者，魏紅窈窕姚黃妃。壽安細葉開尙早，朱砂玉版人未知。傳聞千葉昔未有，只從左紫名初馳。四十年間花百變，最後最好潛溪緋。」(註一二四)牡丹名稱凡九十餘種，而通常所見者僅三十種。㈠以姓而稱者，有姚黃（自穠綠葉中出微黃花，出於邙山後白司馬坡下姚氏酒肆）、魏花（千葉肉紅花，出於魏仁浦家）、牛家黃（亦千葉，出於牛氏家，比姚黃差小）、左氏（千葉紫花，葉密而齊，亦稱平頭紫）。㈡以州著者，有鞓紅（單葉深紅色，出青州，亦曰青州紅，後傳洛，其色類腰帶鞓，故名，稱爲洛中花之奇者）、延州紅、丹州紅（皆千葉紅花）。㈢以地著者，有細葉壽安、粗葉壽安（千葉肉紅花，出壽安縣錦屏山中，細葉者尤佳）、潛溪緋（千葉緋花，出潛溪寺）。㈣以色名者，有鶴翎紅（多葉花，其末白而本肉紅，如鴻鵠羽色）、朱砂紅（多葉紅花，向日視之，如猩血）、多葉紫、甘草黃（單葉，色如甘草）、一擫紅（多葉淺紅色，葉杪深紅一點，如人以手指擫之）、玉板白（單葉白花，葉細長，如拍板，其色如玉，而深檀心）。㈤志其異者，有獻來紅（大多葉淺紅花，張齊賢罷相，居洛陽，人有獻此花者，因曰獻來紅）、葉底紫（千葉紫花，其色如墨，亦謂之墨紫花，在叢中旁必生一大枝，引葉覆其上）、添色紅（多葉花，始開而白，經日漸紅，至其落，乃類深紅）、倒暈檀心（多葉紅花，自外深色，近萼反淺白，而深檀點其心）、九蕊眞珠（千葉紅花，葉上有一白點如珠，而葉密蹙其蕊）、蓮花萼（多葉紅花，青趺三重，如蓮花萼）、一百五（多葉白花，洛花以穀雨爲開候，而此花常至一百五日，開最先）、鹿胎花（多葉紫色，有白點如鹿胎之紋）。洛陽牡丹，姚黃稱花之王，魏花則爲后。姚黃未出時，牛黃爲第一；

牛黃未出時，魏花爲第一；魏花未出時，左花爲第一。左花之前，唯有蘇家紅、賀家紅、林家紅之類，皆單葉花，當時爲第一。自多葉千葉花出後，此花黜矣，人亦不復種也。(註一二五)又有以千葉多葉而別爲黃紅紫白者，凡一百零八種。(註一二六)元祐間，韓縝留守西京，命留臺張子堅續牡丹記，達百餘品。政和間，牡丹花未開，官遣人監護，初開盡檻土移之京師，籍園主姓名，歲輸花如租稅，洛陽故事遂廢矣。(註一二七)宋初，越俗亦好牡丹，其絕麗者有三十二種。雍熙三年，僧仲林撰有越中牡丹花二卷，紀其盛，謂始乎郡齋豪家名族梵宇道宮池臺水榭，植之無間，來賞花者無間親疏，謂之看花局，其繁富如此，殆不減洛中也。(註一二八)李述著慶曆花品，以叙吳中牡丹之盛，凡四十二品。潁川人喜種花，比於洛陽，園戶植花，如種黍粟，動以頃計，每歲春夏，遊者相屬彌月，有千葉牡丹，所謂：「潁上名園似洛濱，花頭種種鬥尖新，」(註一二九)可見其盛也。淮陽亦有牡丹，花開時，遊人若狂，張耒詠以詩云：「淮陽牡丹花，盛不如京洛。姚黃一枝開，衆艷氣如削。」(註一三〇)汴京以杏爲多，但亦有牡丹，淳化三年十月，太平興國寺牡丹紅紫盛開，不踰春月，冠蓋雲擁，僧舍塡駢。(註一三一)禁中並種有白牡丹，紫牡丹。

牡丹在蜀，以天彭爲第一，號小西京，以其俗好花，有京洛之遺風。崇寧宣和間，州民宋張蔡楊等氏，嘗買洛中新花以歸，自是洛花散於蜀，花戶始盛，皆以接花爲業。大家好事者，皆竭其力以養花，多至千本，而天彭之花，遂冠兩川矣。花之多葉者曰京花，單葉者曰川花，川花則較賤。花時，自太守而下，往往卽花盛處張飮，帟幙車馬，歌吹相屬。最盛於淸明寒食時，在寒食前者謂之火前花，其開稍久，火後花則易落。大抵花品近百種，然著者纔四十，而紅花最多，紫花黃花白花，各不過數種，碧花一二而已。紅花二十一種，有狀元紅、祥雲、紹興春、燕脂樓、金腰樓、玉腰樓、雙頭紅、富貴紅、一尺紅、鹿胎紅、文公紅、政和春、醉西施、迎日紅、彩霞、疊羅、勝疊羅、瑞露蟬、乾花、大千葉、小千葉。紫花五品，有紫繡球、乾道紫、潑墨紫、葛巾紫、福嚴紫。黃花四品，有禁苑黃、慶雲黃、靑心黃、黃氣球。白花三品，有玉樓子、劉師哥、玉覆盂。碧花一品，有歐碧。其餘轉枝紅、朝霞紅等三十三品，尚未詳其類。(註一三二)雙頭紅初出時，一本花取值至三十千，祥雲初出，亦值七八千。州家歲常以花餉諸臺及旁郡。(註一三三)

牡丹以洛陽爲盛，芍藥則以揚州爲首。「洛陽賣牡丹，江都買芍藥。賣與富人歡，買爲遊子樂」(註一三四)，正爲此而詠也。芍藥之盛，不知始於何代，但在宋初，已馳名全國，非特以多爲誇也，其敷腴盛大，而纖麗巧密，皆他州所不及。蘇軾謂：「揚州芍藥，爲天下冠，蔡繁卿爲守始作萬年會，用花十餘萬株，既殘諸園，又更因緣爲姦，民大病之。余始至，問民病苦，以其如此，遂罷之。」(註一三五)舊傳龍興寺山子、羅漢、觀音、彌陀之四院，芍藥冠於此州。種花之家，負郭園舍相望。其後最盛於朱氏、丁氏、袁氏、徐氏、高氏、張氏，餘不可勝紀。而朱氏之園，最爲冠絕，南北二圃，所種幾於五六萬株，當其花之盛開，飾亭宇以待來遊者，逾月不絕。自三月初旬芍藥始開，浹旬而甚盛，遊觀者相屬於路，障幕相望，笙歌時聞。揚之人無貴賤皆喜戴花，故開明橋之間，方春之月，拂旦有花市焉。州宅舊有芍藥廳，在都廳之後，聚一州絕品於其中，不下龍興朱氏之盛。其後監護不密，悉爲人盜去，易以凡品，自是芍藥廳徒有其名爾。（註一三六）劉攽有芍藥譜一卷，述維揚產花之盛。熙寧八年冬王觀守揚州，所見所聞，撰芍藥譜一卷，列其花爲三十九種，分上中下七等。上之上，有冠羣芳、賽羣芳、寶粧成、盡天工、曉粧新、點粧紅。上之下，有疊香英、積嬌紅，中之上，醉西施、道粧成、掬香瓊、素粧殘、試梅裝、淺粧勻。中之下，醉嬌紅、擬香英、妬嬌紅、縷金囊。下之上，怨春紅、妬鵝黃、蘸金香、試濃粧。下之中，宿粧殷、取次粧、聚香絲、簇紅絲。下之下，效殷粧、會三英、合歡芳、擬繡韉、銀含稜。新收八品，有御叔黃、黃樓子、袁黃冠子、峽石黃冠子、鮑黃冠子、楊花冠子、胡家纈、黽池紅。絕品冠羣芳者，大旋心冠子也，深紅堆葉，頂分四五旋，其英密簇，廣可及半尺，高可及六寸，艷色絕妙，可冠羣芳，因以名之，枝條硬，葉疏大。（註一三七）孔武仲初官維揚，謂其色以黃爲最貴，所謂緋黃千葉，乃其中下者，撰有芍藥圖序一卷，紀其花有三十三種：御衣黃（千葉而淡，其香正如蓮花，比他色最殊絕）、青苗黃樓子（葉大小間出千餘層，其苗青）、尹家二色黃樓子（與黃樓子無異，而間有微紅）、絳州紫苪黃樓子（初開時淺紅，經數日乃黃）、圓黃（千葉而圓）、硤石黃（千葉而黃）、鮑家黃（晚開）、石壕黃、道士黃（最先開）、壽州青苗黃樓子（花差小）、黃絲頭（葉淺黃，大葉中叢生，細葉如絲也）、白纈子（花有紅纈，而其外深紅，經日色則自纈之外皆變爲白色）、金線冠子（千葉淺紅，間有細葉如金線）、金繫腰（紅葉有黃暈，橫色如金帶然）、沔池紅（千葉肉紅）、紅纈子（千葉深紅，葉端淺紅）、胡家纈（千葉肉紅而有纈紋）、玉樓子（千葉而白，上下葉中又出細葉數層）、玉逍遙（千葉而白，葉厚大如仙冠然）、紅樓子（千葉粉紅）、靑苗旋心（千葉深紅，花葉旋心）、赤苗旋心（千葉深肉紅）、二色紅（千葉淺紅，葉端深紅）、楊家花（千葉粉紅）、茅山紫樓子（與諸樓子相似而色紫）、茅山冠子（千葉而淺紅）、柳鋪冠子（千葉粉紅，如柳葉疊成冠子）、輭條冠子（千葉肉紅）、常州冠子、紅絲頭（狀如黃絲頭，但色紅）、緋多葉、多葉鞾子（多葉粉紅，其端如粉綠，或成雙頭，謂之雙頭芍藥，尤多開成鞾子，故謂之多葉鞾子）、髻子（色紫紅，下有大葉，其上細葉環抱，而黃色雜出於其間）。（註一三八）其後有名腰帶金者，花若紫袍，而中有黃絲，稱爲世瑞。（註一三九）洛陽之芍藥，其名品不減維揚，而開頭之大殆不如也。有千葉黃花十六種，紅花十六種，紫花六種，白花二種，緋花一種。（註一四〇）陳州芍藥花殊勝，晚芍藥於三月盛開，穠艷亦可愛。自陳一晝夜馳驛，進花至都下，歲以爲常。

洛陽人謂牡丹爲花，成都人則謂海棠爲花，尊貴之也。慶曆間：「蜀之梅與海棠，在衆葩中最爲高第。」（註一四一）海棠花五出，初極紅，如臙脂點點然，及開則漸成纈暈，至落則若宿粧淡粉矣。南宋時，成都燕王宮碧雞坊，海棠最盛，尤以張園爲著名，二月花開，公卿名士，詠海棠者甚多，獨步於西州，足與牡丹抗衡。陸放翁詩：「成都海棠十萬株，繁華盛麗天下無。」（註一四二）又有海棠歌：「我初入蜀鬢未霜，南充樊亭看海棠。當時已謂目未覩，豈知更有碧雞坊。碧雞海棠天下絕，枝枝似染猩猩血。蜀姬艷粧肯讓人，花前頓覺無顏色。扁舟東下八千里，桃李眞成僕奴爾。若使海棠根可移，揚州芍藥應羞死。風雨春殘杜鵑哭，夜夜寒衾夢還蜀。何從乞得不死方，更看千年未爲足。」

（註一四三）放翁之推崇海棠，可謂備至。開慶元年，陳思有海棠譜三卷。

唐代菊花，僅限於黃白紫諸色。至宋代，大都市栽植，至爲普遍。「九月重陽，都下賞菊有數種，其黃白色蕊若蓮房曰萬齡菊，粉紅色曰桃花菊，白而檀心曰木香菊，黃色而圓者曰金鈴菊，純白而大者曰嘉容菊，無處無之。酒家皆以菊花縛成洞戶。」（註一四四）洛陽風俗，亦喜藝菊，比別地特盛。崇寧三年，劉蒙在洛，撰有菊譜一卷，論菊三十五品，有龍腦（出京師，九月末開，類金萬鈴而葉尖，黃菊有深淺色兩種，而是花獨得深淺之中，香氣芬烈，甚似龍腦，故推爲第一）、新羅（玉梅或倭菊，或云出海外）、都勝（陳州）、御愛（京師）、玉毬（陳州）、玉鈴、金萬鈴、大金鈴（未詳出）、銀臺（洛陽）、棣棠（西京）、蜂鈴、鵝毛、毬子（未詳出）、夏金鈴、秋金鈴、金錢（西京）、鄧州黃、薔薇（未詳出）、黃二色（未詳出）、甘菊（雍州）、酴醾（相州）、玉盆（滑州）、鄧州白、白菊（與鄧州白相類）、銀盆（西京）、順聖淺紫（陳州鄧州）、夏萬鈴（鄜州）、秋萬鈴（鄜州）、繡毬（西京）、荔枝（西京）、垂粉絲紅（西京）、楊妃、合蟬（未詳出）、紅二色（西京）、桃花（未詳出）。（註一四五）南宋時，節屆重陽，宮院陳列菊花千萬盆，供人玩賞。藝菊風氣，吹遍江南。范石湖謂蘇州花匠，善於栽菊，一榦生花數十百朵，團團如車蓋熏籠，花匠細心培植，新品種不時產生，曾見東陽人家菊圃多至七十種者，淳熙十三年，范村所植，止得三十六種。（註一四六）菊以黃爲正，故菊曰黃花。黃菊十六種，有勝金黃、疊金黃、棣棠菊、疊羅黃、麝香黃、太眞黃、垂絲菊、千葉小金黃、鴛鴦菊、金鈴菊、毬子菊、單葉小金錢、夏小金鈴、十樣菊、甘菊、野菊。白菊十五種，有五月菊、金杯玉盤、喜容、千葉御衣黃、千葉萬鈴菊、蓮花菊、芙蓉菊、茉莉菊、木香菊、酴醾菊、艾葉菊、白麝菊、白荔枝、銀杏菊、波斯菊。雜色菊四種，有佛頂菊、桃花菊、燕脂菊、紫菊。(註一四七)淳熙二年，史正志亦撰有菊譜一卷，謂可見於吳門者二十七種，其中多與范村譜之品相同。杭州菊花最多有七十餘種。(註一四八)淳祐間，史鑄有百菊集譜六卷，菊史補遺一卷，列菊名品一百三十一種，附註者三十二種，又一花五名，一花四名者二種。此可見南宋菊花品種至繁，講求藝菊而成爲專技矣。

梅花占於春前，牡丹殿於春後，蜀花稱美者有海棠紅梅，而紅梅清艷兩絕，昔獨盛於姑蘇。汴京種梅花，城中有販售者。然古者不重梅，至宋爲詩家所最貴，范石湖有范村梅譜一卷。周密以爲「梅花爲天下神奇，而詩人尤所酷好。淳熙乙巳（十二年），得曹氏荒圃於南湖之濱，有古梅數十。又闢地十畝，植梅合三百餘株，築堂曰玉照，因審其性情，思所以爲奬護之策，乃疏花宜稱二十六條，花憎嫉十四條，花榮寵六條，花屈辱十二條，揭之堂上，使來者有所警省。」(註一四九)此視梅有性格而珍重之也。大庾嶺上梅花，南枝已落，北枝方開，宋代已有之。蘭有幽香，亦爲人所愛，有紫白二色，吳蘭色深紫，建蘭色白，趙時庚撰有金漳蘭譜三卷。

洛中花木，雜花八十二品，果子花一百四十七種，刺花三十七種，草花八十九種，水花十七種，蔓花六種，共計有三百七十八種。(註一五〇)南宋花卉，見於載籍者，有牡丹、芍藥、丹桂、江梅、酴醾、紅梅、海棠、瑞香、菊花、蠟梅、榴花、千葉黃梅、千葉紅桃、千葉白桃、佛見笑、荷花、白山茶、茉莉、素馨、含笑、木犀、文官花、玉蕊花、聚八仙、衮繡毬、重杏、紫薇、木蘭、玉蘢葱、山茶、黃薔薇、海仙、繡帶、水仙、門日紅、玉簪、小黃葵、金鳳、雞冠、杜鵑花、玉蝴蝶等。南中花木爲北地所無者，茉莉花、含笑花、闍提花、鷹爪花（微似梔子，香而色雪白，亦稱爲鷹爪含笑花）之類。（註一五一）故廣州多外國異卉奇花，余靖詩：「石有羣星象，花多外國名。」（註一五二）正謂此也。

【注　釋】

（註一）司馬氏書儀，卷第三，婚儀上。

（註二）宋刑統，卷十四，戶婚律：「諸同姓爲婚者，各徒二年，緦麻以上以姦論。若外姻有服屬而尊卑自爲婚姻，及娶同母異父姊妹，若妻前夫之女者，亦各以姦論。其父母之姑舅兩姨姊妹，及姨若堂姨母之姑堂姑，己之堂姨及再從姨堂外甥女女婿姊妹，並不得爲婚姻，違者各杖一百，並離之。」但宋人仍有表親結婚者。

（註三）宋會要輯稿，第一六五冊，刑法二之七六。

（註四）仁宗欲以茶商陳氏女入宮，樞密使王曾、宰相呂夷簡，屢論列不可，卒罷之。

（註五）宋史，卷二八六，列傳第四十五，蔡齊傳。卷二九一，列傳第五十，宋綬傳。卷三四六，列傳第一〇五，彭汝礪傳。

（註六）雜類謂舅曾爲人奴僕，姑曾爲娼，並父祖係化外，及現居緣邊兩屬之人，其子孫並不許與皇家袒免以上親爲婚。（續資治通鑑長編，卷二八四）。

（註七）萍洲可談，卷一。
（註八）司馬氏書儀，卷第三，婚儀上，婚。
（註九）東京夢華錄，卷五，娶婦。
（註十）袁氏世範，卷一，媒妁之言不可信。
（註十一）苕溪漁隱叢話，前集，卷二十九，六一居士上，引高齋詩話。
（註十二）徐太宰宅求婚啓云：「伏以夫婦有經，周禮莫嚴於判合；婚姻尚族，衞詩偏叙於宗親。輒忘憑藉之微，仰恃游從之舊。某第幾姪某，從師有日，授室及時。伏承賢姪女第幾小娘子，相胄高華，姆儀嫻習。幸聞名於下執，許徼福於先公。門地非倖，雖培塿本無于松栢；宗祊有慶，庶澗溪共采于蘋蘩。有少定儀，具如別錄。」（浮溪集，卷二十二）。
（註十三）下定書云：「門館遊從，早託金蘭之契；衣冠歆艷，共稱冰玉之賢。倘非姻好之求，孰識交情之厚。伏承令女，閨房挺秀。某男中饋偶虛，雖文采風流，難繼乘龍之喜；而幣帛筐篚，聊陳執雁之儀。但顧衰宗，有慚嘉偶。」（于湖居士文集，卷二十八）。
（註十四）宋刑統，卷十三，戶婚律，婚嫁妄冒。
（註十五）宋史，卷一一五，志第六十八，禮十八，嘉禮六，士庶人婚禮。
（註十六）歐陽文忠公集，歸田錄，卷二。
（註十七）師友談記。
（註十八）河南程氏遺書，卷二十二下，伊川先生語八下。

（註十九）朱文公文集，卷二十六，與陳師中書。

（註二十）張子全書，卷八，理窟，喪紀。

（註二十一）宋刑統，卷十三，戶婚律，婚嫁妄冒。

（註二十二）能改齋漫談，卷五，息婦新婦。

（註二十三）十駕齋養新錄，卷十九。

（註二十四）袁氏世範，卷一，收養義子當絕爭端。

（註二十五）日知錄，卷十四，分居。

（註二十六）續資治通鑑，卷十，宋紀十。

（註二十七）宋史，卷二六五，列傳第二十四，李昭述傳。

（註二十八）江州陳氏，乃唐元和中給事陳京之後，長幼七百口，不畜僕妾，上下雍睦。凡巾櫛椸架及男女授受通問婚葬，悉有規制。食必羣在廣器，未成人者別一席。犬百餘隻，一巨船共食，一犬不至，則羣犬不食。別墅建家屬，聚書延四方學者，伏臘皆資焉。江南多士，多肆業於其家。（湘山野錄，卷上）。

（註二十九）澗泉日記，卷上。

（註三十）續資治通鑑長編，卷四十。

（註三十一）燕翼詒謀錄，卷五。

（註三十二）續資治通鑑長編，卷一〇一。

（註三十三）東都事略，卷五十四，列傳第三十七，姜遵傳。

（註三十四）袁氏世範，卷一，遺囑公平維後患。

（註三十五）文獻通考，卷十一，戶口二。

（註三十六）鄂州小集，卷五，鄂州到任五事劄子。

（註三十七）司馬氏書儀：「世俗信浮屠誑誘，於始死及七七日、百日、期年、再期、除喪，飯僧，設道場，或作水陸大會，寫經造佛，修建塔廟，云爲死者滅彌天罪惡，必生天堂，受種種快樂。不爲者，必入地獄，剉燒舂磨，受無邊波吒之苦。」（卷五，喪儀一，魂帛）。

（註三十八）河南邵氏聞見前錄，卷二。

（註三十九）宋景文公筆記，卷下。

（註四十）朱文公文集，卷四十五，答廖子晦。

（註四十一）四庫全書總目提要，卷一〇九，子部十九，術數類二，葬書條。

（註四十二）陔餘叢考，卷三十四，葬術。

（註四十三）四朝聞見錄，乙集，武林。

（註四十四）宋史翼，卷三十八，列傳第三十八，方技二。

（註四十五）魏了翁贈王正彥曰：「嘉定二年，余以心制里居，宅兆未卜，聞資中王直夫雅善靑囊之術，即具書幣致之。居三日，余表兄高南叔，拉與登隈支山，過蟠鼇鎭，歷馬鞍山。未至山數里，直夫頓足而言曰：由長秋山而下，乾岡數里，其下當有坤申朝甲乙出之水，子之先君子其當葬此乎？下而卜之，果如所云，遂爲令長寧仟。既又爲余言：子未有室居，子之先廬，被山帶江，其上有山，與馬鞍之朝向若相似，然隈支爲巽已峯，實當其前，儻知之乎？余曰：而未嘗涉吾地而惡乎知之？曰：余以氣勢之所萃知之。卜之，又如其所云，由是卽其地成室，是爲今白鶴書院。直夫又曰：書院氣勢之所鍾，當有以文字發祥者。余乃約十餘士之當赴類省試者，會文其上。是歲，自類元王萬里而下凡得七人；其不在得中者，後亦接踵科第，或以恩得官，莫有遺者。又曰白鶴書院雖得江山之要，然此地堙鬱已久，今一旦開豁呈露，則家於是下之下者，其餘氣所鍾，亦當有科級之應。是歲余弟嘉甫與鄰居譙仲甫同登，卽七人之選也。先是，貢士題名於浮屠，以問直夫。直夫曰：若在七級則當七士，後皆如其言。凡此皆余一歲間身履而目擊者，自餘類此者，不可勝數。恐歲浸久而忘之，姑隨筆書此以記。」（鶴山先生大全文集，卷九十二，贈王彥正）。由此可略窺宋代堪輿對於陰宅陽宅風水之說。

（註四十六）盤洲文集，卷三十三，盤洲老人小傳。

（註四十七）揮麈錄，三錄，卷三，岳侯與王樞密葬地一同。

（註四十八）河南程氏遺書，卷第二下，二先生語二下。

（註四十九）朱文公文集，卷六十三，答胡伯量。

（註五十）宋會要輯稿，第一六〇冊，食貨六八之一二八－一三〇。

（註五十一）宋史，卷一二五，志第七十八，凶禮四。

（註五十二）日知錄，卷十五，火葬。

（註五十三）續資治通鑑長編，卷一九九，嘉祐八年十二月條。
（註五十四）宋史，卷一七八，志第一三一，食貨上六，振恤。
（註五十五）楊龜山集，卷二，語錄，京師所聞，丙戌（崇寧五年）四至六月。
（註五十六）朱文公文集，卷七十九，江西運司養濟院記。
（註五十七）同上書，卷八十三，書廖德明仁壽廬條約後。
（註五十八）宋會要輯稿，第一五〇冊，食貨六〇之一—二。
（註五十九）鶴山先生大全文集，卷四十五，瀘州社倉養濟院義塚記。
（註六十）宋會要輯稿，第一六〇冊，食貨六八之一三六。
（註六十一）同上書，書一四九冊，食貨五八之二一。
（註六十二）夢粱錄，卷十八，恩霈軍民。
（註六十三）范文正公集，義莊規矩。
（註六十四）石門文字禪，卷二十二，先志碑記。
（註六十五）鶴山先生大全文集，卷四十四，毛氏慈惠莊記。
（註六十六）後村先生大全集，卷九十二，趙氏義學莊。
（註六十七）宋元學案，卷三十一，呂范諸儒學案。
（註六十八）陸放翁集，劍南詩稿，卷四十八，賽神。
（註六十九）石湖居士詩集，卷三十，臘月村田樂府十首序。

（註七十）劍南詩稿，卷四十九，辛酉除夕。
（註七十一）同上書，卷六十五，新歲。
（註七十二）朱子語類大全，卷一〇七，雜記言行。
（註七十三）司馬文正公傳家集，卷二十三，論上元令婦人相撲狀。
（註七十四）東京夢華錄，卷六，元宵。
（註七十五）周密，乾淳歲時記。
（註七十六）武林舊事，卷二，燈品。
（註七十七）皇朝類苑，卷六十二，風俗雜誌，嬉遊。
（註七十八）山堂肆考，宮集第十卷，蠶市。
（註七十九）劍南詩稿，卷二十七，春社。
（註八十）日知錄，卷十四，生日。
（註八十一）十駕齋養新錄，卷十九，生日獻詩詞。
（註八十二）苕溪漁隱叢話，後集，卷二十三，六一居士，引蔡寬夫詩話。
（註八十三）避暑錄話，卷上。
（註八十四）清波別志，卷中。
（註八十五）齊東野語，卷十五，張氏十咏園。
（註八十六）澠水燕談錄，卷四，高逸。

（註八十七）齊東野語，卷二十，耆英諸會。

（註八十八）司馬文正公傳家集，卷六十八，洛陽耆英會序。苕溪漁隱叢話，後集，卷二十二。夢溪筆談，卷九，人事一。

（註八十九）苕溪漁隱叢話，後集，卷二十二。

（註九十）夢溪筆談，卷十五，藝文二。

（註九十一）宋史，卷九十九，志第二十五，禮二，吉禮二，南郊。

（註九十二）東京夢華錄，卷七，駕幸臨水殿觀爭標錫宴。

（註九十三）同上書，卷七，三月一日開金明池瓊林苑。

（註九十四）夢粱錄，卷二十，角觝。

（註九十五）劍南詩稿，卷二十二，晚春感事。

（註九十六）同上書，卷十二，三月二十一日作。

（註九十七）同上書，卷六，春感。

（註九十八）同上書，卷二十五，九月一日夜讀詩稿有感走筆作歌。

（註九十九）東京夢華錄，卷七，駕登寶津樓諸軍呈百戲。

（註一百）雞肋編，卷中。

（註一〇一）陸放翁集，老學庵筆記，卷一。

（註一〇二）石門文字禪，卷十一，鞦韆。

（註一〇三）文獻通考，卷一四七，樂二十。
（註一〇四）武林舊事，卷六，諸色伎藝人。
（註一〇五）夢粱錄，卷二十，百戲伎藝。
（註一〇六）東京夢華錄，卷五，京瓦伎藝。
（註一〇七）事物紀原，卷九，影戲。
（註一〇八）夢粱錄，卷二十，百戲伎藝。
（註一〇九）武林舊事，卷三，社會。
（註一一〇）容齋隨筆，五筆，卷一，俗語有出。
（註一一一）雞肋編，卷三十五，廣象戲圖序。
（註一一二）鐵圍山叢談，卷六。
（註一一三）張舜民，畫墁錄。
（註一一四）陳郁，藏一話腴。
（註一一五）玉照新志，卷二。
（註一一六）汴京平康記。
（註一一七）後村先生大全集，卷一七四，詩話前集。
（註一一八）癸辛雜識，後集，禁男娼。
（註一一九）伊川擊壤集，卷十九，洛陽春吟八首。

（註一二〇）鐵圍山叢談，卷六。

（註一二一）豫章黃先生文集，卷九，乞姚花二首。

（註一二二）歐陽文忠公集，居士外集，卷二十二，洛陽牡丹記，風俗記第三。

（註一二三）同上書，花品序第一。

（註一二四）同上書，居士集，卷二，洛陽牡丹圖。

（註一二五）同上書，居士外集，卷二十二，洛陽牡丹記，花釋名第二。

（註一二六）洛陽牡丹，千葉黃花十種，紅花三十四種，紫花十種，白花四種。多葉紅花三十二種，紫花十四種，黃花三種，白花一種。（周叙，洛陽花木記，牡丹）。

（註一二七）邵氏聞見前錄，卷十七。

（註一二八）文獻通考，卷二一八，經籍四十五。

（註一二九）欒城集，後集，卷三，次遲韻千葉牡丹二首。

（註一三〇）張右史文集，卷十，與潘仲達二首。

（註一三一）楓窗小牘，卷上。

（註一三二）陸放翁集，渭南文集，卷四十二，天彭牡丹譜，花品序第一。

（註一三三）同上書，風俗記第三。

（註一三四）宛陵先生集，卷五十七，楊樂道留飲席上客置黃紅絲頭芍藥。

（註一三五）東坡志林，卷五。

（註一三六）揚州芍藥譜，叙。
（註一三七）同上書。
（註一三八）能改齋漫錄，卷十五，芍藥譜。
（註一三九）鐵圍山叢談，卷六。
（註一四〇）洛陽花木記。
（註一四一）丹淵集，卷二十五，賞梅唱和詩序。
（註一四二）劍南詩稿，卷四，成都行。
（註一四三）同上書，卷七十五，海棠歌。
（註一四四）東京夢華錄，卷八，重陽。
（註一四五）劉蒙，菊譜。
（註一四六）范村菊譜，序。
（註一四七）同上書。
（註一四八）夢粱錄，卷十八，花之品。
（註一四九）齊東野語，卷十五，玉照堂梅品。
（註一五〇）洛陽花木記。
（註一五一）捫蝨新話，上集，卷四，論南中花卉。
（註一五二）武溪集，卷一，寄題田待制廣州西園。

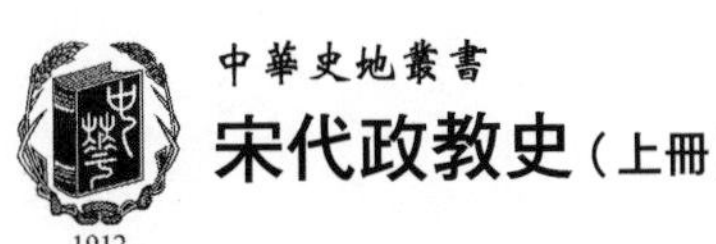

中華史地叢書

宋代政教史（上冊）

作　　者／劉伯驥 著
主　　編／劉郁君
美術編輯／中華書局編輯部

出 版 者／中華書局
發 行 人／張敏君
行銷經理／王新君
地　　址／11494 臺北市內湖區舊宗路二段181巷8號5樓
客服專線／02-8797-8396　　傳　　真／02-8797-8909
網　　址／www.chunghwabook.com.tw
匯款帳號／兆豐國際商業銀行　東內湖分行
067-09-036932　中華書局股份有限公司

法律顧問／安侯法律事務所
印刷公司／維中科技有限公司
出版日期／2015年07月再版
版本備註／據1971年12月初版復刻重製
定　　價／NTD 1,264

國家圖書館出版品預行編目（CIP）資料

宋代政教史 / 劉伯驥著. — 再版. — 臺北市:
中華書局, 2015.07印刷
冊 ;　公分— (中華史地叢書)
ISBN 978-957-43-0252-9(上冊：精裝)

1.文化史-中國-宋(960-1279)

635.1　　90000307

NO.G0013-1Q
ISBN 978-957-43-0252-9（精裝）